安化年鉴

2017

安化县人民政府　主办
安化县档案局　编

方志出版社
Publishing House of Local Records

图书在版编目（CIP）数据

安化年鉴．2017 /安化县档案局编．--北京 ：方志出版社，2018.1
ISBN 978-7-5144-2963-3

Ⅰ．①安… Ⅱ．①安… Ⅲ．①安化县—2017—年鉴
Ⅳ．①Z526.44

中国版本图书馆CIP数据核字（2018）第027324号

安化年鉴（2017）

编　　者：安化县档案局
责任编辑：王海荣

出 版 人：冀祥德
出 版 者：方志出版社
地址 北京市朝阳区潘家园东里9号（国家方志馆4层）
邮编 100021
网址 http://www.fzph.org
发　　行：方志出版社图书经销中心
电话（010）67110500
经　　销：各地新华书店
印　　刷：湖南雅嘉彩色印刷有限公司

开　　本：889×1194　　1/16
印　　张：24.25
字　　数：712千字
版　　次：2018年1月第1版　　2018年1月第1次印刷
印　　数：001～300册

ISBN 978-7-5144-2963-3　　定价：260.00元

安化县行政区划图

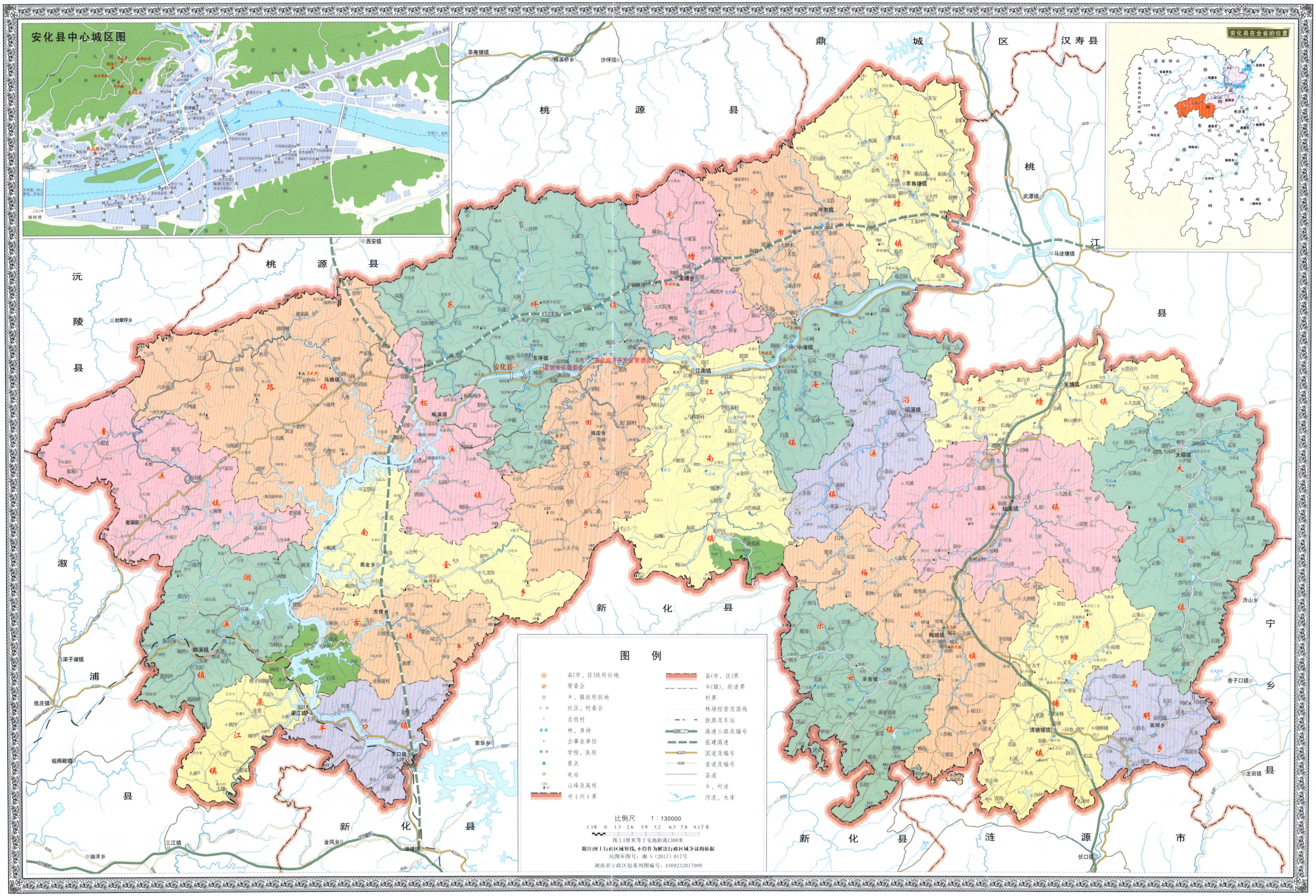

安化县民政局编制　湖南省民政厅监制　　　　湖南省第三测绘院制作　　二〇一七年六月

《安化年鉴》编纂委员会

龙专华　县科学技术和工业信息化局局长

刘畅术　县商务局局长

贺丰虎　县公安局党组成员

龚魁林　县司法局局长

王直前　县农业和粮食局局长

何国强　县水务局局长

刘庭科　县林业局局长

谭青松　县气象局局长

《安化年鉴》编辑部

编纂说明

一、《安化年鉴》2016年创刊，主要记载安化县国民经济和社会发展的基本情况与重大事件。

二、《安化年鉴（2017）》以马克思列宁主义、毛泽东思想、邓小平理论、“三个代表”重要思想、科学发展观、习近平新时代中国特色社会主义思想为指导，主要记载安化县2016年政治、经济、文化、社会等各方面的基本情况，重点反映地方特色和年度特点，突出经济建设、社会发展和改革开放的新成就与新情况。

三、本年鉴主要收录全县辖区内正科级以上行政事业单位（含省市驻安单位）、乡镇及部分企事业单位基本情况和当年工作。其时间断限原则上为2016年1月1日至2016年12月31日。

四、本年鉴采用分类编纂法，全书按类目、分目、条目三个层次编排，以字体、字号等版式设计区别不同层次，条目一级标题用黑体加【 】号表示。

五、本年鉴共设22个类目，依次是特载、安化概况、大事记、中共安化县委员会、安化县人民代表大会常务委员会、安化县人民政府、政协安化县委员会、社会团体、军事·法治、综合经济管理、城乡建设·环境保护、区域开发、交通·邮政·通信、农业·林业·水利、工业·商贸、财政·税务、银行·保险、教育·体育、卫生计生·防疫、文化·新闻·旅游、乡镇、附录。

六、本年鉴所载各单位稿件，均由各单位撰稿提供，并已经供稿单位领导审定。年鉴中涉及全县的法定数据均由统计部门提供或审定。

七、本年鉴所登照片，主要由刊登单位提供。为避免疏漏错误，均未署名。

八、本年鉴所载各单位领导人名录，系任实职的班子成员，在2016年年内离任或新任的都注明其异动时间。同一层级领导人名录先后位置，与领导人排序无关。

九、本年鉴名称中所载时间为编辑出版时间，今后亦同。

重要会议

ZHONGYAO HUIYI

9月8日，中国共产党安化县第十二届委员会第一次全体会议在会议中心召开

3月7日，安化县委经济工作会议在安化大剧院召开

11月29日，安化县第十七届人大第一次会议在安化大剧院开幕

11月28日，中国人民政治协商会议安化县第九届委员会第一次会议在安化大剧院开幕。

领导关怀

LINGDAO GUANHUAI

2月3日，湖南省委副书记、省长杜家豪（前右一）来到安化县马路镇八角塘移民避险安置点开展调研并慰问困难群众

9月20日至21日，湖南省委常委、省委统战部部长黄兰香（前左二）到安化调研精准扶贫工作

3月15日，湖南省人大常委会副主任蒋作斌（前右二）到安化调研黑茶产业

3月9日至10日，湖南省副省长蔡振红（中）到安化调研茶旅一体化建设、民生保障等工作

领导关怀

LINGDAO GUANHUAI

5 月 28 日，国家图书馆名誉馆长周和平（前左二）、湖南省文化厅厅长李晖（前右二）到安化调研黑茶产业发展情况

9 月 1 日，湖南省交通厅厅长胡伟林（前右一）到仙溪镇考察二广高速公路常安段建设情况

5 月 24 日，湖南省卫生计生委主任张健（左二）到益阳市大福皮肤病防治所考察麻风病防治工作

11 月 16 日至 17 日，湖南省移民开发局局长李新连（前中）一行到安化调研移民安置、产业开发、基础建设等工作

11 月 24 日，国家煤炭局副局长李万疆（右三）到安化巡查煤炭生产企业

10 月 17 日，安化县在陶澍广场举行了全国第三个扶贫日“心系扶贫”万人签名活动

12 月 5 日，中远船务工程集团有限公司党委书记马智宏（左一）一行到马路镇严家庄村考察指导扶贫工作

12 月 24 日，安化县电商精准扶贫“百千万”工程在安化广聚供销电子商务公司启动

11 月 2 日，益阳市委副书记、市长许显辉（前左三）一行到田庄乡双文村指导精准扶贫工作

11 月 4 日，安化县委书记熊哲文（右二）到高明乡调研指导园区开发建设和精准扶贫工作

10 月 22 日至 23 日，安化县委副书记、代理县长肖义（中）到羊角塘镇王家坪社区村检查指导精准扶贫工作

12 月 15 日，安化县委副书记（右一）王新宇到渠江镇调研精准扶贫工作。

10 月 21 日，安化县委常委、常务副县长邹雄彬（中）在古楼乡和谐村就精准扶贫工作开展调研

7 月 1 日，安化县与国网新源控股有限公司正式签订抽水蓄能电站项目合作协议

10 月 14 日，方正证券与安化县人民政府精准扶贫战略合作签约仪式在华天大酒店举行

7 月 8 日，安化县茶旅一体化项目推介会暨集中签约仪式在银莲大酒店举行

11 月 30 日，财富证券与安化县人民政府签署精准扶贫战略合作协议

湖南创源农牧业开发有限公司董事长肖泉源与安化县人民政府代理县长肖义签订创源现代生态农业观光园项目合作协议

10 月 28 日，安化黑茶推介活动在第四届中国茶叶博览会上举行

12 月 16 日，安化县田庄乡高马二溪村举行“天下黑茶第一村”创建启动仪式

12 月 18 日，湖南省白沙溪茶厂股份有限公司大师工坊落成

2 月 25 日，安化职业中专（安化黑茶学校）整体搬迁奠基仪式现场

3 月 25 日，2016 中国安化黑茶开园仪式在马路镇千秋界茶园基地举行

6月6日，安化东坪大码头大桥合龙

6月20日， 梅城镇绕城公路开工

12月30日， 平口汽车站 建成投入使用

4月15日，90台新能源电瓶小公交车正式投入县城运营

预制梁场

隧道光面爆破

立柱施工现场会

涉河桩基础浇

立柱施工

马安高速公路建设组图

重点项目
ZHAODIAN XIANGMU

12 月 18 日，安化县思源实验学校建设工程正式奠基开工

安化县二人民医院门诊住院楼建设工地

12 月 10 日，安化县医养结合老年公寓奠基仪式在东坪镇城西村举行

渔民上岸安居工程——资江世纪城（平口镇）

12 月 19 日，安化县综合档案馆建成并投入使用

11 月 9 日，安化县茶乡花海体验园项目奠基暨开工庆典仪式

建设中的安化县人民医院医疗综合大楼

5 月 12 日，安化县 2016 年爱卫（创卫）工作会议在安化大剧院召开

拆除茰江路各类违章建筑物

清理卫生“死角”

卫生县城牌匾

法制建设

FAZHI JIANSHE

安化县交通运输局举办交通运政执法培训班

安化县人民法院环境资源审判庭正在开庭

安化县人民法院青年法官开展普法宣传活动

安化县森林公安局开展收缴整治枪爆物品专项行动

12月16日，安化县第三届“新华杯”中小学生经典诵读比赛决赛在安化大剧院举行

12月15日，全县廉政文化进校园文艺作品展在安化县第二中学开展

社会事业

SHEHUI SHIYE

3 月 17 日，安化县“华莱杯”第三届道德模范电视颁奖典礼在安化大剧院隆重举行

9 月 26 日，安化县党政领导和群众代表在安化烈士纪念碑前举行烈士纪念日公祭活动

安化县林业局组织开展的以“关注候鸟保护，守护绿色家园”为主题的爱鸟周活动

首届益阳安化云台山帐篷旅游文化节现场

8 月 13 日，黄自元书法研究学会正式成立

社会事业

SHEHUI SHIYE

6 月 25 日，安化县不动产登记中心成立暨首证颁发仪式

5 月 12 日，应急知识宣传活动在县城罗马商业广场举办

安化县人社局牵头举办的 2016 年“春风送岗位”大型招聘会

水土保持项目——坡改梯

7 月 4 日，小淹镇志愿者参加抗洪抢险

7 月 4 日，民兵应急分队参加抗洪抢险

旅游推介

LVYOU TUIJIE

2 月 23 日，在湖南省第七届旅游产业博览会上举办的安化旅游推介会

茶马古道上的“马帮”

建设中的茶乡花海景区

辰山景区俯瞰

云上云台山

旅游推介

LVYOU TUIJIE

雪峰湖景区

响水洞漂流

云台山茶园冬景

张五郎像

洞市老街

龙泉洞景区

5 月 21 日，“欢乐潇湘·神韵安化”月月乐群众文艺活动——太极拳展演在县体育馆举行

7 月 29 日，“欢乐潇湘·神韵安化”月月乐群众文艺活动——红色少年快乐成长大型舞台剧在安化大剧院上演

4 月 28 日，“欢乐潇湘·神韵安化”月月乐群众文艺活动——“湘中明珠·美丽柘溪”专场在柘溪镇上演

7 月 11 日，“欢乐潇湘·文化益阳”群众文艺汇演——安化专场在安化大剧院上演

2月3日，“美丽安化·和谐家园”安化县2016年新春联欢晚会在安化大剧院上演

2月22日（元宵节），安化县举行“金猴闹元宵”活动

11月29日，“迷人的茶香”安化县首届原创歌曲大赛颁奖晚会在安化大剧院举行

11月22日，“安化达人秀”电视大奖赛决赛在安化大剧院举行

皮影戏

农耕工具

傩戏表演

烧宝塔

目　录

特　载

安化概况

大事记

中共安化县委员会

安化县人民代表大会常务委员会

安化县人民政府

政协安化县委员会

社会团体

军事·法治

综合经济管理

城乡建设·环境保护

区域开发

交通·邮政·通信

农业·林业·水利

工业·商贸

财政·税务

银行·保险

教育·体育

卫生·防疫

文化·新闻·旅游

乡　镇

附 录

特 载

在县委经济工作会议上的讲话

中共安化县委书记 杨光鑫

（2016 年 3 月 7 日）

一、把握形势，增强信心

今年，是进入全面建成小康社会和扶贫攻坚决胜阶段的第一年。站在新起点，谋划新发展，要着眼宏观政策，把握现实基础，分析利弊因素，进一步坚定全县上下赶超发展、脱贫攻坚和全面建成小康的信心和决心。

（一）上级要求指向明确，为我们的实践创新提供了重要遵循。党的十八届五中全会提出创新、协调、绿色、开放、共享五大发展理念，管全局、管根本、管方向、管长远。中央经济工作会议明确了“五大核心任务”，即：去产能、去库存、去杠杆、降成本、补短板；指明了“五大政策支柱”，即：宏观政策要稳、产业政策要准、微观政策要活、改革政策要实、社会政策要托底；强调了“十个更加注重”，即：推动发展更加注重质量和效益，稳定增长更加注重供给侧结构性改革，宏观调控更加注重市场行为和社会心理预期，调整结构更加注重培育新动力和化解过剩产能，城镇化更加注重以人为核心，区域发展更加注重资源环境空间均衡，保护生态更加注重绿色生产和消费方式，改善民生更加注重精准帮扶，资源配置更加注重市场的决定性作用，扩大开放更加注重高水平的双向开放。省委经济工作会议分析了机遇和挑战，要求从供需两侧发力，推进结构性改革，着力做好“加减乘除”，加强需求侧管理，释放内需潜力。市委经济工作会议要求保持定力、深挖潜力、增强动力、精准发力，推动经济持续健康发展。中央和省、市的重大部署就是我们谋发展、抓落实的重要遵循。从“3+2”战略到推进茶旅文一体，从绿色崛起到打造全景安化，从注重基础保障到精准脱贫攻坚，我们不变的担当始终是科学发展，不渝的坚守始终是绿水青山，矢志的追求始终是群众共享，全县上下以实际行动，努力探索实践符合发展理念、彰显安化特色的发展模式。只要保持战略定力，强化创新引领，一定能够开创新业绩。

（二）内生动力稳步增强，为赶超发展蓄积了能量。经过多年持续发展，综合实力稳步提升，发展质量持续优化，为赶超发展奠定了坚实基础。一是优势产业在成长。茶产业带动力增强，成为全县首个百亿支柱产业，就业带动和财政贡献每年都有新突破。电力能源产业稳定性增强，随着风力发电项目陆续上马，打造湘中清洁能源输出大县的目标越来越近。旅游业成长性增强，整体规划、景点建设、线路推介等基础工作有力有效，辰山绿谷、茶乡花海等重大项目成功落地。此外，中药材、建材、仓储物流等产业也在加快成长。二是经济结构在优化。三次产业结构调整为22.9：37.9：39.2，在煤炭低迷、矿企艰难、下行压力明显的情况下，二、三产业比重实现稳步上升，县域经济抗风险的能力在增强。园区功能加快完善，园区经济稳步发展。三是重大瓶颈在突破。马安高速快速推进，二广高速年内通车，多年的对外交通瓶颈正在稳步突破。城镇功能逐步完善，产城融合加速，管理水平提高，水利、电力、通信等基础设施不断完善。四是驾驭发展的能力在提升。历经复杂形势、下行压力和自然灾害洗礼，各级领导干部积累了经验、锤炼了作风，政治意识、大局意识、核心意识、看齐意识不断增强，抓发展的思维更加成熟坚定，抓发展的举措更加务实有效，抓发展的能力不断提升。

（三）宏观环境总体向好，有利安化的政策支持在叠加。主要表现在：世界经济复苏态势仍将延续，外部环境总体稳定；国内经济长期向好的基本面没有改变，“四个全面”“一带一路”等倡议将纵深推进，国家给予脱贫摘帽的政策扶持将更有含金量。最近，中央针对革命老区脱贫攻坚，明确了项目建设、资金投入、用地保障、生态补偿、优抚标准、对口帮扶“六大支持政策”。比如，重大项目上实行“三个优先”：优先考虑进入国家“十三五”等中长期规划，优先纳入国家专项规划，优先安排项目计划；在资金投入上实行“一增加、三倾斜、一覆盖、一取消”：增加老区转移支付资金规模，一般性转移支付、涉及民生的专项转移支付、中央财政专项扶贫资金分配向贫困老区倾斜，中彩公益金对贫困老区全覆盖，取消国家在贫困地区安排的公益性建设项目的县级配套资金。安化是国贫县，也是革命老区县，争取这些政策有基础、有优势，有更大的潜力和空间。同时，国家重点生态功能区、全国循环经济示范县等政策红利陆续落地落实，系列政策利好叠加，必将为我县赶超发展提供强劲推力。

二、坚守目标，砥砺奋进

刚刚哲文县长向大家通报了今年要实现的几项主要经济指标，这些指标，有些比县里两会确定的高一点，主要是基于三个方面的考虑。一是充分考虑与同步建成全面小康社会相衔接。2015年，我县小康整体实现程度达85.9%，同比提高6.5个百分点，但GDP、财政总收入都只有60%。如果今年的指标过低，今后的赶超压力会更大，一旦经济形势波动，我们很有可能陷入被动，与全市、全省、全国同步建成全面小康的目标就会落空。二是充分考虑了现实的基础条件。这些年，县域经济发展既有量的增长，也有质的提升，基本面持续向好，成长性不断增强。交通等瓶颈加快突破，全县即将步入高速时代，房地产也有望回暖，只要自加压力，完全能够保持较快的发展速度。三是充分考虑了攻坚克难的客观需要。当前，县域发展还存在诸多困难和挑战。突出表现在“一小一大一失衡”：经济总量、人均均量仍然偏小，人均地区生产总值、人均财政收入、城乡居民人均可支配收入等全面小康建设关键指标增长缓慢；经济下行压力持续加大，部分企业特别是矿产企业经营困难；发展依然失衡，库区、矿区、偏远地区相对落后，遗留问题多，发展难度大，扶贫攻坚和民生保障任务重。解决这些问题，需要用合理的目标加强引领，增强发展信心，凝聚发展合力。

实现目标，必须吃透上级精神实质，把创新、协调、绿色、开放、共享的理念记在心，践于行，把思想认识统一到中央的重大判断和省市的工作部署上来，从宏观调控与扶持领域中把握利好，加快突破发展瓶颈，解决重点难点问题。必须坚持量质并举、稳中求快、快中向好，坚守生态安全底线和绿色崛起的路径，强化项目抓手，保持投资强度和赶超力度，做强特色优势产业，确保经济社会发展又好又快。必须把老百姓的利益放在心、想在先，倾注更多心血和汗水，搭好“连心桥”，念好“扶贫经”，多派“致富包”，让群众生活更有保障，更加安康。

（一）优化供给促转型。中央推进供给侧结构性改革，主要目的是去产能、去库存，减少无效低端供给，提高全要素生产率，解决经济结构深层次问题，增强发展活力。当前，影响我县经济增长的突出问题，既有总量不大的问题，也有结构不优、产品不优的问题，很多产品无法满足个性化、差别化、优质化的消费需求。要加快产业转型升级，在扩大规模的同时，更加注重特色支柱产业的提质发展，一如既往地做大做强矿产、茶叶、中药材、生态旅游、清洁能源、建材和物流等产业，巩固扩大房地产经济，发展规模品牌商贸，努力打造生态环保、优质安全的基础产业体系。着眼去库存、强供给，强化创新引领，优化产品结构。比如，茶叶企业要用主要精力加强大众化、方便化产品研发，加强工艺改进和质量管理，适当核减只重收藏、不便消费类产品的规模，还要考虑提质升级，发展下游，增加附加值。再比如，房地产要更加注重基本住房保障与高品位房产开发，通过“两房两棚”开发经济适用房产品，因地制宜规划一批高档住宅区，减少千篇一律，满足个性化需求。园区是产业发展的聚集区、主阵地。要把园区建设管理作为重点来抓，强化目标引领，完善基础设施，加快项目聚集进度。今年全县“一区三园”以及各功能园区、乡镇特色小区，建设上要有新进展，项目上要有新进驻，形象上要有新提升，效益上要有新突破。

（二）着眼需求扩投资。强调供给侧结构性改革，并不是说扩大需求不重要了，而是要从供给和需求两端发力，优化投资结构、扩大投资规模、提高投资效益。目前，我县人均固定资产投资仅为全国的29%，全省的38%，全市的54%。我们的投资不是多了，而是太少了。不论动力如何转换，扩大投资仍然是加快我县发展最主要、最有效的动力。要把握重点领域。突出补短板，扩大交通、水利、电力、通信、广播等基础设施投资，确保二广高速年内通车，马安高速快速推进，官安高速有序启动，其他基础设施项目顺利推进；突出促转型，支持优势企业扩规提质，推进园区“三通一平”和标准化厂房建设，加快黑茶等专业市场、物流仓储基地建设；突出惠民生，进一步加大生态、民生等领域的投资力度。要拓展资金渠道。一要扩大政府投资。今年中央适度提高财政赤字率、增加赤字规模，做好地方政府存量债务置换，这是财政政策积极发力的明显信号。要抓住机遇，加强立项争资，到位资金要新增20%以上。加强进入国家“十三五”三年滚动计划重点项目库663个项目对接，争取早日实施。二要搞活项目融资。城建、交通、园区三大平台年度融资、企业上市融资都要有新突破。相关企业要重规则、守规矩，绝不能变相搞非法集资。三要广泛招商引资。围绕做大特色产业、延长产业链条、培育新兴业态，引进一批央企、国企、上市公司等战略投资者。同时，要完善返乡创业支持措施。四要激活民间资本，重点推广PPP模式，撬动社会资本参与重点领域建设。要优化资金管理，做到运行有序、监管有效、风险可控。

（三）统筹协调建城乡。城镇化是全面小康的硬指标，也是目前的一块短板。推进城乡建设没有捷径，要始终突出规划、建设、管理三个环节，实行特色发展。要精当规划。以景区的理念规划县域发展，围绕打造全国知名山水生态茶乡，进一步优化城镇空间布局，构筑层次清晰、功能明确、布局合理、设施共享、宜居宜游的城镇群，形成以东坪、梅城、平口等城镇为支撑，乡镇为基本单元，产业园区和各类安置区为补充的城镇空间发展格局。要精细建设。县城东坪要加快推进“北改南建西优东融”，加强马安高速木子区域规划控制，加大玉溪片区开发，加速与黑茶产业园融合，努力建设魅力茶乡核心区；梅城镇要加快扩容提质，高起点推进北区、西区开发，打造商贸物流中心和核心园区；平口镇要继续推进拥江发展；其他乡镇都要尊重历史沉淀，突出主体功能，打造具有浓郁地方特色和产业特色的示范镇。要以超前意识，加强市政公共设施建设，着眼农民变市民，完善路水电气和文教卫医等配套设施。近年来，我们通过征地拆迁安置、避险搬迁安置的规划建设，有效地扩大了城镇规模，提高了城镇品位。今后五年，将有5万人左右需要异地搬迁。在搬得出、留得住、能致富的前提下，要把集中安置地点优先考虑在乡镇集中区，既可给力城镇建设，也可为他们提供更好的发展环境。要精心管理。城市是“三分建七分管”。一座城市、一个集镇建得再好，管理跟不上，服务不提质，也会变成“乱城”“脏城”。实践证明，我们有的乡镇通过改善管理服务，不但改变了城镇面貌，还提高了老百姓的满意度。要切实加强市政管理和综合执法，维护良好的环境秩序，保障摊点规范、经营有序、整洁文明，年内要完成省级卫生县城创建，启动一批省级文明乡镇、生态文明村的创建。

（四）突出扶贫促共享。省委、省政府要求2019年底实现整体脱贫摘帽，这是县委、县政府的必成目标，是“十三五”的头等任务。到2015年底，全县还有130个贫困村，近11万贫困人口，如期实现脱贫摘帽，今后平均每月要减少贫困人口2400多人。要始终强化问题导向、短板意识，精准发力，攻坚拔寨。要改良“基本面”，把加快产业发展、基础设施建设和优化公共服务作为脱贫攻坚的重点，稳步推进“一户一亩茶园”计划，扩大产业覆盖面。加快推进交通、水利、电力、信息“四网”建设，强化脱贫致富硬件支撑。有序推进科技、教育、卫生、文化等社会事业发展，加快构建“全覆盖、保基本、多层次、可持续”社会保障体系，提升公共服务水平。同时，要把发展相对落后、贫困人口相对集中的区域，作为全县支持的重点，进一步落实整村推进、片区帮扶等措施，完善政策，配好套餐，帮扶发展。要滴灌“脱贫根”，真正把“精准”二字贯穿到扶贫的各方面、全过程。比如精准识贫上，不能满足于一次建档定终身，必须经常开展回头看，完善进退动态机制。在分类施策上，要多搞特惠制，针对每一个贫困户缺什么补什么，什么问题突出就解决什么问题。对“五个一批”要砍土分方落实到人，对什么人搞什么产业、到哪就业、搬迁到哪，等等，都要有详细的方案和具体的路线图、时间表。根据致贫原因分析，我县三成以上的贫困户都是缺少劳力，病残突出，需要兜底保障，但真正有多少人，怎么进行兜底，需要多少钱，相关单位要精准测算，完善方案。要扩大“增收点”。收入上不去，脱贫就是空话。中央强调，判断脱贫的标准主要是“两不愁、三保障”，即：不愁吃不愁穿，保障适龄儿童有书读、有病的能就医、有安全住宅。实现这些目标，关键都在“增收”二字。要扩大产业覆盖面，把贫困户最大限度纳入茶叶、水果、中药材等基地建设中，纳入旅游服务等产业链上来，真正分享产业发展红利。要强化就业帮扶，有效开展就业培训，加强就业推介，尽力保障有劳动力的贫困家庭有一人稳定就业。

（五）强化改革增活力。近年来，我们积极推进九大类各项改革，行政体制、财政税收、国有资产、金融建设、农村土地等多个领域都取得了明显改革成效，有力促进了县域发展。今年，上级抓改革的力度更大、要求更高、落地更实。要不折不扣完成“规定动作”。今年中央推出了国企、财税、价格、金融、养老保险等一系列重大改革举措，省委确定了 49 项重点改革任务。我们要坚持问题导向、突出战略重点、强化督察落实，强力推进中央和省市部署的各项重点领域、关键环节的改革，推出一批具有重大牵引作用的改革举措。要卓有成效搞好“自选动作”。继续抓好已经启动的国家、省级改革试点工作的成果巩固和纵深推进，在行政管理体制改革、农村土地承包经营权登记颁证、农村金融改革、不动产登记管理等方面取得更大成效。要以推进梅城镇行政管理体制改革试点和助力经开区发展为重点，加快简政放权，相关单位要按照清单落实下放事项和权限。县交通部门要把部分村级公路硬化指标放到乡镇，由乡镇统筹安排到村。各级各单位都要严格执行改革指令，及时报告工作情况，既当改革促进派，又当改革实干家。县委改革办和各专项小组，要根据中央、省委和市委要求，重点抓好改革任务分解和分步推进，列出时间表，明确责任人，坚持项目化，项项抓好，步步推进，确保改革工作蹄疾步稳，充分释放改革红利。

三、履职尽责，务实担当

既定任务能否完成，目标能否实现，关键在党，关键在人，关键在落实。全县各级各单位和党员领导干部，要顾大局，识大体，尽心尽责，切实担当改革发展的每项任务。

（一）要凝神聚力。当前，县直领导班子已陆续调整到位。机构改革不是简单的换牌子、挪位子，是提升效能、服务发展的需要。各级领导干部要迅速沉下心，把主要心思用到转职能上，尽快熟悉业务，加快理顺体制机制，按要求明确机构职能，确保行政效能稳步提升，各项工作顺利运转，改革预期圆满实现。要把主要精力用到谋发展上，围绕工作任务和发展目标，切实强化时间观念、进度观念、效率观念，坚持做到躺着想事、坐着议事、站着干事，坚持做到目标快明确、方案快完善、工作快上手、举措快落实。要把集体智慧用到搞服务上，组织干部职工深入一线，进村入户，积极维护项目建设环境，帮扶企业顺利开工生产，科学指导群众脱贫攻坚，支持大众创新创业。今年是县乡班子集中换届之年，大事要事多，全县党员干部和广大群众都十分关注，各级领导干部一定要在关键时刻、大事面前经得起考验。县级领导要带头践行“严实”要求，自觉把政治纪律挺在前，把发展责任扛在肩，把百姓福祉放在心，做到在其职、履其责、尽其能。县委、县政府将密切关注各级班子的工作情况和个人表现，以机构改革和换届工作考量各级班子的政治素质、大局意识和执行能力。希望我们的领导干部在个人利益上少抬头看路，多埋头干事，沉下心、扑下身，以务实的作风和扎实的作为赢得群众的肯定。

（二）要真抓实干。实现“十三五”良好开局，确保脱贫攻坚、全面小康目标顺利实现，我们有机遇但没有捷径，必须依靠真抓实干。要抢抓有利机遇。加强宏观政策研究，主动对接国家长江经济带、环洞庭湖生态经济区等战略规划，积极争取重大产业、交通、城镇、生态等项目布局落地。着眼国家重点生态功能区、全国循环经济试点县等特殊政策，在做强优势产业，创新发展模式，加快转型提质上，争取更多专项扶持。吃透加大脱贫攻坚支持革命老区开发建设的指导意见精神，全力争取项目规划、资金投入、土地保障、生态补偿等方面的特惠政策实施。在抢抓机遇、立项争资上，要有不达目的不罢休的定力和毅力，吃得“闭门羹”，坐得“冷板凳”，做实准备，不怕委屈。要破解发展难题。坚持目标导向，聚焦项目推进不快、发展环境不优、生产要素短缺、遗留问题叠加等重点难点，摸实情，转思维，搞创新，加强征地拆迁专项治理，从快处理阻工扰工行为，注重资源整合利用，助力特殊地区发展，强化特殊群体管理，着力解决影响发展的重大矛盾问题。要担当群众冷暖。切实维护群众利益，办好省市下达的民生实事，推动“一进二访”活动常态化，积极为老百姓发家致富出主意，解难题。尊重群众参与发展的意愿，畅通意见表达渠道，重大公益项目决策、重要民生政策出台，都要主动听取群众意见。积极回应群众求安定的愿望，落实维护社会稳定、保障公共安全的制度机制，加强隐患排查处理，确保不发生责任事故。

（三）要强化基层。基层是一切工作的依托。抓好改革发展任务落实，必须不断强化基层基础。要落实党建责任。目前，从中央到省、市，对基层党建的要求越来越高，考核越来越严。安化是市委、市政府领导党建、扶贫联系点的集中区，市委明确要求我们打造一批党建样板点。各级党组织书记要进一步提高思想认识，坚持问题导向，深入推进市委“五个一”党建行动，对照党建条规和县委下发的《安化县基层党建工作政策摘编》，逐条落实，不断提升基层党建水平。要继续加大投入，推进村级（社区）服务中心提档升级，改善基层工作条件。关心基层干部成长，对基层同志的生活困难多帮扶，对基层同志的工作困惑多关怀，对基层同志的合理要求多考虑，充分调动他们干事创业的热情。要提升服务水平。建立完善村级（社区）组织联系群众制度，村支两委班子成员要主动下沉，多与群众见面，真心倾听意见诉求，化解矛盾问题。要加强对留守儿童、孤寡老人等特殊人群的管理服务。落实村（社区）干部轮班值守制度，为群众办事提供更多的便利。要加快自主发展。村级党组织要不断增强主观能动性，把基层党建与服务发展、脱贫攻坚统一起来，主动担当环境优化、社会管理、矛盾处置等中心工作，积极依托本地资源，谋划和推进村级集体经济发展。加强贫困群众的宣传教育，积极引导他们在上级政策支持下自力更生，加快改变贫穷面貌。

（四）要严守党纪。2015 年，全国共对 850 多个单位的党委（党组）、纪委（纪检组）和 1.5 万余名党员领导干部，实施了落实“两个责任”不力的责任追究，释放了“有责必问、问责必严”的强烈信号。对党员干部纪律约束增多、要求越来越严已经成为新常态。要坚守党性原则，严守政治纪律，服从组织决定，对中央和省、市部署的深改、并村等重大任务，不管困难多大，也要克服阻力抓好落实。要牢固树立“抓好党风廉政建设是本职，不抓是失职，抓不好是渎职”的观念，切实履行好主体责任，做到守土有责、守土负责、守土尽责。党委书记作为“第一责任人”，要严格按照“四个亲自”要求，坚决落实“第一责任人”职责。各级纪检监察组织要聚焦主业主责，坚持挺纪在前，严格执纪监督，及时纠正和严肃查处不作为、乱作为等问题，坚决惩治侵害群众利益的不正之风，始终保持惩治腐败的高压态势，切实增强群众的获得感和满意度。

同志们，新的目标催人奋进，新的征程任重道远。让我们在上级党委的正确领导下，团结带领全县人民，振奋精神、锐意进取、开拓创新，为实现“十三五”良好开局，确保脱贫攻坚、全面小康目标顺利实现而努力奋斗！

政府工作报告

——在安化县第十七届人民代表大会第一次会议上

安化县人民政府代理县长　肖　义

（2016年11月29日）

一、过去四年的工作回顾

过去四年，全县上下认真贯彻落实党的十八大和十八届三中、四中、五中、六中全会精神，按照县第十一次党代会决策部署，积极应对和克服发展环境复杂、自然灾害频发等不利影响，扎实推进“3+2”发展战略，较好完成了县十六届人大一次会议确定的目标任务，实现了“十三五”良好开局，为决战脱贫攻坚、全面建成小康社会奠定了良好基础。

（一）经济规模持续扩大。2016年实现生产总值195亿元（预计数，下同），年均增长9.3%；财政总收入12.32亿元，年均增长7%；规模工业增加值39.2亿元，年均增长5.2%；固定资产投资156亿元，年均增长22.9%；社会消费品零售总额100.2亿元，年均增长12.7%；金融机构各项存、贷款余额276亿元、87亿元，年均分别增长17.7%、22.1%。

（二）产业发展持续升级。矿产、水电等传统产业保持稳定，安化黑茶特色产业迅猛发展，产业结构日趋优化。规模工业企业由98家增至121家。茶产业成为首个百亿产业集群，实现产量6.5万吨、综合产值125亿元、税收1.8亿元。旅游逐步升温，2016年共接待游客230万人次，实现综合收入12亿元。生物医药、新材料、新能源等新兴产业培育加快破题。

（三）基础设施持续完善。累计完成投资116亿元，实现了大投入、大发展。二广高速安邵段通车、常安段有望年底建成，马安高速序时推进。完成G207等国省干道提质改造，平烟公路等即将建成。5.2万农村人口进城落户，城镇化率提高到31.5%。县城“北改南建”战略深入推进，梅城、平口发展成效显著，小城镇建设步伐加快。水利、电力、信息等基础条件持续改善。

（四）民生保障持续加强。全面小康实现程度达90%，城乡居民人均可支配收入为15735元、7476元。累计投入财政民生资金132亿元，实施扶贫项目1700多个。新增城镇就业19500多人，新增农村劳动力转移就业19000多人。完成保障性住房、棚户区改造22874套，危房改造11420户，灾后重建2590户，渔民上岸4145户。全民医疗保险、基本养老保险、最低生活保障基本实现城乡全覆盖。

（五）改革动能持续释放。重点领域和关键环节改革深入推进，基本完成县级政府机构改革、村级行政区划调整和国有林场管理体制改革。国有资产归集、融资平台整合实现突破，国家重点生态功能区、省直管县经济体制改革试点县、省特色县域经济重点县等重大利好政策落地实施。财税、金融、文化、教育、医疗、农村经营管理、商事制度改革等取得进展。

二、四年来所做主要工作

（一）着力提升产业发展质量效益。加快农业现代化进程。茶产业发展基础持续夯实，新改建茶园基地8533.33公顷，总面积达20666.67公顷。安化黑茶产业聚集区获批全国知名品牌创建示范区，安化黑茶夺得米兰世博金奖，安化红茶成功注册地理标志证明商标，安化黑茶、白沙溪、华莱健认定中国驰名商标。《花卷茶》《湘尖茶》等国家标准发布实施。成功举办第三届中国黑茶文化节、全国百佳茶馆颁奖典礼、安化黑茶北美行和“少林·泰山行”等系列活动，安化黑茶知名度显著提升。我县先后荣获中国茶产业十大转型升级示范县、全国十大生态产茶县等称号，稳居全国重点产茶县四强。粮油播种面积和产量保持稳定，蔬菜基地发展至5333.33公顷，特色水果面积13333.33公顷，药材面积25333.33公顷。生猪、牛、羊、家禽、水产等养殖业实现稳步增长。新型农业经营主体蓬勃发展，休闲观光农业等新兴业态不断涌现。累计流转农村土地32000公顷，发展家庭农场460家、种养大户550户、专业合作社380家。农产品加工规模企业发展至40余家，中茶、华莱生物获评全国农业产业化龙头企业，阿香柑桔专业合作社获评全国示范社。加快推进新型工业化。县经开区升级为国家循环化改造示范试点园区，完成中药健康产业园选址测绘规划，推动高明钨钴产业集群整合。重点实施园区“135”工程，完成基础设施投资30亿元，新建标准化厂房40万平方米，入驻规模企业39家。白沙溪、中茶、成大生物、海螺水泥、渣矿等新改扩建项目建成投产。加快发展第三产业。致力打造茶旅一体格局，黄沙坪古茶市、黑茶博物馆、黑茶大市场建成，茶乡花海、云上茶旅等项目全面实施。我县主要景区纳入大湘西旅游精品线路，云台山龙泉洞、白沙溪茶厂创建国家AAA级旅游景区，中国梅山文化园创建五星级乡村旅游区，黄沙坪古镇入选首批湖湘风情文化旅游小镇。安化获批创建国家全域旅游示范区，获评中国最佳养生休闲旅游胜地。陶澍墓、安化风雨廊桥晋级国家重点文物保护单位，唐家观古镇等8个传统村落列入国家保护名录。安化成为万里茶道申遗湖南省牵头单位。送戏下乡、“欢乐潇湘·神韵安化”月月乐等群众文化活动广泛开展。建成罗马商业广场、华天假日酒店、县城农贸综合大市场，完成奎溪、渠江等农贸市场标准化改造，加快实施萸江农贸市场项目。广聚供销电商投入运营，淘宝“特色中国·安化馆”上线。着力稳定房地产发展，完成投资32.6亿元，销售面积136万平方米。

（二）不断增强跨越赶超动能后劲。扎实推进项目建设。坚持县级领导联系重点项目和定期调度制度，重点工程项目强力推进。完成县体育中心、城南完小、陶澍文化广场等项目建设和柘马、茅东、梅黄等国省干线改造，安化东坪大码头大桥、县人民医院扩建项目即将竣工，安化黑茶学校顺利开工。扎实推进立项争资。完成“十三五”规划编制，规划重大项目409个、总投资3000亿元，其中入库国家三年滚动计划857亿元。争取国省政策性资金127亿元，成功争取国家循环经济示范县、国家生态保护与建设示范区、省高标准农田建设试点县、省产城融合示范区等利好政策。张新高速列为省2017年开工项目。扎实推进招商引资。成功引进中国中药、上海医药、中国电力等战略投资者，签约落户项目148个、到位资金136亿元。芙蓉山抽水蓄能项目启动前期，芙蓉山风电即将开工，天子山风电立项核准。

（三）致力构筑良性发展体制机制。深化行政管理体制改革。加强行政监察和审计监督，强化绩效考评权威。稳步推进事业单位分类改革和国企改革，启动不动产统一登记。积极对接省直管县试点改革，承接市级经济社会管理权限406项。强化政务服务，新建标准化乡镇政务服务中心16个。深化工商登记改革，新增市场主体15121户。加快财税金融体制改革。推行财政全口径预算管理，全面推开税收“营改增”。完善金融市场体系，县农村商业银行正式组建，湘淮村镇银行挂牌营业，华融湘江银行等金融保险机构设立分支机构，多种金融创新产品推出，新增茶叶等涉农险种，被确定为全省农村金融产品和服务方式创新示范县。加大融资力度，组建梅山集团公司，成功发行8亿元企业债；城建投、创圆投等县级平台融资63亿元；力天钨业、梅山黑茶在新三板挂牌上市。推进城乡管理体制改革。完成新一轮县城总规和村镇布局规划编制，全面推行乡镇规划例会制度，健全查违控违拆违工作机制，城乡规划建设管理有效加强。连续16年实现耕地占补平衡，获评“第二届全国国土资源节约集约模范县”。农村土地确权登记颁证、农村集体“三资”清理等工作扎实推进。

（四）始终坚守生态环境保护底线。加强生态建设。划定县域生态红线，创建国家级生态乡镇3个、生态村2个。全面禁止天然林商业性采伐，完成各类造林13333.33公顷，森林覆盖率提高到76.2%。我县探索试行的茶叶和珍稀树种混交模式被列为国家新一轮退耕还林典型模式。雪峰湖国家湿地公园、地质公园成功获批，云台山国家石漠公园在全国率先落地。强化环境整治。基本完成县城主要道路提质改造，推行清扫保洁市场化运作和网格化管理，成功创建省级卫生县城。美丽乡村建设和农村环境综合整治取得成效。柘溪库区中长期发展规划编制完成，成功纳入国家水质良好湖泊，有序推进网箱、拦网养鱼生产退出和水面漂浮物治理。严格环境监管整治，关停淘汰“十五小”企业、非法矿点240余家（处）。落实节能减排。完成梅城和县城二期污水处理厂建设，县域水质达标率达85.4%，空气质量达标率保持95%以上，圆满完成“十二五”主要污染物减排任务。

（五）全力促进民生事业协调发展。增强民生保障。全县基本养老保险、医疗保险参保率分别达90%、95%以上，城乡低保救助、农村五保供养提标到位，住房公积金归集扩面，残疾人“两项补贴”制度全面落实。办好民生实事。完成25处地质灾害隐患点治理；移民避险解困13643人，易地扶贫搬迁2013户6095人；解决农村饮水安全43.44万人；完成病险水库除险加固116处；新建农村公路898千米，完成危桥改造162座；完成36处重点输变电工程和447个村农网改造；新建移动基站731个，新增宽带用户4.1万户；残疾人康复托养中心投入运行；完成7个乡镇邮政所补建；为11.2万农村妇女开展宫颈癌免费检查。发展民生事业。办学条件加快改善，教育质量得到提升，高考二本以上上线率达40.69%。安化健儿相继斩获27块国内外赛事金牌，县体育中心羽毛球馆投入使用。公共卫生服务有效加强，医疗条件环境明显改善，保持全国基层中医药工作先进县地位；计划生育持续良好，全面两孩政策落地实施。县计生协会连续三年评为省先进。大力开展食品药品专项整治，不断完善粮食储备体系。县人防指挥所、县综合档案馆顺利竣工。石油、盐业、烟草、气象、水文工作取得新发展，机要保密、机关事务、老龄、行政学校、工会、青年、工商联、科协等各项事业全面进步。

（六）坚决确保社会大局和谐稳定。加快法治建设。认真办理人大代表建议和政协委员提案896件，满意率90%以上。组建县政府法律顾问团，积极开展法律援助，获评2011—2015年全国法治宣传教育先进县。古楼乡年鱼村获评全国民主法治示范村。巩固基层建设。全面加强村、社区治理体系建设，完成村居两委换届和并村工作，合并行政村126个。精神文明建设得到加强，小淹镇获评全国文明村镇，“助人为乐身边好人”吴石林入选中国好人榜。加强安全监管。严格落实安全生产“一岗双责”“党政同责”，全面开展大排查大管控大整治行动，深入推进平安交通创建，滔溪等6个乡镇获评全省安全生产示范乡镇，“平安农机”通过国家验收，安全形势稳定向好。维护社会和谐稳定。构建完善“天网工程”，基本建成覆盖全县主要道路卡口、重要集镇的监控体系。保持对“盗抢骗”“黄赌毒”等违法行为高压态势，连续四年命案全破。创新信访维稳机制，深入开展民情直达、“三访三化”、县级领导接访包案等活动，综治工作跻身全省先进，民族、宗教、对台、外事、侨务工作取得新成效，国防动员、武警、消防工作全面加强。

各位代表，过去四年发展历程不同寻常，成绩来之不易。这些成绩的取得，是县委坚强领导、县人大和县政协有效监督支持的结果，是全县人民勠力同心、共克时艰的结果，是社会各界热情关心、大力支持的结果。在此，我谨代表县人民政府，向各位人大代表、政协委员，向所有关心、支持、参与安化建设和发展的各级领导、各界朋友，向辛勤工作在第一线的广大干部群众表示衷心的感谢，并致以崇高的敬意！

各位代表，经验值得总结，回顾四年工作，我们切实体会到，要建成小康安化，就必须始终坚持以加快发展为要务，做大县域经济总量；以产业培植为核心，发挥资源禀赋优势；以项目建设为支撑，积极扩大有效投入；以生态守护为底线，保住绿色殷实家底；以服务民生为宗旨，实现改革发展红利共享；以作风改进为保障，锻造过硬干部队伍。同时，问题不容忽视，主要表现在：发展水平仍然不高，县域经济总量偏小、均量偏低，与全面建成小康社会指标差距较大；发展质量仍然不优，产业结构和税源结构有待优化，创新驱动不够；发展平台仍然不强，交通瓶颈依然没有突破，打基础的任务仍然很重；发展氛围不浓，干部队伍作风和能力建设亟待加强；发展环境不优，行政审批手续繁琐，项目落地推进艰难。对于这些问题，我们既不能遮掩，更不能回避，要积极面对，精准施策，切实加以解决。

三、今后五年的主要任务

县第十二次党代会已经明确，坚持“四轮驱动”，奋力跨越赶超，建设畅通、宜游、秀美、富裕新安化。未来五年，安化发展适逢三“期”叠加，即脱贫攻坚决胜期、全面小康建成期、“十三五”规划实现期，任务艰巨，责任重大，需要我们头脑清醒、冷静研判。一方面，当前世界经济复苏乏力，中国经济仍在探底调整，下行压力较大；互联网时代，传统行业、传统企业以及传统发展模式受到挑战；区域一体化加快，合作在加强，竞争也在加大。另一方面，随着国省系列脱贫攻坚利好政策的深入实施，特别是通过多年来的打基础强后劲，全县“两纵一横”高速大格局即将形成，我县交通劣势将明显改观，资源优势将显著提升；随着新型工业、现代农业加快推进，基础设施不断完善，我县发展平台将更加夯实，发展动能将更为强劲。这些，都将为安化发展奠定坚实基础。机遇与挑战并存，困难与希望同在。我们务必牢固树立发展意识、责任意识和使命意识，带头攻坚克难，致力跨越赶超。

今后五年，全县经济社会发展的总体要求是：全面贯彻落实中共十八大和中共十八届三中、四中、五中、六中全会精神，深入贯彻习近平总书记系列重要讲话精神，以“四个全面”统揽全局，牢固树立“五大发展理念”，主动适应经济发展新常态，按照县第十二次党代会的决策部署，以脱贫攻坚全面建成小康社会为总目标，以建设国家全域旅游示范区为契机，坚持生态立县，致力绿色崛起，大力实施以加快交通攻坚、产业转型、城镇升级、生态提质为主要内容的“四轮驱动”战略，努力建设畅通、宜游、秀美、富裕新安化。主要奋斗目标是：全县地区生产总值年均增长10%以上，期末总量翻一番，财政总收入年均增长11%以上，固定资产投资年均增长20%以上。县域支柱产业发展壮大，新兴产业蓬勃兴起，茶旅一体化高度融合，县域发展后劲和优势明显增强，经济实力跻身全省第二方阵。交通和城镇等基础设施建设取得根本突破，人居环境和人民生活明显改善，社会更加文明进步。

（一）打赢脱贫攻坚硬仗，补齐跨越赶超短板

全面建成小康社会是安化跨越赶超的重要目标。没有贫困人口的整体脱贫，就没有安化的全面小康，必须坚决打赢脱贫攻坚战。

1. 深入实施脱贫攻坚。确保做到精准识贫。坚持实事求是、公平公正公开的原则，以户为单位，开展扶贫对象的精准识别，推进扶贫对象的分类管理，实行扶贫对象的动态调整。全力做到精准帮扶。所有贫困村都要派驻县直以上驻村帮扶工作队，有3户以上贫困户的村、居委，都要派出1名县直单位工作人员作为脱贫攻坚特派员定点联村开展工作。切实做到精准施策。始终瞄准建档立卡贫困户，逐户摸准情况、把扶贫资源和帮扶措施精准落实到户。加大产业扶贫力度，促进龙头企业与贫困户对接，让贫困户从企业发展中实现利益共享和脱贫致富；加强就业技能培训，重点开展茶叶、旅游、电商、特色种养业等行业订单式培训，加强劳务信息服务，实现贫困对象就业脱贫；实施易地搬迁安置，结合县域重大产业、交通、城镇项目，统筹安排易地搬迁；强化救济救助帮扶，完善医疗救助、临时救助等制度；大力实施教育扶贫，提高贫困学生生活补助，加快实施爱心助学工程，健全勤工俭学、扶贫助学等机制。大力推动职业教育，提高贫困学生就业能力和致富技能。深入实施生态修复工程，大力发展林业生态经济，提高林区贫困户收入；实行政策兜底保障，应兜尽兜。

2. 以脱贫攻坚促进全面小康。坚持以脱贫攻坚统揽经济社会发展全局，促进“三农”发展和农村全面小康。全面改善农村基础设施。重点完成贫困村道路硬化、安全饮水、电网改造、通信等基础设施建设，建成功能完善、设施完备的新农村。培育发展农村产业。支持贫困村科学布局，发展特色产业，抓好旅游扶贫、光伏扶贫、电商扶贫等新业态“精准扶贫工程”。改善农村人居环境。加大农村生态环境综合整治投入，强化村民环保意识，切实改善人居环境。推动农村人口城镇化。完善城镇基础设施，提升城镇品位，鼓励引导农民进城落户。通过努力，安化2018年贫困县摘帽，2019年贫困村全部退出，现标准下建档立卡贫困人口全部脱贫。届时，农民人均可支配收入高于全省平均水平，全县贫困发生率将降至2%以下。贫困人口实现不愁吃、不愁穿，义务教育、基本医疗和住房安全有保障。贫困村通村道路畅通，人畜饮水安全，生产生活用电有保障，环境更加优美，村级集体经济收入达到5万元以上。

3. 建立健全脱贫攻坚保障机制。建立资金投入保障机制。整合专项扶贫资金和行业扶贫项目，特别是加大涉农资金统筹使用力度，重点扶持贫困村和贫困户，统筹支持非贫困村发展。建立扶贫对象退出激励机制。贫困户脱贫、贫困村出列后，在一定时期内原有扶贫开发政策保持不变，支持力度不减，确保实现稳定脱贫。健全脱贫攻坚考核机制。强化各级党政主要领导“第一责任人”责任。对脱贫计划完成情况实行一月一督察、一季一调度、半年一检查、年终考核验收，对不能如期实现阶段性脱贫目标的乡镇和联系责任单位党政主要负责人实行问责。坚决杜绝“假脱贫”“被脱贫”。

（二）继续突出交通攻坚，破解跨越赶超瓶颈

全面推进高速公路、干线公路、农村公路等交通基础设施建设，基本实现全县所有乡镇集镇区30分钟上高速、1个小时到县城目标，让“安化交通不便”成为历史。

1.建成“两纵一横”高速路网。全力支持保障高速公路建设，确保二广高速安化段年内全线贯通，确保马安高速2018年通车，力争张新高速安化段2017年开工，构建我县“两纵一横”高速路网。争取安化至溆浦高速公路中期调整进入省级规划，谋划争取安化至宁乡高速公路项目。

2.掀起干线公路建设高潮。按照“三年全部动工，五年全面建成”整体目标，实施干线公路建设“519”行动，加快建设小淹、江南、柘溪、毗溪口等跨江大桥，实施东坪至梅城、东坪至渠江、东坪至坪溪、龙塘至江南、杨泥坳至山溪界、牛田至大福、烟溪绕城改线、G536县城改线8条干线公路建设。尽快启动仙沩公路建设，争取早日立项。适时增补烟溪至岳溪等更多项目纳入行动计划。

3.抓好农村公路提质改造。加快路网建设，基本消灭断头路。新建改造农村公路和旅游公路3000千米以上，确保所有通客运班车的公路硬化路面宽度达4.5米以上；实施渡改桥项目19处；危桥改造210座。实施交通安保工程2000千米，重点消除通客运班车和校车路段的安全隐患。

4.推进其他交通设施建设。谋划布局安（康）张（家界）衡（阳）、常（德）桂（林）海（口）、益（阳）吉（首）秀（山）等铁路及通用机场，力争进入国省专项规划。建设平口、柘溪、十八渡等码头，启动柘溪电站升船机改造，提升资水通航能力。新建烟溪、南金等客运站，启动农村客运公交化改造试点，优先发展城市公共交通，优化城市公交营运线路，增扩城市出租车存量，规范发展网约车。

（三）强力推进产业转型，打造跨越赶超引擎

产业是县域发展的根本支撑。以新型工业化为主要路径，以茶旅一体为重点，加快推进一二三产业融合发展，构建产业新体系。

1.加快茶旅一体融合发展。打造茶都安化。继续主攻安化黑茶，兼容发展高端绿茶和优质红茶，全面推进茶产业多层次发展和转型升级，努力实现“千亿湘茶三分天下有其一”目标。加快茶园提质扩规，整县推进生态观光茶园建设，力争茶园总面积达26666.67公顷。加快行业和资源整合，大力扶持龙头企业通过引资引智做大做强。加快黑茶保健、医药、日化等新产品研发和科技成果转化，实现产业链延伸和价值链提升。积极融入“一带一路”倡议，协作推进万里茶道申遗，加快安化黑茶国际化进程。推进全域旅游。坚持将旅游业作为全县发展的战略性新兴产业来打造，完善旅游规划，加大旅游招商力度。实施旅游基础设施建设三年大提速行动，完善旅游交通网络，实现景区与高速公路、干线公路无缝对接。重点建设梅山古国、茶乡花海、云台山龙泉洞等精品景区，力争创建国家AAAAA级旅游景区1家、AAAA级旅游景区4家。积极培育古镇村落、特色民宿等乡村旅游新业态。加快茶旅融合。挖掘安化传统人文、手工艺品、农产品等特色资源，以茶促旅、以旅兴茶，共生耦合。精心策划举办涉茶活动，高质量办好中国安化黑茶文化节，打造具有梅山文化、黑茶元素实景剧。推进资江两岸“生态茶廊”，茶马古道沿线“生态茶带”，雪峰湖沿库“生态茶湖”，云台山、芙蓉山“生态茶山”及吉祥山黑茶主题公园建设。支持白沙溪等企业深度开发工业旅游。

2.加快新型工业集群发展。坚持工业强县战略，发挥科技支撑引领作用，着力打造清洁能源、新材料、生物医药、特色农产品加工等产业集群。全力推进芙蓉山抽水蓄能、芙蓉山风电、天子山风电等项目建设，努力形成以水力发电为主，风、光伏、生物质发电为辅的新兴能源产业，建成全省能源输出大县。做精做强矿产业，加速发展新材料产业，重点支持力天钨业、金源、金鑫、圣德锰业等企业研发提质。挖掘“湘中药库”优质资源，着力发展中药材加工，壮大中医药健康产业规模；做强成大生物制药，力争打造全国兽药生产基地。开发利用特色农产品资源，打造果蔬、油料、畜禽、水产等农产品精深加工基地。推动优质山泉水开发，支持与行业名企战略合作。以创建国家级经济开发区为目标，按照“产业新区、工业新城、产城融合、城园一体”定位要求，放权强园，完善园区配套设施和综合服务功能。力争入园企业100家以上，年综合产值300亿元以上、税收10亿元以上，主要经济指标年均增长30%以上，跻身全市乃至全省园区先进行列。

3.加快推进农业现代化。制定实施现代生态农业发展规划，推动农村一二三产业融合发展，建设“两型”生态农业发展示范县。调整农业生产结构，继续稳定粮油播种面积，增强粮油等重要农产品安全保障

能力。壮大中药材、特色水果、蔬菜经济规模，推进柘溪库区柑橘品改。严控新上大型养殖项目，加大重点污染养殖场标准化改造，推广畜禽规模化养殖、沼气生产、农家肥积造一体化发展。大力培育专业合作社、家庭农场等新型经营主体，力争耕地规模流转达到50%以上，完成12000公顷高标准农田建设。加强农产品质量安全体系建设，严格农药化肥使用管理，强化名优特品牌建设，争创全国农产品质量安全县、农业标准化生产省级示范县。

（四）全面加速城镇升级，筑实跨越赶超平台

坚持以大手笔规划城镇建设，加快形成“一核两副、一江三路、东工西旅、全域景区”县域城镇空间格局，城镇化率达到46%以上。

1. 优化功能布局。完善县乡规划编制，落实县城“北拓南优东延西控”发展思路，建成中国黑茶之都、生态休闲养生之都和益阳市西部中心城市。推进梅城省级新型城镇化试点，打造市际重镇和梅山文化核心区。加快“水镇平口”建设，以资水为轴心实施“南改北扩”。结合茶旅融合发展需求，精心选择、重点推进3~5个特色小镇建设。

2. 加强建设管理。完善县城交通基础设施，有效缓解出入难、停车难问题。建设梅城二水厂、平口金沂水库供水工程，规划建设县城南区供水工程，城镇供水普及率达到90%以上。完成“气化安化”管道天然气项目建设。实施全县环卫一体化和黑臭水体治理，推进地下综合管廊、休闲广场等市政基础设施建设，完成棚户区改造任务。健全城市管理机制，开展城镇秩序整治和环境治理，建立长效机制，巩固省卫成果，争创全国卫生县城。规范建设行为和房地产市场管理。

3. 完善基础条件。重点实施资江干流防洪工程，实施农村饮水安全巩固提升工程，新建大湖坪水库等中小型水库，完成廖家坪、红岩等中型灌区建设，完成病险水库除险加固。新建曾家桥、冷市变电站，扩建大福变电站，完成186个村农网改造。加快智慧安化建设，完善信息基础设施，推进“三网融合”，确保行政村光纤全覆盖。

（五）始终注重生态提质，储备跨越赶超后劲

坚持生态立县战略，坚守生态底线，始终不渝推进绿色发展，全面建设国家级生态县。

1. 严格生态空间管控。建立体现国家重点生态功能区的空间结构，最大限度保护生态，推进区域协调可持续发展。严格按照生态、农业、城镇三类空间属性，强化空间的管理和控制。生态空间内的偏远高寒山区和重点生态保护区不再新建到组到户公路等基础设施，引导人口逐步退出。农业空间采取严厉措施，强化永久性基本农田保护。城镇空间强化土地集约，提高土地开发利用率，促进产城融合。

2. 强化生态建设和保护。着力构建“一江一湖三山”生态安全格局，打造以洢水、沂溪河、麻溪等溪流以及二广高速、马安高速、G536、S225等公路为主体的7条山水生态廊道。加强林地建设，实施石漠化防治和退耕还林工程，完成植树造林16666.67公顷以上。加强饮用水源保护。严厉打击破坏生态环境的违法行为。完成柘溪库区“两网”退出，科学推进库区水面开发。加强与资江上游县市合作，分期治理修复库区水体生态系统。严禁电鱼、毒鱼，保护生态环境。

3. 建设资源节约型、环境友好型社会。建设国家循环经济示范县，着力建设茶产业和矿产业循环经济链，打造“一区四园”循环化基础平台。创建绿色型生活模式，建立城镇居民垃圾分类管理和回收制度，促进可再生资源综合回收利用。逐步淘汰存量落后产能，停止新上“两高一低”项目，完成“十三五”主要污染物总量减排任务。

4. 全面推进综合整治。扎实开展农村环境综合整治，全面建设美丽乡村。实施矿山环境治理，治理矿区及重金属污染土壤；治理滑坡体地质灾害，搬迁避让群众1740户；综合治理农业面源污染33333.33公顷；治理规模养殖场300个，建设乡镇病死畜禽无害化处理场。强化河道管理，落实建立河长制，严厉整治河道非法采砂及堆渣弃渣行为。

（六）持续深化改革创新，强化跨越赶超支撑

改革创新是贯穿经济社会发展的核心灵魂。始终坚持全面深化改革，以创新引领发展，不断释放改革红利。

1. 纵深推进各项改革。加快政府职能转变。深度理顺和全面运行省直管县新模式；深化事业单位分类改革和国企改革；深化乡镇行政体制改革，进一步扩权强镇；加快推进公共资源市场化配置。深化财税体制改革。推进预算公开，建立跨年度预算平衡机制；强化预算执行，优化支出结构，保障基本公共服务投入。深化农村农业改革。完成农村山林、土地的确权颁证，保障农户宅基地用益物权，扎实推进不动产统一登记；开展现代农业系统性改革，完善农村基本经

营制度。

2. 强化发展要素保障。切实加强土地、资金、人才等生产要素保障。加强土地供应。通过引导社会投资加强土地开发整理，盘活土地存量，加大土地储备。破解资金瓶颈。继续强化政策、项目和资金争取，加大项目前期工作，充实重大项目储备；狠抓产业招商、园区招商、以商招商，积极发挥经促组织桥梁纽带作用，实施“乡友回乡”扶贫创业工程。加快投融资平台提质升级，整合盘活国有资产，提升融资能力；充分发挥金融资本市场作用，支持社会资本通过PPP（公共私营合作）、代建制等模式参与市场化运作的基础设施和市政项目建设。实施人才强县战略。在注重发掘本土人才的同时，以更开放的政策、更灵活的机制、更优越的环境引进人才，设立人才发展专项资金，实施“5133”人才引进工程。

3. 大力实施创新驱动。体制创新方面。推进六步溪国家自然保护区、雪峰湖国家地质公园、雪峰湖国家湿地公园、柘溪国家森林公园、云台山国家石漠公园等自然资源资产管理体制改革，立足旅游开发的现实需要，探索组建雪峰湖国家公园。机制创新方面。探索完善县域空间规划体系，稳妥推进“多规合一”，最终形成全县一本规划管全局、一张蓝图干到底。路径创新方面。鼓励发展“互联网+”，促使互联网、物联网、云计算、大数据等新信息技术在全县各领域普及应用，增强行业创新能力，使基于互联网的新业态成为经济增长新动力。

（七）致力增进民生福祉，共享跨越赶超成果

“人民对美好生活的向往，就是我们的奋斗目标。”始终突出全民共建共享，努力提升人民群众的获得感。

1. 全力完善社会保障。扩大社会保险覆盖，着力推进被征地农民纳入社保，实现基本养老保险全覆盖。建立职业年金制度，深度统筹城乡居民医保，建立城乡居民大病保险，健全生育、工伤保险。发展社会福利事业，稳步提高五保、低保供养水平，扩大城乡医疗救助覆盖面。消除敬老院空白乡镇，建设县儿童福利院、县老年公寓及乡镇老年公寓。实施县城殡仪馆整体搬迁，新建梅城殡仪馆。提高群众居住水平，推进城镇棚户区改造货币化安置，新建公租房5000套，完成棚户区改造21000户。

2. 大力发展文教卫事业。办好人民满意教育。优化教育资源布局，加大教育投入，引进省内优质教育资源，支持和规范民办教育发展，努力化解城区学位不足的问题。统筹教育均衡发展，提升学前教育水平，加快普及高中教育，大力发展现代职业教育，尽快建成安化黑茶学校，努力办成全国一流职业学校，完善特殊教育，推行随班就读。提高人口质量和全民健康水平。坚持计划生育基本国策，实施全面两孩政策。提升孕产妇和儿童保健水平，落实出生缺陷综合防治措施。新建农村急救中心、县卫生监督所、县职业病防治医院，实施县妇幼保健院和东坪、梅城、大福、平口等卫生院整体搬迁或扩建，改扩建县精神病防治院精神病康复中心、县疾病预防控制中心和烟溪、仙溪、马路等卫生院。大力发展传统中医事业，完善中医医疗服务体系。推进医药卫生体制改革，取消公立医院药品加成政策，逐步解决“看病难”“看病贵”问题。推进文化体育惠民。加强公共文化服务标准体系建设，加强文化遗产保护和民俗非遗传承，支持鼓励文艺精品创作和群众文化活动开展，大力挖掘打造梅山文化，为县域发展提供文化支撑。实施全民健身战略，建立羽毛球国家后备人才基地，支持乡镇、村建设运动健身场所，促进群众体育和竞技体育全面发展。

3. 切实维护社会和谐稳定。持续推进“平安安化”建设，完善信访调解机制，严格落实责任单位和领导包案责任，加大对非访事件和人员的依法处置力度。提高城乡网格服务管理水平，深化社会治安防控体系建设。加强特殊人口管理，健全各类突发事件应急机制，严厉打击黑恶势力和各类违法犯罪行为，确保大局稳定。

四、2017年的工作重点

2017年，全县经济社会发展的主要预期目标是：地区生产总值增长10%；规模工业增加值增长7%；固定资产投资增长25%；财政总收入增长10%；社会消费品零售总额增长15%；城乡居民人均可支配收入分别增长10%、11%；完成年度节能减排任务。2017年，要突出抓好以下八个方面工作：

（一）完成脱贫攻坚年度任务。确保完成42868人脱贫、66个省定贫困村退出的年度任务。抓住系统建档立卡人员信息动态调整的最后机会，彻底解决精准识贫问题，真正达到“村上评定的建档立卡对象村级公示无异议”。落实精准帮扶措施，发放小额信贷3~5亿元，让12410名贫困人口依靠当地产业就地脱贫；开展订单培训，年培训3000人以上；完成8400

名贫困对象易地搬迁；积极扶持贫困家庭子女3560人完成学业；结合生态保护脱贫12500人，其中430名贫困人口成为当地生态保护员；完成兜底对象认定，落实兜底政策。

（二）推进工业转型提质。力争芙蓉山风电项目年内开工建设。加快清塘、乐安等地光伏电站建设，着力推进芙蓉山抽水蓄能项目前期工作。重点扶持渣滓溪矿业、湘安钨业、力天钨业、金鑫、金源、圣德锰业等矿产企业，促进向新材料领域转型。重点支持金龙山茶油生产线项目建设，推进畜禽水产品深加工基地、梅城镇A类生猪定点屠宰场等项目建设。力争成大生物兽药生产线改扩建项目建成投产。加快经开区建设，优化规划和产业布局，尽快下放41项县级经济社会管理权限，推动实施循环化改造、服务业示范集聚区、产城融合示范区等项目。完善黑茶产业园基础设施配套，加快万隆黑茶产业化基地、中茶、怡清源、黑茶交易中心等项目建设进度。大力推进中医药健康产业园征地拆迁和项目建设，全力支持中国中药、上海医药、湖南博瑞等中药材产业项目建设。理顺高明循环经济工业园管理体制，加快钨钴产业转型升级步伐。支持梅城工业园特色发展，着力引导电子、商贸、物流等企业集聚。

（三）发展优质高效农业。抓好优质水稻、特色旱杂粮推广种植，实施省产油大县项目，确保粮油作物播种面积不少于76666.67公顷。全县茶产业力争实现茶叶加工量7.2万吨、综合产值150亿元、税收突破2亿元。新建有机生态茶园1333.33公顷以上，集中打造连片观光茶园，建立茶园登记发证和茶产品质量可追溯制度。整体推进茶企清洁化、标准化生产，引导黑茶产业整合，年内实现1家茶企上市。推动“安化黑茶”国际商标注册和产品认证，积极争取纳入国家出口商品目录。全面启动“安化红茶”认定中国驰名商标工作。建立中药材产业发展领导机构和工作机构，编制产业发展规划，加快推进中药材种植基地标准化和规范化建设。大力发展种苗花卉产业和林下种养经济。着力做大果蔬产业，新建和品改果园333.33公顷，新建蔬菜基地666.67公顷。重点培育安化熟食猪、黑山羊、安化土鸡等特色养殖拳头产品。全面退出柘溪库区“两网”养殖，抓紧编制休闲渔业发展规划，推进库区水面整体科学开发。

（四）推动现代服务业多元发展。完成国家全域旅游示范区规划和创建方案编制，启动全国乡村旅游扶贫重点村规划和建设，完成蚩尤故里等10个以上景区景点专项规划，引进1~3家旅游产业战略投资者，完成旅游基础设施建设三年大提速行动年度任务。重点抓好云台山龙泉洞、白沙溪AAAA级旅游景区创建。加快推进茶乡花海、辰山绿谷、吉祥山黑茶主题公园等项目建设。重点实施对国保单位风雨廊桥、陶澍墓保护，推进唐家观古镇文化名镇名街申报及万里茶道申遗工作。切实抓好县城萸江、城西农贸市场建设和乡镇农贸市场提质改造，加快推进安化标准化卷烟物流中转站、飞龙汽贸4S店、申湘汽车产业园等专业物流市场建设，推动平口物流园建设。实施“互联网+”行动，加快农村电子商务发展，争创国家级电子商务进农村示范县。推进房地产健康良性发展，加快库存去化。加快社区家政等各类便民惠民服务业发展。

（五）加快推进基础设施建设。确保马安高速建设完成年度计划，张新高速安化段年内开工。全力推进干线公路建设“519”行动，全面开工建设东坪至梅城、东坪至渠江公路，力争完成小淹大桥、龙塘至江南公路（含江南大桥）前期工作；完成平烟公路、S241杨山线扩改、G536县城改线二期项目建设，确保S324牛大线大福段扩改进度。启动沧新线大修工程。完成危桥改造、安保工程等其他项目年度任务。落实农村公路以奖代补政策，掀起农村公路建设高潮。继续跟踪安张衡、常桂海、益吉秀等铁路项目，争取年内有新突破。建设高标准农田3846.67公顷以上。扎实推进农村饮水安全巩固提升、资江干流防洪堤等工程建设，力争大湖坪水库开工。实施110千伏曾家桥、35千伏冷市、35千伏大福变电站扩建等主网项目，以及11条10千伏线路工程和186个村农网改造等配网项目。新建光网端口10万个，新建无线基站243个，加快消除柘溪库区、重点旅游区等信号弱区域。实施有线电视网络进村入户，全面完成“村村响”“户户通”工程建设。

（六）统筹推进城乡协调发展。实质性推进和落实“多规合一”，继续完善城乡规划体系，完成县城控制性详规及城市设计规划编制，加快村庄规划编制与审批。全面启动柳溪综合治理工程及县城资江北岸立面改造等棚户区改造项目建设。完成雪峰湖大道东段、县城东出口道路扩改、资江南岸景区改造、陶澍大道梅山文化长廊建设，加快实施市政提质扩容改造、社会停车场建设，完成玉溪片区开发总体规划并启动建设。加快县城管道天然气项目落地实施。加快梅城旧城改造，建成绕城公路，启动南桥大道建设。推进平口娄益友谊街等项目建设。加大查违控违拆违力度，努力实现全县“零违建”目标。加快全县城乡环卫一体化建设，启动14个乡镇污水处理厂整体打包项目建设。争取采煤沉陷区项目落地，申报实施羊角塘符竹溪金矿治理。推进美丽乡村建设，力争省级授牌2个以上。扎实开展农村环境综合整治，切实抓好重点生态功能区建设，加快国家生态文明示范县创建。继续开展三年禁伐减伐行动，大力实施天然林保护和退耕还林，完成造林4000公顷。

（七）推进改革增添发展动力。全面完成政府机构改革，深化事业单位分类改革。深化国企改革，严格规范实施企业分类监管，进一步完善现代企业制度。加快推进公共资源市场化配置。推进财税金融改革。推动财政拨款单位的部门预算和“三公”经费信息全面公开。改革完善财政资金绩效管理，加大财政专项检查力度，完善政府性债务风险预警机制，严控新增债务。全面铺开乡镇国库集中支付制度，科学确定新一轮乡镇财政体制。继续加强“营改增”后续管理，切实抓好财源培育，确保完成年度收入目标。充分发挥方正证券对口扶贫安化的优势，全面提升金融对县域经济发展的支撑作用。切实加强财政性融资的监督管理，加快政府融资平台转型，年内实现融资40亿元以上。着力完善金融市场体系，引导金融机构创新融资模式，扩大服务中小微企业业务，力争全年新增贷款21亿元以上。抢抓贫困县企业优先上市的政策机遇，推动企业在我县上市。积极加强社会信用体系建设，争创全省金融安全区。继续强化要素保障。建立项目前期工作经费保障机制，努力增加重大项目储备，争取到位上级资金42亿元以上。加大招商引资力度，力争引进资金40亿元以上，引进亿元以上项目10个。强化项目建设用地保障，力争报批新增建设用地66.67公顷以上。

（八）推进民生社会事业协调发展。继续办好一批重点民生实事。推进社保扩面征缴，启动被征地农民社会保障工作，实现农村低保和特困人员供养应保尽保。建成老年活动中心（老年大学），完成医养结合老年公寓一期主体工程。启动县殡仪馆整体搬迁和火葬场建设。加强保障性安居工程建设管理，提高棚改货币化安置比例，扩大住房公积金制度覆盖面。认真落实移民后扶政策，加大库区民生项目投入，促进移民脱贫解困，做好移民安置和稳定工作，全方位、多角度支持库区发展。抓好地质灾害综合防治体系建设，加快完成安化国家基本气象站搬迁。加快教体事业统筹发展，完成思源实验学校主体工程建设，加快推进安化黑茶学校、清塘铺镇中学整体搬迁和梅城镇东华中学扩建工程，启动县城民办高中建设、县羽毛球场馆配套设施建设、梅城幼教中心和望城完小整体搬迁等项目。加快推进基层综合文化服务中心建设。持续深化医药卫生改革，努力改善医疗卫生条件，确保县人民医院标准化建设工程投入使用，加快县二人民医院门诊综合楼建设，启动县中医院扩建和县妇幼保健计划生育服务中心、东坪卫生院等整体搬迁。力争县中医院健康养老服务项目年内开工建设。依法查处违法生育，严守“进位争先”目标。稳步推进第三次全国农业普查，启动第四次全国经济普查。加强产品质量、食品药品安全等监管，营造安全放心的消费环境。狠抓监管能力建设，加强重点行业领域专项整治和打非治违，确保安全生产形势根本好转。抓好第十届村居两委换届选举，完善“四位一体”村级组织治理模式、“一体三化”社区治理模式。全力保障和支持村民服务中心建设，加快益村平台建设，充分发挥村民服务中心村务、政务和社会服务功能。大力推进公安队伍正规化建设，加强社会治安防控体系建设，实现乡镇集镇区“天网工程”全覆盖，加快监管中心“三所合一”建设，依法严打整治突出治安问题，全力维护全县社会大局稳定。

五、加强政府自身建设

不忘初心，继续前进。全面完成明年及今后五年各项任务，对政府工作提出了新的更高要求。我们将以更加饱满的热情、更加勤勉的态度、更加务实的作风，勤政爱民、务实创新，致力打造法治、效能、服务、廉洁政府。

（一）坚持法治为本，规范政府行为。坚持政府常务会议第一个议题学习法律的制度，带头学法守法用法，深入推进“七五”普法工作。自觉接受人大法律监督、政协民主监督和社会监督，切实办好人大代表建议和政协委员提案。完善政府工作规则，健全重大问题集体决策、专家咨询、公示听证等机制，为人大代表、政协委员咨政议政创造条件。对重大决策实行风险评估、跟踪问效，强化部门履职问责。继续推进“三张清单”制度，严格法定权限和程序，任何部门不得法外设权。

（二）坚持实干为先，提升政府效能。政府的工作关键在于执行，在于落实。坚决贯彻落实县委各项决策部署，认真执行人大及其常委会的决议决定，真抓实干、雷厉风行，高效率、快节奏地推动工作开展。加强督察问效，做到有部署、有跟进、有落实，确保实效。建立健全激励机制和容错纠错机制，给敢为善为者撑腰鼓劲，充分调动干部队伍干事创业积极性。

（三）坚持服务为要，转变政府职能。下定决心，大力解决政务环境不优的问题。深入开展行政审批和服务管理事项专项清理，进一步精简审批事项，压缩审批流程和时限，提高办事效率。严格落实损害经济发展环境“12个一律免职”规定，不断优化经济发展环境。对企业和群众反映强烈的问题，要明确责任单位和人员，健全跟踪督办机制，及时加以解决。

（四）坚持廉洁为重，改善政府形象。认真落实党风廉政建设责任制，建立健全惩治和预防腐败体系，扎实开展行政监察、财政监管和审计监督，强化对重点领域、关键环节和重要岗位权力运行的监督制约。严格落实中央“八项规定”，坚决防止“四风”反弹。严控“三公”经费，确保只减不增，把更多财力用于推动发展、改善民生。

各位代表：

脱贫攻坚、全面建成小康安化的号角已经吹响，让我们紧密团结在以习近平同志为核心的党中央周围，在上级党委、政府和县委的坚强领导下，团结带领全县广大人民，以更振奋的精神、更争先的勇气、更务实的作风、更有为的担当，同心同德、砥砺奋进，为实现畅通、宜游、秀美、富裕新安化的宏伟蓝图而努力奋斗！

安化概况

地理位置

【概况】 安化县位于湘中偏北、雪峰山脉北段、资水中游，北纬 27° 58′ 54″ ~28° 38′ 37″、东经 110° 43′ 07″ ~110° 58′ 51″。东接桃江、宁乡，西靠叙浦、沅陵，南临涟源、新化，北毗桃源、鼎城。东西长 123.76 千米，南北宽 73.46 千米，总面积 4950.25 平方千米，占全省总面积的 2.3%，县域面积位列全省第三。境内山地占 82%，丘陵占 11%，岗地占 2.5%，平谷地占 2.8%，水域占 1.7%。地势从西向东倾斜，西部九龙池，海拔 1622 米，东部善溪口，海拔 57 米，相对高差 1565 米。境内高山峻岭，峰峦叠嶂，海拔 1000 米以上的山峰 63 座。资水横贯县境中部，域内 5 千米以上的干流 170 条。

（撰稿：县志办）

历史沿革

【概况】 安化历史悠久，据考古发现，距今 1.5 万年前，就有先民在此繁衍生息。安化地域古称“梅山”，土著民族多为瑶族，汉属益阳县地。北宋熙宁五年（1072）朝廷遣章惇开梅山置县，迄今已 900 多年历史。六年敕名安化（取归安德化之义），隶荆湖南路潭州长沙郡。县治初设伊溪东启安坪（今梅城镇东华启安坪），南宋建炎四年（1130），毁于战火，县治迁伊溪西，即今梅城镇。1949 年 6 月 28 日，中共安化县工委率人民武装进入县城，宣布安化解放。8 月，湖南成立益阳专区，安化属益阳专区。1951 年 8 月，安化划出部分区、乡归新建的蓝田县（今涟源市），并随县域变动，将县治迁至东坪。1952 年 12 月，撤销益阳专区，安化改隶常德专区。1962 年底，重建益阳专区（1968 年改称地区，1994 年改称市），安化复隶益阳专区（地区、市）。

（撰稿：县志办）

行政区划

【概况】 2006 年 2 月调整部分乡镇行政区划后，安化县共辖清塘铺镇、梅城镇、乐安镇、仙溪镇、长塘镇、大福镇、羊角塘镇、冷市镇、滔溪镇、小淹镇、江南镇、东坪镇、柘溪镇、马路镇、奎溪镇、烟溪镇、渠江镇、平口镇、高明乡、龙塘乡、田庄乡、古楼乡、南金乡 18 个镇、5 个乡。2004 年 4 月设立县城南区管理委员会，将东坪镇大城村、舒家村、铁炉村、林家村、莲台村、柳树塘村 6 个村和县茶叶示范场划归该区管理。2013 年 6 月设立安化经济开发区管理委员会，2015 年 1 月 29 日将田庄乡的金竹村、茶家村、鹊坪村划归该区管理。

（撰稿：县志办）

人　口

【概况】 2016年末，全县公安户籍人口102.96万人，常住人口91.38万人，其中城镇常住人口28.28万人，城镇化率为30.95%。人口出生率为12.15‰，死亡率为5.85‰，人口自然增长率为6.3‰。

（供稿：县统计局）

气候影响评价

【概况】 2015/2016年超强厄尔尼诺事件是1954年以来所有受厄尔尼诺现象中强度最大的一次，给我国气候造成了显著影响，在此背景下2016年安化县天气变化趋势复杂，具体表现为：气温略高、降水偏多，暴雨日数偏多，降水时空分布不均，日照偏少。全年出现了雾、结冰、雪、霾、强降雨等天气。全年日降雨量大于50毫米的暴雨日数高达10天，尤其是6至7月的暴雨过程给全县工农业生产和人民群众造成了严重的经济损失。7月1日至6日的强降雨过程是入汛以来安化县降雨强度最大的一次天气过程，该过程降雨主要集中在3日至4日，期间安化本站累计降雨量为221.7毫米，小时最大降雨量达到38.7毫米。3日20时至4日20时全县58个区域站中降雨量达暴雨级别的有31个站，其中22个站达大暴雨级别，两个站达特大暴雨级别。此次强降雨过程使得全县大多数乡镇发生内涝、滑坡、泥石流等灾害，据民政部门统计：此次过程受灾351060人，受伤18人，紧急转移安置26167人，直接经济损失达5.85亿元。严峻的现实表明当前安化县气象防灾减灾体系仍相对薄弱，尤其是广大农村地区群众应对气象灾害的能力还有待加强，气象事业现代化任重而道远。

一、气温偏高。年平均气温为17.1℃，较历年偏高0.7℃，较2015年高0.1℃，属于偏暖年份。极端最高气温39.2℃，出现在7月31日；极端最低气温-5.3℃，出现在1月25日。

2016年安化县各月平均气温与距平值统计表

表1

月份	平均气温（℃）	距平值（℃）
1	5.0	+0.4
2	8.0	+1.5
3	12.2	+1.8
4	18.0	+1.7
5	20.1	- 0.9
6	25.0	+0.5
7	27.9	+0.4
8	27.1	+0.3
9	23.6	+0.9
10	18.0	+0.7
11	12.0	+0.1
12	8.6	+1.7

从各月平均气温来看，5月份平均气温偏低，出现了5月低温现象，其余月份平均气温偏高，偏高值指介于0.1与1.8℃之间。全年气温偏高，具体表现在春季回暖快，夏季湿热，冬季气温高。总体而言，各季都偏暖。

年内无霜期317天，初霜日为12月17日，比2015年推迟了4天。从1960年至2016年的年平均气温变化来看，1960-1985年年平均气温有下降趋势，1985-2016年年均气温存在上升趋势，线性拟合曲线表明每10年平均气温升高0.104℃。

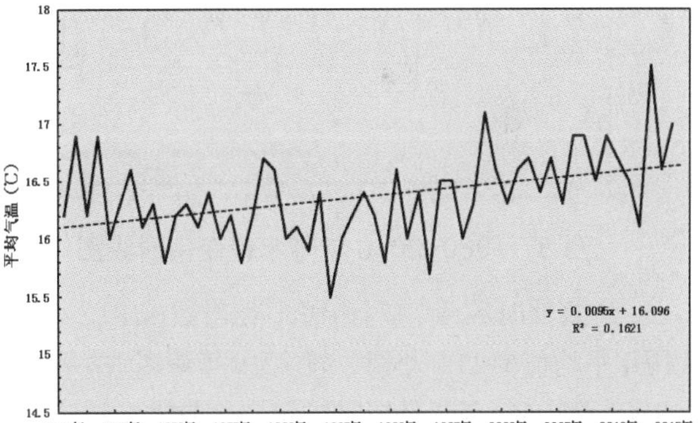

图1　1960-2016年平均气温变化曲线图

二、降水总量偏多。年降水总量2079.1毫米，较历年偏多365.2毫米，偏多21.3%，较2015年多472.3毫米，偏多29.3%，属于降水偏多年。全年日降水量≥0.01毫米的天数169天，日降水量≥50毫米的暴雨日数10天，日降水量≥100毫米的大暴雨日数2天。一日最大降水量134.0毫米，为8月10日。全年各等级降雨日数如图4，其中等级1至7分别对应降雨量≥0.1、1.0、5.0、10.0、25.0、50.0、100.0毫米的

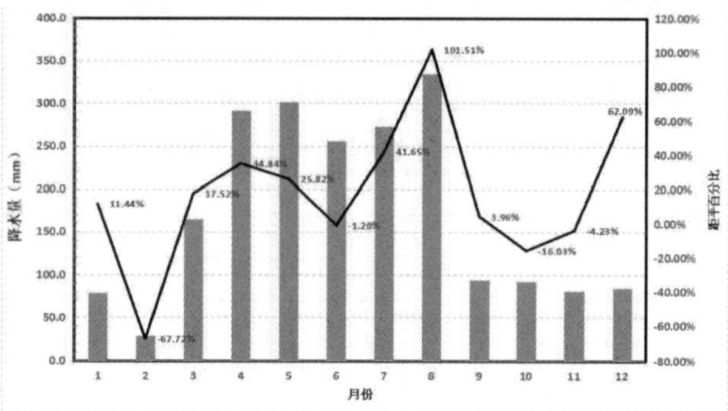

图 2　2016 年安化县各月降水量与距平百分比图

情况。汛期内，4-9 月降水总量 1550.0 毫米，比历年平均值偏多 389.1 毫米，其中除 6 月降水量较历年平均值偏少 1.2% 外，其余月份降水均偏多 20% 以上，尤其是 7、8 月降水异常偏多，给全县防汛抢险工作造成了巨大的压力。

从各月降水量来看，8 月份降水量最大，其降水量为 335 毫米，较历年平均值偏多 101.5%，全年共有 4 个月降水量少于历年平均。分析 1960—2016 年降水量变化曲线，表明 2012 年来安化县降水量存在明显的上升趋势。

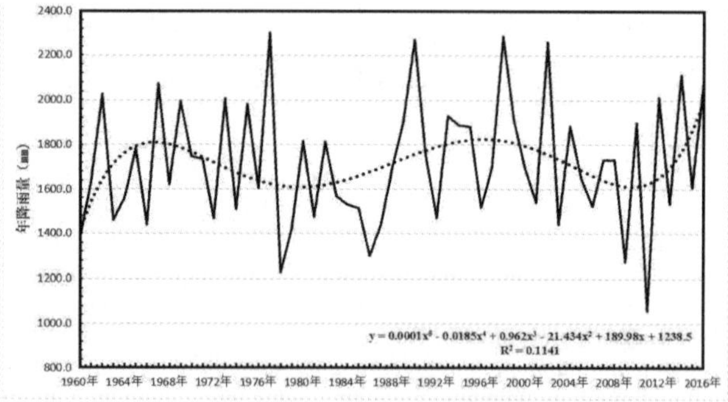

图 3　1960-2016 年降水量变化曲线图

三、日照时数偏少。全年总日照时数 1310.2 小时，比历年平均值少 11.8 小时，较 2015 年偏多 137 小时。由 1961-2016 年全县日照时数年变化曲线可知，近 5

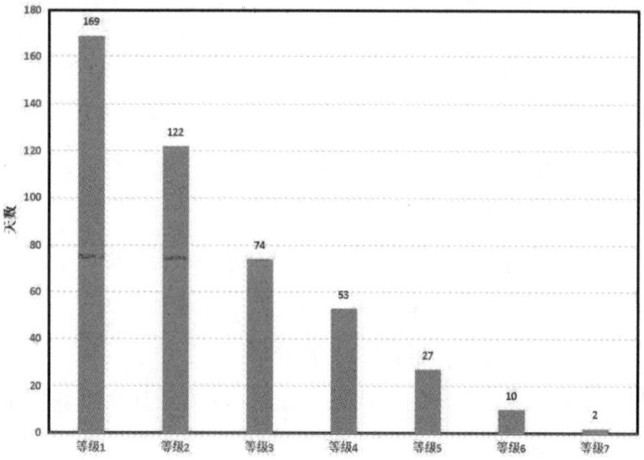

图 4　2016 年各等级降雨日数直方图

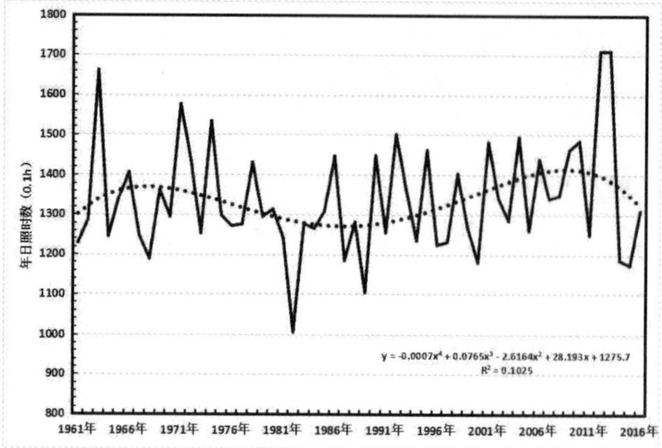

图 5　1961-2016 年日照时数变化曲线图

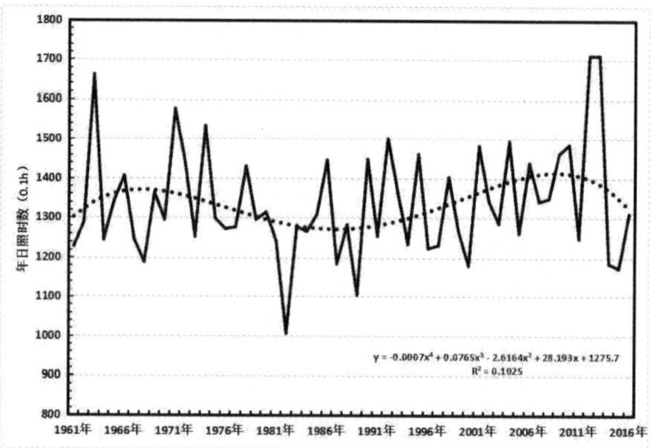

图 6　2016 年各月日照时数与距平百分比图

年来全县日照时数存在下降趋势。从各月日照时数看，1、4、5、7、8、10、11 月日照时数较历年偏少，偏少 13.2% 至 48.9%；2 月日照异常偏多，较历年偏多 130.2%。

（供稿：县气象局　李兵）

国民经济和社会发展状况

【概况】　2016 年是“十三五”规划的开局之年，全县人民齐心协力，攻坚克难，经济社会保持平稳健康发展。

一、综合

1. 经济总量。全年实现地区生产总值 196.3 亿元，同比增长 7.6%。其中，第一产业增加值 44.7 亿元，增长 3.5%；第二产业增加值 72.3 亿元，增长 6.3%；第三产业增加值 79.3 亿元，增长 11.3%。三次产业比为 22.8:36.8:40.4，一产业比重下降 0.2 百分点，二产业比重下降 0.4 个百分点，三产业比重上升 0.6 个百分点。一、二、三产业对经济增长的贡献率依次为 10.6%、30.3% 和 59.1%，分别拉动 GDP 增长 0.8、2.3、4.5 个百分点。按常住人口计算，全县人均 GDP 为 21499 元。

2. 市场物价。除猪肉等少数几种商品外，其他大多数民生商品价格未出现明显波动，物价总体保持稳定。商品零售价格总指数 100.8%，居民消费价格总指数 101.9%，服务项目价格指数 101.8%，工业生产者出厂价格指数 105%，固定资产投资价格指数 100.4%，建筑安装工程价格指数 100.7%，新建住宅销售价格指数 106.8%，二手住宅销售价格指数 104.2%，通信服务价格指数 100%。

2016 年全县生产总值表

表 2 **单位：万元**

指标	数量	同比增幅 ±%
地区生产总值	1962662	7.6
第一产业	446967	3.5
第二产业	722462	6.3
工业	689838	6.3
建筑业	32624	5.1
第三产业	793233	11.3
交通运输、仓储和邮政业	95335	1.2
批发和零售业	107972	6.1
住宿和餐饮业	43004	6.6
金融业	30465	14.8
房地产业	46885	5.4
其他服务业	469572	16.1

二、农业经济和精准扶贫

1. 农业经济。全年完成农林牧渔业总产值 72.6 亿元，同比增长 3.6%。完成粮食播种面积 4.8 万公顷，实现粮食总产量 23.8 万吨，比 2015 年下降 2.8%。畜牧水产保持平稳发展，全年共出栏生猪 88.83 万头、牛 10.93 万头、羊 36.97 万只，比 2015 年分别增长 -2.4%、2.3%、3.5%，出笼家禽 533.8 万羽，增长 5.2%；水产品总产量 2.44 万吨，增长 3.5%。新型农业经营主体加快兴起，新增农村土地流转面积 0.24 万公顷，新发展专业合作社 40 个。新建改造茶园 2333.3 公顷，实现茶叶产量 6 万吨、综合产值 125 亿元，获评全国十大生态产茶县，稳居全国重点产茶县四强。

2. 精准扶贫。创新扶贫工作方式，推进金融扶贫与产业扶贫，发放扶贫小额信贷 2.05 亿元。投入各类扶贫资金 7 亿元，完成柘溪库区特困移民避险搬迁安置项目，搬迁特困移民 13643 人。落实“六个一批”扶贫措施，全年脱贫贫困人口 25475 人。

三、工业和建筑业

1. 工业经济。全年完成工业总产值 256.7 亿元，增长 7.5%。实现工业增加值 68.9 亿元，增长 6.3%。新增规模工业企业 18 家，总数达 118 家，实现规模工业总产值 157.7 亿元，规模工业增加值 39.2 亿元，比 2015 年分别增长 9.9%、6.7%。茶产业提质成长，华莱万隆黑茶产业化基地一期建成投产，中茶安化第一茶厂年产 2500 吨黑茶生产线等项目正在建设。全县以茶叶加工为主的农产品加工规模企业发展至 72 家，实现加工产值 88.2 亿元，增长 16.5 %。矿产业逆势求进，加快转型整合。医药产业发展较快，湖南博瑞中药饮片药材加工技改完成主体工程，成大生物兽药 GMP（药品生产质量管理规范）改造项目完成土建工程。

2016 年主要农产品产量表

表 3

指标	单位	数量	同比增幅 ±%
粮食	万吨	23.8	-2.8
其中：稻谷	万吨	17.9	-3.7
玉米	万吨	4.52	-0.1
油料	万吨	4.6	0.5
茶叶	万吨	6.0	7.1
水果	万吨	5.1	8.0
蔬菜	万吨	48.96	3.5
水产品产量	万吨	2.44	3.5
肉类总产量	万吨	8.5	-0.8
出栏生猪	万头	86.83	-2.4
出栏牛	万头	10.93	2.3
出栏羊	万只	36.97	3.5
出笼家禽	万羽	533.8	5.2

2. 园区建设。园区集聚能力显著增强，通过调区、扩区，园区新增企业 30 家，新申报规模工业企业 7 家。完成基础设施投资 8.5 亿元，新建标准化厂房 15.7 万平方米，标准化厂房利用率达 86.7%，实现园区规模

2016 年规模工业分行业产值表

表 4　　　　　　　　　　　单位：万元

行业名称	数量	同比增幅 ±%
总计	1577045	9.9
煤炭开采和洗选业	8582	-8.7
黑色金属矿采选业	3705	-0.8
有色金属矿采选业	30654	10.1
农副食品加工业	74134	13.5
食品制造业	51226	13.0
酒、饮料和精制茶制造业	713308	20.3
木材加工和竹、藤、棕、草制品业	30137	-22.9
医药制造业	38748	5.4
非金属矿物制品业	73733	28.1
黑色金属冶炼和压延加工业	67972	-39.6
有色金属冶炼和压延加工业	79510	18.3
计算机、通信和其他电子设备制造业	21579	-6.7
废弃资源综合利用业	243953	8.8
电力、热力生产和供应业	100120	8.0

工业产值 78.6 亿元，规模工业增加值 19 亿元，工业税收 1.5 亿元。安化经济开发区成功升级为国家循环化改造示范试点园区，争取国家循环化改造资金 7000 万元。

3. 建筑业。全县完成资质以上建筑业总产值 11.7 亿元，增长 5.1%。其中建筑工程产值 10.4 亿元，下降 5.38%，其他产值 1.3 亿元。房屋建筑施工面积 135.6 万平方米，其中，2016 年新开工面积 78.1 万平方米。从业人数 3565 人，全员劳动生产率 32.8 万元/人。建筑业增加值 3.26 亿元，增长 5.1%。

四、固定资产投资和城镇化水平

1. 固定资产投资。在建投资 500 万元以上项目 130 个，其中投资 5000 万元以上的项目 48 个，1 亿元以上项目 24 个。全县完成固定资产投资 146.8 亿元，增长 14.1%。其中，房地产开发投资 11.53 亿元，增长 19.3%。重点项目全面推进，34 个县级重点项目完成投资 30 亿元。东坪大码头大桥完成主体工程，烟溪十八渡大桥建成通车。安化黑茶学校、思源实验学校完成“三通一平”。芙蓉山风力发电、茶乡花海生态体验园等一批项目开工建设，黑茶文化公园、辰山绿谷等一大批项目正在做开工前准备。

2. 城镇化水平。2016 年末，全县城镇常住人口 28.28 万人，城镇化率达 30.95%，比上年提高 0.95 个百分点。县城“北改南建”战略深入推进，县城城区道路建设及配套工程完成投资 5700 万元。小城镇建设步伐加快，梅城、平口、江南等乡镇城镇基础建设加快。县城规划编制有序开展。正式启动《安化县县城控制性详细规划》和“美丽乡村”村庄规划编制工作，已完成马路镇云台山村、柘溪镇唐溪村等 19 个村庄规划编制。

五、交通、水利、通信

1. 交通建设。全年完成交通投资 28.66 亿元，二广高速公路安化段全线通车，结束县域不通高速的历史；马安高速加快推进，完成投资 31.2 亿元，占总投资的 52.96%。完成农村公路改造 423 千米，安张衡铁路进入国家《中长期铁路网规划》。全县公路总里程达 10188.73 千米，其中高速公路 88.73 千米、国道 225 千米、省道 932 千米、农村公路 8943 千米，外通内畅的交通路网初步形成。

2. 水利、电力建设。全年完成水利建设投资 2.7 亿元，建设各类水利工程 8700 处。完成 71 座小型水库除险加固扫尾工作。农村饮水安全巩固提升项目争取国家投资 1210 万元，解决饮水不安全人口 30426 人。电网建设强势推进。全年完成投资 1.31 亿元，其中主网 4130 万元，农配网 9014 万元。35 千伏王马线、烟奎线及 10 千伏羊大线峻工投运。全年完成售电量 84100 万千瓦时，增长 2.2%；完成销售收入 5.9 亿元，增长 2.22%。

3. 通信设施。新建移动基站 205 个，改造移动基站 188 个，完成投资 5756 万元。新增光网行政村 180 个，总数达 410 个，光网覆盖率 79.3%，光网宽带建设投入资金 5000 万元，新增光网端口 42070 个，累计 105490 个。电信行业全年实现营业收入 4.51 亿元，增长 13.3%，实现业务总量 11.03 亿元。2016 年末，宽带互联网用户 7.75 万户；固定电话用户 5.25 万户，下降 7.1%；移动电话用户 51.78 万户，增长 10.6%，其中手机互联网用户 42.55 万户。

六、招商引资、国内贸易、旅游

1. 争资立项。争取国家省市各类资金 36.81 亿元。城建投、创圆投等县级平台融资 36.6 亿元，争取国家专项债资金 4 亿元，梅山公司成功发行 8 亿元企业债。全年合同引资 81.97 亿元，完成固定资产投资 53.3 亿元。全年新签约项目 20 个，新开工项目 38 个，新投产项目 13 个。引进外资 2850 万美元，实现加工贸易 160 万美元，实现进出口 500 万美元。先后引进上海医药集团、中国中药集团等世界500强企业5家，主板上市公司6家。成功举办“安化黑茶少林·泰山行”系列活动，实现销售额1200多万元、签约金额达5亿元。

2. 消费市场。全年实现社会消费品零售总额100.4亿元，增长11.8%。分地域看，城镇实现零售总额88.9亿元，增长11.7%，乡村实现零售额11.5亿元，增长12.5%。全县限额以上法人单位实现零售额12.1亿元，下降3.1%，占全县社会消费品零售总额的12.05%。

3. 旅游业。全年接待各类游客230万人次，增长22.15%，实现旅游综合收入12亿元，增长24.6%。成功举办首届益阳安化·云台山帐篷旅游文化节，获批创建国家全域旅游示范区。深入推进大湘西精品旅游线路，突出抓好茶马古道、龙泉洞、梅山文化生态园、蚩尤故里、响水洞漂流等景区基础设施建设。全县拥有国家AAAA级旅游景区1个，国家AAA级旅游景区1个，省级农业旅游示范点2处，省级工业旅游示范点4处。

七、财政、金融、保险业

1. 财政收支。全县实现财政总收入12.24亿元，同比增长4.2%。实现地方财政收入6.75亿元，增长1.4%。分税种看，增值税5.11亿元，营业税0.71亿元，企业所得税1.63亿元，个人所得税0.91亿元。全县财政总支出53.82亿元，增长15.6%。

2. 金融保险体系。2016年末，全县金融机构各项存款余额285亿元，增长27.4%。各项贷款余额88.4元，增长20.4%。

全县保险机构总数达16家，其中寿险8家，财险8家。全年实现保费收入5.68亿元，增长14%。其中财产保险收入1.99亿元，增长16.6%；人寿保险收入3.69亿元，增长12.6%。

八、科技、教育、文化

1. 科技事业。全县共完成专利申请437件，其中发明专利70件，分别增长18.1%和22.8%，完成专利授权151件，引进发明专利12件，有效发明专利总数达62件。完成湖南省知识产权建设强县申报工作，组织湖南成大生物科技有限公司申报2016年湖南省专利奖，并获二等奖。

2. 教育事业。全县有教育机构454所，其中职业高中1所，普通高中6所，初中41所，小学197所（小学教学点133个），特殊学校1所，幼儿园208所。2016年末在校学生101872人，其中：职业高中5062人，普通高中10550人，初中25952人，小学60268人，特殊学校40人。另外幼儿园22035人。教学质量稳步提升。普通高中和职业高中高考二本以上录取人数1048人，比上年净增128人。

3. 文化服务。全年先后举（承）办各种形式的群众文艺活动50多场次，完成送戏下乡69场，大型舞蹈《黑茶飘香》获2016年省欢乐潇湘群众文艺汇演省级专场一等奖。完成农村电影放映场次6192场，广场电影放映300场次。

九、卫生、体育、环境保护

1. 卫生改革。全面实施国家基本药物制度，县级公立医院改革成效明显，构建了公益导向的补偿机制，理顺了医药服务价格体系。民营医院稳步发展，新设置民营医院3家，综合门诊部3家，口腔综合门诊部1家，个体诊所3家。

2. 体育事业。圆满完成2016年全省青少年羽毛球锦标赛承办任务。在本次比赛中，安化县获4金3银4铜。在第四届省青少年武术大赛中获10金9银2铜和集体项目第二名。

3. 环境保护。全县环境质量总体保持优良水平。空气质量达标率95%以上，森林覆盖率达76.2%，各主要旅游景区负氧离子含量均达到国际一级标准；城区垃圾处理量3.94万吨、污水处理率达85.4%，建制镇污水处理率达31%；重点污染源排放达标率达66.67%；全县境内干流长度大于5千米的溪河170条，Ⅲ类或优于Ⅲ类水质达标率77.5%；全县13处集中式饮用水源保护区水质达标率100%。

十、计划生育、居民生活

1. 计划生育工作。全面两孩政策有序实施。全县共发放二孩生育服务证4600本，共生育二孩6484人。全年共出生12826人，死亡6166人，出生人口性别比108.25%，比正常指标值高1.25个百分点。政策内出生12048人，符合政策生育率93.93%。

2. 城乡居民生活。抽样调查显示，2016年全县居民人均可支配收入9713元，增长9.9%。其中，城镇居民人均可支配收入15694元，增长9.7%；农村居民人均可支配收入7423元，增长9.2%。居民消费水平不断提升。全县居民人均消费支出7582元，增长7%。其中居民文教娱乐服务支出1188元，占家庭消费支出的15.7%。

十一、社会保障和安全生产

1. 社会保障。2016年省、市下达的16项20个重点民生实事考核指标全面完成。发放各项社会救助资金2.29亿元；新增城镇就业4869人，新增农村劳动力转移就业4023人；基本养老保险、医疗保险参保率分别达90%、95%以上；实施城市棚户区改造5806套，农村危房改造4000户，发放补助资金5362万元，完成3356户渔民上岸安居工程；县第二人民医院扩建项目、思源实验学校、县医养结合老年公寓等重点民生工程有序推进。

2.安全生产。全县发生11起生产经营性安全生产事故，死亡11人，事故起数、重伤人数、死亡人数、直接经济损失等四项指标比2015年均有所下降，没有发生一起较大及以上生产安全事故，全县安全生产形势稳中向好。亿元GDP生产经营性伤亡事故数0.056次，比2015年减少0.0297次；亿元GDP生产经营性伤亡事故死亡人数0.056人，比2015年减少0.0183人。全年共办理安全生产行政执法案件325起，责令改正、限期整改违法行为323起，责令停产、停业、停止建设28家，关闭违法企业5家，有效遏制了安全事故发生。

（供稿：县统计局）

精神文明建设

【概况】 2016年，全县精神文明建设工作始终坚持全面贯彻落实中共十八大和中共十八届三中、四中、五中全会精神，以邓小平理论、“三个代表”重要思想、科学发展观为指导，深入贯彻习近平总书记系列重要讲话精神，积极培育和践行社会主义核心价值观，不断巩固和提升精神文明创建成果，全面促进群众性精神文明创建活动，为推动安化经济社会科学发展发挥了积极作用。

一、公民思想道德建设活动。以培育和践行社会主义核心价值观为重要抓手，在全县广泛开展以社会公德、职业道德、家庭美德和个人品德为主要内容的公民思想道德教育活动。在城区主要街道广告位共制作社会主义核心价值观宣传牌300多块。充分利用安化电视台、安化新闻网、楼宇广告位开展“讲文明、树新风”公益广告宣传活动，用“讲文明、树新风”公益广告叫响核心价值观。继续在全县各省、市级文明单位中开展“道德讲堂”活动20余堂次，把道德讲堂作为加强公民思想道德建设的有效载体和精神文明建设的重点，大力宣传社会主义核心价值观的博大内涵。坚持长效化运作，充分发挥道德讲堂的导向、平台、辐射作用，道德讲堂“建管用”水平明显提升。推动社会诚信体系建设，努力营造不敢失信、不能失信、不愿失信的社会环境。会同物价、市监、公安等部门，开展食品药品违法违纪、虚假信息诈骗、金融信用缺失等专项整治。大力宣传诚信人物、诚信企业，广泛开展诚信企业创建“百千万”工程、“百城万店无假货”、“诚信经营示范店”等诚信主题实践活动。

二、文明创建活动。按照省、市文明委整体工作要求，开展省级、县级文明单位自查及申报工作，及时下发工作通知。经各单位、各乡镇申报、评选，经过实地核查，积极向市文明办推荐安化农商银行、县政协机关、羊角塘镇文昌阁学校、县审计局为省级文明单位、文明标兵单位对象。茶马古道旅游风景区顺利通过省文明办的明察暗访并授牌，成为湖南省2015届省级文明风景旅游区。同时，认真做好县级文明单位、文明村镇创建评选工作，县财政局、南金乡等12家单位积极申报县级文明单位、文明村镇。积极开展精神文明调研工作，其中奎溪镇雾寒村建设农村精神文明工作经验在全市农村精神文明建设工作经验交流会上做了典型发言。依托春节、元宵节、清明节、端午节等传统节日，以优秀传统文化为基石，开展多种形式的文化活动，把传统经典送到人们心里，用丰富多彩、喜闻乐见的民俗活动，在人们心里刻上民族印记。广泛开展敬老、爱幼、助残、帮困等志愿服务，进一步发挥传统节日在加强公民思想道德建设中的重要作用。同时，积极协调媒体报道节日活动，宣扬节日文化，营造浓郁氛围。

三、先进典型推荐、评选、表彰活动。3月17日，举办了安化县第三届道德模范电视颁奖典礼，对10名道德模范及提名奖人选进行表彰奖励，向市文明委推荐的贺桔红、邓依正、张铁来、刘习聪，分别获益阳市第四届道德模范、道德模范提名奖。组织市、县道德模范在乡镇、县城进行巡回演讲，在全县上下掀起了学模范、做模范的浓厚氛围，同时，把当选的道德模范人物事迹摄制成专题片，并在安化新闻网上播出，得到了社会的广泛认识和好评。充分发挥先进典型的示范和引导作用，通过层层遴选、逐级把关，推荐扎根在基层一线的刘大飞、刘习聪等人参加“湖南好人”评选活动，其中，大福皮肤病防治所护士长刘大飞被评为5月“湖南好人·每周一星”，电力工人刘国希、平口学校教师刘刁聪分别入围5月、6月湖南好人榜。刘大飞、张铁来入围9月中国好人榜。组织全县各乡镇、文明单位、教体与卫计系统开展“身边好人线索”网上推荐工作，11月、12月，中国文明网采纳好人线索1200多条。通过重点寻找发掘、推荐推举、评议评选、学习宣传先进典型，教育引导党员干部以楷模为镜、向典型看齐，在全县乃至全市都引起了广泛反响，弘扬了社会正能量，为经济社会发展起到了重要的加油提速、助力助推作用。

四、志愿服务工作。按照“有阵地、有物资、有制度、有队伍、有活动”的标准要求，加强志愿者队伍建设。全县志愿服务工作在继承中发展、在发展中创新、在创新中深入，志愿服务内容日益丰富，志愿服务领域不断拓展，志愿者队伍发展壮大，志愿服务理念深入人心。以安化县义工联为基础，号召和辐射更多的乡镇建立分会。目前已经有马路镇、羊角塘镇、仙溪镇、长塘镇成立义工分队。注册义工人数从最初的几十人发展到现在的800余人。在全县开展了“清洁家乡，从我做起”“三月学雷锋”“3·12植树活动”“关爱老人·共庆端午”“献爱心、共成长·关爱留守儿童”“妈妈禁毒联盟”“衣旧有爱”等常态化的志愿服务活动50多次。展示安化县志愿者风范，大力弘扬“奉献、友爱、互助、进步”的志愿服务精神，在全县营造浓厚的志愿服务氛围。安化县义工联获2016湖南省“学雷锋志愿服务百强社团”荣誉称号。

五、未成年人思想道德建设。联合县教体局组织开展社会主义核心价值观和“我的中国梦”主题教育活动，不断夯实未成年人思想道德根基。继续以“清明”“六一”“七一”“国庆”为重要节点，广泛开展“学习和争做美德少年”“网上祭英烈”“做一个有道德的人”“童心向党”歌咏会、优秀童谣征集等主题活动。推荐乐安镇学生刘彪参加“美德少年”评选活动，推荐清塘中学郑海霞、梅城完小曾哲明、高庆平参加益阳市“最美孝心少年”评选活动并获评益阳市“最美孝心少年”，郑海霞、曾哲明代表益阳市参加全省评选，获湖南省“最美孝心少年”称号。在广大未成年人中大力弘扬了传统美德，引导他们认真学习美德少年事迹，积极参加道德实践活动，身体力行童心向党、爱劳动、有礼貌的价值追求。继续落实好乡村学校少年宫项目，会同县财政局、县教体局对全县乡村学校少年宫开展2次督察，年底组织考核验收。

六、网络文明建设。强化网络文明传播志愿者队伍建设，组织网络文明传播志愿者积极参与网上正能量宣传，把社会主义核心价值观体现到网络宣传、网络文化、网络服务中，用正面声音和先进文化占领网络阵地。大力宣传推介精神文明建设工作的经验和成果，扩大精神文明建设工作网络影响力。

【举行“华莱杯”安化县第三届道德模范电视颁奖典礼】 3月17日晚，“华莱杯”安化县第三届道德模范电视颁奖典礼在安化大剧院隆重举行。经过大众评选出来的肖大丰、唐上君、刘松阶、李国良、何运新、王玉吾、彭海、吴吉星、贺桔红、丁福星10位道德模范的感人事迹让在场所有观众为之动容、纷纷点赞。安化县第三届道德模范人物评选活动自2015年4月启动以来，通过提名推荐、87000多人次的公众网络投票、组委会审核和社会公示，共有10位杰出道德模范脱颖而出。

【安化县义工联获湖南省“学雷锋志愿服务百强社团”荣誉称号】 11月16日，安化县义工联在湖南省文明办、湖南省志工委主办的2016全省“学雷锋志愿服务百强社团”推选宣传活动中，荣获湖南省“学雷锋志愿服务百强社团”称号。

【郑海霞、曾哲明获湖南省“最美孝心少年”称号】 9月18日，由湖南省关工委、湖南省关心下一代基金会主办的湖南第二届“最美孝心少年”评选表彰活动在长沙举行，安化县清塘中学郑海霞、梅城完小曾哲明获湖南“最美孝心少年”称号。

【刘大飞上榜12月“中国好人榜”】 12月30日，中央文明办主办、中国文明网承办的“我推荐、我评议身边好人”活动，发布了2016年“中国好人榜”12月榜单。安化县“敬业奉献好人”刘大飞上榜。刘大飞，女，1971年出生于安化县，现为益阳市大福皮肤病防治所护士长，曾获湖南省“优秀护士”称号。1990年她益阳卫校毕业后，放弃去大城市发展的机会，回到家乡，来到处在大山之中、条件非常艰苦的益阳市大福皮肤病防治所工作，与麻风病人日夜相处，将自己美好的青春和爱心奉献给了麻风病患者，在别人避之不及的行业工作了26年。

【贺桔红获益阳市“第四届道德模范”荣誉称号】 8月26日，益阳市“第四届道德模范”颁奖典礼在益阳市广播电视台演播厅举行。经基层推荐，群众投票，活动组委会评选委员会审定，贺桔红等9人获益阳市“第四届道德模范”称号。贺桔红，女，40岁，安化县南金乡连湾村村民。从2006年5月起，她就开始照顾半身不遂、常年瘫痪在床的丈夫。为了治疗丈夫的尿路感染等常发疾病，她还自学简单的注射医术，为丈夫配药打针，成为了丈夫的“保健医生”。同时，还要照顾已86岁高龄、耳朵失聪、行动不便、患有老年痴呆症的公爹，供养两个孩子上学。贺桔红的事迹被一方乡邻传为美谈。

（撰稿人：县文明办　刘翼张）

大　事　记

1月

7日，湖南省总工会副主席黄新民一行到渣滓溪矿业有限公司调研矿企情况。

10日，江南镇高城村获评“湖南省美丽乡村建设示范村”。

12日，湖南万和华润农业开发有限公司电商平台启动仪式在安化大剧院举行。

16日，由人民网主办，人民网舆情监测室、人民网湖南频道承办的安化邀你来找“茶”——首届“融媒体安化行”活动在安化正式启动。

18日，首届“融媒体安化行”高峰论坛在县会议中心举行，知名网络大V与安化县领导、部分茶企负责人一起，共同探讨安化黑茶落实精准扶贫以及县域特色经济发展新思路。

23日，中国·安化首届“白沙溪黑茶杯”中日拳王争霸赛在安化县体育馆举行。

25日，安化农商银行营业部获“中国银行业文明规范服务五星级营业网点”称号。

是日，县慈善总会、县教育基金会组织的捐助特困教职工活动在县教体局举行，此次共为全县148名困难教职工捐赠资金26.5万元。

28日，由县茶业办牵头举办的安化黑茶外贸出口知识培训班开班。湖南韶山出入境检验检疫局副局长文国华应邀为茶企负责人讲课。

30日，安化柘溪库区首个省二级甲等客运站——平口汽车站投入使用。

是月，柘溪库区第一艘水上垃圾清扫船“雪峰湖保洁1号”正式下水，自此库区水面垃圾清运进入自动化时代。

是月，安化县产城融合示范区正式获得湖南省发改委批准。安化县产城融合示范区位于安化经济开发区，目标是将其打造成集养生度假、医疗保健、休闲观光、商贸物流、娱乐和文化养老等于一体的县城副中心特色城区。

2月

3日，湖南省委副书记、省长杜家毫到马路镇八角塘移民避险安置点、湖南云上茶业有限公司、柘溪水库、中茶湖南安化第一茶厂等地了解安化县经济发展情况，走访慰问困难群众。

4日，湖南省慈善总会副会长、绿之韵集团董事长胡国安到家乡冷市镇胡家村，看望慰问家乡困难村民，并捐资10万元用于扶贫帮困。

20日，湖南省书法家协会副主席、益阳市书法家协会主席、中国人民大学画院特聘教授盛景华在安化县书画院为全县书法爱好者上了一堂书法知识课。

25日，安化县职业中专学校（安化黑茶学校）举行整体搬迁奠基仪式。

29日，安化县第二期赴浙江大学县域经济发展专题研修班在浙江大学玉泉校区邵逸夫科学馆开班。

是月，小淹镇获“全国绿化先进集体”荣誉称号。

是月，安化县司法局与安化县人民法院联合成立的县法律援助中心驻法院工作站成立，系益阳市首家。

3月

6日，安化县召开在安化投资的客商和县内知名企业家座谈会。

7日，县委经济工作会议在安化大剧院召开。

是日，全县行政村区划调整工作会议在安化大剧院召开。

9日至10日，湖南省副省长蔡振红到安化调研安化茶旅一体化建设、民生保障等工作。

11日，安化县“何必去远方 美景在身旁”旅游推荐主题演讲比赛在华天大酒店三楼举行，来自全县涉旅乡镇和企事业单位的9名选手同台竞技。

14日，湖南省水利厅总工程师张振全到安化检查防汛准备工作。

15日，湖南省人大常委会副主任蒋作斌到安化调研黑茶产业。

是日，益阳军分区司令员王保胜一行到安化调研人武工作。

17日，湖南省林业厅副巡视员桂小杰一行到安化督察指导春季造林和森林防火工作。

是日，安化县第三届“华莱杯”道德模范电视颁奖典礼在安化大剧院举行。

24日至25日，湖南省爱卫办副调研员孙永忠一行到安化就创建省级卫生县城工作进行调研与督导。

29日至30日，国务院参事室特约研究员（原卫生部人事司司长）秦小明、国务院参事室调研员李阳到安化，就发展乡村旅游如何坚持乡村旅游个性化、特色化发展方向等开展调研。

是月，湖南六步溪国家级自然保护区基础设施二期工程建设项目可行性研究报告获国家林业局批准。

是月，安化首批标准化渡船下水。

是月，安化县商务局成立。安化县商务局由县经济合作局、县商业局、县物资局、县市场服务中心、县医药总公司和县商务局（挂靠县工信局）合并构成。

4月

1日，苏州大卫木业有限公司董事长蒋卫先生一行到家乡安化调研，并到县城南区就投资项目进行考察。

是日，安化县入选湖南省旅游资源重点县，东坪镇、江南镇、柘溪镇入选“百个特色旅游小镇”。

1日至7日，县林业局在县政府大院门口及东坪完小等地开展以“关注候鸟保护，守护绿色家园”为主题的爱鸟周活动。

3日，中共第十六届中央委员、国家工商行政管理总局原局长王众孚到安化县第一中学参观指导。

是日，总投资约2.6亿元的安化县茰江批发零售市场主体建设工程正式动工。

6日，湖南湘雅百合置业有限公司董事长贾民一行到安化实地考察了解黑茶产业、城镇建设等情况，并开展相关产业项目对接。

7日，益阳市委书记胡忠雄到小淹镇调研指导基层党建和乡镇党委换届工作。

10日，上海金色旅游同业合作联盟安化踩线考察座谈会在安化银莲大酒店召开。

11日，益阳市2016年文化、科技、卫生“三下乡”活动在羊角塘镇政府机关大院、金鸡社区居委举行。

12日至14日，湖南省森林公安局政委隆义华、副局长杨跃前一行到安化县调研森林公安基层基础建设。

14日，致公党湖南省委专职副主委向佐谊一行到安化就《促进湖南省茶叶产业融合发展的建议》课题开展调研。

15日，安化县安顺公交公司总投资1300万元购置的节能环保的新能源电瓶小公交车正式投入县城运营。

19日，中共安化县第十一届委员会第五次全体会议在会议中心召开。

21日，益阳市委书记胡忠雄到小淹镇调研指导基层党建、乡镇党委换届和精准扶贫工作。

23日，益阳市委宣传部、益阳市邮政分公司组织的题为“倡导全民阅读，共建书香益阳”中国邮政“全民阅读”邮票益阳首发仪式暨精品图书展在安化县罗马商业广场举行。

26日，烟溪镇十八渡大桥竣工通车。

是日，由团县委组织发起，由全县成功创业和初始创业的青年自愿组成的集民间性、联合性、互助性、专业性、公益性于一体的非营利性社会组织——安化县青年创业者协会在安化大剧院成立。

28日，湖南卫视“环行洞庭”报道组到安化县云上茶园、茶马古道永锡桥、白沙溪古茶厂采访，以直播的方式向外界展示“中国黑茶之乡”的独特魅力。

28日至29日，原中国人民解放军副总参谋长刘镇武到安化考察茶旅产业发展以及城镇规划建设。

是月，安化县江南镇陈王社区村、羊角塘镇金鸡村、梅城镇茅田铺村、平口镇范溪村4家农村书屋获评全省“示范农家书屋”。

29日，湖南阿香茶果食品有限公司技术总监夏绪平获“全国五一劳动奖章”。

是月，总投资6000万元生产绿色生态品牌水果的安化县天翼农业开发有限公司落户长塘镇。

是月，县新华书店牵头举办了为期一月的“安化县校园图书漂流”公益活动。

是月，安化县投入资金2700万元购买90辆新公交车，使县城公交车达120辆。

5月

4日，国家新闻出版广电总局传媒机构管理司副司长刘朝荣一行到安化调研县级广播电视台工作。

是日，益阳市委副书记、市长许显辉一行到田庄乡双文村，走访调研该村茶叶基地、公路建设和扶贫工作。

9日下午，仙溪镇大桥学校校车在途径大桥村和山漳村交界处时，突遇山体滑坡，校车被泥石流推入河床。校车上有学生3名，照管员1名，司机1名。经过1个半小时的紧急救援，3名学生、1名司机被救出，照管员殷胜群因保护学生不幸遇难。

11日至12日，益阳市林业局局长会议在安化县召开。

12日，县政府组织的“防灾减灾、应急避险知识”宣传活动在县城罗马商业广场举行。

14日，一艘无人自卸沙船在资江水域东坪电站附近因突然失去动力而发生沉船事故。事故发生后，县政府立即组织救援人员进行打捞。沉船于18日下午被打捞出水。

19日，中国工商银行安化支行从东坪镇沿江路搬迁至金融商业广场。

19日至20日，湖南省住建厅副厅长袁湘江一行到安化实地调研县城总体规划实施情况，指导安化县做好新一轮县城总体规划制定工作。

22日，全国人大内务司法委员会副主任委员白景富、委员李江率调研组到安化调研检察院与法院工作。

24日，湖南省卫生计生委主任张健到益阳市大福皮肤病防治所考察麻风病防治工作，看望慰问麻风病患者。

25日，湖南省军区副司令员戴焕一行到安化调研安化黑茶产业发展情况，参观了中国（安化）黑茶博物馆。

26日，安化县资江流域鱼类增殖放流活动在东坪镇黄沙坪社区举行，县领导和社会各界人士共向资江水域放流各种鱼类300余万尾。

是日，湖南华莱冷市黑茶产业园三期工程动工。

27日，中国科学院测量与地球物理研究所研究员王学雷率专家组一行到安化检查验收湖南雪峰湖国家湿地公园。

28日，国家图书馆名誉馆长周和平、湖南省文化厅厅长李晖一行到安化调研黑茶产业发展情况。

28日至29日，首届益阳安化云台山帐篷旅游文化节开幕式暨“欢乐潇湘·神韵安化”月月乐群众文化系列活动——相约云台山·乐享龙泉洞在马路镇龙泉洞景区举行。

31日，湖南省民政厅副厅长孙中喜一行到安化调研指导优抚与军休工作，

是月，安化县平口镇敬老院被评为湖南省“三星级”敬老院，为省级敬老院等级评定的最高荣誉。

是月，安化县职业中专大福校区学生田稳荣获全国职业院校技能大赛中职组农业类“蔬菜嫁接”项目三等奖。

是月，安化县在益阳市率先推出“互联网+医院”就医新模式。

6月

4日，塞舌尔共和国国家体育委员会首席执行官Guiovana Rousseau乔安娜、国家奥林匹克委员会主席Antonio Gopal安东尼、国家游泳协会主席David Vidot大卫以及国家羽毛球队总教练罗国辉一行到安化访问。

是日，安化县机构编制委员会办公室向中共安化县委办公室颁发全县首张党政机关统一社会信用代码证。

5日至6日，国家财政部政策研究室主任王卫星到安化调研黑茶产业。

8日，安化经济开发区获批国家循环化改造示范试点园区。

13日至14日，湖南省住建厅、湖南省畜牧水产局、湖南省发改委、湖南省国土资源厅及第三方机构检查

验收组到安化验收以船为家渔民上岸安居工程。

14日，安化县首届农产品经纪人培训班在长沙开班。

16日，湖南省信访局副局长夏玄英到安化调研信访工作。

17日（墨西哥当地时间），安化黑茶企业经贸考察团到墨西哥合众国墨西哥州特佩特劳斯托克市开展“以茶会友、互惠交流”活动。

20日，安化县梅城镇绕城公路开工兴建。

21日，全县优秀青年干部暨神韵安化宣传员培训班开班仪式在县委党校举行。来自全县行政事业单位的40名优秀年轻干部参加培训。

22日，中远慈善基金会“远航·追梦”爱心助学捐赠仪式在江南镇陈王完小举行。

23日，由安化县人大常委会、县司法局、县人民检察院、县人民法院、县公安局、县森林公安局联合组织开展的“司法公正安化行”活动在东坪镇湾竹塘广场举行。

23日至24日，国家林业局贵阳专员办副专员宋云民一行到安化就建设项目使用林地活动情况进行监督检查，并实地检查了马安高速安化段项目占用征收林地情况。

25日，安化县不动产登记中心揭牌暨不动产权证书首证颁发仪式在县政务服务中心举行。首本不动产权证书颁给了县职业中专学校（安化黑茶学校）。

是月，“安化黑茶”公用品牌估价达19.13亿元，名列2016年中国茶叶区域公用品牌价值排行榜19位。

7月

1日，安化县与国网新源控股有限公司正式签订抽水蓄能电站项目合作协议。

6月28日至7月5日，安化县普降暴雨，全县累计平均降雨量达393.8毫米；降水最为集中的7月3日至4日，全县所有乡镇24小时降雨量均在100毫米以上，最大降雨量在南金乡将军水库站点，达322毫米。

13日，益阳市工商联和深圳市益阳商会的志愿者来到渠江镇走访慰问“7·4洪灾”受灾群众。

21日，湖南省绿色食品办公室主任朱建湘一行到安化考察绿色食品发展情况。

23日，湖南省“华莱杯”青少年羽毛球锦标赛在县体育馆落幕。经过7天的激烈角逐，共产生冠军16个。安化羽毛球学校获甲组女子团体赛、乙组女子团体赛、乙组女子双打、丁B组女子双打4个冠军。

25日，全国人大代表、中国佛教协会副会长、湖南省佛教协会会长圣辉大和尚和湖南省佛慈基金会秘书长周仲山一行到乐安镇察看“7·4”洪灾情况，并捐款慰问受灾群众。

26日，“黑茶·印象”国家级非遗主题文化演出项目暨湖南华莱冠名湖南羽毛球俱乐部签约仪式在安化经济开发区万隆黑茶产业园举行。

27日，湖南省茶叶生产机械化技术示范演示暨研讨会在安化县云台山举行。

8月

1日，“万里茶道”申遗安化推荐点专家考察工作正式启动。申遗和文物保护专家及《长江日报》编辑、记者对安化县申遗推荐点进行实地考察与茶文化探究。

6日，由县统战部、县民政局、县慈善总会以及“中华民族伟大复兴”山东扶贫团队联合举办的“援助安化‘7·4’水灾救灾物资发放仪式”在安化县渠江镇举行。山东扶贫团队此次为渠江镇受灾群众送来大米650包、食用油650桶。

10日，广东茶商谭文彪、谭文照、谭志君向中国（安化）黑茶博物馆捐赠一块1951年黄沙坪晋安茶厂生产的安化黑茶砖。

12日，梅山民俗文化博物馆正式开馆。

是日，安化县泰森循环科技有限公司建成并投产。

13日，黄自元书法研究学会在安化成立。

18日，县计划生育协会与安化农商银行联合组织的“2016年度‘百名学子金秋圆梦’助学金发放仪式”在东坪镇举行。

20日，益阳至安化茶马古道景区散客专线正式开通。

22日，国家防总综合处处长万群志、长江委防办副巡视员王井泉一行到安化调研防汛抗洪工作。

24日，湖南省移民局纪检组长路卫华一行到安化督察指导移民工作。

是日，安化县首支二万两花卷茶制作完工。

26日，全县县乡人大换届选举工作业务培训班在安化大剧院开班。

是日，由团县委和县广播电视台共同组织的2016年度“亦神芙蓉茶业”圆梦大学活动助学金发放仪式在会议中心举行。

27日，澳门华联茶叶有限公司总经理曾佐威、澳门茶艺协会会长梁育基一行到安化考察安化黑茶产业。

29日，益阳市委书记胡忠雄到安化就经济工作及换届选举工作进行调研指导。

8月，国家级非物质文化遗产主题文化演出项目“黑茶·印象”签约落户安化万隆黑茶产业园。

是月，安化县雪峰湖国家湿地公园试点建设通过国家林业局评估验收，正式成为“国家湿地公园”。

是月，安化县打捆全县村级综合服务平台建设项目，向国开行申请1.8亿元贷款通过审批。

是月，安化县获湖南省“双拥模范县”称号。

是月，3500万欧元外贷项目落户安化职业中专（安化黑茶学校）。

9月

1日，湖南省交通厅厅长胡伟林、湖南省高速公路管理局局长谢立新、益阳市市长徐显辉一行到仙溪镇考察二广高速公路常安段建设情况。

是日，湖南省侨联副巡视员兰杨杰来安慰问特困归侨侨眷并开展侨情调研。

6日，中国共产党安化县第十二次代表大会在安化大剧院开幕。

8日，中共安化县第十二届委员会第一次全体会议在会议中心举行。

9日，湖南百基联合租赁有限公司捐赠仪式在安化县南金乡将军完小举行。经理黄俊现场捐款30万元支持南金乡将军完小改善教育教学基础设施。

11日，中远慈善基金会“远航·追梦”助学捐赠活动在乐安中学举行。

12日，安化县“唐家观古镇旅游开发现场研讨会”在唐家观举行。安化县委书记熊哲文、南京理工大学教授杨武、湖南卫视导演彭艺丰等出席研讨会。

19日，北京林业大学原校长、博士生导师朱金兆到安化考察生态林建设，应邀为全县林业工作者举办专题讲座。

20日至21日，湖南省委常委、统战部部长黄兰香到安化调研精准扶贫工作，对驻村帮扶点扶贫工作落实情况以及茶企的发展进行实地调研和指导。

21日，湖南省旅游局副局长高扬先一行到马路镇云台山考察茶旅文一体化建设情况。

26日，云台山英雄公园烈士纪念日公祭活动暨开园仪式举行，部分县级领导、烈士遗属、老战士代表等200余人出席仪式。

30日，安化县招商推介会在银莲大酒店举行。深圳市安化商会20多名企业家出席会议。

10月

1日，湖南经视主办为期七天的“走进中国黑茶之乡——安化”国庆特别连线直播活动启动仪式在中国（安化）黑茶博物馆广场举行。

8日至9日，湖南省人民政府办公厅巡视员熊惠明一行到安化调研政务公开和政务服务工作。

9日至14日，湖南省委统战部副部长龙建湘、胡东风，纪检组组长邓建华，巡视员刘权率部机关50余名党员干部分两批到江南镇黄石村开展“一进二访”活动。

10日，茶马古道景区获湖南省“文明风景旅游区”称号。

11日，湖南省人大常委会、九三学社湖南省委专职副主委王仁祥一行到安化职业中专学校就“一家一”助学就业情况进行调研。

13日，安化县2016年招商引资项目集中签约仪式在东坪华天假日酒店举行。县人民政府代理县长肖义代表县人民政府与国电湖南电力有限公司、深圳富伟融资租赁有限公司、深圳市升发进出口贸易有限公司等11家企业签约12个重点招商引资项目，签约金额达24.85亿元。

14日，由益阳市文明办组织的道德模范与身边好人巡回演讲团到安化县第二中学，开展“讲道德、做好人”宣讲活动。

是日，方正证券与安化县人民政府精准扶贫战略合作签约仪式在东坪华天大酒店举行。

17日（全国第三个扶贫日），安化县在陶澍广场举行“心系扶贫”万人签名活动。

18日，2016年全市办公室系统男子篮球赛在安化县城开赛。

19日至20日，湖南省委老干部局副局长梅元喜一行到安化就老干部工作开展调研。

20日，益阳市中心医院与安化县人民医院举行对口帮扶签约仪式。

21日，安化县创建省级卫生县城正式验收通报会议在华天假日酒店召开。安化县“创卫”得分92.6分，通过“创卫”验收。

22日，安化黑茶“万里茶道行”活动车队从安化县黄沙坪古镇出发。

26日，安化县获评“2016年全国十大生态产茶县”。

是日，安化县法学会在县城东坪成立。

27日，中远海运慈善基金会“远航·追梦”爱心助学捐赠仪式在安化县城南完小举行。中远海运集团慈善基金会向安化县捐赠280万元用于教育基础设施建设。

是日，全县工会干部业务知识培训班在东坪举办。湖南省总工会干部学校校长张学全为学员授课。

是日，湖南创源农牧业开发有限公司董事长肖泉源与安化县人民政府代理县长肖义签订创源现代生态农业观光园项目合作协议。

是日，益阳市驻村帮扶工作现场会在小淹镇召开。

28日，中国金融文联副主席、中国金融作家协会主席阎雪君在安化县第二中学大礼堂举行文学讲座，安化县第二中学文学爱好者参加听课。

29日，“世界茶王”安化千两茶登上泰山之顶，安化黑茶“万里茶道行”系列活动结束。

是月，安化县《海螺水泥熟料生产线暨低温余热发电项目》和《“茶旅”一体化生态发展模式》获评湖南省生态经济“双十”示范案例。

是月，国庆黄金周安化县接待游客25.6万人次，实现综合旅游收入8865.5万元。

11月

2日，益阳市委副书记、市长许显辉带领市直相关单位到田庄乡双文村指导开展精准扶贫工作，

3日，益阳市老年人门球（安化）邀请赛在陶澍广场门球场开赛。

9日，安化县茶乡花海生态体验园项目奠基暨开工庆典仪式在东坪镇杨林村举行。

10日，湖南省纪律检查委员会纪检员陈代平一行到安化调研督察“雁过拔毛”式腐败问题专项整治工作。

11日，罗马尼亚工商总会副主席高古列斯科、米济尔市市长内格纳努及随员、客商30多人到安化考察华莱黑茶和云上茶业等茶企。

16日，湖南省人大常委会委员董岳林率调研组到安化调研农村中小学教师待遇落实情况。

是日，安化县成功入围湖南省“2017—2018年产油（食用油）大县”。

16日至17日，湖南省移民局局长李新连一行到安化调研移民安置、产业开发、基础设施建设等工作。

18日，由安化职业中专、安化戏迷田社共同举办的“庆祝长征胜利80周年暨京剧进校园联谊汇演”活动在安化职业中专东坪校区大礼堂举行。

19日，第二十二届“天道山杯”湘北地区乒乓球俱乐部联赛在安化县开幕。

22日，“安化达人秀”电视大赛决赛在东坪举行。龙狮文武学校御麒麟获得冠军。

24日，以国家煤炭局副局长李万疆为组长的国务院安全生产巡查组一行到仙溪镇对益阳海螺集团安全生产进行巡查

是日，“万里茶道（湖南段）”申遗工作推进会在安化县召开。

28日，政协安化县九届一次会议在安化大剧院开幕。

29日，安化县第十七届人大第一次会议在安化大剧院开幕。

是日，“迷人的茶香”安化县首届原创歌曲大赛颁奖晚会在安化大剧院举行。

30日，湖南城市学院教授李翔就梅山文化略论与研究开发在安化大剧院进行专题讲座。参加“两会”的人大代表和政协委员们听取讲座。

是月，安化县被中国扶贫开发协会评为“联慈医疗扶贫工程医疗精准扶贫示范县”。

是月，安化县首个EPC项目——江南镇城区综合整治项目正式开工。

是月，安化县入选“国家全域旅游示范区”名单。

12月

5日，住房城乡建设部与农业部、国土资源部等组成验收组到安化检查验收以船为家渔民上岸安居工程。

是日，中国工程院院士袁隆平为安化县职业中专题写校名。

9日，安化县惠民三农协会成立大会暨第一次会

员大会在银莲大酒店举行。

10 日，安化县医养结合老年公寓奠基仪式在东坪镇城西村举行。

12 日，中央新影集团基地办主任陶玉明一行到安化考察。

14 日，湖南省环保督察组组长陈克鑫率督察组到安化督察环保工作。

15 日，安化县廉政文化进校园文艺作品展在安化县第二中学举办。

16 日，安化县义工联合会获湖南省“学雷锋志愿服务百强社团”称号。

18 日，安化县思源实验学校建设工程正式奠基开工。

19 日，安化县综合档案馆正式揭牌并投入使用。

20 日，湖南省住建厅副厅长袁湘江一行到梅城镇检查指导新型城镇化建设工作。

是日，安化黑茶列入国家地理标志产品保护名录。

24 日，安化县电商精准扶贫“百千万”工程在安化广聚供销电子商务公司启动，来自全县 130 个贫困村的代表参加此次活动。

27 日，湖南省卫计委副主任张义昌一行到安化调研计划生育服务管理工作。

29 日，国家卫计委督导组到田庄乡和东坪镇对留守儿童健康教育工作进行督导，并就此前下发至安化县的 1800 份农村留守儿童问卷进行现场核查。

是日，湖南省文明办副主任熊科文一行到安化考察创建省级文明单位工作。

是月，安化县森林公安局荣获湘北片森林公安区域警务合作先进单位称号。

是月，安化县湖南成大生物科技有限公司专利“去氢表雄酮的制备方法”（专利号：ZL201210038094.2）获得 2016 年度湖南省专利奖三等奖。

中共安化县委员会

中共安化县委员会

【领导人名录】

书　记　杨光鑫（2016.8 止）
　　　　熊哲文（2016.8 起）
副书记　熊哲文（2016.8 止）
　　　　肖　义（2016.8 起）
　　　　王新宇（2016.1 起）
常　委　刘　卫（2016.8 起）
　　　　邓友良
　　　　王益文（2016.8 止）
　　　　林　玲（2016.8 止）
　　　　祁　辉（2016.8 止）
　　　　邹雄彬
　　　　罗必胜（2016.8 止）
　　　　陈飞燕（2016.8 起）
　　　　周明峨（挂职）
　　　　熊　杰
　　　　伍拥军（2016.8 止）
　　　　杨惠兴（挂职）
　　　　何瑞琦（挂职 2016.1 起）
　　　　黄　瑛（2016.8 起）
　　　　伍令贤（2016.8 起）
　　　　刘　化（2016.8 起）

年度重要文件目录

【安发文件目录】

1. 关于实施精准扶贫加快推进扶贫开发工作的意见　安发〔2016〕1号

2. 关于印发《安化县 2016 年重点工程项目建设任务分解方案》的通知　安发〔2016〕2号

3. 关于进一步加强国土资源城乡建设查违控违拆违工作的意见　安发〔2016〕3号

4. 关于切实做好新时期人口和计划生育工作的意见　安发〔2016〕4号

5. 印发《关于加快培育旅游产业推进旅游经济强县建设的实施意见》的通知　安发〔2016〕5号

6. 转发《中共安化县人大常委会党组关于做好县乡两级人民代表大会换届选举工作的意见》的通知　安发〔2016〕6号

7. 关于调整《安化县 2016 年重点工程项目建设任务分解方案》的通知　安发〔2016〕7号

8. 转发《县委宣传部县司法局关于开展法治宣传教育的第七个年五年规划（2016-2020 年）》通知　安发〔2016〕8号

9. 关于加强和改进新形势下宣传思想文化工作的意见　安发〔2016〕9号

【安办发文件目录】

1. 关于印发《2016 年度安化县基层党建工作责任清单》的通知　安办发〔2016〕1号

2. 关于安化县招商引资目标管理工作的实施意见　安办发〔2016〕2号

3. 关于印发《安化县 2016 年招商引资目标管理考核办法》的通知　安办发〔2016〕3号

4. 关于印发《安化县安全生产工作事前问责暂行规定》的通知　安办发〔2016〕4号

5. 关于进一步加强安全生产监管工作的意见　安办发〔2016〕5号

6. 关于对《安化县 2015 年绩效考核办法》有关内容进行适当调整和明确的通知　安办发〔2016〕6号

7. 关于印发《乡镇纪委正副书记提名考察办法（试行）》《县

纪委派驻纪检正副组组长提名考察办法（试行）》的通知 安办发〔2016〕7号

8.关于印发《安化县加强换届风气监督工作方案》的通知 安办发〔2016〕8号

9.关于印发《安化县2016年企业帮扶行动方案》的通知 安办发〔2016〕9号

10.关于转发《益阳市违反换届工作纪律责任追究办法》通知 安办发〔2016〕10号

11.关于印发《安化县换届风气专项巡察实施方案》的通知 安办发〔2016〕11号

12.印发《安化县关于“雁过拔毛”式腐败问题专项整治实施方案》的通知 安办发〔2016〕12号

13.关于印发《中共安化县委全面深化改革领导小组2016年工作要点》的通知 安办发〔2016〕13号

14.关于印发《关于加强社会治安防控体系建设的实施意见》的通知 安办发〔2016〕14号

15.转发《中共益阳市委办关于在全市党员中开展“学党章、学系列讲话，合格党员”学习教育实施方案》的通知 安办发〔2016〕15号

16.关于印发《安化县县级领导包干负责创卫工作实施方案》的通知 安办发〔2016〕16号

17.关于印发《市委市政府督查碉研组反馈意见整改工作安排》的通知 安办发〔2016〕17号

18.印发《关于进一步加强全县征地拆迁工作的实施意见》的通知 安办发〔2016〕18号

19.关于认真落实机关事业单位工作人员实施带薪年休假制度有关规定的通知 安办发〔2016〕19号

20.关于印发《安化县禁毒工作领导责任制规定》的通知 安办发〔2016〕20号

21.印发《关于进一步加强禁毒工作的实施意见》的通知 安办发〔2016〕21号

22.关于印发《安化县较大环境问题（事件）责任追究办法（试行）》的通知 安办发〔2016〕22号

23. 关于建立健全全县招商引资工作调度督查机制的通知 安办发〔2016〕23号

24.关于印发《安化县农村环境综合整治实施方案》和《安化县农村环境综合整治2016年考核奖惩办法》的通知 安办发〔2016〕24号

25.关于印发《安化县2016年绩效考核办法》的通知 安办发〔2016〕25号

26.印发《安化县第九届政协委员推荐提名工作方案的通知》 安办发〔2016〕26号

27.印发《关于推进行业协会商会与行政机关脱钩的实施方案》的通知 安办发〔2016〕27号

28.关于印发《安化县县乡人大换届选举指导督查工作方案》的通知 安办发〔2016〕28号

29.关于印发《安化县实施“互联网+”行动方案（2016-2020年）》的通知 安办发〔2016〕29号

30.关于印发《安化县公务用车制度改革总体方案》的通知 安办发〔2016〕30号

31.关于认真贯彻落实《中共益阳市委益阳市人民政府关于进一步加强乡镇（街道）、工业园区安全生产监管工作的实施意见》通知 安办发〔2016〕31号

32.关于印发《安化县党委（党组）意识形态工作责任制实施细则》的通知 安办发〔2016〕32号

重要会议

【县委经济工作会议】 3月7日，县委经济工作会议在安化大剧院召开。会议全面总结了2015年全县经济工作，对2016年全县经济工作进行了安排和部署；对2015年度全县绩效考核先进单位、科技进步一等奖获奖单位、工商企业税收贡献奖获奖单位、推进新型工业化获奖单位、招商引资先进单位、立项争资先进单位等12项获奖的单位及个人进行了表彰。

【中共安化县第十一届委员会第五次全体会议】 4月19日，中共安化县第十一届委员会第五次全体会议在县党政机关大院会议中心三楼电视电话会议室召开。会议审议并通过了《关于召开中国共产党安化县第十二次代表大会的决议（草案）》。

【安化县领导班子换届工作会议】 5月29日，安化县领导班子换届工作会议在县党政机关大院会议中心三楼电视电话会议室召开。会议议题为研究安化县领导班子换届工作。

【中共安化县第十一届委员会第六次全体会议】 9月2日，中共安化县第十一届委员会第六次全体会议在县党政机关大院会议中心三楼电视电话会议室召开。县委书记熊哲文主持会议。会议审

议通过了《中共安化县第十一届委员会工作报告（草案）》《中共安化县第十一届纪律检查委员会工作报告(草案)》，酝酿了中共安化县第十二届委员会委员、候补委员和县纪律检查委员会委员候选人预备人选建议名单，安化县出席中共益阳市第六次代表大会代表候选人预备人选建议名单。会议确定中共安化县第十二届代表大会召开时间为9月5日至9月8日。

【中共安化县第十二次代表大会】 9月5日至8日，中国共产党安化县第十二次代表大会在县城东坪召开。大会审议通过了《关于中国共产党安化县第十一届委员会工作报告的决议》和《关于中国共产党安化县第十一届纪律检查委员会工作报告的决议》。选举产生了中国共产党安化县第十二届委员会和县纪律检查委员会。熊哲文、肖义、王新宇、刘卫、邓友良、邹雄彬、陈飞燕、熊杰、黄瑛、伍令贤、刘化当选为县委常委，熊哲文当选县委书记，肖义、王新宇当选县委副书记，邓友良任县纪委书记。

中共安化县委办公室

【领导人名录】

主　任　邹雄彬(2016.8 止)
　　　　刘　卫（2016.8 起）
副主任　简文艺
　　　　龙专华（2016.1 止）
　　　　罗亚平
　　　　黄秀丰（2016.1 起）
　　　　卢映云（2016.7 起）
纪检员　康胜良（2016.7 起）

【概况】 中共安化县委办公室（县委办）内设工作机构为：秘书组、县委信息综合室、县委政研室、县委督查室、县委机要局（国家保密局）、县委党史研究室、县改革办，共有在编干职工29人，其中公务员23人，干部2人，工勤人员4人。

2016年，县委办坚持围绕中心，服务大局，认真落实习近平总书记“五个坚持”的工作要求，切实发挥“前哨后院”作用，不断提高决策服务和抓好落实的水平，有效保证了县委的高效运转和工作的全面开展。

一、服务大局

全办紧紧围绕县委中心工作，努力提高“三服务”水平，有效保证了县委的高效运转和工作的全面开展。

1. 搞好信息报送，把好“前哨”。县委办坚持把党委信息报送工作摆在重要位置，坚持节假日24小时值班，工作日8小时外保持电话畅通，紧急情况全程值班制度，加强紧急事件预判，及时组织暴雨山洪地质灾害、重点工程建设推进等一系列重要紧急信息报送，并主动与市委办、省委办对接，确保无纰漏，有效发挥了党委信息的“前哨”作用。全年共收集信息1500多条，向省委办、市委办上报信息700多条，其中省委办单条采用6条，综合采用51条，省委办排名前20位，保持省先进行列。认真研究县委、县政府重大举措和活动，抓住领导关注的重点和群众反映的热点，跟踪决策落实中存在的问题和建议，全年共报送基层反映类问题信息69条，编发调研内参5期。

2. 精于调查研究，当好“内参”。紧紧围绕县委中心工作安排调研课题，积极为县委科学决策提供参谋服务。全年共撰写各类材料70余篇，编辑《决策参考》6期，在市级以上报刊发表文稿4篇。坚持把起草领导讲话作为参谋辅政的重要平台，每接手一个领导会议讲话材料任务，组织集体商讨，找准上级精神、本地实际和领导意图的结合点，力争让每一篇重要讲话稿成为结合安化实际贯彻落实上级重大决策部署的重要载体和谋划推进安化发展的行动纲领。2016年3月，为起草好县第十二次党代会主题报告部署28个调研课题，组织调研组深入有关乡镇、企业和重点工程建设现场了解情况，听取意见，掌握了大量有价值的一手材料。

3. 加强工作统筹，抓好“调度”。及时对接省市改革、小康工作部署要求，推进两项重点工作。将全面小康5大类24项38个指标和“市有县无”16项指标分解到相关县级领导和县直部门、乡镇，以强化领导，分工负责，整体推进。对全县38项指标进度情况及发展潜力进行调度，形成了《实现全面小康“争先进位”目标的形势分析及对策建议》调研报告，为县委、县政府决策提供了参考。将重点改革任务分解细化成214小项，分解落实到38个牵头部门；将18项国家和省级改革试点分解落实到11个牵头单位，明确了改革要求和完成时限。向省市上报改革信息30多条，其中被省委改革办《改革每日快讯》采用信息2条。

4. 抓好督察落实，当好“钦

差”。按照“有作为，有力度，有权威”的目标，创造性开展督察工作，有效地推动了全县工作的落实。围绕重点工程项目、防汛抗灾、精准扶贫、作风建设等重大决策部署，全年共开展督查活动40余次，编发《安化督查》（通报）8期、《督查专报》5期。完善了绩效考核工作方案，制定了个性任务指标，将省、市对县考核的工作内容，全县全年重点项目等任务，层层分解落实到各单位，层层传导压力，做到精准考评。所有指标都与省、市对安化绩效评估及小康、改革、重点民生实事、重点工程等专项考核相对接，确保省、市各项重大决策部署全面落实。

5. 搞好运转保障，护好“后院”。认真做好综合协调，确保各项工作有效衔接。统筹做好了县乡换届有关工作、县委领导日常服务、县委领导公务活动统筹协调和政务接待工作。认真做好各类重大会议的会务服务，圆满完成了中共安化县第十二次代表大会、县人大政协“两会”、县委常委（扩大）会议等重大会议的统筹和服务工作。切实做好了省、市领导到安化考察调研、市委市政府重大决策部署督察等重大活动的统筹服务和接待工作。统一归口文件管理，确保公文快速有序流转，全年共处理上级来文668个。严格发文程序，提高了文件质量，全年共发文360个。严格党内规范性文件审核把关和报备，全年向市委办报备党内规范性文件7个。严格执行24小时值班备勤制度，及时、准确地传办各类文电，以确保通信安全畅通。

二、“五比五做”活动

以省委办公厅在全省党委办公室系统部署开展的“五比五做”（比党性，始终做坚守忠诚的表率；比学习，始终做知行统一的表率；比担当，始终做主动作为的表率；比服务，始终做追求卓越的表率；比自律，始终做清正廉洁的表率）主题活动为载体，深入推进“两学一做”学习教育，形成了更加浓厚的“比、学、赶、超”氛围，有力推动了县委办各项工作。一是注重加强理论学习。坚持将学习教育贯彻始终，采取个人自学、集中研讨、领导讲课等形式，重点学习了党章和《中国共产党廉洁自律准则》《中国共产党纪律处分条例》等党内法规，学习了习近平总书记系列重要讲话和中央、省、市、县有关文件。班子成员和机关党员干部的政治意识、大局意识、核心意识和看齐意识明显增强。二是注重提升服务意识。坚持奖优罚劣、奖勤罚懒，县委办出台内设组室年度绩效考核办法，把各项工作任务细化成有数量、有质量、有可比度的具体岗位责任，着力培养机关干职工雷厉风行的工作作风。凡领导交办的重要事项和时间要求紧的工作，要求做到“上半天不过午，下半天不过夜，周末不过六”。三是注重形成班子整体合力。坚持做到在重大决策上充分发扬民主，凡涉及县委办人、财、物和重要工作部署等重大问题，都充分尊重班子成员的意见和建议，由集体研究后做出决定，班子成员之间能做到相互协调、相互沟通，形成了政治上互相信任、思想上互相交流、工作上互相支持的良好工作氛围。

三、党风廉政建设

始终坚持“律人先律己，严兵先严将”的基本要求，把党风廉政建设责任制的具体工作和要求细化到领导班子成员，明确任务，落实责任，努力推动廉政建设深入开展。严格执行中央“八项规定”，进一步完善了公务接待、公务用车管理制度和审批程序，严控“三公”经费支出。全面落实“一岗双责”，班子成员以身作则，率先垂范，带头执行作风建设和廉洁自律各项规定。班子成员与主任，组室负责人与分管领导，党员干部与组室负责人不定期开展廉政谈话。主任办公会议、干职工会议及时通报县内外违纪违规的典型案例，发挥警示教育作用。

（撰稿人：刘伟）

中共安化县纪律检查委员会（安化县监察局）

【领导人名录】

县纪委书记　邓友良
常务副书记　殷增业（2016.1起）
副　书　记　文光明（2016.2止）
　　邹学军
　　肖兵荣（2016.2起）
常　　　委　李新元（2016.3止）
　　吴朝宏（2016.9止）
　　方英姿（2016.4止）
　　陈羽成（2016.4起）
　　魏创平
　　夏新建（2016.4起）
　　蒋湘龙（2016.4起）
　　张　琼（2016.9起）
县监察局局长　殷增业
县监察局副局长　王培国（2016.5止）
　　吴朝宏（2016.5起）

陈羽成（2016.5起）

陈赛男（2016.5起）

【概况】 中共安化县纪律检查委员会（县纪委）与安化县监察局合署办公，在县委、县政府和市纪委、市监察局的双重领导下进行工作，履行党的纪律检查和政府行政监察两项职能。现有行政编制37名，全额事业编制2名，工勤编制2名，副科级内设室10个，分别为办公室、组织部、宣传部、党风政风监察室、信访室、第一至第四纪检监察室、案件审理室，股级事业单位1个，信息中心。领导职数为：县纪委常委9名，其中书记1名、副书记3名（其中1名兼县监察局局长）、常委5名（其中2名兼监察局副局长），监察局党外副局长1名；室主任（副科级）10名，室副主任（正股级）10名。2016年县纪委监察局机关实有人数37人，其中行政34人，事业2人，工勤1人。全县共有基层纪检监察组织83个，配备专职（兼职）干部321人，其中县直单位纪检监察组织60个173人；乡镇纪检监察机构23个，148人。

一、“两个责任”落实

一是组织协调。3月11日召开县纪委全会部署全县党风廉政建设和反腐败工作，协助县委出台《中共安化县委安化县人民政府领导班子成员2016年党风廉政建设和反腐败工作责任目标》《县直责任单位贯彻落实2016年党风廉政建设和反腐败工作部署的分工意见》，明确每项工作任务的责任领导、牵头单位和配合单位。将《“两个责任”操作手册》发放至全县党员领导干部和纪检监察干部手中，为履行责任提供工作标准和行动指南。二是督促落实。组织99个单位与县委、县政府签订责任状，将落实党风廉政建设责任制情况及作风建设情况纳入绩效考核，完善党风廉政建设检查考核办法，对党委主体责任和纪委监督责任实行量化考核。实行县纪委监察局班子成员联系乡镇和县直单位制度。开展县委、县纪委领导约谈党组织、纪检组织负责人工作，共约谈19人。全县召开纪律审查、专项整治、换届风气监督等相关调度、推进会28次，开展督察30次，下发信访举报与纪律审查工作情况通报5期。三是追责问责。严格执行《中国共产党问责条例》和“两个责任”追究办法，共对13名落实“两个责任”不力的责任人实施责任追究，通报批评和约谈一批“两个责任”不力的党组、纪检组，通报党风廉政建设责任追究典型问题5起。

二、加强纪律建设

一是严明纪律规矩。在县、乡换届选举工作中，分6轮次单独制定方案、细化责任、专门部署，使监督指导、明察暗访、廉政审查、警示教育等贯穿全过程，实现换届工作风清气正。严格执行廉政审查制度，通过廉政审查否决拟提拔交流任用对象32人。围绕政府机构改革、公车改革、精准扶贫等出台纪律要求，开展监督检查12次，确保政令畅通。二是加强教育提醒。认真开展“党内法规学习教育年”活动，会同县委宣传部组建纪律条规宣讲团，巡回宣讲党纪党规和党风廉政建设形势任务，全县举办廉政党课讲座80余堂，参学党员干部达1万多人次。开通“安化纪检监察”微信公众号，覆盖全县副科级以上干部。完善廉政短信平台，在重要时间节点给公职人员发送廉政提醒短信1.3万人次。灵活运用监督执纪“四种形态”，综合运用谈话函询、廉政约谈、诫勉谈话等方式，提前打好“预防针”。全县开展任前廉政谈话619人次，县纪委函询谈话21人（其中“一把手”15人）、发放信访监督通知书18份、诫勉谈话党员干部40人。三是强化监督制约。加强对领导干部行使权力的制约和监督，督促落实民主集中制、民主生活会等制度。认真落实领导干部报告个人有关事项制度，全县报告副科级以上干部因公因私出国57人。严把评先评优廉洁关，对拟评先评优的243个党组织684人次进行廉政审查。审批外出学习参观考察13个单位101人次。加强干部廉洁自律管理，主动上交“5910”（我就要廉）廉政账户31.5万元。组织财政、审计、人社等部门开展“三公”经费（公务用车购置及运行费、因公出国出境费、公务接待费）及违规发放津补贴检查。

三、开展纪律审查

一是问题线索处置。全年共受理信访举报件208件，初核162件，立案28件，了结134件。严格按照五类方式处置问题线索，召开线索排查会议10次，排查线索162条，实现“零暂存”“零搁置”。充分发挥县委反腐败协调领导小组作用，健全执纪执法机关定期通报工作等制度，县纪委共收到移送案件线索35条。加强舆情研判处置，及时处置涉纪舆情47条。二是纪律审查。全县纪检监察组织2016年共立案164件，涉及科级干部44人，给予党政纪处分148人，其中开除党籍6人、开除公职3人。实行乡镇区域协作办案制度，将全县23个乡镇分为4个办案协作片。加强对乡镇纪委和县直单位纪检组织纪律审查工作指导，乡镇立案34件、县直单位立案46件。规范纪律审查行为，组织开展党纪政纪执行情况检查和中共十八大以来受处分人员回访工作。三是信访案件处置。建立信访预警、领导包案、信访听证、终结备案机制，着力解决安化县涉纪信访量大、疑难信访多、重信重访多等问题。县纪委共下发信访督办函15份，问责处置信访不力人员9人，对13起重点案件实行挂牌督办。通过县乡联动，一批上访多年的疑难信访案件得到有效处置，2016年全县越级信访举报件数（238件）较上年（322件）减少84件，下降26%，其中13起重点信访案件有9起已息访。

四、加强作风建设

一是开展专项整治。开展“纠‘四风’、治陋习”专项整治，组织全县各级各部门围绕违规公款吃喝、违规发放津补贴或奖金福利、违规操办婚丧喜庆事宜、违规收送礼品礼金、涉赌涉毒、公款旅游、违规兼职或从事营利活动7个方面开展自查自纠。通过专项整治全县共清退违规发放的津补贴或奖金福利1600余万元，“四风”（四风是指形式主义、官僚主义、享乐主义和奢靡之风）问题立案70件，党政纪处分70人。二是监督检查常态化。既盯元旦、春节等重大节日和党代会、“两会”等重要节点，又注重常态化监督检查，全年开展作风建设监督检查11次，查处违反作风建设规定人员35名。下发作风建设通报6期，通报“四风”问题典型案件29起。三是开展联动检查。组织乡镇和县直单位对所管辖范围内的机关、二级单位和基层站所、村（社区）及党员干部存在的“四风”突出问题开展拉网式排查。会同县委督查室、县公安局、县地税局、县市监局、县财政局等部门明察暗访违规发放津补贴或福利、违规购买烟酒或购物卡、公车私用、酒驾等违反作风建设有关规定问题。通过上下联动、交叉检查、重点抽查等方式，全县各乡镇、县直单位开展明查暗访1100多次，追责处理123人。

五、维护群众利益

一是查“雁过拔毛”式腐败。牵头开展“雁过拔毛”式腐败问题专项整治，按时间节点开展3次集中调度、5次专项督察，督促各乡镇、县直各单位对自查情况按40%以上的比例进行核查。探索实行问题线索“双向交办”，县纪委、县专整办交办问题线索223条，重点核查21条。全县共自查资金项目114类，涉及资金96.2亿元，纠正整改问题84个。共立案54件，追缴违纪资金45.89万元，清退资金64.13万元，通报典型案例24起。二是整章建制。全县建立健全《安化县财政投资评审管理实施办法》《安化县移民项目建设管理实施细则（试行）》《安化县水利建设资金管理办法》等相关工作制度28项。三是源头防控。加强对大政务公开、村务公开的监督检查力度，督促所有涉农、扶贫、民生领域的相关政策、项目资金分配及行政事业性收费的项目、依据、标准都通过网站、公开栏、公开办事指南等载体进行公示。督促全县所有村（社区）都设立固定的村务公开栏，定期或不定期公开强农惠农补贴的发放标准、发放情况，公示低保、五保、危房改造资金等评定情况，公布村级集体“三资”管理和村级财务收支情况等。

六、加强自身建设

一是选优配强干部队伍。完成县乡两级纪委换届工作，落实乡镇纪委书记、副书记和县直单位派驻纪检组长、副组长提名考察办法，由县纪委提名新任县直单位纪检组长31人、乡镇纪委书记22人。加大纪检监察干部提拔交流力度，县纪委监察局机关内部提拔重用干部4名，对外提拔交流干部4名，择优从外单位调入领导干部6人，择优选调优秀年轻干部4人。二是锤炼素质作风。开展“两学一做”学习教育，召开民主生活会和组织生活会，建立健全委局领导班子和机关干部下基层调研走访等制度，组织全县200多名纪检监察干部在县委党校开展5天业务培训。三是加强内部监督。组织64名乡镇纪委书记和县直单位纪检组长集中述职述廉并进行民主评议。加强对纪检监督干部的内部监督，立案查处纪检监察干部3人。

【第十一届纪律检查委员会第十次全体会议】 3月11日，中共安化县第十一届纪委第十次全体会议在县城东坪召开。县委书记杨光鑫讲话，县委常委、县纪委书记邓友良做工作报告，县委常委、县委办主任邹雄彬宣读表彰2015年度党风廉政建设先进单位的通报。

【第十二届纪律检查委员会第一次全体会议】 9月8日，中共安化县第十二届纪律检查委员会第一次全体会议召开。会议选举中国共产党安化县第十二届纪律检查委员会常务委员会委员和书记、副书记，选举邓友良、肖兵荣、邹学军、张琼（女）、陈羽成、夏新建、殷增业、蒋湘龙、魏创平为县纪委常委，邓友良为县纪委书记，殷增业、邹学军、肖兵荣为县纪委副书记。

（撰稿人：代海涛）

中共安化县委宣传部

【领导人名录】

部　长　林　玲（2016.8 止）
　　　　黄　瑛（2016.8 起）
常务副部长　胡卫宾（2016.1 起）
副部长　陈立新
　　　　李国祥（2016.3 止）
　　　　周德淑（2016.3 止）
　　　　刘刚贵（2016.3 起）
纪检员　刘灿云（2016.4 起）

【概况】 中共安化县委宣传部是正科级行政单位，主管全县意识形态工作，负责全县的新闻宣传、对外宣传、理论学习、精神文明建设、文艺宣传等工作。部机关设部长1名，副部长3名，纪检员1名。内设机构5个，即办公室、文明办、理论组、新闻组、宣传文艺组。2016年末在职干职工12人，离退休人员5人。

2016年是全面建成小康决胜阶段的开局之年，也是推进深化改革的攻坚之年，县委宣传部紧紧围绕全县中心工作和发展大局，按照“管阵地、正能量”的要求，突出重点、狠抓落实，注重实效、创新发展，为安化县坚持“四轮驱动”战略，建设好“四个安化”提供了思想保证、精神动力、舆论支持和文化条件。

一、理论武装工作

2016年以强化意识形态工作责任为重点，全面推进了科局级中心组学习的指导和常委中心组学习的服务工作。理论武装工作扎实推进，成为了指导实践和推动工作的重要抓手。

1. 建立健全党委（党组）意识形态工作责任制。在全县上下达成了意识形态工作中各级党委（党组）的主体责任、党委（党组）书记的第一责任、分管领导的直接责任、其他班子成员的“一岗双责”的责任意识。调整和充实了全县宣传思想文化工作领导小组。全面落实各项管理制度，重点加强对理论、新闻、文艺、出版、网络、教育和宗教等各类意识形态工作阵地的导向管理。

2. 突出“学讲话、用讲话”学习重点。2016年，将新修订出版的党章党规和《习近平总书记系列重要讲话读本》列为全县广大党员干部的必学书目。以“两学一做”为抓手，开展了党课宣讲、集中讨论和论文研讨等多方面的主题学习活动，引导党员深入领会系列讲话的丰富内涵和核心要义，坚定中国特色社会主义道路自信、理论自信、制度自信和文化自信。

3. 积极开展县委中心组学习服务。积极开展好县委学习中心组服务，全年重点开展了9次专题学习的服务工作，先后邀请11名省、市著名专家和教授为县委中心组开展理论宣讲，授课内容主要以“三严三实”为主题，以学习和贯彻习近平总书记系列重要讲话精神为主线，以《中国共产党纪律处分条例》《中国共产党廉洁自律准则》、“七一”讲话、中共十八届六中全会、人口理论与计划生育、旅游法、电商建设、金融知识等内容为重点。同时，还组织参加全市“五大发展理念与益阳发展”理论研讨活动，推荐县领导署名研讨论文8篇。

4. 强化对科局级中心组学习的指导。为了进一步规范科局级中心组学习模式和内容，年初印发了《中共安化县委宣传部关于安化县2016年理论工作暨党委（党组）学习中心组理论学习的安排意见》，继续明确了“四统一”“六个环节”学习要求，规范学习内容，加强督察考核。根据上面的要求，以《中国共产党纪律处分条例》《中国共产党廉洁自律准则》为内容分5堂课对全县副科级以上干部和股室干部进行了集中培训学习。

5. 继续打造理论“微宣讲”品牌。以“党课下乡、理论进村、政策入户”为主题开展理论“微宣讲”活动，充分运用微博、微信、手机报、移动客户端等新技术、新手段，开展广泛的宣讲活动，做到理论宣讲“五进”（进机关、进社区、进企业、进学校、进乡村）。宣讲员王厅的“共圆中国梦，家长责任重”和彭谨业的“城乡居保是靠山，老有所养才平安”两个微宣讲视频还被送到省市交流。据统计，全县开展了以“两学一做”教育学习、学习宣贯彻习近平总书记“七一”重要讲话和中共十八届六中全会精神主题微宣讲活动共3100多场次。通过“微宣讲”形式，将政策理论、实用技术、科技知识和惠民政策等送入基层，“微宣讲”活动宣讲内容政策针对性强，贴近实际，老百姓听了受益匪浅。

6.全面推进“书香安化”建设。全县各部门单位和乡镇积极行动，推动“书香安化”建设，全县各乡镇实现了图书室全覆盖，部分县直机关建设了高质量的图书阅览室。通过“图书漂流活动”“校园书店”“阳光阅读”关爱活动和“书香安化”微信互动平台等多种形式营造出了“人人爱阅读、处处飘书香”的阅读氛围。充分利用好了县图书馆、机关图书室和乡村农家书屋等平台，引导全县人民荐好书、读好书、评好书。

二、宣传舆论工作

舆论引导工作重点抓好主流宣传和舆情监管，始终遵循“抓舆论引导凝聚人心，抓对外宣传树立形象”的工作思路，坚持以服务社会经济为主导，大力宣传挖掘安化县经济社会各项工作中的亮点和工作典型，促成了全县主流宣传工作的大提质，对外形象宣传的大提升，发展氛围的大凝聚。全年在中央级主流媒体上稿82篇次，省级主流媒体上稿240篇次。

1.壮大主流宣传声音。充分发挥主流媒体的宣传主阵地作用，深入宣传了中央、省委、市委、县委经济工作的总体要求、主要任务和工作重点，特别是以县十二次党代会和县人大、县政协两会为重点，围绕“坚持四轮驱动，奋力跨越赶超，为建设畅通、宜游、秀美、富裕新安化”的主题，策划了一些列的宣传报道。紧紧抓住“脱贫攻坚”、生态立县、绿色崛起、交通攻坚、产业转型、城镇升级、生态提质等主题，策划了一些列的主题宣传活动。通过主流宣传，向全县百姓展现了安化县委、县政府为致力后发赶超所付出的艰辛努力，让更多的群众理解和支持县委、县政府的中心工作，在正能量的弘扬中，逐渐构建“实干、诚信、包容、开放”的县域人文精神，引领主流、凝聚共识。

2.打造安化外宣形象。一是重点抓好电视媒体宣传。“安化黑茶·一品千年”的广告在中央电视台综合和新闻等频道播出；4月16-17日，由中央和省级20多家媒体组成的“环行洞庭”大型生态文化旅游报道组深入白沙溪茶厂、云台山等景点，深度报道安化茶旅融合亮点和安化黑茶以及安化风光；4月27日湖南卫视《湖南新闻联播》以“茶叶到茶杯”为主线，对安化黑茶制作技艺和茶马古道历史底蕴进行了连线直播；国庆期间，湖南经视开展了走进中国黑茶之乡安化系列活动，共进行了7天14场直播连线；10月14日湖南经济电视台旅游专栏《有什么好玩的》，以纪录片的形式，再次直观展示了安化的千两茶制作工艺以及优美的茶园风光。二是继续加深与报刊网络媒体宣传合作。2016年以来，继续与人民网、新华网、红网、《湖南日报》、《益阳日报》等网络报刊媒体开展宣传合作。在网络和报刊上保持了新闻宣传报道的密度、广度。重点邀请人民网、新华网、《湖南日报》等主流媒体的记者到安化采风体验生活。通过“安化黑茶少林泰山行”“罗马尼亚红酒与安化黑茶对话”“精准扶贫”“廉政建设”等活动，对外召开新闻发布会，向各类媒体发布和推介安化产业优势和工作典型，获得了媒体界的广泛认同。三是策划了一批外宣活动。1月举办了“融媒体安化行——安化邀你来找茶”主题活动，活动邀请了一大批有影响力的网络大V到安化调研茶旅文产业发展。3月25日，邀请人民网湖南频道、湖南卫视、《湖南日报》、红网、新浪湖南、凤凰网等媒体对2016年中国安化黑茶开园仪式进行采访报道。10月以“万里茶道申遗”为主题，开启了安化黑茶万里茶道行系列活动，邀请了人民网、新华网、中央人民广播电台、光明网等60多家主流媒体追踪报道。

3.确保舆情领域安全。一是建设了一支以机关干部、党员和网络知名人士为主的舆情检测员和网评员队伍。在县委的统一领导下积极引导正面舆情，凝聚强大的发展动力，采取转载、转发等方式，扩大网络正面信息的影响力。如11月安化跻身国家全域旅游示范区的新闻就有大量媒体转载，大量的微信微博转发。二是出台了《安化县舆情处置管理办法》，通过编发《安化县舆情综述》，对每个月的舆情进行简要回顾，同时对舆情交办不力的单位予以通报，强化各单位对舆情监测、回应和办理的责任心。三是全面管控负面舆情。对于出现的涉安负面舆情，积极与上级主管部门对接，尽量减小其负面影响。2016年以来安化县成功处置了江南华府移民安置房烂尾、校车翻车致1人死亡事件、城管创卫期间暴力执法、县交通局工作人员执法不当以及大福镇建和村网络信访问题等负面舆情，各类负面舆情得到有效控制，做到了在重大问题上不缺位，在关键时刻不失语，全面维护了安化县的社会稳定。

三、“文化强县”建设

2016年全县继续以“文化强县”建设为目标，坚持文化工作为人民服务、为社会主义服务的方向，认真落实基层文化惠民政策，不断解放和发展文化生产力，激发文化创造活力，增强文化发展动力，公共文化服务体系不断完善，人民群众文化生活不断丰富，全县文化事业和产业呈现大发展、大繁荣。

1.公共文化服务体系。一是加强公共文化阵地建设。完成了梅山民俗文化博物馆建设和黑茶博物馆的陈列布展扫尾工作；文化馆、图书馆、黑茶博物馆、梅山民俗文化博物馆继续实行免费开放；继续开展农村电影和周末广场电影放映活动，2016年累计完成农村电影放映5568场，周末广场电影放映240余场次。二是推进“村综合文化服务中心示范点建设”和“电视户户通，广播村村响”等重大民生工程，完成了11个农村综合文化服务中心示范点建设，户户通工程建设录入12992套，开通11136套，基本实现年内目标。三是加强文化人才队伍建设。组织全县文艺工作者开展了“走进中国十大古道”、扶王山等文艺采风活动。通过“三区”人才支持计划选派了25名专业文化人才到各乡镇指导基层群众文化工作，培养基层文化艺术人才。

2.群众文化活动。一是继续打造“欢乐潇湘·神韵安化”月月乐系列群众文化活动品牌，全年开展月月乐群众文化活动14场次。二是组织开展了“欢乐潇湘·神韵安化”群众文艺大赛，其中涌现出的优秀舞蹈节目《黑茶飘香》《你来得正是时候》入选“欢乐潇湘”全省群众文艺汇演决赛益阳专场，《黑茶飘香》荣获省级优秀节目一等奖，阿香美苗苗艺术团荣获省级优秀文艺团队。三是精心组织开展了“我们的中国梦”文化进万家活动，先后举办了“金猴闹元宵”系列大型群众文艺活动、“迷人的茶乡”安化县首届原创歌曲大奖赛、安化达人秀等活动，极大地丰富了群众精神文化生活。四是涌现出了一批高质量的群众文艺精品力作。歌曲《一曲新歌唱梅山》荣获2016全国群众创作歌曲展评金奖。向亮晶创作的梅山剪纸《双鹅窗花衍生品布艺系列》荣获湖南省第七届工艺美术精品博览会金奖。电影《狗尾巴草也是花》、歌曲《你来得正是时候》、民间文艺《梅山剪纸》荣获第二届益阳市“三周文艺奖”。

3.传统文化保护工作。一是抓实文物保护工作。省保单位安化茶厂早期建筑群和裕通永茶行修缮工程顺利通过验收，安化风雨桥、陶澍墓两个国保单位成功挤入国家发改委“十三五”文物保护利用基础设施建设项目库，6座国保风雨桥、龙塘苦竹溪桥分别在国家文物局、省文物局完成了修缮工程立项。二是加强对非物质文化遗产的挖掘、整理、保护和传承。开展了第五轮非物质文化遗产普查，精心组织有关非遗项目参加益阳市首届非遗博览会，积极参与和推进“万里茶道”申报世界文化遗产工作，安化县6个点入选全省备选申遗点。

4.文化产业。一是抓好文化产业招商引资，成功签约总投资1.5亿元的《黑茶·印象》文化演出项目。二是落实文化及相关产业增加值占GDP比重目标，2016年全县新增“三上”文化企业16家，新注册黑茶文化企业9家，文化及相关产业增加值占GDP比重达4.5%。三是强化优质服务，加强文化产业发展政策的宣传，指导文化企业争取上级的产业发展基金，争取优惠扶持政策落地。2016年，指导安化县电影发行放映公司、安化梅山文化生态园旅游开发有限责任公司、安化阿香美黑茶文化传播中心有限公司完成了省、市文化产业发展专项资金项目申报。

【湖南省委宣传部部长到安化调研】 6月1日，省委常委、宣传部部长张文雄到安化县调研文化旅游产业发展情况。张文雄强调，安化黑茶是文化，也是产业，安化要借“一带一路”新机遇，以茶为媒推动“文化+旅游”深度融合发展，实现茶通天下、货通天下、汇通天下、文通天下。

【宣传思想文化工作业务培训班开班】 7月13日下午，全县宣传思想文化工作业务培训班开班。县委常委、宣传部部长林玲出席开班仪式。会议强调要深入学习贯彻习近平总书记关于意识形态领域系列重要讲话精神，树立“宣传+”的理念，加大安化县宣传思想文化工作力度，助推县域经济发展；同时宣传干部要敢于担当，切实增强做好宣传思想工作的责任感，提高工作实效性。

【梅山民俗文化博物馆开馆】 8月12日，经过三年筹备建设的梅山民俗文化博物馆正式开馆。熊哲文宣布开馆，并为博物馆揭牌。博物馆的一楼、二楼为梅山民俗文化基本陈列展，三楼是以“展示十三五共奔小康路”为主题的美术、摄影、书法艺术展。整个展区从衣食住行到农耕、渔猎等各个方面系统全面地展示了梅山人民生产生活的动人场景，也从民间技艺和风情风物包括梅山渔猎、梅山武术、梅山剪纸等方面挖掘、展现了梅山人民的勤劳智慧和独特的人文风景。

【“达人秀”活动】 11月22日，安化达人秀冠军之夜圆满举行。安化达人秀活动辐射了全县23个乡镇，历时两个多月，7大赛区轮番竞技，300多名选手激烈角逐。最终12位选手在安化大剧院上演了一场达人才艺风采秀。

【“万里茶道（湖南段）”申遗工作推进会】 11月24日，“万里茶道（湖南段）”申遗工作推进会在安化县召开，来自全省各市、县（区）的50多位领导、专家参与会议讨论。参加会议领导和专家对安化县积极挖掘整理黑茶历史文化，加大境内现存的古茶道、古茶亭、古茶园、老作坊、古码头、古集市等丰富的茶文化遗存保护，成功举办中国第三届黑茶文化节——“万里茶道”湖南段文化保护与利用研讨会等工作给予了充分肯定。会议认为安化众多茶文化遗存可以证明安化县是“万里茶道”的重要节点，在“万里茶道”申报世界文化遗产的湖南段占有重要席位。

【梅山文化研究座谈会】 12月7日，安化县梅山文化研究座谈会召开。与会人员就梅山文化的研究现状，如何开发利用好梅山文化服务全县经济社会发展以及如何筹备成立梅山文化研究学会等工作畅所欲言，建言献策。与会人员纷纷表示，对梅山文化的传承和保护义不容辞，要明确方向，调动全县上下参与研究的积极性；文化是有生命力的，文化是旅游的灵魂，梅山文化的开发利用要以服务好全县经济社会发展为己任，旅游产品设计到商品研发均应融入梅山文化。会上，与会人员一致认为梅山文化要围绕旅游做文章，围绕游客吃、住、游、购开发产品、提供服务，以此助推全县文化旅游事业发展，促进县域经济腾飞。2016年，县委提出梅山文化“七个一”工程，致力梅山文化产业化发展，并筹备成立梅山文化研究学会，由县委常委、宣传部长黄瑛任首任会长。

梅山文化产业“七个一”工程：一套读本，即组织编撰一套面向游客、中学生和基层群众的梅山文化简易读本；一台晚会，即打造一场以梅山山歌、梅山武术、梅山傩戏和梅山传统技艺展示为主的晚会；一桌菜肴，即以恢复和传承梅山“十八碗”特色菜肴制作技艺为主，主打推介安化系列特色名菜；一个中心，即建成梅山文化传播展示中心，规划两个点建设，前乡梅城片区以梅山古城旅游开发为主，东坪片区依托博物馆和工业园，以梅山文化特色产业和技艺的展示为主；一个产业，即物化梅山文化传统记忆，开发一批梅山文化特征鲜明的文创作品和旅游产品；一批成果，即采取梅山文化研究课题制，与高校合作，依托本地“土专家”，挖掘和推出一大批重要学术研究成果；一批传承人，即培养一批梅山文化非物质文化遗产传承人。

（撰稿人：王强）

中共安化县委组织部

【领导人名录】

部　长　祁　辉（2016.8止）
　　　　陈飞燕（2016.8起）
副部长　胡能新　张　勇
　　　　刘学军　邓生本
　　　　贺民生（2016.2起）
　　　　姚群中（2016.2止）
　　　　陈高超（2016.2止）
纪检员　曾锦霞（2016.1止）
　　　　宁　伟（2016.1起）
县直工委书记　赵毅昂（2016.3起）

【概况】 中共安化县委组织部（加挂中共安化县委非公有制经济和社会组织工作委员会、中共安化县直属机关工作委员会”牌子）是党委工作部门，内设办公室、基层党建办、组织科、干部一科、干部二科、调研室、档案室7个科室（基层党建办与组织科合署办公），下辖党员教育中心（加挂安化县委党员现代远程教育工作管理办公室牌子）1个事业单位，实有干部职工24人。

2016年，县委组织部坚持围绕中心、服务发展，突出基层党建、换届工作、“两学一做”学习教育三项重点工作，着力提升业务水平、提升组工形象，各项工作取得了长足发展。

一、基层党建

先后召开各层级基层党建工作会议10余次，定期开展党建骨干培训和业务知识测试。将市下达的《2016年基层党建工作考评细则》任务指标分解到月，紧盯薄弱部位和关键环节，坚持一月一督察一整改，狠抓基层党建9项重点任务和市委基层党建“五个一”行动落实。工作措施和工作成效得到了市委和市委组织部领导肯定。利用乡镇党委换届契机选优配强乡镇党委副书记、组织委员。组织开办了村、社区党组织书记轮训班，全县433名村、社区党组织书记接受为期7天的基层党建业务培训。加强了党员管理，排查出流动党员2637人，失联党员10人，经查找取得联系党员49人。“七一”期间，表彰了20个先进单位和80名优秀个人，26名县级领导带队慰问了108名老党员和生活困难党员，发放慰问金10万元。严格落实村、社区运转工作经费，村、社区干部基本报酬和村级办公经费逐年增长。对全县原有的559个远教站点、1152套设备运行情况进行摸底排查，优化站点布局和设备升级。专题片《麻溪排帮》荣获益阳市“三周文艺奖”提名奖。县政府融资1.88亿元，大力开展村民服务中心建设，并加快制度体系和服务体系建设，基层党组织的凝聚力、向心力进一步增强。

二、换届工作

如期完成县乡党委、人大、政府、政协换届工作。县委派出24个监督小组对县乡换届工作全程监督，多次召开推进会议、培训会议，着重进行了换届纪律宣传教育。组织相关部门对“两代表一委员”进行资格联审。以“一片一书”为学习重点，制定《安化县换届风气监督工作专题培训班工作方案》，分批对“四必训”人员开展轮训。充分利用媒介资源集中开展换届工作和换届纪律宣传报道，成立了党纪条规宣讲团，在全县开展换届纪律宣讲。严格按照“四必谈”要求，层层组织开展换届纪律谈心谈话。对干部选拔任用工作和干部选拔任用纪实制度的执行情况进行监督。深入开展“三超两乱”专项整治，做到领导干部个人有关事项报告“凡提必填”、换届提名人选干部档案“凡提必审”、纪检监察机关有关廉政情况的意见“凡提必听”、有关问题的信访举报“凡提必查”。

三、干部工作

县领导班子坚持民主集中制，畅通班子成员意见表达渠道，定期开展谈心谈话会、碰头会，不断完善和扩大党内民主。坚持老中青相结合，统筹把握不同年龄层次干部配备比例，注重年轻干部、女干部、少数民族干部和党外干部配备。拓宽选人用人渠道，从“三类人员”中择优选配23名担任乡镇领导班子成员。坚决贯彻执行《党政领导干部选拔任用工作条例》以及上级有关规定，坚持正确用人导向。共调整科级干部873人次，其中新提拔干部221人次，重用48人次。通过自然减线、干部交流、调整不胜任现职干部等办法，完成超职数配备干部整改消化任务。继续推进干部档案专项审核工作，应审核2683卷，已全部完成初审和复审。及时对“三龄两历一身份”信息、干部档案管理系统进行数据更新。

四、人才培养

以培训为抓手，积极“上引下派”，不断强化人才服务，全县爱才、重才的氛围不断加强。坚持以党校为主阵地，举办了安化县第二期赴浙江大学县域经济发展专题研修班、神韵安化宣传员培训班、全县新提拔科级干部培训班等各类培训班29期，共培训学员2890人次。通过“上聘下派”，争取湖南省农业科学院、湖南农业大学下派6名省科技特派员专家、教授赴安指导，并成功申报省级科技特派员扶贫项目1个；同时派茶学、中医药、畜牧、医卫等专业的科技特派员15人到12个乡镇开展科技帮扶。面向县域发展急需人才和安化籍本土人才考录公务员84人，选调生4人，事业编制人员319人，其中研究生学历22人，全日制本科及以上学历280人。

五、主题活动

统筹开展“两学一做”学习教育工作。县委常委会先后2次进行专题研究，抽调8名业务骨干负责“两学一做”协调指导。下发了“两学一做”学习教育任务清单和每月工作推进表。组织170名党务骨干开展学习教育业务培训，邀请上级领导到校授课。各乡镇、县直机关等单位相继举办业务培训班90多期，培训骨干3400多人次，为学习教育开展打下良好基础。县委常委中心组开展学习讨论，带头讲专题党课。575名县乡（镇）党员领导干部到基层党支部讲授专题党课1900余堂次。购买“两学一做”书籍12万多册，建立微信群1152个、微信公众号162个。走访慰问老党员、生活困难党员3400余人。开展机关党员“灯下黑”专项整治，建立了整治台账，查找问题480个，均已整改到位。全县各级党组织全部完成“四讲四有”专题学习讨论。

六、自身建设

带头开展“两学一做”学习教育，积极创建学习型团队，向干部推荐阅读《组织工作ABC》《“一带一路”：机遇与挑战》《大清相国》等书目，着力提高组工干部综合素质。严格执行《中国共产党廉洁自律准则》《组工干部管理手册》和组工干部“十严禁”等。开展走访活动，深入乡镇和县直单位，虚心听取党员干部群众对组织工作的意见建议。加强安化党建网和安化组织工作内网的建设管理应用，办好《安化党建》内刊，持续抓好机关组工文化建设，组工团队美誉度不断加强。

【乡镇党委书记履行党建工作责任述职评议会议】 1月29日，安化县乡镇党委书记履行基层党建工作责任述职评议会议召开。会议采取“一述一答一评”的方式。述职汇报结束后，现场接受一名党员群众代表的提问，述职对象当场作答，然后由县委书记现场点评。县委常委、组织部部长、统战部部长祁辉在会上作了基层党建工作专题辅导。通过述职会议，比出了差距，激发了动力，传导了压力，明确了方向。

【县域经济发展专题研修班第二期开班】 2月29日，安化县赴浙江大学县域经济发展第二期专题研修班在浙江大学玉泉校区邵逸夫科学馆开班。专题研修班为期5天，培训对象为全县各乡镇党委书记（未配备党委书记的乡镇为乡镇长）和部分县直单位主要负责人。培训期间还将赴杭州经济开发区，农村电商基地—临安白牛村开展现场教学，促使学员在对比中发现安化工作中存在的问题和不足，从中找到解决问题、改进工作、促进发展的方法和途径，为安化绿色崛起提出切实可行的对策和建议。

【全县党务工作会议】 3月7日，全县党务工作会议在安化大剧院召开。会议传达贯彻上级有关会议精神，回顾总结2015年党务工作，部署安排2016年有关工作。会议由县委副书记、县长熊哲文主持。会议明确，2016年是省、市、县、乡集中换届之年，作为换届选举工作的“开场戏”，乡镇党委换届要在4月底全面完成。要切实增强责任感使命感，统筹政府机构改革和换届工作，做好人事安排，确保换出导向、换出干劲。

【择优选配乡镇领导班子成员笔试】 3月29日，安化县从“三类人员”（乡镇事业单位主要负责人、村社区党组织书记和村居委会主任、大学生村官）中择优选配乡镇领导班子成员笔试在安化县第二中学考点开考。参加笔试的176人是在乡镇党委推荐报名的基础上，由县委组织部会同编办、人社、公安等部门进行严格的资格审查，征求纪检监察、综治、卫生计生、信访等部门的意见后最终确定的，最后有60名考生通过笔试。

【安化县优秀年轻干部暨神韵安化宣传员培训班】 6月21日，全县优秀年轻干部暨神韵安化宣传员培训班在县委党校开班。通过推荐、面试选拔，来自全县各行政事业单位的40位优秀年轻干部参加培训。本次培训为期一个月，采取专家讲课、模拟讲解等培训方式，学习内容包括梅山文化、天下黑茶、魅力山水、绿色崛起等四个板块。培训班旨在培养一批宣传安化、推介安化的优秀人才。

（撰稿人：孙明伟）

中共安化县委统战部

【领导人名录】

部　长　祁　辉（2016.8止）
　　　　刘　化（2016.8起）
副部长　陈毅荣　夏一翔
　　　　游建明（兼台办主任）
纪检员　傅冰清（2016.3起）
县民族宗教事务局局长　夏一翔

【概况】 中共安化县委统一战线工作部（县委统战部）内设办公室、经联组、干部组三个组室，正科级机构县台办、县民族宗教事务局、县侨联归口该部统一管理、集中办公。12月，县机构编制委员会《关于调整县委统一战线工作部和县民族宗教事务局编制的批复》（安编发〔2016〕84号）文件，增加统战部合署办公编制2人（统战部行政编制1人，县民族宗教事务局参公事业编制1

人），现合署办公后的总编制数达到15人。其中县委统战部行政编制9名，机关后勤事业编制1人，县民族宗教事务局事业编制5名，现在编干部11人，离退休干部6人，借调司机1人。

一、统战工作

一是加强统战工作领导。5月10日，县委召开县委统战工作会议和统战知识业务培训专题会议，安排部署全县统战工作，提升统战干部素质。二是履行“党管统战”的主体责任，成立了县委统一战线工作领导小组。将慰问统战困难群体、少数民族联谊会经费、宗教教职人员生活补助等纳入财政预算，为统战工作提供了坚强保障。三是统战职能延伸。多次召开党外人士联席会，同县委组织部、县人大、县政协等部门就县人大、县政协换届非党人士的政治安排进行商讨。四是建立健全民族宗教联防联控机制，与政法、公安等多个部门召开联席会，协商解决宗教方面的矛盾纠纷，联合对重点防护期的社会治安进行防控。健全与县城管局、县公安局、县民政局等部门的联席机制，对辖区内的少数民族流动人员进行有效管理。

二、民族宗教事务管理

建立健全县、乡、村三级宗教工作网络，强调乡镇党委对民族宗教工作的主体责任。推进“和谐寺观教堂”创建活动，与全县四大宗教团体负责人、各宗教活动场所负责人签订了80余份安全管理责任书。相继为4家企业争取了民贸民品企业优惠利率贷款贴息125万余元。

三、基础工作

开展非公有制经济人士代表、新的社会阶层人士、台侨胞、台侨属等对象的摸底工作。目前，已建立了非公经济代表人士315人、新的社会阶层人士85人、台侨胞属8000人左右的数据底册。

四、交流联谊

先后接待安顺市委统战部到安化考察、致公党湖南省委到安化调研、香港慜教社到安化验收项目、香港儒释道同修会到安化调研等10多次交友联谊活动。

五、党外人士政治待遇落实

成立调查领导小组，对全县的政协委员推荐提名人选进行资源摸底调查，组织召开安化县政协委员协商提名工作业务辅导培训会议，并联合23家单位对推荐提名人选进行资格审查，严把委员政治关、素质关，确保政协委员无负面清单。推荐县人大代表候选人441名，党外代表人士156名。通过投票选举后，选出县人大代表297名，其中党外代表59人。县政协委员建议人选267名，党外人士160名，占比达60%。

六、非公经济

6月，利用工商联换届选举人员考察之机，与县工商联一起走访华莱科技、建玲茶业、白沙溪茶厂等10多家非公企业及部分非公人士，实地了解企业发展的实际困难和现实需求。12月之前，共完成53名非公有制经济人士综合评价工作，推荐51人进入人大、政协班子。

七、中心工作

一是推动茶旅产业发展。注重对梅山文化和茶文化的挖掘传承，7月县委统战部牵头筹划的梅山文化研究交流会，吸引海内外各界人士200余人参加，推动签订项目合同资金达3.6亿元，成功将安化黑茶销售渠道扩大到香港、台湾、深圳等经济发达地区，提升了安化黑茶的影响力。二是助力脱贫攻坚。深入开展“百企联百村帮万户”活动，引导民营企业积极参与精准扶贫，共新建茶园基地533.33公顷、小水果基地200公顷、药材基地133.33公顷，带动近4000名群众脱贫。三是推进“四同创建”活动，成功将云台山村申报为省级“同心乡村”和“凝心聚力‘十三五’先行示范点”，为其发展造势造威。四是服务社会民生。县侨联先后与10多名侨界优秀人士联系，争取爱心捐助，其中澳大利亚—华侨夫妇为安化困难群众捐赠了近10万元过冬棉袄。累计引进国内外团体捐赠资金达110万元，改善了贫困乡村的教学条件。县民族宗教事务局争取宗教团体在安化开展赈灾活动，为大福皮肤病防治所和乐安镇灾民捐赠善款现金6万元和价值3万余元的救灾物资。

【湖南省委统战部领导到安化调研】 9月20日至21日，湖南省委常委、统战部部长黄兰香到安化就精准扶贫工作开展调研。她先后到江南镇陈王社区、旸二村、黄石村走访考察，召开座谈会，对安化县精准扶贫工作提出意见和建议，要求党员干部扑下身子，全力以赴打赢脱贫攻坚战。

【安化县梅山道教文化研究院成立】 7月8日，由县委统战部牵头，县民族宗教事务局、县道教协会等参加筹划的梅山文化研究交流会在银莲大酒店举行，海内外各界人士200余人参会。会议由安化县副县长周明峨主持，安化县委统战部部长祁辉、湖南省道教协会副会长马涌奇道长讲话。

【云台山村获湖南省"同心乡村"称号】 11月，马路镇云台山村成功创建省级"同心乡村"。云台山村开展"同心乡村"示范创建活动以来，实施"同心乡村"建设，坚持以产业联村、项目带村、智力扶村、捐助帮村战略部署，主动对接经济建设、政治建设、文化建设、社会建设、生态文明建设，村级组织增强，村级产业壮大，村级设施完善，实现科学规划布局美、产业发展和谐美、村容整洁环境美、村风文明素质美"四美工程"目标，成为安化县第一个省级"同心乡村"。

（撰稿人：李圳书）

安化县机构编制委员会办公室

【领导人名录】

主　任　傅贵成

副主任　刘光辉（2016.3起）

　　　　彭洪波（2016.7起）

【概况】 安化县机构编制委员会办公室（县编办）为县委、县人民政府负责全县机构编制管理的职能部门，既是县委的工作机构，又是县政府的工作机构，列入县委机构序列，同时使用安化县事业单位登记管理局牌章。内设综合股、编制管理股、事业登记股、行政审批制度改革股4个职能股室，核定行政编制9名，事业编制1名。

2016年，县编办继续深化推进政府职能转变和机构改革、行政审批制度改革、机构编制管理工作，严格控制和优化机构编制配置，大力加强自身建设，为加快县域经济发展方式转变、推动县域经济社会持续健康发展提供了有力的体制机制保障。

一、行政管理体制改革

1.制定部门"三定"方案。围绕政府职能转变，完成了37个涉改单位"三定"方案的制定和印发。加强与政府各部门的工作联系，就职能配置、机构设置、编制核定等内容进行反复沟通，做好对涉改单位"三定"方案的制定工作，巩固政府机构改革成果。并以制定"三定"方案为着手点，重新梳理和明确部门职责，规范机构类型，精简机构设置。对取消、转移、下放行政审批等管理事项和职能明显弱化、工作任务量明显减少，以及实行大部制改革的政府工作部门，收回行政编制。合理调整事业单位布局和结构，撤并整合职能相近、设置重叠分散、规模过小、任务不饱和的事业单位。对大量空编两年以上的事业单位，在保证其正常运转、满足发展需要的前提下核减事业编制。共调剂行政编制65名，调整划转事业编制294名，核减事业编制103名。通过改革，县政府工作部门设置调整为24个，减少2个；正科级事业单位由24个调整为15个，减少9个；副科级单位由41个调整为39个，减少2个，取消低职高配副科职位11个。

2.强化监督检查。根据县委、县政府安排，县委督查室、县政府督查室牵头，县委改革办、县纪委（监察局）、县委组织部、县编委办、县人社局等单位抽调人员组成三个督查组对县直各涉改单位本轮职能转变和机构改革、简政放权、"三定"规定执行等情况进行了专项督察。大部分涉改单位认真贯彻落实改革文件精神和新的部门"三定"方案要求，及时完成本部门职能职责和机构整合设置，进行人员编制划转，并按照新"三定"规定的部门、内设机构及二级机构名称刻印更换公章和衔牌，取得阶段性效果。

3.调整重点领域体制机制。一是构建大统战工作格局。将县民族宗教事务局与县委统战部合署办公，保证其政府机构的行政执法主体资格，县侨联、县台办、县工商联归口县委统战部管理，县政府办加挂安化县外事侨务办公室牌子。二是推进司法体制改革。参与司法体制改革试点工作，全面掌握全县检察院和法院机构编制和人员情况，为后续改革筑牢基础。三是重视党建工作。在县委组织部加挂中共安化县委非公有制经济和社会组织工作委员会、中共安化县直属机关工作委员会牌子，共核定正科级领导职数2名，核定中共安化县委基层党建工作领导小组办公室主任为副科级领导职数。四是优化教育资源配置，提高基础教育质量和水平。将城南完小、英江学校等纳入东坪中心学校管理，教师编制由842名调整为979名。明确江英学校为民办事业单位，单独设立教师编制管理账户。参照公办同类学校核定江英学校教师总编制为145名，其中允许使用公办教师编制限额为87名（按教职工总数60%核定）。落实教育部、中央编办、国家发改委、财政部、人力资源社会保障部《关于加强特殊教育教师队伍建设的意见》，核定县特殊教育学校教师编制12名。

二、行政审批制度改革

1.梳理调整部门权力清单。根据县政府职能转变和机构改革部门职能职责调整情况，对县本级行政权力清单进行新一轮清理规范。经全面清理，35个部门拟保留行政权力事项3890项，比上次公布增加191项，拟保留审核转报类权力事项286项，比上次公布增加215项。其中县本级行政权力包括：行政许可220项、行政处罚2620项、行政强制182项、行政征收60项、行政给付21项、行政确认76项、行政奖励43项、行政检查220项、行政裁决8项和其他行政权力440项（含备案、年检、行政调解、财政性资金分配等）。切实做到法定职责必须为、法无授权不可为。对保留的行政权力事项优化流程、简化程序、缩短时限，规范自由裁量权。制定出台《安化县本级行政权力清单管理办法》，加强县本级行政权力清单管理，规范行政权力运行，推进法治政府和服务型政府建设。

2.承接落实省直管县部分市级经济社会管理权限。根据湖南省人民政府《关于印发〈湖南省赋予省直管县经济体制改革试点县（市）部分市级经济社会管理权限目录〉的通知》（湘政办发〔2016〕13号）精神，印发了《关于做好承接〈湖南省赋予省直管县经济体制改革试点县部分市级经济社会管理权限事项〉的通知》（安政办〔2016〕15号），明确县发展和改革局等行政主管部门承接省赋予省直管县经济体制改革试点县部分市级经济社会管理权限406项，其中已承接落实26项，需新承接380项（由试点县直接实施的权限162项，试点县直接报省的权限218项目），并与市级主管部门进行了对接移交。

3.简政放权服务经开区建设。为进一步简政放权，提高行政服务效率，促进安化经济开发区经济社会事业快速发展，县编办牵头，多方协调，向安化经济开发区管理委员会下放县级社会经济管理权限41项，其中：行政许可23项，管理服务项目11项，其他管理权限7项。并要求相关单位加强业务指导和培训，将下放事项的审批条件、运行程序等与经开区管委搞好对接，并及时在相关网站、政务服务中心电子显示屏、公开栏等载体予以公布。

三、事业单位法人管理

1.事业单位法人登记管理。一是集中力量，按时完成网上登记和年度报告公示工作。以提高工作效率、完善服务为宗旨，落实一次性告知制度和限时办结制度。对前来办理业务的，若发现资料不齐、手续不完备者，当场告知需要补办的资料和手续，对符合政策规定材料齐全的，做到随到随办。全县共登记事业单位538家，其中应提交年度报告单位387家（2015年底总数456，其中应撤未撤单位67个），已完成年度报告387家，6月底前全部在网上进行了公示。2016年新设立登记事业单位17家，变更事业单位166家。二是做好事业单位档案管理工作。在严格事业单位日常登记工作的同时，认真做好档案的收集、整理、归档工作，强化“一户一档”制度，对每份档案材料逐一进行核查，并按照设立、变更、年检、注销进行分类归档、专柜储存、专人管理，确保档案材料真实、有效、齐全。

2.事业单位法人监管。规范全县事业单位登记管理，严格事业单位法人登记程序，加强对事业单位法人的事中事后监管，2016年全面启动了全县事业单位登记管理实地核查工作，共实地核查97个事业单位，针对检查中发现的问题，对存在问题的事业单位提出了整改意见，并作现场整改，不能现场整改的，下发整改通知书限期整改，并要求写出整改报告按时报送县编办。通过实地核查，确保了事业单位登记信息的合法性和真实性，也加大了对登记管理工作的宣传力度，使事业单位法人的法治意识、责任意识明显增强，取得了良好的社会效果，推动了全县事业单位登记管理工作。

3.统一社会信用代码工作。贯彻落实中央、省、市关于事业单位登记管理工作创新精神，加强对全县事业单位的监督管理，推进统一社会信用代码宣传和实施工作，正式启动“多证合一、一证一码”的统一社会信用代码赋码工作。共发放机关群团统一社会信用代码证书50本，新版事业单位法人证书189本。

4.行政事业单位网上名称管理。一是严格审核域名注册相关资料，确保域名申报的规范性，不断推进中文域名注册和续费工作，同时加快对网络红页登陆、发布及维护的宣传培训。2016年中文域名新注册216个，续费207个，总计568个，已报至中央编办。二是做好网站标识的挂标工作。网站标识是党政机关、事业单位和社会组织的“网络防伪标”，为了方便公众准确识别网站主办者身份，辨别真伪网站，该办督促指导各单位尽快做好网站标识申请和挂标工作，确保挂标成功，至2016年底共完成网站挂标65个。

四、机构编制管理

1.控制机构编制实有人员增长。按照省、市控编减编工作的总体要求和目标任务，执行落实《安化县行政事业单位控编减编工作实施方案》，确保行政事业编制和财政供养人员实现只减不增，守住了机构编制“只减不增”的底线。一是结合行政审批制度改革、政府职能转变和机构改革等，积极推动编制资源向基层和一线倾斜，优化编制资源配置，全县新设机构和工作职责调整所需编制均通过部门系统内部调剂和全县编制总量范围内调剂解决。二是坚持有序用编，把好财政供养人员的“入口关”。按照“科学估算、总量控制、统筹调剂、先批后用”的原则，通过健全完善制度，设置编制使用年度计划这个“总阀门”，加强机构编制源头管理，增强编制使用的科学性、规范性、公开性。全年共核定县直行政事业单位竞争性选调工作人员编制计划152名，核定事业单位补充工作人员编制计划552名。三是加强部门联合共管。建立组织、人社、纪检监察、财政等部门联合共管机制。联合县委组织部、县人社局印发《关于印发〈安化县机关事业单位工作人员流动调配管理暂行办法〉的通知》，制定实施编制使用核准通知单制度，从源头控制人员总量。明确超编单位只出不进，满编单位先出后进，空编单位适当控制，严禁超编进人。

2.执行机构编制相关规定。一是坚持机构编制集中统一管理，严格执行“三个一”制度、“一支笔”审批制度和“五不准”等规定，严格按照机构编制管理权限和程序办理机构编制事宜，全年未超限额、超规格或变相设置机构、未违反规定权限审批机构和领导职数。二是按规定对停薪留职、病事假、借调人员进行审批。先后办理92人请假、23人借调、4人脱产学习、136人停薪留职和27人恢复工资关系的审批手续。及时将《行政事业单位编制使用计划》《行政事业单位补充工作人员通知单》《行政事业单位补充财政统发人员通知单》《行政事业单位离岗人员审批表》等分送人社、财政部门，加强相关信息对接，有效减少“吃空饷”人员的出现。

3.机构编制实名制管理维护。机构改革中，机构调整较大，人员异动频繁，为确保编制实名制数据的准确无误，及时对照新“三定”调整了各部门的编制实名制系统台账，为新成立的部门分配了编制实名制系统账户和密码，督促各行政事业单位及时更新实名制系统信息；同时规范机构编制实名制管理范围和程序，采集相关人员数据，及时对系统进行更新和维护，确保机构编制台账底数清楚、真实准确，为服务机关和事业单位提供更为完善的技术与制度支撑，配合县委组织部、县人社局开展领导干部配备编制审查和“吃空饷”专项治理等工作，形成与相关业务部门联动协作机制，充分发挥机构编制实名制管理把关、协调、监督作用，取得较好的社会效果。

4.临时协调机构日常监管。根据《县级议事协调机构管理办法》和《县临时机构管理办法》相关规定，认真履行相关职责。对安化县易地扶贫搬迁工作联席会议、安化县行业协会商会与行政机关脱钩联合工作组等36个机构的设立或变更进行审批备案。对已经批准设立的县城镇棚户区改造工作指挥部办公室等临时机构核发证书。

【涉改单位“三定”方案审议完成】 4月1日，县编委会审议通过县城市管理行政执法局和县住房和城乡建设局“三定”方案，标志着安化县行政管理体制改革正式步入“深水期”，至12月22日，全面完成37个涉改单位“三定”方案的制定和印发，全县本轮的机构改革工作顺利完成。

【统一社会信用代码证赋码】 6月3日，县编委办向中共安化县委办公室颁发了全县首张党政机关统一社会信用代码证，标志着安化县党政机关、群众团体统一社会信用代码赋码发证工作正式启动。

【事业单位登记实地核查】 11月中旬，全县事业单位登记管理实地核查工作全面启动，本轮共实地核查97个事业单位。核查工作的开展，有效确保了事业单位登记信息的合法性和真实性，加大了事业单位登记管理工作的宣传力度，事业单位法人的法治意识、责任意识明显增强。

（撰稿人：毛晓聪）

中共安化县委老干部局

【领导人名录】

局　长　姚群中（2016.2 止）
　　　　贺民生（2016.2 起）
副局长　罗永红（2016.3 止）
　　　　熊智军
　　　　刘继斌（2016.3 起）

【概况】 安化县委老干部局（县老干部局）是县委部门管理的正科级行政机构，由县委组织部管理，是县委主管离休干部和宏观管理副处级以上退休干部工作的职能部门。局机关设办公室（加挂县关心下一代工作委员会办公室牌子）、业务股 2 个职能股室；局下属二级机构安化县老干部休养活动管理所，为公益一类股级事业单位。全局现有在职干部职工 12 名。

2016 年，县老干部局扎实履行服务管理职能，取得了较好成绩，获得“2016 年度全县绩效考核二等奖”“安化县创建省级卫生县城庭院创卫工作先进单位”“2016 年度妇女工作先进单位”“2016 年度组织工作先进单位”“2016 年度扶贫工作先进单位”“益阳市离退休干部‘优良家风大家谈’征文活动组织奖”“2016 年度湖南省关心下一代工作先进集体”。

一、老干部工作

1. 落实离退休老干部待遇

一是落实离退休干部政治待遇。落实离退休干部参加重大活动、重要会议制度。县里召开人大、政协、经济工作等重要会议，举行重要政治活动邀请离退休干部代表参加。落实向离退休干部通报情况制度。全年县领导向离退休干部通报县域经济社会发展情况 2 次，邀请离退休干部代表参加安化县《政府工作报告》《党代会工作报告》起草讨论会，听取他们的意见、建议。每季度组织城区离退休干部开展一次政治思想集中学习活动，请领导和专家为离退休干部作《全县交通形势报告》《反腐倡廉形势报告》，组织部分离退休干部到库区乡镇进行了为期一周的县域经济考察。

二是保障离退休干部生活待遇。离休干部“三个保障机制”运行良好，离退休费按时足额发放，医药费按规定实报实销，财政支持机制有效运行，各项政策性生活待遇全面落实。全年督促落实因待遇发放不及时或不到位问题 3 起，金额 1.1 万余元；联系已故多年离休干部邓庆云家属，补领死亡抚恤金 73690 元；接待和处理离退休干部来电、来信、来访 30 余次，使离退休干部的问题及时得到解决，全年无一起离退休干部上访事件。

三是做好离退休干部走访慰问工作。走访慰问离退休干部做到“六个必访”，全年深入株洲、长沙、益阳及全县各乡镇村落，看望易地居住离退休干部 32 人次、探望生病离退休干部 65 人次、祝寿 5 人次、逝世悼念 11 人次；春节和重阳节期间走访慰问离退休干部，共发放慰问金 11 万余元；全年新增 23 名生活不能自理的离休干部，发放补助 35.2 万元，至此全县 76 名离休干部全部解决生活不能自理补助费的发放；发放新中国成立初老干部生活补助 38.16 万元，医疗补助 24 万余元；发放县级退休干部医疗补助 12 万元；走访慰问全县退休人员党支部书记、离休干部遗孀 100 余人，发放慰问金 3 万余元；发放困难帮扶资金 7400 元，发现解决问题 27 个。

2. 组织离退休干部开展活动

全县各单位按照“有场所、有设施、有制度、有经费、有活动”的要求，设立离退休干部学习活动场所。2016 年 10 月在县城南区安化大剧院旁建成一标准门球场并投入使用，在全县离退休干部中组织开展“优良家风大家谈”征文活动，收到稿件 79 篇，其中 2 篇获市一等奖、7 篇获市二等奖、3 篇获市三等奖、5 篇获县一等奖、10 篇获县二等奖、52 篇获县三等奖。

3. 发挥离退休人员党支部作用

离退休人员党支部建设是加强新形势下老干部工作的重要内容，年内新增离退休人员党支部 5 个，涉及机构调整的离退休人员党支部重新选举了支部书记。组织举办全县离退休人员党支部工作经验交流会，制定《机关党员干部联系离退休干部制度》《机关党员干部联系离退休干部党支部制度》《机关党员干部联系老年协会制度》等工作制度。截至年底，全县共有离退休人员党支部 115 个，各支部班子健全、制度完善。

基层单位老干工作者组织引导离退休干部发挥余热，参与社会“正能量”活动。大福镇大尧村、建炉村等 12 个村成立了老年协会，该协会牵头组建了老年腰鼓队和广场舞队；县林业局离退休党支部组织了一次“正能量”活动交流报告会；县老干部局利用局网站对全县涌现的离退休人员党组织先进典型进行宣传报道。

二、关心下一代工作

至2016年底，全县各乡镇、县直机关、学校成立了相应工作机构，全县有乡镇级关工委组织23个，县直关工委组织106个，学校级关工委组织177个，村级关工委组织12个，其中320名离退休干部分别担任全县214所中小学校校外辅导员。全县创办家长学校147所，多所家长学校被评为省级、市级示范家长学校，其中大福镇新桥村“四老”家长学校被评为市级特色示范家长学校。

县关工委配合市关工委开展了“最美孝心少年”的评比推荐活动，被推荐的4名优秀少年均得到省市的表彰；自县关工委创办以来，共举办公益性讲座26场，开展青少年德育教育活动38次，免费组织2000多学生家长到衡阳传统文化基地参加学习；争取国家关工委“朝阳计划—青少年健康守护行动”校卫生室设备项目建设，为13所中小学校卫生室添置价值100多万元的设备，并组织获赠学校校医和兼职教师到郴州进行培训；扶贫助学力度加大，全年共获得国家资助2100万元、受资助者15265人，民间社会资助970万元、受资助者7000人。

三、其他工作

1.党建工作。全面落实“三会一课”制度，召开党员大会10次，组织听党课10场次。结合每月9日的党员活动日，组织全体干部职工到云台山烈士公园、柘溪爱国主义教育基地开展革命传统教育。组织在职党员积极参与吴合新村环境整治、矛盾纠纷调解，慰问走访困难党员，与贫困户结对帮扶，发放宣传单240份，清除垃圾死角5处，疏通沟渠2处，资助帮扶贫困户12户，发放救助资金及物资6000余元。

2.“两学一做”。坚持中心组集中学习制度，结合“两学一做”学习教育，重点组织学习《习近平总书记系列重要讲话》《中国共产党章程》《中国共产党廉洁自律准则》《中国共产党纪律处分条例》以及中共十八届四中、五中、六中全会精神和省委《关于加强换届风气监督的实施意见》。按计划开展“讲政治、有信念”“讲规矩、有纪律”“讲道德、有品行”“讲奉献、有作为”四个专题及中共十八届六中全会精神讨论。组织观看《镜鉴——衡阳、南充违反换届纪律案件警示录》等警示教育片。

3.扶贫工作。县老干部局作为精准扶贫的成员单位，明确1名中层骨干为扶贫队员，明确1名副局长兼任村党支部第一书记，具体落实精准扶贫各项工作。从局工作经费中挤出4.5万元用于帮扶助困，与县委组织部一起到县发改局、县水利局等单位争取资金115万元，投入到扶贫点的基础设施建设，完成自来水工程、河堤、村办公楼等基础设施的修建，年底经公示无异议后确定2016年脱贫24户99人。

4.创卫工作。局机关在2015年获评全县庭院创卫工作第一名的基础上，继续实行责任区包干制度，开展全民清洁日和集中整治行动，强化制度约束，实行奖惩管理，在每季度的县直单位卫生考核评比中，名次均居前列。

【湖南省委老干部局领导到安化督察工作】 10月19日至20日，湖南省老干部局副局长梅元喜一行到安化就贯彻落实《关于进一步加强和改进离退休干部工作的意见》（中办发〔2016〕3号、湘办发〔2016〕21号）文件精神进行现场督察。调研组实地察看了县交通运输局和县林业局离退休干部党支部办公室和离退休干部学习活动场所，在安化大剧院三楼会议室召开了座谈会，听取了安化县关于贯彻落实文件精神的情况汇报，对安化县在关心离退休干部方面所做的工作给予充分肯定，并就下段加强和改进离退休干部工作提出了建议意见。

【新门球场建成】 10月底，位于县城南区老年活动中心旁的新门球场建成。该门球场建设经县委、县政府批准，县老干部局主修，总投资26万余元。门球场面积为750平方米，以钢筋水泥为基础，铺设了塑胶草皮，四周拉起了900多平方米的钢丝护栏，场内设有主席台和记分牌，是一个高标准的门球场，为老年人开展健身活动提供了新的场地。

【益阳市老年人门球（安化）邀请赛】 11月3日至4日，在安化县新建成的门球场举办了益阳市老年人门球邀请赛，全市6支队伍120余人参赛。经过角逐，赫山区代表队获一等奖，南县、沅江市代表队获二等奖，安化县、资阳区、桃江县代表队获三等奖。

【“永连在一起”捐赠活动】 12月30日，由益阳市爱心志愿者协会、益阳味道、《益阳城市报》、益阳教育电视台联合举办的“永连在一起”暨安化县江南镇永联小学爱心捐赠仪式举行。县老干部局局长贺民生和部分干部职工到江南镇永联小学参加了捐赠活动。本次活动共捐赠课桌椅80多套，爱心书包70多个。

（撰稿人：刘巧）

安化县档案局

【领导人名录】

局　长　廖建和

副局长　罗永红　李日辉

【概况】 安化县档案馆于1959年在中共安化县委档案室和安化县人委档案室的基础上建立。1966年至1976年实行军事管制，1977年恢复档案馆。1980年，设立档案科，馆、科合署办公。1984年，档案科升格为局，馆、局合署办公。1995年县级机构改革，将县党史办、县志办并入县档案局（县党史办于2003年划归县委办）。2002年机构改革，安化县档案局为参照公务员管理的正科级事业单位，与县档案馆合一，主管全县档案事业行政管理工作，内设办公室、业务股、法制股、档案管理股4个股室。2016年机构改革，调整了安化县档案局相关职责、内设机构和人员编制，增加了续编、发行《安化县志》和开展安化县志、安化历史研究等职能，内设办公室、业务股、政策法规股、档案管理股、县地方志办公室（加挂安化县志编纂委员会办公室牌子）5个股室，核定编制人数为18人。2016年，在职干部职工18人，退休人员9人。

2016年，该局领导班子带领全局干部职工团结协作，坚持围绕中心，服务大局，扎实认真地抓好各项工作，服务领域不断拓展，服务手段不断更新，服务水平不断提高，基础业务更加扎实，档案服务民生的足音铿锵有力，亮点频现，档案事业生机勃勃，取得了显著成绩。荣获2016年度全市档案工作先进集体，在全县绩效考核评定中被评为二等奖。

一、档案业务工作

1.扶贫档案试点成效好，影响大。为配合县委、县政府中心工作，更好地为精准扶贫服务，该局积极配合县扶贫局按照“高标准、高质量、高速度”的原则，派出两名业务骨干，吃、住在村上将近一个月，指导做好档案基础工作和扶贫档案的资料收集、整理，共整理扶贫档案92盒，出色完成了小淹镇扶贫办和百福村、陶澍村扶贫档案试点工作。8月，全市扶贫系统有关人员到百福村参观学习扶贫档案工作，市扶贫局领导表示，安化扶贫档案标准高，要向全市进行推广。

2.深入全县各乡镇和县直各单位上门开展业务指导服务。10月至11月，局领导带队，选派业务骨干组成三个指导组，集中时间，上门到各单位面对面、手把手指导基层档案工作，得到了基层单位的好评。

二、档案法治和宣传工作

1.召开了加强全县档案工作政协双月协商会。9月14日，在县委常务会议室召开了县政协双月协商会。会上，该局汇报了近三年来的档案工作、存在的困难和问题及相关建设，与会人员就档案工作进行了互动发言，县政协主席李太源表示：档案是经济社会发展的基础，是工作过程考证的凭据，是见证历史的工具，是领导科学决策的依据。全县要进一步提高对档案工作的认识，进一步提高对档案工作的重视和保障力度，进一步完善档案管理体系，进一步推进档案信息化建设，不断提升全县档案管理现代化水平，为全县经济社会发展做出积极贡献。会后形成了主席建议案，得到了县委书记熊哲文的亲自指示，此次会议的召开，助推了全县档案事业的快速发展。

2.举办“走进档案—档案工作宣传活动板报展”。11月29日，在县第十七届人大会和县第九届政协会召开之际，在安化大剧院举行了“走进档案—档案工作宣传活动板报展”。为做好这次展览活动，该局干职工精心策划，匠心选材，展板图文并茂，引人注目，集中展现了该局近三年来档案工作发展历程，介绍了馆藏档案和利用档案服务县委、县政府中心工作情况，普及宣传了档案法律法规知识等，用大量图片，朴实文字，最直观地将档案送到“两会”代表和人们群众面前，让档案走进社会、贴近百姓，效果良好。县委书记熊哲文、县委办主任刘卫、武装部部长鲁志坚和政委熊杰、副县长甘正气等领导，都先后驻足观看，并对此次档案宣传活动给予了充分肯定。通过宣传，让社会和人民群众深入认识到档案承载“记录历史、传承文明、服务社会、造福人民”的重要作用，增加了公众的档案意识。

3.开展依法行政专题培训。5月31日，县档案局、县机关事务服务中心联合开展依法行政专题培训，本次培训邀请湖南义剑律师事务所陈德华律师授课，主要讲授内容为依法行政，其间通过运用丰富的理论和鲜活生动的案例，对法治原则、依法治国、依法行政、法治政府等进行了全面讲解，深入浅出地为参加学习的干部上了一堂生动而严肃的普法教育课，得到了干职工的一致好评。

4.开展“6·9”国际档案日宣传活动。以“档案与民生”为主题，积极开展形式多样的“6·9”国际档案日宣传活动。一是组织县直单位和乡镇在6月9日，在各自大院悬挂横幅或张贴宣传标语；二是在县党政机关大院悬挂了题为“纪念6·9国际档案日，增强全社会档案意识”的宣传横幅。

三、档案资源建设

1.做好档案利用工作。开展窗口优质服务。安排两名专职人员负责档案利用接待工作，设置便民台，提供休息室、茶水等，为群众查阅档案提供良好的环境。对查阅群众服务态度好，有时双休日不休息，免费查阅效率高，从未接到过群众投诉。一年来，共接待查阅档案资料4152卷、1068人。

2.征集了一件清光绪三年（1887年）《兵部执照》复印件。档案馆将之复印、拍照，作了注解，整理立卷，为馆藏增添了一卷清朝档案。

3.档案编研工作深入开展。充分挖掘馆藏档案，将“死档案”变为“活信息”。利用馆藏档案有计划地开展了编研工作。续编了从民国元年（1912年）至2014年《安化县党政领导人名录》，利用馆藏抗战档案，编写了《安化抗战档案基本情况》。编研工作的开展为领导决策、县域经济和社会发展提供了有价值的参考和借鉴。

4.抓好国家重点档案管理工作。对馆藏国家重点档案的数量、保管、整理、修裱、数字化和开发利用情况展开了全面清查，并开展了数字化工作。已录入明清、民国、革命历史等国家重点档案的全部案卷（29129条）及部分文件级目录（其中明清、革命历史、新中国成立后均已完成），建立了普查信息数据库。完成了国家重点档案保护与开发储备项目申报，围绕省局的选题指南进行了针对性申报，包括明清、民国、革命历史、日军侵略造成的破坏及损失、红军长征等档案资源库共13个储备项目。同时，建立了对应的国家重点档案案卷目录和文件目录。

四、县志办工作

1.召开全县《安化年鉴》《乡镇简志》动员及业务培训会议。5月18日，在公安局大会议室召开了《安化年鉴》《乡镇简志》动员及业务培训会议。常务副县长王益文作重要讲话。聘请沅江市志办的王友达老师进行业务培训。

2.做好基础工作。聘请了两名工作人员，配备专门的办公室，添置了电脑、电话、打印机等办公设备。建立了县志办QQ群，与各乡镇和县直单位的相关人员建立了联系。

3.开展《安化年鉴》《乡镇简志》编纂情况专题督察。6月初，通过打电话对所有乡镇和部分县直单位的《安化年鉴》《乡镇简志》进展情况进行了督察。6月21日至30日，协调县委、县政府督查室和该局相关人员，分成两个组对全县25个乡镇（含经开区、县城南区）的《安化年鉴》《乡镇简志》编纂情况进行了一次专题督察，促进了这项工作的开展。

4.开展资料收集和初审工作。收集了各单位的年鉴和简志初稿。从7月开始，县志办集中全部精力，对全县140个单位的2015年年鉴、25个乡镇（区）的简志进行审核编辑。至12月初，已完成第一轮审编。月底，《安化年鉴》样书初稿成形，《乡镇简志》送市志办审核。

五、县综合档案馆项目建设

县综合档案馆于2014年7月18日正式动工，2015年底主体工程竣工，2016年12月19日，正式揭牌并投入使用。

【国家重点档案目录数据库建立】 2016年，县综合档案馆对国家重点档案开展了数字化工作，全年分别完成了明清、民国、革命历史等国家重点档案的案卷目录的录入；明清、革命历史国家重点档案文件级目录的录入；新中国成立后部分国家重点档案文件级目录的录入，建成了国家重点档案目录数据库。

【安化县综合档案馆项目顺利建成并投入使用】 12月，县综合档案馆正式揭牌，并投入使用。该馆一是设计新颖，凸显梅山文化特色。在新馆设计理念上，采用融入梅山古典建筑和梅山文化元素，又与现代建筑风格相结合的理念进行建筑设计。主体6层为框架结构，占地面积663.2平方米，为县城增添了一栋具有安化地域特色的亮丽建筑。二是合理规划功能布局。新馆总建筑面积4046.7平方米，功能布局分为档案库房、技术业务用房、展览厅、多功能会议室、办公用房，其中库房面积2047.2平方米，业务与技术用房面积799.5平方米，展览厅面积888平方米，多功能会议室面积147.5平方米，办公用房面积164.5平方米。三是着眼长远，具有前瞻性。新馆建成后，至少能满足未来30年全县档案保管和档案数字化需要，是集档案保管基地、现行文件查阅中心、档案编研利用中心、电子文件管理中心、爱国主义教育基地“五位一体”的功能齐全、设施先进的现代化档案馆。

（撰稿人：刘烈红）

安化县国家保密局

【领导人名录】

局　长　罗亚平

副局长　曾学斌（2016.3止）

【概况】 安化县国家保密局（县保密局）是县保密行政管理部门，依法主管全县保密工作，同时使用中共安化县委机要局和安化县国家密码管理局牌章，承担全县党政系统机要通信与密码管理职能。是归口县委办管理的正科级行政机构，人员编制从县委办行政编制中调剂解决，2016年在岗人数为5人。

2016年，县保密局人员大幅异动，工作力量较为紧张，县保密局克服阶段性困难，扎实有序地开展组织领导、宣传教育、服务指导、监督管理等各项工作，取得了一些成绩与实效，全年全县没有发生泄密事故或案件。是年，县委机要局被湖南省委办公厅评为“全省党政密码工作先进单位”，机要员黄竞明被评为“全省党政系统先进机要工作者”。

一、组织保障

县保密局积极争取各级领导重视，充分掌握工作主动权，全县保密工作得到了可靠保障。一是认真贯彻上级重要精神。5月19日全市保密工作会议、9月1日全市保密局长会议召开以后，县保密局迅速向县委领导汇报，并召开干部会议研究部署具体工作。县委书记熊哲文，县委副书记王新宇，县委常委、县委办主任、县委保密委主任刘卫先后批阅中央关于加强和改进保密工作的重要文件，为保密工作提供了有力支撑。二是科学调整保密领导机构。全县政府机构改革以后，部门职责和干部队伍进行了大幅调整。为便于协调开展工作，10月8日，县委办、县政府办印发《关于调整县委保密委员会的通知》。调整以后，县委保密委主任由县委常委、县委办主任担任，副主任由县政府办主任和县国家保密局局长担任，成员单位包括15个部门单位，这样更能适应信息化、网络化时代的保密工作要求。三是及时补充保密工作力量。2015年底至2016年初，县保密局先后有1名干部、1名副职被招录、交流到外地或外单位工作。之后，县保密局挑选了2名政治可靠、有上进心的年轻干部，经考察后于4月份将其正式调入，及时补充了工作力量。

二、宣传教育

县保密局采用多种宣传教育方式，切实增强涉密单位和涉密人员保密意识，取得良好效果。一是搞好保密教育培训。6月下旬至7月中旬，县委党校举办神韵安化宣传员培训班，期间开设了保密教育课，为40名参训干部讲授了保密知识。7月下旬至8月中旬，县保密局采取观看教育片、召开座谈会、拜访老干部等形式开展弘扬优良传统系列教育活动，全体干部受到良好熏陶，思想政治素质得到提升。5月下旬、10月中旬，县保密局2次派人到北京、青岛参加涉密工程建设培训和保密产品博览会，提高了涉密工程保密管理能力。二是编好工作简报与年鉴。3月，县保密局编撰出2014-2015年全县机要保密工作大事记，以工作简报形式报送县委、县政府主要领导和县委保密委成员单位领导阅览，起到工作汇报、加强联系的作用。7月，又按照县志办要求编撰报送了县保密局2015年的年鉴资料。三是抓好订刊用刊工作。组织征订《保密工作》和《保密科学技术》月刊，全县机关单位共订阅118份。各地各单位积极学刊用刊，业务能力逐渐增强，管理水平得到提高。

三、业务服务

县保密局坚持向涉密单位和涉密人员无偿提供服务指导，树立了保密部门的良好形象。一是为人事招考和教育统考服务。县保密局先后协助组织、人社、教体、科工、旅游、林业等部门单位开展人事招聘考试、国家教育考试等涉密考试保密工作，为考务公平公正，为社会稳定和谐做出了努力。二是为网络测评和技术防护服务。10月上旬，县保密局认真指导县纪委、县委组织部开展涉密网络整改，使其顺利通过了分级保护测评。从11月起，又启动了保密技术防护“三合一”系统调查摸底与强制配备工作，要求业已配备的单位填写已配保密技术防护系统统计表，尚未配备的单位填写新增保密技术防护系统申报表，汇总后报上级保密部门。三是为政府采购和政务公开服务。3月24日，县保密局应邀协助县民政局开展了涉密服务外包项目招标工作。9–11月，又应邀对县公安局技术侦察阵地建设工程进行了业务指导。此外，还应邀对部分涉密单位进行了政务公开和财务公开工作的指导与把关。

四、监督管理

县保密局坚持问题导向，加强对重点对象和重点环节的监督管理，确保保密工作落到实处。一是对涉密人员和计算机加强管理。3–4月，县保密局会同县公安局开展涉密人员登记与备案工作，确定涉密岗位142个、涉密人员231人。5–6月，县保密局组保开展涉密计算机户籍化管理，确定涉密网络接入单位3家、设涉密单机的单位3家，确定涉密终端60台、涉密单机3台。这两项工作为以后开展常态化管理奠定了基础。二是认真组织保密专项检查。5月25日，县委办印发《关于开展全县机要保密专项检查的通知》，要求各单位全面检查涉密人员、要害部位、敏感文电、信息系统、信息公开等方面情况，仔细排查风险隐患，切实堵塞工作漏洞。县保密局不仅利用网站信息保密检查系统持续监控县政府门户网站，还会同县政务和信息服务中心在6月开展了信息公开保密检查。三是规范开展涉密载体销毁。4–5月，组织开展了2015年度上级涉密文件清退工作。11–12月，收集各地各单位已失去保留价值的内部资料和涉密载体，安排专人专车转运至市涉密载体销毁中心予以销毁。

【“弘扬优良传统”系列教育活动】 7–8月，县保密局组织开展了“弘扬优良传统”系列教育活动。7月22日，组织在岗人员观看教育片《忠魂》和《手机背后的谍网》，缅怀了革命先烈誓死守卫党的机密的崇高精神，认识了新形势下保密工作面临的问题和挑战。7月27日，组织往届领导和在岗人员召开座谈会，谈经验、谈教训、谈体会，互相取长补短，增强工作信心。8月12日，组织在岗人员拜访原县委机要科首任科长董公安，局机要员黄竞明撰写了访谈录，后被湖南省有关刊物采用并选送到中央参评。通过这一系列教育活动，全体干部受到很好的教育，政治素质、思想素质、业务素质得到提高。

（撰稿人：刘佳强）

中共安化县委党校（安化县行政学校）

【领导人名录】

党校校长　王新宇（2016.8起县委副书记兼）

行政学校校长　王新宇（2016.8起县委副书记兼）

常务副校长　谢跃远

副校长　谌三支（2016.1起）

纪检员　陶有元

【概况】 中共安化县委党校为落实中专体制的副处级事业单位，隶属安化县委领导，业务上接受中共益阳市委党校指导。中共安化县委党校与安化县行政学校、安化县社会主义学校，三块牌子一个机构，合署办公（湘编发〔2008〕27号和益编发〔2008〕28号）。现有内设机构5个，分别为办公室、教务科、教研室、图书资料信息中心和行政科。2016年底有在职教职员工14人，其中本科学历以上人员13人，专科1人。

2016年，县委党校认真贯彻落实2016年县委干部教育工作领导小组专题会议精神，紧紧依靠全校干部和教职员工，凝心聚力、积极作为，倾力打造和谐党校、活力党校，推动党校科学发展，积极投身于安化县“3＋2”发展战略系统工程，各项工作取得显著成绩，在2016年劳动竞赛中被评为先进单位，在全县绩效考核评定中被评为三等奖。

一、干教培训

县委党校积极推进教学改革，结合工作实际和学员需求，突出安化特色和针对性，创新教学内容；根据学员特点和培训目标，强调教学实效和实践性，创新教学方法；遵循教学规律和纪律要求，发挥教师主导性与学员主体性，创新组织管理。2016年，县委党校共举办主体班9期987人其中：全县优秀年轻干部暨神韵安化宣传员培训班1期40人，县域经济发展专题研修班1期48人、入党积极分子培训班3期367人、全县村（社区）党组织书记培训班3期470人、新提拔科级干部培训班1期62人；全县纪检监察干部培训班、宣传思想业务工作培训班、工会干部培训班、农商银行“两学一做”党员培训班、林业专业知识培训班等各种部门培训班23期2362人次，由于紧随形势、服务中心、主题明确、结合实际、注重质量，每一期培训都取得了良好的效果，受到县委、县政府领导的多次肯定和学员普遍好评。

二、调研工作

2016年，为服务于县委、县政府中心工作任务，充分发挥县委党校“思想库、智囊团”作用，县委党校以“科研出精品、上档次”和“教学科研咨询一体化”为目标，健全科研机制，完善科研制度，充分调动教师开展调研的积极性。本年度，县委党校充分利用自身资源，结合安化实际，撰写了《大力发展茶旅庄园集体经济》《用马克思主义生态观指导安化生态提质》《关于安化县乡村旅游扶贫情况的调研报告》《安化县乡镇项目资金监管问题的调研报告》4篇高质量的调研报告，为县委、县政府决策提供了有效参考。

三、队伍建设

一是先后派遣6名骨干教师参加省市党校及其他机构组织的各项师资培训，加快教师知识更新频率，提高教师理论素养。二是积极开展教学竞赛、先进评比活动，推动教学改革创新。三是大力开展“两学一做”学习教育，提高教师政治素质。四是继续开展“一月一读一谈”的读书交流活动，提高教师理论水平和文学素养，增强学校凝聚力、向心力。五是扎实开展“庸懒散”专项整治工作，改进教师工作作风。六是聘请一批高素质的领导干部和专业人才担任县委党校兼职教师，优化县委党校教师结构。一年来，教师队伍精神面貌朝气蓬勃，工作作风求实创新，教学水平不断提高。12月23日，在益阳市委党校系统教学比武中，胡建红老师以第一名的成绩斩获一等奖。

四、基础建设

2016年，县委党校筹措资金8万余元，对学校教学办公和后勤服务设备进行了更新与维护，添置电脑2台、投影仪1台、电子显示屏1块、空调3台、电子粥饭设备一套。

五、扶贫工作

党校作为扶贫牵头单位，派出了扶贫工作队员，制定了扶贫工作方案，从资金、理论政策传达、产业扶植等各方面对扶贫村进行了大力扶助。目前，扶贫点已在扶贫工作组的指导下成立小籽红皮花生生产合作社，建立生产基地；并结合当地实际制定了旅游开发规划。

【全县基层党务骨干培训班】 5月12日-13日，县委党校协助组织的全县基层党建暨“两学一做”学习教育党务骨干培训班在县委党校梯形教室开班。县委常委、组织部部长、统战部部长祁辉出席并讲话。他指出，要根据上级政策要求重视培训班和基层党建工作，抓实“132”(即一个读本，三个责任清单，两个落实办法)和“2+3”(即坐班制和值班制，精准扶贫、基层党建和村级集体经济)重要工作；“两学一做”是2016年党建工作的主要工作，要按照“两会一课”要求，定期组织集中学习并形成工作台账，要督促启动村民服务中心建设，严格开展党员组织关系排查，整顿涣散基层党组织；各级党委(党组)要加强组织领导，抓好责任落实。培训班上，益阳市委基层办主任蒋耿讲授了一堂题为《把握标准要求，不断提升基层党建工作水平》的业务课。

（撰稿人：胡建红）

安化县机关事务服务中心

【领导人名录】

主　　任　刘唐业
副 主 任　晏小莺（2016.4起）
　　　　　张宏伟（2016.3起）
纪检组长　李毅斌（2016.3起）

【概况】 安化县机关服务中心组建于1995年12月，其前身兼县委办公室行政科，1996年正式成立，属财政全额拨款事业单位，内设办公室、保卫股、公共服务股、维修股。在职干部职工23人，其主要职责是负责党政机关大院的安全保卫、水电维修、公务接待、公务用车、公共卫生工作。

2016年，县机关事务服务中心坚持管理科学化、服务个性化、保障精细化要求，主动作为，高质量、高标准的完成了各项任务，为保障党政机关大院的正常运转做出了贡献。

一、职能工作

1.自身建设。县机关事务服务中心始终以积极主动的工作态度，以满腔热情开展工作，全力提高服务质量，保障服务。中心实行一把手负责制，建立健全各项服务保障制度，严格贯彻落实《机关事务管理规范》。一是狠抓政治思想理论学习。政治思想上学习党的路线方针政策。坚持以邓小平理论和三个代表重要思想、科学发展观为指导，牢固树立正确的人生观、价值观、通过学习不断加强人员队伍的思想品质建设，不断提高自身的能力水平，在思想上使干部职工爱岗敬业、立足本职做奉献的职业道德操守，二是加大力度培训业务型人才，不断购买学习资料，定期组织人员业务学习：先后组织学习十余次,在服务中取得了优异的成绩，多次受到上级领导的肯定和表扬。三是注重干部职工的职业道德养成，培养注重干部职工爱岗敬业、认真负责、勤勤恳恳、兢兢业业、尽职尽责的工作风格的培养。

2. 安全保卫。一年来，县机关事务服务中心不断规范和完善各种保卫管理制度，严格按照《机关安全保卫条例》积极工作，强化以防为主，防管结合，坚决以安全第一，预防为主，制定切实可行的防范措施，必要时制定预案，严密防控各类安全事故的发生。一是不断强化责任心，要求保卫人员提高安全防范意识，居安思危，以强烈的责任感，搞好工作；二是加强值班制度，实行24小时值班在位制度，不脱岗不坐岗，在岗时时刻保持警惕，做到勤查、勤看、勤问，发现问题及时上报，并有效处理。杜绝一切不安全因素的发生；三是强化消防建设，建立健全消防安全管理制度，积极配合消防部门搞好消防巡查及消防演练，坚持消防安全大排查，做到及时发现、及时处理安全隐患，切实确保机关消防设施的正常运行。

3. 公务用车管理。严格公务用车审批程序，进一步完善、健全公务用车管理制度，细化量化各种公务用车的制度和指标，实现以制度管人，以指标管车的要求，确保公务用车更加规范、合理，运转更加流畅。

4. 会务接待。县机关服务中心始终认真贯彻机关会务接待制度，严格合理把控各种费用开支，使会务更加规范、服务更加周到。一是加强对公务人员的培训，要求做到举止文明，服务热情，努力提高会务人员的服务、接待水平。二是加强会议室的管理，会场始终保持干净、整洁、舒适，做到会前会后搞好卫生，严格做到地面干净、桌椅干净、门窗干净，保障与会人员的茶水供应，做到会议保障无差错。

5. 维修工作。坚持巡查制度，对水电线路定期排查，认真排除各种影响办公正常运行的安全隐患，有效保障办公场所的水电，做到发现问题及时，维护维修到位，坚持做到大故障不过夜，小故障不超四小时。

6. 绿化管理。一年来不断规范和完善，逐步投入，本着适用美观、易管理的原则，重新规划设计绿化草坪，先后投入资金10多万元，县机关事务中心以创建文明单位为契机，加大绿化大院的宣传力度，使大院绿化意识深入每个办公人员内心，大大提高了办公人员爱绿的意识，为机关大院美化办公环境做出了积极的努力，不断使大院环境更加美观，取得了更加明显的效果，努力做到让办公人员满意，创造舒适的条件。

二、其他工作

1. 精准扶贫。2016年，县机关事务服务中心配合县残联对马路镇谢家村开展扶贫帮扶工作，安排了中心党组成员张宏伟负责分管扶贫工作。一年来，帮助协调各部门落实资金170多万元，中心安排扶贫资金3万余元，较好地完成了扶贫 工作。

2. 责任水库防汛。成立防汛抗旱工作领导小组，汛期内明确党组成员坚持带班，严格值班制度，雨情严重时，确保24小时值班制，并安排一万多元对水库进行维修加固，确保水库正常运行，安全渡汛。

3. 综合治理。一年来，中心党组始终以坚持社会治安综合治理工作为中心，定期分析社会治安形势，发现问题，及时有效处理，坚持一把手负责制，明确分工，落实责任，社会综合治理实行目标管理考核。

4. 创卫工作。领导重视、机制健全，认真贯彻落实县创卫办的文件精神，专门成立创卫工作领导小组，由中心主任担任组长，明确了专干和成员，定期召开创卫领导小组会议，认真查找问题，发现问题及时整改，确保了创卫工作取得了较好的成绩。

【安化县党政机关大院整体改造完成】 为了改善办公条件，进一步提高服务品质，县机关事务服务中心紧紧围绕机关大院管理标准化、精细化、规范化建设这一中心，实现党政机关大院美化、绿化、亮化，提高办公环境质量，采取了如下措施。一是路面整体改造。路面改造任务艰巨，资金投入大，时间紧，面对严峻形势，县机关事务服务中心领导，亲自抓质量，抓进度。经过一个月的艰苦努力，如期保质完成任务，工程建设投入资金300多万元；二是增设停车位。为上班车辆停放更方便，出入更流畅，先后新增车位170多个，大大缓解了车辆停放难的问题；三是增加绿化面积。新增各类苗木30余株，修剪绿化堤800多米，维护草坪近千平方米，使绿地形态美观，绿色更绿，花朵更艳。

（撰稿人：邓嫦珍）

安化县人民代表大会常务委员会

安化县人民代表大会常务委员会

【领导人名录】

主　任　蒋跃登（2016.12 止）
　　　　李太源（2016.12 起）
副主任　伍　亮　肖伟群
　　　　黄志军（2016.12 止）
　　　　刘跃迎（2016.12 止）
　　　　夏华凤（2016.12 止）
　　　　姚国良（2016.12 起）
　　　　张　勇（2016.12 起）
　　　　王良才（2016.12 起）

办公室

主　任　姚国良
机关纪检员　夏秀云（2016.4 起）
副主任　李聪勇（2016.8 起）

法制工作委员会

主任委员　邓卫辉（2016.12 起）
副主任委员　李　旭（2016.12 起）

财政经济工作委员会

主任委员　瞿军盛
副主任委员　唐龙飞（2016.6 起）

选举任免联络工作委员会

主　任　谭安民（2016.4 起）
副主任　瞿荃芳（2016.4 起）

内务司法工作委员会

主　任　刘百战
副主任　李　明（2016.11 起）

教育科技文化卫生工作委员会

主　任　方英姿（2016.4 起）
副主任　夏琼玲

农业农村工作委员会

主　任　罗伟民（2016.4 起）
副主任　彭　霞（2016.4 起）

环境资源保护与城乡建设工作委员会

主　任　方建国（2016.4 起）
副主任　周　勤（2016.8 起）

综　述

安化县人民代表大会常务委员会（县人大常委会）成立于 1980 年 12 月 23 日，1981 年 1 月设置办事机构－县人大常委会办公室。主要职能是在该行政区域内，保证宪法、法律、行政法规的遵守和执行；决定该行政区域内各项工作的重大事项；审查和批准该行政区域内的国民经济和社会发展计划、预算及其执行情况；选举和罢免本级人民政府的正、副职领导人；监督该级人民政府的工作，听取和审查该级人民政府的工作报告；撤销该级人民政府的不适当的决定和命令。现设委室 8 个，即办公室、法制工作委员会、财政经济工作委员会、选举任免联络工作委员会、内务司法工作委员会、教育科技文化卫生工作委员会、农业农村工作委员会、环境资源保护与城乡建设工作委员会。2016 年有干部职工 71 人，其中在职人员 38 人，退休人员 33 人。

2016 年，县人大常委会认真贯彻中共十八大和习近平总书记系列重要讲话精神，切实履行宪法和法律赋予的职责，坚持围绕中心、突出重点、务求实效，为坚持和完善人民代表大会制度、推进民主法治建设、促进县域经济社会发展、维护社会大局稳定发挥了重要作用。全年共召开代表大会 1 次，人大常委会会议 7 次、主任会议 7 次。

一、履行职能

1. 科学议决重大事项。2016 年，县人大及其常委会开展视察调研 30 余次，听取审议专项工作报告 20 多项，依法作出决定、决议20余项；所有决议、决定坚持大局原则、公平原则、科学原则。采取加强会前调查、广泛征求意见、咨询专家、充分审议、无记名投票等措施，提高决议决定的民主化和科学化水平。

2. 关注民生民利。人大机关各委室抓住人民群众反映强烈的食品安全、生态农业保护等热点问题强化监督，组织开展“农民健康行”“环保世纪行”“农产品质量安全行”“民族团结进步行”等活动，督促建立健全民生民利保障机制，落实政府与部门责任，推动维护民利，改善民生。听取和审查该县财政收支审计报告和财政预算编制说明，审查批准年度该县财政决算，督促财政加大对“三农”、教育、卫生、科技、社保等民生事业的投入，在确保涉农和政策性资金配套等重点支出的同时，尽可能地向特困群体和困难乡镇倾斜，增强财政公共服务职能。

3. 维护公平正义。全力支持和营造全民学法、用法、守法的良好风气，不断优化全县法治环境。对全县贯彻实施《中华人民共和国食品安全法》和《湖南省食品生产加工小作坊和食品摊贩管理条例》的情况进行了执法检查。作出“七五”普法决议，深入开展“司法公正安化行”活动，督促司法机关依法履职、文明执法、公正司法，维护社会公平正义。并结合换届工作，开展《中华人民共和国选举法》《中华人民共和国代表法》《中华人民共和国地方组织法》的宣传。同时，人大机关接待人民群众来信来访175起，来访150批450人次，所有信访均按规定进行了处置，有效化解了矛盾，促进社会和谐稳定。

4. 发挥代表作用。探索和深化人大代表工作，完善工作机制，搭建代表履职平台，丰富代表活动，督办代表建议，为代表依法履职创造条件、提供服务保障。坚持开展“双联”活动，加强常委会同人大代表、人大代表同人民群众的联系，并不断拓展联系范围和深度。邀请人大代表列席常委会会议或参加常委会组织的调研、视察、执法检查、工作评议等活动，及时向代表发放、邮寄人大刊物、文件、公报，拓宽了代表知情知政、履职的渠道。认真督办代表意见、建议，不断丰富代表活动，激发代表履职热情。

5. 依法任免干部。坚持党管干部和人大依法任免有机统一，依法行使选举任免权，严把任前审核、任中审议和任后监督“三关”，不断推进任免工作制度化、规范化和程序化。2016年常委会共任免国家工作人员52人次。

二、换届选举

1. 成立机构。4月11日，县委成立由县委书记任组长，县委副书记、县长，县委副书记，县人大常委会主任，县政协主席任副组长的县换届工作领导小组。8月30日，经安化县第十六届人大常委会第二十九次会议决定，设立县选举委员会和各乡（镇）选举委员会。各乡镇确定县、乡镇人大代表换届选举工作小组组长137名、副组长169名及选民小组组长585名、副组长648名，并报县人大常委会备案。

2. 部署动员。8月23日，县委转发《中共安化县人大常委会党组关于做好县乡两级人大换届选举工作的意见》，进一步明确换届选举工作的总体要求和原则，就把好代表候选人“入口关”、做好选举组织工作等方面进行了部署安排。8月26日，县委召开全县县乡换届选举工作动员会议，传达省委、市委各项换届纪律要求，组织学习《安化县换届“三十六个不准”纪律要求》和《关于进一步加强换届纪律宣传教育》等文件精神。9月26日，再次召开全县县乡换届工作推进会议，就换届选举工作进行再部署、再动员。10月17日，召开全县县乡人大换届选举工作座谈会议，传达省、市关于县乡人大换届选举工作座谈会的精神，就下阶段工作进行部署。

3. 组织培训。6月3日，县人大常委会召开乡镇人大工作会议。会议传达换届选举工作相关精神，并就换届选举有关工作作具体安排和部署。6月27日至7月2日，县人大常委会组织主任会议部分成员、各乡镇人大主席、县直有关单位负责人和机关干部，赴全国人大深圳培训基地参加2016年第二期县乡人大换届选举工作培训班学习。8月23日，举办由县直有关单位和各乡镇人大主席、组织委员、人大办主任参加的人大换届选举工作业务辅导培训。

4. 资源摸底。7月14日，县委组织部、县委统战部、县人大常委会办公室联合下发《关于开展县第十七届人大代表资源摸底调查的通知》，做好县十七届人大代表推荐提名有关前期准备工作。根据各乡镇报送的摸底调查情况，8月11日，县委组织部、县委统战部、县人大常委会办公室、县妇联再次下发《关于补充县第十七届人大代表资源的通知》，就非中共党员和妇女代表资源进行补充调查，确保达到法律法规和上级有关文件规定的结构要求。经统计，全县共摸底调查代表资源508人。

5.代表名额分配、公布初步候选人和正式候选人名单。县第十七届人民代表大会代表名额309名，其中23个乡镇、县城南区、安化经开区和军队代表253名，县直下放56名。经各乡镇党委、县直有关单位党组、选民联名推荐，23个部门审查，县委组织部进行考察和公示，县委召开专题会议进行研究确定，推荐提名县第十七届人大代表候选人445名。10月6日、14日，各选区分别依法张榜公布县乡人大代表初步候选人和正式代表候选人。

6.确定选举日、划分选区和开展选民登记。一是确定选举日。县选举委员会印发《关于县第十七届人大代表选举日期的公告》，确定县乡人大换届选举日为10月21日（农历九月二十一日），投票日为10月21日至22日。二是划分选区。县第十七届人大代表选举共划分选区137个，乡镇人大代表选举共划分选区654个。三是开展选民登记。县选举委员会印发了《安化县第十七届人大代表选举选民登记办法》，全县从9月10日开始启动选民登记工作，9月30日以前公布选民名单。经统计，全县登记选民81.6万人。

7.组织选举。一是做好选票的印刷、发放和投票选举工作。县第十七届人大代表选举选票由县选举委员会统一印制，在10月20日派专人、安排专车分送到各乡镇及有关选举单位。二是做好选举重大情况的调度工作。县选举委员会在投票日安排专人24小时值守，及时了解掌握选情，重大情况即时研究、迅速部署。10月20日至21日，对梅城、东坪、县城南区的4个选区县人大代表另行选举工作进行了调度和部署，加印选票近3万张，确保了另行选举的圆满成功。三是做好选举的计票、监票和上报工作。投票工作结束后，实行当场计票，公布计票结果，封存选票。全县选举产生县第十七届人民代表大会代表299名。四是召开新一届人大一次会议。11月28日至12月2日，安化县第十七届人民代表大会第一次会议在东坪举行，会议通过了有关决定、决议，选举产生了新一届县人大常委会、县人民政府领导班子、县人民检察院检察长和县人民法院院长。

三、自身建设

1.队伍建设。经常性选派人大干部参加上级人大开展的法律培训、业务培训和工作交流，及时组织人大干部学习党和国家的新政策、新法规，定期举办会前针对性学法讲座，有效提升人大干部的理论水平和业务素质。常委会提请县委研究同意，并报编制机构委员会批准，增设人大法制委员会和财政经济工作委员会。同时，常委会组成人员职数申请增加至41人。积极争取县委关心支持，加大人大干部的交流、提拔和任用力度，不断优化人大干部队伍结构。

2.制度建设。为进一步规范和保障人大依法履职，修订了《安化县人大机关制度》，完善了综合治理、工会、廉政建设、保洁创卫、学习考勤、岗位职责和考核等系列规章制度，进一步实现了以制度管人，按规章办事。严格执行财经纪律和规定，落实廉政主体责任。同时，还对机关各委室实行量化管理，机关工作效率和服务水平有了新提高。

3.“两学一做”。扎实开展“两学一做”学习教育，始终聚焦对党忠诚、个人干净、敢于担当、深入群众。坚持中心组学习制度和机关学习会制度，年初制定学习计划，采取集中培训、专题辅导、个人自学等方式，组织机关党员干部开展学习讨论，机关党员干部认真学习了《中国共产党章程》《习近平总书记系列重要讲话读本》和中央“|八项规定”、省委九项规定、市委十项和县委十项规定精神等。坚持做到把以上率下贯穿始终、把从严要求贯穿始终、把整改落实贯穿始终，共组织专题教育党课10次，集中学习研讨6次，深入基层调查走访选民群众600余人次，结对帮扶贫困户168户，加快了联系服务群众工作常态化、长效化进程，进一步改进了工作作风。

4.工作指导。加强对乡镇人大工作的联系和指导，整体推进全县人大工作。根据发展和不同时期的工作重点，尽快适应人大工作新常态。常委会通过召开座谈会，分别就代表工作、代表小组活动场所建设进行具体指导，推动了乡镇人大工作的开展。坚持常委会领导分片联系乡镇，坚持实行乡镇人大同志列席常委会会议制度，重大决策和重要工作情况及时通报。邀请专家对新任乡镇人大主席和人大干部进行培训，提高乡镇人大干部的履职能力。组织召开乡镇人大工作座谈会或经验交流会，探索研讨新形势下加强人大工作的新途径。

重要会议

【安化县第十七届人民代表大会第一次会议】 11月28日至12月2日，安化县第十七届人民代表大会第一次会议在东坪举行，会期5天。出席会议的代表295名。会议听取和审查了安化县人民政府工作报告、安化县2016年度国民经济和社会发展计划执行情况及2017年度国民经济和社会发展计划（草案）的报告、安化县2016年度财政预算执行情况和2017年度财政预算（草案）的报告、安化县2016年度环境状况和环境保护目标完成情况的报告、安化县人大常委会工作报告、安化县人民法院工作报告、安化县人民检察院工作报告，审议通过了《安化县第十七届人民代表大会第一次会议选举办法》，选举产生了安化县第十七届人民代表大会常务委员会主任、副主任、委员，安化县人民政府县长、副县长、安化县人民法院院长、安化县人民检察院检察长和应由安化县选举产生的益阳市第六届人民代表大会代表，通过了《安化县第十七届人民代表大会第一次会议关于设立安化县第十七届人民代表大会专门委员会的决定》《安化县第十七届人民代表大会专门委员会主任委员、副主任委员和委员名单》，并通过有关决议、决定。会议共收到代表建议108件。

【安化县第十六届人大常委会第二十六至三十二次会议】 4月12日至13日，县第十六届人大常委会第二十六次会议举行。会议听取了十二届全国人大代表张青娥传达的十二届全国人大四次会议精神。会议审议了县人民政府关于2015年企业债发行方案（草案）的议案，通过了县人民政府《关于提请审议2015年企业债发行方案（草案）的议案》的决定；会议审议了县人民政府《关于将安化县第一批整村推进基础设施建设项目政府购买服务资金列入财政预算的议案》，通过了县人民政府《关于将安化县第一批整村推进基础设施建设项目政府购买服务资金列入财政预算的议案》的决定；会议审议了县人民政府《关于将安化县村级综合服务平台建设项目政府购买服务资金列入财政预算的议案》，通过了县人民政府《关于将安化县村级综合服务平台建设项目政府购买服务资金列入财政预算的议案》的决定；会议审议并通过了《县人大常委会2016年度工作要点（草案）》，决定同意接受夏新情、文光明、邓生本、简新立辞去县第十六届人民代表大会常务委员会委员职务。会议通过了关于何瑞琦等的任命。

6月3日，县第十六届人大常委会第二十七次会议举行。会议听取和审议了县财政局关于2016年财政预算编制情况的报告，同意县人民政府及其财政部门2016年地方财政总收入为12.33亿元的具体预算执行中按照该预算草案予以实施。会议任命甘正气为县人民政府副县长（挂职），唐龙飞为县人大常委会财政经济委员会副主任。

8月3日至4日，县第十六届人大常委会第二十八次会议举行。会议听取和审议了县人民政府关于贯彻实施《中华人民共和国食品安全法》和《湖南省食品生产加工小作坊和食品摊贩管理条例》的情况报告；审议了县人民政府关于将有关项目政府购买服务资金列入财政预算的议案；听取和审议了县人民政府关于2015年预算执行和其它财政收支的审计工作报告，审查批准了县人民政府2015年财政决算；听取和审议了县人民政府关于2016年上半年国民经济和社会发展计划以及财政预算执行情况的报告；会议任命李聪勇为县人大常委会办公室副主任，周勤为县人大常委会环境资源保护与城乡建设工作委员会副主任。

8月30日，县第十六届人大常委会第二十九次会议举行。会议任命肖义、邹雄彬、彭加军为县人民政府副县长；免去王益文、周登高的县人民政府副县长职务。会议通过了《关于接受熊哲文辞去安化县人民政府县长职务的决定》，决定接受熊哲文辞去县人民政府县长职务的请求，报县人民代表大会备案。会议决定由副县长肖义代理县长职务。会议任命曾华为县公安局局长，免去贾博文的县公安局局长职务。会议决定接受戴新安辞去县人民检察院检察长、检察委员会委员、检察员职务，报县人民代表大会备案，并由县人民检察院提请益阳市人民检察院报经市人民代表大会常务委员会批准。会议任命朱长均为县人民检察院检察员、检察委员会委员、副检察长，并决定由其代理县人民检察院检察长职务。会议审议并通过了县《安化县人民代表大会常务委员会关于设立县、乡（镇）选举委员会的决定》，会议决定设立县选举委员会和各乡（镇）选举委员会，受县人大常委会领导，分别主持县第十七届人民代表大会代表的选举和各乡（镇）新一届人民代表大会代表的选举。

9月13日，县第十六届人大常委会第三十次会议举行。会议任命李德辉、谭罗垠为县人民政府副县长。会议任命廖祥云为县人民法院行政庭庭长，周劲阳为县人民法院民二庭庭长，王硕为东坪法庭庭长，杨莉为冷市法庭庭长，刘妹群为烟溪法庭庭长，刘欣为平口法庭庭长。会议任命唐涵之、黄玉芬、吴海、熊琛、陈胜男、周智星、魏琳娟为安化县人民检察院检察员。

10月20日，县第十六届人大常委会第三十一次会议举行。会议听取和审议了县人民政府办公室《关于办理县人大代表建议、批评和意见情况的报告》。会议听取和审议了《安化县人民政府关于将安化黑茶产业园标准化厂房一期建设项目政府购买服务资金列入财政预算的议案》《安化县人民政府关于将安化县公共文化服务基础设施建设项目政府购买服务资金列入财政预算的议案》《安化县人民政府关于将安化经济开发区安化黑茶产业园基础设施建设项目政府购买服务资金列入财政预算的议案》《安化县人民政府关于将安化黑茶创新创业产业园基础设施建设项目政府购买服务资金列入财政预算的议案》。会议听取县审计局关于2015年安化县财政预算执行和其他财政收支审计整改落实情况的报告，并听取和审议了县财政局、县交通运输局、县水务局、县教育和体育局关于审计中发现问题整改情况的报告。会议还听取和审议了县林业局关于全县生态林业产业发展情况的报告。

11月15日，县第十六届人大常委会第三十二次会议举行。会议听取和审议了《安化县人民政府关于将S217（新S224）梅城至黄柏界公路改建工程贷款资金列入财政预算的议案》《安化县人民政府关于将安化县第二人民医院医疗养老建设项目政府购买服务资金列入财政预算的议案》《安化县人民政府关于将安化县人民医院医疗养老建设项目政府购买服务资金列入财政预算的议案》《安化县人民政府关于将安化县萸江批发零售市场建设项目政府购买服务资金列入财政预算的议案》《安化县人民政府关于将S324牛田至大福公路、S324东坪至梅城公路、S224梅城至黄柏界公路改建工程项目政府购买服务资金列入财政预算的议案》《安化县人民政府关于将安化县医疗养老建设项目政府购买服务资金列入财政预算的议案》《安化县人民政府关于安化县中医医院整体搬迁建设项目政府购买服务资金列入财政预算的议案》《安化县人民政府关于将资水干流安化段防洪工程建设项目政府购买服务资金列入财政预算的议案》《安化县人民政府关于将县羽城建设投资有限责任公司租金保理融资业务列入县财政支出预算的议案》。会议审议通过“七五”普法决议。会议听取关于县第十七届人大代表资格的审查报告、县十七届人大一次会议筹备情况报告，通过《关于召开县十七届人大一次会议的决定》。会议审议了县人大常委会工作报告（草案）。会议任命李明为县人大常委会内务司法工作委员会副主任。

【安化县第十六届人大常委会第三十四至四十次主任会议】 3月29日，县人大常委会主任蒋跃登主持召开县第十六届人大常委会第三十四次主任会议。会议听取了县财政局关于2015年财政决算情况的报告，要求县人民政府及财政部门要提高财政预算执行的严肃性，完善好第七轮乡镇财政体制，发挥好项目资金效益。同时，财政部门要加强好内部管理，严格执行好有关法律法规。会议讨论了县人大常委会2016年工作要点（草案）及其他有关事项。

5月24日，县人大常委会主任蒋跃登主持召开县第十六届人大常委会第三十五次主任会议。会议听取了选举任免联络工作委员会关于上级换届选举会议精神的汇报，要求办公室和选举任免联络工作委员会做好向县委常委会会议汇报省、市换届会议精神的材料准备，主要内容包括上级主要精神、政策变化、工作量调整及县人大内设2个专门委员会等。同时，还研究了换届选举业务培训和召集全县乡镇人大主席工作会议等事项。会议讨论了《安化县人大常委会讨论决定重大事项办法（草案）》。会议研究了常委会机关绩效考核、扶贫工作、财务纪律、工会活动等有关事项。

6月22日，县人大常委会主任蒋跃登主持召开县第十六届人大常委会第三十六次主任会议。会议听取了县住房和城乡建设局关于《安化县2015年城市维护建设费使用计划的执行情况与2016年城市维护建设费使用计划（草案）的汇报》，原则同意县住房和城乡建设局提出的2016年城市维护建设费使用计划（草案），住房和城乡建设局应根据会议提出的意见进行适当的完善后依法依规实施。会议研究确定了2016年上半年国民经济发展计划和财政预算执行情况调查方案。会议讨论并确定了关于组织开展全县生态保护工作情况的调研方案。

7月28日，县人大常委会主任蒋跃登主持召开县第十六届人大常委会第三十七次主任会议。会议听取县人民政府关于全县气象工作情况汇报，研究确定换届选举有关工作，研究县第十六届人大常委会第二十八次会议有关事项。

8月29日，县人大常委会主任蒋跃登主持召开县第十六届人大常委会第三十八次主任会议。会议研究县第十六届人大常委会第二十九次会议有关事项。

9月13日，县人大常委会主任蒋跃登主持召开县第十六届人大常委会第三十九次主任会议。会议研究了县第十六届人大常委会第三十次会议有关事项和确定县乡人大代表换届选举工作督察方案。

10月10日，县人大常委会主任蒋跃登主持召开县第十六届人大常委会第四十次主任会议。会议听取了县卫计局关于计划生育工作情况汇报和内务司法工作委员会关于县人大常委会机关信访工作的情况汇报，研究确定县乡换届选举有关工作和县第十六届人大常委会第三十一次会议有关事项。会议还研究了县人大常委会机关工会工作。

重要活动

【广东省佛山市顺德区人大常委会到安化考察】 3月14日至16日，广东省佛山市顺德区人大常委会副主任霍兆忠率队，到安化考察民族宗教、生态环境保护和法院执行等工作。县人大常委会副主任刘跃迎、办公室主任姚国良等陪同。

【湖南省人大教科文卫委员会领导到安化调研】 4月20日，湖南省人大常委会委员、省人大教科文卫委员会主任委员梁尔源一行到安化县调研县乡高中负债情况。

【益阳市人大常委会领导到安化开展执法检查】 5月25日至26日，益阳市人大常委会副主任刘时贵率市人大教科文卫（民侨外）委主任委员苏兆虎、市人大农业委主任委员卢大鸣、市人大城环委主任委员刘昭阳等食品安全执法检查组成员到安化实地检查食品安全“一法一条例”实施情况。县人大常委会副主任刘跃迎等陪同。

【全县乡镇人大工作会议】 6月3日，县人大常委会召开全县乡镇人大工作会议，主任蒋跃登，副主任黄志军、刘跃迎、夏华凤、伍亮、肖伟群出席会议，各乡镇人大主席团负责人、机关各委室主任参加会议。

【安化县人大常委会召开扶贫工作现场座谈会】 6月7日，县人大常委会主任蒋跃登带领县扶贫开发局、县移民开发局、县交通运输局、县供电公司、东坪镇等单位深入东坪镇木子村视察扶贫开发工作，并召开扶贫工作现场座谈会。

【湖南省人大代表安化小组开展视察】 6月23日，湖南省人大代表安化小组视察了安化经开区华莱万隆产业园、长塘镇沂水生态葡提专业合作社等农业产业化建设情况。蒋跃登等参加。

【县乡人大干部赴深圳参加人大换届选举工作培训班】 6月27日至7月1日，县人大常委会组织主任会议部分成员、机关委室干部及各乡镇人大主席、县直有关单位负责人赴深圳参加全国人大组织的县乡人大换届选举工作培训班。全国人大深圳培训基地副主任金保春，全国人大联络局原巡视员、全国人大代表资格审查委员会办公室原主任李伯钧，深圳市人大常委会法制委员会主任委员陈涤、计划预算委员会副主任委员戴毅、选联工委办公室主任等领导和专家学者为参训人员就人大换届及其相关业务进行了辅导。

【案件质量评查活动】 7月5～8日，由县人大常委会“司法公正安化行”活动组委会办公室组织开展的案件质量评查活动在县人民法院举行。案件质量评查活动采取单位推荐和随机抽查的方式，调取了2015年县人民法院、县人民检察院、县公安局、县司法局、县森林公安局、县公安局交警大队已办结的案件共60件，由6名法律专业人员组成评查组对上述案件的办案质量进行了审查与评议。

【湖南省人大农业委领导到安化调研】 7月18日至20日，湖南省人大常委会委员、农业委副主任委员殷海清一行到安化开展森林资源保护情况调研。益阳市人大常委会副主任程道峰、安化县人大常委会主任蒋跃登与副主任伍亮等陪同调研。调研组一行先后到县林科所、六步溪国家级自然保护区、云上茶业等地，详细了解了重点林区、林场森林资源保护情况和林下经济发展情况。

【安化县第十七届人民代表大会代表选举工作完成】 10月21日至22日，全县137个选区按照《中华人民共和国全国人民代表大会和地方各级人民代表大会选举法》的规定组织投票选举（第96选区第一次投票选举因程序违法导致选举无效，于11月8日重新组织投票选举）。共选举产生县第十七届人民代表大会代表299名，其中公务员83名、工人18名、农民142名、专业技术人员19名、企业负责人20名、事业单位负责人16名、解放军1名；妇女70名；非中共党员59名；少数民族1名；侨眷1名；连任代表83名。经安化县第十六届人大常委会代表资格审查委员会审查，确认299名代表资格全部有效。

（撰稿人：李灿）

安化县人民政府

安化县人民政府

【领导人名录】

县　长　熊哲文（2016.8止）
　　　　肖　义（2016.8起）
常务副县长　王益文（2016.8止）
　　　　邹雄彬（2016.8起）
副县长　周明峨（挂职）
　　　　伍拥军（2016.8止）
　　　　杨惠兴（挂职）
　　　　何瑞琦（挂职2016.4起）
　　　　夏华凤（2016.12起）
　　　　胡能华
　　　　彭加军（2016.8起）
　　　　郭利红（2016.8止）
　　　　周登高（2016.8止）
　　　　甘正气（挂职2016.6起）
　　　　李德辉（2016.9起）
　　　　谭罗垠（2016.9起）

年度重要文件目录

【安政发文件目录】

1.关于认真做好第三次全国农业普查的通知　安政发〔2016〕1号

2.关于下达2016年财政预期收入任务的通知　安政发〔2016〕2号

3.关于下达2016年乡镇财税预期收入任务的通知　安政发〔2016〕3号

4.关于印发《安化县人民政府2016年工作要点》和《安化县人民政府2016年工作任务分解方案》的通知　安政发〔2016〕4号

5.关于做好承接湖南省赋予直管县经济体制改革试点县分市级经济社会管理权限事项的通知　安政发〔2016〕5号

6.关于全面建立困难残疾人生活补贴和重度残疾人护理补贴制度的实施意见　安政发〔2016〕6号

7.关于印发《安化县出生缺陷防治办法》的通知　安政发〔2016〕7号

8.关于印发《安化县"十三五"农村精准扶贫规划》的通知　安政发〔2016〕8号

9.关于调整2016年一般公共预算预期收入任务的通知　安政发〔2016〕9号

10.关于促进红十字事业发展的实施意见　安政发〔2016〕10号

11.关于加快推进养老服务业发展的实施意见　安政发〔2016〕11号

12.关于鼓励和扶持企业上市的意见　安政发〔2016〕12号

13.关于调整2016年乡镇财税预期收入任务的通知　安政发〔2016〕13号

14.关于公布2016年规范性文件清理结果的决定　安政发〔2016〕14号

15.关于调整县本级行政权力清单的通知　安政发〔2016〕15号

16.关于印发《安化县全民健身实施计划（2016-2020）》的通知　安政发〔2016〕16号

17.关于下放安化经济开发区管理委员会部分县级社会经济管理权限的通知　安政发〔2016〕17号

【安政通文件目录】

1.关于征收安化县梅城镇南桥佳园保障住房建设项目用地的通告　安政通〔2016〕1号

2.关于征收安化县惠民康复医院建设项目用地的通告　安政

通〔2016〕2号

3.关于征收安化县移动通信基站建设项目用地的通告　安政通〔2016〕3号

4.关于春季禁渔的通告　安政通〔2016〕4号

5.关于征收安化县年产5000吨黑茶生产线建设项目用地的通告　安政通〔2016〕5号

6.关于实施S317县城东出口改造工程的通告　安政通〔2016〕6号

7.关于实施县城经济开发区供水管网建设工程的通告　安政通〔2016〕7号

8.关于我县柘溪库区网箱和拦网养鱼生产退出的通告　安政通〔2016〕8号

9.关于维护清明节期间社会秩序稳定的通告　安政通〔2016〕9号

10.关于征收安化黑茶产业园优质红茶生产线建设项目用地的通告　安政通〔2016〕10号

11.关于征收安化县小淹黑茶加工生产线及基地建设项目用地的通告　安政通〔2016〕11号

12.关于征收安化县江南工业园优质黑茶生产线建设项目用地的通告　安政通〔2016〕12号

13.关于征收安化县农产品交易中心建设项目用地的通告　安政通〔2016〕13号

14.关于征收安化县2015年第一批次用地的通告　安政通〔2016〕14号

15.关于做好2016年全国普通高校招生考试与全省高中学业水平考试考点周边环境维护工作的通告　安政通〔2016〕15号

16.关于征收安化县年产500吨黑毛茶加工生产线　安政通〔2016〕16号

17.关于实施不动产统一登记的通告　安政通〔2016〕17号

18.关于进一步加强控违拆违工作规范城乡建设秩序的通告　安政通〔2016〕18号

19.关于整顿规范全县茶叶生产经营市场秩序的通告　安政通〔2016〕19号

20.关于国有土地上房屋征收决定公告　安政通〔2016〕20号

21.关于加强我县中型水力发电厂大坝安全管理的通告　安政通〔2016〕21号

22.关于整顿规范县城规划区内农贸市场经营管理秩序的通告　安政通〔2016〕22号

23.关于征收安化（梅城）至邵阳公路清塘收费站建设项目用地的通告　安政通〔2016〕23号

24.关于征收安化县2015年第二批次用地的通告　安政通〔2016〕24号

25.关于征收安化县利用钴废料直接年产5000吨不同粒径四氧化三钴生产线建设项目用地的通知　安政通〔2016〕25号

26.关于征收安化县黑茶产业园棚户区改造用地的通告　安政通〔2016〕26号

【安政办发文件目录】

1.关于印发《安化县环境监督管网格化管理工作实施方案》的通知　安政办发〔2016〕1号

2.关于宣布安政办发〔2013〕88号等文件失效的通知　安政办发〔2016〕2号

3.关于做好2016年安化县劳动模范和先进工作者评选表彰工作的通知　安政办发〔2016〕3号

4.关于印发《安化县柘溪库区网箱和拦网养鱼生产退出实施方案》的通知　安政办发〔2016〕4号

5.关于印发《安化县环保违规建设项目清理整治工作实施方案》的通知　安政办发〔2016〕5号

6.关于进一步加强审计整改工作的实施意见　安政办发〔2016〕6号

7.关于印发《安化县传统村落保护实施方案》的通知　安政办发〔2016〕7号

8.关于下达2016年固定资产投资任务的通知　安政办发〔2016〕8号

9.关于下达安化县2016年就业和社会保障工作任务的通知　安政办发〔2016〕9号

10.关于印发《安化县2016年重点民生实事项目实施意见》的通知　安政办发〔2016〕10号

11.关于印发《安化县农村广播“村村响”和广播电视直播卫星“户户能”工程建设实施方案》的通知　安政办发〔2016〕11号

12.关于印发《安化县财政投资评审管理实施办法》的通知　安政办发〔2016〕12号

13.关于印发《安化县统计协控联管暂行办法》的通知　安政办发〔2016〕13号

14.关于印发《安化县2016年统计协控联管工作考核办法》的通知　安政办发〔2016〕14号

15.关于印发《安化县专利资助和奖励办法》的通知　安政办发〔2016〕16号

16.关于印发《安化县2016年城市棚户区改造项目房屋征收补偿方案》的通知　安政办发〔2016〕17号

17.关于印发《安化县爱国卫

生工作“十三五”发展规划》的通知　安政办发〔2016〕18号

18.关于印发《安化县以高标准农田建设为平台开展涉农资金整合实施方案》的通知　安政办发〔2016〕19号

19.关于印发《安化县乡村老师支持计划（2016—2020年）实施办法》的通知　安政办发〔2016〕20号

20.关于印发《安化县聘请社会中介机构参与政府投资项目审计管理办法（试行）》的通知　安政办发〔2016〕21号

21.关于印发《安化县农村土地承包经营权确权登记颁证工作方案》的通知　安政办发〔2016〕22号

22.关于印发《安化县煤矿关闭退出工作实施方案》的通知　安政办发〔2016〕24号

23.关于印发《安化县2016—2020年传染病防治规划》的通知　安政办发〔2016〕25号

24.关于加快推进我县油料生产发展的意见　安政办发〔2016〕26号

25.关于印发《安化县建设项目竣工联合验收暂行办法》的通知　安政办发〔2016〕27号

26.关于印发《清理规范县政府部门行政审批中介服务实施方案》的通知　安政办发〔2016〕28号

27.关于进一步简化优化政务服务流程提高办事效率的实施意见　安政办发〔2016〕29号

28.关于进一步加强森林资源保护的通知　安政办发〔2016〕30号

29.湖南省贫困县精准扶贫新型农业经营主体贷款保证保险试点工作实施方案　安政办发〔2016〕31号

30.关于印发《安化县推进分级诊疗制度建设工作实施方案》的通知　安政办发〔2016〕32号

31.关于印发《安化县医疗卫生服务体系规划(2016—2020年)》的通知　安政办发〔2016〕33号

32.关于全面治理拖欠农民工工资问题的实施意见　安政办发〔2016〕34号

33.关于印发《安化县易地扶贫搬迁项目资金管理办法》的通知　安政办发〔2016〕35号

34.关于印发《桃江牛田至安化大福公路（安化段）改建工程征地拆迁补偿安置方案》的通知　安政办发〔2016〕36号

35.关于印发《安化县窗口单位政务服务工作绩效管理量化考核办法》的通知　安政办发〔2016〕37号

36.关于印发《安化县本级行政权力清单管理办法》的通知　安政办发〔2016〕38号

37.关于印发《安化县统筹整合使用财政涉农资金管理办法》的通知　安政办发〔2016〕39号

38.关于印发《安化县食品安全事故应急预案》的通知　安政办发〔2016〕40号

39.关于印发《安化县优化整合乡镇卫生和计划生育机构的实施方案》的通知　安政办发〔2016〕41号

重要会议

【安化县人民政府2016年第1次常务会议】　2月26日，县人民政府2016年第1次常务会议在县党政机关会议中心召开。会议审议了李辉、李近年见义勇为行为；研究了人事任免、招商引资、2016年推进新型工业化及企业帮扶等工作。

【安化县人民政府2016年第2次常务会议】　3月1日，县人民政府2016年第2次常务会议在县党政机关会议中心召开。会议审议了2015年招商引资等考核奖励项目、2015年立项争资考核奖励项目、2015年科技进步一等奖奖励项目、2015年度加速推进新型工业化考核奖励项目、2015年金融机构支持地方经济发展工作考核奖励项目、2015年人口和计划生育工作考核结果、2015年工商纳税企业奖励项目、2015年全县安全生产工作考核结果、2015年新型农业经营主体考核奖励项目、2015年绩效考核工作奖励方案。

【安化县人民政府2016年第3次常务会议】　4月25日，县人民政府2016年第3次常务会议在县党政机关会议中心召开。会议集体学习了《中华人民共和国行政强制法》，审议了《安化县人民政府关于进一步加强统计工作的意见》《安化县统计协控联管暂行办法》《2016年安化县统计协控联管工作考核办法》《关于进一步加强国土资源城乡建设查违控违拆违工作的意见》《安化县出租汽车近期发展规划》《东梅公路融资方案》《东渠公路线形方案》《关于加快培育旅游支柱产业推进旅游经济强县建设的决定》《安化县加快发展旅游业奖励实施细则》《安化县旅游资源管理暂行办法》，研究了征地拆迁、供销社综合改革、县城创卫工作、玉溪片区开发管理模式调整等工作。

【安化县人民政府2016年第4次常务会议】 6月2日，县人民政府2016年第4次常务会议在县党政机关会议中心召开。会议集体学习了《中华人民共和国行政许可法》，审议了《安化县专利资助和奖励办法》，研究了2016年全县财政预算编制、县中医医院与中国中药有限公司合作事宜、农村土地承包经营权确权登记颁证、易地扶贫搬迁等工作。

【安化县人民政府2016年第5次常务会议】 7月29日，县人民政府2016年第5次常务会议在县党政机关会议中心召开。会议集体学习了《中华人民共和国旅游法》，审议了《安化县2016年金融机构支持地方经济发展考核奖惩办法》《安化县人民政府关于鼓励和扶持企业上市的意见》《安化县县城总体规划（2015-2030）》《关于加快推进养老服务业发展的实施意见》，研究了被征地农民社会保障、安化县尘肺病患者救助、安全生产、县城投公司相关事宜、交通建设、S308沿线景观改造一期工程建设、生态保护红线划定、禁毒等工作。

【安化县人民政府2016年第6次常务会议】 11月1日，县人民政府2016年第6次常务会议在县党政机关会议中心召开。会议集体学习了《中华人民共和国行政诉讼法》，研究了安全生产、新建湖南师范大学附属安化学校、干线公路“519”行动项目建设、新型城镇化供给侧改革综合示范项目、人事处分等工作。

【安化县人民政府2016年第8次常务会议】 12月23日，县人民政府2016年第8次常务会议在县党政机关会议中心召开。会议集体学习了人民防空法规政策，研究了公车改革、县本级行政权力清单规范和下放经济开发区县级经济社会管理权限、万里茶道申遗、消防安全、见义勇为行为认定、人事任免、人事处分等工作。

安化县人民政府办公室

【领导人名录】

主　任　陈晚飞（2016.11止）
副主任　廖妙琼（2016.2止）
　　　　陆伟龙（2016.3止）
　　　　蒋华礼（2016.3止）
　　　　刘宝祥　王　毅
　　　　廖小寒
　　　　林衍长（2016.3起）
　　　　贺民生（2016.1止）
　　　　夏仁君（2016.3起）
　　　　邓应明（2016.3起）
　　　　王　烨（2016.4起）
　　　　陈建华（挂职2016.12起）
纪检组长　王伟俊（2016.2止）
　　　　　夏鹏祥（2016.3起）
党组成员　吴有江（兼县法制办主任2016.11止）
工会主席　方建国（2016.4止）

【概况】 安化县人民政府办公室有县政府督查室、秘书组、综合调研组、组织人事组、后勤组、应急办、法制组、金融组、联工室、政研室、外事侨务组11个内设机构。2016年共有在编干部职工50人，其中公务员44人，职工6人。在编人员中，县长1人，副县长6人，正处级干部1人，副处级干部2人，县政府办主任1人，副主任7人、纪检组长1人、工会主席1人。

2016年，全办干部职工发挥“综合协调、督查落实、信息调研、参谋决策、后勤保障”的职能作用，服务水平、服务能力、工作效率不断提高，主要取得了以下几方面成绩。

一、综合协调

1.重点工作协调。县政府办公室班子成员主动承担起联系县长分管工作协调任务，做好相关事务性工作，让政府领导腾出时间，集中精力想大事、抓大事，从而有力地推动了县人民政府各项工作的开展。及时协调县直部门和乡镇的工作，全年共组织召开各类协调会议200余次、现场办公会议100余次，协调处理各类矛盾200余起，牵头推进财政税收、招商引资、企业帮扶、电力建设、交通项目等重点工作，保证了政府各项工作正常运转和协调一致，有力地促进了全县经济社会发展任务的完成。

2.民生实事调度。2016年，市定安化县重点民生实事工作16项共20个指标。县政府办公室对工作任务进行了分解，印发了《安化县2016年重点民生实事项目实施意见》（安政办发〔2016〕10号），明确由16个县直部门为主承办，并在每月底对项目的进展情况进行一次综合调度，根据实施进度情况，定期、不定期对项目进行调度。对调度中发现的问题及时下发督办函，提出整改意见，并跟踪督办。全年召开重点民生实事推进会1次，开展现场督察10余次，印发重点民生实事进展情况督察通报5期，下发督办函7份，确保各项目顺利通过省、市考核验收。

3. 金融改革。进一步深化金融创新，优化金融环境，全县金融业呈现出良好发展的态势。截至12月末，全县金融机构存款余额228.89亿元，较年初新增43.32亿元；贷款余额88.39亿元，较年初新增22.24亿元，增速居全市县市区前列。金融机构网点设置更加完善，湘淮村镇银行在小淹、东坪、梅城、马路新设网点，梅山小额贷款公司大福办事处也正式营业。进一步鼓励企业利用境内外资本市场，印发了《安化县人民政府关于鼓励和扶持企业上市的意见》。积极开展新型农业经营主体贷款保证保险试点工作，构建"财银保"合作贷款体系，发放"财银保"贷款1100多万元。制定出台《安化县金融精准扶贫工作方案》，探索"便民工程+金融普惠+信用培育+金融宣传"模式，启动了金融扶贫服务站试点建设工作，全年新增小额扶贫贷款17173万元。

4. 建议提案办理。召开县政府系统建议提案办理工作会议，下发《2016年县政府系统联合办理建议提案表》，明确分工，按时间节点对30多个承办单位进行了交办、催办。组织县水务局、县教育局、县民政局等单位召开了建议提案办理工作见面会，加强了主管单位与代表委员面对面的交流和沟通。在县政府门户网站设置"人大建议"和"政协提案"两大专栏，公开答复内容，让办理工作置于群众的监督之中。采取走访、电话咨询等方式对牵头代表、委员进行回访调查，征求代表、委员对办理工作的意见和建议。2016年，共办理县人大代表建议80件，县政协委员提案74件，市政协委员提案2件，协办省人大代表建议1件，市人大代表建议2件，办结率100%，满意率达90%以上，高质量地完成了全年建议提案办理任务。

二、决策参谋

1. 文稿服务。围绕县域经济社会发展，广泛开展调查研究，全年共编写《安化经济》8期、《呈阅》1期、《政策决策参考》12期，为领导科学决策提供了依据。共编写《安化快讯》202期，通过省政府内网、市政府信息报送平台积极报送，被省级采用4篇、市级采用45篇，信息工作继续保持全市先进。紧扣实际情况，紧贴领导思路，高质量完成各类文稿工作，共编审起草领导讲话稿112篇、各类综合材料331篇，在省政府内刊、市政府内刊、《益阳日报》等刊物发表领导署名文章和典型材料5篇，完成《益阳年鉴》安化卷稿编纂工作。

2. 办文办会。严格认真把好公文制发的文字关、程序关、法制政策关、数量关，全年县人民政府发文475个，县政府办发文191个，常务会议纪要7个，县长办公会议纪要54个；处理上级、下级来文来函1800余个，基层请示106个。没有出现拖办、延办、漏办、错办现象，保证了信息上传下达准确畅通。严格控制会议数量，精心组织安排会议，协办全县人大政协两会、全县经济工作会议、全县重点工程项目建设调度会议、常务会议、县长工作碰头会议、县长办公会议，受到领导及基层好评。遵照公文保密规定，认真做好文件保管与保密工作，制发、收发文件做到了不丢失、不毁损、不失密、不泄密，全年无泄密事件发生。

3. 法律服务。起草《安化县贯彻落实〈法治政府建设实施纲要（2015~2020）〉实施方案》《2016年度安化县法治政府建设工作考核方案》，明确了推进法治政府建设重点工作。建立了《安化县人民政府常务会议法律学习制度》，在县政府常务会议上组织法律专题学习，领导干部依法决策、依法管理能力水平有效提升。落实《安化县政府合同管理暂行办法》，实行重大行政决策事项目录化管理。规范重大行政决策程序，积极落实政府法律顾问制度，为政府重大事项把关。健全行政执法人员资格管理制度，开展第五轮全县"两证"换发工作，组织对所有申领执法证的人员进行系统的持证培训，并有针对性地组织开展了专项执法检查活动，重点领域执法规范化工作得到加强。

4. 督察督办。共组织、参与各类督查40余次，全年共印发《政务督察》22期，下发《督办函》8份。牵头对全县城乡医保参保率、绩效考核奖金分配方式、高速公路施工环境、"两网"退出、招商引资、美丽乡村建设、政府信息公开和政务网站建设、环境污染治理项目、农村公路等工作开展专项督察，配合开展了上半年经济运行情况督察、"7.4"防汛抗灾工作督察、新型城镇化工作督察、统计工作督察、脱贫人口认定核查以及绩效、小康、重点工程项目、重点民生实事项目督察等一系列联合督察，深入一线、真督实察，掌握最客观真实的情况，有力保障了各项政策举措的落地、各项重点工作的推进。

三、服务保障

1.应急值守。认真履行热线职能，抓好“12345”平台建设，共受理群众来电来信2115件，转办件1641件，其中，县直部门办理493件，乡镇办理1148件，有效地解决了群众反映的各类问题，群众整体评价较好。全年汇编《县长热线》11期，向市应急办共报送《值守应急专报》76期。坚持做好日常值守工作，节假日、特护期由全办干部职工轮流值班，每个周末都安排了工作人员值班，确保了值守到位。共接待上访群众600多起2500多人次，协助领导处理信访问题40多起，召集相关职能部门单位组织召开协调会20场次，妥善处理了群众来信来访。积极开展应急预案清查工作，对全县现49个应急预案进行了清理，共修订各类生产安全事故应急预案20个。

2.组织人事。认真抓好块口单位管理，高标准完成政府办块口党代表、人大代表、政协委员换届工作，选举产生县党代表39名，县人大代表11名，推荐县政协委员57名。扎实开展“两学一做”学习教育，县级领导到联系点讲党课和慰问特困党员、“三会一课”、支部换届、民主生活会等规定工作和重点工作均及时按要求落实。建立了党务系统，完成了机关支部党员信息的录入。精准扶贫深入开展，第一支书经常深入扶贫村走访了解情况，办公室组室负责人以上的工作人员均明确了接对帮扶对象，开展了上门走访，并进行了分类统计，同时还将9户系统外的贫困户纳入帮扶名单。细心服务干部职工，及时准确地办理了退休干部职工工资提标、在职干部晋级进档手续，完善了办公室工资系统信息，确保各位干部职工工资数据的准确性。完成了2009年至2014年的养老保险信息申报工作，做好了40余人调进调出、退休手续的办理。温情服务退休老干，在及时保障各位老干部待遇的同时，积极组织老干部开展考察活动。

3.后勤服务。全面落实了年度单位预决算制度，严格按照相关文件精神实施出差审批和报销制度，做好差旅费等日常报销工作，确保机关良好、有序运行。做好了重要会议或重要活动的后勤保障，重点做好了全市办公室形势分析会议、全县经济工作会议、重点项目调度会议等重要会议或重要活动的后勤保障工作，做到会议和接待服务零失误。加强车辆日常监管，建立车辆运行台账、进行出车登记、出差审批制度，严格执行双休日及节假日公务车辆集中停放、统一调度制度。全面完成爱卫创卫工作任务，为县城创卫成功做出了贡献。

4.廉政建设。严格执行廉政建设制度、述职述廉制度、重大事项报告制度、“一岗双责”情况报告制度、廉政谈话等制度，定期召开全体干部职工会议，及时传达和学习各级党风廉政建设和反腐败工作会议精神，深入开展廉政教育、警示教育。深入开展“雁过拔毛”是腐败问题和“纠‘四风’、治陋习”专项整治工作，严格落实严禁违规插手干预公共资源交易活动“九不准”规定，有效整顿了干部队伍作风，筑牢了廉洁从政的防线。

（撰稿人：刘璇）

安化县人民政府法制办公室

【领导人员名录】

县政府办分管副主任　邓应明

【概况】 安化县人民政府法制办公室（县法制办）属县政府办内设机构。负责县人民政府规范性文件的法律审核、行政执法证件管理和执法监督工作、行政复议应诉和处理国家赔偿事务工作、组织指导实施《湖南省行政程序规定》、统筹推进全县依法行政工作。2016年有在编人员3名。

2016年，县法制办坚持以“推进法治政府建设，全面实现依法行政”为目标，加快法治政府建设，为全县经济社会发展营造了良好的法治环境。

一、法治政府建设

1.加大统筹推进力度。按照中央、省、市推进法治政府建设工作安排，结合安化实际，制定《安化县贯彻落实〈法治政府建设实施纲要(2015—2020)〉实施方案》，对法治政府建设各项任务进行梳理分解。加强组织领导力度，成立安化县推进法治政府建设工作领导小组，明确县长为推进法治政府建设第一责任人。7月，召开全县法治政府建设工作会议，对相关工作任务进行系统梳理部署，并确定了行政首长负总责、一级抓一级、逐级抓落实的工作体系。

2.健全考核评价机制。制发《2016年度安化县法治政府建设工作考核方案》，根据法治政府建设工作任务，对全县68个单位分三类进行考核。法治政府建设考核纳入绩效考评体系，分值为2

分，有效增强了各单位对法治政府建设的责任感。

3. 落实法治政府建设情况报告制度。6月，安化县人民政府依照规定向益阳市人民政府、中共安化县委、安化县人大常委会报告2015年度依法行政法治政府建设工作情况，并将报告通过政府门户网站向社会公开。积极研究解决推进法治政府建设工作中存在的突出问题，县人民政府常务会议专题研究2016年度安化县法治政府建设工作考核方案，安化县贯彻落实《法治政府建设实施纲要（2015—2020年）》实施方案，系统部署全县法治政府建设各项工作。

4. 提高法治意识能力。一是制定《安化县人民政府常务会议法律学习制度》，使法律学习制度化。二是严格落实学习制度，在2016年召开的县人民政府常务会议上，先后组织《中华人民共和国行政强制法》《中华人民共和国行政许可法》《中华人民共和国旅游法》《中华人民共和国行政诉讼法》《中华人民共和国人民防空法》等法律专题学习，增强领导依法办事意识。三是根据《安化县领导干部专题法制讲座和集中培训制度》，先后举办两期法治政府建设专题研讨班。通过对法律、法规、规章、规范性文件的学习，有效提升了领导干部依法决策、依法管理能力水平，营造了全县干部学法、信法、用法的良好氛围。

5. 加强政府法制信息工作。完善政府法制信息沟通平台，积极报送法制信息，及时展示全县推进法治政府建设的新成效、新动态，实现政府法制工作信息化的目标。

二、依法履行职能

1. 推行政府权力“四张清单”制度。2015年，全县已完成“四张清单”编制工作。2016年，县法制办把“四张清单”作为深化行政管理体制改革、加强政府自身建设的重要举措，根据县政府职能转变和机构改革部门职能职责调整情况，对县政府工作部门权力清单、责任清单进行新一轮清理规范，并通过县政府门户网站等途径向社会公布。

2. 规范政府合同管理。落实《安化县政府合同管理暂行办法》，对合同签订行为进行进一步规范，为政府作为平等主体参与民商事活动提供法律保障。对政府合同建立台账，实施动态管理，通过对重大项目合同文本的审查把关，确保了政府财政性资金依法、合理、高效使用。

3. 配合完成立法工作。配合市政府做好开展立法立项申报、立法调研、立法征求意见反馈等工作，2016年反馈市政府立法意见6条。

三、完善重大决策机制

1. 规范重大行政决策程序。严格执行决策调研、征求意见、咨询论证、风险评估、合法审查、集体决定、公布结果等基本程序。落实《安化县人民政府重大行政决策事项范围和量化标准》《安化县人民政府重大行政决策事项听证目录》，坚持举行听证会了解民意，贯彻执行公开产生听证代表、反馈听证意见等程序规则，拓展公众参与决策渠道，2016年，对安化县城总体规划、全县被征地农民社会保障具体实施方案等5项重大决策事项依法举行听证会，主动接受群众监督，规避决策风险。

2. 落实政府法律顾问制度。建立以政府法制机构工作人员为主体、吸收专家和律师参加的法律顾问队伍。一年来，法律顾问全程参加县人民政府常务会议，为政府重大事项把法律关。定期召开县律师顾问团工作会议，为县政府重大行政决策、重大政府合同签订等法律事项提供法律意见，充分发挥政府法律顾问在政府涉法事务中的积极作用。

四、完善综合行政执法

1. 健全行政执法人员资格管理制度。落实《安化县行政执法人员资格管理办法》，严把行政执法人员准入关，从源头促进规范文明执法。严格执行执法人员法律知识培训考试制度和统一发证制度，2016年，开展全县第五轮行政执法证件换发工作，县政府组织对所有申领执法证的人员进行系统的持证培训，实行电子化考试，对1700余名通过持证考试的工作人员发放湖南省行政执法证。同时，加大对执法证件管理，2012年版执法证件全部收回。

2.规范相对集中处罚权工作。在政府机构改革中，成立安化县城市管理行政执法局，严格依照省政府对安化县相对集中行政处罚工作的批复，明确县城市管理行政执法局的行政职能，有效规范执法行为，逐步解决城市管理中存在的执法机构较多、多头执法、重复处罚、执法效率不高、执法行为不规范等问题。

五、规范执法

1. 加强重点领域执法工作。对群众关心的热点难点问题，下半年针对性地组织开展专项执法检查活动，先后在食品药品、安全生产、环境保护、劳动保障等领域开展专项执法检查和治理，重点领域执法规范化工作得到加强。

2. 全面推行行政执法裁量权基准制度。2015年，安化县部署开展行政许可裁量权基准试点工作，县卫生局、县食品药品监督管理局依法依规先期开展行政许可裁量基准。2016年，在试点的基础上，全面铺开行政许可裁量权制度。

3. 开展行政执法案卷评查工作。2016年，评审三类案卷85卷，评查结果在全县进行通报，并将评查结果作为执法部门年度行政考核的重要依据。组织参加益阳市政府法制办组织的案卷评查，按要求报送三类案卷6卷。

4. 落实行政执法情况报告制度。根据有关要求，每季度定期向益阳市政府法制办报送安化县行政执法统计数据。

六、约束行政行为

1.落实规范性文件管理制度。执行《安化县规范性文件管理实施细则》，对需制定的规范性文件，按要求进行合法性审查、按规定统一登记编号，建立规范性文件网上动态管理系统，方便群众上网了解规范性文件，规范性文件效力状态一目了然，及时按要求向益阳市政府及县人大常委会上报备案。加强对县直单位、乡镇人民政府制定规范性文件督察，确保规范性文件纳入管理。认真履行规范性文件监督管理制度，建立规范性文件审查处理机制。2016年，县政府（含县政府办）制定规范性文件24件，县直单位制定规范性文件5件，乡镇制定规范性文件1件。

2. 提升行政复议案件办理水平。坚持“复议为民”的工作理念，认真办理行政复议案件，并充分利用和解、调解等方式化解行政争议。2016年，共办理行政复议案件19件，通过纠正违法的、不当的具体行政行为，得到了人民群众的广泛认可，政府公信力明显增强。

3. 实行多部门联动监督全覆盖。县法制办加强与县监察局、县财政局、县审计局、县应急办的沟通联系，依制度办事，按程序处理，从源头出发，消除隐患。一年来，无涉及县政府违纪事件，无违反财经纪律、无违反审计规定等情况发生。社会救助服务中心受理群众问题2312个，当场答复801个，转交乡镇和部门单位答复1511个，办结率100%。

七、推进政务公开

1. 建立健全政府信息公开工作制度。逐步建立健全制度体系，制发主动公开、依申请公开、公开保密审查、信息发布协调、责任追究、监督考评、年度报告、重要政策解读8个政府信息制度，提高了政务公开规范化、法制化水平。县政务和信息服务中心具体负责推进、指导、协调全县政府信息公开工作，各部门均指定办事机构，明确分管领导和具体工作人员，为政府信息公开工作顺利开展提供组织保障。同时，信息公开机构认真履行职责，并按照《安化县人民政府重要政策解读制度》开展政策解读。

2. 主动在政府门户网站公开政府信息。县政府门户网站专门设置信息公开一级专栏，根据政府信息公开工作要点，将政府工作报告、重点领域信息等内容及时发布在相关栏目中。积极推进行政处罚决定书等行政执法文书网上公开，并下发《关于转发落实〈湖南省人民政府法制办公室关于全省推行行政处罚决定书网上公布工作的指导意见〉的通知》，将该项工作纳入法治政府建设工作要点和考核方案。

3. 依法处理政府信息公开申请。为更好地提供政府信息公开服务，方便公民、法人和其他组织依法获取政府信息，县政府门户网站发布了信息公开指南。对收到的政府信息公开申请，依法受理并及时给予回复。

4. 加强信息化建设推进政务公开。县人民政府门户网站及子网站群运行正常，栏目更新及时准确。认真落实行政审批“两集中两到位”改革，常驻政务中心的部门单位达22个，另设有4个分中心，服务效能有效提升。实现全县网上政务服务和电子监察系统办理（除涉密项目），并进行数据对接。全县行政审批办结率100%，无一例超期行为，没有出现“黄牌”“红牌”警告情况。

（撰稿人：伍益东）

安化县民政局

【领导人名录】

局　　长　杨道雄

副 局 长　姚红卫（2016.3起）

　　　　　李　静（2016.5起）

　　　　　谌正峰（2016.3止）

　　　　　游建明（2016.1止）

　　　　　刘瑞宇（2016.3止）

王传武（2016.3 止）
纪检组长　伍哲晖（2016.3 起）

【概况】 安化县民政局为安化县人民政府组成部门，主管全县民政工作，业务上同时接受上级民政部门的指导。局办公区设在县城南区雪峰湖大道县福利中心大楼，内设办公室（加挂组织人事股、法制办牌子）、监察室、计划财务股、优抚股（加挂“双拥”工作领导小组办公室牌子）、救灾股、退伍军人安置办公室（加挂城镇退伍士兵保险办公室牌子）、基层政权和社区建设股（加挂区划地名、地名普查办公室牌子）、社会福利事务股（加挂社会组织管理股牌子）、老龄办公室 9 个职能股室和安化县社会救助管理局、安化县城乡低收入家庭认定中心、安化县军队离休退休干部休养所、安化县社会流浪乞讨人员救助管理站（加挂安化县未成年人保护中心牌子）、安化县社会福利中心、安化县革命老区开发办公室（加挂安化县福利生产办公室牌子）、安化县社会福利有奖募捐委员会办公室、安化县慈善办公室、安化县婚姻登记处、安化县殡葬管理所 10 个事业单位。2016 年在职干职工 67 名。

一、灾害应急救助

2016 年，安化县先后 7 次遭受较大洪灾袭击，受灾人口总数达 48 万多人次，31 人受伤，326 户民房全倒。受灾人口中，紧急避险转移 48300 人，紧急转移安置 27357 人（其中集中安置 840 人）。全县农作物受灾面积 29766 公顷，成灾面积 16611 公顷，绝收面积 6606 公顷，直接经济损失 11.389 亿元。民政局共发放救灾款 700 万元，救灾衣物 900 套，帐篷 10 顶，大米 15000 公斤，食用油 300 桶，确保了群众受灾期间的生活稳定。对受灾房屋全倒户家庭的房屋重建工作进行了督察，使补助资全按文件规定 100% 到位。至年底，326 户房屋全倒户，已在城镇买房或已被安置到敬老院居住的 41 户，动工新建的 259 户，占总户数的 92%。同时，对全县遭受火灾的 85 户农户，每户给予了 3000 元的救助。10 月 18 日，安化县民政局获“益阳市 2016 年抗洪救灾先进单位”称号。12 月 7 日，由县民政局蹲点作样板的柘溪镇柘杨社区，获国家减灾委员会、民政部命名的“全国综合减灾示范社区”荣誉称号。

二、社会救助

城乡低保保障标准分别达每月 420 元和 220 元，城乡低保月人均救助水平分别提高到每人每月 290 元和 140 元，农村五保分散供养标准由每人每年 2900 元提高到每人每年 3200 元。从 7 月中旬开始，全县开展了社会保障兜底脱贫对象认定和特困供养人员的两项精准认定。全县兜底保障对象 3313 户、9057 人，占全县农村人口总数的 0.9%，占农村低保人数的 18%。特困供养人员 9777 人，占全县农村人口总数的 1%。通过公开举报电话、设立举报箱，加强部门衔接，强化动态管理，全年受理群众热线电话、信访举报、网络举报共 66 起，核实 66 起，核查率 100%。全年共清退不符合条件的低保对象 2876 人，其中城镇低保对象 735 人，农村低保对象 2141 人。新进符合条件的对象 1663 人，其中城镇低保对象 542 人，农村低保对象 1121 人。

三、城乡低收入家庭认定

安化县城乡低收入家庭认定中心，是根据县编委文件于 2016 年 6 月成立的新机构。该机构成立后，一是通过和湖南省审计厅与安化的城乡低保数据对比，查实有车辆、有工商营业执照，又享受了低保指标的对象 239 人，并且对这些对象进行了核减。二是和人社部门进行数据对比，清退了享受了社保，但又同时享受了低保指标的对象 175 人。三是对享受了低保的对象进行入户调查，做到应保尽保，应退尽退，共清退不符合条件的对象 685 人。

四、敬老院管理

总投资 540 万元，新增床位 200 张的冷市镇敬老院（新建）、柘溪镇敬老院（改扩建）、羊角塘镇敬老院（新建）、南金乡敬老院（新建）工程全面完成，并入住五保老人。7 月中旬，县民政局与县消防中队组成联合检查组，对全县 24 个乡镇敬老院进行了安全检查，对安全隐患较大的 5 个乡镇敬老院发出了限期整改通知。并为田庄乡、冷市镇、仙溪镇、清塘铺镇、渠江镇的 5 个敬老院安装了监控设备。经过严格的考察评比，省民政厅发文，确认平口镇敬老院荣获“全省三星级敬老院”称号。

五、城乡医疗救助

通过加强与县医保中心、各定点医疗医院的配合，切实抓好“一站式”结算。全年共下拨城乡医疗救助资金 1339.89 万元，13000 余名重大疾病患者不同程度受益。全年支出资金 223.26 万元，支助 14884 人参合参保。全面落实农村 0~14 岁参合儿童两病（先心病和白血病）的医疗救助政策，投入资金14.775万元，全年有24名参合儿童两病患者得到救治。同时，继续加强了对城乡特困群众重、特大疾病的救助力度。全年共为734名重、特大疾病患者，解决医疗救助资全295.6万元。其中，救助5000元的145人；救助7000元的37人；救助8000元的72人；救助10000元的33人。

六、流浪乞讨人员、孤儿的救助

全年共接待和劝导流浪救助人员2870人次，对符合救助条件的2363人给予了救助。其中成年男性1663人，成年女性700人，未成年人17人，精神病人192人，危重病人217人。至12月底止，全县领取孤儿保障金的对象为282人，全年共发放其基本生活费169.49万元。全县已办理一、二级残疾证的有17149人，办理三、四级残疾证的有9736人。其中享受重度护理补贴的残疾人14108人，享受困难生活补贴的残疾人8426人，全年累计发放残疾人两项补贴1252.375万元。

七、重点项目建设

安化县医养结合老年公寓已经奠基，建设地址定点东坪镇城西村，占地1.33公顷，总投资1.5亿元，其中由苏州大卫木业有限公司投资6600万元。

安化县儿童福利院建设项目于1月21日破土动工，6月21日收到中央财政计划向该项目投资465万元的通知，10月16日，举行了主体工程封顶仪式。

八、老龄工作

全年免费办理老年优待证5137本，65周岁以上老年人乘坐公交车免费的优待政策，在7月正式落实到位。5月、6月，对全县低保对象（不分城镇低保农村低保）中年满65周岁，又丧失了部分生活自理能力（简称失能）的5985位老人重新摸底核查，确定其中3591位老人可享受养老服务补贴，并足额将补贴金发放到位。为4949位五保老人购买了意外伤害保险。为全县60位百周岁以上的老人，每人每月发放了400元敬老补贴。

九、慈善事业

全年累计募集善款善物1600万元（其中省外资金600万元，省内资金400万元，慈善物资折合人民币300万元，未入总会账目直接对口帮扶资金300万元）。对口指定捐赠田庄乡、烟溪镇、渠江镇、清塘镇、马路镇、柘溪林场等乡镇、村组基础设施项目建设及其他爱心慈善公益项目，累计拨付慈善捐赠资金600余万元；开展了春、秋两季的“一俊奖学金”评选发放活动，资助在读的高中贫困学生300人次，共发放爱心助学金60余万元；开展“慈善救助·圆梦大学”助学活动，资助考取二本以上的应届高中毕业生150余人，发放爱心助学金80余万元；开展“中华思源”助学活动，发放助学金30万元；其他零散特困家庭学生资助20余万元。援助渠江镇幼儿园、冷市镇大桥学校、龙塘乡柏梅小学、柘溪镇中学等学校基础设施建设，累计发放捐赠教育公益项目资金120余万元；开展“7·5”洪灾救灾行动，为烟溪镇、渠江镇、平口镇、南金乡、柘溪镇、清塘镇、龙塘乡、冷市镇、大福镇、江南镇、羊角塘镇、滔溪镇等受灾乡镇发放救灾大米、食用油、棉被及其他生活物资共计300余万元。

十、全县区划调整

全县2016年区划调整共合并行政村组126个，保留387个行政村和4个林场，合并率为24.4%。合并后行政村平均人口为2330人，平均面积为12.79平方千米。经检查验收，2016年该县城镇居委会依法自治达标率为97.6%，农村村委会依法自治达标率为98.2%。

十一、优待抚恤

全年共发放优抚对象抚恤补助经费6524万余元。做好了伤残、参战、带病回乡等优抚抚恤补助的申报、审核和认定工作，2016年共新增优抚对象220余人。做好了城乡义务兵家属的优待工作。2014年入伍义务兵家庭优待金660.6万元已严格按照标准发放。

十二、“双拥”工作

认真开展“两节”走访慰问工作，为在乡1~6级残疾军人购买了城镇职工医保，并给予住院期间伙食补助；全县100%的老复员军人，符合条件的带病回乡退伍军人，参战参核人员享受了定期生活补助，并全额支持这部分人在医疗上参合参保。5月5日，中共湖南省委、湖南省人民政府、湖南省军区联合署名在《湖南日报》上公布安化县为“拥军优属、拥政爱民模范县”。12月28日，该局获“湖南省四星级军休服务管理机构”称号。

十三、退役士兵安置

通过“考试考核、公开择岗”的办法，全年安置退役士兵70名，于12月31日前全部到岗到位。发放选择自主就业的退役士兵一次性经济补助199.8万元，对退役士兵进行职业教育和技能培训，共计361人次。

十四、“农村三留守”摸底排查

经摸底造册登记，全县共有留守儿童8069人，留守老人8418人，留守妇女3605人。8月，根据市民政局通知，将留守儿童全部信息录入了全省留守儿童数据采集软件。

十五、县城老城区楼门牌规范化标识工作

县城老城区（含黄沙坪社区）共悬挂钉贴标识性楼门牌47000余块，做到了一门一牌。结束了老城区有街道无门牌，有单元无编号的历史，方便了群众通信联络，提高了地名管理水平。

十六、第二次地名普查工作正式启动

安化县第二次地名普查工作，采取县和乡镇分别举办学习班的方式，全县共计培训业务骨干300多人，并成立了专家组审核改稿。至年底，共采集地名信息24442条，并输入电脑。

十七、社会组织管理

全年全县新增社团14家，民非企业单位9家。原有社团组织中，有3家进行了法人变更登记。至年底，全县共有社团组织133家，民非企业单位72家。9月初开始全县行业协会、商会与行政机关脱钩试点工作，确定了县房地产开发协会等11个协会为脱钩试点单位。至9月25日，首批脱钩试点工作圆满完成。

十八、殡葬管理

县城殡仪馆总体搬迁已成定局，新址选定东坪镇泥埠桥村三组，县国土局测绘大队于10月制作出了红线图。县殡仪馆全年办理丧事210单，公墓埋葬65位，骨灰安葬10位，外出接送遗体10位。对平口镇、梅城镇、大福镇规划集中治丧的场地，以及公墓选址进行了调研。滔溪镇集中治丧场所手续报县民政局审批。

十九、福利彩票发行、婚姻登记、收养登记

全年福利彩票销售额达3699万元，在全省98个县市中排名38位，较2015年提升11位。全年办理婚姻登记6540对，离婚登记2096对，补发婚姻登记证702对，建档率100%，错办率为0，当事人满意率为100%。婚姻登记处被市妇联授予“益阳市巾帼文明岗”荣誉称号。县政务中心民政窗口全年共办理收养登记7对。

二十、扶贫工作

投资168万元，建筑面积1240平方米的龙塘乡柏梅学校，2016年下学期开学时正式投入使用，并联系湖南子牛集团、润达集团向学校捐赠了3台总值在10万余元的多媒体教学设备。开展送法制上门，发放法制宣传资料200余册；送医药下乡，投入药品2万余元，为200多人搞了现场义诊；抓好对口扶贫服务，11名副科级以上干部每人平均结对3户，党员结对1户；退休老干部筹资8000余元，开展了爱心助学、雪中送炭活动。同时，高标准建立了台账，层层召开会议，公开透明操作，将标准不符的22户扶贫对象取消接受帮扶资格，把实实在在贫困的25户农户纳入了帮扶范围，使“明白卡”真正明白无误。

二十一、信访接待

全年按时、保质、保量办理信访件51件，办理省长信箱8个，市长热线3个，县长热线10个，接待处理好群体性上访事件8次，接待来访群众5000多人次，办结率、满意率达100%。

【荣获“拥军优属拥政爱民模范县”称号】 5月5日，中共湖南省委、湖南省人民政府、湖南省军区联合署名，在《湖南日报》上刊登《关于命名双拥模范城（县）表彰双拥模范单位和双拥模范个人的决定》，安化县荣获全省“拥军优属拥政爱民模范县”称号。

【柘溪镇柘杨社区获“全国综合减灾示范社区”称号】 12月7日，由县民政局蹲点作为减灾样板培养的柘溪镇柘杨社区被国家减灾委员会、民政部评为“全国综合减灾示范社区”。

【安化县民政局获评省级文明卫生单位】 为进一步提升县民政局的良好形象，倡导文明卫生新风，县民政局始终把创建省级文明卫生单位和庭院创卫工作紧密结合在一起，投入适当资金，对办公楼区和两个家属区环境进行升级改造。坚持每周一次大扫除，每月一次检查评比，发现问题及时整改，营造了清洁优美的办公、生活环境，促进了干部职工的精神面貌和工作作风的转变。12月9日，省爱国卫生运动委员会正式通知：安化县民政局被评为“湖南省文明卫生单位”。

【安化县医养结合老年公寓奠基】 12月10日，安化县医养结合老年公寓举行奠基典礼，县领导李太源、王新宇、邹熊彬、李德辉、王良才等出席奠基仪式。安化县医养结合老年公寓选址东坪镇城西村，总投资1.5亿元，其中由苏州大卫木业有限公司投资6600万元。该项目占地1.33公顷，分二期建设，第一期医院主楼及食堂等建筑面积约9000平方米，床位780余张，投资8000万元，预计2020年投入使用。

（撰稿人：孙再华　张宏）

安化县政务和信息服务中心

【领导人名录】

主　任　贺民生（2016.1止）

　　　　夏新情（2016.1起）

副主任　梁建农

　　　　刘良科（2016.3止）

　　　　龙乐安（2016.4起）

【概况】　安化县政务和信息服务中心于2009年2月26日成立，5月25日正式挂牌。根据安化县编委办《关于安化县政务和信息服务中心职能配置内设机构和人员编制方案的批复》（安编发〔2011〕11号）文件精神，撤销安化县政务服务中心和安化县信息中心，合并组建安化县政务和信息服务中心，将原县人民政府办公室管理的县信息网络中心职能整体划入县政务和信息服务中心，设立安化县政务和信息服务中心，加挂政务公开领导小组办公室和电子政务建设工作领导小组办公室牌子，为县人民政府直属正科级事业机构。安化县信息网络中心为中心下属副科级财政全额拨款事业单位；2013年12月26日，根据安化县编委办《关于设立安化县公共资源交易中心的批复》（安编发〔2013〕38号）文件精神，设立安化县公共资源交易中心，为安化县政务和信息服务中心下属股级事业机构。主要职责是负责承担全县公共资源交易的组织、管理和服务。12月29日，根据安化县编委办《关于印发〈益阳市公共资源交易中心安化县分中心主要职责内设机构和人员编制规定〉》的通知，设立益阳市公共资源交易中心安化县分中心，为市公共资源交易中心分支机构，列县人民政府直属事业单位序列，为正科级公益一类事业单位。撤销安化县政务和信息服务中心所属县公共资源交易中心，其人员编制连人带编划转至益阳市公共资源交易中心安化县分中心。2016年初，中心共有工作人员20名，年末，由于公共资源交易中心人员暂未办理编制划转手续，中心共有工作人员19名。

2016年，安化县政务和信息服务中心认真贯彻《中共中央办公厅、国务院办公厅关于全面推进政务公开工作的意见》（中办发〔2016〕8号）及相关文件精神，对照益阳市政务公开政务服务管理办公室《关于印发〈2016年度区县（市）政务公开政务服务工作考核细则〉的通知》（益政公办〔2016〕12号）的规定，狠抓落实，锐意创新，不断深化政务公开，优化政务服务，推进放管服改革，努力提高政务公开、政务服务的质量和效率。

一、组织保障

把政务服务摆在建设法治政府、廉洁政府和服务型政府的战略高度，列入县委、县政府的重要议事日程，并以较大篇幅写进县党代会报告和年度政府工作报告中都有政务工作内容，营造上下协调一致的工作氛围。年初，县人民政府常务会议专题研究政务公开、政务服务工作，明确常务副县长分管，部署审批服务专题调查和县政府门户网站改版升级工作，财政增加专项工作经费28万元。加大投入力度，政府融资2亿元，建设村民服务中心；整合项目资金2000万元，启动智慧城市项目建设；投入50多万元，改造县政府门户网站。2016年，县领导多次到县政务和信息服务中心调研指导工作，为推进政务公开、政务服务排忧解难。

二、政务公开

1.落实《中华人民共和国政府信息公开条例》。督促执行《安化县政府信息主动公开制度》《安化县政府信息依申请公开制度》《安化县政府信息公开保密审查制度》等一系列制度，规范公开主体、公开时限、公开程序和责任追究办法；发挥传统媒介公开政府信息的作用，开发利用网站、微信公众号、手机APP等现代通信手段，通过召开新闻发布会、公众听证会、民意调查、政策解读等途径，拓宽信息公开渠道。制定政府信息公开目录16项、政府重点信息工作28项、政府部门信息公开目录37项、乡镇信息公开目录24项。县政府门户网发布各类信息4494条，其中政务动态2534条，信息公开787条，各部门信息公开736条，网上办事197条，政民互动240条。督促全县各单位按规定编制信息公开目录指南，按时起草和发布《政府信息公开年度报告》。

2.突出重点领域信息公开。一是深化财政信息公开。二是积极推进涉及公共卫生、公共教育、食品安全、生产安全事故、产品质量监管、保障性住房等民生信息公开工作，正确引导舆论，接受社会监督。三是全力推进决策、执行、管理、服务、结果“五公开”。四是做好依申请公开工作。成功办理依申请公开诉求1起。

3. 积极推进基层政务服务平台建设。通过以奖代补项目支持，加强便民服务体系建设。截至2015年底，安化县柘溪、梅城、马路等9个乡镇建成了较高标准的政务服务中心。2016年，相继有龙塘、小淹、乐安、冷市、长塘、南金、高明、清塘铺、东坪9个乡镇政务服务中心通过了验收，集中开展便民服务；全县拟建村民服务中心397个，已建成127个，为群众办事提供便捷、高效的政务服务。

4. 认真开展公共企事业单位办事公开示范点创建。安化网络有限公司等第四批19个办事公开示范点通过了县级验收，东坪镇萸江学校、移动安化分公司、安化农商银行营业部、安化县第二中学、东坪中学5个单位被授予“益阳市2015~2016年度办事公开示范点”称号。

三、政务服务

1. 开展全县行政许可和管理服务事项实施情况专题调查，对安化县审批服务事项进行全面梳理。3月，由县政府办、县审改办、县政务中心、县编办、县物价局等单位组成联合调查组，通过自查报告、发放表格、上门走访、讨论座谈等形式，对全县行政许可和管理服务事项实施情况进行专题调查。摸清家底，找准问题，提出对策，形成题为《审批提速究竟“堵”在何处》调研报告，在《安化经济》上全文刊发，引起了县四大班子领导的高度重视，县长、常务副县长先后作出批示。借鉴调查成果，由县审改办牵头，对全县行政许可和管理服务事项进行全面梳理。

2. 简化优化办事流程。参照《益阳市人民政府办公室关于进一步简化优化政务服务流程提高办事效率的实施意见》（益政办发〔2016〕8号），起草并印发了《安化县人民政府办公室关于进一步简化优化政务服务流程提高办事效率的实施意见》等文件，从精减申报材料、精简审批环节、推进“三集中三到位”、推行建设项目竣工联合验收、清理规范中介服务机构五个方面着力优化办事流程。

3. 推进政务服务标准化建设。成立政务服务标准化建设工作领导小组，制定安化县政务和信息服务中心审批服务操作规程、行政审批服务责任制度、建筑工程项目报建并联审批和一单制收费实施办法等23项制度，将政务服务基础标准融入制度条文，将服务事项办理、服务窗口管理和日常事务处理规则纳入标准化管理，实现“有人就有工作标准，有事就有质量标准，有物就有管理标准”。邀请省质量技术监督局、省标准院的专家前来授课，提高政务服务大厅各进驻窗口工作人员对政务服务标准的认识。

4. 狠抓窗口作风建设。充分发挥电子监察系统监控功能，强化对政务大厅人员的实时监控，及时发现、制止、纠正窗口工作人员作风纪律松散、服务态度恶劣、服务水平低下等不良行为，督促窗口工作人员热情服务市民，自觉提高服务质量和水平。修订《安化县政务服务窗口工作人员绩效考核管理办法》，把作风建设纳入绩效考核的范畴，形成作风建设的长效机制。

四、电子政务

1. 加快网络平台建设。以智慧城市项目建设为载体，建设覆盖全县的电子政务外网和教育城域网。各项工作有序推进，第一期工程于12月底交付使用。

2. 尝试开发网上办事大厅。整合部门政务资源，稳步推进“互联网＋政务”工作。启动了身份证和车辆环保标志两项网上办理服务事项。建设“12345”市民服务热线平台，实现电话、短信、网络“三位一体”的接入方式，形成“一号式”热线服务体系。

3. 规范政府网站建设。一是启动县政府门户网站改版升级。二是清理政府网站子站。三是开展网站建设和信息公开专项督察。四是提供技术支持，加强考核。五是及时更新栏目内容。六是抓好网站安全保密。

【工作总结部署会议】 1月5日，县政务和信息服务中心召开2015年年终工作总结会议。各职能股室向中心党组详细汇报了一年来工作所取得的成绩及工作中存在的不足，畅谈对2016年各项工作的展望。2016年中心确定“一二三四”的工作思路，即确立一个中心：以党建（党风廉政建设）工作为中心；突出二个重点：作风建设常抓不懈、文明创建再上台阶；抓好三项工作：深入政府信息公开、不断优化政务服务、办好政府门户网站；加强四大建设：班子思想建设、队伍能力建设、政务服务标准化建设、电子政务外网建设。

【政府信息公开和网站建设专项督察】 6月22日至29日，由县政府督察室牵头、县政务和信息服务中心具体组织，对全县政府信息公开和政府网站建设开展了一次专项督察，现场督察28个部门单位，交办整改意见书24份。督查结束后，由县政府办发出督察通报。

【县不动产登记中心揭牌】 6月25日，县不动产登记中心揭牌，发放第一本不动产权属登记证书。

【部署行政许可和管理服务事项梳理工作】 7月22日上午，副县长甘正气召集县法制办、县审改办、县编办及县政务和信息服务中心相关部门负责人，召开全县行政许可和管理服务项目梳理工作协调会，安化县行政许可和管理服务项目梳理工作全面铺开。对照2014-2016年下发的相关行政审批目录，全县39个拥有行政审批职能的部门必须对已有的审批事项项目进行再次梳理，按执行单位、事项类别对安化县各行政许可管理服务事项进行细化分类，实行动态管理，及时更新，并在网站等相关载体上公示。

【湖南省政府办公厅领导到安化督察政务公开工作】 10月8日至9日，省政府办公厅巡视员熊惠明率省政务公开办主任黄立、副主任柳江等到安化县调研政务公开和政务服务工作，全面调查推进“五公开”、开展政策解读、回应社会关切、制度建设和政务服务等方面的工作情况。

【全县政府门户网站建设及政务信息公开培训班】 12月5日上午，安化县政府门户网站建设及政务公开培训班在县教育和体育局六楼会议室举行，各乡镇、县直各单位分管领导、网站管理员、政务公开信息员参加培训，学习了中共中央办公厅、国务院办公厅《关于全面推进政务公开工作的意见》《关于全面推进政务公开工作意见实施细则的通知》，就《全国政府网站普查评分表》、县政府门户网站后台系统操作技术、政府信息公开工作做了详细解读。

（撰稿人：赵旻旼）

安化县移民开发局

【领导人名录】

局　　长　刘亚新（2016.1起）
副 局 长　胡志远
　　　　　夏学善（2016.3起）
　　　　　夏乐安（2016.3起）
纪检组长　杨国祥（2016.4起）

【概况】 安化县移民开发局成立于1985年，原名安化县人民政府移民办公室，1995年更名为安化县移民开发局，属财政全额拨款的正科级事业单位，归口县政府办管理。内设8个股室，11个库区移民工作站和1个公司。主要负责全县移民安置与库区建设、项目资金的争取、发放与管理。年底，全局有干职工133人（在编106人，临聘6人），其中局机关41人（借调移民站22人），移民站65人（局跟班学习7人），离退休27人。

一、后扶业务工作

全年通过县财政“一卡通”及时兑现农村移民直补资金4396.131万元。坚持动态管理机制，清退2015年后扶人口中死亡和自然变化人口1507人，累计清退人数达5010人。编制、申报了2016年规划项目计划（涉及资金3563万元）和2016年移民扶助金计划（涉及资金712万元）。至2016年底，计划建设项目全部建成。计划开发项目中，完成茶园建设180公顷、水果开发56.66公顷，对库区333.33公顷桔园进行了大实蝇防治，开展移民实用技术和就业技能培训，累计培训移民1285人。同时，在南金乡有福村投入“三增三减”200万元与库区龙头企业阿香柑桔合作社合作，采取移民参股入股合作社，并量化股份合作管理的移民资金投入新机制，2016年底，项目已正式启动。

二、避险解困项目

坚持将避险解困项目与集中居住安置、新型城镇化、新农村建设相结合，引导移民进县城、集镇安置，并按照新农村建设的要求，合理打造移民新居，为移民长远发展创造条件，动迁移民生存环境得到有效改善。至2016年底，全县24个集中安置点基本建成，特困移民避险解困项目13643人计划任务已基本完成，大部分移民群众已搬迁入住。为确保顺利通过国家、省级验收，安化县四措并举，确保项目如期保质完成：一是“重新学”，反复学习国家、省出台的项目相关政策，深刻领会精神，统一宣传口径，积极化解纠纷矛盾和不稳定因素；二是“回头看”，对项目进行综合性大检查，全面排查存在的问题和困难，并有针对性地提出整改措施；三是“认真抓”，对项目资料中存在手续不健全、资料不完善等问题，指派专人下乡进行督导，严格整改，确保项目档案资料真实完整；四是“抓紧建”，以集中安置点水、电、路等基础设施扫尾工作为重点，对工程实施进度滞后的单位进行定期调度，确保工程进度。

三、其他工作

一是积极推进新上水库工作。配合完成了东坪电站自验、初验、终验，认真扎实进行政策宣传指导，顺利推进新上水库株溪口、东坪电站水库移民后扶人口登记审核工作。二是全力做好库区“两网”退出工作。专题调研库区发展、库区“两网”退出等工作，全面走访收集渔民转产转业意愿，动员移民渔民转产转业。到2016年底，全县已签订“两网”生产退出协议1657户，占任务的98.5%；已退出养殖1513户，占任务的90%，其中已拆除1307户，占任务的77.7%。三是深入开展整治“雁过拔毛”腐败问题、“纠四风、治陋习”问题、移民资金管理使用专项治理等工作。结合安化实际，将“雁过拔毛”式腐败问题五项整治内容与移民资金管理使用六项治理内容有机结合起来，整合为七项专项治理内容，认真查摆解决问题，切实保障移民资金安全。

【益阳市移民局调研移民避险解困工作】 3月23日，市移民局局长皮本泰深入安化县柘溪库区调研移民避险解困试点项目扫尾工作，县移民局局长刘亚新陪同。皮本泰听取了安化县关于移民避险解困项目扫尾工作的情况汇报，详细了解了项目进展情况和工作中存在的问题，并深入马路镇、柘溪镇移民避险解困集中安置点实地考察。

【全省移民茶艺师培训班】 9月13日，全省移民茶艺师培训班在县技工学校顺利结业，97位茶艺师学员顺利通过考试，考试合格者将获得由省人社厅颁发的职业技能中级茶艺师证。省移民开发管理局结合安化县黑茶产业特色，创造性地开展工作，转变帮扶方式，以免费入学并推荐工作的方式，向全省16~45岁的移民户招生，并委托培训机构实施就业技能培训。培训班于8月30日正式开课，邀请湖南农业大学茶学系等方面的专家、学者执教。在15天的培训中，学员们系统学习茶叶礼仪、茶文化、六大茶类茶叶的冲泡技术，为他们就业创业打下了良好的基础。

【东坪水电站移民安置工程通过省级终验】 9月14日，经省移民局会同益阳市移民局、五凌电力有限公司牵头组成的终验委员会评定，安化县东坪水电站移民安置工程省级终验获一致通过。东坪电站位于安化县城东坪镇，上距柘溪水电站10千米，下距益阳市约130千米，为上游柘溪水电站的反调节上水电站。该电站以发电为主，兼有航运、养殖、旅游效益，总装机容量79.6兆瓦，年发电量2.912亿千瓦时。电站水库淹没影响涉及安化县3个镇（区）8个村32个组690户2531人，其中搬迁安置农村移民人口483户1640人。

【湖南省移民局领导到安化调研移民工作】 11月16日至17日，省移民局党组书记、局长李新连一行深入安化县调研移民安置、产业开发、基础建设等工作。副市长谢寿保，县委副书记、代县长肖义等陪同调研。在马路镇八角塘移民避险安置点，李新连详细了解了安置点建设、搬迁安置和产业开发等情况，并对安化县移民重点工程建设、移民产业开发、移民脱贫攻坚等方面取得的成绩给予充分肯定，并就相关移民政策的改革创新问题进行了交流探讨。

（撰稿人：贺敏）

安化县信访局

【领导人名录】

局　长　蒋程光

副局长　谌红雨（2016.3止）

　　　　李华明（2016.4起）

　　　　戴瑞民（2016.4起）

【概况】 安化县信访局前身为安化县委于1978年12月设立的安化县信访科，属县直局一级机构。1984年3月，安化县信访科改为安化县信访办公室，归口县委办公室管理。2001年11月，更名为安化县信访局，归县委办公室、县人民政府办公室共同管理，以县人民政府办公室为主管理至今，是代表安化县委、县人民政府处理人民群众来信来访的议事协调机构。负责处理人民来信，接待群众来访，办理上级立案交办、县党政领导批办和自立信访案件，并从来信来访中捕捉信息，为领导决策服务；负责协调和总揽部门纠纷调处工作；协助县党政领导定期接待群众来信来访工作，及时督促和指导乡镇及县直部门的信访工作，促进全县的社会大局稳定。在职人员11名。

2016年，安化县委、县政府高度重视信访工作，切实加强了对信访工作的领导，将信访工作纳入了县委、县政府的重要议事日程，形成了各级党政一把手负总责、亲自抓，分管领导具体抓，全县各级各部门齐抓共管和处理信访问题上下联动、部门联动的工作格局。

一、精准发力，强化信访基层基础

大力推行领导开门接访，采取重点约访、对口接待、督促协调等方式，面对面、人对人解决问题。形成了由书记、县长带头，有关县级领导参加，乡镇和部门领导全员参与的县乡两级领导接访格局。全年累计接待群众来信来访4977件人次（其中处理来信含网信614件、接待群众来访4363人次），办理信访案件7件，办理省长信箱和网上直转信34件，各项业务工作及绩效考核指标均及时按要求完成任务。认真落实《进一步加强初信初访办理工作的办法》，严格落实首办责任制，发挥窗口、纽带作用，认真做好群众来信办理、来访接待工作。信访部门坚持实打实、面对面地解决热点诉求，强化第一时间、第一地点、第一责任人解决信访问题的意识，不断提高初信初访办理效率和质量，切实做到初信初访“事事有回音、件件有着落”。继续全面推行依法逐级走访，严格执行首接首办责任制，协调相关职能部门及时解决问题，采取督察、回访、约谈、群众评价等方式，强化过程监督，实施结果问效，下大力气把好信访工作的“第一道关口”，防止了信访问题在信访部门内部转来转去、信访群众在信访部门之间跑来跑去，及时反馈办理结果，确保问题不堆积、矛盾不上行。积极推进并实行了公职律师参与信访工作，每周一由县司法局指定一名执业律师到县信访局坐班，为信访对象提供专业、免费的法律援助，减少群众因为类似问题走重复路和冤枉路，这是安化县探索联合接访工作新机制的有益尝试。

二、突出重点，强化矛盾纠纷排查

规范矛盾纠纷排查，建立完善了信访工作台账，对群众关心的热点难点问题及时地排查疏理，定期召开形势分析会议，在化解矛盾隐患上下功夫，立足抓早、抓小、抓苗头，及时排查、防范、化解信访问题。建立健全矛盾纠纷排查制度，县乡两级分别建立重点对象台账，实现了排查化解的机制化、规范化和程序化。坚持“属地管理、分级负责”和“谁主管、谁负责”的工作原则，规范工作制度，强化部门责任，立足抓早、抓小、抓苗头，及时排查、防范、化解信访问题，切实做到将矛盾化解在基层，化解在萌芽状态。对排查出的重点群体、重点对象实行台账管理，做到了有据可查、责任明确，确保了重点对象底子清、情况明。全年排查化解矛盾36起。

三、创新驱动，全面推进网上信访

重点抓好网信工作的宣传发动和系统的深度运用，通过努力，网上信访已打造成安化县群众信访的一个主渠道。

1.抓网信培训。加快网上信访信息系统建设，积极推进信访系统数字证书认证工作，6月22日，召开了信访工作暨网上信访业务培训会议，并特意从市信访局邀请了段亚利科长给全县基层信访工作人员作专题辅导。通过认真培训，极大提升了基层信访工作人员网信业务水平。

2.抓网信处理。2016年以来，安化县共及时办理网上各类来信件70余件，书记、省长初信办结率100%。对上级转送、本级收到的求决类初信，主要通过回访责任单位及信访人了解相关情况，对于重点对象及责任单位办理情况都及时进行了回访。

3.抓网信宣传。加大网信宣传攻势，确定4月为安化县网信工作宣传月，在全县开展了网信集中宣传，制作了专题板报，在县内几个人流集中地点发放资料、现场宣讲。按照上级要求，将宣传资料发放到乡镇、村组及社区，确保通过强大的宣传攻势引导上访人变上访为上网。

四、夯实队伍，构建高效工作团队

结合深入开展“两学一做”，从深层次解决局班子四风方面存在的问题，多方面、多层次地改进局班子的工作作风和思想作风。

1.强化学习教育。信访工作是一项政治性、政策性、综合性很强的工作，该局始终坚持加强干部队伍的思想建设、组织建设和作风建设，充分发挥信访工作岗位培养、锻炼干部的平台作用，努力打造一支敢吃苦、能吃苦、愿吃苦的工作队伍，苦中作为，甘为公仆，即便是长期处于高强度以及枯燥、吵闹、漫骂且带有一定危险性的工作环境中，也能保持良好的工作状态，始终保持昂扬的工作热情。

2.强化作风建设。召开了全体党员干部职工会议，组织学习了相关文件，传达了会议精神，专题部署“雁过拔毛”式腐败和“纠‘四风’、治陋习”专项整治行动。结合全党“两学一做”（学党章党规，学系列讲话，做合格党员）和信访系统“三讲三创”（讲政治、讲规矩、讲责任，创示范岗位、创文明机关、创一流业绩）活动，就“两个专项整治”行动进行了安排。局长蒋程光强调，全体党员干部要在思想上引起高度重视，忠于职守，严格操守，对组织负责，对自己负责，对家庭负责，以强烈的责任心推动“雁过拔毛”式腐败问题和“纠四风、治陋习”专项整治工作落到实处。

3.强化机关管理。严格机关管理、严控费用开支、严格工作纪律，确保干部职工积极履行好党和人民赋予的神圣职责，不断推动信访工作再上新台阶。建立规范了考勤、考核、用车、接待制度，在全局上下形成了严谨、务实、高效、和谐的工作氛围。

【“基础强化年”活动】 2016年初，县联席会议办公室专门印发了《关于印发〈安化县信访工作“基层基础强化年”活动方案〉的通知》安联办发〔2016〕1号，迅速发送至各乡镇和单位，全县各级各部门结合实际，深入开展信访工作“基层基础强化年”活动。

【信访工作暨网上信访业务培训会议】 为加快网上信访信息系统建设，积极推进信访系统数字证书认证工作，6月22日，安化县召开了信访工作暨网上信访业务培训会议，从市信访局邀请段亚利科长给全县基层信访工作人员作专题辅导，通过认真培训，极大提升了基层信访工作人员网信业务水平。

（撰稿人：吴昊）

益阳市住房公积金管理中心安化管理部

【领导人名录】

主　任　何范明

副主任　陶新华　龙　君　徐　飞

【概况】 益阳市住房公积金管理中心安化管理部是益阳市住房公积金管理中心在安化县的分设机构，在益阳市住房公积金管理中心的授权范围内，负责安化县行政区域内住房公积金的归集、管理和使用，在东坪镇、梅城镇设有营业网点。安化管理部有在岗职工7人，领导班子设一正三副，实行综合柜员制。除主任外，全部临柜办理日常业务。

2016年，归集公积金资金3.27亿元，同比增长16.53%。新增加57个单位2853人缴存公积金，完成年度任务的201.77%，为1062户家庭发放住房贷款1.89亿元，同比增长2.56%。截至2016年12月，全县住房公积金实缴单位368个，缴存职工25149人，累计缴存金额18.48亿元，缴存余额9.83亿元，累计发放贷款8462户10.31亿元，贷款余额6.19亿元，贷存比62.97%，逾期贷款35笔13.49万元，逾期率0.0058%。

一、规范缴存

1.正式确立财政配套资金管理新模式。3月21日，安化县召开住房公积金财政配套资金管理专题会议，预算单位直接向财政申报审批，免去管理部审核环节，提高审批效率，为最终实现按月汇缴、取消集中挂账等规范缴存目标打下基础。

2.义务教育住房公积金实行总账户统一管理并被多地借鉴推行。4月28日，安化县设立义务教育住房公积金总账户，参照工资发放模式实现住房公积金高效、精准入账，为学校及教职工缴存、使用住房公积金提供极大便利。这一做法被资阳区、桃江县等地借鉴推行。

3.全县社区（居委）建立住房公积金制度。落实《关于进一步加强社区党建和社区建设》（湘发〔2011〕7号）“有条件的地方逐步落实住房公积金政策”文件精神，积极主动在社区建立住房公积金制度，2016年，全县33个社区151名专职工作人员全部建缴住房公积金。

4.国有林场（苗圃）规范建缴住房公积金。在县属国有林场（苗圃）成功改制基础上，争取县林业局支持6%配套资金，实现全县6家国有林场（苗圃）174名在岗职工规范建缴住房公积金。2016年归集金额91.9万元。

5.推行“互联网+政务服务”，推进公积金自助缴存。全县87.59%的缴存单位，参照工资发放模式自主办理住房公积金缴存入账，实现职工工资发放与住房公积金缴存“同时操作、同步到账、实时提醒”。

二、行政执法

1.总结成功经验，优化律师团队协助执法工作机制。明确职责分工，程序性的工作，如文件拟定、送达等工作，主要由中心承担。律师团队以提供法律专业指导、执法实务跟进为主，发挥见闻广、信息全等优势，在拟定目标单位、前期政策宣传和执法讼诉及强制执行中发挥作用。

2.政府专题研究，精选执法催建目标单位。5月27日，县政府召开住房公积金归集扩面工作领导小组第3次全体会议，精选16家“有能力建”的企业为年度执法目标单位，在会议纪要和工作计划中明确，扩面工作有的放矢，成效事半功倍。

3.增进共识，注重执法催建前期的政策宣传。在执法催建过程中，坚持与企业主、职工面对面交流，普及政策规定；注重深入了解企业生产经营状况，倾听各方心声；注重讲清道理，严明不建制的后果。经宣传引导，建立制度逐渐成为企业和职工共识，大部分目标单位在执法程序启动前期，就建立起了公积金制度。

4.因企施策，寻求符合政策切合企业实际的建制方案。

效益较好的企业，如锦鑫保安、湘资水利、怡清源茶叶、好润佳等，全员规范建立制度，新增缴存184人。效益不佳的企业，如麦粹尔、丽康洗涤、华天酒店、八角茶叶等，允许低门槛建制，新增缴存64人。经营状况较差，暂不具备建制能力的企业，如红岩水库、云上茶叶、县医药总公司等，中止执法程序，允许形势好转后建制缴存。实践证明，因企制宜分类施策，寻求符合政策、切合实际的建制方案，是行政执法取得实效的关键。

三、贷款业务

1.贷款投放再创历史新高，连续两年投放破1.8亿元。

2.严格落实贷款办理“一日办结制”，实现从咨询、受理、审核、审批、面签和抵押登记“一站式办理”和“一个工作日办结”，住房公积金贷款赢得美誉。

3.争取住房公积金净收益2173万元，用于补充全县廉租住房建设资金，为民生实事再添“柴火”。

4.住房公积金贷款在全县个人住房贷款市场的占比为82.89%，住房公积金在县域住宅经济中的贡献越来越大。

5.充分保障灵活就业人员的贷款需求，发放贷款600笔金额超亿元，占投放总额的55.6%，为县委、县政府“棚改、移民和避险安置”等中心工作开展做出贡献。

四、精准扶贫

1.千方百计筹措资金4.6万元，支持古楼乡蟒溪村经济发展和民生改善。结对帮扶3户贫困家庭，以落实低保、发展养殖等方式帮助脱贫。资助2000元解决蟒溪村贫困家庭修建饮用水入户管道，关注贫困家庭生活的点点滴滴。

2.落实包管责任，为乐安镇庙冲水库除险加固配套工程解决资金5000元用于渠沟疏浚。

3.金秋助学资助9000元，3名贫困学子圆大学梦想。关爱贫困母亲，走访慰问、捐款捐物，解决他们生活所需，鼓舞他们树立信心建设幸福家庭。

五、文明创建

牵手县“青创协”，构建全方位的青年创业住房公积金服务体系。《安化经济》第八期刊文《多措并举 支持“双创”》进行专题报道。成功创建省级青年文明号，跻身全省“七型”青年文明团队行列。注重“家庭美德”“团结协作”，举办道德讲堂，净化心灵，做文明住房公积金人。弘扬写作文化，在各类刊物发表《多措并举 支持“双创”》《这样的服务有“温度”》《传承党风，服务群众》《潍坊、泰安创新住房公积金管理的做法和启示》等多篇文章，提升住房公积金的社会影响，提高干部职工管理的理论与实践水平。

六、“两学一做”

1.单独举办或参与市中心专题党课8次，积极参与市政府组织的庆祝建党95周年演讲比赛、市中心组织的红歌比赛，围绕全年工作目标、县委及县政府中心工作，充实“一学两做”学习教育载体，以学促做、知行合一，在“社区、林场建制”“非公企业扩面”“省级青年文明号创建”“精准扶贫”等工作中，培养“四讲四有”合格共产党员，人员健康成长步入快车道。

2.传承党风服务群众，着力办好梅城办事处。2016年，梅城镇设立全省唯一的公积金乡镇营业网点——梅城办事处。一年来，发放贷款122笔1888.3万元，归集资金5080万元，办理柜台业务2155笔，政策宣传、制度普及、业务拓展和优质服务得到前乡8个乡镇6000余干职工和开发楼盘商的赞誉，安化公积金事业发展再上新台阶。

（撰稿人：易宇波）

安化县红十字会

【领导人名录】

常务副会长　姚建民

副　会　长　晏益广（2016.4起）

秘　书　长　魏代群

【概况】 安化县红十字会于2016年5月10日正式独立，为县级社会团体，公益一类事业正科级单位，归口县政府口管理，在职人员7人。设会长1名（由县领导兼任，不占编制）、常务副会长1名、副会长1名、秘书长1名，股级领导职数2名。内设办公室、赈济联络与救护培训股两个股室。主要职责简称"三献三救"及志愿者服务活动。"三献三救"具体是指开展无偿献血的宣传推动；捐献造血干细胞的宣传动员、组织；推动遗体（器官）自愿捐献；自然灾害和突发事件的情况调查、报灾、救灾；组织群众参加自然灾害和突发事件的现场救护；组织开展社会救助和募捐工作。弘扬"人道、博爱、奉献"的红十字精神。

一、"三献"工作

安化县红十字会与县卫计局无偿献血职能划转之前，一季度，共有487人次参与了无偿献血活动，共采集血液146100毫升。无偿献血工作移交县卫计局后，该会积极配合县卫计局开展了无偿献血的宣传推动工作。5月12日，为纪念"5·8"世界红十字日，在羊角塘镇开展了主题为"处处为人人"的无偿献血宣传活动，在不到一天的时间内，就有100余名爱心人士参与了无偿献血，共采集血液达30000余毫升。该会还利用应急救护培训、组织下乡巡回义诊等机会大力宣传无偿献血的重要意义，到11月底，安化县参与无偿献血人数达4985人，共采集血液190万毫升。人体器官和造血干细胞捐献也取得了可喜的成绩，已有2人捐献了人体组织器官，有3人到该会进行了遗体、人体组织器官和造血干细胞等捐献意向登记。

二、"三救"工作

在应急救灾和人道救助方面，先后建立起了4100余人的特困群众人道救助需求台账，并按计划采取各种措施分期分批实施救助。通过开展"博爱进万家"活动、向红十字总会申报"天使基金"和"阳光基金"、向省红十字会争取人道救助金等途径，共发放救助物资价值110万元，各种人道救助金40余万元，全年对530余名受灾灾民和特困群众实施了应急救灾和人道救助。

在救护培训方面，该会先后向上级红十字会选送师资培训2批5人，开展救护员培训1期，培训救护员74人；开展救护知识普及培训2期，培训人员120人。

三、其他工作

在志愿服务方面，该会先后在羊角塘镇羊角社区、安化县益汉医院成立了红十字志愿者服务队，新增志愿者80余人。益汉医院红十字志愿者服务队先后开展了下乡巡回义诊3次，为群众义诊255人次，资助重症患者15名。羊角社区太阳文艺社红十字志愿者服务队组织义演2次，救助孤寡老人5人。

在争资立项方面，省、市红十字会领导对安化县非常重视和支持，为冷市镇南华村、烟溪镇杨竹村各安排了一个"博爱家园"项目，为两个村的基础设施建设解决了部分资金；另外，该会考虑到精准扶贫是现阶段各级政府的中心工作，决定将健康产业发展与精准扶贫有机结合起来，充分利用"博爱家园"项目和精准扶贫政策，在大福镇民富村香元片规划实施"香草园生态农庄"项目，依靠当地资源优势，精心组织，逐步发展，形成生态农业生产、生态观光旅游、农家餐饮住宿、休闲养老一条龙的新型农业发展道路。庄园建设以"原生态"为根本原则，建成后，向游客提供一种自在、自然、幽静、新奇的生活空间，体现返璞归真、回归自然的心态，形成一个集农业观光、农村体验、生态旅游、休闲养老为一体的原生态农业庄园。10月，该会已经进行了可研论证，制定了实施方案、制作了平面规划图、指导成立了香草园生态养殖专业合作社和安化县云香生态农业发展有限公司，并开展了前期的有关立项工作。该项目实施进展顺利，计划建设期三年，项目建成后，大福镇民富村香元片的81户建档立卡贫困户、211名贫困人口将脱贫致富。

【安化县红十字会慰问贫困家庭】 2月3日，安化县红十字会工作人员和志愿者大屋场原始次森林茶业有限公司董事长张华生一行在当地民警的带领下，有针对性地对安化经济开发区3户贫困家庭进行了慰问，给他们每户送去了2包米、1桶油和400元慰问金。此次慰问是"博爱送万家"活动的内容之一。

【安化县委专题研究理顺红十字会管理体制】 3月8日下午，县委书记杨光鑫主持会议，就红十字会管理体制进行了专题研究。县委副书记王新宇，县委常委、组织部部长祁辉，县委常委、宣传部长林玲，县委常委、县委办主任邹雄彬，县人民政府副县长、杨慎之等领导出席会议。杨光鑫充分肯定该会的工作成绩，强调该会工作的重要性，并就该会班子配备、人员编制、财务独立、办公场地、救灾物资储备仓库、应急救灾车辆配备、经费保障等作了明确指示。

【中国红基会和湖南省红十字会到安化慰问】 7月，安化县境内普降暴雨，全县23个乡镇均受到不同的洪涝灾害。7月17日，由中国红基会社会监督办高级主管胡星奇带队，省红十字会副会长王广宇和市红十字会纪检书记胡卫东日夜兼程到安化，带来350个家庭包和慰问金，慰问受灾群众。

【安化县红十字会向受灾群众发放赈济家庭包】 7月26日，县政协副主席蒋毅华带领县红十字会一行到冷市镇文昌村向受灾群众发放赈济家庭包。共向文昌村受灾群众赈济了60个家庭包，每个家庭包内含有大米、食用油、夏被、毛巾等生活用品14件，每只赈济家庭箱价值300元。

【《关于促进红十字事业发展的实施意见》】 为促进安化县红十字事业健康可持续发展，安化县人民政府制定下发了《关于促进红十字事业发展的实施意见》，这是安化县就红十字会事业发展工作首次以县政府名义发文。

（撰稿人：刘琼斯）

安化县雪峰湖国家地质公园管理处

【领导人名录】

主　　任　肖建平（2016.1起）
副 主 任　谌迪飞（2016.4起）
副 主 任　胡翔飞（2016.4起）
纪检组长　夏志荣（2016.4起）

【概况】 湖南省安化县雪峰湖国家地质公园于2002年12月被批准为省级地质公园，2014年1月经国土资源部批准获得国家地质公园资格。雪峰湖国家地质公园位于湘中腹地、雪峰山脉北段、资水中游，涉及柘溪镇、马路镇、烟溪镇、南金乡、古楼乡5个乡镇、12个行政村，总面积175.8平方千米，共有云台山、雪峰湖、九龙池3个园区。其中地质遗迹保护区总面积98.98平方千米，占公园总面积的56.30%，划分为一级保护区、二级保护区和三级保护区。

根据安化县机构编制委员会《关于设立安化县雪峰湖国家地质公园管理处的通知》（安编发〔2014〕17号）文件精神，2016年1月正式成立安化县雪峰湖国家地质公园管理处，为直属安化县人民政府的正科级事业单位，日常管理与业务指导归口县国土资源局。主要职责是贯彻执行国家有关地质公园的法律、法规、方针、政策，开展地质遗迹保护的宣传、教育活动；负责制定《雪峰湖国家地质公园管理办法》，并统一管理地质公园内从事的各项活动，包括开展有关科研、教学、旅游等活动；对雪峰湖国家地质公园内的地质遗迹、人文景观等自然资源、自然环境，进行监测、保护，防止被破坏和污染；编制雪峰湖国家地质公园总体规划和项目设计，组织开展地质公园内生态环境及项目建设；开展雪峰湖地质公园的各项科学研究，调查自然资源并建立档案；合理开发利用雪峰湖国家地质公园内的地质遗迹景观和地质生态环境资源，推动旅游产业发展，为促进当地社会经济可持续发展服务；配合有关部门建设、维护、管理雪峰湖国家地质公园交通、通信、电力等基础设施和公共设施；承办县委、县政府和县国土资源局交办的其他事项。

管理处设综合办公室、地质遗迹保护股、规划建设股3个机关股室，马路管理站、柘溪管理站2个派出机构。2016年末共有干职工14人，其中在编12人，借调2人。

一、机构与队伍建设

4月成立处党组，班子成员全部到位并明确了职责分工；由于在编人员少，6月按照人事程序向县编办请示要求调人工作人员，10月经县编办和县人社局核准，5名工作人员由其他单位调入该处工作，同时明确了各股室、站负责人及其工作职责。10月，县总工会批复同意成立工会，选举产生了工会委员会和经费审查委员会，谌迪飞当选为第一届工会主席。为规范机关管理，建立健全工作制度，制定、印发了一系列机关制度，如《学习制度》《财务管理制度》《考勤制度》《会议制度》《工作制度》《办公室管理制度》等制度。

二、地质遗迹保护工作

1. 启动了首期公园标示系统建设。5月，在省地质环境保护总站工作人员的现场指导下，按照《湖南省安化县雪峰湖国家地质公园规划（2014—2030年）》要求，依照地质公园拐点坐标，组织对三大园区175.8平方千米范围实地踏勘，开展了界点测量工作，设置首期界碑26块，确定了公园的界点和面积，公园涉及柘溪镇、马路镇、烟溪镇、南金乡、古楼乡5个乡镇、12个行政村。

2. 在省地质环境监测总站工作人员的现场指导下，组织开展了地质遗迹等景观的调查登记工作。

3. 组织开展了地质遗迹保护巡查工作。制定《地质遗迹保护巡查工作方案》，成立了地质遗迹保护巡查领导工作小组，明确了工作要求和工作内容，建立保护巡查工作日志和登记台账，责任到人到岗；全年开展保护巡查10次，共查出园区内涉及地质公园管理的建设项目20多起，并按规定上报有关部门。

三、雪峰湖国家地质公园博物馆建设

雪峰湖国家地质公园博物馆是整个雪峰湖国家地质公园建成验收的重要内容。博物馆建筑面积为2934.73平方米，展区面积约1700平方米，建设、布展等投资约为3500余万元。做好了博物馆建设招投标前期工作，并于11月18日在益阳市公共资源交易中心全程参与了博物馆建设的招投标工作，中标施工单位为湖南教建集团有限公司，施工监理单位为东盛监理有限公司。组织开展了博物馆建设项目用地红线范围勘测定界测量、博物馆建设定位放线工作，根据博物馆规划设计图纸完成了测量；启动建设用地地质灾害危险性评估；完成博物馆建设用水用电工作，配合有关部门建设、维护、管理地质公园交通、通信、电力等基础设施和公共设施，为其他项目建设提供了便利。加强与柘溪镇政府进行工作对接，邀请城建、国土、环境、旅游等相关部门召开了优化建设环境协调工作会议。截至11月底，博物馆建设已完成了选址、可研、环评、立项、土地规划调整、建筑设计、预算、财评、招投标等前期工作，12月正式启动博物馆建设。做好了博物馆布展等前期准备工作，完成了博物馆布展设计大纲初稿。

四、党建工作

加强党组中心组理论学习，制定了学习计划，按要求完成了学习任务，党组核心堡垒作用得到有效发挥。加强机关支部队伍建设，11月，根据县直机关工委批复成立了机关支部，选举产生了支部委员会及支部书记、组织委员和宣传委员，夏志荣当选为支部书记，夏雪明当选为组织委员，谢彬当选为宣传委员。配备了兼职党务工作者，明确了工作职责，下发了《关于落实和规范使用党建工作经费的通知》，按照全处在职工作人员工资总额的2%列入单位行政年度预算并建立正常的递进机制。在党组的领导和党支部的带领下，认真组织开展党建活动，制定了"两学一做"学习教育方案，积极开展了学习教育各项环节工作，完成集中学习和专题讨论，开展民主评议党员活动，召开民主生活会，党员活动日党员参加了义工活动，组织党员开展了清理白色垃圾和环境宣传活动，观看了教育电影，及时做好了党费收、补缴工作并按时公示上缴，整理党建工作资料，建立了相应数据台账，取得了阶段性成效。

五、争资立项工作

5月，向国家发改委申报了雪峰湖国家地质公园保护利用设施建设项目，被列为2016年国家文化和自然遗产保护专项中央预算内投资项目内容。

【成功创建省级卫生文明单位】 2016年底，该管理处顺利通过省级验收，荣获省爱国卫生运动委员会"文明卫生单位"称号。

（撰稿人：谢彬）

政协安化县委员会

政协安化县委员会

【领导人名录】

主　　席　李太源（2016.12 止）
　　　　　王益文（2016.12 起）
副 主 席　刘　化（2016.8 止）
　　　　　彭加军（2016.8 止）
　　　　　蒋毅华　王运明
　　　　　瞿东江（2016.12 止）
　　　　　杨慎之（2016.12 起）
　　　　　廖小甫（2016.12 起）
　　　　　李艳云（2016.12 起）
秘 书 长　廖小甫（2016.12 止）
　　　　　刘学军（2016.12 起）
副秘书长　吴章国（2016.5 止）
　　　　　刘　斌（2016.5 起—2016.11 止）

办 公 室

主　任　廖小甫（2016.11 止）
　　　　刘学军（2016.11 起）
副主任　刘　斌（2016.11 起）

经济科技工作委员会

主　任　夏富强
副主任　蒋　平

文教卫体工作委员会

主　任　罗艳群

提案工作委员会

主　任　彭桂明
副主任　王　勋（2016.11 起）

法制群团工作委员会

主　任　李汉初（2016.5 止）
　　　　吴章国（2016.5 起）

学习文史工作委员会

主　任　黄正良

人口资源环境工作委员会

主　任　夏新阶（2016.11 起）
副主任　夏秀云（2016.4 止）
　　　　肖　辉（2016.5 起）

经济建设促进会办公室

主　任　李　芳（2016.1 起）
副主任　王青山（2016.4 起）

综　述

【概况】中国人民政治协商会议安化县委员会（县政协）由中共、无党派、共青团、工会、少数民族、宗教、工商联、妇女、教育界、体育界、台胞侨胞、经济、农业界、文化艺术界、新闻出版界、医药卫生界、科学技术界、科协、特邀等 19 个界别组成，共分 23 个乡镇政协联络工作委员会和 8 个县直委员组。委员总数为 273 人，常务委员会成员 34 人。内设工作机构为 2 室 6 委，即办公室、提案委、经科委、法制群团委、学习文史委、文教卫体委、人资环委、经促会办公室。机关在职干职工 27 人。

2016 年，县政协常委会坚持围绕核心、服务中心、凝聚人心，创新履职，积极作为，为推动改革发展、全面建设小康安化做出了贡献。

一、协商资政

1. 全面协商。就全县“十三五”发展规划的制定、重大人事调整、年度财政预算方案、“3+2”发展战略实施情况以及县委、县政府重要工作部署等重大问题开展集体协商，为提高决策的科学化水平发挥了应有的作用。坚持了县委、县政府及职能部门工作情况通（汇）报制度，为政协委员知情明政搭建了平台。

2. 专题协商。进一步巩固和完善“双月协商座谈会”制度，继续探索和创新符合安化县实际的协商民主方式，重点在协商内容准、调研深、成果实上下功夫。

以县委办、县政府办、县政协办名义联合下发了《安化县政协2016年双月协商座谈会计划》，先后就加强全县档案工作、加快安化县旅游基础设施建设等重点问题进行了专题议政协商，整理上报《协商专报》4期。

3.对口协商。各专委会着力加强与政府职能部门的对口联系，围绕有效缓解县城停车难问题等重点问题进行了对口协商，调研组采取“走、访、问、看、谈”等形式进行了深入调研，先后听取了东坪镇和县城南区党政领导、部分社区（村）负责人以及政协委员的意见、建议，召开了住建、交通、交警、城管执法等相关职能部门座谈会，为有关部门完善政策、改进工作建言献策，协商成果产生了良好的社会影响。

二、参政议政

1.调查研究。紧紧围绕县委、县政府中心工作，就加快发展安化县中药材产业、梅山文化基础性研究及应用、加快安化县旅游基础设施建设等课题开展专题调研。3月至6月组织开展的加快发展安化县中药材产业专题调研，调研组深入全县部分重点乡镇进行了实地调查，赴邵东、隆回等地进行了学习考察，以主席会议建议案的形式向县委、县政府提交了《发挥资源优势，强力推进我县中药材产业发展》的调研报告。县委、县政府成立县中医药健康产业发展领导小组，充分吸纳了县政协提出的意见、建议。同时，配合市政协开展了“益村”平台建设情况、律师队伍建设情况、民生资金管理与监督、益阳市战略性新兴产业发展等调研，为市政协相关课题提供了参考意见。

2.提案办理。县政协八届四次会议以来，共收到委员提案108件，经审查立案78件，全部按要求办理完结，提案办复率达100%。进一步加大提案督办力度。2016年继续确定了4件党政领导领办、主席会议成员督办的重点提案，并将重点提案督办与双月协商、专题视察等有机结合，开展提案公开问办、公众问效，最大限度转化委员履职效能。分别在6月和9月对规范安化县房屋维修基金管理与使用、有效缓解县城停车难问题、全县油茶产业建设等重点提案进行了督办。

3.反映社情民意。坚持把社情民意信息工作贯穿政协工作全程，引导委员反映的社情民意信息与全县中心工作、群众利益诉求同频共振。委员反馈的《改善辰州路交通拥堵状况的四点建议》和《柘溪镇杨沙社区资江桥头地质灾害点塌方必须进行长效治理》的社情民意，聚焦民生热点，分别得到了县委、县政府的高度重视，县委书记及县委常委、常务副县长均批示相关职能部门加强地质灾害点除险及长效治理工作，县长带队到辰州路现场办公，就改善辰州路拥堵状况进行了专门部署。

4.参与中心工作。按照县委统一安排，县政协领导班子成员积极参与全县维护稳定、防汛抗灾、重点工程项目等重要工作，主动深入一线，协调解决问题，积极建言出力，推动工作落实。全县广大政协委员立足本职岗位，发挥自身专长，积极投身经济建设主战场，争做业务标兵、工作能手和发展带头人，以实际行动为全县发展尽职出力。政协机关委室人员认真参与和有效推进“三访三化”、“一进两访”、精准扶贫等活动，投资120万元启动了村级办公楼和学校建设，新修村级公路4千米，完成国土整理项目33.3公顷，政协办公室驻村帮扶工作队被县委推荐为全省优秀驻村帮扶工作队。

三、民主监督

县政协充分行使民主监督职能，积极创新监督方式，不断提升监督实效，为促进工作、转变作风发挥了积极作用。

1.专题视察。开展集中视察面对面监督。围绕全县房屋维修基金管理与使用、农村环境综合整治和柘溪水库“两网”退出、精神病防治、“二广高速”建设、全县油茶产业建设五个重点热点问题开展专题视察，寓监督于参与、支持和服务之中，增强民主监督质量和实效。每个视察均以《参阅件》形式将发现的问题及意见建议报送县委、县政府参考。

2.追踪问效。一是突出跟踪问效评议式监督。按照省政协“助力脱贫攻坚，全面建成小康社会”活动的要求，重点对全县精准扶贫工作开展评议视察，充分发挥好政协的桥梁作用、智库作用、帮扶作用、监督作用，在全县脱贫攻坚进程中彰显政协力量。7月开始，县政协评议视察工作组对全县10个乡镇和10个县直部门精准扶贫工作进行了走访调研，形成了评议视察报告。

四、汇智聚力

1.经促联谊。一是在经促分会和广大会员中持续开展了“六个一”活动（提供一条信息、提出一条建议、做好一句推介、给予一份支持、介绍一个项目、奉献一片爱心），激发各分会和会员热爱家乡、推介家乡、支持家乡的热情。广州、长沙、株洲等分会先后对烟溪、仙溪、滔溪、长塘等乡镇受洪灾群众捐赠款物40余万元；二是开展拍摄《中国梦·安化情》电视专题片活动，为大众创业、万众创新营造好舆论氛围。三是开展经促联谊活动，组织在外成功人士、政协委员和经促会员回乡考察、异地交流，为安化在外人士回报家乡、报效桑梓牵线搭桥。9月，深港分会组织会议开展了回乡投资考察推介活动，就部分项目达成了初步投资意向。

2. 对外宣传。对接省市政协发展“互联网+政协”、建设“政协云平台”的创新举措，充分发挥政协人才和智力优势，打造“指尖上的政协”，建立安化政协微信公众号，进一步扩大政协网站容量，全面融合政协的信息资源，有效整合党委政府和社会的信息资源，构建网络互动平台，使之成为推荐安化的新窗口、宣传政协工作的新载体、社会各界有序政治参与的新渠道。继续办好《品读安化》内刊，全年已出版4期，共出版16期，以人民政协独特的视角宣传全县经济社会发展成果。

3. 文史研究。按照“贴近时代、贴近生活、贴近群众”的理念开展文史研究工作。充分发挥文史资政的作用，围绕“辰山绿谷”旅游项目开展了“禅茶福地·绿谷辰山”文史作品征集活动，出版了《辰山绿谷文史》，进一步丰富了“辰山绿谷”旅游项目的文化内涵，促进了该项目的宣传推介。

五、自身建设

1. 提升机关服务能力。按照中央和省市县委的统一部署，深入开展了“三严三实”专题教育和“两学一做”学习教育。以创建要团结和谐、要履职尽责、要传承创新、要遵章守纪、要勤奋好学、要充满活力为目标的“六要”政协机关为抓手，成功创建市级文明单位，机关服务保障能力得到进一步提升。进一步完善考核机制，将乡镇政协联工委、县直委员组、机关委室的工作考核办法“合三为一”，制定了《安化县政协系统2016年度绩效考核方案》，实行共性指标与个性指标相结合、年终考核与平时考核相结合、综合考核与单项考核相结合、常委会议测评与主席会议测评相结合的考核办法，使全县政协系统的工作更加趋向于“虚功实做”。

2. 发挥委员主体作用。积极响应省市政协号召，在全体政协委员中深入开展“委员扶贫攻坚‘三个一’行动”，全县政协委员共结对帮扶贫困户245户，委员们依靠自身优势，或帮助贫困户解决就业，或资助贫困户家庭孩子完成学业，或开展送医送药活动等，彰显了政协委员的力量和担当。继续在委员中开展“三个一”履职活动（撰写一份提案、提出一条社情民意、为民办一件实事）和“帮困解忧，履职添彩”主题活动。组织开展了“主席走访委员月”活动，正、副主席带领机关干部职工，分5个组对23个乡镇的政协委员进行了一次全面走访，充分听取了委员意见，同时在走访中全面了解了乡镇经济社会发展情况，将收集到的带有全局性、倾向性的问题以《参阅件》提交给县委、县政府。

重要会议

【政协安化县第八届委员会十六次常委会议】 2月29日召开。会议就关于调整八届县政协换届时间有关情况作说明，协商通过了《政协安化县第八届委员会常务委员会第十六次会议关于调整换届时间的决定（草案）》《政协安化县第八届委员会常务委员会2016年工作要点（草案）》《县政协系统2016年绩效考核方案（草案）》。

【政协安化县第八届委员会十七次常委会议】 5月6日召开。会议协商通过了县政协有关机关委室、乡镇政协联络工作委员会负责人任免名单，协商通过了《建设智慧政协工作方案》。县政协主席李太源组织新任政协系统领导干部进行了简要培训，学习了政协工作的相关知识。

【政协安化县第八届委员会十八次常委会议】 7月24日召开。会议协商通过了县政协有关机关委室、乡镇政协联络工作委员会负责人任免名单；县委统战部通报第九届县政协委员产生程序并协商通过了第九届县政协委员名单；协商通过了县政协九届一次会议召开的时间、地点、会议议程和日程安排；协商通过了县政协八届常委会工作报告和县政协八届常委会提案工作报告；协商通过了八届县政协“十佳政协委员”名单、2016年度优秀提案名单，对乡镇联工委、县直委员组和机关委室2016年工作进行了测评，部署安排了2017年度政协报刊发行工作。

【政协安化县第八届委员会主席会议】 年内召开主席会议9次，先后协商了《县政协常委会2016年工作要点》《关于有效缓解县城停车难问题协商座谈会方案》《关于开展旅游基础设施协商调研工作方案》《安化县政协系统2016年度绩效考核办法》《机关管理制度》《“精准扶贫政协在行动”工作方案》《关于开展梅山文化研究应用调研的工作方案》《关于全县档案工作协商座谈会工作方案》《关于加快发展安化县中药材产业的协商座谈会方案》等履职方案和有关人事任免事项。对九届县政协委员产生程序及委员名单进行了协商，对九届县政协领导班子成员进行了分工；重点审议了关于加快发展安化县中药材产业的调研报告等调研视察材料。

【政协安化县第九届委员会第一次会议】 11月27日至12月1日在安化大剧院召开。会议审议并通过了县政协第八届委员会常务委员会工作报告、关于提案工作情况的报告、关于提案办理情况的报告；听取和讨论了中共安化县委书记熊哲文的讲话；列席县人大十七届一次会议，听取和协商了《政府工作报告》《安化县国民经济和社会发展第十三个五年规划纲要情况的报告》《关于安化县2016年国民经济和社会发展计划执行情况和2017年计划（草案）的报告》《安化县2016年财政预算执行情况和2017年财政预算（草案）的报告》《关于2016环境状况和环境保护目标完成情况的报告》；听取和协商了《安化县人民法院工作报告》《安化县人民检察院工作报告》；审议通过了政协安化县第九届委员会第一次会议有关决议。大会选举王益文为政协安化县第九届委员会主席，蒋毅华、杨慎之、王运明、廖小甫、李艳云为政协安化县第九届委员会副主席，刘学军为政协安化县第九届委员会秘书长，马金华、王安群、王勇、王智敏、邓芳、龙专华、刘仁先、刘永和、刘宝祥、刘畅术、李朴、李尽阳、李芳、李志强、李昌辉、李朝晖、李静、杨柳明、吴继辉、吴章国、沈建军、陈毅荣、罗艳群、周祖国、赵念东、胡健、秦伟、夏义荣、夏富强、夏祺、夏新阶、夏赞文、殷增业、陶月平、黄正良、黄秀丰、彭桂明、彭湘权为政协安化县第九届委员会常务委员。

重要活动

【加快发展安化县中药材产业专题调研】 3月至6月，组织开展了加快发展安化县中药材产业专题调研。调研组深入全县部分重点乡镇进行了实地调查，全面掌握了安化县中药材产业发展现状及存在的问题；赴邵东、隆回等地进行了学习考察。通过全面梳理、系统研究，形成了《发挥资源优势，强力推进我县中药材产业发展》的调研报告。

【“双月协商”活动】 6月围绕“有效缓解县城停车难问题”、9月围绕“加强安化县档案工作”、10月围绕“加快安化县旅游基础设施建设”等议题开展了“双月协商”活动。

【集中走访活动】 3月，县政协由驻会主席带队，机关委室人员参与，分成5个组对23个乡镇政协联络工作委员会和8个县直委员组开展了集中走访活动，采取听取汇报、现场视察等方式，深入了解了各委组全年工作计划安排情况、委员“三个一”活动开展情况、委员“一岗双责”履职情况，并听取委员对政协工作的意见、建议。

【追踪评议问效活动】 7月开始，县政协评议视察工作组对全县10个乡镇和10个县直部门精准扶贫工作进行了走访调研，采取实地视察、走访座谈、约见协商、现场述评等方式开展了工作评议，形成的评议视察报告为全县精准扶贫工作推进提供了参考。

【经促联谊活动】 在经促分会和广大会员中持续开展了“六个一”活动，广州、长沙、株洲等分会先后对烟溪、仙溪、滔溪、长塘等乡镇受洪灾群众捐赠款物40余万元。组织在外成功人士、政协委员和经促会员回乡考察、异地交流，9月，深港分会组织会议开展了回乡投资考察推介活动，就部分项目达成了初步投资意向。开展了多层次、多形式的学习交流活动，先后接待了桃源县、广西省苍梧县、湖北省五峰土家族自治县等外地政协同仁。

提案办理

【概况】2016年，县政协提案委员会共收到提案87件，其中全会期间收到提案50件、闭会期间收到提案37件，经审查立案78件，立案率为89.7%。县政协提案委对所有提案进行了严格立案审查、分类、编号和确定承办单位等工作。立案的78件提案中，交由政府系统的76件，涉及23个部门单位，交由县委系统办理的2件，提案答复率、办结率均为100%。确定《关于有效缓解县城停车难问题的建议》《全县房屋维修基金管理与使用情况》《农村环境综合整治和柘溪水库“两网”退出工作》《全县油茶产业建设》4件提案为重点提案，通过以“双月协商”、专题视察等形式进行督办，将办理情况和存在问题及协商座谈形成的建议意见以《协商专报》《参阅件》报送县委、县人大、县政协、县政府领导及相关部门单位，提案所提建议得到较好落实。

（撰稿人：肖辉　王勋）

社会团体

安化县总工会

【领导人名录】

主　　席　李　斌

党组书记
副 主 席　陈学海

副 主 席　谌永生（2016.3 止）
　　　　　刘光辉（2016.3 止）
　　　　　陈可立（2016.3 起）
　　　　　谌红雨（2016.3 起）

纪 检 员　吉爱军

【概况】 安化县总工会成立于1926年10月11日，是全县各级工会联合会、联合工会、基层工会和产业工会地方组织的领导机关，由中共安化县委和益阳市总工会直接领导。“维护、建设、参与、教育”是工会工作的四项基本职能。即维护职工合法权益的职能；动员和组织职工积极参加建设和改革，努力完成生产任务和工作任务的职能；代表和组织职工参与国家和社会事务管理、参与企业、事业和机关民主管理的职能；教育职工不断提高思想道德、技术业务和科学文化素质的职能。机关内设办公室、组宣部、财务部、生产保护部、民主管理部、法律保障部、女职工部、经费审查委员会办公室8个部室，下辖安化县工人文化宫、安化县总工会困难职工帮扶中心、安化县总工会职工学校3个二级机构。2016年共有干职工34人，其中在职21人，退休13人。设39个派出机构（16个局工会联合会、23个乡镇工会联合会）。下辖基层工会1519个，工会会员10万多人。

2016年，在县委和市总工会的正确领导下，全县各级工会组织和广大工会干部全面贯彻落实县第十二次党代会精神，紧紧围绕县委工作大局，坚持“走基层、转机制、强基础”的工作思路，积极服务“四轮驱动”发展战略，大力发展和谐劳动关系，切实强化党风廉政建设，各项工作取得了新的发展和突破。

一、助力小康安化建设

广泛开展“聚力小康、建功安化”主题活动，团结动员全县职工立足岗位、发挥优势，为实现科学发展和创新创业献智出力，具体做到了“四抓四促”：抓劳动竞赛，促节能增效。全县250多家企事业单位结合自身实际开展了形式多样的劳动竞赛。如南区管委开展了“拆迁促发展，安置促稳定”，渣矿开展了“挖潜增效，开源节流”，县国税局开展了的“岗位练兵、业务比武”等主题鲜明的劳动竞赛。在竞赛中，积极发掘先进典型，成功推评湖南阿香美茶果公司技术总监夏绪平荣获“全国五一劳动奖章”和“湖南省劳动模范”双殊荣、县农商银行荣获湖南省“五一劳动奖状”，隆重召开了全县劳动竞赛工作表彰大会，评选的刘玉兵等20名县级劳动模范（含先进工作者）、湖南白沙溪茶厂股份有限公司等15家劳动竞赛先进单位、平口镇人民政府等15家劳动竞赛优秀组织奖单位受到了县人民政府的表彰。扎实开展第七轮女职工“芙蓉杯”竞赛活动，竞赛中共创市、县级“芙蓉标兵岗”11个，市、县级“芙蓉百岗明星”32个，县总工会女职工委员会连续3年被评为益阳市女工工作先进单位。通过一系列竞赛活动的开展，调动了职工群众的积极性，促进了企业效能的提高，助推了全县经济的发展。抓技术比武，促技能提升。全县各基层工会积极举办形式各异的技能培训比武活动，如卫生系统举办了三基技能比武，湘安钨业举办了矿井安全巷道搭建比赛等。县总工会积极组队参加全市第七轮职工技能大赛，电工、焊工、铣工、钳工、程序编制等单项比赛中均取得优异成绩。技能的锤炼，有效地促进了劳动生产率的提高。抓“安康杯”竞赛，促安全生产。积极开展“安康杯”竞赛，深入全县工厂、矿山、建筑工地，发放安全生产宣传资料12000多份、竞赛试卷5000多份，扎实宣传职业病防护知识，与安监、住建部门开展检查督促安全生产情况，排查安全隐患，确保了企业正常的生产秩序和职工群众的生命安全。抓教育引导，促素质提高。在“红五月”宣传活动中，该会与县电视台联合推出10期“最美劳动者之歌”系列宣传节目，对技术尖兵谭振文、业务能手彭海、创业先锋何旭华等10位先进人物进行了宣传报道，宣传先进事迹引领职工群众爱党爱国、爱岗敬业、创新创业、遵纪守法，为全县经济社会发展传递正能量。

二、夯实基层基础工作

组织建设有成绩。积极召开全县组建工作会议，部署动员调度工会组建与规范化工作，全年新建改建工会77家，新发展会员9607人，其中农民工2510人，50人以上非公企业的建会率达90%以上。投入20多万元，扎实开展基层工会规范建设年活动，为乡镇工会送牌子、送资料、送制度，做到了“八有、两统一、三造册、四上墙”。即全县23个乡镇工会联合会都有工会牌子，有办公场所，有工会印章，有活动阵地，有工作重点，有学习资料，有业务档案，有活动经费；工会制度、职责统一，基础资料格式统一；组建工会登记造册，发展会员登记造册，来信来访登记造册；组织机构上墙，各项制度上墙，工作职责上墙，活动园地上墙。建家活动有创新。重点抓好了湖南省白沙溪茶厂股份有限公司、县地税局、农商银行的建家创建活动，加强职工文化体育活动场地、职工书屋、职工食堂和母婴关爱室等建设，开展好关爱职工行动，为职工进行健康体检，利用节假日组织形式多样的文体活动，深受职工群众欢迎和好评，形成了企业爱护职工、职工关爱企业的“互爱”局面。

三、构建和谐劳动关系

以维护职工劳动经济权益为重点，努力构建和谐劳动关系，推动职工共享改革发展成果。不断深化厂务公开民主管理。积极推进以职代会为基本形式的厂务公开制度，畅通职工诉求表达渠道，全县国有、国有控股、集体企业厂务公开率100%，非公企业厂务公开率达90%。大力推进职工工资集体协商。通过开展“要约行动”“攻坚行动”等活动，深入乡镇、企业，强化宣传指导，工资集体协商工作稳步推进，取得明显成效。开展工资集体协商企业385家，涵盖职工13608人，全县23个乡镇全部签订了区域性工资集体协商合同，职工工资得到合理增长，增长幅度最高的达10%。深入开展走访调研。班子成员分别带队多次深入扶贫村、基层工会及社区走访调研，解决各项重点难题50多项，发放和投入特困慰问金及基层建设资金25万余元。共完成全国工会状况统计调研、省部级以上劳模基本情况调研、职工队伍稳定情况调研、困难农民工精准扶贫调研等课题，为县委、县政府及上级工会提供了决策参谋服务。精心组织文体活动。县总工会先后举办了全县羽毛球赛、太极拳比赛、职工围棋赛；积极组队参加全市的大众运动会、全市健步走、全市智跑，都取得了很好的成绩。白沙溪茶厂、教育和卫生系统、县农商银行等基层工会都举办了丰富多彩的文体活动，丰富了职工群众的业余生活，增强了工会的凝聚力。

四、关爱职工群众

认真履行帮扶救助职能，坚持不懈地为广大职工群众办实事、做好事、解难事。“四送”行动多姿多彩。在“春送岗位，夏送清凉，秋送助学，冬送温暖”行动中，共救助困难职工1100人，其中：救助困难职工家庭大学生40人发放救助金8万元；救助重大疾病职工86人发放救助金11万元；生活救助386人发放救助金25.1万元；重大洪灾救助20家单位、168人发放救助金34万元。慰问各级劳模69人，发放慰问金28.29万元。“双联”帮扶有声有色。建立健全困难职工电子档案，完善信息录入，加强动态管理和信息资源的利用，实现了困难职工档案信息化、规范化、制度化管理要求。元旦、春节期间，按照县“双联”领导小组的要求，全县各级工会共筹措185万多元资金及物资，重点对全县1100多户重点特困职工和55家特困企业进行帮扶，其中县总工会筹措资金30多万元，对全县380多户特困职工进行了“双联”帮扶慰问。医疗互助强力推进。充分利用各种媒介广泛宣传发动，共有311家单位17814名职工参加了职工医疗互助活动，为268名患病住院职工发放医疗互助补助金28万余元；285个单位为6308名女职工办理了特殊疾病保障，为3名患病女职工办理特殊疾病保障补助3万元，切实减轻了病患职工经济压力。

五、加强自身建设

夯实基层党建工作。按照县委的统一部署安排，扎实开展“两学一做”，严格按要求完成规定动作。认真开展政治业务学习活动，加强党风廉政建设，以学习《中国共产党纪律处分条例》和《中国共产党廉洁自律准则》为抓手，强化党内监督，真抓实干反“四风”，健全机关制度，杜绝“雁过拔毛”式腐败，保持纪律高压态势，机关工作作风、工作效能有了明显的改善。密切联系群众，为群众维权办实事的能力有了明显提升。工会干部队伍建设全面加强。采取请进来、送出去方式，加强工会干部队伍建设。全年选送25人参加省总培训，举办了全县基层工会主席业务培训班，150名基层工会干部接受了全面的工会业务学习，抓实基层工会换届选举工作，把能干事、干好事的人才充实到工会干部队伍中来，干部队伍年轻化、知识化水平不断提高。其他工作齐头并进。创卫工作投入15万多元，确保了人员、经费、制度、工作“四个到位”，庭院卫生有了全新改变，每季度在县直单位排名居前十名。强化精准扶贫工作，全面完成扶贫村年度任务，积极争取和组织投入资金100多万元，其中县总工会出资22万余元，为扶贫村建好了500平方米村委办公楼，扩宽村级公路4千米，完成全村主干线高低压整改，增加大功率变压器2台，同时扎实推进识贫助贫工作。经费收缴、综治普法、县文明单位创建、计划生育、责任水库、工会报刊杂志征订等工作全面完成。财务、档案、法律服务、政工人事、经费审计、后勤服务、机关工会等工作都取得了新的成绩。

【工会工作暨劳动模范表彰大会】 5月3日，安化县召开工会工作暨劳动模范表彰大会，县委书记杨光鑫、县委副书记王新宇、县人大常委会主任蒋跃登、县政协主席李太源、副县长杨慎之出席会议。会议深入学习贯彻中共十八届五中全会和全县经济工作会议精神，总结2015年全县工会工作，表彰了20名县级劳动模范（含先进工作者），研究部署了2016年工会工作。

【湖南省总工会领导调研安化工会工作】 8月2日，省总工会党组成员、经审委主任郭建中一行到安化调研工会工作。在湖南阿香茶果食品有限公司，郭主任一行参观了黑茶文化长廊、茶博物馆、生产车间，总监夏绪平（全国五一劳动奖章获得者、湖南省劳动模范）详细介绍了企业生产经营状况和工会工作开展情况。

【乡镇工会工作会议】 7月29日，县总工会召开乡镇工会工作会议，重点安排部署了工会组建、规范化建设和工资集体协商工作，组织学习了工会经费使用管理相关文件精神，对2015年度工资集体协商工作先进单位进行了表彰、奖励。

【开展“夏送清凉”活动】 为积极响应市总工会“清凉一夏关爱同行”主题活动，8月22日，县总工会主席李斌带领班子成员、交通运输局相关负责人到平口镇的省道225安化段公路改建工程资江大桥建筑工地开展“夏送清凉”慰问活动，亲切看望了一线施工人员，了解了他们的工作、生活情况，并现场为他们发放了毛巾、肥皂、矿泉水等生活用品。

【“金秋助学”活动】 8月25日上午，县总工会举行“金秋助学”活动，向40名特困职工家庭的高考学子发放8万元助学资金。据了解，自“金秋助学”活动启动以来，已资助了全县上千名困难职工子女，并且帮助400余名困难职工家庭子女圆了大学梦。

【“九源房地产杯”羽毛球比赛】 11月24日上午，由县总工会、县教体局主办的安化县“九源房地产杯”羽毛球比赛在县体育馆拉开序幕。由县发改局、县国土局、平口镇、柘溪电厂、中茶公司、县中医院、县人民医院等单位组成的20支代表队，共有200名运动员参加。比赛设团体比赛与单项比赛，单项比赛中男子组设45岁以上组和45岁以下组，女子组只设女子单打不限年龄。比赛持续两天时间，按计划完成比赛议程。

（撰稿人：黄志刚 叶丹）

共青团安化县委员会

【领导人名录】

书　记　夏　昳

【概况】　共青团安化县委员会成立于1949年9月，是在县委和团市委领导下的先进青年群众组织，是党开展青年团员工作的坚强阵地。主要职能：围绕县委工作中心，动员、组织全县各级团组织和广大团员青年积极投身两个文明建设，发挥突击队、生力军作用；负责团组织建设，指导团员发展和团干培训工作；抓好“推优”工作，发现和培养各类青年人才，并积极向党政组织和各类管理岗位推荐输送；负责青年思想政治工作，搞好调查研究，及时掌握青年思想动态，为各级领导机关决策提供参考依据；组织“青年志愿者”“青年文明号”评选等活动，开展健康有益的青年文化、体育活动，提高青年的思想、文化、道德素质；开展争当“青年岗位能手”和“农村青年致富奔小康”活动，培养合格的劳动大军；受党委委托领导少先队组织并开展活动；负责“希望工程”工作；预防青少年犯罪，维护青少年的合法权益。

团县委机关在职在编人员5名，其中：书记1名，副书记1名。团县委下设办公室、希望工程办公室，配主任2名。2016末，团县委实有干部4个，女性4人。

2016年，共青团安化县委在县委、县政府的正确领导下，在团市委的关心指导下，举全团之力，锐意创新、狠抓落实，服务党政中心，做优品牌项目，团结带领广大团员青年真抓实干、奋力拼搏，以饱满的精神面貌和扎实的工作成绩，实现安化县共青团工作新发展。

一、志愿服务工作

1.队伍建设。为推进志愿服务组织化、规范化、常态化，11月由团县委牵头，县义工联正式启动安化县志愿者注册工作，共有608名志愿者通过审核成为第一批注册志愿者。11月，在2016全省“学雷锋志愿服务百强社团”推选宣传活动中，县义工联荣获“湖南省学雷锋志愿服务百强社团”称号。

2.创卫示范。县义工联相继开展“暖冬行动·青春志愿行”“走百里画廊·行创卫之旅”等公益创卫活动。春节期间，团县委与县义工联共同组织50多名义工在汽车东站开展“暖冬行动”，积极为春节期间出行的旅客们提供义务帮助，并将创卫宣传单发到旅客手中，友善地提醒旅客们注意爱护卫生环境、文明出行，助力全县创卫工作推进。3月27日，团县委与县创卫办、县义工联联合开展“走百里画廊·行创卫之旅”公益主题活动。206名身穿红马甲、头戴红帽子的义工在陶澍广场整装集结，团县委、县创卫办相关负责人出席活动并做宣传动员讲话。随后，志愿者队伍以小队形式前往百里画廊，迎着毛毛细雨一边捡拾垃圾，一边向市民宣传环境保护和创卫工作。大力宣扬志愿公益精神的同时，为安化环境增彩润色。

3.访贫问苦。端午节期间，乡镇义工分会开展走访助学、救灾慰问、交通疏导等活动30余次。团县委多次号召和组织志愿者在重要节假日期间开展慰问孤寡老人活动。中秋佳节，组织30多名志愿者前往东坪镇敬老院开展“孝行天下 晴暖中秋”活动，为老人们送去节日的问候与祝福，陪老人们载歌载舞欢度中秋。

4.树建模范。12月5日，在益阳市庆祝第31个国际志愿者日暨2016年度志愿服务先进典型表彰大会上，县义工联、仙溪镇社区、梅城镇志愿者黄天佑分别获市十佳组织、十佳志愿服务社区、十佳志愿者荣誉称号，对推动和带领全县志愿者更好地践行志愿精神起到积极示范作用。

二、团、队建设

1.创新实践夯基础。发动全县各中小学校在儿童节、国庆节期间开展丰富多彩的主题活动，形式多样，内容丰富健康。积极组织学生参加省、市级少儿才艺大赛，在全省总决赛中夺得7个金奖、3个银奖。其中安化县梅城镇中学获得优秀组织奖。在青年节期间，号召乡镇、县直机关、企业等团组织积极开展纪念五四青年节活动，回顾在党的领导下中国青年运动的光辉历程，进一步巩固增强共青团员意识主题教育活动成果。

2.创优评先增活力。东坪完小249中队被团省委表彰授予“湖南省两型式中（小）队”称号；烟溪镇完小88中队被团省委表彰授予“湖南省雷锋式中（小）队”称号。在全市少先队工作年度经验分享会上，安化县少先队获得“最美少年”“最美少先队辅导员”“最美少年集体”“支持少先队工作好校长”“优秀少年”“优秀少先队辅导员”“优秀少先队集体”七大类奖项。安化县第一中学团委、安化县龙塘乡团委、安化县中医院团委荣获“益阳市五四红旗团委”称号；安化县公安局特警大队团支部、安化县国税局团支部、安化县人民医院120急救中心团支部、安化县江南镇中学团总支、安化县柘溪镇学校团支部、安化县住房公积金中心团支部荣获“益阳市五四红旗团支部（总支）”称号。

三、扶贫助学

2016年团县委通过向上争取“芙蓉学子”等助学项目，横向联系爱心企业、单位、个人，共筹措爱心助学款项30万余元，资助应届大学生80余名。通过发放阳光助学款等资助中小学生20余名。通过微信、网站等新媒体形式广泛推广爱心企业的捐资助学，营造全社会关心人才、爱护人才的浓厚氛围。同时，发动乡镇团委对扶贫重点村进行留守儿童的信息排查摸底，形成帮扶留守儿童的一手资料。联合益阳城市学院积极组织开展2016年暑期夏令营社会实践活动，对留守儿童开展传统文化教育、爱国主义教育、素质拓展教育和生命教育，摸底收集小淹镇百福村21名留守儿童信息，作为参与此次夏令营活动的名单。此次帮扶活动旨在让留守儿童体验大学校园生活并感受社会温暖，为留守儿童们打开一片更加广阔的天地。

四、服务青年创业

1.搭建创业平台。4月26日，隆重举行纪念“五四”运动97周年暨安化县青年创业者协会成立大会，选举产生安化县青年创业者协会第一届理事会，成功创建由全县成功创业和初始创业的青年自愿组成的安化县青年创业者协会，成为传播创业文化，弘扬创业精神，共享创业资源的优质平台。并分别与安化邮储银行、湘淮村镇银行、住房公积金中心签署战略协议，其中湘淮村镇银行承诺五年争取为符合授信条件的会员投放信贷规模5亿元，安化邮储银行承诺五年争取为符合授信条件的会员投放信贷规模2亿元。

2.凝聚创业青年。在7月洪灾中，协会部分会员企业遭受巨大经济损失。协会发起青创协会员捐款救灾行动，筹集会员爱心捐款2万余元。团县委、青创协奔赴各受灾会员代表的创业基地，搜集受灾信息，将爱心捐款第一时间送到受灾会员手中，向受灾会员表达了诚挚的慰问和鼓励。12月10日，协会邀请知名创业型导师开展协会全员创业培训。

【2015年安化县义工联合会年会暨第三届黑茶文化节优秀志愿者表彰大会】 1月23日晚，由共青团安化县委、安化县义工联共同举办的“2015年安化县义工联合会年会暨第三届中国湖南·安化黑茶文化节优秀志愿者表彰大会”在安化大剧院隆重举行。团市委副书记袁野，县委常委、宣传部部长林玲，团县委书记夏昳等相关领导以及相关乡镇团委书记、企业负责人参加晚会，来自安化县义工联以及各乡镇义工分队的数百名志愿者齐聚一堂，分享过去一年的感动与心得。

【组织假期学生社会实践】 2月4日，团县委携县义工联，组织60多名学生到县自来水厂参加寒假社会实践活动。参观过程中，学生们听取了水厂工作人员的详细介绍，现场观看了自来水的消毒、沉淀、过滤、输送的现场演示操作。每到一处，学生们都认真的听讲，提出自己的困惑，并做好记录。对于学生们的问题，工作人员都逐一作了详尽的解说。

【暑期留守儿童关爱行动】 7月15日，团县委携县义工联组织发起暑期留守儿童关爱行动。团县委书记夏昳与志愿者一行到龙塘乡岩门村小学，看望暑期接受支教的孩子们。90余名留守儿童在来自湖南师范大学的大学生志愿者支教老师的指导下，被分成大中小4个班，各个班级在老师的带领下，井然有序地开展各项丰富多彩的课堂活动。岩门村的支教活动已经延续了6年，得到岩门村村民的大力支持和喜爱。

（撰稿人：王慧娟）

安化县妇女联合会

【领导人名录】

主　席　陈湘湘（2016.1止）
　　　　胡拥军（2016.1起）
副主席　林奇志（2016.3止）
　　　　黄白玉（2016.4起）

【概况】 安化县妇女联合会成立于1951年12月，是在县委和市妇联领导下的全县各界妇女的群众团体，是党开展妇女工作的坚强阵地和深受广大妇女信赖和热爱的温暖之家。2016年在职在编5人。

2016年，县妇联紧紧围绕

省、市妇联的工作部署和县委、县政府的中心工作，在党政所急上作部署，在妇女所需上下功夫，在妇联所能上创特色，始终代表和维护妇女权益，积极推进全县妇女工作新进展，被省妇联授予“三八红旗集体”荣誉称号。

一、助推妇女创业就业

1.推进妇女小额担保贷款。积极主动与县人社局、县财政局和放贷银行沟通、协调，为女大学生、城镇就业困难妇女及时争取小额担保贷款，并帮助她们做好申报、登记、审核等工作，为110名创业妇女发放小额担保贷款991万元。

2.开展“春风送岗位”活动。与县人社局、县总工会联合举办“春风送岗位”大型现场招聘会，发放各类政策宣传材料1万余份，组织30多家企业为求职者提供近8000个岗位，促成2000多名女性达成供职意向。

3.开展就业技能培训。充分利用各乡镇人社服务中心、妇女儿童之家等开展各类实用技术培训。联合县扶贫局、县人社局等部门，开展技能、创业、家政等各类培训班32场次，培训贫困妇女6400余人次。

4.开展结对帮扶活动，发挥桥梁纽带作用。开展“村企对接、互帮互助”活动，促成八角茶业、碧丹溪茶厂、高马山庄农业、金峰茶叶4家企业积极与所在村结成帮扶对子，通过带动农户种植、解决剩余劳动力就业等途径，实现村企互帮互助、互惠互利和合作共赢的目标。组织开展“百岗联百村、共建新农村”活动，县就业服务管理局、新华书店积极与建整扶贫村开展了以“六送”为主要内容的“岗村联创”活动。

5.深入女性创业基地进行调研。11月15日，县妇联主席带队到长塘镇湖南正君生态农业科技有限公司和梅城镇十里村牛场进行了实地走访；11月26日，深入湖南华莱生物科技有限公司进行了调研，通过走访和调研，了解女性创业的艰辛和困难，及时向有关部门反映对接，争取政策支持帮扶。

二、维护妇女合法权益

1.采取有效措施，全力推进妇女儿童发展规划全面实施。一是认真做好两纲中期评估督导迎检工作。根据要求，为迎接国家妇女儿童两纲中期评估检查，召开了安化县妇女儿童工作会议，安排部署了迎接国务院妇儿工委两纲中期评估督导工作，同时多次对两个规划中期评估工作进行“回头看”检查，并深入江南镇完小、县妇保院等单位进行实地考察，对存在问题进行查漏补缺，为迎接检查做好准备工作。二是加强督促指导。县妇儿工委办经常到各成员单位开展督导检查，推动重点、难点问题的解决。5月30日，召开了全县妇儿工委成员单位口头述职大会，进一步增加了32个成员单位的责任意识，提高了各成员单位对本单位主管工作的积极性。三是做好2015年两个规划监测统计报表的收集、统计工作，同时启动新一轮妇女儿童发展规划编制工作。

2.开展法治宣教活动。组建了一支20人的普法宣传志愿者队伍，深入各乡镇、村（社区）进行法治宣传活动，举办家庭律师进社区普法讲座2场，发放法治宣传资料40000多份。开展男女平等基本国策、《中华人民共和国反家庭暴力法》宣传，举办了4场专题知识讲座。加强与司法机关的协作，及时妥善处理重大家庭暴力案件2起。联合开展了以“无毒青春，健康生活”为主题的“6·26”国际禁毒日宣传活动。

3.做好来信来访工作。共接待来信来访136件，其中婚姻家庭权益类案件124件，财产权益件类案件6件，其他案件类6件，信访调处率98%。积极发挥婚姻家庭纠纷调解委员会的作用，接受210多户家庭的咨询，调解和好140多户家庭。

三、妇女儿童关爱行动

1.落实民生实事项目。实施农村适龄妇女“两癌”免费检查，截至11月27日，共完成4670人的“宫颈癌”单项免费检查和22343人的“两癌”免费检查，“两癌”检查人数占总任务数的80.7%。继续实施贫困地区儿童营养改善项目，为6~24月龄婴幼儿发放营养包，开展儿童营养改善项目健康宣教活动，提高儿童家长科学喂养知识普及程度。加强留守儿童关爱服务体系建设，继续实施“知心屋”“儿童快乐家园”等项目。

2.助推扶贫助学。以“金秋助学”为平台，积极广泛联系爱心企业和慈善机构，开展圆梦助学活动。先后争取引进香港烛光基金会、澳门善门会、太阳慈善助学基金会、长沙钢材商会、华夏人寿保险公司、华莱公司等爱心机构和爱心企业到安化开展助学活动，并对大部分救助对象实施跟踪救助，每年为安化190多名贫困留守儿童捐资捐物120多万元。

3.开展特困救助。积极向全

国妇联和省妇联汇报，争取为113名贫困“两癌”母亲解决救助资金121.4万元，为18000多名婴幼儿发放价值1200多万元的营养包。在春节、“七一”、“7·4”暴雨山洪地质灾害时期，深入社区、扶贫村、水库等联系点和各企业，走访慰问特困妇女儿童和受灾女企业家，共发放慰问金、物资3万余元。

四、家庭文明建设

1.开展家庭美德建设。围绕“两型”主题，开展寻找“最美家庭、最美创业、最美湘女”活动和“全民阅读进家庭”、创建“廉洁家庭”、“平安家庭”活动，收集各类典型资料60余份，并择优向市、省推荐了一批典型，伍湘安家庭、刘子斌家庭被评为全省“书香家庭”，刘大飞被推荐为全省“最美湘女”，曾安明家庭被推荐为全省“五好文明家庭”。

2.开展节庆系列活动。3月8日，举办庆“三八”拔河比赛活动和召开妇女工作会议，对2015年度妇女工作先进单位、先进个人和第二届巾帼创业标兵进行了表彰。儿童节，与大拇指美术学校联合开展了“关爱特殊儿童，感受生命热度”义卖活动，募集到的7000多元善款全部捐赠给县特殊教育学校。积极开展青少年校外活动，与兰花花舞蹈培训学校联合开展丹辉语言表演大赛，与大拇指美术学校联合开展亲子手绘风筝大赛等活动。

3.开展家庭教育活动。举办了5期现代家庭教育公益讲座活动，开展了家庭教育精品课件征集活动，并上报1堂精品课件。开展留守儿童成长故事征文活动，收集各类征文110余篇。

五、基层组织建设

1.抓好基层妇联组织改革。按照省妇联关于开展基层妇联组织改革的要求，县妇联迅急开展此项工作，做到早汇报、早调研、早部署。于7月8日召开了全县基层妇联组织改革动员会议，联合下发了《安化县基层妇联组织改革实施方案》文件，明确了基层妇联组织改革工作的目标任务、时间要求和工作步骤。截至到11月底，23个乡镇全部圆满完成乡镇妇联换届选举工作。

2.抓好“妇女（儿童）之家”创建。依托村级组织活动场所、村民服务中心等现有场地建好、用好、管好“妇女（儿童）之家”，创建县级示范“妇女（儿童）之家”5个，争创市级示范“妇女（儿童）之家”3个。

3.抓好基层妇联干部队伍建设。积极争取县委组织部重视，进一步加大对妇女干部培养选拔力度。在2016年县乡两级换届班子调整中，有6名乡镇妇联主席进入乡镇党政领导班子，23个乡镇均配备1~2名女领导干部，县直大部分单位配备了女领导干部。认真落实干部教育培训规划，组织妇女干部参加各级各类培训班达400多人次。

六、自身建设

1.积极参加培训学习。县妇联主席参加了由省妇联组织的宣传培训学习，县妇联副主席参加了全国妇联组织的维权培训班，乡镇妇联主席参加了市妇联组织的全市乡镇妇联主席培训班，另有清塘铺镇、渠江镇的妇联主席参加了省妇联组织的为期一个月的省妇干班。

2.认真组织开展“两学一做”学习教育。召开了学习动员会，学习了党章及系列讲话，学习了党建知识。着重抓好建整扶贫点的党建工作，开展送党课下乡和4个专题学习讨论活动。

3.认真抓好作风建设。积极开展“下基层、访妇情、办实事”活动，深入各乡镇、各企业开展以基层妇联组织改革、妇女创新创业、留守儿童关爱为主题的走访调研。扎实做好精准扶贫工作，机关干部职工每月坚持深入扶贫联系点走访、对接帮扶贫困户，帮助4户贫困户脱贫，积极为扶贫村筹措项目资金和社会帮扶资金，帮助争取整村推进项目资金1000多万元。

【庆“三八”拔河比赛暨妇女工作会议】 3月8日，由安化县妇联主办、安化县教体局协办的庆“三八”拔河比赛暨妇女工作会议在县城南区体育馆拉开序幕，共有县直局机关的37支代表队700多名队员参与竞技。经过一个上午的激励角逐，县公安局队荣获一等奖，县交通局二队、县邮政公司获得了二等奖，县住建局队、县环保局队、县政务中心队和县国土局一队获得了三等奖。

【“贫困母亲两癌救助”中央专项彩票公益金发放仪式】 4月27日上午，安化县妇联举行“贫困母亲两癌救助”中央专项彩票公益金发放仪式，为2015年申请“两癌”救助、生活特别困难的113名贫困农村“两癌”患病妇女发放了121.4万元救助金。

【全县妇女儿童工作会议】 5月30日，全县妇女儿童工作会议召开。县委常委、组织部部长、统战部部长祁辉主持会议。县人大常委会副主任黄志军，副县长杨慎之，县政协副主席刘化出席会议。会议安排部署了县妇女儿童发展规划终期评估和迎接国务院妇儿工委两纲中期评估督导工作。县政府妇儿工委各成员单位进行了述职发言。

【全县基层妇联组织改革动员会议】 7月8日，安化县召开全县基层妇联组织改革动员会议，对全县基层妇联组织改革工作进行动员部署。全县各乡镇组织委员、妇联主席，县城南区、县经济开发区组织委员、分管妇女工作的领导等60余人参加会议。

【农村适龄妇女“两癌”免费检查】 2016年省政府将安化县确定为农村适龄妇女“两癌”免费检查项目县，全年需完成27685人的“两癌”免费检查任务。至12月19日，全县共完成27705名妇女的“两癌”免费检查，超额完成省市下达任务。

（撰稿人：阳鑫）

安化县工商业联合会

【领导人名录】

主　　席　王运明

党组书记　陈毅荣

【概况】 安化县工商业联合会（加挂县总商会牌子，简称县工商联）成立于1953年，是中国共产党领导的安化工商界组成的人民团体和民间商会，是党和政府联系非公有制经济人士的桥梁和纽带，是政府管理非公有制经济的助手。

2016年，县工商联坚持围绕中心，服务大局，在引导非公有制经济人士健康成长，促进非公有制经济健康发展方面开展了一系列工作。

一、服务会员

一是开展会员走访慰问活动。筹措经费2万元对老工商业者、特困职工进行走访慰问，使他们感受到党和政府的温暖。二是做好原工商业者政策待遇落实工作。对享受生活补助的51名原工商业者及遗孀进行走访核实慰问，及时发放了生活补助金。三是开展促进民间投资调研活动。通过多形式收集会员、民营企业主对投资创业的看法、呼声和建议，并形成调研报告，对制约安化县民间投资的因素进行了客观分析，对如何推动安化县民间投资快速健康发展提出了有针对性的意见建议。

二、正确引导

一是倡导开展光彩事业活动。7月安化遭受山洪灾害后，县工商联、县建材协会组织部分建材商户开展“风雨同舟、携爱同行”活动，募集善款4万元发放到柘溪镇8户灾民手中，每户5000元。7月，市工商联主席刘方军，深圳市益阳商会会长张志高组织10多位民营企业家深入渠江镇慰问“7·4洪灾”受灾群众30多户，为每户送去1000元至10000元不等的救灾款。全年县工商联和系统内各商协会组织开展各种形式的献爱心、回报社会活动10余次，捐献现金和物资折合共计800多万元。二是扎实开展非公经济组织党建工作。组织督察安化县13家非公企业党组织开展“两学一做”，在2016年的建党95周年七一表彰活动中，白沙溪茶厂有限公司党委荣获省先进基层党组织称号，另有2家非公企业党组织、5名非公企业党员获市、县“先进基层党组织”和“优秀共产党员”称号。三是做好非公经济代表人士政治安排推荐工作。2016年市县换届，县工商联积极开展对安化县非公经济代表人士政治安排的推荐工作，推选19名代表参加市工商联第六届代表大会，向市工商联领导机构推荐副主席1名、执委7名并全部当选；对拟提名为县第十七届人大代表、县第九届政协委员的60多名非公经济人士进行综合评价；开展对县政协工商界15名政协委员人选的考察推荐工作。

三、服务大局

一是加强内引外联，积极参与招商引资工作。协助市工商联编制益阳农副产品名录，通过协会商会渠道，积极对外推介；组织深圳安化商会、东莞安化商会等商协会组织召开座谈会、项目投资推介会，对外大力推介安化招商引资政策及产业项目，积极协调服务外商到安化投资考察，努力吸引外商到安化县投资。二是参与全县重点工程项目建设工作。县工商联主要负责人牵头联系省道S225公路扩改工作，全年完成投资8000万元，较好完成了全年目标任务；联系牵头的梅山资源开发集团有限公司工作卓有成效，成功发行企业债券11亿元，节约融资成本2亿元以上。

四、自身建设

一是从严规范商协会。积极

参与商协会年会，规范商协会财务经费行为，把好商协会年检关，积极配合民政等部门对社会组织违规问题的整治行动。二是加强自身建设。大力加强机关自身建设，扎实开展“两学一做”，管理好3家停产下属企业，做好在工商联登记落户失业职工255人的社会管理、民生服务工作，积极为企业职工解决实际困难，维护该系统的平安稳定。

【组建县红砖行业协会】 组织全县28家红砖生产经营企业组建县红砖行业协会，制定《安化县红砖行业协会章程》和安化县红砖行业协会行规行约。

（撰稿人：吴义锋）

安化县残疾人联合会

【领导人名录】

理 事 长　张书田

副理事长　刘俊容（2016.2 止）

　　　　　莫晓宏（2016.3 起）

【概况】 安化县残疾人联合会（县残联）成立于1990年12月，主要职责是开展残疾人康复、教育、劳动就业、社会保障、文化体育和维权等工作。内设办公室、康复教育股、维权股，下设安化县残疾人就业服务所、安化县残疾人康复服务指导站、安化县残疾人用品用具供应站、安化县残疾人托养中心。在职人员11名，下属机构人员编制内部调整。

一、康复训练

1. 落实为民办实事项目。6岁以下贫困残疾儿童抢救性康复项目是2016年为民办实事项目。对全县6岁以下贫困残疾儿童进行了入户摸底调查，共计摸查出115名处于抢救性阶段的残疾儿童，并对其进行了筛选确诊，选送脑瘫、智力低下、孤独症等70名符合抢救性康复要求的儿童到指定的康复机构进行了系统的康复训练。通过训练，他们的语言、行动、社会交往等功能都得到了较大的改善，家长们都十分满意。

2. 共为522名各类贫困残疾人发放助听器、轮椅、盲杖等辅助器具；按720元/人的标准为400名贫困精神患者免费发药；免费为全县451名贫困白内障患者进行了复明手术；免费为52名下肢残疾人安装了假肢；为200名下肢残疾人申请了机动轮椅车燃油补贴5.2万元。

二、就业服务

1. 共举办了6期实用技术培训班，共培训残疾人160人，一期职业技能培训40人，淘宝云客服培训30人。举办了2016年度残疾人申报创业扶持的对象培训班106人，已初步完成验收工作。

2. 推荐4人参加了市残联举办的SYB（Start Your Business，创办你的企业）培训，推荐34人参加益阳市残联在安化举办的云客服培训。

3. 推荐残疾人就业190人；为39名残疾人进行了日间照料服务，为200名残疾人实施了居家托养服务；为4名考取了专科以上大学的学生给予学费支助；争取了省、市残联扶持残疾人就业扶贫示范基地5家，帮助了400多残疾人就业，扶持金额40万元。

三、基础工作

1. 认真履行“代表、服务、管理”职能，组织盲人、聋人、肢体残疾人、精神残疾人亲友、智力残疾人亲友5个专门协会开展了各类活动，发挥了各专门协会的桥梁和纽带作用。

2. 按照省市残联相关要求，为每个乡镇、每个行政村（社区）配备了残疾人专职委员；三是严格按照中残联评定标准换发第二代残疾人证，做到了公平、公正、公开。截至到12月1日，共换发第二代残疾人证26523本。

四、宣传报道

投入4万元在安化电视台、室外媒体做公益广告，扶残助残社会氛围日益浓厚。在“全国助残日”期间继续开展“助残一日捐”募捐活动。围绕“关爱孤残儿童，让爱洒满人间”的活动主题，县残联全体工作人员对县特殊教育学校、县残疾人托养中心的残疾学生进行了慰问。做好新闻报道与信息传送工作，2016年被各级网站媒体采用稿件90篇，其中国家残联采用稿件21篇，省残联采用23篇，市残联采用26篇，县政府及安化新闻网20篇。

五、扶贫助残

一是积极开展“连千村帮万户”扶贫工程，对江南镇沙坪村10户贫困残疾人家庭进行了种养殖业扶助；二是按县委、县政府统一部署，联合县机关事务局在马路镇谢家溪村进行驻村定点扶贫；三是为35户残疾人家庭进行了居家无障碍入户改造；四是认真落实“两项补贴”政策。共为13039名重度残疾人发放护理补贴，为6755名贫困残疾人发放生活补贴；五是认真做好农村残疾人参加城乡医疗保险和基本养老保险、16岁至70岁三、四级残疾人购买意外保险工作。与各乡镇就残疾人享受低保、享受五保以及死亡等情况进行了核对。并与社保所、医保中心进行了衔接，9444名符合条件的残疾人城乡居民医疗保险，7667名符合条件的重度残疾人参加了城乡居民基本养老保险；出资40.78万元为8156名16岁至70岁三、四级残疾人购买了意外保险；六是开展了走访慰问活动。春节、“全国助残日”等前夕，邀请县委、县政府相关领导，深入全县各乡镇，对贫困残疾人家庭和残疾学生进行慰问，送去了轮椅、盲杖等辅助器具，发放慰问金18万余元。

【全县残疾人工作会议】 4月22日上午，安化县2016年残疾人工作会议在县残联九楼会议室召开。政府办副主任夏仁君主持会议，全县各乡镇（区）残联理事长、各残疾人专门协会会长参加会议。

【残疾人实用技术培训班】 5月16日起，安化县连续举办六期实用技术培训班。培训科目分别为黑茶的发展历史与前景、茶叶的栽培与管理、良种茶苗的扦插技术、茶叶的制作与加工与法律知识等。县残联为参训学员提供了免费食宿、免费培训，并发放了往返路费。

【残疾人基本服务状况和需求信息数据动态更新调查工作】 通过核查、入户调查登记、数据录入、统计分析等工作，安化县于9月10日全面完成了调查录入工作。通过调查，全县调查登记对象共有27334名残疾人，已完成调查25993人，未完成调查1401人（死亡1401人），入户率达97.74%，圆满完成了全县残疾人基本服务状况和需求专项调查及系统录入任务。

（撰稿人：刘佳军）

安化县科学技术协会

【领导人名录】

主　　席　廖纯力

副 主 席　王文翔（2016.3起）

纪检组长　夏智舜

【概况】 安化县科学技术协会成立于1982年3月，是安化县科学技术工作者的群众组织，是中共安化县委领导下的人民团体，属正科级单位。有干部职工13人，其中离退休6人，下设办公室和科学技术普及部2个股室。主要工作职能是普及科学知识、推广先进技术、联系科技工作者、组织开展青少年科技创新，归口管理11个县属学会、23个乡镇科协、35个农技协等，健全了以县、乡、村“三位一体”科普的工作组织网络。近年来先后获国家、省、市、县各项奖励30多项。1995年被评为全国科普工作先进单位，2001年被中国科学技术协会授予全国“首批科普示范县”称号，2005年获湖南省文明先进单位、全国科普日活动先进单位荣誉称号，从2000年起连续15年获评市科协系统先进单位。

一、服务经济社会发展

1.认真组织实施“基层科普行动计划”

积极培育、扶持基层先进的农村专业技术协会、农村科普示范基地、科普示范社区和科普带头人，并积极组织申报项目计划，切实加强项目管理和督促检查。2016年，安化县万顺果业基地受国家级表彰，获奖补资金20万元。

2.积极开展学术交流

全县13个专业学会共举办学术交流会、学术研讨会及专题学术报告等学术活动50余次，交流学术论文180余篇，为提升全县自然科学领域科技水平和科技创新做出了积极贡献。

3.开展农民实用技术培训，推广新品种、新技术

2016年配合县农业局、县畜牧局等单位推广测土配方施肥、粳稻高产栽培、病虫害绿色防控、超级杂交稻“种三产四”丰产工程、柑桔标准化生产、茶叶标准化生产农业实用技术6项，推广猪粪燃烧供热、规模养殖场粪污治理、南方马口鱼繁养、斑点叉尾鮰健康养殖、生猪标准化养殖科技项目5项，推广云台山大叶种、安茗早、槠叶齐、水稻Y两优1号、深两优5814、黄花梨、金秋梨、广平柚、南柑20号、克里曼丁新系等农作物新品种10个。依托县人社局、县扶贫局等单位开展的阳光工程培训、扶贫培训、移民培训、劳动技能培训等科技推广平台开展无公害蔬菜栽培、测土配方施肥、柑桔病虫防治、规模养殖、柑桔小水果栽培、有机茶生产培管、药材种植实用技术培训110期，培训12800人次，出动宣传车28次，发放技术资料31000份。

二、提升公民科学素质

1.农民、社区居民、公务员科学素质提升工作。搭建县广播

电视台《科普大篷车》和《科普天地》栏目、楼宇电视、科普短信、农家历等平台，实现了科普宣传全面覆盖，在全县营造了普及科学技术的浓厚氛围，形成了普及科学知识的强劲态势。

2. 青少年科技创新工作。利用青少年科普教育基地，积极引导中小学生参与青少年科技创新、机器人大赛，举办科普竞赛或科普演讲等科技实践活动，全县青少年科技活动参与面达 70%以上。第 37 届益阳市青少年科技创新大赛中，安化县选送的 29 项（幅）作品中获一等奖 7 项，二等奖 9 项，三等奖 13 项。11 项作品被选送参加第 37 届湖南省青少年科技创新大赛，3 项作品被选送参加第 31 届全国青少年科技创新大赛。其中梅城镇中学的《详察薯藤绿，辨尝地瓜香——南洞庭湖区红薯种植及加工方法研究科技实践活动》获优秀科技实践活动省一等奖，全国二等奖；安化县第二中学周曦婕的《动物情绪翻译器》获创意作品省一等奖，全国优秀创意奖；安化县第二中学陶智松老师的《“走近红豆杉”科技实践活动方案》获科教方案省一等奖、全国三等奖；安化县第八中学的《与残疾人的心灵对话》获优秀科技实践活动一等奖。安化县第一中学易钰涓的《多功能环保筷子》获创新成果二等奖。梅城镇中学的《安化矿产业的“金凤凰”——考察益阳海螺集团有限责任公司科技社会实践活动》等 2 个优秀科技实践活动获二等奖。安化县第二中学陶智松老师被评为省十佳科技教师。11 月，由县科协牵头、县教体局协办的安化县第 36 届青少科技创新大赛，共收到作品 324 件（幅），其中小发明 31 件，科技创意 34 件，小论文 23 篇，信息技术应用 1 项，科幻绘画 212 幅，科技实践活动 13 项，教师作品 11 件。共评出作品一等奖 61 件（幅），二等奖 106 件（幅），三等奖 138 件（幅），其中 29 件（幅）参加益阳第 38 届青少年科技创新大赛。第九届湖南省机器人竞赛机器人创意擂台赛，全县 4 组小学生获省二等奖 1 个，三等奖 1 个。梅城镇中学获中国科学技术协会、教育部、发展改革委、中央文明办、共青团中央共同组织开展的“走近创客，体验创新——2016 年青少年科学调查体验活动的“优秀活动示范单位”。

三、自身建设

1. 自身建设工作。加强领导班子和干部队伍建设和对所属学会工作的调研和指导，引导和支持学会积极承接政府转移的社会化服务职能，增强学会的吸引力和凝聚力。健全乡镇街道科协组织建设，充分发挥基层组织的示范推广作用。

2. 党建和扶贫工作。县科协高度重视党建和扶贫工作，在全面落实贯彻县委、县政府下达的工作任务的同时，多次召开党组和干部职工会议传达文件精神，明确专人管理，加强工作责任。以尊崇党章、遵守党规为基本要求，以用习近平总书记系列重要讲话精神武装党员思想为根本任务，扎实开展了“两学一做”学习教育。多次组织人员到联系点小淹镇肖家村、扶贫点柘溪林场神湾村及白水村开展走访、慰问、调研活动，想方设法解决村里急需解决的困难，指导村班子开展培训学习、发展特色产业、提高服务效能、开展送科普知识下乡活动。

【开展防灾减灾宣传周活动】 5 月 12 日，县科协联合县科工局、县教体局、县卫计局、县人防办等 29 家单位在罗马广场开展了以“为提高群众安全意识、应急避险和自救互救能力”为主题的应急宣传活动。通过宣传，使公众对突发事故的种类、特点、危害及基本防范措施、应急避险和自救互救常识有了更深的了解，进一步掌握了有关避险的基本技能和应急小常识，提高了全社会的应急意识和应急避险能力。

【送科技下乡活动】 5 月 21 日至 27 日，县科协联合卫计局、县科工局、县农粮局、县市场质量监督管理局等 9 家单位以专家咨询、科普报告会、科普进村、进社区、进学校活动为主题，先后到江南镇、小淹镇、马路镇开展了义诊及送科技下乡活动。

【全国科普日活动】 9 月 19 日至 25 日，围绕“创新放飞梦想，科技引领未来”主题，县科协组织县级全民科学素质工作部分成员单位、科技工作者和科普志愿者，在全县范围内开展了“全国科普日”系列活动。

（撰稿人：乔鹤）

安化县计划生育协会

【领导人名录】

会　　长　蒋金云

常务副会长　张良保

副 会 长 李新治
秘 书 长 朱 彤

【概况】 安化县计划生育协会成立于1993年6月，为社会团体。主要职责是：贯彻落实国家人口与计划生育法律、法规和政策，动员和组织广大群众自觉实行计划生育；负责计划生育协会的宣传、服务、监督、协调工作；开展计划生育基层群众自治工作；开始生育关怀和计划生育系列保险工作。2012年4月实现“入序”“参公”“三定”，明确为县级群团组织，归口党群口管理。设会长1名、常务副会长1名、副会长1名、秘书长1名。内设办公室、项目股两个机构。

2016年，安化县计划生育协会坚持围绕中心、服务大局，扎实开展工作，确保各项工作有力有序开展。在全省计生协工作绩效考核评估中荣获“2016年度全省计生协模范单位”称号，在全省计生系统创新工作中荣获二等奖。

一、生育关怀

全年分三次对187户贫困计生家庭进行了救助，资金31.48万元。多次组织各乡镇计生协对辖区内贫困计生家庭进行走访慰问。主动将精准扶贫工作有效融入项目建设和生育关怀中，不但要求项目所在乡镇（区）重点关注计生贫困家庭的扶贫工作，还在免费购买的计生家庭保险项目中明确规定精准扶贫建档立卡户100%参保。同时在烟溪镇双烟村重点开展扶贫工作，为他们争取省计划生育“三结合”项目一个，提供了部分就业机会。开展“百名学子金秋圆梦”专项资助，为全县100名考取大学的贫困计划生育家庭子女提供2000元/人的资助。这项活动从2011年开始，已经持续了5年，近600名应届考上本科院校的贫困学子得到了资助。发展“三结合”项目一个：烟溪镇双烟村豹子洞茶叶基地，争取省级项目资金5万元，让9户计划生育困难家庭受惠脱贫；争取“贴息贷款项目”4个，分别是：安化诚丰生态庄园、安化高马正伟毛茶加工厂、安化县昌茂隆生态农业科技有限公司和安化县洁康餐具消毒店，共计贴息25万元，为部分计划生育家庭提供了就业岗位。此外，项目负责人组织对辖区内的特困计生对象进行慰问，共计发放慰问金3.4万元。发展保险项目。全年投入保费278.59万元。理赔1703人，理赔资金205.83万元，赔付率达73.88%。另外，为563户独生子女伤残、死亡的特殊家庭和后遗症、并发症对象争取150元/人的省计划生育特殊家庭保险。启动了计划生育家庭老年人意外伤害保险工作，对积极应对人口老龄化，增强家庭抵御风险的能力起了积极作用。

二、保障制度

1.队伍建设不断加强。县级计生协会在原有编制的基础上，增加了1名编制；及时调整并充实力量，调整乡镇常务副会长7人，各乡镇（区）级计生协配备了1名专职人员从事计生协工作，在开展政策宣传、基层群众自治示范村创建、生育关怀、基本公共卫生服务方面发挥了积极作用。

2.经费得到保障。乡镇计生协活动经费，严格按上级文件规定落实到位，实行专款专用；村级计生协的活动经费，根据实际需要给予解决，保障了协会活动正常开展。乡镇、村、组各级协会相关人员的待遇也得到了落实。争取省基层协会能力建设资金，为梅城、仙溪、东坪等10个乡镇添置了办公设备，改善乡镇计生协会办公条件。

三、基层群众自治

截至2016年，县计生协共创建国家级示范村4个；省级示范村16个；市级示范村42个；县级示范点161个。创建示范村根据自身实际制定计划生育村规民约，并与计生对象签订了计划生育管理服务合同，主动开展宣传、办证、上门以及信息反馈等服务，有效地缓解了计生工作中的矛盾，相应地提升了计划生育的工作水平。骨干会员作用得以充分发挥。一方面县计生协根据省市计划生育网底建设的要求，在示范村的创建过程中，开展了网底建设试点。分块分片选聘片组长，解决片组长报酬每月50元。另一方面建立了骨干会员联系计生家庭户制度。发动村两委责任人员、片组长即骨干会员联系辖区内的计生家庭，帮助他们落实计划生育政策、掌握对象的信息、了解计生困难家庭情况，多层次、多渠道给予关怀和服务。

【湖南省计生协领导到安化调研项目工作】 4月21日，湖南省计生协副会长胡新凡、业务指导处处长武昆等一行深入安化县调研计划生育“三结合”项目（把计划生育工作与发展市场经济相结合，与群众勤劳致富奔小康相结合，与建设文明幸福家庭相结合）和计生家庭小额贴息贷款项目运行情况。胡新凡一行重点考察了田庄乡湘岩村，参观了诚丰生态庄园，详细了解了项目的生产规模、资金、技术及效益等情况。

【庆祝中国计划生育协会成立36周年】 5月27日，安化县举办了“文明计生家庭”表彰大会，庆祝中国计划生育协会成立36周年。全县县直、乡（镇）村（社区）共1000余人参加了大会。湖南省卫计委党组成员、省计生协会常务副会长康代四，省计生协综合处处长刘琼林、益阳市政府党组成员、副厅级领导喻国良，益阳市计生协会会长魏遐林等省市领导和安化县委书记杨光鑫等主要领导、县卫计部门、计生协会相关负责人出席大会。会上县计生协会从各乡镇计生协会评选出来的346户文明计生家庭中，择优推出42户典型进行表彰。

【"百名学子金秋圆梦"助学活动】 8月18日，安化县计生协会和安化农商银行联合举行了“百名学子金秋圆梦”助学金发放仪式，对全县考取本科一、二批院校的学生中属于计划生育家庭的独生子女或两女户，且家庭信誉度高、无不良贷款记录的100名贫困学生，每人给予2000元现金资助。自2012年启动“金秋圆梦”助学行动以来，安化县计划生育协会共筹集资金120余万元，帮助了600余名困难计生家庭子女实现大学梦，受到了群众的普遍欢迎。另外安化县25个乡镇（区）计生协会根据县计生协会的安排，积极筹措资金开展对困难计生家庭子女的助学行动，共筹集52万元，资助计生家庭困难学子达260余人。

（撰稿人：刘娟）

军事·法治

安化县人民武装部

【领导人名录】

部　　长　鲁志坚
政治委员　熊　杰
副 部 长　文楚强
党委委员　谭龙辉　李志祥

【概况】 安化县人民武装部（简称县人武部）于1951年8月25日由原安化县民兵支队部及民兵大队部统一整组而成。县人武部先后被原总部机关和省军区评为“全国征兵工作先进单位”“健康营院”“先进旅团党委”“全面建设先进团级单位”“军事训练先进团级单位”“三学”先进单位等。

2016年，县人武部紧紧围绕强军主题、改革主线，认真履行“五部”职能，年度各项工作有序展开、稳步推进，先后被省军区表彰为军事训练先进团级单位，被市军分区表彰为先进团级单位党委、安全工作达标单位。

一、思想政治建设

始终把思想追随作为政治建军第一位的任务，不断强化“四个意识”，切实做到维护核心、追随看齐、凝心聚力。深入学习习主席系列重要讲话精神，抓了两项重大教育，结合党委中心组理论学习，严格落实党组织生活“三会一课”制度，结合纪念建党95周年，组织到扶贫点开展现场党课授课辅导，增强教育实效。结合改革强军主题教育，组织开展“合编合力合心”教育，积极营造学习氛围，正副书记带头谈心交心、带头讲党课、带头解决官兵实际困难，增强官兵扎根安化山区的责任担当。抓住基干民兵训练、民兵整组等时机，组织民兵队伍参观国防教育基地，邀请市讲师团成员进行国防知识授课，到烈士纪念碑前进行公祭活动，夯实了民兵思想政治建设基础，有力提高了民兵队伍听从指挥、服务大局的自觉性。

二、应急应战能力

紧贴实战要求，采取业务交流、现场勘察、集体研究等方法，完成战备方案修订，对6类25个处置方案和配套计划进行修改完善。坚持任务牵引，从严从实抓好应急队伍建设，以执行维稳处突、抗洪抢险、扑救山火等任务为重点，先后完成专武干部、民兵应急连、舟桥分队骨干等6期共510人的训练任务。通过一系列集训演练，拓展了任务、锻炼了队伍、提高了能力。7月，安化遭遇严重洪涝灾害，人武部机关和各基层武装部组织500余民兵第一时间出动、第一时间到达现场、第一时间发挥作用，分别在仙溪镇、滔溪镇和县城城区展开抗洪抢险行动，为保护人民群众生命财产安全发挥了突击队、主力军作用。

三、后备力量建设

严格落实《专职人民武装干部工作规定》，树立鲜明的用人导向，增强了基层活力，激发了队伍动力，使专武干部有想头、有干头、有奔头。积极开展专武干部业务培训，选准配强专武干部队伍。共调整19名武装部部长，其中13名武装部部长得到提拔使用，5名优秀的武装部副部长提拔为武装部长。增强学生军训质量，选拔120名退役骨干进行军训教练员集训，将“四会”新技能纳入必修课目，提高了教练员组织指挥能力，这一做法在《国防报》二版版头刊发。在辖区几所高中和职校推广“现役官兵指导、专武干部组织、退役人员带训”的方法路子，确保了年度学生军训任务的圆满完成。

四、基层建设

认真贯彻省军区抓建基层工作会议和“湘潭会议”精神，按照“先行试点、刻画样板，现场观摩、推广经验，全面抓建、整体提高”的思路，强力推动基层正规化建设，奎溪镇、清塘铺镇、羊角塘镇、梅城镇等一批基层武装部达到了样板单位水平。按照“编组布局就是作战部署”的思路，在柘溪镇召开现场会，拟制下发了《民兵整组检查评比实施细则》《民兵整组软件资料规范填写和点验流程指导意见》，以及各类登统记表、卡、册。组织人员对各乡镇逐一进行检查点验、量化打分，确保了整组工作落实。

五、兵役工作

主动适应新形势，及早筹划展开征兵工作，改变以往开设兵役登记站、被动坐等登记的做法，协调电视台在黄金时段插播征兵宣传片，创建安化征兵微信公众号。发动乡镇、村组深入适龄青年家庭上门宣传服务。2016年安化县18岁公民兵役登计率达100%；网上应征报名男性公民为任务数的9.5倍，确保了全县新兵征集任务的完成。通过年终量化评比，综合得分达90分以上的有9个乡镇，其中仙溪镇、清塘铺镇、古楼乡3个单位大学生比例达到标准要求。积极服务好现役官兵，对在部队立功受奖的现役军人，组织乡镇敲锣打鼓送喜报到家，开创性发放特色“军功年画”，激励现役官兵继续争先创优，《国防报》、人民网、中国军网相继进行了报道。

六、党管武装工作

认真落实党管武装制度，坚持定期向县委、县政府主要领导汇报工作，融洽军地关系，主动搞好军地协调，高标准筹划召开人武部党委第一书记任职大会，强化了党政领导依法履职抓武装、建武装、用武装意识。充分利用各种宣传平台广泛开展国防教育，先后在罗马广场、城南汽车站等处设立大型国防宣传牌，在城区道路隔栏设置国防宣传标语50余处，在小淹建玲茶厂路段、湾竹塘岔路口等处电子显示屏滚动播放国防宣传短片，有力推进全民国防教育工作。积极做好参建参治工作，组织常驻民兵支援柘溪爱国主义基地建设，定期对基地武器装备进行维护保养，提升景点形象；常驻民兵协助城管参与城市管理工作，为创建卫生文明城市贡献力量。党管武装的经验做法在《国防报》《湖南国防教育》等报刊进行了宣传报道，并在《益阳日报》整版刊发。

【全县党管武装暨民兵预备役工作会议】 3月7日，全县党管武装暨民兵预备役工作会议在县会议中心三楼会议室召开。会议由县人武部部长鲁志坚主持，政委熊杰作工作报告，部署全县党管武装暨民兵预备役工作，各乡镇书记和武装部部长进行党管武装述职，县委组织部部长祁辉对述职情况进行讲评。县委书记杨光鑫、县长熊哲文分别作重要讲话。

【全县民兵整组工作会议】 3月8日，按照“编组布局就是作战部署”的思路，在柘溪镇召开整组工作现场会，部署民兵整组工作，规范软件资料，观摩民兵点验流程，拟制下发了《民兵整组检查评比实施细则》《民兵整组软件资料规范填写和点验流程指导意见》以及各类登统记表、卡、册。组织人员对各乡镇逐一进行检查点验、量化打分，确保了整组工作落实，促进了基层建设水平的有力提升。

【军事训练工作】 4月、5月、9月、10月，以执行维稳处突、抗洪抢险、扑救山火等任务为重点，先后完成专武干部、民兵应急连、舟桥分队骨干等5期共510人的训练任务。5月，根据军分区统一安排，组织10名操舟机手到沅江参加集训，提高实践操作能力，在抗洪抢险中发挥了重要作用。坚持基础体能训练常态化，每天下午最后1小时开展体能训练，每月组织一次体能普考，并建立个人成绩档案。年底，参加军分区组织的军事训练考核，取得全区第一名的良好成绩。

（撰稿人：谭龙辉）

安化县人民防空办公室

【领导人名录】

主　　任　文光明

副 主 任　石　斌

纪检组长　王　覃

【概况】 安化县人民防空办公室

（县人防办）于1982年成立，当时为县政府办内设机构，2007年正式挂牌单独设立，为正科级参照公务员管理事业单位，2016年机构改革后调整为行政机构，列入县人民政府工作部门序列。在岗人员11人，内设机关工会、综合股、业务股及二级事业机构人民防空信息保障中心。

2016年，县人防办切实加强机关管理和干部队伍建设、加大行政执法和人防宣教力度、加快人防指挥体系建设，有效履行“战时防空、平时服务、应急救援”使命，被省国防动员委员会评为全省人民防空先进单位。

一、干部队伍建设

一是健全和完善机关管理制度。为推进机关管理向规范化、制度化、科学化迈进，该办进一步完善了各项机关管理制度，初步形成一整套用制度管权、管事、管人的有效机制，主要做法有：强化岗位责任制、完善执法程序、建立考核机制等。二是切实加强人防队伍建设。新增二级机构1个（人防指挥信息保障中心），新增事业编制3个，充实人防队伍力量；结合“两学一做”学习教育的要求，积极开展理想信念教育、党员先进性教育、职业道德教育、社会主义核心价值观教育，促使全办党员干部进一步坚定理想信念，提高党性觉悟，增强政治意识、大局意识、核心意识、看齐意识，为务实工作夯实思想基础；加强干部的业务知识学习，积极组织干部参加省、市组织的工程管理、行政执法等业务培训，聘请律师到办开展行政执法讲座，结合机关学习制度督促干部自学人防法律、法规及政策，同时，通过开展全员执法、应急救援演练、指挥通信设备操练等活动提升干部执行能力。

二、执法工作

一是多次向县领导汇报，请求重新将县人防办纳入大规划委员会例会成员单位，5月始该办正式参与全县建设项目的设计审查，强化了各项审批工作，努力争取实现安化人防结建工程建设零的突破。二是认真开展新建项目规费征收和欠缴项目的清收工作。主要做法有：在县城城区范围内开展常规性巡查，进一步规范了市场建设行为；对欠缴项目进行电话催告、上门催收或下发催缴通知书，对财产抵押项目进行多次沟通衔接，争取由原房地产开发商回购抵押商品房；对江南华府项目申请了法院强制执行；加强与县住建、房产、国土等部门的联系，随时了解建设项目的手续办理情况，从严把好报建联审和人防前置审批关。三是认真做好规范行政许可程序、规范执法文书、规范案件归档管理工作。

三、宣传教育

一是创新开展人防宣传教育“五进”工作。主要做法有：将机关宣传教育的重点放在领导层面上，充分利用各种会议、各类场合向县委、县人大、县政府、县政协、县人武部主要领导汇报人防工作情况，并在县人民政府第八次常务会议上为县级领导和各部门领导讲授人防知识；结合“5·12”防灾减灾日、“11·1”警报试鸣日的活动，在社区广场设立人防宣传点和咨询台开展人防宣传工作；面向城区7所小学发放人防小博士宣传画册2000套，并安排老师讲课；与县教体局、城区中学对接，确定人防知识内容和课时要求，联合县教体局督察学习开展情况；结合安化县第二中学新生入校军训开展了防空疏散演练；利用项目报建时机向各房地产开发商宣传人防政策法规；在安化县政务网站上及时发布人防法律法规、政策规章和工作动态，创建办事指南、咨询投诉等服务窗口，为社会组织和广大公民提供服务；借助电视台、网站、报刊、手机平台等载体，广泛宣传人防发展成果，进一步扩大人防影响，树立人防形象。二是重点抓好了安化县开放式人防宣教基地建设。

四、指挥体系现代化建设

一是就人防地面指挥所工程竣工验收及扫尾工程建设的相关问题，多次召集承建方、开发方、监理方、中介公司等相关人员进行协商，处理意见已达成一致。二是经过多方调研，初步确定了县人防指挥信息系统建设方案。三是3次参与市办组织的人防机动指挥通信系统跨区演练，4次完成与省办移动指挥设备互联互通。四是完成了“11·1”的人防警报试鸣任务，实现了覆盖率和鸣响率“双百”动态达标。五是规范人防警报器和移动指挥车的使用和管理，并配合县防汛抗旱指挥部搞好了防汛抗灾工作。

【安化县人防应急指挥中心正式挂牌】 4月26日，安化县人防应急指挥中心正式挂牌，同时挂牌的还有安化县国防动员委员会人民防空办公室。安化县县委常委、副县长伍拥军、县人武部部长鲁志坚出席挂牌仪式。

【“5·12”防灾减灾宣传活动】 5月12日，安化县人防办在罗马商业广场设立人民防空应急知识宣传点，面向社会普及人防知识、防灾减灾基本技能和自救互救应急常识。此次活动共展出人防宣传展板12块，发放人防宣传资料2000余份，接待咨询群众300余人次，并租用广场电子显示屏轮播人防科教片《居安思危井备战人防》。

【益阳市人防办领导到安化调研指导工作】 5月20日，益阳市人防办党组书记、主任彭泽良到安化县调研指导工作，市人防办副主任曹克怀、纪检组长匡强陪同。市办一行现场考察了省定县级人防宣传教育示范基地选址及县人防指挥中心项目，并听取县人防办工作情况汇报。

【学校防空袭疏散演练】 8月24日，在县人武部的具体指导下，县人防办、县教育和体育局联合组织安化县第二中学高一新生开展防空袭疏散演练。19分钟内，该校1200余名师生按照预定方案，准确无误完成了预先警报时的疏散准备动作、防空警报时的就近疏散动作、解除警报时的队伍整理动作。

【防空警报试鸣】 为了增强市民居安思危的国防观念和防空意识，使广大人民群众熟悉防空警报信号，保护人民群众的生命和财产安全，11月1日上午9点30分，安化县城区防空警报器齐鸣，顺利完成全省统一的防空警报试鸣任务。

【湖南省人防办领导到安化调研人防宣传教育工作】 11月1日至2日，省人防办巡视员邵桂初一行到安化县调研人防宣传教育工作。省办一行实地查看了开放式人防宣传教育基地及县人防指挥中心的建设情况，并听取了县人防办工作情况汇报。

（撰稿人：陈容娟）

安化县委政法委

【领导人名录】

书　记　罗必胜（2016.8止）
　　　　伍令贤（2016.8起）
常务副书记　张斌华
副书记　李远胜　李泽妙（兼）
纪检员　胡拥军（2016.1止）
　　　　姚娟红（2016.4起）

【概况】 中共安化县委政法委员会成立于1981年12月，与县社会管理综合治理办公室实行两块牌子一套班子，合署办公。县委政法委是县委领导全县政法工作的职能部门，县综治办是协助县委、县政府领导全县社会管理综合治理工作的常设性办事机构。县委政法委内设办公室、政工室、执法监督室、维稳办、国安办、监察室等工作机构。2016年有在职在编干部12人，借用4人，共16人。其中硕士研究生1人，本科生11人，大专或高中4人；退休人员9人。

2016年，全县政法机关认真贯彻中央和省、市政法工作会议精神，紧紧围绕全县工作大局，忠诚履职、攻坚克难，大力推进平安安化、法治安化和过硬队伍建设，有力地推动了社会治安综合治理工作全面落实，维护了全县社会政治和治安大局持续稳定，为建设畅通、宜游、秀美、富裕新安化创造了优良的社会治安环境。

一、强调责任落实，社会大局保持稳定

一是强化了矛盾纠纷排查调处。按照“预防为主、调处优先、依法处理、防止激化”的原则，着力解决影响社会和谐稳定的源头性、根本性问题，2016年，各级调解组织共调处民间纠纷5194件，实现纠纷调解率达100%，其中重大、疑难矛盾纠纷调解成功率达99%以上；二是强化了维稳风险评估机制。2016年，对13个重大事项实施了社会稳定风险评估，准予实施13件，没有因未评估或评估不到位、决策不当引发影响社会稳定重大问题的情况；三是强化了非访治理工作。2016年，全县“四无目标”如期实现：全县没有发生重大影响的群体性事件，没有发生特大恶性交通、火灾责任事故，没有发生重点人员进京上访和滋事事件，没有发生其他影响社会稳定的突出问题。连续五年，实现全国“两会”期间零非访。

二、坚持打防结合，治安秩序逐步好转

2016年，全县公安机关共破获各类刑事案件509起，刑事拘留369人，逮捕206人。严厉打击群众反映强烈的聚众赌博、吸贩毒和“两抢一盗”等违法犯罪行为，组织开展打击“赌、毒、盗”专项整治行动，共查处涉赌行政案件139起，涉赌刑事案件22起，涉黄行政案件25起，涉黄刑事案件7起；刑拘涉毒人员86人，强制戒毒237人，社区戒毒230人，全县涉毒违法犯罪得到有效遏制；命案发7起破7起，做到“命案全破”，侦破率达100%。法院机关充分履行刑事审判职责，审结刑事案件313件，判处罪犯364人。审结杀人、故意伤害、强奸、盗窃等影响群众安全感及多发性侵财型犯罪案件37件41人；审结涉黄、赌、毒犯罪案件107件143人，其中涉毒案件90件98人；审结贪污、贿赂、渎职等职务犯罪案件8件12人。检察机关打击各类影响群众生活安全感的违法犯罪，加大对黑恶势力犯罪、严重暴力犯罪、毒品犯罪和“两抢一盗”等多发性犯罪的惩治力度，共批准逮捕199件221人，办理移送审查起诉案件330件400人、提起公诉229件270人，同时，正确运用宽严相济的刑事政策，对轻微刑事案件，共以无社会危险性不捕28件32人、刑事和解不起诉7件7人；深化涉法涉诉信访工作机制改革，共依法妥善处理群众控告、举报和申诉16件次，办理国家赔偿案件2件；继续保持“全国文明接待室”荣誉称号。

三、围绕创新治理，基层基础不断加强

一是加强社会治安视频监控系统建设。坚持以物防为基础、人防为核心、技防为重点，自2007年启动治安电子防控系统建设以来，新建、维修维护、改造升级累计投资1800余万元，共建设视频监控点位758个，监控室18个，其中2016年新装视频监控探头150个，构建了以县城为中心，辐射重点乡镇，逐步实现全县范围内无缝覆盖的立体化治安防控体系。二是加强社区矫正工作。严格落实分级分类管理，对91名严管级社区服刑人员进行重点监控、重点管理。对不服从管理或抗拒监管矫正的社区服刑人员，进行批评训诫，并依法采取警告、提请治安处罚、提出撤销缓刑建议、提出收监执行建议等处置措施。2016年共警告处分11人次，提请收监执行3人。三是加强刑释人员的安置帮教工作。在马路水泥厂建安置帮教基地1个，共安置刑满释放人员45人。全县累计接收安置帮教人员1915人，安置帮教率达100%，逐一落实了帮教责任人，在生产生活和就业等方面提供帮助，使其顺利回归社会，减少重新犯罪。四是加强人民调解工作。重点突出完善司法调解、行政调解、人民调解“三调联动”大调解工作机制，积极构建“纵横环”人民调解工作网络，认真落实“分级培训、分类指导、以奖代补”等人民调解工作制度，坚守经济社会稳定“第一道防线”， 自2015年全县推广实施人民调解“以奖代补”制度起至2016年底，共调解“以奖代补”案件4000余件，矛盾纠纷接报后调解率100%，调解成功率达95%，其中重大、疑难矛盾纠纷调解成功率达99%以上。

四、深入依法治县，法治安化稳步推进

紧紧围绕“争创法治益阳先导区、构筑法治安化新高地”的目标，坚持把培育公民法治信仰作为“基础工程”“惠民工程”抓紧抓实，不断推进法治安化建设。一是着力在统筹协同中增强法治宣传“行动力”。出台全面推进法治安化建设的实施意见，将法治宣传教育成效纳入县、乡镇绩效管理考核体系，纳入县、乡镇党委政府重要议事日程，纳入县、乡镇同级财政预算保障。二是着力在互动衔接中把握法治宣传“覆盖率”。全县逐步建立了全方位的立体普法网络，实现了普法宣传和法治安化建设层层有人管、级级有人抓。三是着力在组织活动中突出法治宣传“新亮点”。组建安化县普法讲师团，聘请8名专职律师，备选35堂法制课，每年在各乡镇、学校、企业和部门单位开展巡回授课100余堂。组建安化县法律顾问团，选聘8名律师担任顾问，协助县委、县人大、县政府、县政协处理法律事务。

五、坚持严管队伍，整体形象明显提升

全县政法机关以建设过硬队伍，打造政法铁军为目标，严格按照政治过硬、业务过硬、责任过硬、纪律过硬、作风过硬的要求，加强政法队伍建设。一是建设学习型政法队伍，不断提升战斗力。全县政法机关紧密结合政法干警工作实际，把干警的思想政治教育放在工作的首位，有针对性地开展了以提高基层政法干警专业技术水平、拓宽知识面为重点的专业知识培训。二是建设服务型政法队伍，不断提升亲和力。持续深入开展宗旨意识教育，不断增进群众感情，强化服务意识，把服务理念体现在执法司法的全过程。三是建设公正型政法队伍，不断提升公信力。近年以来，全县政法机关在促进社会公平正义中切实发挥中流砥柱作用，通过每一件个案的公正来累积司法公信力，凝聚社会正能量，让群众感受到公平正义就在身边。

【县委政法工作会议】 5月20日，两年一度的县委政法工作会议在安化大剧院举行。安化县领导杨光鑫、熊哲文、王新宇、蒋跃登、李太源、邓友良等出席会议。各县直单位、乡镇负责人，全县政法系统非执勤工作人员参加会议。会议对近年来涌现出的见义勇为先进个人、政法系统先进集体和先进个人、全县优秀律师、人民调解员、十佳警嫂进行了颁奖表扬，通报了近年来全市政法系统违法违纪典型案例。

【“平安安化”微信公众号开通运营】 6月23日，县委政法委微信公众平台“平安安化”通过认证审核，正式上线运营。“平安安化”的开通，将以“汇聚法治正能量，传递政法好声音”为方向，以宣传政法工作、畅通法治宣传渠道、普及安全防范、动员群防群治为目标，搭建全县政法机关与广大市民更加便捷的信息互动平台，起到“微信零距离”的良好效应。

【益阳市委政法委领导到安化调研政法队伍工作】 8月4日，市委常委、政法委书记李永军到安化调研政法队伍建设工作。李永军先后深入柘溪派出所、柘溪电厂武警中队、云台法庭及云台山村人民调解委员会进行了走访调研。他在座谈会上指出，政法队伍建设要拿出“两手抓”“抓两头”的手腕，聚焦基层一线，重点整治，层层压实责任。县领导王新宇、罗必胜、贾博文陪同调研并参加座谈。

【安化县法学会成立】 10月26日，安化县召开法学会成立暨第一次会员代表大会。会议特邀市委政法委副书记、市综治办主任、市法学会常务副会长蔡波才，市委政法委副调研员、市法学会秘书长李良兵参会指导。大会选举产生了安化县法学会第一届理事会理事46人、常务理事24人、秘书长1人、副会长9人、常务副会长1人、会长1人。县委常委、政法委书记伍令贤当选为县法学会第一届会长。

【益阳市委政法委领导调研指导政法工作】 11月24日，市委常委、政法委书记董岚一行深入安化县调研指导政法工作。在座谈会上，董岚要求政法班子要理顺工作思路，突出工作重点，明确工作抓手。并提出了“五个坚持”的具体要求，要坚持党对政法工作的绝对领导，强化党建和业务建设两手抓；坚持社会治安综合治理的重要性，追求工作实效，对工作及时总结巩固提升；坚持落实责任，维护全县的平安稳定；坚持全面从严治警的主旋律，全面规范执法行为，全面激励干部队伍的积极性；坚持打造法治安化，营造依法行政、全民守法的浓厚氛围。县委常委、政法委书记伍令贤、公检法司负责人、政法委全体班子成员参加座谈。

（撰稿人：夏拓）

安化县公安局

【领导人名录】

局　　长　贾博文（2016.8止）
　　　　　曾　华（2016.8起）
政　　委　张跃军（2016.11止）
　　　　　钟　程（2016.11起）
副 局 长　黄振军
　　　　　谌嘉球
　　　　　梁森林（兼纪检组长）
　　　　　黄旭东（兼工会主席）
党组成员　贺丰虎（兼指挥中心主任）
　　　　　陈　刚

【概况】 安化县公安局成立于1949年9月7日，为县人民政府的工作部门，主要职能是贯彻执行国家有关公安工作的法律、法规和政策；掌握影响稳定、危害国内安全和社会治安的情况，分析形势，制定对策；根据县委、县政府和上级公安机关的指示，结合安化县实际，研究部署全县公安工作，并指导、检查、监督全县各警种贯彻执行；预防、制止和侦查违法犯罪活动，对判处管制、拘役、剥夺政治权利的罪犯和监外执行的罪犯执行刑罚，对被宣告缓刑、假释的罪犯实行监督、考察；维护社会治安秩序，制止危害社会治安秩序的行为。负责管理户籍、居民身份证、枪支弹药、管制刀具和易燃易爆、剧毒、放射性等危险物品。负责管理特种行业和公共场所。负责管理集会、游行、示威活动。全局共设指挥中心、政工室等20个内设单位，设东坪派出所、梅城派出所等25个派出所，设东山警务站、新桥警务站等9个警务站，设县看守所、县拘留所2个监所管理机构。

2016年，该局认真贯彻落实习近平总书记系列重要讲话精神，紧紧围绕省厅“两加强两提升”警务战略，在市局坚强领导下，深入实施“双五双十”工程，全局忠诚履职，扎实工作，有力维护了全县持续稳定。

一、积极作为，全力保障政治大局稳定

该局始终将社会政治大局稳定置于各项工作之首，实现了全省、全国“两会”期间“零赴省、零进京”的目标。清明节期间，成功化解了涉及数万人的东坪镇谌氏坟山纠纷。打击了非法吸收公众存款案等涉众型经济犯罪，查办了鑫赋小区等多起涉房地产案件，刑拘5人，有效防控了经济领域不稳定因素。

二、突出主业，全力维护治安大局稳定

全局相继开展“雷霆侦破大会战”、“扫黄禁毒”、“收缴整治枪爆物品”、打击“盗抢骗”等一系列专项行动，取得了丰硕成果。成功破获了公安部督办的特大网络非法制造、买卖枪支案，刑拘6人，收缴工作台2个、成品枪支8支，枪中零配件25000余件。此案的成功破获被国家多家媒体报道，受到省公安厅表彰。破获了省厅督办的贩毒案件，抓获贩毒人员9人、吸毒人员35人、收缴毒品冰毒1300克、毒资13万元。严厉打击了外流贩毒，较上年同期下降了39%。命案全破受到省厅表彰。加强危爆物品管理，确保“不炸响、不流失”，2016年共销毁非法生产与经营等烟花爆竹半成品9.5吨、成品5000余件。

三、立警铸魂，全力提升综合战斗力

组建了技侦大队，完成了环县电子卡口建设和全县公共视频监控建设任务。结合安化实际，以网安大队为依托，积极推进“4+X中心建设”，建成了合成作战中心。2015年12月该中心运行以来，已破现行案件95起，抓获各类犯罪嫌疑人76人。包括特大网络非法制造、买卖枪支案等。落实省公安厅“五标准、五工程”要求，坚持铸魂育警，倡导学习型警队，教育民警学习做人，以德为先；学习习近平总书记系列重要讲话，筑牢“四个意识”；学习业务知识，坚守法治。坚持文化育警，11月新建了藏书达三万册的“警察书屋”，开展“警营书香”读书月活动；坚持素质强警，局巡特大队被推荐为“规范执法随岗训练省级示范点”；坚持人才兴警，执行县委、县政府人才引进工程；坚持暖心惠警，国庆节前落实了全局民警警衔津贴，县局统一对24个派出所（站）的警车全部更新，让民警坐放心车。推进住宅小区建设，拖了长达5年之久的金安景园，2016年底基本完工。筹集资金36万元，救助困难民警。通过一系列的举措，把安化公安队伍的正气树起来了，士气鼓起来了，警心聚起来了。

【邵东县公安局到安化交流指导工作】 3月2日，邵东县公安局副局长刘焕率该局指挥中心、政工室等部门十余人到该局交流指导工作。

【稳妥处置清明节期间谌氏祭祖风波】 清明节期间，安化县公安局稳妥处置了清明节期间谌氏祭祖风波，确保中茶安化茶厂秩序良好，确保了县城秩序良好，确保了清明节期间全县社会大局平稳有序。

【破获首起当庭殴打诉讼参与人的扰乱法庭秩序案】 6月2日，该局治安大队民警经过连续两天的侦查，依法对涉嫌扰乱法庭秩序罪的周干某、周杨某予以刑事拘留。这是2015年《中华人民共和国刑法修正案（九）》颁布以来，安化县当庭殴打诉讼参与人被刑事拘留的第一案。

【在全市第十六届大众运动会中取得佳绩】 8月8日，该局代表安化参赛，取得益阳市第十六届大众运动会拔河比赛冠军、军用手枪射击比赛男子团体亚军，黄丹、张娟娟分别荣获男子组、女子组第一名。

【益阳市公安局领导到安化督导公安工作】 8月31日，市人民政府副市长、市公安局局长瞿晏平率副局长张凤阳、詹望彪和治安支队支队长苏建罗、警令部负责人刘洪波等一行来到安化县督导公安工作。

【荣获2016全市巡特警实战比武团体冠军】 11月11日，在益阳举行的全市巡特警部门警务实战技能比武中，该局巡特警大队脱颖而出，勇夺团体冠军，并一举斩获武装越野第一名、战术射击第一名、综合警情处置第二名等单项奖。

（撰稿人：周巍）

安化县公安消防大队

【领导人名录】

政治教导员　贺胜国

大 队 长　陈　阔

党 委 成 员　蒋兴东　罗　回
　　　　　　陈　峰　张润久

【概况】　安化县公安消防大队成立于1977年，加挂安化县消防安全委员会办公室牌子和安化县应急救援大队牌子，下设安化县消防中队。2016年，该大队共有官兵及文职雇员44人（其中干部9人，四级警士长1人，上士6人，中士3人，下士10人，上等兵1人，文职雇员及合同制消防员14人，）。大队共有执勤车辆5台（其中解放8吨水罐车1台、豪沃水罐泡沫车1台、五十铃水罐消防车1台、多功能抢险救援车1台、奔驰32米云梯车1台），勤务用车3台。

2016年，大队全体官兵精诚团结、恪尽职守，本着求真、务实、创新的工作理念，以“强基务实、稳中求进、开拓创新”为全年工作总基调，以高度的责任感和政治敏锐性为基点，扎实推动各项工作的开展。圆满完成了“夏季消防安全检查”“G20杭州峰会”以及“两节两会”安保等10项重大行动。2016年以来，全县共接警出动396次，其中火灾扑救299起，抢险救援64起，社会救助33起，出动官兵6336人次，出动车辆792台次，抢救被困人员18人，疏散被困人员364人，保护和抢救财产价值近亿元。另外，在微博、短信平台成功使用的基础上，大队着力提升全民消防能力，在各项专项行动中，大队先后5次联合安化电视台录制播出消防专篇，发布消防提示100余条。利用微信平台发布消防安全信息300余条，短信平台发送消防短信3000余条。除此之外，大队利用“3·15”消防产品宣传日、“11·9”消防宣传周以及各类安保活动散发消防宣传资料10000余份，赠送各乡镇消防宣传资料25套，赠送行政村消防宣传资料1000余份，利用户外楼宇发布消防安全提示语500余条。

一、强化政府主导力度，推进社会化消防安全责任落实

2016年，全县各级党委、政府和公安机关领导多次就消防工作作出批示、指示，召开消防会议18次，带队检查60余次；县委书记熊哲文、县长肖义、副县长（兼）公安局长曾华多次考察慰问部队、听取消防工作汇报、开展消防安全督察，营造了良好的工作局面，有力地推动了安化消防工作的开展。县、乡两级政府和职能部门层层签订消防工作责任状，将消防工作纳入政府目标责任考核和领导干部政绩考评体系，实行消防安全行政问责制，对发生重大火灾事故的实行“一票否决”。消防安全委员会成员单位认真履行职责，扎实做好所辖行业、系统消防安全工作，共同推进消防事业健康发展。

二、以三个突破为重点，加强消防队伍与设施建设

大队党委一班人不等不靠，扎实工作，加快了发展步伐。一是消防业务经费有突破。全年大队财政预算经费达366万元，其中除分期偿还消防车款68万元外，实际到账298万元，实现了消防业务经费再一次突破，为部队发展提供了强有力的保障。二是应急救援队伍建设有突破。大队加强对社会消防队伍的指导，充分发挥梅城、平口、烟溪、马路、江南、冷市、小淹等镇消防队的作用，基本上承担了前乡片区八个乡镇、库区八个乡镇以及各偏远乡镇的火灾扑救任务。同时指导湖南华莱生物科技有限公司和冷市镇成立了消防队。三是文化信息工程有突破。大队投入5万余元对办公电脑进行改造升级，营造舒适高效的工作环境；投入40万元建造的警营电影院与警营KTV一体式娱乐中心已经投入使用，丰富了官兵业余文化生活。

三、开展火灾隐患整治行动，消防安全环境不断优化

大队始终坚持政府在消防工作中的主导作用，积极向政府请示汇报消防工作，理顺工作机制。年初以来县领导先后组织召开全县消防工作会议、全县夏季消防安全检查行动动员部署会、2016年度全县今冬明春消防工作视频会三大主题会议，并下发了活动方案，协助县政府与乡镇、县直单位签订了责任状。在执法中大队按照“标本兼治，重在治本”的要求，在建设工程领域规划设计时实行消防意见一票否决制度，从源头上严把消防安全关。结合2016年开展的数次专项检查，大队积极推动了各行业主管部门履行消防安全督导责任，在夏季消防安全检查中，大队与安监局、卫生局、教育局、民政局、文广新局成立联合检查组，对全县的养老院（福利机构）、学校、幼儿园、文物古建筑、林木加工企

业进行了检查；推进住建局开展在建筑、燃气充装站点行业自查及消防安全培训。行业主管部门行业监管责任得到初步落实。全年共办理行政审批项目83个。主动深入企业检查指导，发现火灾隐患3219处，督促整改火灾隐患3162处，下发责令改正通知书3095份，下发行政处罚决定书70份，责令“三停”28家，下发临时查封决定书22份，罚款99.05万元。大队通过检查、约谈等方式，有效提升了社会单位消防责任主体意识，整改了一批火灾隐患。同时，紧紧围绕《全民消防安全宣传教育纲要（2011-2015）》的宣传贯彻，与民政、文化、农业等部门联合开展农村消防宣传服务站创建工作。

四、以部队稳定为根基，强化两项建设

1.加强班子队伍建设。大队按照党委统一领导、首长分工负责制的原则，大队党委班子始终保持高度的团结统一，大队主官相互通气，大事、敏感事党委会集体研究。一方面抓班子民主制度建设，实行民主决策、科学决策，班子内部形成了“心往一处想、劲往一处使”的良好氛围 。一方面充分尊重中队支部和官兵的意见，尤其在官兵入党、评先评优、学车等敏感问题上坚持民主投票决定原则。另一方面，党委班子坚持率先垂范，干部骨干以身作则，部队内部风清气正。2016年共有3名战士参加支队考学，4名战士参加总队驾驶集训，2名战士被党组织吸收为预备党员，在G20杭州峰会消防安保和夏季消防检查工作中，有1名战士荣立个人三等功，8名战士荣获嘉奖。

2.从严治警不断提高部队管理水平及综合应急救援战斗力。一方面严格部队管理。针对部队管理存在的问题，大队部署开展了“条令条例学习月”“作风纪律教育整顿”等活动，活动中大队开展队列训练、条令条例和各项规章制度学习，重点规范了岗哨、内务设置、一日生活秩序、灭火执勤秩序及辖区“六熟悉”等内容，部队管理日趋正规，灭火救援战斗行动日趋科学化、规范化、高效化。一方面强化实战训练，巩固练兵成果。大队根据实际狠抓官兵体能、技能训练，并结合辖区灾害特点，开展多部门、多力量的社会联动灭火实战演练，年内对每个消防安全重点单位组织演练至少开展了1次，并基本完成30%的重点单位《数字化预案》的制定工作。组织专人对全县消火栓进行了一次摸排。2016年，大队开展重点单位“六熟悉”活动104次、演练90次，统计出县城共有消火栓135个，对其逐一进行编号和测压和登记造册，并将消火栓的基本情况反馈给了自来水公司。另一方面强化安全防事故工作。大队狠抓“五无一创”工作的落实，以开展百日安全大检查活动为契机，重点抓好训练安全和车辆安全，同时查摆大、中队存在的安全问题，发现问题及时解决，并签订安全防事故责任状和保证书共60余份。加强安全防事故教育，集中抓好教育整顿，以教促管，切实查找出部队在管理教育和安全防事故工作方面存在的问题，并狠抓整改、落实，严防各类事故和违法违纪案件的发生；加强对休假、公差、8小时以外等零散人员的监控管理，杜绝失控漏管现象的发生。

五、继续倡导“实效引导”理念，消防管理创新更加深入

秉持“民生消防”理念，着力推动消防服务提质升级，持续推进“亮窗工程”建设，健全执法信息、流程、内容公开机制。扎实推进乡镇街道消防安全“网格化”管理和消防安全重点单位“户籍化”管理，发动社会力量参与消防监管。

（撰稿人：杜居一）

安化县人民检察院

【领导人名录】

检 察 长　戴新安（2016.8止）
　　　　　朱长均（2016.12起）
副检察长　肖光辉　夏　亮
　　　　　易华彪　杨朝晖
纪检组长　蒋正宇
政工科长　林志刚
反贪局长　彭元章
专职检委委员　王芝华　任丽华

【概况】 安化人民检察院于1978年恢复重建，2016年有内设业务职能科局队12个：侦查监督科、公诉科、反贪污贿赂局、反渎职侵权局、职务犯罪预防科、民事行政检察科、监所检察科、控告申诉科、林业检察科、案件管理中心、检察技术科、法警大队；综合职能科室4个：办公室、政工科、纪检监察室、检务保障室。有干警74人（含院领导10人），其中员额检察官25人，检察官助理23人，书记员9人，司法警察7人，司法行政人员10人。法律

本科学历以上干警47人（其中法律专业研究生7人）。

2016年，在县委和市人民检察院的坚强领导下，紧紧围绕全县工作大局，坚持以执法办案为中心，忠实履行法律监督职能，各项检察工作取得了新进展，该院荣获“全省文明窗口单位”称号。

一、打击刑事犯罪

坚决打击各类影响群众生活安全感的违法犯罪，加大对黑恶势力犯罪、严重暴力犯罪、毒品犯罪和“两抢一盗”等多发性犯罪的惩治力度，共受理提请批准逮捕案件341件398人，批捕220件247人；受理移送审查起诉案件428件515人，提起公诉336件431人；办理盗伐、滥伐林木等涉林刑事犯罪案件19件19人，提起公诉15件15人。正确运用宽严相济的刑事政策，对轻微刑事案件，共以无社会危险性不捕32件37人、刑事和解不起诉18件18人；深化涉法涉诉信访工作机制改革，共依法妥善处理群众控告、举报和申诉16件次，办理国家赔偿案件2件。继续保持“全国文明接待室”荣誉称号。

二、查办和预防职务犯罪

认真贯彻县委和上级检察机关反腐败工作部署，共立案侦查贪腐案件3件3人，侦查终结9件9人，起诉4件4人，判决4件4人。如2016年查办的县国土局原副局长张某利用主管国土资源交易等职务之便，索取或收受他人贿赂77万余元，张某被人民法院以受贿罪判处有期徒刑三年（缓刑五年）。在办结本土积案的同时，抽调骨干力量认真查办郴州商务局系列案专案，立案查处渎职犯罪1件3人，起诉1件3人，判决1件3人。对渣滓溪矿业有限公司塔吊垮塌事故，以玩忽职守罪立案查处县住建局等部门3名工作人员。在查办案件的同时，加强和改进职务犯罪预防工作。

三、强化法律监督

切实履行法律监督职能，维护司法公平正义，全年立案监督3件5人，追加逮捕1人，追加起诉漏罪3条。积极适用以审判为中心的诉讼制度改革，依法排除非法证据，对公安机关与人民法院发出纠正违法通知书11份、检察建议7份，以不构成犯罪不捕6件6人、事实不清证据不足不捕82件108人，督促公安机关撤回1件1人；强化对定罪不当、量刑失衡、审判程序违法等情形的监督，向人民法院发出纠正违法通知书和检察建议7份，依法提出抗诉2件，如夏某、刘某重大责任事故一案，一审定性错误，以交通肇事判处两人有期徒刑，抗诉后得到改判。加大监管活动和刑罚执行监督力度，开展羁押必要性审查，督促办案机关变更强制措施10例；开展监外执行罪犯的监管工作检察，对严重违反社区矫正管理规定的对象，监督撤销缓刑收监执行2人；开展集中清理判处实刑罪犯未执行刑罚专项活动，监督收监执行5人。

四、自觉接受监督

始终坚持用比监督别人更严的标准来抓自身建设，自觉接受外部监督。坚持班子成员包片联络、定期走访等联系人大代表、政协委员制度。继续聘请各乡镇专职人大副主席为检察信息联络员，虚心听取收集社会各界的意见和建议；多途径深化检务公开，继续办好季刊《检民桥》，开通安化检察微信、微博。向当事人或社会公开案件程序性信息1441条、生效法律文书296份，人民群众对检察机关的知晓率和满意率不断提高。

五、队伍建设

1.强化司法规范化建设。持续整改“四风”和司法作风方面存在的突出问题。围绕执法办案、监督管理、综合服务等环节，扎实开展“规范司法行为，落实执法责任”大反思、大排查、大整改专项活动。

2.深入推进专业化、职业化建设。积极适应司法体制改革新要求，结合“两学一做”专题学习教育，认真开展“创建学习型检察院”活动，派干警参加省市业务素能培训20余人次。广泛开展业务竞赛和岗位练兵，举办听庭评议、优秀法律文书评比、精品案件评选活动，不断增强干警的实战能力和综合素能，5名干警在省市业务比赛和调研中获奖。三是稳妥推进司法体制改革试点。深入调查研究，科学制定实施方案，积极探索符合安化实际又精简高效的机构设置模式，初步对职能与人员进行了整合，有效缓解了案多人少的突出矛盾；在检察人员分类管理改革方面，根据省检察院统一部署，根据“是否具备独立办案能力，能否独立对办案负责”的标准，完成了首批员额检察官遴选的考试、考核工作。

【安化县检察院检察长带头出庭公诉】 12月5日，检察长朱长均、检察员陈晓梅出庭支持公诉，指控被告人王某犯盗伐、滥伐林木罪。朱长均检察长带头出庭公诉，且把涉林案件作为履职后出庭公诉的第一案。

【检察开放日活动】 12月20日，举行“加强侦查监督，维护司法公正”为主题的检察开放日活动。活动邀请了市县人大代表、政协委员、人民监督员及相关单位领导参加。

（撰稿人：周萍）

安化县人民法院

【领导人名录】

院　　长　孟新军
副 院 长　李胜刚（2016.12止）
　　　　　邓卫辉（2016.12止）
　　　　　曾　华　曾来生
　　　　　蒋正宇（2016.12起）
　　　　　李文斌（2016.3止）
　　　　　瞿美云（兼纪检组长 2016.3止）
纪检组长　吴有江（2016.1起）
政工室主任　黄　炜

【概况】 安化县人民法院始建于1950年6月，设有办公室、政工室、监察室、行装室、审判管理办公室、司法技术室、立案庭、刑庭、民一庭、民二庭、行政庭、审判监督庭、道路交通法庭、环境资源审判庭、执行工作局、法警大队16个内设机构，下辖梅城（清塘）、大福、冷市、江南、东坪、云台、坪口（烟溪）9个派出法庭。法院现有干警130人，其中员额法官52名，法官助理25名，本科及以上学历干警达93人，其中具有硕士学位的4人，研究生学历的10人。

2016年，安化县人民法院忠实履行宪法和法律赋予的职责，坚持司法为民、公正司法，为促进安化县经济发展和社会稳定做出了积极贡献。

一、职能履行

1.宽严相济，推进平安安化建设。充分履行刑事审判职能，审结刑事案件1419件，判处罪犯1932人，其中，判处5年以上重刑76人。依法惩治暴力犯罪，审结故意杀人、抢劫、绑架、强奸等犯罪案件157件，判处罪犯180人；依法惩治毒品犯罪，审结贩卖、运输、持有毒品、容留他人吸毒犯罪案件497件，判处罪犯506人；依法惩治危害食品、药品安全犯罪，审结生产销售有毒有害食品、药品犯罪案件5件，判处罪犯7人；依法惩治职务犯罪，审结贪污、贿赂、渎职犯罪案件23件，判处罪犯27人；依法惩治严重危害金融秩序犯罪，审结集资诈骗、贷款诈骗等案件3件，判处罪犯3人；依法惩治《中华人民共和国刑法修正案（九）》施行后首例扰乱法庭秩序犯罪。深入推进量刑规范化改革，妥善解决“同案不同判”的问题。坚持惩罚犯罪与保障人权并重的理念，严格落实“罪刑法定、疑罪从无”等法律原则，严把事实关、证据关，坚守防止冤假错案的底线，依法对3名被告人宣告无罪。贯彻宽严相济刑事政策，依法对529名轻刑犯宣告缓刑。依法加强对未成年人的司法保护，完善“圆桌会议”审判方式，落实未成年人犯罪记录封存制度，帮助44名失足青年回归社会。依法加大对自诉案件和刑事附带民事案件的调解力度，审结刑事附带民事案件144件，调解92件，调解率达63.89%，实现了法律效果与社会效果的有机统一。

2.定分止争，推进和谐安化建设。充分履行民商事审判职能，审结民商事案件9997件，结案标的10.8亿元，有效地维护了群众利益。注重保护妇女、儿童、老年人及劳动者的合法权益，审结婚姻家庭纠纷案件4299件，劳动争议案件215件；高度关注三农工作，审结农村土地承包经营权、拖欠农民工工资案件1688件；设立道路交通法庭，审结道路交通事故责任纠纷案件431件；规范房地产市场健康发展，审结建筑工程、房地产纠纷案件113件；为配合政府防范金融风险，审结涉金融案件3004件；为支持政府国企改革，审结股权纠纷、破产案件14件。加大对非公有制经济主体合法权益的保护力度，促进非公有制经济健康发展。全力推行多元化纠纷解决机制，坚持调解优先、调判结合、案结事了的原则。

3.监督支持，推进法治安化建设。充分履行行政审判职能，受理行政案件1099件，结案1088件。依法监督行政机关依法行政，维护行政相对人的合法权益，确认行政行为违法5件、判决撤销行政行为24件、判令行政机关履行法定职责1件。依法支持行政争议的实质性化解，140件行政案件协调和解结案。依法维护行政权威，在二广高速、海螺水泥、茶马古道、中国黑茶市场等重点工程建设项目中，积极开展矛盾化解工作，共受理房屋拆迁强制执行申请19案，和谐拆除16件，依法对3户实施了司法强拆。积极支持计生、国土、工商、环保等行政机关依法行政，审查非诉行政案件875件，尤其是计生非诉行政案件，无一件积案。为逐步改变“告官不见官”的现象，县法院法官多次与行政机关对接，督促行政首长出庭。

4.攻坚克难，推进诚信安化建设。充分保障胜诉当事人的合法权益，执结各类案件4375件，到位标的1.2亿元。以破解执行难为切入点，完善了“由党委领导、政府支持、法院主办、部门参与”的执行新格局；以信息化建设为依托，充分利用最高法院“点对点”网络执行查控系统，快速查控被执行人的财产；以诚信体系建设为契机，通过限出行、限消费、频曝光、公布失信被执行人名单，加强信用惩戒，使“老赖”无处藏身；以打击涉嫌拒不执行判决、裁定罪为主要手段，调集司法警察参与执行，突出执行工作的强制性，敢于碰硬，罚款了一批、拘留了一批，构成犯罪的逮捕了一批、判处了一批，坚决维护司法权威。通过认真开展“涉民生案件集中执行”“百日执行大会战”“反规避执行活动”“五反一打”等专项活动，2013年到2016年，出动司法警察9000余人次，查询被执行人账户13000余个，查封房屋84栋，公布失信被执行人1907名，罚款28万元，司法拘留165人，移送公安侦查7人，以涉嫌拒不执行判决、裁定罪，妨碍公务罪判处2案2人。

二、体制改革

1.落实立案登记制。2015年5月1日，县法院由审查立案改为登记立案，做到了有案必立、有诉必理，截至2016年10月31日止，当场立案6901件，当场立案率达100%。为配合立案登记制改革，县法院开通了与最高法院视频接访系统，方便信访人员表达诉求。同时，建立“五定一包”的领导包案制和律师参与化解信访案件机制。

2.推进司法责任制。为去层层审批、权责不清等司法行政化弊端，最高法院提出了以司法责任制为核心的改革，要求“让审理者裁判，让裁判者负责”。2016年10月，县法院已完成首批员额法官遴选工作，52名法官经过考试、考核成为首批员额法官。今后院长、庭长实现办案常态化，不再签发未参加审理案件的裁判文书，员额法官对所承办的案件质量终身负责，彻底解决“审者不判、判者不审、权责不明”等突出问题，让主审法官、合议庭真正成为审判权主体。今年，县法院被省高院确定为益阳市唯一一个民事商事裁判文书简化改革试点单位。

3.深化司法公开。推行阳光司法，以公开促公正。县法院现已建成三大公开平台，全面推行立案公开、庭审公开、执行公开、听证公开、文书公开、审务公开。建立网上司法拍卖平台，积极探索涉诉资产网络拍卖。近年来，共开展网络庭审直播25次、组织庭审观摩311次、上网生效文书9696份、张贴刑事布告4800份、网上拍卖5案8次。完成了人民陪审员倍增工作，现有陪审员68人，参审案件达3360件，一审普通程序参审率达90.29%。加强自媒体建设，开通了县法院微博、微信公众号，人民群众可快速获取法院资讯。开展“公众开放日”、“法官五进”等活动，让群众零距离感受法治。

4.注重环境资源保护。2015年，县法院以原林业审判庭为基础成立了全市法院第一个环境资源审判庭，以绿色发展理念为指引，实行“三审合一”，统筹适用刑事、民事、行政责任，最大限度地修复生态环境。2016年6月，审结了某钨业有限责任公司环境污染责任纠纷一案，涉案当事人达209人，引起社会广泛关注。10月，在县委政法委的领导下，由县法院起草，与县检察院、县林业局、县司法局、县森林公安局等单位联合发布了《安化县破坏森林资源刑事案件生态补偿工作机制（试行）》，既对被告人定罪量刑，又成功运用“补植令”“禁伐令”恢复了植被，保护了青山绿水，助推了“秀美安化、宜游安化”建设。至2016年底，共审结各类涉环境资源案147件，其中，依法惩治破坏环境资源犯罪78案97人，恢复植被12.67公顷，包括审结滥伐林木犯罪34案37人，审结失火犯罪38案42人，审结非法采矿犯罪4案15人，审结非法狩猎犯罪1案2人，审结非法捕捞水产品犯罪1案1人。

三、服务提质

1.夯实基础促发展。补齐“两庭”建设和信息化建设两块短板。历经五年艰苦建设，总建筑面积达13632平方米的审判大楼顺利建成并投入使用。审判大楼设备齐全、庄重威严，实现了审判区与办公区隔离、开辟了当事人专用通道、配齐了安保装备、确保了安保零事故；设置了诉讼服务中心、诉前调解中心、接待室，为老百姓提供了优质便捷的服务。为充分发挥人民法庭的前沿阵地作用，投入52万元对6个法庭进行了维修。加强信息化建设，投入70万元建成了互联网内外网络系统、数字法庭系统、视频监控系统、门禁系统、红外线报警系统、语音广播等，为审判执行提供坚强保障。

2.多措并举利民众。建立诉讼服务中心，成立法律援助中心工作站，开展预约立案、上门立案、网上立案，为人民群众提供“一站式”服务；推行假日法庭、午间法庭、田间法庭，方便群众诉讼；推进法制宣传工作，组织资深法官进社区、企业、校园，“送法上门”；加大司法救助力度、简化救助审批手续，让确有困难的人民群众打得起官司；加强繁简分流，依法适用简易程序、小额诉讼程序、刑事案件速裁程序，减轻群众诉累。

3.精准发力助脱贫。制定并出台了《关于为扶贫开发工作提供司法保障和服务实施意见》，规定凡与扶贫相关的案件，一律优先立案、优先审理、优先执行，确保扶贫开发工作顺利推进。加强对贫困地区、贫困人口司法需求的分析研判，切实找准着力点和落脚点，妥善审理贫困人口搬迁、就业、医疗、教育等涉民生领域案件，及时有效化解矛盾纠纷，切实保障和改善民生。将司法工作细化并延伸至案前、案中、案后，防止“因案致贫”、“因案返贫”现象的发生。积极参与洞市林场黄坪村、柘溪林场神湾村驻点扶贫工作，扎实开展“一进二访”“一对一”帮扶活动，精准识贫，对症下药，争取45万元为黄坪村新修了人畜饮水工程，争取150万元为神湾村修建了3千米村级公路和一个码头，争取40万元修建了人畜饮水和桔园灌溉工程。建立扶贫攻坚联系点，班子成员结对帮扶24户，青年法官深入小淹镇百福村、梅城镇兴茶村等贫困村宣讲法律28场。

四、队伍建设

1.加强司法作风建设。认真贯彻中央“八项规定”、最高院六项措施及省委、市委、县委相关规定，着力整治“六难三案”“四风”方面存在的突出问题；扎实推进党风廉政建设，强化落实党风廉政建设的主体责任和监督责任，建立健全各项廉政纪律制度，重点开展“雁过拔毛”式腐败问题和“纠‘四风’、治陋习”专项整治活动；深入开展党的群众路线教育实践活动、“人民法官为人民”“三严三实”“两学一做”主题教育活动，加强党建工作，营造“守规矩、讲纪律”的氛围，严格遵守政治纪律、组织纪律、廉洁纪律、群众纪律、工作纪律、生活纪律、财经纪律。至2016年底先后有48个庭室局队、95人次获得省、市、县先进单位和先进个人荣誉称号，副院长李胜刚被评为省首届审判业务专家。

2.加强司法能力建设。加大人才引进，近年来招录的30名干警，其中有法律职业资格的20人，硕士9人。创新教育培训，采取请进来、送出去的教育培训方式，与西南政法大学等高校建立培训机制，528人次到高等学府接受了轮训，26名专家、教授到县法院授课。强化审判管理，建立了“承办人自查、庭室内部评查、庭室交叉评查、审管办重点评查”四步案件评查机制。通过开展庭审和裁判文书“两评查”、审判技能大比武、司法警察业务技能集训，干警的业务素质越来越高，案件质量越来越好。

3.加强法院文化建设。一直注重文化建设，培养干警积极进取、乐观和谐、追求公正的阳光心态。成立了“文学笔会”和“审判实务研讨学会”；先后举办了青年干部座谈会、文艺汇演、演讲比赛、登山比赛等活动，其中，2016年8月，县法院自编自演了《执行温度》微电影，在全省法院“法在身边”微视频创作大赛中荣获三等奖，原副院长瞿美云创作的《人民法官》《人民司法警察》《我是快乐的书记员》三首歌曲，充分反映了干警的工作、生活，向社会展示了法院干警的良好形象；高度重视法学调研，22篇论文在国家、省、市级获奖，因成绩突出，县法院连续三年获全省、全国法院调研工作组织奖，2015年被省高院授予“青年法学研究基地”称号。

五、接受监督

始终坚持党的领导，坚决执行县委的决策与部署。牢固树立监督意识，自觉接受县人大及其常委会的监督，自觉接受县政协民主监督。主动向县人大常委会报告工作，坚持重大人事调整、重大部署、重大案件及时报告。积极参与县人大常委会统一部署的“司法公正安化行”活动，主动走访人大代表、政协委员，认真办理代表建议、委员提案，双月赠阅《工作管理动态》，适时邀请代表、委员视察法院专项工作，旁听庭审、见证执行。自觉接受检察机关的法律监督，对检察机关提出的抗诉案件认真审理，并与县检察院联合印发了《关于民事执行活动检察监督的若干规定》。自觉接受人民群众的监督，设置电子举报信箱、公布举报电话、及时回复网络舆情。

【联合出台《安化县破坏森林资源刑事案件生态补偿工作机制》】 为促进经济可持续发展，确保生态和发展两条底线，既严厉打击破坏森林资源的违法犯罪，又使受损森林生态得到及时补偿，10月12日，安化县破坏森林资源刑事案件生态补偿工作机制座谈会在安化县人民法院召开，县委政法委、县法院、县检察院、县林业局、县司法局和县森林公安局相关部门负责人参加会议，共同商讨制定《安化县破坏森林资源刑事案件生态补偿工作机制》。

【公开开庭审理185人诉某公司环境污染责任纠纷一案】 6月14日上午，安化县人民法院环境资源审判庭公开开庭审理了原告邓某等185人诉被告某钨业有限责任公司环境污染责任纠纷一案。该案案情重大、当事人众多、影响范围广，该院邀请了16位人大代表、政协委员旁听庭审。

【安化县人民法院微电影《执行温度》正式开拍】 7月23日，该院微电影《执行温度》举行正式开拍仪式，院党组书记、院长孟新军到开拍地点指导工作。《执行温度》讲述的是安化县人民法院执结的一件健康权纠纷案件。申请执行人经过被执行人家门口时，被房顶掉下来的一块瓦片砸伤，经法院判决，由被执行人赔偿申请人经济损失。在执行过程中，法官既照顾被执行人的实际困难，体现人文关怀，又严格执行了判决，维护了法律权威。《执行温度》在全省法院“法在身边”微视频创作大赛中荣获三等奖，在全国法院第四届十佳微电影评选活动中荣获十佳微电影优秀奖。

【公开审理《中华人民共和国刑法修正案（九）》颁布后第一例扰乱法庭秩序案】 8月18日，该院对一起因当庭殴打律师涉嫌扰乱法庭秩序罪的刑事附带民事案件进行了公开开庭审理。这是2015年《中华人民共和国刑法修正案（九）》颁布以来，安化县当庭殴打诉讼参与人被依法量刑的第一案。

【益阳中院领导到安化调研指导工作】 12月14日上午，益阳中院党组书记陈梦晋一行到该院调研指导工作，中院党组副书记、副院长金凯力等陪同。陈梦晋书记一行先后察看了安化法院诉讼服务中心、食堂等机构的建设和运行情况，并与该院班子成员进行了座谈。

（撰稿人：胡萍）

安化县司法局

【领导人名录】

局　　长　龚魁林

副 局 长　陈光明（2016.3止）

　　　　　肖刚祥（2016.3止）

　　　　　谢主全（2016.3起）

　　　　　邓尔平（2016.3起）

纪检组长　夏　刚（2016.4起）

【概况】 安化县司法局是1981年2月13日根据湖南省人民政府《关于建立各级司法行政机构的通知》（湘政发〔80〕19号）和《关于建立地、县（市）司法行政机构的通知》（益阳地区〔80〕79号）精神设立的，是县人民政府主管全县司法行政工作的职能部门。2016年有内设机构7个，即办公室、政工室、法制宣传教育股、基层工作管理股、律师与公证工作管理股（加挂法律援助工作管理股的牌子）、政策法规股（加挂法律服务市场稽查队、司法鉴定工作管理股牌子）、社区矫正工作管理股；局直二级机构2个，即安化县法律援助中心、安化县公证处；23个基层司法所，全局有在职司法行政干警67人。管辖5个律师事务所，11个基层法律服务所，2个司法鉴定所。注册执业律师42人，法律工作者62人，司法鉴定人员16人。

一、全力维稳

1. 人民调解组织网络。2016年，安化县开展了部分村的并村工作，县司法局根据村级调整，对人民调解网络进行了更新，全县现有乡（镇）人民调解委员会和社会矛盾调处中心23个，村级（社区）人民调解组织433个，配备人民调解员2000余人，构建了完整的“横纵环”网格化人民调解工作体系，并且认真落实了“分级培训、分类指导”等人民调解工作制度，实现了人民调解组织的立体覆盖。

2. 矛盾纠纷排查化解。一是认真开展一月一排查活动。全县各级调解组织开展纠纷排查494次，2250人次参与排查工作，调处民间纠纷5194件，实现纠纷调解率达100%，其中重大、疑难矛盾纠纷调解成功率达99%以上。

防止群体性上访1件，防止民间纠纷引起自杀1件1人，防止群体性械斗1起。二是优化资源，构筑合力，充分发挥三调联动（人民调教、行政调教、司法调解）的优势。各级调解组织在工作中，依靠党委、政府，积极发挥组织联络和协调作用，推动部门联动，把司法调解、行政调解和人民调解有机地结合起来，取得了较好的效果。至2016年底已经建立11个专业性、行业性调委会。县公安局、县人民法院、县人民检察院均已建立好人民调解室。村级调委会建成率达100%，人民调解委员会驻庭、驻所人民调解室建成率达90%。三是“以奖代补”制度全面实施。2015年10月起，全县23个乡镇、433个村（社区）全面推行人民调解“以奖代补”制度。2016年，人民调解“以奖代补”取得良好成效，矛盾接报后调解率100%，调解成功率95%，人民调解水平不断提高，人民调解效能不断提升，实现了为政府分忧、为百姓解难的工作目标。

二、开展普法宣传教育

1. 加强重点对象学法，深入开展重点法律宣讲活动。一是对全县的法治建设工作作出了全面安排部署，确定了《中华人民共和国宪法》《中华人民共和国反家庭暴力法》等13部法律、法规为全年的重点法律宣讲内容。二是大力加强领导干部、公务员、青少年、企业经营管理人员和农民等重点对象的法治宣传教育。对普法骨干分专题开展了《中华人民共和国刑法》《中华人民共和国刑事诉讼法》《中华人民共和国民事诉讼法》《中华人民共和国人民调解法》等法律法、规培训。三是全面落实了普法依法治理的刚性机制，对全县各单位呈报审核的2000多名2015年度记功授奖人员的学法用法情况进行了严格审核，提请否决了2015年度5人未参加学法用法考试或考试不及格而记功授奖的资格。四是组织普法讲师团成员到各单位开展法律巡回宣讲活动，全年普法讲师团开展宣讲活动102场，直接受教育职工10000余人，其他单位也已按县法治办要求实施了宣讲计划。

2. 把握普法宣传时机，积极开展主题法治宣传。一是研究制定了《关于开展2016年农村法治宣传教育月活动的通知》，全县以“深化农村法治宣传教育，服务推进脱贫攻坚”为主题开展了法治宣传活动。如县森林公安局对全县23个乡镇重点进行了森林防火宣传和野生动物、植物保护宣传。冷市镇结合其镇上经济社会发展实际，强化了土地征收、承包地流转等方面法制、法规宣传。二是广泛开展三大主题宣传活动。深入扎实开展五月农村法治宣传月、九月青少年法制宣传教育周主题法制宣传教育活动。由县依治办牵头，组织县直各部门把“法律六进”活动作为宣传和推进部门工作的重要抓手，纷纷开展以了办班培训、巡回宣传、赠送法律资料、法律咨询等为内容的“法律六进”活动，有效地提高了全县公民的法律素质和依法办事能力。三是利用全县应急知识宣传周、食品安全宣传周、安全生产宣传月、卫生应急宣传周等进行了集中宣传活动，发放了有关地质灾害、森林防火、急救、消防、防洪知识和《中华人民共和国反家庭暴力法》《中华人民共和国人民调解法》《法律援助指南》等政策法规资料，有效增强了群众的安全防范意识，提高了依法维权和自我保护的能力。四是利用农村“赶集”人口相对集中的时机，先后到23个乡镇及南区、经开区组织“法律大篷车”巡回赶集活动25场，广泛开展了法制板报展览、法律咨询和法治资料发放、法律知识抢答等法治宣传活动，有效调动了人民群众参与学法用法的积极性，营造了良好的农村法治氛围，已成为安化农村法治教育最受群众喜欢的平台。

3. 创新普法服务模式，推进村（社区）法律顾问工作。一是倡导全县律师下基层、接地气，深入乡村和社区，针对群众需求开展法治咨询、法律宣传、疑难解答等法律活动，“零距离、面对面”服务群众。二是统一更新安化县“律师进村（社区）”服务牌，新的服务牌除了公示服务律师的姓名、联系电话和监督电话外，添加了微信二维码等内容，群众可以随时根据需要与所在村联系的法律顾问沟通，真正做到了普法宣传直接对接法律需求。至2016年底，律师、法律工作者先后与391个村、42个社区签订免费法律顾问协议，把更多的法治惠民政策落到了实处。

三、推进社区矫正工作

1. 全面推进社区矫正中心建设。2016年初，全县社区矫正中心开工新建，社矫中心设置了监督管理区、教育帮扶区和综合办公区三大区域。每个功能区内设功能室，其中监督管理区设立入矫（解矫）

宣告室、监控室、训诫室；教育帮扶区设立教育培训室、社会联络室、心理咨询（矫治）室、图书阅览室、技能培训室。至2016年底，社区矫正中心建设的主体工程已完工，进入装修阶段。

2. 继续推行政府购买服务工作。按照“先行试点、稳步推进、深化改革”的工作思路，政府购买社区矫正服务工作积极稳妥推进，全县购买服务岗位和向社会组织购买社区矫正服务项目同步进行。购买岗位方面，已为东坪、羊角塘、梅城、清塘铺、马路5个司法所招聘一名社会工作者，协助司法所工作。购买服务方面，一是与安化移动通信公司签订司法通信合作协议，购买手机定位服务项目。至2016年底，已有406人纳入手机定位管理。二是与安化县三湘阳光心理咨询中心签订了心理咨询服务协议，定期开展社区服刑人员心理辅导和个体心理咨询、矫正治疗。三是与安化县技工学校签订了安化县社区矫正技能培训协议，对有就业需求的服刑人员开展技能培训。至2016年底，有3人取得茶艺师证。四是与湖南资声律师事务所签订法律培训协议，定期到各乡镇开展社区服刑人员集中教育学习。

3. 开展三个专项活动。一是社区矫正“防脱管”专项活动。切实采取有力措施，全面准确清查了社区服刑人员底数和刑罚执行基本情况，及时纠正了存在的脱管问题，进一步健全和完善社区矫正监管安全工作机制。至2016年底，全县无一例脱管现象，重新犯罪率控制在较低水平。二是社区矫正监管安全隐患排查整治专项活动。由各司法所对社区服刑人员进行逐人走访排查，掌握关注社区服刑人员的现实表现和思想动态。严格落实分级分类管理，对91名严管级社区服刑人员等有关重点对象进行重点监控、重点管理。严格落实计分考核制度和社区矫正奖惩措施，对不服从管理或抗拒监管矫正的社区服刑人员，进行批评训诫，并依法采取警告、提请治安处罚、提出撤销缓刑建议、提出收监执行建议等处置措施。2016年来共警告处分11人次，提请收监执行3人。三是集中清理判处实刑罪犯未执行刑罚专项活动。对判处实刑罪犯未执行刑罚情况进行一次全面清理，重点清理被撤销假释、撤销缓刑、暂予监外执行条件消失未收监执行且逃匿或者下落不明的罪犯。通过与人民法院、人民检察院、公安机关筛查对比，共清理被裁定撤销缓刑未收监执行人员8人。

四、促进社会公平正义

1. 拓展法律援助。一是降低门槛、畅通渠道，进一步扩大法律援助范围，切实落实习总书记“绝不让老百姓打不起官司”的指示。二是抓好跟踪回访和案卷评查，确保援助案件质量。从2015年12月至2016年底援助中心共接受咨询1500余起，办理法律援助案件375件，其中民事案件311件，刑事案件63件，行政案件1件，免费代写法律文书140件。基本做到了应援尽援，没有符合条件的当事人而未对其提供援助引起当事人举报投诉、上访的情形。

2. 狠抓公证质量管理。开辟了特殊人群公证绿色通道，并对部分人群实行了公证费用减免，除办理常规公证外，积极为政府中心工作和黑茶龙头企业服务，充分发挥了公证工作作为市场主体从事民商事活动的“安全阀”、违法行为的“过滤器”和国际交往“通行证”的作用。2016年以来，累计办理公证案件833件，其中涉外及涉台港澳公证245件，无一件错证、假证。

3. 着力提升法律服务水平。一是及时调整了安化县司法局执法公开领导小组和执法状况考评领导小组成员，开展了执法证清理工作，建立健全十项基础执法台账。二是规范了全县司法鉴定行为，组织全县司法鉴定人员参加了司法鉴定人职业道德规范及相关法律知识学习，随机抽查了部份鉴定档案进行评议打分，至2016年底，全县司法鉴定所无投诉案件，采信率达98%。三是加强了举报投诉工作力度，做到了有诉必理，有诉必查，有诉必回复，依法处理，妥善处理好了各类举报投诉问题。

五、提升司法行政队伍素质

1. 开展“两学一做”学习教育。支部以“两学一做”学习教育为载体全面推进党的建设，党支部的凝聚力、向心力不断增强，机关工作效能不断提升。一是结合司法行政工作实际第一时间制定了《安化县司法局开展“学党章党规、学系列讲话，做合格党员”学习教育实施方案》及学习计划。二是开展了书记讲党课活动，6月29日，龚魁林书记以“两学一做”为主题为全局党员干部讲了一堂生动的党课，并组织交流了心得体会。

2. 加强党风廉政建设。一是严格落实党风廉政建设责任制，组织各股室、各基层所填写《单位廉政风险防范承诺书》，加强廉政风险点防范管理。二是积极开展党风廉政教育宣传月活动，组织干职工学习《中国共产党廉洁自律准则》和《中国共产党纪律处分条例》，组织观看廉政教育影片。三是完善领导干部个人重大事项报告制度，严格执行“三公”消费规定，为司法行政发展提供坚实保障。

3. 加强机关效能建设。一是严格执行机关效能建设“八项规定”，全面梳理、编制司法行政权利清单，把权力关进“笼子”。认真做好便民服务工作，把群众关心、社会关注的公证办理、人民调解、诉讼代理等内容作为政务服务公开的重要内容，全面提升全局队伍整体素质。二是抓机关作风建设。着力整治庸懒散拖等不良风气。坚持组织全体干部职工学习中央十八大精神、习近平总书记系列重要讲话精神以及中央“八项规定”等文件精神，进一步强化队伍政治思想建设，有效提高全体员工的整体素质。三是抓监督检查。完善工作目标责任制，把全年司法行政工作任务，层层落实到了各基层单位，再分解到了每一个工作人员。为充分发挥基层司法行政职能作用，制定了《2016 年度司法所工作量化考核内容和标准》，鼓励基层工作开拓创新，确保全县 2016 年司法行政各项工作目标落到实处。

【法律援助中心驻法院工作站成立】 2 月 26 日，安化县司法局联合县人民法院成立了全市首家法律援助中心驻法院工作站，以保障更多人能够及时、快速地获得法律援助服务。该法律援助工作站设于法院诉讼服务中心，选拔了十名执业律师作为志愿者，每两人一组，在工作日到工作站值班，负责法律援助宣传，通知辩护文书传达，法律咨询服务，指引和协助符合条件的群众申请法律援助和司法救助。

【联合开展“司法公正安化行”活动】 为认真贯彻《中共中央关于全面推进依法治国若干重大问题的决定》，切实加强对公检法司机关的监督，规范司法行为，保障公民、法人和其他组织的合法权益，维护社会公平正义，2016 年 6 月 23 日，安化县人大常委会、县司法局、县交警大队、县公安局、县人民检察院、县人民法院、县森林公安局在东坪镇湾竹塘广场联合开展“司法公正安化行”活动，县人大常委会副主任刘跃迎参加了活动。

【参加全省万名律师乡村行新闻发布会】 6 月 27 日，湖南省司法厅联合省商务厅、省经信委、省律师协会、省中小企业协会共同组织开展“湖南律师对接‘一带一路’战略法律服务”“万家中小微企业免费法律体检”“万名律师乡村（社区）行”等三项活动。安化县司法局局长龚魁林受邀参加了全省万名律师乡村行新闻发布会，此次发布会，安化县司法局是全省唯一应邀参加的代表，在发布会现场县司法局局长龚魁林就有关律师进村进社区等有关工作回答了记者的提问。

【湖南省社区矫正管理局领导到安化督察社区矫正工作】 7 月 19 日，省社区矫正管理局副局长刘浩到安化县督察社区矫正工作，市司法局副局长朱正鹏陪同督察。督察组一行实察查看了该县社区矫正中心建设情况，听取了工作汇报，并对目前开展的社区矫正“防脱管”专项活动、集中清理判处实刑罪犯未执行刑罚专项活动和全省监管安全隐患排查整治三大专项活动进行了督导检查。督察组在龙塘司法所对在矫的社区服刑人员进行了现场点训。

【益阳市政法委领导到马路镇调研人民调解工作】 8 月 4 日，益阳市委常委、政法委书记李永军到马路镇调研人民调解工作开展情况，安化县委常委、政法委书记罗必胜陪同，参加的领导还有公、检、法、司负责人。李永军一行考察了人民调解委员会工作场地，翻阅了人民调解案卷，听取了云台山村调解委员会调解主任邓中跳关于人民调解工作的汇报，在座谈会上李永军书记对安化人民调解工作表示非常满意，高度评价了马路镇的人民调解工作。

【安化县第八次法治宣传教育工作会议】 12 月 26 日，安化县第八次法治宣传教育工作会议召开。县委常委、宣传部部长黄瑛，县委常委、政法委书记伍令贤，县人大常委会副主任张勇，县政协副主席廖小甫，县人民法院院长孟新军，县人民检察院检察长朱长均出席会议。会议由副县长、县公安局局长曾华主持，县司法局局长龚魁林作工作报告。

【安化公证处办理首例人体器官捐献声明书公证】 12月下旬，安化县公证处接待了一对年近七旬的老年夫妇陈某某和陶某某，要求办理同意女儿捐献肾脏给外孙女王某的声明书公证。根据《人体器官捐献条例》的规定，活体器官的接受人限于活体器官捐献人的配偶、直系血亲或者三代以内旁系血亲，或者有证据证明与活体器官捐献人存在因帮扶等形成亲情关系的人员。公证员根据老人提供的王某的疾病证明书、两位老人与陈某某及王某之间的关系证明等材料，通过仔细询问老人的真实想法，确定声明内容确系其真实意思表示，12月26日，该处为他们出具了公证书，并减免了部分费用。

（撰稿人：吴琼）

安化县公安局交通警察大队

【领导人名录】

大 队 长　邓孝平

教 导 员　吴　伟

副大队长　金立谦（兼工会主席）

【概况】 安化县公安局交通警察大队位于东坪镇黄沙坪社区，占地总面积10560平米，建筑面积1960平方米。共有在编在职民警68人。共有内设综合机构4个，内设执法勤务机构5个，直属机构4个。

2016年，该大队以“两学一做”学习教育活动为抓手，深入开展“雁过拔毛”式腐败问题和“纠‘四风’、治陋习”两个专项整治，以及“正警风、肃警纪”专项教育整顿活动，稳步推进“四项建设”专项工作，紧紧围绕“压事故、保安全、保畅通”工作主线，圆满完成了各重点时期的交通安保工作，为全县经济社会发展创造了良好的道路交通环境。

一、以“教育整训”为重点，加强党风廉政建设和队伍纪律作风建设，营造风清气正、埋头干事的良好氛围

为全面落实从严治党责任，引导广大党员民警进一步增强政治意识、大局意识、核心意识、看齐意识，切实加强公安交警队伍廉政建设，着力保障公平公正执法，维护人民群众的合法权益，大队持续、深入开展了“两学一做”“雁过拔毛”式腐败问题和“纠‘四风’、治陋习”两个专项整治、以及“正警风、肃警纪”专项教育整顿活动。一是积极开展“两学一做”教育学习。为确保“两学一做”教育有序开展，大队专门将政工监督室单列出来，配备了专门人员开展工作。同时，制定了专门的“两学一做”教育方案，详细就“专题学习讨论、创新方式讲党课、召开党支部专题组织生活会、开展民主评议党员民警、整顿软弱涣散基层党组织、严格党员日常管理”等八个方面出台了具体的实施细则，并于5月向县直机关工委申请成立了7个党支部，进一步完善了基层党组织建设。全年大队共组织开展党员活动7次、“三会一课”14次、集中学习与专题讨论6次、培训教育4次、民主生活会7次、上党课10次，大队党组开展中心组学习12次。二是深入开展“雁过拔毛”式腐败问题和“纠‘四风’、治陋习”两个专项整治，以及“正警风、肃警纪”专项教育整顿活动。认真组织民警开展党纪党规、法律法规学习活动。将队伍日常教育、管理、考核、监督等工作程序化、规范化、制度化，重点抓住管人的人和管队伍的队伍，对于易出问题的重点人员、重点岗位、重点环节和重点时段，采取有针对性的防范措施，从源头上堵塞管理漏洞。将事前“预防式”监督、事中“跟踪式”监督和事后“补救式”监督结合起来，不断强化队伍管理。大队先后多次组织民警集中学习了《人民警察内务条令》《人民警察纪律条令》等警纪条规，组织各实战单位对《中华人民共和国道路交通安全法》《中华人民共和国道路交通违法行为处理程序规定》《交通警察道路执勤执法工作规范》等法律、法规文件进行再学习、再培训，做到学法、知法、懂法、用法。三是把“教育整训”活动落实在业务工作上，做到知行合一，相互激励促进，实现活动真正意义。积极围绕“平安安化”建设中心，注重学习习近平总书记系列重要讲话精神同中央、省市县委重大战略部署相结合，不断提高活动的实效性，确保了“教育整训”活动与公安交管工作相互促进，做到“知行合一”。2016年，大队积极组织开展了各类交通违法整治行动达50余次，出动警力达3000余人次，查处各类交通违法行为80000余起，有力震慑了各类重点交通违法行为，营造了严管高压态势。与此同时，在各节假日、特护期间，大队全体党员民警充分发挥模范带头作用，坚守在交通违法打击、交通指挥疏导、交通事故处理的一线，为广大人民群众的安全出行，铺

就了一条条安畅有序的坦途。此外，大队进一步强化执法为民思想。一方面，全力推行优质便民服务活动，建立健全了窗口单位责任制、值班警官制度和考核制度，深入落实便民利民措施，科学合理设置业务窗口，全面实行“一站式”服务，为群众提供业务办理咨询、实时交通安全提醒等服务，方便群众了解大队工作动态，引导微博、微信舆论，畅通警民互动沟通渠道。另一方面，继续坚持以警务调查为推手，广泛征求人民群众对公安交警工作的意见与建议。全年共受理和采纳意见、建议6条，及时回复群众热线问题3个，帮助群众解决实际困难5起。四是在从严治警的同时，积极落实从优待警措施。大队组织全部在职民警和退休人员进行了全面的身体检查，落实了年休假制度，在经费管理上，大队积极争取政策支持，开源节流，保证民警各项补贴、各类奖励以及出差补助等都能按时足额发放到位。继续推行困难民警扶助、住院慰问等制度。2016年共慰问住院民警、困难民警、协警及退休人员等35人次，发放慰问金17500元。

二、以“四项建设”为抓手，不断提高全县公安交警综合管理水平，打造交通安全管理强军队伍。

一是抓“信息基础化”建设。为大队各执法岗位民警配备了办公电脑、警务通、对讲机、执法记录仪、数码相机、数字证书、移动电子警察、酒精测试仪、便携式称重仪等警用装备。与此同时，加大对民警科技信息应用技术的教育培训工作，制定了专门的执法记录仪使用和管理办法，开办了执法记录仪使用培训班。此外，大队稳步推进东坪城区交通管理信息化建设，新增3套交通信号灯控系统。二是抓“警务实战化”建设。以创建“平安畅通县”“创卫”“三大行动”等专项工作为主线，扎实开展交通违法整治，狠抓事故隐患排查整治，坚持和拓展交通事故处理快处快赔工作机制。至2016年底，东坪、梅城都已建成了快处快赔服务中心，均已开始运转。与此同时，抓好民警、协警和工作人员业务知识教育培训，不断创新警务、勤务机制，分别组织了执勤执法安全防护和武器警械使用、执法记录仪使用和管理、事故现场勘查、手枪射击等培训和比赛，民警的基本功得到了很大提高。在10月举行的全市公安交警系统套（假）牌车查缉技能比武中，由民警龙亮、刘亚平与交通协管员谭志明、汪俊组成的代表队，通过角逐获得了第二名的好成绩。三是抓“执法规范化”建设。进一步规范民警执勤执法行为，加强对民警执法的日常督察考核，由大队政工监督室牵头，日常性地开展督导检查，主抓违法处理窗口、事故处理窗口创建和护学示范岗创建，以点带面，提高全队整体执法能力，力争通过三至五年的努力，基本实现执法队伍专业化、执法行为标准化、执法管理系统化、执法流程信息化的工作目标。四是抓“队伍正规化”建设。结合“两学一做”学习教育，开展经常性的学习教育活动，提高全体民警的政治素养。在全队民警、协警和工作人员中开展纪律作风大检查活动，大力整治内务管理脏乱差、警容风纪不严、庸懒散等问题，树立公正廉洁、风清气正的队伍形象。通过定期谈心谈话、慰问困难和生病民警等一系列的从优待警活动，不断激发民警工作热情，培养和推介先进典型。四是抓警务调查。大队以“3+2”警调工作法为基础，最大程度上确保警调初访、回访满意率达100%。坚持以民意为导向，严格按照“三严三实”要求，积极开展“坚决纠正涉法涉诉中损害群众利益行为”专项整改工作，组织队属各执法、业务单位就工作中存在的突出问题进行“回头看”，并对发现的问题进行及时整改。

三、以“三大行动”为主线，强化源头管控，深入开展道路交通隐患排查和交通违法整治，坚决遏制公安交警系统安全生产事故

一是积极开展“春雷行动”。按照上级公安交管部门要求，大队根据辖区内的实际情况，以“三严格、三确保”为工作目标，坚持“预警在先、管控在前”的工作思路，有序组织开展“春雷行动”。联合县交通、公路部门对辖区内各主要道路，以及通往茶马古道、梅山生态园、雪峰湖地质公园等重点景区的道路进行全面排查。全面升级农村交通安全管控力度，最大限度地将警力向国省干线、重点县乡道沿线集镇和偏远山区延伸，严厉打击客货车违法、酒后驾车等交通违法行为。二是扎实开展“三大行动”(道路交通安全大排查、大管控、大整治专项行动)。专门成立了“三大行动”联合办公室，分别从综合指导室、政工监督室、秩序中

队、法宣中队、车管所、科技中队抽调精干力量，全力参与到“三大行动”中来。重新调整了大队领导联系的重点企业和乡镇，进一步明确了全县交通安全监管重点路段及责任民警、全县交通安全监管重点企业及责任民警和全县各乡镇交通安全责任民警。紧抓“查重点路”“管重点车辆及驾驶人”“治重点违法”三个重点，始终保持对酒驾、客车超员、超速、凌晨2至5时违规运行、疲劳驾驶、涉牌涉证、以及危化品运输车非法改装、逾期未检验未报废、未安装紧急切断装置等严重交通违法行为的高压态势。与此同时，根据大队的统一部署，各路面中队以7月排查出的296处隐患点段为基础，对确定的隐患点段，按照市、县、乡（镇）三级督办层级建立台账。联合县安监、县交通运管部门，多次深入湘运安化分公司、神舟客运安化分公司、安顺公交公司等客运企业进行突击检查，着重检查了客运站场三品安检、站场车辆安全例检、GPS实时监控、接驳运输、安全警示教育、安全宣传以及客运车辆配备的灭火器、逃生窗、救生锤设施等，并敦促交通违法行为未“清零”和逾期未年检的客运车辆驾驶员到交警部门接受处理。充分使用科技信息手段，通过公路卡口查询交通违法行为未“清零”、逾期未年检的客运车辆运行轨迹，并及时通知路面各执勤点民警对车辆进行查缉。对违反凌晨2点至5点禁行的客运车辆实行信息日通报机制，进一步强化了对重点车辆及驾驶人的管控力度。三是集中开展工程运输车交通违法行为整治。确定了东坪、梅城等重点乡镇的城郊结合部、县域内各校园周边道路、县级重点施工区域、以及国省道交通事故多发点段为重点防控范围，组织警力加大在重点时段检查与动态巡查的力度，有针对性地对工程运输车逾期未年检、逾期未报废、非法改（拼）装、涉牌涉证、闯红灯、闯禁区、酒驾、超速、超载、未按规定粘贴车身反光标识和安装侧后部防护装置等道路交通违法行为进行整治。四是抓好各重点时期的交通安保，强化应急管控。在清明、端午、五一、中秋和国庆等节假日、特护期，大队辖区没有发生一起人员死亡事故、没有发生恶性道路交通拥堵事件，全面实现了大队年初制定的“双零”工作目标。在主汛期，大队严格落实“边巡边查、定期普查、雨雪后必查”的“三查”举措，组织警力开展交通秩序维护和抢险、排险工作，确保了汛期全县未出现严重交通拥堵和重特大道路交通事故。特别是“3·18”S308安化段江南镇四方岩山体垮塌、“7·4”洪灾、“10·31”S308安化段田庄乡鱼胶桥山体垮塌等事件发生后，大队及时启动恶劣天气下交通管理应急机制，迅速调集警力赶赴事发现场进行处置，确保了辖区交通总体平稳、有序，没有发生一起因该事件引发的恶性交通堵塞和重大交通事故，无一起负面舆情和投诉事件发生。在校车安全管理上，大队多次开展校车安全专项检查，共排查路段1017千米、消除隐患48起、排查线路120条、整改线路30条。9月、10月期间，共检查校车352台次，审查校车驾驶人驾驶资质365人，消除隐患10起。五是切实抓好公路超限超载治理工作。按照省、市、县三级党委、政府和市交警支队《全市公安交警系统平安护航道路交通安全整治行动工作方案》的工作部署和要求，大队积极联合公路、交通部门，在全县范围内组织开展公路超限超载治理工作。按照“勤务跟着安全走”的工作思路，把大队警力主要部署在县道东茅线（S317安化段）、G207与S308这3条干道上。分别在G207安化县梅城镇三里桥路段，S308安化县小淹镇、江南镇治超站、安化经济开发区等路段设立执勤点，实行24小时三班工作制，全面实现无缝对接管理。共组织开展集中整治行动31次，出动警力600余人次，警车103台次；查处货车超限超载违法行为为213起、其他交通违法行为为418起。

四、以“精准”为发力点，持续推进全县创卫工作和扶贫攻坚专项工作

一是有序推进全县创卫工作。作为创卫主要职能单位之一，大队以部门职能为主导，以东坪城区交通秩序的管理实际为主线，按照“以人为本兼顾法治、执法文明兼顾严格、重点整治兼顾长效”为工作目标，深入贯彻落实县委、县政府关于创建省级文明卫生县城的安排部署。为确保适时调整路面勤务安排和警力配置，变被动勤务为主动勤务、变静态管理为动态管理，实行“高峰站点，平峰巡线，分片包干，动静结合”的勤务制度。全面推行城区交通警务网格化管理，执勤民警、交通协管员按区域划分责任区，适当延长管控时间，提高路面见警率和管事率。从2013年5月份开

始到2016年9月30日为止，交警一中队在东坪城区累计查处交通违法行为90000余起。其中，机动车乱停乱靠50000余起；查扣无牌无证摩托车800余台、助残车172台；没收摩托车非法安装的伞具1123把，口头教育轻微交通违法者8000余人；刑事拘留3人，行政拘留8人，吊销机动车驾驶证5本。由于工作成效突出，大队连续三年在全县创卫履职履责考核中都名列前茅。此外，大队在加强城区交通秩序整治的同时，也着力抓好庭院卫生管理。2013年至2016年，大队投入专项资金30余万元，对机关大院、办公区域、家属区等公共场所的卫生进行综合治理，积极开展“除四害”行动，添置各类环卫设施，营造了一个整洁、舒适、健康的工作和生活环境。二是深入开展扶贫工作。为落实党委、政府实施精准扶贫的工作要求，大队以“务实”“精准”“宣教”为主导，派出工作组进驻扶贫村开展工作，广泛与永和村村干部、群众接触，并深入田间地头了解民情村情，对全村的自然条件、人口、土地、困难户、劳动力构成、家庭经济收入、精神面貌、思想观念、难点热点问题等情况进行了全面的调查分析。同时，扶贫小组还与镇、村领导多次磋商，反复研究论证，专门制定了扶贫工作方案和三年工作计划，进一步明确了指导思想、工作任务和总体要求，为扶贫工作的开展奠定了良好基础。先后向县教体局、县水务局、县交通局、县电力局等部门递交了专门的报告，争取资金和项目立项，投入资金230万元，为村上恢复教学点一个，兴建村级办公楼一栋，并积极推动农村电网改造、基本上解决了村上群众日常用电需要。

五、以“宣传教育”为载体，全力营造交通安全宣传氛围，着力增强交通参与者意识

大队继续深化交通安全“五进”宣传工作，立足自身，积极借助社会各方力量，广泛开展安全宣传教育。一是突出交通安全宣传重点。针对辖区道路施工工程较多的现实情况，紧紧抓住工程车司机、外来打工人员等重点人群，紧盯施工单位、工程车行驶线路等重点部位，有针对性地开展宣教活动，逐步提高广大驾驶员以及外来务工人员的交通安全自律意识。二是创新安化特色宣传活动。大队充分依托“创建省级文明卫生县城”和“创建平安畅通县”“双创”工作，采取日常宣传、主题宣传、媒体宣传、基地宣传与劝诫宣传等多种宣传方式开展宣教活动，取得实效。与此同时，大队以交通安全宣传“五进”为依托，广泛深入辖区单位、学校、乡镇，对客运车、货车、校车、摩托车、农用车、危化品运输车驾驶人开展面对面宣传教育，通报全年发生的重特大道路交通事故，剖析营运车辆特大道路交通事故典型案例，讲解恶劣天气和突发情况下的驾驶、及安全逃生等注意事项。三是健全交通安全宣传网络。在做好传统“五进”宣传活动的基础上，利用主流新闻媒体，积极倡导“文明出行从我开始，文明交通从我做起”的理念；开展以整治摩托车违法行为、酒驾、机动车超速超载等为主要内容的交通安全宣传进社区活动。通过向广大司乘人员发放宣传资料、深入企业和学校上交通安全课、召集相关人员座谈等宣传形式，不断强化对运输企业驾驶人、机关驾驶人、农民、学生的交通安全教育。

2016年，大队共投入宣传经费150余万元、宣传警力600余人次；组织开展了“春运”“安全生产月”“创卫”“三大行动”“12·2全国交通安全日”“宪法日”等各种类型的宣传活动；与县级电视媒体合作制作专题节目12个，深入企业、学校上宣传教育课150余堂；发布各类新闻报道200余条（篇），通过网络媒体发表各类信息20余篇，在公安内网发表各类文章200余篇。通过微博编发各类微博278条，通过大队微信公众号推送33期共112条信息。

（撰稿人：秦滔）

安化县森林公安局

【领导人名录】

局　长　吴章爱

政　委　胡智慧

副局长　廖乐平　罗少铭

【概况】 安化县森林公安局是使用政法专项行政编制的正科级机构，加挂“安化县公安局森林大队”和“安化县森林防火指挥部办公室”牌子；实行林业部门和公安部门双重领导，对内列入同级公安机构序列。内设5个职能股室（队），下设7个副科级森林公安派出所。森林公安机关是国家公安机关的重要组成部分，是国家公安机关派驻林区的武装性质

的治安行政力量和刑事侦察力量。

2016年，该局紧紧围绕“四轮驱动”战略，牢记“维护生态安全和林区社会治安稳定”宗旨，充分发挥森林公安职能作用，在开展各类打击破坏森林资源的违法犯罪活动中，取得了较大成绩，进一步推进了全县的森林公安工作，圆满完成上级交给的各项工作任务，在全市森林公安机关年度综合考评中被评为优秀单位，考核成绩居全市之首；省局执法质量考核评为一类单位；森林防火被评为全市先进单位。

一、提高森林公安素质

1.以绩效考评为抓手，建立队伍管理长效机制。结合近几年绩效考评实践经验，针对新形势、新问题，对局绩效考评方案进行了修改完善，建立了横向到边、纵向到底、上下联动的综合管理考评体系，将考评结果与单位、民警的切身利益挂钩，把森林公安管理推上了一个新台阶。

2.以“两学一做”学习教育为主线，全面提升党员民警素质。积极开展“两学一做”学习教育，并创新举措，为局属各单位和机关每间办公室及局会议室制作了20多套入党誓词和《中国共产党廉洁自律准则》，时刻提醒民警严格遵守。全体党员民警深入学、扎实做，从严查、认真改，为打造一支政治可靠、思想坚定、作风过硬的森林铁军，奠定了坚实基础。

3.扎实开展精准扶贫工作。按照县委、县政府关于精准扶贫的工作要求，选派得力骨干担任扶贫专干，县局领导和中层骨干全年深入扶贫村访贫问苦，走访达12次，走访群众500余人，资助贫困学生10人，发放慰问金5万余元，扩改、硬化2200米村级公路（跨乡公路），公路维修4.4千米。对全村尚存的200余人饮水设施进行维护和维修，对原有稻田进行复耕整改，新修引水渠道8条2100米，蓄水池1个，灌溉稻田面积2.67公顷。

4.严格队伍纪律作风管理，狠刹“四风”和“雁过拔毛”式腐败。为营造风清气正的政治生态，开展“关于‘雁过拔毛’式腐败问题”专项整治工作和纠“四风”、治陋习专项整治工作，组织全局中层骨干签署了“党风廉政建设责任状”，全体民警签署了“民警廉洁自律承诺书”，尤其是对党员干部从严管理，拒腐防变警钟长鸣，发现苗头性问题及时提醒，对干部不良作风及时制止。

5.以“以老带新，以考促训”为措施，全面提升青年民警的综合能力。为“内强素质、外树形象”，该局始终将青年民警的培训作为全局工作重心之一。2016年，先后4次组织40岁以下的民警和防火办工作人员，进行了公安业务知识、专业技能、体能等测试，将成绩作为绩效考核、警衔晋升、提拔任用的重要依据，极大地提高了青年民警的政治素养和业务能力。

6.紧抓执法质量，逐步提高办案水平。建立健全执法质量日常考评机制，坚持细化管理，狠抓日常考评制度，跟踪执法，推行个案三审查制度，逐步形成了执法质量监督链条。从2011年至2016年，连续6年在省、市森林公安执法质量考评中被评为一类单位。

二、打击涉林违法犯罪活动

2016年，共接、处警1945起，立案查处涉林案件190起，其中立案森林刑事案件27起，刑拘2人，逮捕2人，取保候审24人，监视居住1人，移送起诉23案26人；受理治安案件29起，查处29起，治安拘留12人；查处林业行政案件150起153人（含6个单位）。全年受理信访案件10起，已办结的信访案件均无诉累；调处林区纠纷矛盾18起；协查涉林案件80余起；走访林区群众800余人次；掌控涉林情报信息400余条。

1.打防并举，全方位开展野生动植物的保护宣传活动。4月20日至5月20日，组织开展了为期一个月的野生动物保护专项行动，查处3起野生动物案件，处罚3人，没收野生青蛙活体210只（已放生），没收作案气枪一支，罚款2000余元。另在巡查中起获非法捕猎器具铁夹3套，套绳2副，并制止多起在自然保护区非法捕鱼事件。此次野保宣传行动取得了良好的社会反响，广大群众保护野生动物的意识普遍得到提高。

2.审时度势，严厉打击非法占用林地。9月，国家林业局组织开展严厉打击非法占用林地等涉林违法犯罪专项行动，行动中共收到群众举报151条，出警623人次，出动车辆166台次；清理非法征占用林地项目5个；清理木材、野生动物非法交易场所25处；清理木材、野生动物加工经营场所46处；检查野生活动区域48处。共破获案件16起，其中刑事案件立案6起，破案6起；查处林政案件21起。共打击处理人员21人，其中刑事处理5人、行政处理16人。没收涉案林木74.7972立方米，查处非法占用的林地3.667公顷，涉案总价值达6.23万元。

3.重拳出击，开展收缴整治枪爆物品专项行动。自10月上旬开始，该局在林区开展了为期近 3 个月的收缴整治枪爆物品专项行动，上下互动，全警动员，高密度的巡山宣传发动，宣传保护野生动物资源的重要意义，有力地震慑了涉枪涉爆违法犯罪行为。共出动警力 1500 余人次，警车 480 台次，收缴群众主动上交的鸟铳 241 支，办案收缴 1 支。还收缴枪管 3 根、步枪子弹 5 发、雷管 7 枚、黑火药 5 管、铅弹 200 余颗、铁夹 4 个、柴刀 1 把、录音机 1 个、手电筒 2 个。

三、保护森林生态安全

1. 各级领导高度重视，森林防火常抓不懈。县森林防火指挥部多次召开会议研究森林防火工作，召集有关部门会商火情，深入一线进行指挥调度，提升了森林防火工作的主动性和针对性。

2. 深入开展森林防火“五进”工作宣教活动，培训演练落实有效。深入开展“三大一落实”活动，推进森林防火知识进机关、进农村、进农户、进林区企业、进学校，构建全社会共同关注、共同参与森林防火的良好氛围。县防火办、全县各乡镇及时编发森林防火短信 15 万余条，出动宣传车，行程 5000 千米。举办“森林消防”书法笔会等活动，将森林防火“五进”活动推向高潮。

3. 坚持依法治火，打击处理及时有力。对全县森林火灾案件进行了处罚，达到刑事立案标准的进行刑事立案，所有案件均做到快侦快结。截至 12 月底，全县共接森林火情报告 92 起，森林火灾 6 起。其中一般森林火灾 2 起，较大森林火灾 4 起；过火面积 77.56 公顷，受害森林面积 27.33 公顷，受损成林蓄积 1205 立方米，幼树 4.30 万株。其中刑事立案 9 起，破案 8 起，查处 8 人；治安案件 25 起，查处 25 起，治安拘留 10 人，其余案件依法进行处罚。

【湖南省林业厅领导到安化督查森林防火工作】 3 月 17 日，省林业厅副巡视员桂小杰率领省林业厅政策法规处、质检中心、造林处和省森林公安局负责人到安化督察森林防火工作，副县长胡能华陪同。桂小杰充分肯定安化县森林防火工作建设，并强调：各级森林防火指挥部要努力贯彻落实上级指示，强化责任落实，继续深入开展“三大一落实”；严管野外火源，科学处置火情，依法治火，确保清明节前后不发生重特大森林火灾和人员伤亡事故，坚决打好春季森林防火工作保卫战。

【湖南省森林公安局领导到安化调研基层基础建设】 4 月 12 日至 14 日，省森林公安局政委隆义华、副局长杨跃前到安化调研森林公安基层基础建设，县委副书记、县长熊哲文，副县长胡能华参加部分调研活动。熊哲文强调，县委、县政府一定全力支持森林公安局机关业务技术用房建设，不断完善森林公安机关办公办案条件，逐步建立林区大县繁重的保护任务和基层基础设施建设相适应的新机制。

【“森林消防”主题书法展】 11 月 17 日，县森林公安局、县林业局、县森林防火指挥部办公室、黄自元书法协会联合举办“森林消防”主题书法展。12 位黄自元书画院会员进行现场书法创作，共创作书法作品 56 件。书法展进一步推动了全县森林防火宣传教育活动的深入开展，提高了森林防火工作的社会影响力，加强了森林消防文化建设。

【荣获湘北片森林公安区域警务合作先进单位称号】 12 月 9 日，第二届湘北片森林公安区域警务合作联席会议在岳阳召开，长沙、益阳、常德等市县区森林公安机关负责人参加会议，湖北省、江西省森林公安机关相关负责人应邀参会。该局被湘北片森林公安区域警务合作委员会授予“先进单位”称号。会上，局长吴章爱作了经验介绍。

（撰稿人：姚宁）

综合经济管理

安化县发展和改革局

【领导人名录】

局　　长　邓为卫
副 局 长　伍哲纯（2016.3起）
　　　　　梁逸群（2016.3起）
　　　　　张玉新（2016.4起）
纪检组长　吴晓田
优办主任　谭　军（2016.4起）

【概况】　安化县发展和改革局（县物价局）根据安化县编制委员会关于印发《安化县发展和改革局主要职责内设机构和人员编制规定的通知》（安编发〔2016〕31号文件精神，局机关现有行政编制24名，机关后勤服务财政全额拨款事业编制2名。设办公室、计划财务股、综合规划和体制改革股、投资管理股、招投标管理办公室、工业高技和服务业股、交通运输和能源股、区域经济发展股、农村经济股、价格运行调控和管理股、优化经济发展环境股和价格监督检查股等12个机构。下属事业单位有安化县重点项目办公室、安化县“两型社会”建设综合配套改革办公室、安化县价格成本调查队等。

一、落实供给侧改革

积极探索改革，抓好试点。武陵山片区域发展与扶贫攻坚试点：着力融入武陵山片区板块发展，编制完成安化试点“十三五”规划，并积极与省新一轮试点规划相衔接，全县100多个重点项目被纳入省规划。深入实施大湘西旅游精品线路“神韵梅山”旅游公共服务设施建设，争取国家资金527万元，新建61块大型标准化旅游交通标志牌、16个乡村游客服务中心等，提高安化旅游品位。全国循环经济试点县：完善创建方案，强化节能责任，全面实行投资项目节能审查制度，在经开区开展循环化改造，争取循环化改造重点支持园区国家资金7000万元。省直管县经济体制改革试点：协调全县承接省直管下放权限406项，按照省委、省政府改革要求的“七个直接”工作模式开始运行。自此，省重要会议开至试点县，省文件直接下放到试点县，部分计划申报直接报省，争取直管县专项资金830万元。高标准农田建设试点：建立健全工作机制和实施方案，全面完成2015年高标准农田建设1300公顷，实施2016年高标农田建设2700万公顷，争取专项债4000万元，出台《安化县以高标准农田建设为平台开展涉农资金整合实施方案》。产城融合示范：正式获省批复并已完善工作方案，正在协调经开区开启调区扩区、基础设施等相关创建工作，借产城融合示范创建，安化成为全省产城融合综合试点县。

二、确保经济稳定增长

1.加大争资引资力度，筑牢投资保障。争资：全年协调全县争取到位国家省市各类资金36.81亿元，完成市定任务的113%。积极跟进国省新战略，抓“十三五”规划开局国省投资机遇，组织申报教育、卫生、城建、易地搬迁、环保、农业、服务业、洞庭湖等中央、省预算内支持专项15项，争取国家、省建设类资金6.8亿元。其中，成功争取2016年易地扶贫搬迁4470人，位列全省第三，获专项资金2.5亿元；争取保障性小区外配套基础设施项目资金5813万元，有力支持乡镇城镇建设。此外，成功争取成为全国重点生态功能区，年获国家转移支付上亿元；畜牧养殖大县种养结合整县推进试点项目已经省审定，向国家发改委申报，可获国家上亿元资金的支持。引资：切实履行招商引资主要单位责任，落实“三库一网一报告”制度，重点围绕风力发电、生物质发电等能源产业开展项目策划、包装，储备招商引资项目9个，包装招商引资项目5个，开展登门或引进企业老板到安化考察活动20多场次，招商落户安化乳酸厂12兆瓦生物质热电联产、长塘生态养殖园建设项目，合同引资21726万元，为目标任务的108%。融资：抓住国家扩大投资，大力发行专项债券机遇，争取棚户区改造、清塘采煤沉陷区治理、资江茶家至金竹坪防洪堤、高标准农田等专项债资金4亿元。梅山公司发债8亿元已获国家发改委批复并发行。安化黑茶学校德国促进贷款3500万欧元获国家发改委批复，正在办理相关手续。

2.推进重点项目建设，提升投资实效。着力加强项目的调度和协调解决项目建设中的重大问题。2016年全县纳入市级调度管理的重点项目23个，县级重点调度的项目34个，完成投资30亿元以上。其中，二广高速安化段建成通车，改变不通高速历史；马安高速累计完成投资22亿元，占总投资的37%。安化东坪大码头大桥完成主体工程，烟溪十八渡大桥建成通车。S225安化段扩改工程已进入扫尾阶段。S224梅黄公路梅城城区段开工建设。县城城区道路建设及配套工程完成投资5700万元，雪峰湖大道辰溪桥建成。实施柳溪山洪沟防洪治理项目6.8千米。完成城南完小、中国黑茶大市场片区开发项目一期、辰溪商贸城等公共服务设施建设，安化黑茶学校、思源实验学校完成“三通一平”。茶香花海生态体验园等一批项目开工建设，黑茶文化公园、辰山绿谷等一大批项目正在规划设计中。

三、加强项目组织监管

1.建立完善项目库。建全3个项目库，一是“十三五”重点项目库。入库项目409个，总投资3000亿元，基本涵盖全县当前和未来五年要实施的重点项目。二是国家“三年滚动计划”项目库。国家规定未进入在线项“三年滚动计划”项目库的项目，不能进入审批程序，不能申报国家资金。目前，进库项目达663个，总投资达857亿元。三是“十三五”PPP项目备选库。储备PPP项目140个，总投资869亿元。

2.优化简化审批。着力推进立项审批便利化，减少前置条件，仅从政策、生态、安全、稳定等方面审查立项内容，缩短审批时限，对资料齐全、情况清晰的项目，规定在3个工作日内办结。全面推行投资项目在线监管审批，建立延伸国土、住建、环保等部门的在线审批平台，所有立项实现“平台受理、在线办理、一项一码、全程监察”，从3月开始，平台外无审批，全年立项批准项目151个，总投资213.4亿元。强化节能管理，全面推行投资项目前置节能审查，共审查项目92个，从审批层面把住节能关，万元GDP能耗完成市定任务。积极推进简政放权，按县政府统一部署，向县经开区下放招投标事宜核准、政府出资项目审批和企业投资项目备案3项审批事项。

3.推进项目前期。通用机场项目进入省规划二类机场布局，正在组织规划选址论证；天然气长输管线正在编制建设比选方案，预计2017年完成建设方案，2018年开工建设；安张衡铁路、益吉秀铁路、常桂铁路已列入省“十三五”规划，安张衡铁路进入国家《中长期铁路网规划》。安化抽水蓄能电站进入国家能源发展“十三五”开工建设项目，7月1日，国网新源公司与县人民政府正式签订合作协议，规划2018年完成可研，2019年开工建设，正在进行可研编制，完成平洞掘进1100多米。安新高速已列入省年度新开工项目；已完成芙蓉山、天子山两处风力发电项目的立项，G536城改线项目二期已经省发改委立项批复。

4.强化招投标管理。加强政府投资项目招投标的专家抽取、投标、评标等监管。依法单独核准招标事项项目96个，与可研同步核准招标事宜项目67个。强化重大领域政府投资项目招投标事项的清理和执法，查处城南完小土石方工程等3处招投标违规问题。

5.加大项目稽察。开展中央和省预算内项目稽察，对省预算内投资项目进行全面绩效评估，按月对国家投资项目进行调度。查处、整改了圣德锰业年产3万吨电解锰、华莱安化黑茶有机茶深加工、乳酸厂技改、中辰冷链物流、粮库改扩建设等中央、省预算内投资项目进展缓慢、计划投资不足等问题。

6.优化发展环境。进一步理顺和接转优化环境职能，协调解决安化抽水蓄能电站洞探碴土堆场问题、高速公路纠纷等10多起重点工程建设的问题。开展行业协会商会与行政机关脱钩，摸清脱钩条件的行业协会商会79个，确定开展第一批11家脱钩试点，按照“五个分离，五个规范”完成各项变更登记和备案手续。清理规范政府部门行政审批中介服务，第一批清理38项。

四、开展精准扶贫

1.易地扶贫。切实履行牵头实施责任，编制易地扶贫和同步整村搬迁两个规划，并积极、反复向省汇报衔接，争取“十三五”易地扶贫搬迁建档立卡贫困户2.2万人，比初定指标增加13346人。加大年度计划争取和下达，在国家总体下调20%湖南年度搬迁计划的情况下，力保安化到县计划指标和资金不减少、不降低。建立易地扶贫的工作机制，出台实施意见、资金管理办法、联席会议制度，成立实施公司，强力推进项目建设。经申报、审核，最终首批在滔溪等6个乡镇实施易地扶贫搬迁1220户4477人，完成投资2.55亿元，新建住房9.79万平方米，搬迁人口4049人，搬迁入住率90.6%，发放住房建设资金6800多万元，补助率达87.6%。在省级年度验收中受到高度评价。

2.驻点帮扶。解决资金121万元，支持建设十八渡大桥连线工程、村服务中心大楼、人畜饮水和水毁道路修复。狠抓精准脱贫，确定副科级以上干部“一对一”扶贫对象，开展相关扶助。加强基层党建，提升扶贫村基层组织战斗力。

3.项目扶贫。开展电力扶贫，组织编制全县“十三五”农网改造规划，新建、改造农村电网线路10.4千米。完成光伏扶贫村级项目4个，户用项目30个，制定2017年度光伏扶贫实施方案。争取国家资金800万元，支持80个贫困村级服务平台建设。大力实施工程扶贫，争取以工代赈、石漠化治理、农村安全饮水巩固提升等资金3100万元，有力改善贫困地区的基础设施落后面貌。

五、抓好物价管理

1.价格检查。推行网络化市场监管，实行网定格，格定人，人定责的网络化市场监管机制和四级责任主体，实现轻查处，重规范的转变，全年查处价格违法行为10余件，其中立案查处5件，实施经济制裁60余万元。注重春节、国庆等重要节日市场价格巡查，在重点区域发放、张贴价格提醒告诫函，处置国庆期间茶马古道旅游价格纠纷。开展医药专项检查，监督落实医药价费改革试点，检查县人民医院、县第二人民医院、县中医医院、普济堂药店，没收价格违法所得42万元。开展教育收费专项检查，检查规范东坪镇中学、县实验高中等学校教育收费。加强涉水价格检查，全面检查农村自来水价格。进一步畅通价格举报和咨询渠道，完善和合理利用“12358”价格监管平台，受理、答复和接受各类价格咨询200多起。

2.价格服务。认真做好成本调查和监审。抓好油菜籽、柑桔、农户存售粮等生产成本调查，在全市创造成本调查安化工作模式，完成7个乡镇自来水厂水价成本监审。依法严谨开展价格认证，办理涉案物价格认定案件50件，认定金额155万元。对马安高速王家坪大桥2标段立柱损失案、金城出租车破坏经营案、海螺水泥传送带烧毁案等做好恶性案件做好价格认证，为政法部门调解和打击违法犯罪提供有力的价格支撑；准确认定库区网箱养鱼成本，为“两网清退”补偿政策制定提供依据；探索开展纪检监察价格认定工作。

【“十三五”规划修订】 按照县人大审议意见，完成全县“十三五”规划的修订，组织编制统领“多规合一”的《安化县空间发展规划》初稿，为国家推进“多规合一”夯实基础。做好洞庭湖生态经济区、武陵山片区等规划的实施对接，完成风电消纳规划、洞庭湖生态经济区安化县水环境综合治理五大专项规划的编制工作。

【招投标管理】 加强政府投资项目招投标的专家抽取、投标、评标等监管。依法单独核准招标事项项目96个，与可研同步核准招标事宜项目67个。

【社会事业建设投入增加】 加大教育基础设施投入，县职业中专再次争取专业技能实训中心中央预算资金2000万元，连里完小等4所学校项目资金625万元。加强基层卫生院建设，支持古楼乡等7所乡镇卫生院建设，争取国家资金1365万元。推进社会福利体系建设，争取儿童福利院国家项目资金465万元。

【价格改革】 进一步放开价格管控，取消和停征种子检验与鉴定等11项行政事业性收费和地震安全评价等9项服务性收费，降低质监、国土等9个部门的行政事业性收费和建设档案利用等15项服务价格标准。2月1日，全面放开瓶装液化气零售价格管制，实行市场调节价，放开地籍测绘、拔地定桩等23项经营服务性收费。推进水价改革，理顺8个乡镇供水价格，县城实行居民阶梯水价。全面取消收费许可证制度，加大收费事中事后管理和督查力度，强化和规范收费公示，把取消、下降的收费项目落在实处。

（撰稿人：罗国跃）

安化县统计局

【领导人名录】

局　　长　邓军华

副 局 长　张焕正　谢兵堂

总统计师　谌文辉

【概况】 安化县统计局是县人民政府组成单位，主要职能是制定全县统计工作现代化建设规划和统计调查计划，组织领导、协调全县统计工作，检查监督统计法律、法规的实施；组织实施国家统一的基本统计报表制度，管理和协调各部门制定的统计调查表和统计标准，审批社会调查项目；组织重大的国情国力和县情县力调查，领导和协调全县综合性的社会经济调查等。机关内设办公室、政策法规股、综合统计股、工业统计股4个股室，下设调查队、电子计算站、普查中心3个事业机构。2016年有在职在编干部职工23人，其中本科13人，大专9人，高中1人；退休人员10人。

2016年是实施“十三五”规划开局之年，该局紧紧围绕县委、县政府制定的经济发展目标，以提高统计数据质量为宗旨，进一步加强统计法治建设，夯实统计基础，切实改进机关工作作风，为各级党委政府和社会提供了优质统计服务。

一、服务经济建设

2016年，该局加强对全县宏观经济形势和重大经济问题的分析研究，及时提供统计数据和分析资料，增强对全县经济、社会发展的预见性和针对性，认真分解各项经济统计指标，层层落实工作责任，确保统计数据客观反映安化经济发展成就：2016年实现生产总值196.3亿元，同比增长7.6%；财政总收入12.24亿元，增长4.2%；规模工业增加值39.2亿元，增长6.7%；固定资产投资146.8亿元，增长14.1%；社会消费品零售总额100.49亿元，增长11.8%；金融机构各项存、贷款余额285亿元、88亿元，分别增长27.4%、20.4%；全年城镇居民实现人均可支配收入15694元、农村居民实现人均可支配收入7423元，分别增长9.7%、9.2%。

二、启动第三次全国农业普查前期准备工作

在省、市农普办的统一部署和指导下，在县委、县政府的高度重视和支持下，全县农普准备工作进展顺利，12月完成了县、乡镇、村三级农业普查机构的组建，农普宣传工作积极开展，前期物资准备工作、农业普查小区划分和地址码上报已基本完成，完成了小区地图绘制和清查摸底工作以及“两员”入户登记、PDA（Personal Digital Assistant，掌上电脑）使用培训工作。

三、完成统计报表任务

1.专业报表工作有序推进。该局以提高统计数据质量为中心，以争创一流业绩为目标，要求各专业明确审核重点，加大审核力度，进一步提高统计数据的完整性、时效性和准确性，圆满完成各专业2015年年报及2016年定期报表工作，真实、全面、准确地反映了全县发展实际。

2.其他各项调查任务圆满完成。按照上级有关要求，深入开展调查工作，扎实有效地开展了农村住户调查、畜禽监测、小康监测、质量强县和县城创卫民意调查等各项调查工作。

四、建设统计协控联管体系

为确保统计数据及时、准确、全面反映全县经济社会发展水平，更好地服务县域经济社会发展，县政府常务会议专题研究，出台了《安化县统计协控联管暂行办法》和《安化县2016年统计协控联管工作考核办法》两个文件，对全县乡镇、部门单位和调查对象进行线面结合的统计协控联管模式，做到了全县统计管理体系完整，工作机制规整。

五、法治建设

大力开展统计专项执法检查。该局在5月初下发了《关于开展全县统计执法检查的通知》，对全县相关企事业单位进行了统计执法检查，进一步优化了全县统计环境，提高了统计工作规范化水平，夯实了统计基层基础建设。

六、统计服务

1.及时发布统计信息资料。

2016年县统计局共编印《经济月报》10期，将安化县主要经济数据与兄弟区县市进行了比较，具有很强的参考价值。

2.加强对全县社会经济运行情况的监测。密切注意全县社会、经济运行情况，重点监测社会发展情况，特别是加强了对县域经济、农村住户、畜牧业生产等监测分析。加强统计调研分析。紧紧围绕全县中心工作，抓住经济社会发展中的难点、热点问题，选择县城经济发展和生态功能区发展两个课题，组织专业队伍进行调研分析，努力打造统计分析精品。2016年县统计局完成统计调研分析11篇。

【第三次全国农业普查工作正式启动】 1月18日，安化县人民政府印发了《安化县人民政府关于认真做好第三次全国农业普查的通知》(安政发〔2016〕1号)，标志着全县正式启动第三次全国农业普查工作。

【“安化统计”微信公众号试运行】 6月22日，县统计局在腾讯网开通了微信公众平台，并开始试运行。这是县统计局为社会公众搭建的一个新兴媒体服务和沟通交流平台。

【安化县三次全国农业普查暨农村土地承包经营权确权登记颁证工作动员会召开】 7月15日，全县统计工作、第三次全国农业普查暨农村土地承包经营权确权登记颁证工作动员会召开。县委常委、常务副县长王益文，县人大常委会副主任伍亮，副县长胡能华，县政协副主席蒋毅华出席。动员会上，胡能华就统计工作、第三次农业普查和农村土地确权登记颁证工作进行部署安排。

【农业普查全面清查摸底工作正式启动】 12月1日，安化县召开第三次全国农业普查小区划分及地图绘制和清查摸底工作会议，正式启动第三次全国农业普查全面清查摸底工作。会议由县统计局副局长、县农普办主任张焕正主持，各乡镇(管委、林场)的统计员和农普办人员、县农普办工作人员60人参加会议。

(撰稿人：王思园)

安化县国土资源局

【领导人名录】

局　　长　龙要平

副 局 长　周　毅(2016.5止)

　　　　　李　刚(2016.5止)

　　　　　夏新阶(2016.11止)

　　　　　谭洪波

　　　　　刘　佳(2016.5起)

　　　　　王　海(2016.6起挂职)

纪检组长　肖稳田(2016.4止)

　　　　　陶文武(2016.5起)

总工程师　肖业伟

【概况】 安化县国土资源局组建于2001年，2016年度全局共设13个职能股室、5个副科级事业单位、4个股级事业单位、23个乡镇国土所、县城南区国土资源所、安化经开区国土资源所、1个公司。全系统共有干职工432人，其中行政事业在编人员363人，分流人员10人，退休59人。另下属企业人员11人，其中退休6人。

2016年，安化县国土资源局全面提高国土资源供给质量和效率，全面推进法治国土、阳光国土、廉洁国土建设，为全县经济社会发展提供了有力支撑，被评为2016年度全市国土资源绩效考核先进单位、县绩效考核三等奖、全县办公室工作先进单位、全县综治工作(平安建设)先进单位、县创建省级卫生县城十佳庭院。

一、用地保障

2016年完成用地报批161.85公顷，确保了城镇建设、交通建设及重点项目用地需求。稳步推进征地拆迁，完成重点工程项目征地41.6公顷，拆迁房屋84栋。有效推进城乡建设用地增减挂钩工作，城乡建设用地增减挂钩项目实施方案获省级批准。科学制定供地计划，推进土地集约高效利用。切实加大土地市场管控力度，实现经营性用地100%公开交易，全年供应各类建设用地250宗，其中配置存量土地6.33公顷；采取征收、收购(置换)等方式新增储备土地46.13公顷，出库42.73公顷。全年实现土地总收益2.02亿元；完成协控税收8261.38万元，超额完成37.6%。按要求开展了基准地价更新、耕地质量等别更新及耕地质量实时监测工作。

二、耕地保护

进一步完善耕地保护目标责任制，强化乡镇政府耕地保护主体责任。年末实际耕地面积47652.44公顷，基本农田保护面积34141.45公顷。加大踏勘选址与争资立项力度，推进县财政投资耕地开发与社会投资耕地开发，努力充实耕地后备资源库，全年争取土地整治资金4965.07万元，通过社会投资开发新增耕地292.09公顷，实现了年度耕地总量动态平衡。同时，作为省直管经济体制改革试点县，完成了7个高标准基本农田建设项目立项工作，规模面积1037.16公顷，投资2290.26万元。发挥快速反应和司法参与机制，持续开展查违控违专项整治，全年查处土地违法案件246起，移送法院执行48起。

三、矿政管理

2016年共注销矿权4个，关闭过期砖瓦窑5家，办理延续18家，完成5家符合条件的采石场发证工作，完成了政策性关闭煤矿价款退付工作，组织编制了第三轮矿产资源规划。持续开展矿山清理整顿和安全生产“三大行动”，严厉打击非法开采和超深越界行为，联合相关部门开展集中执法行动3次，取缔非法矿山28起。全年完成矿产收入645万元，其中采矿权520万元，矿产资源补偿费117万元，采矿权使用费8万元。加大地质环境备用金缴存力度，收取61家县级发证矿山地质环境备用金623万元。

四、民生服务

做好地灾防范和应急处置。进一步完善地质灾害群测群防体系和应急处置机制，全面开展420处地灾隐患巡查排查工作，集中开展地灾防治业务培训及宣传活动13次，下发督办通知23个，成功预报地质灾害7起。积极应对汛期防灾救灾，成功避险6起，转移群众4316人，尽最大努力减少了地灾引发的人员伤亡和财产损失。推进地灾搬迁避让与工程治理。全年向上申报重大治理项目1个，争取地灾治理和搬迁避让及应急专项资金742万元，搬迁避让指标250户。加强项目实施督察，扎实推进马路澄坪村滑坡、泥石流治理项目等5个项目和2014年100户地质灾害搬迁避让工程验收工作。

五、基础完善

全县土地利用规划调整完善、永久基本农田划定、第三轮矿产资源规划编制和土地变更调查工作有序推进；不动产统一登记改革成效显著，组建了县不动产登记中心和23个乡镇分中心，办理不动产登记发证1339本，不动产登记证明1502个；农村集体土地确权登记发证工作提请省部验收；信息化建设不断完善，电子政务运行日益规范，网站信息维护与更新不断加强；抓好精准扶贫工作，明确专人负责，协调解决局扶贫点、民情联系点、新农村建设点项目实施资金困难等问题，通过城乡建设用地“增减挂钩”政策积极解决易地扶贫搬迁用地指标，精准扶贫收到实效；深入开展法治创建活动，被省委法治湖南建设领导小组办公室命名为“2016—2018年全省依法办事示范窗口单位”。

六、队伍建设

精心组织“两学一做”学习教育和“能力建设年”活动，加大干职工教育培训力度，着力培养干职工的学习力、执行力和创造力；进一步完善绩效考核机制与评优评先机制，有效发挥激励机制作用，大大提高了干部职工积极性，提升了工作效能。扎实推进作风整改。全面加强党风廉政建设，认真落实党风廉政建设责任制和廉洁自律规定。扎实开展“雁过拔毛”式腐败问题与“纠四风、治陋习”专项整治活动，严格查找征地补偿、土地综合整治、地灾防治和重大工程项目资金分配使用过程中存在的违纪违规突出问题，共清理排查涉农资金项目105个，及时督促整改村级问题10起，立案查处违规违纪人员4人。

【湖南省国土资源厅领导督察地质灾害防治工作】 3月14日至16日，湖南省国土资源厅、益阳市国土资源局组成工作组到安化县开展汛前地质灾害工作巡查。工作组现场查看了马路镇澄坪村滑坡现场等11个省级地质灾害点，听取了安化县国土资源局关于汛前地质灾害排查、防治及下阶段工作措施的汇报。

【安化县不动产登记中心成立】 6月25日，安化县不动产登记中心揭牌暨不动产权证书首证颁发仪式在县政务中心举行，益阳市国土资源局、安化县人民政府领导出席仪式。常务副县长王益文将首本不动产权证书颁发给了县职业中专学校（安化黑茶学校），标志着安化县结束了土地、房产、林地等不动产分散登记的历史，开启了不动产统一登记的新征程。

【安化县省域督察违法用地和省环保督察砖瓦窑环境问题整改工作动员会】 12月21日，安化县人民政府组织召开的省域督察违法用地和省域环保督察砖瓦窑环境问题整改工作动员会在县国土资源局召开。会上下发了《安化县关于省环保督察砖瓦窑环境问题专项整治工作方案》，对督察整改工作进行了具体部署。此次整改要求拆除一批违建，处理一批人员，办理一批用地手续。

（撰稿人：张琳）

安化县人力资源和社会保障局

【领导人名录】

局　　长　邓生本

副 局 长　方忠良　夏　纯

　　　　　熊毅群

纪检组长　李永红

总经济师　金次仁

【概况】 安化县人力资源和社会保障局于2011年由原安化县劳动和社会保障局和原安化县人事局合并组建而成。具体承担全县人力资源和社会保障事业发展规划、促进就业创业、技能培训、人才培养引进、社会保障、劳动者维权、机关事业单位管理等12项服务职能。全局内设11个行政股室，下辖11个事业单位。

2016年，该局围绕“民生为本、人才优先”的工作主线，扎实工作，各项工作取得显著成绩。分别荣获“2016年度湖南省巾帼建功先进集体”“2016年度基层平台管理先进区县”“2016年度就业宣传先进集体”“2016年度全省企业养老保险经办先进单位”“2016年度全省城乡居民养老保险经办管理服务先进单位”等称号，实现了“十三五”良好开局。

一、就业创业

全年新增城镇就业4869人，城镇登记失业率控制在1.76%，全县就业局势基本稳定。重点群体就业全面推进。开展了农村贫困劳动力转移就业情况摸底，新增农村劳动力转移就业4023人。零就业家庭和离校未就业高校毕业生全部实现动态“双清零”。离校未就业高校毕业生实名制登记247人。创业带动就业成效明显。认真贯彻落实《益阳市鼓励扶持创新创业实施办法》，新增创业主体4116个，带动城乡就业6034人，带动城镇就业3015人，发放创业担保贷款6909万元。积极落实“双百资助工程”、“2151工程”、高校毕业生创业资助等政策，评定资助高校毕业生创业项目10个，每人资助2万元；评选湖南省自主创业就业先进个人2人、创新创业带动就业优质初创企业1家、创新创业带动就业示范乡镇1个及创新创业带动就业示范社区1个。职业培训工作扎实推进。重点开展了职业技能培训、创业培训、精准扶贫岗位技能提升培训、贫困家庭“两后生”技能培训，全年完成职业培训6600余人。就业公共服务不断加强。开展了“春风送岗位”“赶集日下乡招聘”“校企联合招聘会”“谋精准扶贫、送岗位下乡”等公共就业服务。全年共组织招聘会12场，提供就业岗位10000余个，成功介绍就业3000余人。精准扶贫工作卓有成效。配合县里制定了《安化县精准扶贫实施办法》，出台了劳务协作脱贫方案，认真做好技能培训工作。2016年组织贫困劳动力创业培训300人、贫困劳动力就业技能培训2275人。行业扶贫、驻村帮扶工作荣获全县二等奖。

二、社会保障

完善社保制度。机关事业单位养老保险制度改革稳步推进。职工重大疾病二次补偿、重性精神病门诊补偿启动。降低了企业职工基本养老保险单位缴费费率和失业保险费率，开展了养老保险费率过渡试点，发放失业保险稳岗补贴97万元，有效减轻了企业负担。加强社会保障卡信息化建设，全县社会保障卡持卡人数达62万余人。强化扩面征缴。强化措施大力推进各险种参保扩面，五大社会保险参保总人数168万人次，全年共征缴各项社保基金4.9亿元，支出社会保险待遇10.6亿元，各项社保待遇做到按时足额支付。提高社保待遇。企业退休人员连续第12次调整待遇，通过调整全县企业退休人员月平均基本养老金增加到1747元，城乡居民基础养老金由75元/月增加到80元/月。职工和城乡居民医保、失业保险、工伤保险待遇水平稳步提高。立项争资。全年向上级争取各项资金6.8亿元，荣获全县立项争资三等奖。确保基金安全。社保基金监管力度进一步加强，社保基金监督制度得到强有力的执行，社保基金总体安全平稳运行。

三、人事人才

人才引进力度不断加大。2016年全县考录公务员74人，县直机关公务员公开选调11人，事业单位公开考录319人。工资制度改革稳步推进。工资调标全面落实，全年完成工资调标审批17396人，离休费调整审批68人，同时对2015年12月31日前退休的9000多人调整了基本养老金。乡镇工作补贴稳步实施，全年审批到位9601人。公务员职务与职级并行工作扎实推进，全年兑现职务职级并行待遇1031人。职称管理不断深化。评定2015年高级职称104人，中级职称300人，初级职称517人。完成专业技术人员继续教育培训4135人。全县中小学教师职称改革过渡工作全面完成。全方位做好人事代理工作。为290名大中专院校毕业生办理了调档手续，为280名大中专院校毕业生办理了人事档案代理。

四、劳动保障

构建和谐劳动关系。推进企业工资集体协商，全县完成工资集体协商企业766家，已建工会组织的企业工资集体协商建制率达90%。加强劳动保障监察执法。扎实开展对县乡用人单位非法用工和农民工工资支付、劳动监察日常巡查、专项整治检查等行动，维护农民工的合法权益。建立与住建、交通、公安、司法、工商等部门联合巡查的机制，加大对恶意欠薪的打击力度，受理有关投诉132起，下达整改指令31次，成功协调化解126起农民工欠薪隐患。完善农民工工资保障金制度，扩大了农民工工资保障金缴费规模，严格按照上级政策要求及时足额缴纳农民工工资保障金，2016年新开工的建设项目均及时足额缴存了农民工工资保障金，共有34个建设项目交存保障金1060万元。提高劳动人事争议仲裁效能。全年共处理各类劳动人事争议仲裁案件89件，结案率100%。县劳动人事争议仲裁院因成绩突出，被评为湖南省示范仲裁院。

【“春风送岗位”现场招聘会】 2月17日，县人社局联合县总工会、县妇联成功举办2016年“春风送岗位”现场招聘会，蓝思科技、格力、忘不了服饰、艾华集团、中茶安化茶厂等35家企业进场招聘，提供就业岗位8000多个，此次招聘会共吸引1800多人次进场求职，480多人与企业达成就业意向。

【湖南省副省长蔡振红到该局调研】 3月10日，副省长蔡振红一行深入安化，对全县人力资源和社会保障工作进行调研。蔡振红一行先后视察了县人社局人力资源市场、社会保险服务窗口、技工学校。蔡振红对安化县人力资源和社会保障工作成绩表示充分肯定，并指出今后要继续切实抓好就业创业、社会保险等事关群众切身利益的问题。

【“两学一做”知识抢答赛】 7月1日，县人社局开展“两学一做”知识抢答赛活动。局机关和局属各单位共成立了8支参赛队伍参加知识抢答赛，比赛分为必答题、抢答题、风险题、互动题4个环节，比赛内容涉及党章党规、准则条例、业务知识等。知识抢答赛圆满举办，达到了振奋精神、鼓舞斗志、激发学习热情、提高党性修养的预期目标。活动中还对2016年度优秀党员进行了表彰。

（撰稿人：夏建文）

安化县审计局

【领导人名录】

局　　长　李子升

副 局 长　梁逸群（2016.3止）

　　　　　刘礼宁（2016.3起）

　　　　　陶用来（2016.3起）

　　　　　伍哲晖（兼总审计师 2016.3止）

　　　　　易　德（兼总审计师 2016.4起）

纪检组长　吴波澜（2016.4起）

【概况】 安化县审计局组建于1984年，是县人民政府的组成单位。下属公益一类事业单位安化县乡镇财政审计站，定编12名。机关现有人员45人，在职29人，其中班子成员4人。局机关共设6个职能股室，分别是：办公室（加挂法制股牌子）、财政金融审计股、经济责任审计股（加挂行政事业审计股牌子）、农业资源与环保审计股、固定资产投资审计股、经贸审计股。根据《中华人民共和国审计法》和《湖南省审计监督条例》规定，安化县审计局主管全县审计机关审计业务工作。负责对县本级和城区财政收支及法律法规规定属于审计监督范围的财务收支的真实、合法和效益进行审计监督，维护财政经济秩序，提高财政资金使用效益，促进廉政建设，保障经济和社会健康发展。对审计、专项审计调查和核查社会审计机构相关审计报告的结果承担责任，并负有督促被审计单位整改的责任。

2016年，全县审计工作坚持“依法审计、服务大局、突出重点、求真务实工作方针，为促进社会经济健康发展发挥了积极作用。一年来，共完成审计项目43个，其中，财政财务收支审计5个、经济责任审计12个、建设项目审计11个、专项资金审计8个、临时追加审计项目7个。共查出违规资金2.70亿元，管理不规范资金5.14亿元，核减工程造价6510万元。连续三年获得全市审计系统目标管理考核一等奖，连续四年荣获全县绩效考核一等奖，全省文明单位、全省文明卫生单位、全市文明标兵单位。

一、创新制度，科学管理，从体制机制上推进审计工作转型升级

围绕树立科学审计的理念，转变审计方式，从制度创新入手，建立完善了一系列科学机制，逐步步入科学、规范、高效的轨道。

1. 建立政府投资项目审计“二审终审”制度。针对安化县建设项目领域存在的问题，面对任务重、人手少的矛盾，该局通过学习借鉴长沙等地经验，积极推动政府投资项目审计方式创新，推行“二审终审”模式，得到了县政府的大力支持，出台了《安化县聘请社会中介机构参与政府投资建设项目审计管理办法》，为推动该文件的实施，该局配套出台了《政府投资项目审计资料报送有关事项的暂行规定》《关于社会中介机构参与政府投资项目审计工作年度考核办法（试行）》《政府投资项目审计报送清单》等一系列文件，并建立了社会中介机构库，通过公开招投标确定了9家参与政府投资项目审计的社会中介机构，切实加强了政府投资建设项目的审计监督，有效防范审计风险。至2016年底，已分两批次将梅城污水处理工程等48个政府投资审计项目，按规定程序分配给了社会中介机构进行初审，送审项目造价共计5.7亿元。

2. 建立审计整改联动机制。继《安化县审计整改办法》《对审计查出问题整改情况实行监督的暂行办法》之后，县政府又出台了《安化县进一步加强审计整改工作的实施意见》，为使这些文件落到实处，该局一方面成立了审计执行股，专门负责审计整改工作，并积极争取县委、县政府重视，将审计整改情况纳入全县绩效考核范畴，对审计整改不到位的部门、乡镇实行倒扣分。另一方面整合各方力量，实行联合整改。对预算执行审计中查出的问题，得到了县人大常委会大力支持，联合督促整改。对专项资金审计中查出的某些突出而又普遍存在的问题，由县委、县政府领导出面组织专题会议，集中整改。对经济责任审计中整改不到位的单位，由纪检、监察、组织等部门进行联合监督检查。

3. 推行“1+N”综合审计模式。即对纳入计划审计的单位，实行财政收支、专项资金、经济责任审计一并审查、统一报告、分项审计、综合运用成果。同时，在审计范围上对县直二级机构和乡镇七站八所按照隶属关系一并审，横向到边，纵向到底，极大地提高了审计效率。

二、以人为本，强化根本，从基础保障上推进审计工作转型升级

在加大制度创新、完善审计工作机制的同时，该局坚持从学习培训、考核管理等基础性工作抓起，使人员结构不断优化，队伍素质不断提高，干部活力不断激发，全局上下形成了人人干事创业的浓厚氛围。

1. 大兴学习之风。该局根据审计发展的需要和队伍状况，制定了中长期培训学习规划和年度计划，努力创造学习环境和条件，保障学习时间和经费，在全局上下培养了一种比学赶超的风气。政治学习按月进行，领导带头讲，聘请专家讲，召开务虚会议讲，提高干部职工的理论素养，同时狠抓审计业务学习培训，对必需的学习培训，合理调整工作安排，解决学习培训费用，对学习成绩优异者，给予表彰奖励，从而极大地调动了干部职工学习培训的积极性。近三年来，全局32名在职工作人员有20名取得了专业学历，其中获审计、经济函授大专毕业证书11人，中文、经济、财会本科9人。在全国统考和省级评定中，有17人取得了技术职称，其中高级审计师2人，中级审计师13人，注册会计师1人，注册工程造价师1人。通过学习，全局干职工理论水平、业务能力不断提高。

2. 激发干事活力。一方面，该局坚持“岗位轮换”，规定一个岗位连续工作5年以上的必须轮岗，极大地激发了干部职工的工作热情。另一方面，该局对干部实行绩效管理，将班子成员捆绑到股室，审计项目分配到人，工作进度量化到日期，形成了“人人肩上有指标，一级对一级负责”的工作运行机制。每月月底召开业务会议，督促工作进度，研究解决具体问题，有效加强了对工作的调度，解决了人少、任务重的矛盾。

3. 打造全县清廉正气氛围。在强化监督的同时，注重宣传教育，着力预防、监督并重，推进源头治本。该局通过加强与县电视台、《益阳日报》等宣传平台的联系，定期向公众介绍审计职能、全年审计工作思路和重点项目、预算执行审计情况、行风建设的主要措施等，促使全社会了解、认同、重视审计工作。

三、强化职能，突出实效，

在发挥作用上推进审计工作转型升级

2016年，该局紧紧围绕县委、县政府中心工作开展监督，为促进县域经济社会发展发挥了重要作用，取得了明显成效。

1. 规范管理，坚持经济责任审计。该局把经济责任审计作为推进全县党风廉政建设的重要举措，全面推行以任中审计为主，任前、离任审计相结合的经济责任审计机制，在坚持“逢离必审”的同时，每年按20%的比例，对应审领导干部进行一次任中审计，从而确保在同一领导岗位任职时间三年以上，或换届时未审计的领导干部，原则上都接受一次审计。审计中，结合组织部门建立“统一进点启动、统一听取汇报、统一责任界定”的“三统一”审计程序，规范了审计内容和审计结果运用的办法，使经济责任审计走上了规范化、制度化道路。

2. 着眼大局，深化财政预算执行审计。2016年的财政预算执行审计，该局紧扣“预算”与“执行”两个环节，以财政支出审计为主线，以审查预算执行的真实性、合法性和合规性为切入点，确定一个重点，延伸审计全县税收主要征管部门或专项资金较多的单位（部门）。为把这些工作落到实处，该局采取“三打破”，即打破领导分工界限、打破股室专业界限、打破人员职责界限，建立了财政审计、政府投资审计、经济责任审计“三驾齐驱”的工作大格局，统筹管理审计项目，使“同级审”协调性和操作性更强。每年的“同级审”都得到了县人大常委会的好评。

3. 注重效益，强化政府投资项目审计。该局采取常规性竣工结（决）算审计和现场跟踪审计相结合的方式，对建设项目特别是政府性投资项目的招标、施工、结算等实行全过程审计监督，明确建设项目决算审计，是建设部门组织工程验收、房地产部门和国土部门颁发房产、土地使用权证书的前置条件。启动和完成计划内政府投资审计项目11个，完成计划外结（决）算审计项目6个，为县财政节约资金6510万元。

4. 保障民生，严格专项资金审计。专项资金事关民生和社会稳定，备受各界关注。全年对农业开发、水利、环保等8个重点领域专项资金进行了审计。审计金额上亿元。在资金分配环节，突出对资金分配办法合理性、规范性的审查；在资金拨付环节，重点检查违规操作、滞留闲置、挤占挪用等行为；在资金使用环节，严厉查处违规违纪问题。规范专项资金管理，让人民群众真正共享国家改革发展成果。

（撰稿人：朱媛）

安化县市场和质量监督管理局

【领导人名录】

局　　长　龙星乔

副 局 长　阙建梦　陶巨刚

贺献军　李胜强

李彩都　刘金新

李　忠

【概况】 安化县市场和质量监督管理局于2016年3月14日整合原县工商、质监、食药监三局，正式挂牌成立，加挂安化县食品药品监督管理局、安化县食品安全委员会办公室牌子，为一类执法正科级单位。按照县“三定”方案和工作实际，设立内设股室23个，直属行政机构、事业单位8个，基层监管所14个，并按照规定设立监察室。有在职人员271名，离退休人员125名。负责食品药品安全、特种设备、质量标准、商标广告、计量检定、消费者权益保护等众多领域的监管工作。2016年，被湖南省爱国卫生运动委员会评为“文明卫生单位”，被益阳市质监局评为“2016年度气瓶安全信息化管理工作先进单位”，获评为“2016年度全县绩效考核三等奖”。

一、机构改革

1. 推进机构改革。为防止改革出现波折，该局从职能职责出发，按照人尽其才、能力互补的原则，加快内部调整，完成了机构设定和人员安排，切实担负起食品药品安全、特种设备、质量标准、商标广告、计量检定、消费者权益保护等众多领域的监管工作。并保证了在机构和人员调整及职能整合、移交期间，未出现任何波动，未上交任何矛盾，工作得到平稳推进。

2. 理顺体制机制。7月，该局继原工商、质监改省垂直为地方管理后，步入省管县改革试点行列，市工商局、市质量技术监督局、市食品药品监管局赋予安化局的经济社会管理权限移接交正式完成，承接权限28项，拥有与市局同等的经济社会管理权限，使监管层级得到进一步提升。后经过梳理，全县市场监管系统确定权力清单582项，其中行政许可18项、行政确认4项、行政处罚505项、行政强制34项、行政裁决3项，行政检查18大项，明确责任清单共227项。

3.推进商事制度改革。全面深化市场管理体制改革，坚持下好商事制度改革这步“先手棋”，顺利完成企业“三证合一、一照一码”到“五证合一、一照一码”的平稳过渡，大力推行个体户“两证整合”。该局按照便捷高效、规范统一、宽进严管的原则，落实“先照后证”，实现企业名称核准全程电子化登记，简化住所登记，营造了良好的营商环境，大大促进了大众创新、万众创业。全年新开业各类市场主体4194户，其中内资企业2户，发展私营企业881户，发展个体工商户3311户，换发三证合一(五证合一)营业执照1732户。

二、切实履职

1.突出重点，强化民生安全保障。食品安全常抓不懈。在全县范围内建立网格监管责任区46个，深入推行责任网格化、检查格式化、管理痕迹化“三化”监管。深入24个乡镇，对全县300多所学校进行了全覆盖的春秋两季食品安全检查，开展“查无证清死角端窝点”、农村餐饮、“肉及肉制品”等九大有针对性的食品安全专项整治活动。全年检查食品经营主体2127户，规范引导办理食品类生产、经营许可证469户，责令整改490户，查扣销毁问题食品4962公斤，责令下架不达标食品2300多袋，取缔无证经营26户，查办案件53件，罚没金额53.7万元。特别是在创建省级卫生城市中，全局上下加班加点，尽人、财、物力规整“三小”门店，为县城的食品安全和创卫工作做出了一定贡献。药械监管扎实认真。认真开展全县药品零售(连锁)企业的GSP认证工作，加强对全县涉药涉械单位的日常监管，对疫苗、中药饮片进行专项检查。全年新认证药品零售单位16家，换发证40家，二类医疗器械经营企业的备案许可和备案变更129家。完成药品、器械领域协税控税400余万元，全年未发生一起药品、器械安全事故。安全生产警钟长鸣。共检测验收电梯50余台、锅炉12台、压力容器8台；完成7.5万只气瓶的二维码贴码工作，对全县液化气门店进行了大规模整治行动，检查单位40余家，封存扣押非法充装液化气钢瓶300余只，整改安全隐患30余处。茶叶市场整治成效显著。检查茶叶生产单位68家，经营单位30家，取缔无证照生产茶叶企业7家，责令停产停业8家，限期责令整改25家。有效地保障了全县茶叶市场健康有序发展。

2.围绕热点，强化市场秩序保障。全年共查处各类案件242件，非税收入达445.91万元(其中罚没收入151.08万元，行政性事业收费294.83万元)，完成指导性目标的117.35%。一是加大执法打假治劣力度。加大日常执法检查。开展了元旦春节应节商品、日用消费品、汽配及汽柴油及保健品、化妆品“四查”等行动。二是加大抽检检验。全年完成委托检验500批次，出具检验报告500份。抽检食用农产品、农资产品等多个品种共442批次。三是加大消费维权力度。全年共受理网络和窗口消费投诉举报90件，为消费者挽回经济损失40多万元；回访办结案件85件(5件正在办理)，消费者满意率达98%。四是加快“打传创无”工作进程。健全防范和打击传销长效机制，积极创建无传销县、无传销乡镇。与公安机关一道，成功捣毁了3个传销组织，刑拘7人，逮捕3人，追逃7人，取保候审1人，冻结款1000余万元，建议吊销营业执照1起，约谈涉传企业和个人7人次，下达行政建议指导书2份，全县外出参与传销人员大为减少，有效地维护了社会稳定，保护了群众利益。

3.点面结合，强化服务发展保障。一是质量管理优导市场竞争。把市场主体发展的着眼点从关注数量、规模转变到重视质量、效益，加大对质量工作的推动和引导。至2016年底，“安化黑茶”产品获国家地理标志产品保护，全县拥有国家地理标志保护产品1个，有效湖南名牌8个，获得市长质量奖2个，“质量强县”工作获省、市检查组专家的一致好评。二是标准示范引领产业发展。积极筹备和培育标准化示范基地及项目，阿香美的柑橘标准化种植基地顺利完成验收；加强行业标准制定，成立了安化黑茶产业联盟，并努力为其争取为省级标准化战略项目；积极服务标准化，争取省级服务标准化试点项目，安化黑茶博物馆、县政务中心的服务标准化试点项目已通过验收，为安化县全面推进服务标准化奠定了坚实基础。三是检定“清无”倡导市场诚信。对53家加油站共330台件加油机、78家企业的865台计量器具以及26家医院(卫生院)的354台计量器具进行检定，全年共计完成计量器具检定1549台件。继续推进企业信用分类监管，大力扶持小微企业发展。抓好企业年报公示，年报率达98.9%；大力推进“清无”综治改革创新，在2016年度市“清无”考核中获得满分。四是商标服务助力品牌创建。指导、帮助“天茶村”“碧丹溪”等12件商标申报（续评）湖南省著名商标，同时进一步加强企业注册商标申请指导工作，成功注册商标25件，其中“安化红茶”“安化红”商标成功注册并正式公示，安化县地理标志证明商标的注册获得了新的突破。五是融资平台激发市场活力。运用股权出质、动产抵押、商标专用权质押等职能，指导公司“债权”转“股权”，共办理股权出质5起，出质股权数额6000万元，被担保债权数额7500万元；办理动产抵押登记16件，帮助企业融资8000万元。

三、整肃队伍

1.廉政建设。建立责任明晰领导机制，严格落实“一岗双责”。严格执行党的各项纪律，加强廉政建设，层层签订责任状，针对全系统在人、财、物管理、行政执法、行政审批和市场管理等方面，排查出廉政风险点，拟定制度20个。

2.作风建设。开展了“雁过拔毛”式腐败问题和“纠‘四风’、治陋习”专项整治，联合县人民检察院预防职务犯罪科对食品安全监管工作开展了综合预防调查，开展中层骨干任前集体廉政谈话，带动全系统政风行风良性发展。

3.“两学一做”。加大精准扶贫力度。县局多次赴扶贫点文丰村、栗林村开展工作调研和走访活动，建立了帮扶台账，逐一落实了包扶责任，积极为村里争资金争项目，改善基础设施建设，引导成立专业种养合作社，帮助村民增产增收。

【安化县市场和质量监督管理局正式挂牌成立】 3月14日，原县工商局、质监局、食药监局正式合并，挂牌成立安化县市场和质量监督管理局，确定南区原质监局办公楼为主办公区。

【质量强县工作通过省级验收】 9月，湖南省质监局对安化县质量强县工作进行考核，以高分通过验收。至2016年底，“安化黑茶”产品获国家地理标志产品保护，全县拥有国家地理标志保护产品1个，有效湖南名牌8个，获得市长质量奖2个。

【茶叶生产经营市场秩序整治】 从7月份起，该局用时4个月，在全县范围内开展了一次声势浩大的茶叶生产经营市场秩序专项整治行动。出动执法人员326人次，执法车辆112台次，先后检查茶叶生产单位68家，经营单位30家，监督抽检茶叶样品36批次，取缔无证照生产茶叶企业7家，责令停产停业8家，限期责令整改25家。共立案35件，其中已处结15件，罚没款32.37万元，待处结案件20件。查封无证照生产企业茶产品10487公斤，价值139万元，扣押不合格、劣质茶叶1712公斤，货值63.4万元。

（撰稿人：殷胜男）

安化县安全生产监督管理局

【领导人名录】

局　　长　刘庭科

副 局 长　王又成　谭　雁

　　　　　吴继辉

纪检组长　欧阳超海

总工程师　阳　雄

【概况】 安化县安全生产监督管理局（县安监局）成立于2004年5月28日（安编发〔2004〕7号），加挂安化县安全生产委员会办公室牌子，属于县政府工作局，下设综合股、安监一股、安监二股。2007年7月19日，成立安化县安全生产执法监察大队，系该局下属财政全额预算股级事业机构。2011年3月29日，根据安化县编委《关于安化县安全生产监督管理局主要职责内设机构和人员编制方案的批复》（安编发〔2011〕10号）文件精神，调整为5个内设机构：办公室（加挂政务服务股牌子）、行业安全监督管理股（加挂职业安全健康监督管理股牌子）、非煤矿山安全监督管理股、烟花爆竹和危险化学品安全监督管理股、政策法规股（加挂生产安全事故查处股牌子），下设2个二级机构，安化县安全生产应急救援指挥中心和安化县安全生产执法监察大队，属股级财政全额拨款事业单位。2013年4月16日，根据安化县编委《关于安化县安全生产执法监察大队升格的批复》（安编办发〔2013〕3号）文件精神，安化县安全生产执法监察大队升格为副科级事业机构，设大队长1名。2016年4月20日，根据《安化县安全生产监督管理局主要职责内设机构和人员编制规定》（安编发〔2016〕17号）文件精神，原安化县煤炭冶金局合并至该局，设7个内设机构：办公室（加挂政务服务股牌子）、综合协调股、政策法规股（加挂生产安全事故查处股牌子）、行业安全监督管理股（加挂职业安全健康监督管理股牌子）、煤炭安全监督管理股、非煤矿山安全监督管理股和烟花爆竹安全监督管理股（加挂危险化学品安全监督管理股牌子）。下设安化县安全生产执法监察大队（加挂安化县煤矿安全监督站牌子）、安化县安全生产应急救援指挥中心和安化县安全技术培训中心。2016年6月21日，根据安化县机构编制委员会办公室《关于安化县安全生产应急救援指挥中心升格的通知》（安编办发〔2016〕8号）文件精神，局二级机构安化县安全生产应急救援指挥中心升格为副科级事业机构，设主任1名（副科级领导职数）。2016年，该局共有干部职工53人（年末人数），其中：公务员10人，参公11人，军转干部1人，职工31人（其中退伍安置4人）。临时工2人，培训中心挂靠10人。退休人员31人。

2016年，全县坚持“安全第一、预防为主、综合治理”的安全生产工作方针，以“监管执法年”活动为主线，以“严管重罚”为抓手，全面推进“三大”行动，深化隐患排查治理，落实安全生产责任，有效推进安全生产工作规范、有序、高效开展。全年共发生11起生产经营性安全生产事故，死亡11人，实现事故起数、重伤人数、死亡人数、直接经济损失4项指标同比均有所下降，没有发生一起较大以上生产安全事故，全县安全生产形势稳定向好。安化县被评为2016年度全省安全生产工作先进单位。

一、安全生产责任

1. 思想认识再提高。全县各级各部门单位切实提高了对安全生产工作重要性和紧迫性的认识。县委、县政府将安全生产纳入重要议事日程，与经济社会发展同步规划、同步部署、同步推进。县委召开2次常委会，县政府召开4次常务会议和多次专题会议，组织学习习近平总书记、李克强总理重要批示指示和省市领导重要讲话精神，贯彻落实国家、省、市安全生产会议精神，研究部署安全生产重点工作。县委、县政府主要领导在“两会”、“两节”、五一、国庆等重要时段和中共十八届五中全会等重大活动期间带队开展全县安全生产检查和督察。

2. 制度保障再加强。县委、县政府出台了《关于进一步加强安全生产监管工作的意见》《安全生产事前问责暂行规定》《关于认真贯彻落实市委市政府〈关于进一步加强乡镇（街道）、工业园区安全生产监管工作的实施意见〉的通知》等文件。明确县乡两级党委专职副书记联系安全生产工作，常务副职或排一的副职分管安全生产工作。各乡镇、县城南区、安化经开区安监办(局)落实了机构、人员和经费，建立了村级安全生产监管员队伍。县财政大幅度提高县安监局经费预算，落实了县乡村三级安监人员岗位津贴。实行县乡领导安全生产联点制度，开展了驻点督导工作。全年由县级领导带队开展全县性安全生产大检查5次，安全隐患大排查大整治行动4次，安全专项检查8次。实行重点隐患交办督办制度。对排查出来的重点隐患，采取县政府交办和县安委会督办的形式进行跟踪督办。2016年县政府办下发交办函5份，县安委办下发督办函30余份，确保把安全隐患消除在萌芽状态。

3. 监管责任再落实。县政府与乡镇和县安委会成员单位、重点企业签订了安全生产责任书。乡镇和县安委会成员单位与所属村（社区）、股室（单位）及辖区内企业签定安全生产责任书。领导干部实行安全生产包干负责制，落实了“一把手负总责、亲自抓，分管领导负主责、具体抓”的责任机制和“党政同责、一岗双责、失职追责”的工作机制。

二、安全意识教育

1. 深入开展安全生产“第一课”。将安全生产纳入县委中心组学习和党校培训内容，组织安监人员深入学校宣讲356次。按照“一月一警示”的要求，在县电视台每月分行业播放警示教育片等，从而使重点企业和高危企业的“安全生产第一课”制度得到较好落实。

2. 开展“安全生产月”活动。紧紧围绕“强化安全生产意识，提升全民安全素质”活动主题，加强安全生产知识宣传，悬挂宣传标语1500余条（幅），制作永久性固定宣传标牌200余个，出动宣传车200余台次。6月17日，县安委办组织安监、交通、住建、国土、消防、交警等10多个部门单位，在清塘铺镇开展“安全生产月咨询日”活动，共接受群众咨询800余人次，发放宣传资料18000余份。县总工会、县安监局联合组织了“安全发展忠诚卫士”演讲初赛，讴歌广大安全卫士。湘安钨矿组织开展了“我为安全说两句”演讲比赛，进一步提高了企业员工安全意识。

3.深入开展安全生产集中培训。5月30日至6月1日，安化县集中开展了为期3天的乡镇安全生产监管知识培训，乡镇、县城南区、安化经开区分管领导、安管办主任和安监员共70余人参训。此次培训课程内容丰富，理论知识和实操演练相结合，涉及道路运输、校车、工矿商贸、职业卫生等领域，为全年安全生产工作顺利开展打牢了基础。10月底，组织安监系统人员参加全县行政执法业务知识培训班，做知法懂法、严格守法、规范用法的安全卫士。

4.深入开展领导“话安全”活动。6月，县委、县政府领导，县安监局局长分别在安化电视台发表讲话，《平安安化》专栏对各乡镇和县安委会成员单位主要负责人分别进行了专题采访报道，进一步教育引导全社会树立安全发展观念。

5.深入开展“五进”活动。县安委会重点成员单位开展了安全生产知识进社区、进学校、进医院、进企业、进乡村活动。其中县安监局牵头开展安全生产知识和《中华人民共和国职业病防治法》宣传活动，宣传组走访企业175家，发放宣传资料5000余份，接受咨询527人次。

6.深入开展岗位和技能培训。严格落实从业人员先培训后上岗制度，严格特种作业人员执证上岗。依法督促企业主要负责人和安全生产管理人员安全资格培训和复训，共组织生产经营单位负责人和安全管理人员参与培训200余人次。

三、“监管执法年”活动

1.强化组织保障。县政府成立安全生产“监管执法年”活动领导小组，县委常委、常务副县长任组长，县政府办副主任，县安委办主任、县安监局局长任副组长，县安监、公安、住建、国土资源、市监、交通运输、科工、交警、消防等12个部门分管领导为成员，领导小组办公室设在县安委办，负责日常调度、信息统计、材料收集及上报工作。

2.周密安排部署。出台了《安化县安全生产“监管执法年”活动实施方案》，3月18日召开全县安全生产“监管执法年”动员会，4月22日召开全县安全生产“监管执法年”活动推进会，对安全生产“监管执法年”活动作了再部署、再加强。

3.健全工作机制。建立了领导干部干预安全生产监管执法、插手具体案件处理记录制度，对企业和下级部门“四不两直”“双随机”抽查机制等6个制度。出台了《安化县遏制较大及以上事故工作实施方案》，县安监局严格落实安全生产新的规定，对发生事故单位均处以20万元以上罚款，并处罚事故单位相关负责人。对规模企业不按时上报安全生产隐患情况的，纳入全县安全生产黑名单，并罚款2万元；连续3次不报送的，实行停产整顿。同时对高危企业应急预案没有备案的予以行政处罚，其中对圣德锰业顶格处罚5万元。按照计划各乡镇和职能部门针对重点区域、重点行业、重点企业开展日常执法、交叉执法、联合执法、驻点督导行动，认真落实各项严管重罚措施。

4.完成规定动作。2016年，安化县结合“百日安保”行动、打非治违工作，扎实开展“一月一警示”“两月一行动”等规定动作。先后开展了县内“4·25”“4·29”两起较大事故，宜章“6·26”特别重大交通事故，曝光圣德锰业尾矿库违法行为等警示教育；节后复工复产，汛期、国庆期间等安全生产大检查行动；县级领导带队综合督察，做到有记录、有图片、有通报、有整改反馈。2016年，共办理安全生产行政执法案件325起，责令改正、限期整改违法行为323起，责令停产、停业、停止建设28家，关闭违法企业5家，抓捕涉嫌犯罪人员7人，罚款800余万元，有效遏制了安全事故发生。其中县安监局共办理安全生产行政执法案件66件，结案63件，结案率95%，共处罚款320万元。安化县“严管重罚”的落实情况，得到了省市安委会通报表扬。

四、“三大”行动

出台了《安化县安全生产大排查大管控大整治集中行动方案》，根据各个行业和领域特点，交通运输、煤矿、非煤矿山、危险化学品等重点行业分别制定了专项整治方案，深化安全隐患排查整治。自“三大”行动开展以来，共排查各类安全隐患2385处，已整改到位2214处，171处落实了安全防范措施，投入治理资金1500余万元，切实消除了一批安全隐患。矿山领域：停产整顿22家露天矿山和1座尾矿库，立案查处并罚款113万元，有效杜绝了“一面墙”开采行为。依法打击取缔非法采砂19处、非法开采石煤5处、非法采石场15处，依法移送公安机关立案查处高明久安砂场等两处非法采矿点。在全省非煤矿山监管工作会议上，安化县作了典型发言，全年全省非煤矿山领域的行政处罚约800万元，其中安化县就达100万元。危险化学品领域：检查危化企业169家，检查车、船165辆（艘）次，检查从业人员423人次，危货运输企业1家。查出安全隐患493处、下达整改指令书92份，提出整改意见417条、责令整改429处。烟花爆竹领域：狠抓批发企业及零售门店的规划布点和安全监管，共排查隐患160余处，现场整改130处，下达整改指令文书80余份。

五、关闭退出工作

安化县成立了落后小企业关闭退出工作领导小组，由县长任组长，分管县长任副组长，相关职能部门主要负责人为成员。下设煤矿、非煤矿山、烟花爆竹生产企业关闭退出工作小组，分别采取集中宣讲、组织召开党员骨干等各个层面的座谈会等方式，积极开展宣传引导。至2016年底非煤矿山领域已关闭6家企业，超额完成了工作任务。烟花爆竹领域：马路烟花鞭炮厂已关闭到位，太阳山烟花鞭炮厂和东坪花炮厂已经启动关闭程序。煤矿领域：落水洞煤矿、莲花洞煤矿、久泽八矿已提交申请关闭报告。

六、基层基础工作

1.严格安全许可。严格煤矿、非煤矿山、危险化学品等高危行业安全生产许可审批程序，严格依据法规标准，逐一进行现场核查，督促企业加大安全投入，全县高危行业企业安全生产条件明显改善。并坚持把行政许可与安全生产标准化紧密结合，对新建、改建、扩建工业项目严格执行“三同时”制度，提高准入门槛。

2.强化达标创建。安化县共有160家企业通过安全生产标准化建设三级资质验收。古楼乡、烟溪镇已接受省级示范乡镇验收，马路镇、大福镇积极创建市级示范乡镇。平安交通、平安工地、平安校园、平安农机、平安渔业等专项创建工作得到进一步加强，被农业部和国家安监总局评为平安农机示范县。由安化县托管的益阳市安化矿山救护队，已通过了省煤监局组织的质量标准化达标验收。

3.加强应急救援演练。县教体局、常安高速第三合同段先峰隧道、湘安钨业、成大生物等单位先后开展了以校车、隧道坍塌、消防为主题的10余次应急救援演练活动，做到有预案讲解、有物资储备、有应急宣传、有逼真场景、有领导观摩指导，进一步丰富了实战经验。

4.推进职业病防治。督促用人单位完成职业危害因素现状评价工作，至2016年底金峰茶叶有限公司等8家企业完成现状评价；排查治理50家用人单位，其中非煤矿山（采石场）15家、冶金行业企业8家、陶瓷企业1家、危化企业1家、木材加工企业20家、茶叶生产企业5家。督促用人单位加强职业健康体检，至2016年底已健康体检1020人次，检测1家用人单位工作场所职业危害因素。

5.推广安全生产责任险。安化县三大高危行业企业安责险参保率为100%，正在向其他行业领域推广。

【机构合并】 4月20日，《安化县安全生产监督管理局主要职责内设机构和人员编制规定》（安编发〔2016〕17号）出台，原县煤炭冶金局除煤炭行业规划管理职责之外的其余职责并入该局，内设机构7个，二级机构3个，人员编制61名。

【安全生产示范乡镇创建】 烟溪镇、古楼乡通过省级安全生产示范乡镇验收，马路镇通过市级安全生产示范乡镇验收。全县23个乡镇和县城南区均成功创建为市级安全生产示范乡镇。

（撰稿人：孙益君）

安化县城市管理行政执法局

【领导人名录】

局　　长　夏岳生（2016.1起）
副 局 长　戴学农（2016.3起）
　　　　　刘佩夫（2016.4起）
纪检组长　杨　彪（2016.4起）

【概况】 安化县城市管理行政执法局（县城管局）于2016年4月成立，是负责管理县城城区市容市貌、环境卫生、市政设施和园林绿化、渣土运输、生活垃圾无害化处理和行政执法的县人民政府工作部门。根据政府机构改革，整合县住建、环保、工商、交通、交警等部门部分职能组建而成。设办公室、组织人事股、政策法规股、市容管理股、计划财务股、纪检监察室、工会等股室，以及直属大队（副科级）、城市管理指挥中心、城区市政设施管理站（加挂城区园林绿化管理站牌子）、渣土管理办公室、环境卫生管理所（管理东坪城区生活垃圾无害化处理填埋场）等下属事业单位，现在职151人，退休职工29人。

2016年，县城管局从推进体制改革、理顺工作机制、提升队伍形象等方面入手，坚持求真务实、开拓创新，以创“省卫”为中心，严管重罚、堵疏结合，着力破解当前城市管理疑难重点问题，有序推进了城市管理水平的稳步提升。

一、推进体制改革

1.完成了权力清单、责任清单调整。重新调整的权力清单共计90项，包括3项行政许可、2项行政强制、85项行政处罚。

2.报请县委、县政府成立了安化县城市管理委员会，实现了城市管理高位统筹。成立了县公安局城市管理警察大队，有效解决了行政执法工作中取证难、执行难、保障力度不够等困难。

3.开展“强基础、转作风、树形象”专项行动。加强执法人员法律知识培训，规范了执法程序，统一了制式服装，配备了执法记录仪，出台了《绩效考核办法》《内部管理规定》等规章制度。

4.推进“智慧城管”建设。认真贯彻落实中共中央、国务院关于推进城管执法体制改革的相关意见，多次到周边区县兄弟单位考察学习，成立了城市管理指挥中心，积极筹备“数字化”城市管理平台建设。

二、市容市貌整治

1.占道经营整治。全年共开展市容市貌专项整治行动20次，夜宵摊点专项整治行动15次，划行归市专项整治行动10次。据统计，共取缔占道经营、出店经营300余户，出动人员800多人次，出动执法车辆100余次，查处和纠正各类违章520多起，暂扣物品1500余件。

2.户外广告管理。完成户外广告设置审批18起，店招标牌设置审批191起，共开展户外广告专项整治5次，下达限期拆除通知书80份，拆除违规设置的墙体巨幅250余块，山坡巨幅18块，各类横幅、条幅110多处，违规高楼墙体巨幅15处，有效打击了违规设置户外广告行为。

3.查违控违拆违。配合县棚改指挥部、东坪镇政府、县国土资源局等部门单位，严厉打击未批先建、超规违建、超期临建、私搭乱建等行为。全年共下达责令停止违法建设行为通知书60余份，限期拆除通知书80余份，强制拆除决定书18份，共组织强拆行动18次，先后拆除了萸江学校、邮政局、海鸥路、茅东公路东入口等地段违法建构（筑）物，初步统计共拆除违法建构（筑）物近20000平方米。

三、渣土运输管理

1.建筑垃圾处置许可审批。加强渣土源头管理，强化工地文明施工建设，把施工围档、洗车台建设、硬化场内及出入道路等防污措施作为开工许可的先决条件进行规范落实，全年完成建筑垃圾处置许可审批30件。

2.渣土扬尘污染防治。完善渣土运输公司运输车辆的准入与退出机制，逐步淘汰破旧、车辆状况差的渣土车辆，并对渣土公司进行考评考核，严控超装超载，严控运输途中“滴、洒、漏”现象。大力开展渣土运输整治行动，全年立案查处16件，下发整改通知书50份，查处散落无覆盖超载车辆500多台次，对工地违规行为上门劝导20余次，停工整改15次，县城城区渣土扬尘污染现象得到有效治理。

四、环境卫生管理

1.清扫清运。加大环卫经费投入，完善环卫配套设施，在县城城区各主次干道共配置了果皮箱650个，购置了环卫作业配套设备，提升环卫工作效率。积极推进城乡环卫一体化，将城区街道清洗、水域打捞、牛皮癣清理、护栏清洗、城区生活垃圾收集清运等服务委托给中联重科环境产业有限公司实施市场化试运行。加强环境卫生监督和背街小巷卫生死角清理，全年共清除县城区卫生死角1200余处，清运垃圾总量达600余吨。

2.生活垃圾无害化处理。东坪城区生活垃圾无害化处理填埋场各类基础设施日趋完善，2016年启动了垃圾填埋区雨污分流工程，完成了进场公路硬化工程。全年收纳生活垃圾5.2万吨，处理率达100%，处理垃圾渗滤液5.69万吨，经处理的渗滤液均达到《生活垃圾填埋场污染控制标准》（GB 16889-2008）一级排放标准。

五、市政设施和园林绿化管理

全年共计投入140余万元完善了县城区市政基础设施。一是全力配合大码头桥梁建设，在引桥修建处移除人行道护栏70块，移栽绿化数目21株，拆除路灯14盏。二是加强人行道护栏管理，全年拆除、安装、维修人行道护栏共计114块。三是对县城区步行街、广场、人行道等麻石路面以及下水道管网、井盖、公厕等市政基础设施进行维护维修。四是在县城区主要街道安装城市管理宣传标牌208块、停车指示牌

111块。五是加强城区路灯管理。新增设路灯44盏，其中在城西村东坪电站至结晶硅厂新增路灯14盏、十八拐萸江公园新增LED路灯16盏、算盘岩新增路灯9盏、黄沙坪黑茶博物馆新增路灯5盏，加强日常维护，确保城区主干道及背街小巷路灯亮灯率达到98%以上。六是按期完成县城区绿化带的草皮补植、害虫防治、修剪整形等工作。

【安化县城市管理委员会成立】 8月1日，安化县城市管理委员会正式成立，由县委副书记、县长任主任，县委常委、常务副县长任常务副主任，相关县级领导任副主任，县政府办、县城管局等34家单位主要负责人任委员，委员会下设办公室，办公地点设县城管局，由夏岳生任办公室主任。

【机关整体搬迁】 根据政府机构改革要求，原征稽所办公大楼划归至县城管局使用。8月，新办公楼完成修缮，机关整体搬迁。

【安化县城市管理行政执法局举行挂牌仪式】 10月26日上午，县城市管理行政执法局在新办公区举行挂牌仪式，县人大常委会副主任黄志军、县人民政府副县长彭加军、县政协副主席蒋毅华等领导出席，仪式由县政府办副主任廖小寒主持。

【安化县公安局城市管理警察大队成立】 8月31日，县公安局城市管理警察大队正式成立。县城市管理警察大队实行双重管理，行政管理和业务指导由县公安局负责，日常工作及绩效考核管理由县城管局负责。

【迎接"省级卫生县城"达标验收】 10月，县城管局采取超常规措施，全体干部职工加班加点，最大限度提升县城城区环境卫生和市容秩序标准，圆满完成迎检任务。

【"马路市场"整治】 9月份，依法取缔长年占道经营、严重影响市容秩序的湘资市场蔬菜批发"马路市场"。通过4个月的通宵值守，大部分蔬菜批发商自觉按要求搬至指定地点，困扰县城居民多年来的顽固问题得到有效根治。

（撰稿人：陈垚）

城乡建设·环境保护

安化县住房和城乡建设局

【领导人名录】

局　　长　张革清（2016.1 起）
副 局 长　刘胜刚（2016.3 起）
　　　　　蒋卫军（2016.3 起）
　　　　　刘吉坤（2016.4 起）
　　　　　李春国（挂职）
总工程师　彭湘权（2016.3 起）
纪检组长　邹桥梁（2016.4 起）

【概况】 安化县住房和城乡建设局（县住建局）是综合管理全县规划、城乡建设、新型城镇化、建筑业、行政执法的县人民政府组成单位。局机关内设：办公室（加挂安化县加快推进新型城镇化工作领导小组办公室牌子）、组织人事股、计划财务股（加挂内部审计股牌子）、政策法规股、行政审批股（加挂政务服务股牌子）、科技股（加挂总工室牌子）、规划管理股、房地产监管股 8 个股室。设机关联合工会和纪检监察室。下设县房地产管理局（正科级）、县村镇建设办公室（副科级，加挂安化县市政设施管理办公室牌子，内设建设股、综合执法管理股、项目招商股）、县规划编制与技术服务站、县建设工程质量安全监督管理站、县城建档案馆（加挂县规划展示馆牌子）、县给排水处理工程管理站、县建设工程招投标与造价管理办公室、县建筑业企业管理站（加挂县建筑装饰装修管理办公室牌子）、县燃气管理办公室、县建筑工程质量检测中心、县规划勘测设计院（加挂规划信息咨询服务中心牌子）11 个二级机构。

2016 年，该局以加快推进新型城镇化为核心，以提高规划编制与管理为起点，以凝心聚力、攻坚克难为年度目标，着力加强党风廉政建设、机关作风建设和制度建设，各项工作取得了实实在在的成效，稳步推进了全县城乡建设事业的健康发展。

一、机构改革

2016 年是机构改革之年，县委、县政府为该局搭建了全新的领导班子，并对相关工作职能进行了调整。新一届局领导班子到位后，积极抢抓机遇，应对各项挑战。

1. 完成了机构改革及“三定”方案的规定动作，优化了内设股室及局属二级机构的人员结构，理顺了与县房产局、县城管局和县水务局的职责调整与划转。

2. 加快完善制度建设，出台了绩效考核办法、财务管理制度、公务用车管理办法等一系列新的制度措施，突破了原有固定模式，进一步加快了改革步伐。2016 年绩效考核办法，由原有的年终综合考评为主改为以共性职责日常实时考核、个性任务领导权重考评和年终综合互评相结合的考核模式，考核更为科学、具体，且更能充分调动各股站室的工作积极性。

3. 与市住建局、市规划局完成了省直管县赋予安化的 54 项市级经济社会管理权限工作对接。9 月，将涉及行政审批权限事项全部纳入县政务中心窗口进行统一受理，并实施了“三改一退”新举措。

4. 向乡镇实施简政放权。下发了《规范委托乡镇国土规划建设环保所具体实施部分规划建设行政执法管理工作的实施意见（试行）》，并主动对接乡镇，确保各项下放事权真正放得下、接得住、管得好、事会办。经过细致的梳理及充分授权，事项办理直线上升，彻底改变了办证群众两头跑的问题，各个审批事项提速60% 以上。

5. 党风廉政建设和反腐败工作。一是结合人事安排，调整了全局党风廉政建设领导小组成员，明确了责任分工，做到工作机制健全、廉政教育到位、督察考核及时，并实时推进重点专项整治。二是层层签订了党风廉政建设责任状，构建了反腐倡廉纵深网络。三是印发了《党风廉政建设和反腐败工作要点》和《党风廉政建设和反腐败工作主要任务及责任分解方案》，做到任务明确。四是下发了《“纠‘四风’、治陋习”专项整治实施方案》和《关于“雁过拔毛”式腐败问题专项整治实施方案》，开展了专项检查活动，做到突出治理重点。

二、规划编制

1. 县城规划编制。一是由上海同济大学规划设计研究院编制的县城总体规划修编工作已经完成，省人民政府正在组织对县城总规修编成果进行审批。二是新一轮的《安化县县城控制性详细规划》编制工作已于5月正式启动，初步成果已基本完成，已进入征求相关部门单位意见环节。

2. 乡镇规划编制。一是乡镇总体规划方面。全县 23 个乡镇中已有平口、江南等 15 个乡镇完成新一版总规修编，梅城镇、羊角塘镇等 6 个乡镇已正式启动新一版总规修编，清塘铺镇、乐安镇上一版总体规划尚未到期。二是控制性详细规划方面。完成了《安化经济开发区江南工业园控制性详细规划》《安化县中医院健康产业园控制性详细规划》《安化黑茶产业园控制性详细规划（修编）》和《高明循环经济工业园控制性详细规划》等 7 处控制性详细规划的编制与审批。

3. 专项规划编制。一是启动了江南镇高城村、滔溪镇新联村、大福镇文利村等 18 个易地扶贫搬迁安置项目的规划编制工作，其中江南镇高城村、滔溪镇新联村等两处规划已完成编制与审批。二是全面启动了“美丽乡村”村庄规划编制工作，并已编制完成马路镇云台山村、柘溪镇唐溪村等 19 个村庄规划，其中东坪镇百选村、马路镇马路溪村等 7 个村庄规划已经审批通过。三是结合棚户区改造项目实施推进 S308 沿线景观改造，江南镇、小淹镇、马路镇、县经开区等 S308 沿线立面改造专项规划项目已通过规划审批，其中江南镇已进入具体实施阶段。四是组织编制了《安化县燃气发展规划（2016—2030年）》，相关规划成果已通过专家审批并公示。

4. 规划审批。全年共审批各项规划（包括城镇修建性详细规划）共 253 处；组织召开专家例会 11 次，对《安化县宏盛名府建筑规划方案设计》《安化经济开发区江南工业园控制性详细规划》等重大项目规划进行了审查，发出评审意见 42 份。组织召开县城乡规划委员会例会 4 次，发出评审意见 25 份；对《安化华莱国际项目规划建筑设计》《安化县城绿地系统规划（2014—2030）》等重点项目发出了 34 份规划批复。

5. 规划公示。一年来，全局就建设项目的总平面项目设计及效果图进行公示，按期保质地完成了传统村落保护规划、镇（乡）域村镇布局规划等各项规划公示 55 宗。公示期间，设立举报电话，积极听取群众意见，整合相关具有价值的反馈信息，在下一步审查工作中予以参考，做到集民智、办民事。

6. 规划实施。一是做到管控结合，严格规划放线管理。对县人民第二医院住院楼等已取得施工许可证的建设项目，严格进行规划放线，把握好事前放线关；对南区华莱国际、梅城东方帝景等已经施工的建设项目特别是重要地段的项目，加强过程管理，定期与不定期地进行规划验线，把控好事中建设关；对今盛财富城、明珠苑、南区幼儿园、紫金商城等完工项目进行了严格的规划验收，对违反规划、超面积的行为进行了相关执法处罚，让违法行为付出沉重代价，把好事后验收关。该局组织参与规划放验线 8 起，规划综合验收 33 起，验收面积达 12.56 万平方米。二是为加强城乡规划管理，完善城镇功能布局，加强用地管控，优化空间结构。针对近年开发建设的实际情况，于 10 月完成了对《安化县城镇规划管理技术规定（初稿）》的修订，多次组织专家对初稿内容进行了讨论与研究，正在征求各部门、各相关单位的意见。

7. 行政许可。全年共核发《建设项目选址意见书》63 本；乡村建设规划许可证 58 本；建设用地规划许可证 46 本，用地面积 52 万平方米；建设工程规划许可证复印件 62 份，建筑面积 56 万平方米；建设工程规划许可证正本33本，建筑面积27.5万平方米；建筑工程施工许可证45本，建筑面积80.3万平方米。

三、质量监管

1.建筑工程招投标与造价管理工作。全年共完成造价审查项目65项，各类招标投标项目75项，建筑面积177.32万平方米，中标价总额为3.14亿元。其中公开招标工程58项，邀请招标工程17项，共完成施工合同备案40项，建筑面积25.89万平方米，工程造价3.05亿元，处理招标投标投诉3起。

2.资质动态管理。全年共完成建筑企业安全生产许可证延期申报初审5家、建筑企业资质换发新证16家、建筑企业资质证书变更申请3家；完成安全生产三类人员的新申报、延期、变更、换证等共计351人次，一、二级建造师延期申报、新申报95人次；受理新申报建筑企业资质5家，其中1家劳务企业和1家机电工程专业总承包企业已完成申报、审批和发证工作。

3.质量安全监管。全年共审核押证工程项目72项，押证关键岗位人员346人次。办理质量安全监督手续工程项目44个，建筑面积约62.7万平方米，总造价8.35亿元。下发质量安全隐患整改通知书91份，暂停施工通知书77份，摸底排查建筑起重机械51台，办理产权备案和使用登记51台。全县建筑安全形势继续保持稳定，全年未发生重大质量安全责任事故。

4.工程质量检测。确保检测合格的建筑材料进入施工现场是保证工程质量的前提，全年全局进一步夯实基础性工作，共受理报检建设工程项目36个，进行实体检测工程项目40个，进行室内环境检测工程项目77个，完成预制板检测项目21家，地基浅层平板载荷检测项目54个，拉拔实验项目17个，各项材料或构件试验检测9015组次，很好地保证了检测工作的常态化与规范化。

5.城建档案工作。通过加大收集力度，馆藏内容和结构得到进一步优化。一是狠抓档案收集，已进行工程档案预验收项目10项，共322卷；已接收进馆工程竣工档案9项，共275卷，累计馆藏达7000多卷。二是狠抓档案整理，整理2015年文书档案1026件，共34卷，其中永久23卷，30年8卷，10年3卷。

6.建筑行业管理。一是协助劳动部门加强对建筑行业“两欠”工作的治理，切实维护农民工的合法权益。全年开展清欠工作专项检查30次，发布清欠公告和电视公告17份，接待群众咨询超过300人次，受理举报投诉12起，处理投诉12起，清欠农民工工资约1100万元。二是加强对建筑业企业及行业协会的引导与监管，促进建筑业的健康、平稳发展，2016年全县建筑业共完成建安产值25.37亿元，达到预期目标。

四、城镇管理

1.新型城镇化工作会议。为加快推进全县新型城镇化工作，县委、县政府于7月1日召开了全县新型城镇化工作会议，该局作为会议的主要承办单位之一，很好地完成了相关会务工作，确保了会议的有效召开。会上还下发了《中共安化县委、安化县人民政府关于进一步 加强国土资源城市建设查违控违拆违工作的意见》（安发〔2016〕3号）等几个重要文件，为安化的新型城镇化建设谋划了美丽蓝图。

2.重点项目实施。一是以城市基础设施供给侧改革综合示范工作为契机（安化是全省4个示范县市之一），聘请湖南省建筑设计院编制了资江两岸环境整治规划、柳溪黑臭水体治理规划等8个项目专项规划，并选定了县城资江北岸立面改造、柳溪黑臭水体治理等5个项目作为首期推进实施项目，正在推进前期工作。二是规范农村建房，启动突出安化地方特色的民居改造。农村建房标准图集已下发至各乡镇及相关单位，确定了突出梅山文化特色的建筑设计理念，拿出了6套切合县地理、人文特色的农村建房方案，多角度、全方位推进美丽乡村建设。三是指导和协调好全县重点工程建设。全县公租房、棚改项目建设及萸江路、海鸥路、S317县城东出口道路扩改工程等三十四大重点工程建设，积极发挥住建职能部门的能动性，主动搞好对接与业务指导，做好了行业主管部门牵头的引领工作。

3.查违控违拆违工作。一是规范执法行为，严格执法程序，确保执法成效，形成执法合力。全年该局在乡镇开展大型巡查达16次，查处违规建筑17处，采取查封、停电等强制措施5宗，下达责令限期拆除通知书18份，停工通知书38份，行政处罚通知书12份，行政处罚决定书12份，拆除严重违建15处，共处罚没款359.77万元。

4.农村危房改造工作。全年全县农村危房改造任务4000户（第一批1600户，第二批2400户），争取各级危改补助资金5362.5万元。第一批任务指标于4月分解到各乡镇实施，优先保证省、市确定的扶贫村整村推进项目和农村分散供养的五保户、低保户、贫困残疾人家庭等特困群体，其中省、市两级扶贫村的整村推进工作完成改造任务373户。第一批改造任务竣工率达100%，实际建房间数5208间，建筑面积12.16万平方米，投入资金约7300万元。第二批任务指标11月上旬分解到各乡镇，年底竣工1921户，竣工率达80%，并力保于2017年6月前全部竣工验收合格。

5.渔民上岸安居工程完成。3356户渔民上岸安居工程已全面竣工，竣工率100%，入住率100%，实际建成房屋间数13345间，建筑面积约32万平方米，3356户共享受国家各级补助资金6516万元。6月县渔民上岸工作通过省住建厅、省国土资源厅、省畜牧水产局和省发改委的省级综合验收。12月代表湖南省迎接了国家住建、国土、农业、发改四部委对全省的渔民上岸工程综合验收，并得到了高度好评。

6.项目招商引资工作。一是完成了“一库一网一对接一报告”工作，建立了重点项目库，目前已储备项目12个，采集投资企业信息6家，并与3家投资企业进行了对接与交流。二是通过PPP合作模式成功引进中联重科对全县城乡垃圾一体化工程进行投资建设，预计投资5000万元，确立了由户分类、村收集、镇集中、县转运、终端处理的城乡垃圾处理模式，正在完善规划与技术方案，并开展项目可研及环评工作。三是立足安化实际情况，创建了以“1+1+X”（一个设计支撑单位、一个项目咨询机构、多个投资运营商）为实施路径，以“1+1+1”（一个顶层规划、一个建设项目库、一套投融资方案）为实施模式的全县城镇化工作总体推进思路，并根据本县自身的特点、建设时序要求、国家政策精神以及市场运作规律包装了将近五年规划实施的五大项目，总投资约28亿元并已通过县政府第6次常务会议的审议。

7.燃气市场安全监管。全年全局组织县各燃气气库负责人召开了全县燃气安全工作座谈会，与各气库负责人签订了安全生产责任状。对全县7家液化气库及78家液化气经营网点每月逐一进行安全检查，共发放限期整改通知书123份，查封安全不达标气库2家，并建立了安全隐患排查台账，没收液化气钢瓶1180只，气量达到了12吨，拘留7人，有效地打击了黑市交易，维护了燃气市场秩序。

8.排水市政工程正常运转。全年较往年同期雨水明显偏多，该局定期安排专业维修人员对污水管网进行维护，对污水管网的检查井、污水接入井进行了定期清理及雨后的清渣处理，确保了管网通畅，保证了县城污水处理的正常运行，全年共处理污水312.6万吨，完成排水管网清淤24千米，维修排水管网2千米。对前期因强降雨被水毁的吴家湾段和闵家湾段的污水管网，经多次实地勘察，已拿出预算、施工方案，近期将施工维修。同时，对县城2处污水提升泵站进行了检查，对设备进行了修复，确保了正常运转，并积极应对了“7·4”暴雨洪灾灾害。

五、其他工作

1.精准扶贫及驻村帮扶工作。年初，该局成立了县住建局扶贫工作组，由正科级干部王乔生任组长并兼任清塘铺镇八里潭村第一书记。工作组进驻后，帮助该村村支两委实事求是地制定了《八里潭村扶贫项目三年规划表》，争取上级扶贫资金200万元，交通、水利改造资金200万元，财政农业综合开发和工赈资金200万元。一年来，全局共计慰问贫困农户135户，发放6.75万元帮扶资金。投资近70万元的村级综合服务楼，现已竣工，建筑面积623.7平方米，还将完善附属设施设备，修建休闲广场，购置办公用品、添置图书及村级医疗等服务设备。

2.办公室工作。一是做好公文处理工作，严格按照公文登记、阅办、传递、处理等工作流程，准确规范处理各类公文1126件，其中收文883件，发文243件。二是注重细节，规范承办各类大小会议，成功组织全县新型城镇化工作会议，全年组织局各种会议40多次，为各项工作任务的贯彻落实发挥了保障作用。三是重视文字材料质量。全年指导起草、制发大型综合性文字材料50余份，上报各类信息70多条，力争精益求精，较好地完成了各项综合文字工作，为上级领导决策提供了有效服务。

3.基层党建工作。按照“三会一课”制度，定期召开支部党员大会、支部委员会、党小组会，按时上好党课。顺利完成局属5个基层党支部的换届选举，发展入党积极分子2名，入党转正2名，召开局领导班子民主生活会4次，召开纪念建党95周年暨“七一”表彰大会，表彰住建系统优秀党员10名。引导县建筑公司成功召开了第九届职工代表大会，选举产生了新一届领导班子，较好地化解了公司当前主要矛盾。

4.“两学一做”教育。全局根据中央和省委、市委、县委的统一部署，在县委督导组的具体指导下，严格按照县委审查批准的方案组织实施，各党支部紧紧围绕“学党章党规、学系列讲话，做合格党员”主题，每月第二周星期五组织一次集中学习、每两个月开展一次专题学习讨论，一课不落地抓好了集中学习教育。

5.人大建议、政协提案办理。全年该局主办人大建议2件、政协提案5件，协办人大建议4件、政协提案2件，内容包括县城停车难、乡镇规划建设、创卫工作、农村建房等问题，其中由该局主办的3号提案《关于加快县城城区停车场建设及调整北区沿江路限停区域和时间的建议》是县政协重点提案。为此，该局进一步加强组织领导，规范办理程序，充分调查、反复研究，力求真实有效解决问题，并于8月组织召开了县住建局2016年度人大代表建议、政协委员提案办理见面会，代表、委员对该局的办理情况给予了充分肯定，办理满意率达100%。

6.财务管理与财务制度。一是规范费用审核和报销制度，健全内部监督机制，制定了《安化县住房和城乡建设局2016年财务管理制度》，严格财经纪律，实行联审制度。二是全面督促完成协控任务4160万元，超任务360万元。完成非税收入任务699.7万元。

7.法治政府建设。一是根据安化县审改办《关于推行县政府工作部门权力清单制度工作》有关事项的要求，对照该局行政审批等10类行政权力，对现有权力事项进行全面梳理，共报送权力事项312项，涵盖规划、建设、招投标、燃气管理、污水处理等各个方面，其各项权力都有明确的法律条文作为依据。二是认真组织全局干部职工搞好年度学法用法考试，全局共有149人参加普法考试，合格率达99%。三是同各股站室签订2016年度社会治安综合治理工作目标责任书，推进社会治安防控体系建设，健全和完善综治工作长效机制，营造和谐稳定的社会环境。四是10月在安化大剧院举办了法制培训暨执法证考试专题讲座，组织全县住建系统183名干职工进行了执法证考试，第一次考试通过93人。

8.科技工作。一是施工图审查备案管理。全年图审备案41项，审查率达100%，图纸备案面积达31万平方米。二是施工图文件初步设计审查。组织市、县相关专家对县重点工程华莱城项目工程的施工图初步设计进行了审查并做出了批复，全年共评审8个工程项目，初步设计批复面积3.86万平方米。

9.工会工作。一是建立健全工会组织，完善各项制度。根据上级工会要求，选举产生了工会主席1名、副主席1名、女工主任1名，成立了女工组织、经审委员会，工会委员15人。帮助局二级机构县建筑公司完善了工会组织。为更好的开展工会工作，工会制定了财务管理制度、慰问制度、吊唁制度、文娱活动制度等多项制度。组织机构的健全，各项制度的完善，为工会开展工作打下了坚实的基础。二是开展丰富多彩的职工文体活动。3月8日，组织女职工40多人参加了县政府组织的庆“三八妇女节”拨河比赛，全局女职工顽强拼搏，取得了第三名的好成绩。8月，益阳市组织了第十六届全民大众运动会，该局代表安化县参加了男子篮球赛，通过全体队员的奋勇“搏杀”，获得了第一名的好成绩。12月该局自导自演，组织了一场“迎新春·庆元旦”的文艺晚会，参加率达98%。这些活动的开展不仅从多个侧面展示了该局职工的多才多艺，更有效地引导职工积极参加文体活动的热情，既有利于广大职工的身心健康，又在全局上下营造了和谐、健康、活泼、向上、团结的良好氛围，让关爱同行、积极工作、快乐生活的宗旨得以延伸。

【湖南省住建厅领导到安化调研县城总体规划实施情况】 5月19日至5月20日，省住建厅副厅长、党组副书记袁湘江率队深入安化县实地调研县城总体规划实施情况，指导做好新一轮县城总体规划制定工作。

【湖南省住建厅领导到安化验收渔民上岸安居工程】6月13日，省住建厅村镇处处长黄立率省畜牧水产局、省发改委、省国土资源厅及第三方机构检查验收组到安化县验收以船为家渔民上岸安居工程。

【全县推进新型城镇化工作会议】 7月1日，安化县推进新型城镇化工作会议在安化大剧院召开。县直各单位负责人、各乡镇（含县城南区、县经济开发区）党委书记、乡镇长、分管领导、国土规划建设环保所所长、分管规划建设副所长、房管所所长等参加会议。县委书记杨光鑫、县委副书记县长熊哲文、县人大常委会主任蒋跃登、县政协主席李太源、所有县委常委出席会议，相关责任单位签订了责任状，并下发了相关文件。

【安化县城乡规划业务专题培训班】 7月1日，安化县城乡规划业务专题培训班在安化大剧院开班。开班仪式由县委常委、副县长伍拥军主持，邀请湖南大学陈飞虎教授、市规划局副局长曹建交出席开班仪式。乡镇（南区、经开区）乡镇长、分管领导、国土规划建设环保所所长、分管规划建设副所长和县住建局全体干职工参加培训。

【战略合作协议签署会】 9月22日，安化县新型城镇化供给侧改革综合示范及“美丽安化——宜居小城”建设实施工作方案汇报暨战略合作协议签署会在华天大酒店三楼会议室召开，省住建厅党组成员、总工程师易继红、省建筑设计院院长蒋涤非、省建工集团工会主席熊用机、县委书记熊哲文、代县长肖义、副县长彭加军，县直相关单位负责人参加会议。会上，代县长肖义与省建筑设计院院长蒋涤非签署了推进安化县新型城镇化战略合作协议，与省建工集团工会主席熊用机签署了框架协议书。

【四部委到安化验收渔民上岸安居工程】 12月5日，住房城乡建设部村镇建设司处长卫琳率农业部渔业渔政管理局、国土资源搯不动产登记中心等单位组成的验收组对安化县以船为家渔民上岸工程工作进行验收。省、市、县派人陪同。验收组对安化县所做的工作给予充分肯定，同时要求加强对渔民上岸后的管理工作。在尊重渔民择业意愿的同时，积极引导渔民就业，帮助渔民解决好教育、医疗、养老等实际困难，保障渔民后续生产生活。

（撰稿人：黄奇豪）

安化县房地产管理局

【领导人名录】

局　　长　杨海彪
副 局 长　张宁友（2016.3 止）
　　　　　黄光忠（2016.13 止）
　　　　　方　劲（2016.15 起）
　　　　　刘青山（2016.7 起）
纪检组长　王乔生（2016.6 止）
　　　　　吉亦军（2016.4 起）
工会主席　刘畅术（2016.1 止）

【概况】 安化县房地产管理局是安化县人民政府的正科级事业单位，共有机关公职人员318人，其中离退休85人。承担着房地产开发、房地产交易、住房保障建设、国有土地上房屋征收与补偿、住宅共用部位共用设施设备资金归集、白蚁防治等职责。局机关设办公室、人事股、纪检监察室、计划财务股、物业管理股、公房管理股、开发管理股、工会、信息中心9个职能股室，局属二级事业机构7个，在18个建制镇设有18个房地产管理所。

2016年，该局严格贯彻落实年初县委经济工作会议的决策部署，牢牢把握主题主线，积极应对房地产市场下行压力，坚持稳中求进、稳中提质的总基调，坚持房地产开发与住房保障建设并重，大力完善全县住房供应结构体系，全局上下疑心聚力，扎实做好各项工作，维护了全县房地产业稳定健康发展局面，巩固和扩大了住房保障工作成果。

一、房地产市场

该局围绕房地产市场“稳需求、去库存、控风险、促转型”的总基调，突出“去库存”重点，狠抓市场调节，在稳定房地产业发展的同时，全力促进存量商品房销售。一是加大房地产市场监测力度。认真研究房地产市场运行相关数据，加强对在建楼盘的调查，分析市场供求运行动态情况，为调控全县房地产市场提供有效数据依据。二是加大宣传力度，促进存量商品房销售。通过各种媒体，宣传解读国家政策，扩大销量，房产去库存初见成效。三是全力扶持支持在建项目推进，确保在建工程如期按质交付使用。四是加强房地产市场动态管理。充分利用信息化平台和商品房网上合同备案系统，加强对商品房预售许可证发放管理和商品房预（销）售活动的动态管理。五是加大对房地产市场的监管力度。对开发领域中的违规预售、合同欺诈、房屋未经验收擅自交房等行为作为打击重点，确保市场公平健康。全年共完成房地产开发投资10.6亿元，新开工商品房项目4个，建筑面积28.7万平方米；批准预售项目5个，建筑面积10.1万平方米；实现网签销售2379套，销售面积41万平方米，库存去化率达64%。

二、住房保障工作

落实上级专项补助资金2.41亿元，计划实施城市棚户区改造19个5806户，面积51.26万平方米。按照上级的年度计划要求，棚户区改造已经全线启动建设，进展良好。在大力推进保障性安居工程建设的同时，对县城东坪城区3717户尚未取得实物配租的低收入住房困难家庭，发放了2016年度租赁住房补贴资金449.94万元，解决了住房困难群众的实际困难。同时，认真抓好保障性住房的分配力度，在东坪、小淹、平口、大福等乡镇分配保障性住房1271套。在分配当中，始终坚持公开、公平、公正原则，受到上级党委、政府的高度肯定和群众的广泛赞誉，社会效应良好。同时，该局高度重视保障房的后续管理，严格执行保障性住房退出机制，积极探索保障性住房物业管理模式，努力让困难群众住得放心、称心、舒心。

三、征补工作

该局始终站在大局高度，以县委、县政府的中心工作为己任，切实履行职责，充分运用长期积累的房屋征收补偿和房屋安全鉴定工作经验，鼎力支持县重点工程建设。2016年，先后派人参与了二广高速、马安高速、S317县城东出口道路扩改等县内重点工程和建设项目的征收补偿、危鉴等工作，完成S317县城东出口道路扩改项目房屋实物量调查13栋，建筑面积0.53万平方米，组织完成房屋评估12栋，建筑面积0.46万平方米；完成二广高速公路炮震损房屋鉴定791栋，鉴定面积21万平方米；完成马安高速公路房屋布控394栋，建筑面积13万平方米。在工作中，严格执行征收管理的相关政策规定，严格审核征收补偿安置方案，注重补偿标准在合法的前提下更加合理并具有可操作性，积极协助解决征拆矛盾，确保征收补偿工作顺利进行，确保群众正当利益不受侵害。

四、税收协控联管工作

一方面扶助房地产开发项目加快建设，积极培育税源，一方面结合自身工作特点，严把房地产税收征缴关，坚持开源挖潜，坚持先税后证，切实加强对房地产相关税收的协控联管，杜绝少征、漏征现象，同时认真开展房地产市场打非治违专项整治工作，积极追缴税收入库，全年共完成协税收入8564万元，超额完成了县政府下达的年度目标任务，为县财税工作做出了积极贡献。

五、职能转变和机构改革工作

一是将该局承担的行政管理职责划入县住房和城乡建设局，该局为县住房和城乡建设局所属公益一类正科级事业单位，设领导职数4名，机构32个，人员编制216名；二是将不动产登记的行政管理职责和办理登记事物性职责划入县国土资源局，划转人员44名，并于6月25日正式开始新的工作模式，确保了房屋交易监管与不动产登记的有效衔接。

六、扶贫工作

该局按照县委、县政府的部署安排开展组建扶贫工作，对口帮扶平口镇山洋村。局扶贫工作组深入基层摸实情听意见，结合实际定措施，精心调度促落实，确保精准扶贫不走样，扶贫工作成果累累，全年累计争取和投入资金340万元解决了水电路桥等一系列民生问题。其中投入资金100万元完成了2.2千米通组公路硬化；村级服务中心投入86万元；人畜饮水工程建设投入20万元；灾后重建投入134万元。

【全县城镇棚户区改造工作会议】 5月9日，全县城镇棚户区改造工作会议在安化大剧院召开，县委常委、副县长伍拥军在会上强调，要尽早安排落实好工程项目，尽快实现开工，进一步简化程序，加快项目进度。

【安化县政协视察全县房屋维修资金管理使用情况】 5月31日，县政协主席李太源一行就全县房屋维修资金管理使用情况进行视察并开展座谈。该局主要负责人就房屋维修资金管理使用情况作了汇报 。

【夏季消防安全检查工作】 6月下旬，该局在全县房地产系统内集中开展了夏季消防安全大检查暨安全生产隐患大排查。此次检查范围包括县房产局直管公房、自管公房、保障性住房、在建保障性住房项目工地、各镇房管所办公场所、职工家属住宅楼。

【首届物业项目经理培训班举行】 10月26日，该局举办安化首届物业项目经理培训班，来自全县16个物业企业的物业经理、房地产从业人员共计100多人参与了此次培训。来自省行业协会的资深物业专家进行系统授课。通过培训和结业考试，38名参训人员取得了项目经理证书。

（撰稿人：李璐）

安化县城镇建设投资开发有限责任公司

【领导人名录】

总经理　林柑蕾

副经理　李晚成

　　　　俞吉华（2016.4起）

　　　　刘　雄（挂职）

【概况】　安化县城镇建设投资开发有限责任公司（以下简称县城投公司）是2003年7月成立的国有独资公司，公司隶属于县人民政府直接管理，具有独立法人资格，注册资金5000万元，实行董事会领导下的总经理负责制。安化县羽城建设投资有限责任公司、安化县交通建设投资开发有限公司、安化县扶贫开发投资有限责任公司、安化县旅游开发投资有限责任公司、安化县水务建设投资有限责任公司与县城投公司合署办公，六块牌子一套人马。公司有干部职工74人，其中编制内人员15人，其他单位借用人员20人，临聘人员39人。公司设有二室五部一公司：办公室、计划项目部、资产经营部、土地开发部、工程技术部、财务部、招标办公室和鑫源房产公司。经县人民政府授权，该公司负责县城市政基础设施建设项目融资、投资和建设；负责编制建设项目年度计划及资金使用计划；负责对县城规划区内（县城南区除外）所有建设用地一级市场垄断经营和对县人民政府指定的其他乡镇经营性土地进行储备开发；负责县人民政府授权的有形无形资产经营管理、市政公用行业的特许经营和国有资产处置；负责归集县人民政府指定的城市建设专项资金，用于城市基础设施建设和融资项目贷款本息偿还；依法进行房地产开发和其他项目开发。

2016年，该公司紧紧围绕“融资、经营、建设、管理”四大主线，以融资为中心，以经营为核心，以管理为手段，进一步解放思想、开拓创新，融资、项目投资管理、土地收储经营等方面取得了较好的成绩。

一、主要成绩

项目融资：2016年融资总额39.28亿元。工程建设：2016年公司在建续建项目工程11项，完成投资3.32亿元，其中公益性工程支出2.58亿元，经营性工程支出7435万元。土地收储：2016年出让土地8.41公顷，完成土地收益4764.82万元。土地储备投资7859万元，完成土地储备30.53公顷。资产经营：完成资产经营投资5231万元，资产经营管理收益421.7万元。

二、坚持突出重点，合理扩张融资规模。

2016年，该公司突出重点、自加压力、创新手段、多元并举、诚信合作，不断拓展融资渠道，努力增加融资规模。

1.深化银企合作，扩大贷款增量。该公司以村级综合服务平台建设项目为切入点，与国家开发银行建立合作关系，首批贷款5.8亿元，接着又开展了农村基础设施扶贫项目、第一批整村推进基础设施建设项目、城市棚户区改造项目、安化县地方政府应对突发事件应急贷款项目的合作，总规模已经达15.88亿元。与此同时，主动与各类金融机构进行对接，积极寻求新的合作伙伴，先后与中国建设银行、中国农业银行等国有商业银行以及长沙银行、华融湘江银行、农商银行等商业银行、股份制银行建立合作关系，合作的金融机构达8家，为一批政府重点城建工程提供了资金支撑。

2.优化债务结构，提升信用等级。通过经营运作，县城投公司初步形成了以国开行贷款为主，商业银行贷款为辅；长期贷款为主，短期贷款为辅；项目贷款为主，流动资金贷款为辅的存量贷款结构，努力降低融资成本，缓解政府财政当期支付压力。按照时间节点及时还本付息3.11亿元，随着债务结构的优化，有效资产的增加，县城投公司在金融系统的信誉度大大提升。2016年，国开行、农发行、建行、农行等各大银行均对县城投公司给予了A+的信用等级，从而树立了县城投公司正面的市场形象。

三、科学运作项目，强势推进工程建设

2016年，该公司按照“运作项目、筹措资金、滚动发展、良性循环”的思路，积极参与新型城镇建设，先后投资或建设12个政府重点项目，即县政府大院庭院油砂铺设工程、莄江农贸场、梅山文化墙、驾培中心、县城西入口（水韵山城—原征稽所）道路改造工程、海鸥路道路改造工程、十八巷道路改造工程、思源学校土石方工程、梅城污水处理厂及配套管网工程等。这些项目的顺利实施，对市区旧城改造、基础设施建设、城镇功能配套、城镇品位提升、产业结构调整以及人居环境和投资环境改善，都发挥了重要作用。

1. 瞄准时间节点，快节奏推进。根据创建省级卫生县城的需要，对2016年度项目，按照竣工的时间节点，明确目标、细化责任、倒逼工期、挂图作战。强化责任落实，按照一个项目、一套班子、一人为主、一抓到底的要求，实行扁平化管理。强化工期管控，根据各个项目确定的预期总目标，逐项研究，明确各分项工程节点工期，以阶段性工期目标的实现，来确保总工期。强化施工组织，打足人力物力，加班加点施工，科学安排推进。

2. 强化督察考核，将重点项目、实施要求等公布上墙，定期定人督察。西入口、海鸥路、十八巷等项目仅用66天时间就建成使用。提升建设水平，精细化管理。在每个项目建设过程中，都精心组织、精打细算、精益求精，将精细化管理贯穿于项目推进全过程，充分发挥资金使用效益。严格履行各项法定建设手续，严格履行工程招投标程序，严格规范内部审批流程。严格质量管理。强化对工程质量的事前控制，严把施工单位准入资质关。严格投资控制。在设计环节，通过方案比选优化来节约投资；在招投标环节，通过充分竞争优选队伍来节约投资；在施工阶段，通过优化施工组织方案来节约投资；在概算管理环节，通过从严控制项目变更来节约投资。

四、注重资产运营，促进公司科学发展

该公司坚持可持续发展战略，不断整合有效资源、壮大平台实力、夯实融资基础，着力推进资产结构和产业结构调整，平台的资产收益能力逐年向好。

1. 集聚要素，扩充资产规模。通过政府高位协调，部门鼎力配合，该公司顺利完成玉溪片区、仙溪镇、田庄乡等项目30.53公顷土地资产的归集。通过主动找米下锅，抓住现阶段城镇低成本发展机遇，完成了金土佳苑门面、县公安局金安景园3栋商铺及夹层、嘉禾一期地下停车场的收购，共归集准经营性和经营性房产1.7万平方米。进一步规范矿权、广告、天然气等特许经营项目的资产归集，公司的资产总量进一步扩大，资产负债率得到初步改善。

2. 优化结构，提升运行质量。坚持推行“政府主导、市场化运作、企业化经营”的运营模式，在千方百计完成政府下达城建任务的同时，着眼公司的长远发展，逐步加大公司实施经营性项目的合理配比，通过逐步优化资产结构、扩大有效资产规模、提高资产收益率，公司的资产运行质量稳步提升，市场竞争力不断增强。2016年，实现租赁收益176.4万元，商铺住房销售收入81.8万元，鑫源小区房屋尾欠追缴收入122.2万元，特许经营收入46.7万元。至2016年底平台的资产总量为29.1亿元，资产负债率为63.6%。同时，依托政府和社会资源，逐步优化公司产业结构，围绕初步形成的投融资、房地产和特许经营三大产业雏形，着力培育壮大具有城投特色、城投优势和市场竞争力的现代产业体系，为平台增加稳定的现金流，提升企业的核心竞争力。

【田庄乡文溪村“美丽乡村”项目达成正式协议】 8月17日，县城投公司与田庄乡人民政府正式签署田庄乡文溪村土地开发合作协议。文溪村“美丽乡村”建设项目，实施范围为1平方千米，分两期实施，第一期开发核心地段约17.87公顷，第二期综合开发周边地段。第一期开发初定时限为3年，计划投资在1.1亿元以上。

【全县第一批整村推进基础设施建设项目推进会议】 9月21日，全县第一批整村推进基础设施建设项目推进会在该公司召开。公司总经理林柑蕾、副总经理刘雄及项目涉及的5个乡镇分管领导和6个贫困村村支书参加会议。项目涉及5个乡镇6个贫困村，分别为柘溪镇唐溪村、奎溪镇老屋溪村、东坪镇小溪村、马路镇澄坪村、马路镇马路溪村和南金乡宝塔山村。

（撰稿人：陈芳）

安化县环境保护局

【领导人名录】

局　　长　陆　炯（2016.2止）
　　　　　贺刚林（2016.1起）
副 局 长　唐伟珍（2016.3止）
　　　　　毛诗泉（2016.3起）
　　　　　谭明华（2016.3起）
纪检组长　戴慧林（2016.3止）
　　　　　谭吉良（2016.4起）
总工程师　简新立（2016.4止）

【概况】 安化县环境保护局内设办公室、环境管理股、环境影响评价股、财务计划股、减排与总量控制股、法制科技监测股、政工股（监察室）、机关工会8个股室，下设环境监察大队和环境监测站2个二级机构。年末在职干部职工73人，退休人员14人。

2016年，该局立足国家重点生态功能区定位，围绕服务科学发展、改善环境质量、保障环境安全目标，深化改革服务，致力治污减排，强化执法监管，各项工作持续推进，全县环境质量总体保持优良水平。空气质量达标率95%以上，森林覆盖率达76.2%，各主要旅游景区负氧离子含量均达到国际一级标准；城区垃圾处理量3.94万吨、污水处理率达85.4%，建制镇污水处理率达31%；重点污染源排放达标率达66.67%；资江流域株溪口、敷溪、城南水厂、东坪镇二水厂等常规水质监测断面均达到地表水Ⅲ类水质标准；全县境内干流长度大于5千米的溪河170条，Ⅲ类或优于Ⅲ类水质达标率77.5%；全县13处集中式饮用水源保护区水质达标率100%。

一、环保工作

1. 坚持责任导向。该局协助县委、县政府及时召开全县环保工作推进会，部署年度环境保护工作，并通过专题研究、召开环保专干座谈会等方式，进一步分解责任，传递压力，增强做好工作的针对性和实效性。严格贯彻落实《湖南省重大环境问题（事件）责任追究办法（试行）》精神，确立了有权必有责、用权受监督，尽职免责、失职追责的原则。

2. 坚持问题导向。进一步加大突出环境问题整改推进力度，在市环保局通报问题的基础上，结合全县环保工作实际，排查通报各乡镇存在环境问题并下达整改方案，明确整改要求、整改时限和整改责任，持续推进环保问题整改工作。

3. 坚持质量导向。进一步扩大监测范围，增加监测项目，按计划完成各项常规监测任务并及时公布水、大气等环境质量监测信息。完成“仙溪花粉雨”等应急、纠纷监测。完成空气自动监测站的迁移建设、运行调试及数据联网审核。全年共出具有效监测数据4662个，其中大气监测数据407个、水质监测数据4175个、噪声监测数据80个，出具有效监测报告50余份。

4. 坚持群众导向。坚持环保信息公开，将项目审批、排污收费、行政处罚等监管信息在环保网上公示公开，保障公众的环保知情权、参与权和监督权。做好“6·5”世界环境日的宣传，召开会议进行专题研究部署，组织各乡镇各部门单位深入开展宣传活动，通过电视、网络、微信等多种媒介，采取悬挂横幅、开辟环保专栏、制作环保展牌、召开座谈会等形式，积极开展世界环境日主题活动。

二、县域生态考核

2013年，安化县作为“武陵山区水源涵养功能区”被列入湖南省第二批国家级重点生态功能区，享受国家重点生态功能区转移支付，同时被纳入2014年度重点生态功能区县域生态环境质量考核范围，考核结果作为评估财政转移支付资金环保绩效的重要依据，直接影响国家对全县生态转移支付资金的拨付和奖励，意义重大。为牵头做好该项工作，该局高度重视，积极协调，顺利完成资料上报及现场核查工作。

1. 协调配合，做好资料收集整合工作。该局梳理明确了各单位需要提供的材料清单，积极同各相关单位进行沟通协调，完成各部门提供的数据资料、文件的收集和整理工作，并对所有数据进行审核、比对，确保数据的合理性与真实性。

2. 努力攻关，完成各项指标上报工作。该局通过积极向省环保厅专业人员沟通和请教、对相关文件进行深入研究、反复熟悉软件的使用，报送了《安化县国家重点生态功能区县域生态环境质量考核自查报告》，完成了监测报告的装订及数据资料的软件录入和上传工作。

3. 扎实迎检，做好现场核查相关工作。该局及早部署，组织开展现场核查相关台账资料的收集、整理、归档工作，并装订成册。积极与省、市现场核查组沟通，确定实地检查地点，并组织相关单位做好迎检工作。12月9日，在县域生态环境质量考核现场核查中，安化县工作获得了核查组的一致好评。

三、服务水平

1. 全面启动全县生态保护红线划定工作。该局根据相关各县直部门和乡镇提供的需调整的规划、矢量图等资料，聘请湖南城市学院专家进行整理，形成全县生态保护红线划定初步方案。经两轮调整修改，并经安化县人民政府2016年第五次常务会议讨论通过，报经省技术组初审，形成了安化县生态保护红线划定初步意见。

2. 严把建设项目环保准入关。切实执行《中华人民共和国环境保护法》与《中华人民共和国环境影响评价法》，严格遵守省市建设项目环境影响评价文件分级审批管理办法的有关规定，落实建设项目受理公示、拟批复公示及批复公示程序。大力推进湖南省投资项目在线审批监管平台建设，完成了环评审批联审工作。共受理审批建设项目167个，其中审批报告书3个、环境影响报告表项目48个、环境影响登记表项目116个，审批率100%。依法否决了3个不符合国家产业政策、环境污染严重、物耗能耗高、污染物不能达标排放的投资项目。

四、治污减排

1.积极完成减排目标任务。2016年市下达安化县的减排任务是全年削减化学需氧量658吨、氨氮60吨、二氧化硫381吨、氮氧化物210吨。大气方面，完成湖南益阳海螺有限责任公司脱硝处理项目，完成奎溪锑品冶炼厂、安化县信力钨钼有限公司的结构减排项目。水方面，完成祥林养殖场、鹏晖禽业有限公司、柘溪库区退养项目等畜禽养殖的治理项目的减排，至年底，已顺利完成年度总量减排任务。

2.加强排污许可证制度管理。严格审核新办企业和证件到期企业的资料，现场查看排污口、GPS定位。完成32家符合条件企业的排污许可证发放工作，否决2家不符合条件的企业。

3.推进排污权交易相关工作。对符合要求但未进行排污权登记的7家企业进行排污权初始分配量补报。共计收取43家企业的排污权初始费用66.51万元并上缴国库。

五、网格化监管体系

1.推进网格化管理。出台《安化县环境监管网格化实施方案》，成立由县发改局、县公安局、县环保局等18个部门主要负责人和各乡镇人民政府乡镇长为成员的环境监管网格化管理工作办公室，建立了“横向到边、纵向到底”的网格化环境监管体系，将责任落实到具体单位和责任人。

2.开展环境保护专项行动。中、高考期间，组织开展禁噪专项整治行动。定期开展污染隐患大排查、环境保护大检查、环境行政计划执法等环保专项行动，共排查企业185家，查处存在隐患的企业138家，关闭35家、停产43家、处罚5家、限期整改55家，依法处罚金530953元，向公安机关移交涉嫌环境污染犯罪案件1件。

3.开展环保违规建设项目清理整治。全县累计完成环保违规建设项目清理整顿398个。其中淘汰关闭类项目19个，完成12个；整顿规范类项目234个，完成59个；完善备案类项目334个，完成327个。

4.加大排污收费力度。一方面积极拓展污染源征收面。另一方面，通过管理促进收费，通过收费达到改善环境质量的目的。该局注重以征收排污费为手段促进企业加强治理，减少污染物的排放，体现以管促收、以收促治的原则。全年共完成排污费征收319.19万元。

5.及时调处各类纠纷投诉。共受理环保信访件228件，其中省信访系统10件、市环保局转办23件、市长热线5件、县长热线2件，各类媒体舆情12件、群众来信3件、来电152件、来访21件。对群众来信来访，始终坚持文明受理、及时去现场、限期结案、跟踪问效、急事急办的原则，积极参与协调和及时调查处理，处理率达100%。

六、污染治理

1.防范各类环境风险。完成安化县城市集中式饮用水水源环境状况自查评估报告、县级以上集中式饮用水水源地（3处）规划报批工作。完成千吨/万人集中式饮用水源地（40处）规划、水质监测工作。加强了全县境内30家核与辐射企事业单位的监管（含原木子水泥厂废源一枚），审批危废转移958.77吨，实际转移958.77吨。对全县24个乡镇（含南区）危险废物、危险化学品、冶炼、重金属等重点企业进行了环境风险防控监督检查。

2.积极立项增资。积极向上争取项目，加快改善安化县生态环境。落地实施重点生态功能区建设、农村环境综合整治、柘溪良好湖泊治理、重金属污染治理等四大类环保项目共30多项，资金总额达2.7亿元。

3.实施三大治理工程。第一是重金属污染治理工程。2016年度争取项目4个，涉及专项治理资金3480万元。第二是柘溪水库生态环境治理工程。2015年度实施的项目5个，涉及专项治理资金1350万元，2016年度全部完工。其中，打捞项目完成库区垃圾漂浮物打捞近万吨。2016年度争取项目15个，涉及专项治理资金8300万元。第三是农村环境治理工程。2015年度争取全县391个村农村环境整县推进综合治理项目专项资金4800万元，到位2400万元。

【湖南省政府环保督察组到安化督查】 12月中旬，省政府派出环保督查组进驻安化县，展开为期一个月的现场督察，共查出需整改问题22个。

【《安化县环境保护“十三五”规划》】 该局通过调研，聘请专家，借助院地合作资源，多方征集意见，编制完成了《安化县环境保护“十三五”规划》文本。

（撰稿人：贺猛）

区域开发

安化县城南区

【领导人名录】

工委书记　李志生
管委主任　刘卫方
工委副书记　罗韶山
纪委书记　童智勇
工委委员　唐牧民　李　溧
管委副主任　肖　波
总工程师　夏　祺

【概况】 安化县城南区管理委员会(县城南区管委)地处资江之滨，与县城东坪镇隔江相望。21世纪之初，安化县委、县政府为加快县城扩容提质，适应发展需要，提出了开发东坪对岸地区、“十年再造一个新县城”的战略构想，启动了全县有史以来最大城镇建设开发项目。2004年设立安化县城南区管理委员会，由其负责县城南区建设规划管理、招商引资和环境的优化工作、组织辖内城镇规划区的移民搬迁与安置工作及各项社会事务工作。2016年6月，县政府将东坪镇下辖的玉溪村、中砥村和黄沙坪社区划归县城南区管理，至此，县城南区下辖城南、中砥、玉溪3个行政村和黄沙坪社区、县茶叶试验场，总面积38.33平方千米，常住人口3.4万人。管委内设办公室、规划建设部、社会工作部、人口和计划生育办公室、征拆办室5个职能部室，下设财政所、国土所、派出所3个部门站所。

2016年，该区围绕县委、县政府决策部署，贯彻县委经济工作会议精神，围绕加强党的建设这条主线，突出雪峰湖大道和黑茶文化主题公园建设两个重点，抓好移民安置、项目建设、产业发展三项工作，统筹加强综治、计生、安全、扶贫等其他工作，出现了政治稳定、社会稳定、经济发展、政通人和的良好局面。全年累计完成固定资产投资12.3亿元，税收入库7000万元；完成招商引资项目合同引资25亿元，实际到位资金3亿元。

一、项目建设

2016年投入10亿多元用于项目建设，城南完小、安化农贸综合大市场竣工并投入使用，辰溪桥廊和南区污水倒虹管工程相继完工，黑茶学校、安化驾驶员考场、思源学校、华莱城、华莱国际、移民安置房（大城村一、二、六组和林家村三组）、船山路与罗绕典路建设进展顺利，黄沙坪古街项目已完成招标，雪峰湖大道西段已完工，东段路基工程建设已动工。另外，正在编制黄沙坪古茶市修建性详规，正在策划东坪电站区域山体水体运动项目，正在申报吉祥山黑茶文化公园PPP项目。

二、移民安置

大城1、2、6组158户安置房主体已基本完工，林家村二期安置房主体正在建设中，大城七组安置基地已落地，进入桩基础施工。

三、环境优化

该区一方面实行班子成员联系项目制度，工委、管委班子成员与在建项目对接，实行“三包”责任制，即“包工程进度、包环境优化、包安全生产”，落实责任。另一方面对强装强卸、强买强卖、漫天要价、阻工扰工等违法行为，依法打击。2016年，共调解装卸搬运纠纷8起，处理阻工挠工违法行为6起，治安拘留3人。

四、社会治安综合治理

该区着力开展“平安南区”创建活动，构建小区防控框架，建立网格化巡控区，组建专业巡防力量，新配备电瓶巡逻车1台，实行24小时巡逻。投入资金50万元，添置监控后台设备1台，增加监控摄像头30个，天网工程进一步完善，实行全区监控无死角。加强治安管控，全年共计接处警885次，刑事处罚13人次，行政处罚82人次，查获吸毒人员13人，强制戒毒6人，调处民事纠纷68起，办结群众信访58件，群众救助300余人，社会治安明显好转，群众满意度明显提升，全市综治民调排名该区列全县第三。

五、安全生产

树立安全生产“红线”意识，落实安全生产责任。坚持“安全第一，预防为主，综合治理”方针，强化“党政同责、一岗双责”责任体系建设，实行大排查、大管控、大整顿，全力以赴做好安全生产各项工作。每季度召开一次安全生产例会，全年组织安全生产培训4次，安全生产宣传2次，开展安全生产大检查4次，共检查生产经营场所30多家，责令整改安全隐患110多处，全区未发生大小安全生产事故，安全生产工作代表县迎接市检查，受到检查组高度评价和充分肯定。

六、县城创卫

全年投入创卫工作经费300万元，全力保障创卫工作的开展。共计开展专项整治行动8次，对弃管区和背街小巷、城乡结合部和城中村、违章建筑、渣土运输、户外广告、交通秩序等进行了整治和规范，清理各类垃圾50多吨，建立毒饵站500多个，发放毒饵300多公斤。悬挂大型创卫标语横幅5幅、宣传牌30块，发放灭蚊资料1200份、《公民健康素养66条》1200本、健康知识科普资料1200多份、禁烟资料300份。加强渣土管理，渣土运输由运输公司承担，渣土统一进渣土场，运输车辆统一清洗再上路，较好地保持了路面清洁；整治违章建筑，成立查违控违工作领导小组，组建巡查工作小组，对规划区、安置区的乱搭乱建进行了强力整治，保障良好的秩序。由于措施得力，收到良好的工作效果，脏乱差的现象彻底改变。

七、基层党建

建立班子成员包村抓党建机制，设立7个党建指导组，具体指导各村的党建工作，完善村级绩效考核等15项制度，促进党建制度化、常态化。出台《2016年县城南区党建工作计划》，编印了《县城南区基础党建工作手册》300本，全区党员人手一份。实行党建每月一调度、季度一点评、半年一总结，及时传导压力，确保工作实效。开展了4个阶段是专题学习讨论，举办4期党员培训班，开展基层党组织“双述双评”、民主评议党员、处置不合格党员活动。动员全体党员参加“双学双义”活动，将学习活动融入工作实际，义务帮扶弱势群体和困难群众，义务参加县城创卫，发挥共产党员的先锋模范作用，保持共产党员的先进性。

八、脱贫攻坚

按照“六个一批”和“工作到村、扶贫到户”的工作要求，推进脱贫攻坚。研究制定工作方案，出台“百万扶贫基金”帮扶措施。对贫困户对象逐一上门进行走访调查，详细了解掌握贫困户对象的主要致贫原因，拟定好帮扶计划和措施；积极与县农商银行对接，争取小额扶贫贷款180多万元，为40多户贫困户提供产业发展资金。全年实现脱贫360人。

【2016年度经济工作会议】 3月17日，县城南区2016年经济工作会议在华天假日酒店召开，区党政班子成员、管委全体干部职工、各村场干部和部门单位负责人参会。管委主任刘卫方作主题工作报告，计生分管领导作人口和计划生育工作专题报告，区工委书记李志生作重要讲话。各单位相关责任人向管委主任递交了责任状。会上对2015年度先进单位和先进个人进行了表彰。

【并村工作完成】 4月12日，根据安化县人民政府《关于同意县城南区管理委员会行政村区划调整的批复》，柳树塘村、铁路新村、林家村、大城村合并成城南村。

【区划调整】 5月30日，根据安化县人民政府《关于同意东坪镇玉溪片区划归县城南区管理的通知》，东坪镇管辖的玉溪村、中砥村、黄沙坪社区划归县城南区管理。

【城南完小投入使用】 8月20日，城南完小竣工并投入使用。该校位于县城南区移动安化分公司办公区西北侧的船形山，与县体育中心毗邻，总投资7739万元，建成综合教学楼三栋，食堂、宿舍楼各一栋，项目用地22445平方米，建筑占地面积3854平方米，建筑总面积14394平方米。现开设一至五年级14班，招收学生690人。

（撰稿人：李鲲鹏）

安化经济开发区

【领导人名录】

党工委书记　陆继儒（2016.11起）

管委会主任　阳志成（2016.11起）

吴立新（2016.11止）

管委会副主任　龚昱波　陈爱华

邓孟军(2016.4起)

纪工委书记　谌万辉（2016.4起）

【概况】 安化经济开发区是1994年经省人民政府批准设立的省级经济开发区，开发区下设安化黑茶产业园、江南工业园、梅城工业园和高明循环经济工业园。2016年，设立中共湖南安化经济开发区工作委员会、湖南安化经济开发区管理委员会分别作为中共益阳市委、益阳市人民政府的派出机构，委托中共安化县委、安化县人民政府管理，实行合署办公，为副处级机构。根据职责，管委会内设8个机构（副科级），即办公室、纪检监察室、产业发展局、经济合作局、规划建设局、社会事务管理局、安全生产监督管理局、征地拆迁安置办公室。所属事业机构2个，即安化经开区政务综合服务中心、安化经开区梅城办事处。其他机构3个，即安化经开区财政所、国土资源所、警务站。安化经开区现有在职在编人员30名，其中，行政编制17名、后勤服务全额拨款事业编制1名，全额事业编制12名。所属事业单位核定编制20名，其中政务综合服务中心核定全额拨款事业编制17名，梅城办事处核定全额拨款事业编制3名。经开区下辖茶西村1个村。

2016年，县经开区深入学习贯彻中共十八届五中、六中全会精神和上级有关经济工作会议的决策部署，努力克服各种不利因素的影响，迎难而上，主动作为，千方百计抓投资，集中力量抓项目，扎扎实实惠民生，坚持不懈抓安全，全面优化发展环境，园区经济继续保持快速健康发展，各项工作稳步推进，园区初现雏形。

一、经济发展

始终把发展作为园区建设的第一要务，认识、适应、把握经济新常态，主要经济指标实现了速度稳中求升，结构稳中求优，动力稳中求新。2016年实现技工贸总收入79.59亿元，同比增长25.35%；规模以上工业企业主营业务收入78.27亿元，增长23.74%（其中食品加工49.98亿元，同比增长21.9%；钨估加工24.39亿元，同比增长31.2%）；完成固定资产投资9.85亿元，增长30.8%；税收收入1.48亿元，增长14.8%。新建标准化厂房15.7万平方米，完成基础设施投资8.7亿元，新增规模工业企业7家，新开工工业项目8个，新投产工业项目8个，引进创新创业企业15个，标准化厂房利用率达86.7%。2016年度荣获全市园区建设大会战暨“135”工程考核先进单位，排名第二。

二、园区基础设施建设

一是坚持规划先行。完成了中医药健康产业园控制性详规等编制工作，对黑茶产业园等园区修建性详规进行了修编，正在抓紧制定安化经开区中长期产业发展规划。二是着力加快路网建设。黑茶产业园新建茶驿路、茶株路、茶西路3条道路，同时完成配套管网建设及绿化、亮化工程；启动了茶幽路、茶青路、金泉路、茶花路、茶贸路、金茶路（G536新线）等6条道路建设；实施了金鹊路（G536老线）改造提质工程。三是加快启动安置区安居工程建设。茶家安置区第一期安置房已完工，产权调换房已开工，茶家九组安置区和金竹安置区正在场平。四是加快供电、供水管网及“三通一平”建设。黑茶产业园供水工程完成管道敷设，电网工程完成网管架设；梅城工业园完成厂房地面改造及水、电、绿化等配套设施；高明工业园完成征地3.33公顷，场平6.67公顷。五是大力推进环境提升工程。黑茶产业园垃圾压缩站正在建设，高明园区完成循环池、废水厂及供水管网建设与改造，并启动第二水厂建设。通过环境整治，城市环境和品位得到提升，园区经济的承载力、扩张力、吸引力有所增强。

三、征地拆迁与用地保障

全年拆迁房屋59栋，搬迁企业5家，迁移坟墓180棺，征收土地35.24公顷，报批土地12宗11.32公顷，挂牌配置土地6宗12.57公顷。落实中医药健康产业园用地规划指标166.67公顷（其中允许建设区80公顷、有条件建设区86.67公顷）。全面清理闲置土地，对“开而不发、圈而不建”的2家企业进行了清退。

四、招商引资与项目建设

加大招商引资力度，大力实施“项目提质增效”行动，先后引进高马山茶业、松宇包装、御君康茶业、向阳塑料制品、新达配送、芙蓉山茶业等10个项目，总投资约4亿元，用地约10.8公顷。力天钨业10万吨钨铜废料综合回收利用、泰森科技3000吨钴锂电池废料回收利用等3个项目已达成投资意向。此外，凯盛化工、高甲溪茶业等10余个项目正在洽谈之中。万隆实业、宏丰印务、大酉溪茶业、芙蓉山茶业以及力天钨业、永兴钨业、泰森科技等技改项目已投产见效；高马山茶业、松宇包装、金鑫新材料、雪峰钨业、信力钨钼、向阳塑料制品、御君康茶业等新项目顺利开工建设。

五、环境优化

一是全力帮扶企业。为给园区企业创造宽松、便捷、高效的办事环境，创新服务方式，拓宽服务领域，真正使企业招得来、留得住、快发展，着力创建亲商、爱商、安商、富商的良好环境。积极为企业提供各类政策信息，认真落实扶持措施，积极推动金湘叶、金鑫新材料、金源新材料3家企业上市和梅山黑茶、力天钨业由新三板转创业板。协调帮助万隆实业、宏丰印务、黑茶交易中心、芙蓉山茶业等在建或已建成的项目完善手续，解决水、电、路等基础设施配套问题，为项目解决资金不足难题、扩大融资渠道奠定了基础。二是进一步优化发展环境。维护项目施工环境，制定了《关于严厉打击强揽工程强装强卸非法阻工等违法犯罪行为的通告》，全年处理阻工扰工事件15次，解决项目施工中各类矛盾纠纷28起，集中组织依法拆违、依法迁坟行动各1次，成功制止并拆除违规建筑14幢。同时，坚持底线思维，严守安全稳定“红线”，坚持“党政同责、一岗双责、齐抓共管”，全面落实安全生产责任制，确保了全区安全生产形势稳定。

六、社会管理

在加快开发建设、发展经济的同时，毫不放松加大社会管理力度，致力政通人和，努力保持了园区社会稳定。全力做好矛盾排查化解工作，全年共接待受理群众来信来访3件，没有发生赴省进京上访和重大群体性上访事件。严格安全生产、环境保护监管，高明园区6家企业完成环保“三同时”（同时申报、同时建设、同时验收）验收，全年未发生重大安监、环保事故。圆满完成村级区划调整及县、乡“两代表一委员”换届选举工作，精准扶贫、计划生育、民政和社会保障、“三农”等工作顺利通过年终考核。

【行政村区划调整】 3月，安化经开区所辖范围内区的金竹村、茶家村、鹊坪村3个行政村合并成1个行政村，命名为茶西村，村部选址为茶家，合并调整后，新村村民小组53个，辖区面积22.36平方千米，人口5835人。

【获批国家循环化改造示范试点园区】 6月8日，国家发展改革委办公厅、财政部办公厅下发《关于同意冀州经济开发区等18个园区循环化改造实施方案的通知》（发改办环资〔2016〕1447号），安化经济开发区成为益阳市首个国家园区循环化改造示范试点园区。

【机构升级】 6月，根据湖南省机构编制委员会办公室《关于湖南安化经济开发区机构编制事项的批复》（湘编办复字〔2016〕16号）、益阳市机构编制委员会《关于印发〈中共湖南安化经济开发区工作委员会湖南安化经济开发区管理委员会主要职责内设机构和人员编制规定〉的通知》（益编发〔2016〕9号）、安化县机构编制委员会《关于印发〈中共湖南安化经济开发区工作委员会湖南安化经济开发区管理委员会主要职责内设机构和人员编制规定〉的通知》（安编发〔2016〕46号）文件指示，设立中共湖南安化经济开发区工作委员会、湖南安化经济开发区管理委员会，分别为中共益阳市委、益阳市人民政府的派出机构，委托中共安化县委、安化县人民政府管理，实行合署办公，为副处级机构。

（撰稿人：周雨成）

交通·邮政·通信

安化县交通运输局

【领导人名录】

局　　长　李爱晖（2016.1 止）
　　　　　陈明礼（2016.1 起）
副 局 长　龚日然　蒋昌开
　　　　　刘吉坤（2016.4 止）
　　　　　王刚强（2016.3 起）
　　　　　肖刚祥（2016.3 起）
　　　　　赵念东（2016.4 起）
纪检组长　蒋文美
总工程师　刘选明

【概况】 安化县交通运输局（始称安化县人民委员会交通科），于1956年4月组建，属行政单位，为县人民政府工作部门。2016年机构改革后，主要职能是负责全县交通行政管理、运输行业管理、港口码头与航道建设管理等。

机关设6个内设机构：办公室、组织人事股、财务审计股、计划统计股、安全监督股（加挂信访办牌子）、政策法规股（加挂政务服务股）。另按规定设置了纪检监察室和工会组织。下辖6个二级机构：安化县农村公路管理所；安化县道路运输管理所（公益一类副科级事业单位）；安化县地方海事处（公益一类副科级事业单位）；安化县交通建设质量监督站（公益一类副科级事业单位）；安化县交通行政执法大队（加挂安化县路政执法大队、安化县公路运输车辆超限超载治理工作办公室牌子，公益一类股级事业单位）；安化县城市公共客运管理办公室。8个派出机构：梅城中心管理所、大福中心管理所、冷市中心管理所、江南中心管理所、东坪中心管理所、马路中心管理、平口中心管理所、烟溪中心管理所，均为股级公益一类事业单位。有在职在编干部职工351人，离退休人员64人。

一、交通项目建设

1. 高速公路。二广高速：安邵段完成投资2亿元，于10月正式通车；常安段35千米主体工程建成，完成投资6亿元。马安高速：路基、桥涵、隧道及安全防护工程等工作全面铺开，工程进展迅速，至11月底，已完成投资14.89亿元，占省政府下达年度投资任务13亿元的114.51%、占省厅计划14.88亿元的100.01%；开累完成投资29.29亿元，占总投资58.92亿元的49.71%。官庄至新化公路安化段：确定了路线方案和技术标准，申报交通运输部审查。同时相关的水保、地灾、压矿、环评等专项报告正在编制。为确保项目快速推进，省交通厅报请省政府同意提前启动该项目初步设计，正在进行初步设计的测量工作。

2. 干线公路和桥梁。S225平烟公路：全线路基土石方已完工，路面硬化已完成43.22千米，完成除渠江大桥、资江二桥和平口一桥外的所有主体工程，完成投资7060万元。安化东坪大码头大桥：主桥主体全部完成，匝道桥完成全部桩基、墩柱及盖梁施工，接线工程完成挡土墙施工以及路基填筑，年度完成投资2500万元。S224梅城绕城公路：全面完成路基工作，完成土石方、涵洞工程建安费2800万元；征地拆迁基本完成，拨付征地拆迁款4000万元。S324东梅公路：前期工作全面完成，完成投标工作，12月底开工建设，完成投资1.5亿元。S241

杨泥坳至山溪界公路：完成招投标工作并正式开工建设。S324桃江牛田至大福公路安化段：征地拆迁基本完成，开始办理施工许可，并进入施工准备阶段，完成投资1500万元。S324东坪至渠江公路：获得省发改委工可批复，启动施工图设计工作。G536线安化县城改线工程（二期）：初步设计批复已完成，正在进行施工图和土地的报批工作，征地拆迁工作已启动，12月开工建设。S108小淹资江大桥：根据金塘冲水库的工可方案，结合小淹镇城镇整体规划，县交通运输局和市设计院专家进行现场勘察，托委益阳市交通规划勘察设计院重新编制工可报告。

3.农村公路。农村公路项目建设稳步推进。一是重点民生实事项目：完成窄路加宽项目423.26千米、撤并建制公路24千米和安防工程240千米。二是危桥改造项目：2016年危桥改造项目104座，已全部完成施工图设计，已完工65座。三是渡改桥项目。全面完成林家渡口渡改桥项目，完成总投资743.6万元。

4.客运站场建设。平口汽车站完成竣工验收并经省道路运输管理部门验收合格，核定为二级客运站，已正式启动运营，总投资2395.2万元；烟溪客运站完成初步设计批复、工可批复，完成三通一平，设计总投资1548万元，完成年度投资400万元。

二、交通行业管理

1.公路管养方面。一是加大宣传、巡查和打击力度，确保路产路权不被侵犯。一年来，共下达责令消除违法行为通知书14份，协助乡镇开展公路扫障行动4次，清除路障117处；办理损坏公路设施案件1起，查处违法设置广告牌1起，制止违法建房5起，有效打击了侵占路产路权的行为。二是组织公路巡查组、渡运巡查组深入各主要干线、渡口，展开安全隐患排查，认真落实好领导责任制和工作督察机制，有效改善和保障了道路行车条件。三是突出重点，确保治超工作取得实效。根据“依法严管、标本兼治、立足源头、长效治理”的总体要求，积极到厂矿企业进行宣传，对车货总重超过55吨的超限运输车辆禁止其上路，并进行劝返卸货后才准予上路行驶。对恶意超限运输车辆一经发现，立即责令停驶并实施卸载，实行严管重罚，确保桥涵等重要基础设施的安全，防止出现压垮桥涵等重大安全事故。3月30日由路政大队牵头，联合公安、交警、运政在全县范围内进行了为期5天的联合治超整治行动。5月18日，在江南、驿头铺治超站，组织特警、交警、运政对冲关车辆进行了严厉打击，在行动中打击冲关车辆3台次，并在新闻媒体上曝光。11月底不停车检测系统安装完毕，确保了检测站的执法环境。2016年，江南、驿头铺超限检测站检测车辆12158台次，查处超限车辆343台次，收取罚没款658320元。四是积极开展农村公路养护。全年共投入日常养护资金1847.3万元，养护农村公路3671千米，其中县道423.1千米，乡道506.3千米，村道2741.6千米，自检好路率为86.3%。五是及时抢通公路，确保公路安全通畅。1月31日至2月1日，低温冰雪天气导致全县多处公路路面冰冻而无法通行，该局立即启动《春运及雨雪冰冻天气公路保畅应急预案》，调动人员、设备、物资进行了抢通保畅作业。低温冰雪天气期间共调动抢险指挥车2台、撒盐机1台、铲车1台、农用运输车2台、工业盐6吨，出动抢险人员30人次，设置警示牌100余块，收集、发布路况信息3次，有效确保了农村公路的安全畅通。在3~7月份的几次强降雨过程中，及时启动《安化县农村公路管理所公路防汛抢险应急预案》，收集公路水毁及通行通畅信息，通过飞信平台及时发布路况信息，对水毁塌方等危险路段设置了警示牌，对公路中断路段迅速派出抢险队伍进行抢通。汛期，共出动铲车46台班、挖机8台班、自卸车67车次，清除塌方58000余方，抢通公路20余处，设置标示牌101处，发布路况信息40余次。全年投入水毁资金493.8万元，完成水毁恢复工程95处。

2.道路运输行业管理方面。一是圆满完成春运工作。春运期间，道路运输管理人员深入一线进驻各大车站组织开展工作，实现2016年道路运输领域春运零事故。二是对全县客运车辆开展上门年审。完成全县7家客运企业560余台客运班线车辆的审验工作。三是认真开展行业编制规划工作。经过实地考察、现场调研、统计数据等工作的开展，完成《道路运输发展规划（2015—2030）》初稿，正在加紧修改完善形成正式稿。完成《安化县出租汽车近期发展规划》编制，已报县人民政府常务会议审议通过。四是加强道路运输领域安全生产检查。2016年共开展安全生产专项检查25次，先后对全县7家客运企业、3家城市客运企业、1家危货运输企业、4家客运站场及城南停车场、33家（一、二类）维修厂家、7家驾培学校进行了安全工作督促和检查，共下达整改通知书8份，责令当场整改隐患20余处（个）。特别是4月份以来，组织开展全县农村客运班线车辆安全生产隐患排查。按照各中心所管辖区域成立8个检查小组，对全县农村客运班线车辆技术状况进行一次全面排查，安排具有相应资质的专业维修技术工，对车辆现场进行检测作业，发现隐患当场整改，重点检查客运车辆转向、制动、轮胎、悬挂、传动等项目是否符合要求。五是全力整治城区公共客运市场秩序。制定《安化县城区客运市场秩序专项整治方案》，将执法大队、城客办、东坪中心所3家执法单位组成联合整治组，对城区非法从事客运经营的私家车、摩托车等进行集中整治。以半个月为一个周期向3家执法单位分别下达办案指标，并将指标完成情况纳入该单位年度绩效考核，以确保工作成效，坚决将非法营运车辆清退出城区客运市场。至整治行动开展以来，已依法查扣非法营运车辆40台。六是加快推进行业发展和转型。完成90台纯电动小公交投放工作，缓解了县城交通压力；完成《安化县出租汽车近期发展规划》编制；完成100台新增出租汽车投放工作。成立道路运输从业人员考试中心并投入运营。

3.海事管理方面。一是严格落实安全管理责任制。年初制定了分片分线包干责任制和“一岗双责”制度，以提高全处干部职工的安全意识和责任心。并以县人民政府名义与各涉水乡镇签订安全责任状，制定相关考核细则并将水上交通安全纳入年终绩效考核，督促各涉水乡镇到村委、渡口落实安全管理责任制。严格执行视频监控中心24小时值班制度，通过视频监控从严防患和制止重点港口、重点船舶的违法违规渡运行为。5个月来，通过视频广播、电话通知制止船舶各类违章行为共216次。二是圆满完成水上交通春运工作任务。会同有关单位部门组织了120名工作人员，派遣6艘工作船（艇）现场指挥，调动6艘客船进行旅客分流，采取源头控制超载、干部跟船护送、码头严防死守等方法，对省人民政府挂牌督办的平口镇农历十二月二十六日的赶集日水上运输实施全方位安全防护，实现了“平口赶集日”水上交通零事故的目标。三是开展了水上交通安全专项整治行动。2016年，对全县客渡船、客班船、赶集船的船舶状况、证书证照执有情况、乘客穿（拿）救生设备情况和船名牌、标志标牌、乘客定额的配置情况开展了全面的巡航巡查，共查验渡船192艘，核查渡口96个，查处超载船舶4艘次，整治4艘次。四是加强船舶检验工作。严格执行相关船舶检验规范，对客渡船舶乘客定额进行复核，对辖区内自卸砂船进行了清查治理。完成营运船舶定期检验发证工作与船舶内务工作，对船舶主尺度、载重线进行丈量，并对载重线标志进行照相，保存入档，做到一船一档。半年以来，共检验船舶136艘，8520总吨。五是完成2015年燃油补贴的申报工作。已申报2015年度燃油补贴船舶271艘，其中客船53艘，客渡船218艘，共申报燃油量2166.27吨。

4.交通工程质量安全监督管理方面。针对2015年完成的项目进行了部署安排，特别是通畅工程、危桥改造工程以及安保工程等相关项目的质量监督程序，及时整理汇报，积极参与相关项目验收工作，同时展开了2016年受监项目监督工作，整理和完善了相关内业资料。

【安化县交通建设质量监督站整体并入】 根据《关于印发〈安化县人民政府职能转变和机构改革方案的实施意见〉的通知》（安发〔2015〕4号）文件精神，原垂直管理的益阳市交通建设质量监督局安化分局和县交通建设质量监督所整合，组建县交通建设质量监督站，不再保留益阳市交通建设质量监督局安化分局和县交通建设质量监督所。2016月1日，县交通建设质量监督站并入县交通运输局。4月18日，县编办《关于印发〈安化县交通运输局主要职责内设机构和人员编制规定〉的通知》（安编发〔2016〕10号）出台，县交通建设质量监督站为县交通运输局公益一类副科级事业单位，并明确了内设股室和相关职责、职能等内容。

【安化县地方海事处整体并入】 根据《关于印发〈安化县人民政府职能转变和机构改革方案的实施意见〉的通知》（安发〔2015〕4号）文件精神，原垂直管理的益阳市安化县地方海事处（益阳市安化县船舶检验处）和县港航管理所承担的行政职能划入县交通运输局，其余职责整合，组建县地方海事处，为县交通运输局所属副科级事业单位。1月1日，县地方海事处并入县交通运输局。4月18日，县编办《关于印发〈安化县交通运输局主要职责内设机构和人员编制规定〉的通知》（安编发〔2016〕10号）出台，县地方海事处为县交通运输局公益一类副科级事业单位，并明确了内设股室和相关职责、职能等内容。

【重组县道路运输管理所】 根据《关于印发<安化县人民政府职能转变和机构改革方案的实施意见>的通知》（安发[2015]4号）文件精神，县道路运输管理所、县城市公共客运管理办公室承担的行政职能划入县交通运输局，其余职责整合，重新组建县道路运输管理所，不再保留县城市公共客运管理办公室。4月18日，县编办《关于印发<安化县交通运输局主要职责内设机构和人员编制规定>的通知》（安编发[2016]10号）出台，县道路运输管理所为县交通运输局公益一类副科级事业单位，并明确了内设股室和相关职责、职能等内容。至此，重组后的县道路运输管理所正式成为县交通运输局二级机构。

【湖南省交通勘察设计院到安化进行调研】 3月9日，省交通勘察设计院受省交通运输厅委托，到安化县进行资水航道方案设计与柘溪升船机改造调研。县交通运输局局长陈明礼等陪同调研。调研组根据此次调研计划，将资水航道升级为500T级航道，将柘溪升船机进行升级改造。

【安化县第一批标准化渡船下水】 3月16日，5艘第一批标准化渡船抵达安化县，完成交接。当天上午，渡船在柘溪镇金家湾码头顺利下水。

【首批新能源电动公交投入运营】 4月15日，由县安顺公交公司总投资1300万元购置的90台节能环保的新能源电瓶小公交正式投入运营。

【安化东坪大码头大桥顺利合龙】 6月6日深夜，安化大桥顺利合龙，未出现任何裂缝。全桥线形控制和应力控制均符合设计和规范要求。

【新增巡游出租汽车经营权招标工作完成】 6月8日上午，湖南省湘咨工程咨询有限责任公司受安化县交通运输局委托，在安化县公共资源交易中心举行安化县城新增100台巡游出租汽车经营权招标。6家参与企业的法定代表人或委托代理人参与了招投标，相关部门及新闻媒体对此次招投标工作进行了全过程监督，最终常德市迎宾出租汽车有限公司中标。该公司已正式注册安化县安翔出租汽车有限责任公司。

【S224梅城绕城公路正式动工建设】 6月20日8点，省道224梅城镇绕城公路正式动工，益阳市公路管理局、安化县交通投资公司、益阳路桥公司、安化县公安局、梅城镇人民政府等相关领导出席了开工仪式。

【G59官新高速召开工可报告评估会】 8月5日下午，在长沙市金房国际大酒店二楼会议室召开了G59湖南省官庄至新化公路工程可行性研究报告评估会，参加会议的包括省发改委、省交通厅、省住建厅、省水利厅、省环保厅等相关部门的同志，怀化、娄底、益阳等市县政府的代表，安化县人民政府县长熊哲文、副县长郭利红，县交通运输局局长陈明礼，以及专家评审组和其他有关人员。会上，安化县提出增设南金互通连接线和马路口资水大桥辅道的建议，得到了市政府、市交通运输局和专家评审组的支持，并建议在工可报告中补充。会议基本通过了工可报告的评估。

【安化县公路管理局路政大队正式并入】 根据《关于印发〈安化县人民政府职能转变和机构改革方案的实施意见〉的通知》（安发〔2015〕4号）和《关于印发〈安化县交通运输局主要职责内设机构和人员编制规定〉的通知》（安编发〔2016〕10号）文件精神，原垂直管理的益阳市安化公路管理局、益阳市梅城公路管理局、县农村公路管理所承担的行政职能划入县交通运输局，其余职责整合，组建县公路管理局，为县交通运输局所属事业单位，暂保留正科级，不再保留益阳市安化公路管理局、益阳市梅城公路管理局和县农村公路管理所。11月1日，县公路管理局路政大队31人正式整体并入县交通运输局执法大队。

（撰稿人：谭毅　李任军）

中国邮政集团公司湖南省安化县分公司

【领导人名录】

总 经 理　黄郴辉（2016.5止）

张贻信（2016.5 起）
副总经理 李立为 贺亮生
总经理助理 何 兵（2016.1 止）

【概况】 2016 年，中国邮政集团公司湖南省安化县分公司（邮政安化分公司）共有在岗员工 273 人，退休退养职工 89 人。在原来两部一室三中心（综合办公室、市场部、网运安保部、代理金融中心、大客户中心、函件集邮中心）经营组织架构的基础上新成立了快包中心，进行专业化运作，大力发展快包业务。全县共包括 19 个农村支局所，4 个城区营业所，有 374 个农村综合便民服务站（2016 年新建 64 家），担负着全县近 100 万人口的邮政便民服务工作。

2016 年，该公司认真贯彻落实县委、县政府和省、市公司各项方针政策，主动适应经济发展新常态，积极实施“一体两翼”经营发展战略，开展代理金融网点转型升级工作，大力优化投递段道，提升投递服务能力，发展快递包裹业务，布局农村综合便民服务平台建设等，服务地方群众，助推安化经济发展。在全体干职员工的共同努力下，企业服务支撑能力得到大幅度提升，业务发展再创新高，员工福利进一步改善，企业凝聚力进一步增强，党风廉政建设等支撑工作取得新进展。是年，梅城邮政支局乡邮投递员胡小军，经组织推荐，成功当选 2016 年安化县劳动模范。

2016 年，安化分公司储蓄、快包、中邮期缴、报刊大收订、电商、新邮预订以及农村综合便民服务平台建设等管控指标全面完成。公司共实现业务收入 5904.55 万元；职工人均劳动生产率提高到 21.63 万元。

一、储蓄业务

认真推进“网点转型”工作，通过示范跟学、集中学习、成果展示等方式，分批次对全县所有金融从业人员进行系统培训，转变员工的营销服务理念，提高员工服务意识和服务水平，扎实开展客户大走访活动，听取建议，改进不足。全年金融总资产净增 5.4 亿元。

二、快递包裹业务

深耕农村快递市场，主动客服，对接安化黑茶特色产业，服务安化本土微商、淘宝店家，提供优质高效价廉的仓配一体化服务。安化农村支局快包业务发展在全市排名第一，涌现出了小淹、清塘、平口等一批先进网点。在业务发展旺季，部分农村支局的快递日均交寄量达 100 件以上。全年共实现快包收入 227.69 万元。

三、公共服务品牌

安化邮政综合便民服务平台建设工作 2016 年再次纳入地方政府绩效评估方案，得到了县委、县政府及地方党委、政府的认可和支持。2016 年，在市公司的支持下，梅城首批 12 家综平服务站完成标准化建设升级并投入使用。同时，在梅城开展农村投递段道改革试点，完善邮政县、乡、村三级物流基础设施和网络，推动农村物流体系建设，为“工业品下乡，农产品进城”构建快速双向通道，打通农村电子商务“最后一公里”，形成线上线下完整闭环。全年共计代收税费、水电费等各类公共事业费达 1.8 亿元。开展“倡导全民阅读，营造书香安化”活动，为贫困小学生捐赠图书 4000 余册，价值 5 万余元。通过这些活动塑造了安化邮政良好的公共服务品牌和爱心公益形象。

四、网络保障

全年完成了对邮处中心和快包中心的改造，并购置了大型伸缩机等设备，以加快邮件内部处理时限；将全县 45 个投递段道的两轮摩托车更换为燃油三轮车，提高运能，保证报刊邮件安全迅速地送到客户手中。通过这些举措，全县邮件传递时限平均提速 2.5 个小时。在县城范围内保证了每天下午 5 点前收寄的邮件当日出口，党报党刊在县城以上实现了当日妥投，城区邮件妥投率排名全市第一。机要通信继续保持质量全红，被省公司评为先进单位。

【全市邮政系统跨赛表彰大会在安化召开】 5 月 20 日，全市邮政系统跨赛表彰大会在安化召开。邮政安化分公司梅城、电信、羊角 3 个网点进入全省“百强百优”，羊角、迎春、莲城、大楼、梅城、大福、高明 7 个网点进入全市“十强十优”，上述单位均在会上受到表彰。

【基层管理岗位负责人选拔】 8 月 8 日，为了给想干事、能干事的员工提供机会，县公司举行了支局长（所主任）后备人才竞聘选拔，通过考试，5 名职工入选，并先后走上基层管理岗位。

【送考上门活动】 8 月份，联合省邮政培训中心和市公司人力资源部门，开展员工职业技能鉴定“送考上门”活动，全县近 60 名员工在安化完成考前培训和考试。

【全市邮政农村电商和投递体制改革试点工作推进会】 9月21—22日，全市邮政农村电商和投递体制改革工作推进会在梅城镇召开，梅城成为全市第一批乡镇试点单位。

（撰稿人：罗健）

中国电信安化分公司

【领导人名录】

总 经 理 陈应祥（2016.7止）
刘学文（2016.8起）
副总经理 宁文林
刘必胜 （2016.9止）
曹海武（2016.10起）
于世闻（2016.10起）
总经理助理 谢超群 （2016.9止）

【概况】 中国电信安化分公司有在职员工111人。其中县分公司86人、支局25人；男职工84人，女职工27人。离岗退养人员14人，退休职工88人。总计213人。委派制员工28人。党员73人；团员20人。

一、主要指标

全年收入完成7641.98万元，支出1260.9万元。网络接通率为98.8%。人均完成54.98万元。全县工资总额735.78万元。

二、企业生产

1.2016年收入增值税口径完成7641.98万元，同比增长14.18%，年初计划7211万元，完成率105.98%，平台同比增长16.24%。全年移动新增38289户，年计划完成率991.97%。宽带新增10408户，年计划完成率81.31%，其中光网用户增加12969户，年计划完成率101.32%，ITV（交互式电视）净增11703户，年计划完成率89.68%，实现收入规模分类跨越，获得强县工程之“湖南公司战略单元”“天翼先锋双提升”奖励。

2.为实现网络转型，分公司大力推进光网和无线基站建设。全年光网工程共申请立项92个，获批建设资金2862.3万元。建成FTTH（光纤到户）端口47658个，光网总端口数达111078。新增覆盖光网行政村186个，全县共416个行政村光网覆盖，行政村覆盖率为80.46%。新建OLT（光线路终端）站点22个，新增OLT和存量OLT站点全部实现双上行、双主控布置，网络容量及安全性得以大幅提高。全年C网建设项目4个，新建CDMA（码多分址）基站25个，全县3GCDMA网络综合覆盖率提升至94.77%（按2016年行政合并后391个村统计）。完成800MLTE（声光报警器）基站建设项目1个，在各乡镇新建233个800MLTE基站，测试上网峰值速率达100兆，无线通信能力大幅提升。全年乡镇间中继光缆建设12条，156皮长千米。新建江南等4个密集波站，对羊角等存量波分站点进行GE（1000兆传输速率的以太网）端口升10G端口扩容，业务承载能力大大加强。

3.2016年，新增渠道网点12家，网点形象改造10家，取缔不合格网点6家。组织渠道网点集中培训6次，渠道经理不定期对渠道网点上门培训，不断提升渠道网点能力和服务水平。

4.积极配合县内各项重大工程建设，全力做好城市改建工程中通信杆线拆迁工作。针对马安高速安化段杆线迁改工作量巨大，施工难度大，公司按照指挥部的要求和各标区工程进度有条不紊地开展迁移工作，确保高速公路施工进度；承接并落实县委、县政府要求县城杆线入地工作；对滔溪、仙溪等乡镇杆线入地工作做出部署和安排。

5.严格执行维护工作派单制度和实行电缆维护外包，强化派单和验收，实现了对维护质量和费用的双重管控。

6.继续完善财务管理制度，实施职能部门与财务部门对各项财务指标的双重管控，组织四级经营单元负责人进行“小金库”知识培训和考核，严防“小金库”问题；加大安保工作力度，开展消防培训，定期组织清理安全隐患，按要求落实整改，制定突发事件应急预案，做好“四防”工作。

三、党群工作

1.加强党的组织建设，认真组织全体党员和中层干部学习中共十八大和十八届三中、四中、五中全会及习近平总书记系列重要讲话精神。

2.加强公司党委中心组学习。以领导班子和领导干部为重点，共组织党委中心组专题学习8期，邀请专家讲课1次，发放《习近平总书记系列重要讲话读本》《习近平谈治国理政》《全面小康热点面对面》等重点理论学习读物。

3.明确理论学习任务。以公司党委中心组学习为龙头，坚持做到每月集体学习讨论不少于一次，自学不少于30小时；按照“三会一课”制度，以党小组或党支部为单位每月组织一次党员集中学习，党支部每季度召开一次全体党员会议；党支部明确每名党员自学要求，创新自学方式。

4.公司党委成员齐心协力，在工作中充分发挥带头作用，紧密团结全公司广大干部员工，全力以赴推动通信事业发展。2016年，分公司先后开展“互联网化转型”大会战、“推进互联网化转型”大会战、信息化村创建装机竞赛、岁末年初营销活动、岁末年初装维支撑保障竞赛活动等一系列营销装维活动，营造氛围，促进业务发展。为加快农村光网及800兆建设，加快信息化村创建，借势借力，组织开展农村深耕攻坚行动，打造中国电信光网宽带和电视品牌，实现全县4G网络全覆盖。

5.为进一步深化作风建设，驰而不息纠正“四风”，分公司党委组织开展“纠‘四风’、治陋习”专项整治工作，围绕安化分公司队伍作风建设中存在的突出问题，重点整治违规公款吃喝、违规发放津补贴或奖金福利、违规操办婚丧喜庆事宜、违规收送礼品礼金、涉赌涉毒、公款旅游、违规兼职或从事营利活动七个方面的突出问题，治陋习、树新风，综合施策、标本兼治，巩固和深化作风建设成果，以风清气正的党风政风凝聚党心民心、带动社风民风。

四、工会工作

1.充分发挥工会组织的特点和优势，以服务企业第一要务为主题，认真组织开展经济技术创新工程，积极配合分公司各项营销竞赛，动员广大员工投入劳动竞赛中，如“岁末年初”业务发展竞赛、“光网+IPTV”比比看的竞赛、“玩转4G”竞赛、“信息惠民·宽带乡村”推进竞赛、“农村深耕攻坚”活动等。

2.加大支局建设力度，及时跟踪、了解掌握“四小”建设日常维护、管理情况，对梅城分局、马路口支局、平口支局、江南支局、清塘支局等进行了房屋防水堵漏的整改。

3.以维护员工权益和企业稳定为首要任务，召开了全公司职工代表大会，做好职工代表提案征集、审核和处理反馈工作，确保提案质量，确保提案逐一回复，形成闭环管理；制定“员工幸福工程”2016年实施方案；组织全体员工进行全面健康体检；充分发挥员工兴趣，组织各类员工文体活动，成立篮球兴趣小组、羽毛球兴趣小组；继续做好困难员工帮扶工作，包括对重大疾病或因灾致贫的员工进行帮扶、“冬送温暖，夏送清凉”活动等，为员工提供实实在在的帮助，2016年对职工住院探望26人次，困难补助23人，抗洪救灾表彰38人，救灾补助5人。

4.在市公司工会的正确指导下，工会对2015—2016年以来工会财务进行自查自纠，规范工会财务列账，基本符合上级要求。

5.承接好市公司组织的前端营销、后端装维服务、4G网络建设、支撑保障等各项劳动竞赛，协助前、后端部门参与各种营销及竞赛活动；组织员工参与前、后端技术比武与技能竞赛。

6.以荣誉体系为牵引，加强正面激励，激发正能量。围绕提高企业转型发展质量和效益，调整优化劳动竞赛组织开展模式，配合各专业部门继续开展好劳动（技能）竞赛，通过竞赛中发现和培育更多的先进个人、优秀集体。在打造员工岗位创新品牌过程中，发现和大力宣传一批为企业转型发展建功立业的优秀团队，一批爱岗敬业做出了突出贡献的先进个人，一批扎根基层取得了突出成效的优秀员工，使员工学习有榜样，赶超有目标。

（撰稿人：李梦军）

中国移动通信集团湖南有限公司益阳市安化县分公司

【领导人名录】

经　理　熊东巨（2016.7止）
　　　　曹付华（2016.7起）
副经理　夏吉龙　邓　剑
　　　　张　青（2016.7止）
　　　　黄该有（2016.7起）

【概况】 中国移动通信集团湖南有限公司益阳市安化县分公司共有在职员工80人，其中领导班子4人，普通员工76人，普通员工中有上市员工60人，劳务用工16人，退休退养员工23人；具有本科以上学历的55人，专科以上学历的79人。设有网络部、市场部、综合部、政企客户中心4个部门，下辖东坪、梅城、小淹、马路口4个乡镇营业部。共有4G基站800余个，2G基站400余个，城区4G覆盖率达98.97%，行政村覆盖率达95.13%。开通宽带小区78个，新增有线宽带端口28000个，宽带端口达40000多个，并实现了县城、乡镇全覆盖和37个行政村宽带资源覆盖。

2016年，该公司聚焦网络技术与质量提升以及通信服务便民惠民等工作重点，加大4G投资建设力度，完善为民服务基础设施，累计通信服务收入增幅达

10.87%，略高于2016年安化县GDP的增幅（8.6%）；客户规模达37万余户；宽带业绩突飞猛进，全年新增宽带用户9000余户，较2015年提升311.46%。

一、网络基础设施建设

1. 在4G能力建设方面：2016年该公司共计投6000余万元，新增4G基站200余个，共建成2G基站400余个、4G基站800余个，城区4G覆盖率达到98.97%，行政村覆盖率达到95.13%，综合无线覆盖率达95.51%，充分保障了地方无线及上网等通信服务能力。在宽带能力建设方面：2016年该公司投入1000万余元，新增家宽端口2万余个，宽带端口达6万余个，并实现了县城、乡镇、管区全覆盖和90个行政村宽带资源覆盖。

2. 网络质量提升。开展客户投诉清淤专项整治，2016年已投资100万完成新建RRU（远端射频模块）拉远37个，新建光纤直放站22个，新建宏站216个，全改定基站7个，解决41处弱覆盖区域；开展传输网络灾后重建。7月初，安化普降暴雨，安化移动前乡片传输杆路受灾严重，该公司对布放的应急光缆进行修复和加强线路巡检，对已经倾斜电杆和掉落的光缆日夜进行抢修，共计划投资1500万元，新建管道20千米，布放管道光缆30余千米，寄挂杆线260千米，新建杆线500多千米，直埋光缆50千米，新增马迹塘—长塘，洛安—洞市—东坪两条县域传输干线，目前传输线路已经基本恢复；加强骨干网传输建设，在长塘至马屯新建光缆25千米，经东坪—江南—洞市—梅城新建光缆90千米，为梅城及周边乡镇增加了两个传输口；积极支持县城东出口项目建设，沿线杆线管网的迁移工作已经全部完成。

二、业务渠道建设

积极响应县委、县政府工作部署，在村民服务中心引入村级服务站，以服务为民为根本，为村民缴费、办号、购机等移动业务提供方便。2016年在县内乡镇完成40余家小微渠道建设，渠道规模数已达130余家。

三、提速降费

2016年已完成近100个小区的光纤网络建设，宽带下载速率由2014年的4M兆比特每秒到2016年的20M兆比特每秒、50M兆比特每秒、100M兆比特每秒，20兆及以上宽带渗透率已达60%，网络速率大幅度提升；宽带资费有效降低，由原来的每年500元到目前的每天不到1元，并对全县乡镇具备网络条件的4M兆比特每秒以下铜缆用户进行光改，推出光改优惠政策，下调百兆光纤接入网费，更多让利于民。2016年已有近5000余户客户享受到公司宽带资费降低所带来的红利；流量资费全面下调。通过提速降费八大惠民举措，4G资费大幅度下降，其中流量由原来的1元每兆下调至0.29元每兆，流量安心包流量低至0.06元，夜间闲时流量订1G送1G、低至0.01元每兆，4G流量卡50元包2G，降幅高达50%；实行流量共享、流量不清零政策，并提供了全网统一4G套餐4G飞享、自选套餐，20元及以上流量月包、和家庭计划4款供大家选择。农村信息化建设全面推进。通过集中采购一批优质廉价的特色4G手机、全力推广VOLTE（4G高清语音/视频通讯）技术、组建家庭亲情网并通过发展家庭账户和家庭套餐使信息化产品以最低的资费标准融入农村大众市场，让利于民，全方位满足地方信息化需求；重点单位及行业信息化建设稳步提升。2016年，安化移动共为重点单位提供互联网专线和数据专线270余条，云（MAS移动代理服务器）平台80余家，稳步推进公安、司法、地税、人社、财政、银行等行业信息化建设。

四、履行社会职责

积极配合政府机关团队号召的“文明创卫”“无偿献血”等社会活动，明确专人负责组织员工定期清扫卫生责任区，组织员工进行体检，编制创卫工作档案，鼓励员工无偿献血；如实完成了“一进二访”等政府扶贫工程，公司领导、工会主席多次到定点扶贫点双联村进行慰问，了解村民的困难，并为他们送去了温暖；按照综合治理八件事，五项专题开展综合维稳工作，成立综治维稳工作领导小组，明确工作职责，制定了《安化移动分公司反恐防暴》制度，并对上访、火灾、重大安全事故及企业突发事件制定了详细的应急预案并开展了演习，综合维稳工作高效有序进行，先后获得2015年综合治理优胜奖、2015年度全县消防工作先进单位、全县内保工作综合考评优胜单位；坚持办事“公开、透明、依法、便民”的原则，进一步深化公开内容、创新公开方式，2016年，该公司获益阳市人民政府授予的“益阳市2015—2016年度办事公开示范点”荣誉称号，努力为全市办事公开工作的有序推进贡献力量；在公司内部成立了应急通信保障机构，完成了高考、洪灾期间及雨雪冰冻期的应急通信调度。

【湖南省移动公司领导赴安化考察指导工作】 1月7日，省公司副总经理李威一行赴该公司调研指导工作，实地考察营业厅、重点企业单位，召开座谈会，听取该公司的专题汇报，详细了解该分公司在4G和有线宽带建设、维护、优化等方面的情况。会上，李威对该分公司前期所取得的工作成绩给予了充分肯定，并就下阶段工作提出了要求。

【做好汛期通信保障工作】 7月3日—4日，安化县普降暴雨，引发多处山体滑坡、道路被毁、房屋倒塌、电力中断，直接导致安化县近30处传输中继段中断，2处汇聚机房水淹，100余起移动基站退出服务。该公司立即行动，共出动一线抢修人员135人次，车辆66台次，油机64台次。共抢通传输干线30余条，恢复基站100余个，全面保障了汛期通信畅通。

【获"益阳市2015—2016年度办事公开示范点"荣誉称号】 8月23，全市公共事业单位办事公开示范点授牌会议在益阳农商银行举行。会上，益阳市人民政府授予该公司"益阳市2015—2016年度办事公开示范点"荣誉称号。

（撰稿人：蒋莹）

中国联合网络通信有限公司安化县分公司

【领导人名录】

经　理　谢海波

【概况】 中国联合网络通信有限公司安化县分公司（联通安化分公司）有员工41人，其中上市员工18人，劳务员工23人；分公司设有综合部、市场部、网络部、集团部、固网部5个部室，其中市场部下设县城城区、羊角塘、小淹、马路、烟溪、梅城、长塘6个乡镇网格。截至2016年底，共有2G基站175个，3G基站300个，4G基站311个，占全市4G基站总数的23%，共有汇聚机房3处，传输线路总长5800千米,2G、3G、4G覆盖率分别达94.9%、90%、91%。

2016年，公司按照"网络建设为基础，渠道建设为核心、终端营销为推力、流量营销为方向"的经营思路，量质并重，实现各项业务有效快速发展，确保全年收入目标的实现。

一、经营发展

1.4G网络建设。2016年投资1500万元开通4G基站102个，传输线路总长5800千米，充分保障了地方无线及上网等通信服务能力。宽带建设。2016年计划投资约1500万元，新增宽带项目250个，端口38500个，截至年底已投入1480万元，累计新增宽带项目199个，端口34500个。

2.提升网络质量，创建群众满意服务。2016年计划投资150万元，利用新建RRU拉远、新建直放站、新建宏站等方式解决30处弱覆盖区域。截至12月底已投资150万元，完成新建RRU拉远12个，宏站18个。多项举措并举优化各项网元设施，解决了马路镇柳山坪、烟溪镇双烟等长期投诉的弱覆盖区域的信号问题，在县城城区新增了华天酒店、公安局、胡田冲、人民医院等室分和宏站，客户满意度较2015年均值提高11个百分点。

3.积极配合完成当地政府机关组织的"文明创卫""无偿献血""端午赛龙舟"等活动。

4.在公司内部成立应急通信保障机构，在7月抗洪抢险中出色完成通信保障任务。

5.渠道建设。2016年投入100万元，全面推动渠道新改建，提升公司品牌形象及影响力，实现一镇一沃店或多沃店，提升了整体店面形象，增强了网点的积极性。为推动业务发展，找准目标客户，实现精细化营销奠定了基础。

二、提升管理能力

随着市场竞争的加剧，业务范围不断扩大的同时，业务复杂性也随之提升，所以要结合业务经营需要，开展流程化，通过对客户服务流程、业务审批流程、运维流程、建设流程等重要流程和常用流程的优化，达到提高工作效率的目的。同时加强安全生产管理，全面开展安全生产隐患排查和治理，落实安全生产责任制。

（撰稿人：刘柳平　夏建祥）

农业·林业·水利

安化县农业和粮食局

【领导人名录】

局　　长　王直前（2016.1 起）
副 局 长　刘飞舟（2016.3 起）
　　　　　吴要辉（2016.3 起）
　　　　　肖平安（2016.3 起）
　　　　　刘尚泉（2016.3 起）
　　　　　李永订（2016.3 起）
　　　　　肖立新（2016.3 起）
　　　　　唐永华（2016.3 起）
纪检组长　肖立新（2016.3 起）
农办副主任　唐永华（2016.3 起）
总农艺师　谌超贤（2016.4 起）

【概况】 安化县农业和粮食局加挂中共安化县委农村工作办公室牌子，为县人民政府工作部门，主管全县农业和农村经济发展工作。该局有内设机构 15 个，二级机构 17 个。局系统共有在职干部职工 248 人，离退休人员 214 人。在职干职工中，公务员 69 人（含参管 26 人），专业技术人员 83 人，事业单位管理人员 7 人，工人 89 人。专业技术人员中，正高 2 人，副高 21 人，中级 33 人，初级 27 人。

2016 年，该局以产业精准扶贫为统揽，以服务“三农”为主线，以调整产业结构、转变增长方式为重点，全力推进美丽乡村建设，大力发展现代生态农业，取得了较好成效，有力地促进了全县经济社会发展。

一、精准扶贫稳步推进

始终把产业扶贫和技能扶贫作为主抓手，强化工作措施，确保取得实效。一是压实工作责任。该局有 3 个帮扶贫困村，每个联系村实行 1 名局领导、1 个扶贫专干、1 支帮扶队伍“三个一”办法挂钩到 2016 年预脱贫村，结对帮扶 123 户 454 人。实行局党组每季度一次工作会商、工作组每月一次情况碰头，帮扶队员每周一次驻村指导制度，确保扶贫工作推进有力。2016 年来，该局为 3 个帮扶村落实帮扶资金 123 万元。架设路灯 80 盏；扩改建村级公路 15 千米；建设人饮工程 1 处，架设管道 4000 多米，解决 515 人饮水问题；完成 8 个台区电网改造任务；帮助建设蔬菜、中药材等基地 3 个面积 100 公顷，发展专业合作社、家庭农场 5 个，带动贫困农户 69 户。二是组织专门班子科学编制了产业扶贫规划。并制定《关于鼓励支持新型农业经营主体开展产业精准扶贫的实施意见》，为县委献计献策。三是扎实开展各项产业帮扶。整合粮油高产创建、病虫害统防统治、新型农业经营主体培育等项目用于适合贫困村的富民产业培育，为 134 个贫困村建立农业产业帮扶项目库，确定发展项目 302 个，计划整合涉农资金 9600 多万元予以支持。同时在贫困村积极开展技术扶贫，通过强化试点示范，带动 6800 多贫困农户增产增收。

二、粮食生产

由于 2016 年“7·4”暴雨洪灾影响，安化县局部地区也出现了减产、减收。该局积极组织广大农民群众防灾抗灾，使粮食生产继续保持发展态势。全县落实粮食种植面积 657.93 万公顷，粮食总产量达 32.52 万吨，增幅 1%，实现粮食生产连年丰收。

三、特色农业

全县因地制宜调整产业结构，优势特色农业发展质效有新提升。

一是蔬菜保供能力增强。2016年全县菜地面积0.53万公顷，播种面积1.65万公顷，复种指数达3.1，重要蔬菜产品自给率达70%以上。二是水果提质增效明显。包括柑橘与时鲜水果总面积达1.33万公顷，较上年增加66.67公顷，面积增幅不大，但产值增加2950万元，增长11.6%。三是主导产业发展迅速。茶叶是安化县的主导产业，2016年茶园种植面积不断扩大，新增0.24万公顷，全县总面积达2.06万公顷。茶叶产量稳步上升，全年茶叶加工量达6.5万吨，比2015年增长16.1%。生产效益得到提升。全县茶叶生产加工总产值80.08亿元，较上年增长37.4%，茶业综合产值达125亿元，比2015年增长22.5%。在农业丰收和特色农业的强势拉动下，全县农民人均可支配收入达8000元。

四、农业服务水平

继续加大投入力度，农业服务措施得到强化优化。一是土壤肥力建设不断加强。2016年全县推广测土配方施肥技术面积11.34万公顷，推广有机生物肥3520吨，恢复发展绿肥生产、推行秸秆还田6.37万公顷。二是生物灾害防控能力增强。推广应用茶叶病虫害绿色防控技术0.83万公顷，发展21个专业服务组织开展专业化统防统治，实现核心示范区面积0.18万公顷、辐射面积1.67万公顷。三是农民科技培训广泛深入。结合“新型职业农民培育”等培训项目，全年开展现场培训或指导20次，670人次；举办各类农业培训班累计50次，培训人数达500人次，有效提高了农业执业者的基本素质。四是秋冬种办点示范效果特好。2016年整合相关项目资金350万元支持乡镇办点示范建设，免费发放油菜种子，对办点示范集中连片20公顷、33.33公顷、66.67公顷以上的乡镇，分别给予3万、5万、15万元的资金奖励。全县落实66.67公顷的秋冬种示范点3个、33.33公顷的秋冬种示范点8个、20公顷的秋冬种示范点11个，全县秋冬种生产面积达4.07万公顷。

五、产业发展

农业产业化水平加快提升。积极推进农业产业化龙头企业申报工作，华莱获得国家级授牌，实现安化县国家级农业产业化龙头企业零的突破。同时成功申报市级龙头企业3家、省级4家，重点培育省级以上休闲农庄6家。安化县有市级规模以上龙头企业42家。实现农产品经营收入145亿元，增幅达20%。

六、农产品质量安全监管

依法履行农产品质量安全监管职能，全力创建全国农产品质量安全示范县。全县农产品质量安全总体合格率达100%。一是监管机构进一步完善。建立了乡镇监管队伍，基本实现了网格化管理。二是产地管理制度加快建立。生产档案建档率达95%以上。三是标准化生产示范基地建设有序推进。创建标准化种植基地106个1.36万公顷、标准化养殖场385个62万头。制修订农产品标准化生产技术规程106个。四是“三品一标”事业长足发展。今年新增绿色食品企业5家，认证产品18个，面积0.29万公顷。无公害农产品产地认证7家，认证产品38个。

七、农村改革进一步深化

以中央一号文件为统领，继续加快体制机制创新，农村发展活力不断增强。一是新型农业经营主体加快发展。2016年，全县新增农民合作社126家，新增家庭农场216家，新增专业大户316家。全县已累计注册农民合作社710家，家庭农场280家，涌现出土地流转大户、种养大户等800多户。新型农业经营主体发展壮大，加快了土地规模经营和农村劳动力转移。全县新增农村土地流转面积0.27万公顷，累计流转面积达3.47万公顷，其中耕地流转2.17万公顷，流转率达56%。涉及农户15.4万户，占全县农户总数的65%。二是农村土地确权整县推进工作进展顺利。培训登记人员18000多人，完成入户登记20.1万多户，占全县总户数的87%。

八、项目建设

一是云台山村美丽乡村示范建设顺利通过省市验收。基础设施进一步夯实。新建村部综合楼1000平方米；完成云上茶园环形公路、长冲公路的扩改和防护栏建设17.9千米；新修人居饮水工程1处，解决631人安全饮水问题；绿化亮化主干道11.8千米，完成农户庭院围栏安装1100米。特色产业发展强劲。成功引进3家茶叶企业，成立11家茶叶合作社，建设农家乐23家，建成有机茶园120公顷，茶文化体验中心9000平方米，年接待游客5万人次，年收入近6000万元。二是农村能源建设成效明显。全县完成联户沼气60处供气300户；完成两省灶685个，生物质气化炉910台；推广太阳能热水器322台，完成光伏发电示范建设20处。

九、粮食应急体系建设

加强粮食宏观调控，落实县

级储备粮5000吨，轮换的县级储备粮2500吨和省级储备粮4000吨。加强粮食应急网点建设，初步建立了覆盖全县城乡的粮食应急储备、加工和销售网点。全县已建立粮食储备库点1个，粮油应急加工点4个，应急销售点23个，确保了县域粮食安全。

【安化县农业和粮食局举行揭牌仪式】 3月14日，县农业和粮食局举行揭牌仪式，县委副书记王新宇，县委常委、副县长王益文，副县长胡能华，县委办副主任简文艺、黄秀丰，县政府办副主任廖小寒参加。

【九佛新材料科技有限公司董事长到安化考察】 5月23日—26日，广东九佛新材料科技有限公司董事长吴立云先生一行，继3月初之后又一次来到安化县，就投资开发湖南“云启现代农业综合产业”项目进行考察洽谈。5月24日，县农业和粮食局与该公司签订了项目合作协议，项目规划总投资10亿元。

【湖南省农委经作处领导到安化指导业务】 6月15日，省农委经作处主任王培根及益阳市农委经作科科长董超英一行，在经作股股长刘雄的陪同下，对安化县农夫缘、仙池界、昌茂隆、百龙农园、越聪等蔬菜基地进行了重金属检测抽样。

【“百草枯”清查行动】 7月4日至7月9日，县农业和粮食局执法大队根据省农业委员会关于停止销售和使用“百草枯“水剂的通告精神，对全县79家农资店和2个蔬菜基地是否还存在销售和使用”百草枯”的情况进行了全面清查。

（撰稿人：李雄辉）

安化县畜牧水产局

【领导人名录】

局　　长　杨在和

副 局 长　蒋晓华（2016.3起）

　　　　　汪　琼（2016.3起）

纪检组长　姚论才（2016.4起）

【概况】 安化县畜牧水产局成立于1980年，其主要职能是负责研究制定全县畜牧水产行业中长期发展规划和年度计划；综合分析全县养殖业生产情况；解决生产中的重大问题与新产品、新技术开发利用与推广，挂安化县畜牧水产技术服务中心、安化县动物疫病预防控制中心牌子，为安化县农业和粮食局所属公益一类事业单位，暂保留正科级。局内设有办公室、组织人事股、计划财务股、畜牧技术推广股、水产技术推广股。纪检（监察）、工会机构按有关规定设置。下辖24个乡镇动物防疫站及种畜场、鱼苗鱼种场、种鸡场、柘溪渔场、牧工商公司和牲畜交易场6个实体单位。

2016年，全县畜牧水产系统围绕“保供给、保安全、保生态、促增收”的总体目标，加快转变生产方式，加快推动转型升级，全县养殖业保持了稳中有进、持续健康发展。全年出栏（笼）猪92.53万头、牛11.01万头、羊36.86万只、家禽527.75万羽，同比分别增长4%、3%、3.2%、4.1%。水产品总量达2.24万吨，较2015年下降4.86%。严格落实防控措施，健全防控机制，着重内防外堵，构筑免疫屏障，全年没有发生区域性重大动物疫情；坚持产管并重、严防严管，开展专项整治，实施检打联动、追溯明责，畜禽水产品质量安全保持总体可控、稳定向好的态势。

一、转型升级

加快转变养殖业发展方式，在推进畜禽渔产业化、规模化和标准化建设上迈出了新步伐。金羽禽业创建为国家级蛋鸡标准化示范场，东阳牧业、旭丰农牧创建为省级标准化示范场，辉华牧业顺利通过国家级标准化示范场复验。鹏晖农牧公司、金羽禽业、东阳牧业、马口鱼渔业合作社4家企业通过无公害农产品产地认定产品认证。继续实施南方现代草地畜牧业推进行动和基础母牛扩群增量项目。967户基础母牛扩群项目单位新增犊牛12409头，同比增长19%；正君生态农牧有限公司通过升级改造，基本实现“草畜配套”，牛羊生产产能大幅提升，示范带动作用十分明显。积极探索种养结合、循环利用、制备沼气、集中处理等粪污治理模式，全县规模畜禽养殖场资源化利用率大幅提升。

二、疫病防控

坚持“预防为主”的方针，全面推进防控工作绩效管理，严格落实防控措施，健全防控机制，着重内防外堵，圆满实现了全县畜禽“应免尽免、不留空档”的免疫目标。落实综合防控措施，全面开展禽流感、口蹄疫、小反刍兽疫等重点病种监测和流行调查，免疫耳标配挂率、动物产地检疫率、上市动物屠宰检疫率、病死动物无害化处理率均达100%，检疫电子出证实现全覆盖。深入开展生猪屠宰监管“扫雷行动”，强力推进联合执法，开展打击私屠滥宰专项整治行动4次，进一步规范了生猪屠宰行业秩序，防控保障能力持续提升，全县没有发生重大动物疫情。

三、资源养护

严格落实春季禁渔期制度，扎实开展“一库一江”渔政执法护渔行动，组织春季禁渔宣传20次，张贴发放禁渔通告400余份，查处非法电鱼毒鱼案件5起，没收非法渔具25台（套），增殖放流鱼苗320万尾，推广稻鱼综合种养0.13万公顷。强力实施“两网”清退，全面整治柘溪库区非法抬网，签订“两网”生产退出协议1644户，退出养殖生产1058户，拆除“两网”1032户，拆除非法抬网1293处。通过实施南方草地推进行动项目和草地石漠化综合治理，全年推广优质牧草20万株，完成人工种草面积1333.33公顷，改良草地200公顷。加强养殖废弃物综合利用服务指导，持续推进“三边”区域畜禽养殖环境治理，完成100户生猪规模养殖场粪污综合治理。

四、质量安全监管

审批备案严格规范，信息档案管理健全，兽药标识化管理全面推行，全县116家兽药饲料经营店、3073户畜禽规模养殖场、6个畜禽屠宰场（点）全部实施了台账监测管理。严格落实检疫申报制，规范产地检疫程序，责任强化落实到位，执法监督明显加强，检测监管全方位，集中开展瘦肉精、水产苗种、饲料兽药等专项整治行动5次，检测生猪尿样4590多头（份），在农业部例行监测中，抽检肉蛋样品70份、鱼样40份，全县畜禽水产品抽检合格率均达100%，生猪产地检疫、出境检疫、屠宰检疫与“瘦肉精”严格实行三个同步检测，“瘦肉精”“孔雀石绿”等违禁药物检出率为零，全县未发生一起质量安全事故。

五、科技创新

保险理赔利民惠民。全年投保能繁母猪1.938万头、能繁母牛2.285万头、育肥猪60万头，理赔资金1180万元，养殖风险防控能力明显加强。养殖技术推广到场入户。深入开展“科技服务促发展”活动，全年举办现代养殖实用技术培训班7期，培训新型农民700多人次，现场指导与技术咨询500多场次，监测草山样地14个。项目建设增强发展动力。基层农技推广补助项目有效实施，结对帮扶规模养殖200户。生猪调出大县奖励资金、生猪良补项目、肉牛（羊）良补、南方草地畜牧业推进行动试点项目等管理规范，社会效益、经济效益、生态效益实现同步提升。畜牧养殖大县种养结合整县推进试点项目落户安化。灾后重建有序开展。强化应急处置、技术指导、资金帮扶、疫情监测、种苗调运等综合应对措施，保持了灾后不减产不减收、生产平稳健康发展格局。畜禽良种化程度全面提高。全县支持建设生猪良种供精单位4家，种猪扩繁场3个，种公猪站4个，引进良种公牛冻精20000支，良种覆盖率得到提高。

【机构职能调整】 根据《安化县机构编制委员会关于印发〈安化县畜牧水产局主要职责内设机构和人员编制规定〉的通知》（安编发〔2016〕27号）文件精神，该局行政职能和事业机构、内设机构发生重大变化：1.职能调整。将原县畜牧水产局承担的草原不动产登记的行政管理职责和办理登记事务性职责划入县国土资源局。将原县畜牧水产局承担的行政职能划入县农业和粮食局。2.事业机构调整。将县畜牧水产局所属渔政管理站连人带编并入县农业和粮食局所属综合执法大队。撤销县畜牧水产局所属动物防疫监督管理站、畜牧工作站、水产工作站、畜禽水产品质量安全监督管理站、草地监督管理站，其编制不再保留，人员由县畜牧水产局安排至相关二级事业机构。新成立安化县动物疫病预防控制工作站、安化县乡镇动物防疫指导站。3.内设机构。新成立安化县畜牧技术推广股、安化县水产技术推广股。

【列入全国畜牧养殖种养结合整县推进试点县】 该项目争取中央计划投资1500万元，经过三年整体推进，基本实现畜禽养殖废弃物、农作物秸秆的综合利用；实现县域种养业协调发展和农业生态环境整体改善；实现全县规模养殖场畜禽粪污处理利用率达100%、秸秆综合利用率达90%以上、规模养殖场数量达3800个、规模养殖场比例达85%、消纳地（饲草料地）的配套建设及经济效益同步增加。

（撰稿人：胡勍玲）

安化县扶贫开发局

【领导人名录】

局　　长　熊栋才
　　　　　黄作荣（2016.1 起）
副 局 长　刘双爱（2016.3 止）
　　　　　姚品中（2016.3 止）
　　　　　陈金良（2016.3 起）
　　　　　夏灿华（2016.3 起）
纪检组长　陈金良（2016.3 止）
　　　　　林奇志（2016.3 起）

【概况】 安化县扶贫开发局成立于 1996 年，原名为安化县贫困地区经济开发领导小组办公室；1991 年更名为安化县贫困地区经济开发办公室；1994 年更名为安化县扶贫开发办公室；2001 年更名为安化县扶贫开发局，属行政事业编制单位。主要职责是全面深入贯彻《中共中央国务院〈关于打赢脱贫攻坚战的决定〉的实施意见》，以“四个全面”战略布局为统领，以“五大发展理念”为指针，以“精准扶贫、不落一人”为总要求，以建档立卡贫困人口为主要对象，研究拟订全县脱贫攻坚工作发展规划；协助县委、县政府管理脱贫攻坚工作，构建专项扶贫、行业扶贫、社会扶贫互为补充的大扶贫格局；协调省、市、县各部门在安化县开展扶贫工作；负责全县扶贫开发项目的调查、研究，提出意见和建议，积极当好县委、县政府的参谋；负责全县扶贫开发项目的调查、筛选和推荐立项；负责组织扶贫资金，管理专项扶贫经费，提出分解方案，监督发放和使用；加强智力开发力度，切实搞好科技培训，千方百计提高贫困人口素质及生产力水平；负责全县扶贫开发各项统计工作，掌握扶贫对象，做好贫困监测统计工作。机关内设办公室、项目股、财务审计股、培训中心 4 个股室。2016 年共有干部职工 32 人，其中在职 16 人，退休 6 人，借调人员 10 名。

一、基础完善

1. 抓好精准数据动态管理。为了确保贫困农户信息的准确性、真实性，完善建档立卡信息系统数据，狠抓进出卡口，对建档立卡贫困村、贫困户和贫困人口定期进行全面核查，建立精准扶贫台账，实行有进有出的动态管理。两次举办建档立卡数据清理培训班，部署安排数据清洗整改行动，各乡镇认真对待，积极配合完成此项工作。6 月 25 日紧急召集各乡镇专干到县职业中专计算机房集中办公，利用周末休息时间，对系统数据进行清理整改。

2. 接受省市督察验收。4 月 18 日，省扶贫办按照随机抽查的模式进行了 2015 年度脱贫户认定工作，发现贫困人口基础数据不准、底子不清等问题。特别提出精准识贫工作仍存在拆户、拼户现象，电话号码登记信息重复，资料与户不能一一对应。之后积极开展自查自纠，并就发现的问题进行整改落实。

二、政策宣传

1. 加大精准扶贫精准脱贫舆论宣传力度。认真研究谋划，创新宣传方式，在全县营造人人关心扶贫、人人重视扶贫、人人支持扶贫、人人参与扶贫的良好氛围。积极筹备《吹响精准扶贫集结号》系列电视宣传栏目，10 月 17 日第一期节目在安化电视台播出，10 期节目全部播出。9 月份，在全县范围内悬挂精准扶贫工作宣传板、横幅等，为“脱贫摘帽”营造强大的舆论氛围。组织“扶贫日”系列宣传活动，营造全县积极参与扶贫的工作氛围。

2. 加大对精准扶贫知识宣传力度。向县直部门、各乡镇和村居委分发《益阳市精准扶贫知识手册》，在此基础上扶贫局编印了《安化县精准扶贫知识宣传手册》并向全县发放。

3. 加大对工作人员的政策指导宣传。3 月份编印了《精准扶贫政策文件汇编》发放到各乡镇，指导做好政策学习、分解、落实。10 月份，又及时修订，并将最新的政策性文件编印成册，发到各乡镇。

三、脱贫攻坚

1. 积极开展扶贫攻坚调研。多次深入各乡镇专题调研脱贫攻坚，在大力实施精准扶贫，因地制宜、因户施策，有针对性地开展帮扶工作等方面，提出统筹乡村建设整体规划，加强和完善基础设施建设与配套设施建设，改善群众生产生活条件等具体措施。确保精准扶贫、精准脱贫的每项工作扎实见效，完成对全县扶贫工作基本状况及推进情况的调研。

2. 开展精准识贫工作。按照省扶贫办的工作要求，对各乡镇下达减贫任务、签订减贫责任书，对每户建档立卡贫困户张贴“结对帮扶明白卡”，将帮扶责任人、帮扶措施、帮扶项目成效落实情况一一登记，具体的帮扶工作成效一目了然。

3. 实行挂图作战。7 月开始，按照省扶贫办要求，将挂图作战和精准扶贫档案管理工作作为精准识贫的一项重要举措来抓好抓实。县乡村都把《湖南省农村扶贫开发条例》、规划摘要、脱贫攻坚地图、路线图、时间表、任务书这6张图全部挂出来，并按图实施。按照“四有”“五专”的指标要求，进一步规范档案台账管理，完善精准扶贫信息数据库建设，所有村都做到“两专两员”。

4. 抓好产业发展。一是将安化黑茶产业作为精准扶贫的主抓手，引导精准扶贫与特色产业相互支撑，相互促进。大力发展果蔬、药材、畜牧水产等产业，努力向外推介生态特色旅游，扶持建设一批贫困人口参与度高的特色产业基地。通过筛选，确定3家重点产业扶贫项目报省扶贫办审批实施。包括梅山一品熟食土猪养殖重点产业扶贫项目、中天茶业肉牛养殖重点产业扶贫项目、明星林业专业合作社林下经济重点产业扶贫项目。二是加强贫困地区农民合作社和龙头企业培育，发挥其对贫困人口的组织带动作用，强化其与贫困户的利益联结机制。长塘镇立足当地实际大力发展生态农业，成功打造农民专业合作社21家，家庭农场12家，生态农业企业7家。江南镇庆子山茶叶种植专业合作社与友谊村、高城村、梅山村等14个村建档立卡的贫困人口签订“委托帮扶协议”，统一管理产业帮扶资金和自筹资金（包括融资贷款），起到了良好效果。

5. 抓好金融扶贫与产业扶贫的有机融合。一方面积极推进扶贫小额信贷，2016年全县小额信贷任务为1.24亿元。县财政按规定足额安排风险基金，并拨付到位。对全县贫困农户完成评级和建档立卡工作，评级面达100%。对评级在三级以上的36042户贫困农户全部完成授信工作，授信金额9.52亿元，授信面达100%。全年对5023户贫困户发放扶贫小额信贷1.71亿元，完成全年任务的138.13%。另一方面启动精准扶贫新型农业经营主体贷款保证保险试点，通过财政银行保险三者联动，构建新型农业经营主体与贫困户的紧密利益联结机制，实现“资金流向企业、企业发展产业、产业致富农民”的利益传导，有效缓解新型农业经营主体“融资难、融资贵、融资慢”问题，帮助贫困农户持续增收、脱贫致富。

6. 抓好行业扶贫。一是加大就业帮扶力度。全面整合人社、扶贫、农粮、教体等培训资源，加大种养业、加工业、服务业等技能培训力度，“雨露计划”两后生补助发放579人。不断拓宽渠道搭建就业平台，加强信息服务和就业指导，强化劳务基地建设，推动农村劳动力转移就业向贫困人口倾斜，通过加快工业园区、农村基础设施建设和新型城镇化进程，搭建更多就业平台，吸纳贫困农民就近就业。完成培训转移贫困地区劳动力3580人，投入资金320万元。二是加大教育帮扶力度。加大教育资源投入，优化教育资源布局，让贫困孩子“有地方上学”。提高贫困学生生活补助，加快实施“爱心助学工程”，健全勤工俭学、扶贫助学等机制，让贫困孩子“上得起学”。大力推动职业教育，提高贫困学生就业能力和致富技能，让贫困孩子学有所长、学有所用。2016年九年义务教育入学率100%、巩固率99.44%。特困家庭学生扶贫助学460人74万元，覆盖率达100%。职业学历教育扶贫补助应补尽补。三是完善政策兜底措施。对丧失劳动能力的贫困户格外关注，真正保基本、托住底。坚决兑现农村低保、五保供养、基本社会保障等政策。对符合条件的贫困户都纳入低保范围，做到“应保尽保”，实现农村扶贫标准与低保标准“两线合一”。对因灾、因病、因残、父母或子女死亡丧失劳动力、政府认定的其他困难群众等5类特殊贫困户，严格按相关政策给予临时救助，真正让其感受到党和政府的温暖。

7. 抓好易地搬迁。由发改局牵头落实，2016年共18个搬迁项目，其中集中安置项目17个，分散安置项目打捆为1个，集中安置833户、2952人，分散安置392户、1523人，总投资26850万元。

8. 开展扶贫资金审计检查。8月，对各乡镇近三年以来产业扶贫资金实施情况进行了全面清理。对扶贫资金管理和使用情况、扶贫项目实施管理及绩效情况、扶贫贷款贴息资金的管理使用情况等4个方面也进行了审计检查。共发现线索10起，在处理问题线索上，采取发整改函和反馈意见处理方式。发现2014年下达给江南镇洞市村种养业项目资金3万元，而洞市村将3万元项目资金用于村级的日常开支，属违规使用扶贫资金。局党组研究决定限时追缴此项目资金，10月30日这笔资金已按原渠道追缴到县财政局扶贫资金拨付专户。发现2014年财政下拨给梅城镇柏树村的产业开发扶贫资金10万元，村里改变了项目资金使用用途，用于村级活动场所建设，发出整改函，要求梅城镇政府按项目下发的要求进行整改，如不在指定时间如期整改，将资金追缴县财政局扶贫资金拨付专户，10月30日，镇上反馈情况按产业扶贫整改到位。

9. 对贫困户进行分类管理。10月29日县脱贫攻坚领导小组下发了《关于切实做好建档立卡贫困户分类统计的通知》（安扶领发〔2016〕7号），在全县开展建档立卡贫困户分类统计工作。将建档立卡系统内未脱贫户结合近两年采取帮扶措施后的家庭状况分为四种情况。A类：家庭确实困难，自我发展能力缺失，提供帮扶政策支持仍无法脱贫，只能采取兜底保障脱贫，且子女没有赡养能力的。B类：家庭确实困难，有一定的自我发展能力，通过政策帮扶能够脱贫的。C类：2014年建档立卡时符合条件，目前解决了“两不愁、三保障”，已达到脱贫条件的。D类：2014年建档立卡时家庭条件较好，且解决了“两不愁、三保障”的。对建档立卡系统外的，属于上述A类和B类所列情况的贫困农户，符合建档立卡贫困户范围的，详细调查走访，分两类造册登记：E类（即达到系统内A类标准的）和F类（即达到系统内B类标准的）。将根据汇总情况对于A、E类丧失劳动能力、无法通过产业扶持和就业帮助实现脱贫的贫困户纳入最低生活保障，有效实施政策兜底及社会保障兜底；对无劳动能力、无生活来源、无赡养人、扶养人的特困人员在自愿的前提下实行集中供养。B、F类人员按照“一户一策”“一户一法”的要求，制定脱贫规划，明确脱贫措施，序时脱贫退出。将C类人员作为2016年脱贫的主要对象，D类人员作为清理对象拟清出建档立卡系统。

11月初，组织各乡镇对2014年至2015年已脱贫对象、2016年预脱贫对象、2017年后（含2017年）未脱贫对象严格按标准进行了全面分类识别，以乡镇为单位开展自查自纠并交叉验收，县脱贫攻坚领导小组调集76人组成23个小组对各乡镇进行复核验收。

10. 开展工作督察。7月中旬、10月下旬，县脱贫攻坚领导小组两次部署安排了全县精准扶贫重点工作督察行动，由县扶贫局具体实施。分三组下到各乡镇、各贫困村，对脱贫攻坚重点工作开展情况进行了深入的检查。全面掌握了工作开展情况，分组进行了信息汇总，对检查结果进行了通报。

【全县精准扶贫工作会议】 3月18日上午，安化县委农村工作暨精准扶贫工作会议在县大剧院召开。会议围绕七大重点工作对全县2016年精准扶贫进行了精准部署：一是要不断夯实工作基础；二是要强力推进产业扶贫；三是要全面铺开小额信贷；四是要稳步推进易地扶贫搬迁；五是全力抓好保障兜底；六是要认真抓好驻村帮扶；七是要切实抓好扶贫培训。

【湖南省省委统战部组成核查组深入安化县贫困村组调查走访】 4月18日—20日，省委统战部副巡视员王和平、省委统战部调研员孟珣和省统计局主任科员王亚蓬一行3人，深入安化县贫困村组，对2015年度脱贫人口予以认定核查。核查组一行先后到冷市镇南华村、董家村和江南镇繁荣社区进行核查，对3个村87户脱贫农户进行了全面了解。在走访调查并听取相关情况介绍后，核查组认为安化县对扶贫工作高度重视，职能部门认识到位、措施得力、精准帮扶效果良好，强调在今后的工作中，要进一步夯实基础工作，全面落实“精准扶贫、精准脱贫”，杜绝“假脱贫、被脱贫”。

【湖南省易地扶贫搬迁项目督查组召开专题座谈会】 8月1日上午，省易地扶贫搬迁项目专项督查组在安化县组织召开专题座谈会。督查组充分肯定了安化县在易地扶贫搬迁工作中取得的成绩，对目前安化县存在的问题进行了专业分析，并就如何进一步吃透政策，把握工作的主动权；如何优化管理机制，强化工作力量配置；如何加大工作力度和速度等三个方面搞好易地扶贫搬迁工作进行了专题授课。

【全县脱贫攻坚暨挂图作战推进会议】 9月9日，县扶贫开发局组织全县各乡镇及县城南区、经开区、林场的分管领导和扶贫专干120余人，召开全县脱贫攻坚重点工作部署暨挂图作战推进会，并组织与会人员到小淹镇，现场观摩学习挂图作战和档案管理工作。会上，县扶贫开发局组织全体与会人员进行了挂图作战和档案管理工作业务培训；对扶贫项目相关政策业务进行了讲解；对挂图作战和档案管理工作、对全省脱贫攻坚督察迎检准备工作进行了部署。

【扶贫日“心系扶贫”万人签名活动举行】 10月17日是全国第三个“扶贫日”，安化县举行“心系扶贫”万人签名活动。活动由安化县委、县政府主办，旨在引导社会各界关注贫困问题，关爱贫困人口，关心扶贫工作。

（撰稿人：谭红毅　王华）

安化县农业机械化管理局

【领导人名录】

局　　长　龚睦中

副 局 长　贺中义（2016.4起）

　　　　　刘红飞（2016.3起）

纪检组长　王卫东（2016.3起）

【概况】 安化县农业机械化管理局（县农机局）成立于1975年2月，为正科级事业机构，主管全县农业机械化管理工作。内设办公室（加挂法制股牌子）、管理股、科教股、计财股、政工股，按有关规定设置了纪检组（监察室）和工会组织。下辖农机公司、农机修配厂、农机培训学校（加挂安化县机动车驾驶员培训学校牌子）、农机监理所、农机推广站和农机经济开发公司。主要职责为：贯彻执行国家和省有关农业机械化的法律、法规、规章，负责全县农机化发展规划、农机管理、农机推广、农机统计、农机培训和农机安全监理。

2016年，全县农机总动力达78.5万千瓦，实现机械耕作面积2.17万公顷，机插面积666.67公顷，机收面积1.57万公顷。新建了水稻全程机械化生产示范基地1个，油菜全程机械化生产示范基地2个，茶业机械化生产示范基地1个，推广高速洋马插秧机1台，粮食烘干机2台，油菜精量播种机5台，茶业补贴机具251台。举办拖拉机培训班4期，购置补贴业务培训1期，茶业机械维护使用培训班1期。

一、政策实施

该局与财政局联合印发了《安化县2015年—2017年农机购置补贴实施方案》和《安化县2016年农业机械购置补贴公告》。5月24日召开了全县农机购置补贴工作会议，部署安排了有关工作，同时组织农机购置补贴核查员和经销商进行了业务培训。相关的政策在安化电视台播放了7天，并在湖南省农机化信息网安化县农机购置信息公示栏将省县实施方案、监管办法、实施细则、实施公告等政策向社会公开。为了确保补贴机具的真实性，该局联合财政等部门按照“见人见机见票查参数”的要求分别对购置机具进行了实地核机。2016年，全县完成农机购置补贴资金303.02万元，受益农户1676户，补贴机具1883台套。

二、农机管理

全县正式注册的农机专业合作社达20家，服务面积2万公顷。在前两年成功申报省“千社工程”7家基础上，全年有大福农沃和乐安嘉鑫2家获批。为加强农机市场管理常态化，该局联合工商、质监等单位开展联合打假宣传，发放各种宣传资料2000余份。同时，经常到全县各农机销售单位督察“三包”情况，严格对各农机经销点和维修网点进行年检，已多年无农机投诉发生。

三、农机推广

积极推广适合安化山区生产发展的农业机械。该局在乐安和云台山召开了两次大型现场演示会。全县推广大型杀青机10台，茶叶揉捻机170台，杀青机28台，粮食烘干机4台，大型耕整机5台，其他先进适用机械较往年都有提升。

四、农机安全

县农机监理所积极开展送检下乡便民服务活动，全年年检机车1690台次。同时在乡镇大力开展农机安全整治行动，并与交警密切协作，联合执勤。在梅城实现了联合执勤常态化。全年共出动执法人员956人次，查处安全隐患36起，检测车辆1026台次，查处“三无”拖拉机35台并暂扣处理，纠正违章246台次，全县连续14年无较大以上农机事故发生。南金乡顺利通过“省平安农机示范乡镇”验收。

五、农机培训

农机学校组织拖拉机、收割机驾驶员培训4期124人，汽驾报名1920人，培训合格人数1750人，合格率72%，在全市50多所驾校名列前茅，安化7所驾校中排名第一。

六、精准扶贫

县农机局近三年的扶贫点为高明乡石岩村，该村共有18个小组，共计1860人，其中精准扶贫对象户有106户，贫困人口352人，2015年石岩村已有12户脱贫。2016年该局组织了22个帮扶小组，通过结对帮扶、产业扶持和争取项目资金等方式开展精准扶贫，取得了较好的成效。一是通过各种渠道为石岩村共筹集建设资金487.4万元：建成了480平方米的村级便民服务中心和村级文化广场，并安装好了全套健身器材10件；新建机耕道12千米，开辟高标准茶园32公顷；改造好病险小水库1座；改造河道120米，加宽村主干道4千米，硬化村主干道3.4千米，硬化组级公路2.5千米；添置农村垃圾清运拖拉机1台。二是为该村争取“土地整理”项目资金500多万元，其中已改造茶园53.33公顷，茶下鸡、羊养殖棚圈建设600平方米。

【乡镇农机站配置摩托车】 7月26日，安化县农机局在县农机学校组织全县23个乡镇农机站站长进行了摩托车配发仪式。全县23个乡镇均免费获得了1台摩托车。这次省农机局通过政府招标方式集中购买的豪爵摩托车免费配发给乡镇农机购机补贴政策实施单位，主要用于乡镇农机站下乡核机和农机安全检查等工作。这次摩托车的配发，及时打通了入户核查的最后“一公里”，极大地提高了乡镇农机工作者履职尽责效率和能力。

【全省茶叶生产机械化现场演示暨技术研讨会在安化召开】 7月27日，由湖南省农机推广站主办，该局承办的全省茶叶生产机械化现场演示暨技术研讨会在安化县云台山隆重召开，省农机局局长王罗方、总工程师汤绍武，安化县分管副县长胡能华，以及全省各地市州和项目县的推广站负责人，安化县农机局全体党组成员和相关负责人，及安化县各乡镇农机站站长、农机合作社代表等150余人参加了此次现场演示会的观摩活动。首先由该局推广站组织专业技术人员对茶叶的中耕、育苗、施肥、植保、采摘、修养、运输全程机械化进行了演示。现场观摩后，省局主要领导和各地市州县推广站负责人召开了茶叶生产机械化技术研讨会。

【两家农机专业合作社纳入“千社工程”项目】 通过积极引导和推广，安化县农机合作社蓬勃发展。全县共成立了21家农机专业合作社，2016年新增了农机专业合作社2家，其中乐安镇的嘉鑫农机和大福镇的农沃农机服务合作社纳入了2016年湖南省的“千社工程”项目，分别获得省财政扶持的30万元。

（撰稿人：庄东枚）

安化县林业局

【领导人名录】

局　　长　陶月平
副 局 长　肖新华
　　　　　杨建军（2016.4起）
　　　　　王以平（2016.4起）
纪检组长　胡春梦（2016.3止）
　　　　　张晓平（2016.4起）
党组成员　胡智慧（兼）
总工程师　蒋再华

【概况】 安化县林业局机关内设23个股、室、站、办、队、中心，下辖3个国有林场、1个局办林场、3个国营苗圃、1个县级林业科学研究所、1个木材公司。全县设置23个乡镇林业站，11个木材检查站。全局在岗工作人员共计721人。

2016年，全局上下围绕县委、县政府提出的“生态立县、绿色崛起”战略，以“四个着力”（生态建设、资源保护、产业发展、队伍管理）为抓手，积极推进森林生态环境建设和森林资源保护，各项工作进展顺利，林区和谐稳定。被评为全省“六五”普法依法治理先进单位、全省林业宣传先进单位、创建省级卫生县城先进单位、2016年度县绩效考核先进单位。局机关被评为创建省级卫生县城十佳庭院，小淹镇被评为全国绿化先进集体。

一、资源保护及生态建设

1. 森林资源明显增长。通过继续实施“三年禁伐减伐行动”，狠抓森林防火和森林病虫害防治，大力开展国土绿化，森林资源得到了有效保护和发展。2016年度全县森林面积39.9万公顷，年度新增1867公顷，年度增长率为0.5%；活立木蓄积1895.5万立方米，年度新增10.5万立方米，年度增长率为0.6%。通过“珍稀名贵树种的整乡整村推进”工程建设，森林的林种、树种结构得到了有效的调整，森林生态效益和森林景观效益在逐步提升。

2. 澄清县域古树名木底子，依法保护珍稀古树名木。通过对全县古树名木调查，发现保存较为完好的古树群落4处：清塘铺镇云雾山的枫香—蓝果—松类古树群落、龙塘乡家乐村鹅掌楸（马褂木）—甜槠古树群落、田庄乡百竹园壳斗科古树群落和古楼乡枫香村赤皮青冈—爆皮樟古树群落等。通过甄别，全县建档登记、挂牌保护的古树名木13879株，涉及59科165属，属于国家一级保护植物3株2种，即柘木2株、钟萼木1株。被选为省级最美古树有5株，其中位于洞市林场鸮子尖下梓叶槭被推荐为“中国最美树王”。

3.园区建设。继湖南安化雪峰湖湿地公园通过国家级验收后，中国第一家石漠公园——湖南安化国家级云台山石漠公园通过国家评审，与六步溪自然保护区、柘溪森林公园、雪峰湖地质公园、雪峰湖湿地公园组成“一区四园”国家级阵容，为安化申报国家公园奠定了基础，为生态旅游、森林康养产业的发展筑起了平台。

4.启动珍稀名贵树种整村整乡项目的论证、规划。为了推进全县森林资源结构的调整，保护和发展乡土珍稀名贵树种资源，提高森林经营的生态、社会、经济三大效益，提升森林的景观效应，该局组织专业技术骨干团队，通过科学论证，完成了《安化县2017年度珍稀名贵树种整村整乡推进方案》。推进方案规划以古楼、南金两乡为重点，辐射全县66个重点精准扶贫村，计划项目造林用苗258万株。

5.林业新型产业。2016年底，全县涉林专业合作社和规模型涉林经营大户达220家，发展林下种植近1500公顷，林下养殖350公顷。安化万山中药材农民专业合作社和安化县明星林业专业合作社列为“省级林下经济财政扶持项目”；山山绿色食品有限公司的“公司+基地+农户”经营模式，被国家林业局授予“服务精准扶贫绿色特色林下经济示范基地”称号。

二、林业项目工程建设

全年共落实林业项目12个，合计到位资金1.1亿元，项目涉及退耕还林、生态公益林、石漠化工程、长防林、国有林场改革、中央财政造林补贴、中央财政森林抚育、林区道路建设、中央财政建档立卡贫困人口、林业管护补助、财政天然林管护补助等。成立招商工作领导小组，建立网上招商引资平台，及时发布安化林业重大项目建设动态，至2016年底，已与湖南金叶油业有限公司、上海药材公司等单位对接签约。通过全县广大人民群众的共同努力，在发展林—茶、林—药、林—油、林—养和森林绿色食品，以及生态旅游、森林康养等林下生态经济产业上，取得了一定的成绩。

1.营林项目工程建设圆满通过省市验收。2016年度完成国家级营林生态项目工程造林4000公顷，低效林改造5000公顷，封山育林2666公顷，都顺利通过省市验收。特别是退耕还林及其后续工程建设项目，代表湖南省接受了财政部的考评，获得好评。

2.开展全民义务植树活动，推进秀美乡村建设。全县植树节活动以县四家领导齐聚柘溪国防教育基地植树活动为起点，带动全县47万人次参与义务植树活动，完成义务植树164.5万株，重点完成了江南镇黄石村、仙溪镇双富村、大福镇文利村和田庄乡双文村等秀美乡村绿化工程。

3.天保林（商品林区的天然阔叶林）保护工程正式启动。首期工程完成2.60万公顷，聘请生态护林员413名，严格按政策要求，落实扶贫暨生态护林员工资每人每年10000元。

4.启动林业碳汇建设项目。国有芙蓉、洞市、柘溪3个林场纳入全省碳汇林试点工程，试点面积达4880公顷。

三、队伍建设

1.加强党风廉政建设，提升林业队伍的政治素质。全系统结合“两学一做”学习教育，制定了“纠四风、治陋习”、整治“雁过拔毛”等工作方案，一是“请进来”：从县纪委、县委党校邀请领导与教师，为局机关全体干职工、二级机构负责人和离退休支部的党员主讲党课3堂；二是“走出去”：局领导班子成员深入联系工作的二级机构参加民主生活会和主讲党课22次。将“学习党章党规、学习习总书记的重要讲话，做一名合格党员”的教育遍及全系统的每名工作人员。

2.开展林业专业技能培训，提高林业队伍服务产业建设的素质。一是在县委党校的支持帮助下，对系统内部安置的转退军人完成了第三期专业基础知识培训；二是邀请原北京林业大学校长朱京兆来安化县考察，开展学术讲座。

3.法治培训常态化，提升队伍依法治林、依法行政的素质。各林业站和执法大队明确了1名法制员，完成137名执法证颁发工作，692名干职工参加了如法网学法考试，完成了省级“六五”普法依法行政示范窗口先进单位申报。渠江林业站创建省级依法办事示范窗口单位获市级初评，执法大队举办了办案文书技能培训班。全年依法查处各类林业行政案件225起。县林业局年底被评为全省“六五”普法依法治理先进单位。

4.开展通讯员培训，组织广大通讯员积极写稿投稿，全年在国家、省、市、县报刊（网站）

刊发稿件206篇，有力地推动了安化林业思想宣传工作，为全县林业营造了良好的发展舆论氛围。安化县林业局宣传工作再创佳绩，被评为全省林业宣传先进单位，这也是林业局连续3年获此殊荣。

四、国有林场改革

稳步推进芙蓉、洞市和柘溪3个国有林场及县林科所的深化改革工作，将三大林场的80个全额事业编制人员、单位运行经费，以及退休人员的津补贴等纳入县财政预算。县林科所的预算经费由过去的50万元提升到80万元。另外基础设施建设得到了加强。完成了县林科所码头硬化工程、芙蓉林场公租房项目4层主体工程、连接公路和地面硬化；启动了柘溪林场探溪货运码头、黄花溪、探溪、神湾、白水4个行政村村级活动场所建设，并将洞市林场黄花溪村纳入全县美丽乡村建设。

五、扶贫工作

党组领导班子对定点帮扶的奎溪镇老屋溪村36户142人进行包干负责，进行产业、教育、医疗、兜底等形式多样的帮扶，为该村立项66.67公顷森林抚育计划，协助搞好与移民、移动、交通、水务等部门的项目对接。实施完成了长15米、宽7米，造价约80万元的竹家溪桥新建工程，已于5月1日竣工通车；完成了202户农户电信宽带入网工作；完成两个移动基站项目建设。启动山鸡凹到王子冲公路工程和村级综合服务平台建设。

【国家林业局局长接见安化县委书记】 9月份，国家林业局局长张建龙接见了安化县委书记熊哲文、县林业局长陶月平等人。熊哲文就安化县林业及生态建设向国家林业局做了汇报。张建龙对安化生态建设成果表示充分肯定，特别是对安化大力发展珍稀名贵树种、改善林种结构、致力绿色崛起深表赞赏。

【全国首家石漠公园落户安化】 6月，县林业局将云台山石漠公园规划成果上报国家林业局；9月21日，该公园正式通过国家林业局组织的专家评审。11月10日，国家林业局下发《关于同意河北围场阿鲁布拉克等15个国家石漠（沙漠）公园开展试点工作的通知》（林沙发〔2016〕162号），云台山石漠公园正式被批复成为全国首个石漠公园试点。

【义务植树】 植树节期间，县四大家领导齐聚柘溪国防教育基地进行植树活动。全县共47万人次参加义务植树，完成义务植树164.5万株。重点绿化、美化了江南黄石村、仙溪镇双富村、大福镇文利村、田庄乡双文村等省、市、县扶贫点以及新农村建设点。

【启动天然商品林保护工程】 安化县作为省试点县之一全面启动了天然商品林商业性停伐补助试点工作。此次区划界定的天然商品林范围包括连续面积在0.1公顷及以上、天然形成或人工促进天然更新的有林地、灌木林地、疏林地和未成林封育地。区划界定总面积9.8万公顷，涉及全县23个乡镇和芙蓉林场，400个行政村，落实资金补助到位2600公顷。

【古树名木资源普查】 4月，全面启动古树名木普查工作，经县乡村三级齐心协力，共普查登记古树名木13206株，涉及58科，143属，248种。全县共发现176个古树群落，最大的古树群落有各科属古树86株。全县558个行政村村村有古树，古树最多的村是龙塘乡淘金村，共登记有古树521株。在安化众多古树名木中，被选为省级最美古树的5株，其中位于洞市林场鹞子尖的梓叶槭，因其树龄约1500年，胸径165厘米、高38.5米、冠幅达1000余平方米，被推荐为“中国最美树王”。

（撰稿人：黄志韧　蒋建军）

湖南六步溪国家级自然保护区管理处

【领导人名录】

主　　任　李德辉（2016.8止）
　　　　　邓为卫（2016.11起）
副 主 任　肖新华（兼）
　　　　　曾学军（2016.1起）
纪检组长　黄顺安

【概况】 湖南六步溪国家级自然保护区管理处（以下简称六步溪管理处）为安化县人民政府直属副处级事业单位。内设办公室、资源保护管理科、社区共管科，下设苍场管理站、木榴管理站、六步溪资源监测站等单位。

2016年，县六步溪管理处以推进生态文明建设、生态保护为重点，以推进“两学一做”学习教育为契机，切实转变工作作风，进一步加强自身建设，积极争取国家级自然保护区基础设施建设二期项目，生态保护效果明显，队伍合力明显增强，项目争取成绩斐然，精准扶贫取得阶段性成效，其他工作齐头并进，获全县2016年度绩效考核三等奖。

一、生态保护。

1.深入宣传《中华人民共和国森林法》《中华人民共和国自然保护区条例》《中华人民共和国森林防火条例》《中华人民共和国野生动物保护法》等各项法律、法规。一年来，管理处到保护区各村进行宣传，共张贴防火标语1500多条，横幅18幅。使用宣传车宣传（2次）、巡护员鸣锣等各种方式进行防火宣传，完善了森林火灾应急处置方案，组织巡护员进行消防演练，与各村签订了森林防火责任状，并与农户签订了不在野外用火保证书。进一步严格火源管理，遏制森林火灾，杜绝火灾隐患，确保全年保护区无一例森林火灾发生。

2.进一步加强专职巡护员队伍业务培训，规定执法人员在执法过程中要做到“四要四不准”，即要持证执法，不准单独执法；要秉公执法，不准越权执法；要文明执法，不准罚款打白条；要案件报告，不准拖延回复。

3.创新管理方式，大力开展“禁渔、禁猎”工作，保护自然资源。依法查处破坏森林资源案件3起。

4.全力配合县环境保护部门完成生态红线划定工作，在5～7月份依据上级有关精神与生态红线划定的技术标准，确定了保护区生态红线边界，保护区生态红线管控总面积142.39平方千米，其中一类管控区105.291平方千米，二类管控区面积37.09平方千米，生态红线划定技术层面工作已经全面完成，为下一步实行生态红线空间管控政策打下坚实基础。

二、队伍管理

2016年明确了新的机关管理制度和新的绩效考核办法，积极推动六步溪保护区的各项工作，深入开展“两学一做”教育，坚持不懈抓好党风廉政建设。认真开展了“纠四风、治陋习”和“雁过拔毛”式腐败两个专项治理的整治工作。成立专项领导小组，结合单位实际，制定下发了实施方案，按照规定时间节点稳步推进各项工作，认真找问题，梳理上报了自查自纠情况汇总，一年来，单位干部职工无违法违纪情况，戴勇1人获得湖南省自然保护区管理工作先进个人。

三、党建工作

为确保“两学一做”学习教育顺利开展，管理处党组召开会议，深入谋划布署“两学一做”学习教育工作具体实施方案，紧紧围绕“两学一做”这个主题，制定学习计划，抓好学习教育。重点学习习近平总书记系列讲话精神，认真组织学习党章和《中国共产党廉洁自律准则》《中国共产党纪律处分条例》等党规，引导党员自觉遵守党章党规、维护党章党规。完成一系列规定动作任务。围绕党的领导弱化，党的建设缺失等方面进行自查，列出整改清单，明确整改措施和时间。同时，严格落实党风廉政建设“一岗双责”“三重一大”集体决策等各项制度，形成不敢腐、不能腐、不想腐的体制机制。

四、项目争取

在党组领导下，全年项目争取取得不菲成绩。一是争取能力建设项目，项目投资100万元；二是争取湖南六步溪国家级自然保护区基础设施二期工程项目，项目争取完成80%的工作量，可研在2016年3月获得国家林业局批复，初步设计编制完成，已经通过省林业厅审批。该项目总投资为1530万元，其中中央投资安排1224万元，地方政府配套306万元，主要建设保护工程、科研工程、视频监控工程、公众教育工程四大部分。

五、精准扶贫

管理处深入马路镇洞山村开展精准扶贫工作，结对帮扶贫困户47户173人，管理处专门成立扶贫工作队，与镇、村通力合作深入调查贫困户、村基础建设和产业开发基地等基本情况，精确细致地了解核实贫困户家庭情况、主要收入来源、人口状况、致贫原因、耕地面积、人均纯收入、贫困户属性等相关信息进行建档立卡，详实记录贫困户的实际困难、致贫原因以及脱贫致富的需求愿望等。管理处领导通过与贫困户建立结对帮扶举措，了解其近期收入、生活情况，与贫困户一一探讨具体的帮扶措施。扶贫工作开展以来，管理处领导对自己每个结对帮扶贫困户不下于10余次联系，多次上门见面，共同沟通，商讨具体帮扶措施，为贫困户解决实际困难。管理处本单位投入6万元，筹集资金30万元，对洞山村进行公路、学校等基础建设进行修缮。

六、其他工作

1.负重开展科研监测。管理处按照科研计划长期开展青檀脆弱生境适应性研究，长期监测。

2.持续开展创卫。创卫在管理处已经形成良好氛围，人人讲卫生，个个爱护公共卫生，单位的卫生状况一如既往地受到好评，在县创卫办四个季度的检查考核中，每次得分均在90分以上。

3.稳妥推进综治工作。一是进一步健全组织领导。做到了综治工作有人抓，有专职人员，有专门办公室，有专门经费。二是严格落实各项工作措施。尤其是重要时段比如“七·一”“十·一”和国家、省、市、县两会期间的不稳定因素排查化解；三是高度重视市长、县长热线工作。一年来，热线共接到群众来电25件，查问咨询类电话49件，提出意见建议类电话24件，无投诉类电话。四是综治专干保证每月深入基层辖区5天以上，调查社区动态、排查不稳定因素，采取有效应对措施，确保保护区辖区稳定有序。

【基础设施二期工程建设项目获批】 2月4日，湖南六步溪国家级自然保护区基础设施二期工程建设项目可行性研究报告获得国家林业局批准。该项目总投资为1530万元，其中中央投资安排1224万元，地方政府配套306万元，主要建设保护工程、科研工程、视频监控工程、公众教育工程四大部分。

【湖南省人大农委领导调研指导森林资源保护工作】 7月19日，省人大农业委员会副主任殷海清率省人大农业委、省林业厅有关负责人到六步溪保护区调研指导森林资源保护工作。县人大副主任伍亮、县林业局局长陶月平、六步溪管理处主要领导及分管负责人参加调研。殷海清一行现场察看了银玄村和六步村林木生长情况，详细听取了保护区森林资源保护管理工作汇报，对六步溪保护区森林资源保护管理工作给予充分肯定。殷海清指出，森林资源保护管理关系国家生态安全，加强森林资源保护管理对于巩固绿化成果、改善生态环境具有十分重要的意义。

【野生大鲵首次现身六步溪自然保护区】 11月7日下午，在保护区境内的壤溪河边发现一条较大的长相怪异的鱼类生物，疑似娃娃鱼，保护区相关专家赶赴木榴管理站进行野生动物鉴定，确定为野生娃娃鱼，体重达1.48公斤，全长63厘米，头长11.2厘米，头宽11厘米，前肢长7厘米，后肢长7.3厘米，尾长21厘米。据了解，此次发现的娃娃鱼是迄今为止在该自然保护区境内发现的最大一条野生娃娃鱼。

【开展中国自然保护区成立60周年宣传纪念活动】 6月至9月，该保护区开展了一系列宣传生态文明知识活动纪念中国自然保护区成立60年。一是宣传回顾自然保护区的发展历程。二是向社会公众宣传自然保护区的十大贡献。三是宣传六步溪自然保护区成长、发展、建设历程。四是积极参加全省林业系统组织的一系列纪念宣传活动。五是拍摄完成六步溪自然保护区宣传科普教育纪录片。

（撰稿人：罗慧　刘鑫）

安化县水务局

【领导人名录】

局　　长　何国强
副 局 长　陶　圻（2016.3起）
　　　　　夏增强（2016.3起）
　　　　　李昌辉（2016.5起）
　　　　　刘一龙（2016.5起 挂职）
纪检组长　王连勇（2016.4起）

【概况】 安化县水务局于1954年11月10日成立，原名为安化县水利局，为县人民政府工作部门。2015年11月，县水利局更名为县水务局，设办公室、组织人事股、计划财务股、水资源股、安全监督股、项目规划股6个内设机构。下属事业单位有安化县水土保持局、安化县防汛抗旱指挥部办公室、安化县水政监察大队、安化县水利建设管理站、安化县机电管理站、安化县河道管理站、安化县水利水电工程质量监督站、安化县水利项目建设管理中心、安化县抗旱服务队、安化县乡镇供水站、安化县廖家坪水库管理处、安化县红岩水库管理处，共12个。派出机构有各乡镇的水务管理站。2016年被评为全省防汛抗旱先进集体、被市水务局评为参加全国水利安全生产知识竞赛先进单位、全县政府系统人大代表建议政协委员提案办理工作先进单位、全县协税控税工作先进单位、全县工会工作先进单位。

一、防汛抗旱

全局严格按照省、市、县防汛指挥部的统一部署，立足于防大汛、抢大险、抗多灾，工程措施与非工程措施并举，继续按照“五个确保”的防汛抗旱工作目标，认真落实以行政首长负责制为核心的各项防汛责任制，扎实开展防汛备汛工作和应急处险值守。受厄尔尼诺影响，全县平均降雨量较常年偏多1至2成。入汛以来，全县面平均降水量1302.9毫米，同比增多26.4%。通过抓责任落实、抓工程应急处险、抓非工程措施建设，有效防御了超强“厄尔尼诺”现象，科学防范了特大洪涝灾害，成功夺取了“7·4”抗洪救灾胜利，灾害损失大幅降低，实现了“未垮一库一坝、人员零死亡”的工作目标。

二、工程建设

2016年，共完成水利总投资2.71亿元，建设各类水利工程8650处，移动土石方1100万方，投入劳动工日990万个，为改善民生、夯实水利设施建设奠定了基础。一是重大水利建设方面，完成善溪羊角塘镇区段河道治理。投资650万元，治理河长7.55千米；完成投资1860万元，实施黄沙坪岸坡整治2.4千米、酉州工业区岸坡整治3.7千米；完成投资400万元，实施资江干流平口段防洪封闭圈建设365米；完成投资1090万元，实施柳溪山洪沟防洪治理项目6.798千米。全面完成71座小型水库除险加固扫尾工作。农村饮水安全巩固提升项目争取国家投资1210万元，解决饮水人口30426人。二是小型农田水利发展方面，完成投资2024.18万元，实施渠道补砌116千米，山塘补砌15口，河坝改造17座，电灌站维修1座，输水管道埋设5.9千米，清淤土方3.5万方，土石方开挖2.94万方，土石回填1.71万方。三是乡镇供水方面，全年销售水量1600万吨，实现供水收入1220万元，同比分别增长19.8%、11.5%，供水保证率达96%。四是小水电增效扩容项目方面，争取国家资金382万元，升级改造电站8座。

三、专项整治

河道管理长效机制逐步形成，建立健全了河道管理站和水政监察大队等机构，配备了人员和装备，开展了河道采砂专项整治行动，建立了河道巡查制度，印发了《安化县河道综合整治工作实施方案》。全年下达责令停止水事违法行为通知书15份，查封河道非法采砂作业场所84处。投入清障经费20万元，清除和平整资江干流尾碴堆100余处3000多方，确保了行洪安全和通航安全。水利建设市场信用体系逐步建立，水利工程建设领域突出问题专项治理成效显著，水利工程建设管理、资金管理、质量安全管理全面加强，水利安全生产形势持续平稳向好，全年累计落实安全宣传经费35万元，设点宣传25次，发放宣传资料23500份，悬挂横幅253幅，张贴各类宣传画2800多张，未发生重特大生产安全事故。

四、制度改革

行政审批制度改革深入推进，审批事项由48项减少到14项，15项非行政许可审批全部取消，省直管县经济体制改革取得重大进展，20项管理权限已于8月1日下放试点县直接实施。为着力解决全县水利基础设施建设投入严重不足问题，积极创新水利投融资机制，于2016年6月组建成立安化县水务建设投资有限责任公司，为水利基础设施建设多元化融资创造了平台。

五、红岩水库引水工程

红岩供水管线复建工程于3月开始筹备前期工作，7月完成工程招投标，9月15日正式破土动工进入施工阶段，工程敷设DN300管道3.8千米，DN600管道4.5千米，日供水能力2万吨，预计于2017年1月完成供水主管铺设并顺利通水。

（撰稿人：蒋盈）

安化县水文水资源局

【领导人名录】

局　长　谭云辉

副局长　王一鸣　李　华

【概况】 安化县水文水资源局于2008年9月4日成立，是由湖南省水文水资源勘测局和安化县人民政府共同管理的正科级事业单位。管辖安化、竹溪坡、青山、润溪、马路、奎溪、梅城、大福、木子、滔溪、六步溪11个水文（位）站，36个委托报汛站、3个省级水质监测断面，2个市级水质监测断面，20个农村饮水工程水质监测点。主要监测全县降水量、蒸发，河流水库水位、流量和水质。宗旨和业务范围是：统一管理县域内水文水资料的收集、整理、汇总并报上级水文部门审定；为县政府及防汛指挥部门提供实时雨水情服务；协助水行政管理部门做好水灾、水量分析、评价及水功能区划等基础工作；负责有关工程项目水资源论证、防洪评估、水土保持监测评价；协助水行政主管部门管理和保护水资源，参与山洪灾害预警预报等工作。

一、防汛前期工作

根据省、市局《关于认真做好2016年汛前准备工作的通知》，该局积极组织全局人员认真学习，深刻领会文件精神，充分认识汛前准备工作的重要性。结合该局的实际情况，集中人力、物力，精心组织和安排，于3月12日前完成了该局7个水文（位）站、3个中小河流水文站、1个生态水文站和36个报汛雨量站的汛前准备工作。在汛前，抓住天气晴朗的时机，完成了竹溪坡、青山站缆道主索、循环索的打油。2、3月主要完成了竹溪坡、青山、安化、润溪、梅城、奎溪、马路、六步溪、滔溪、木子、大福等站的校核标和基本标的校测、水尺校测、大断面测量等工作，并对缆道、绞车、循环索以及各种测验仪器设备都进行了一次全面的检查和维护，对各项检查都记录在案，为测好特大洪水过程做好充分准备。

二、测验工作

竹溪坡站共测流113次，布点合理，能满足定线要求，最高水位131.05米，实测最大流量2160立方米每秒，相应水位131.00米。在该局全体职工的共同防范及努力下，2016年竹溪坡已成功抢测8次较大洪水过程。青山站从2016年1月1日起开始实行巡测，全年共测流15次，最高水位95.08米，实测最大流量331立方米每秒，相应水位95.05米。

三、设备添置

根据竹溪坡站高洪测验方案，为了保证高水位期间的人身安全，准确测出洪水过程及其相关数据，该局开展了浮标法测流演习。该局组织职工对全县36个雨量报汛站仪器进行安装调试，并对委托观测员进行业务培训；对部分雨量站的自动测报仪进行了主电源的补充电或更换，确保了仪器记录数据的完整性。更换了10个中小河流以及山洪易发雨量站点的遥测设备。在整个汛前准备工作中，对测验资料现场计算分析，有问题现场解决，较圆满地完成了汛前准备的各项工作。

四、设备设施维护

该局明确了专人负责，每天8时有专人检查所有站点的工况信息，发现故障及时上报。完成了全局所有站点的雨水情测报任务及资料分析整编工作。在迎战“7·4”暴雨山洪当中，竹溪坡站在特大洪水中进水管、沉沙池、水尺桩和观测码头被洪水冲毁，在洪水过后，安化局及时组织人员进行了临时性恢复，保证了测验的正常进行。汛后在省、市局的大力支持下对所有水毁项目进行了恢复。

五、党建工作

该局通过市局党组织，积极开展“两学一做”专题学习。围绕专题学习讨论。把个人自学与集中学习结合起来，明确自学要求，引导党员搞好自学。按照“三会一课”制度，党小组要定期组织党员集中学习，党支部每季度召开一次全体党员会议，每次围绕一个专题组织讨论。学习讨论要紧密结合现实，联系个人思想工作生活实际，看自己在新任务新考验面前，能否坚守共产党人信仰信念宗旨，能否正确处理公与私、义与利、个人与组织、个人与群众的关系，能否努力追求高尚道德、带头践行社会主义核心价值观、保持积极健康生活方式，能否自觉做到党规党纪面前知敬畏守规矩，能否保持良好精神状态、积极为党的事业担当作为。

六、安全生产

该局领导高度重视安全生产工作，充分认识安全生产工作责任重大，以高度的政治责任感，管好、抓好安全生产工作。严格按照安全生产管理条例，制定了全年安全生产工作计划。市局与县局，县局与职工层层签订责任状，并严格按计划分步实施各项工作，做到工作有计划、有布置、有落实、有总结，会议有记录，台账齐全，安全生产检查活动做到经常化、制度化，真正做到安全责任层层分解，安全职责人人明确，从而实现了该局安全生产长效监管机制，确保了安全生产工作的顺利进行。

七、文明创建

充分认识文明创建的重要性，把这项工作作为推动工作、规范管理、促进发展的重要举措。2016年被评为安化县级文明单位。

八、扶贫工作。

为实施精准扶贫，该局克服人员少的困难，定期安排人员到村帮扶，并组织人员多次去扶贫点乐安镇快马村进行了走访慰问。并为村上制定各项可行的扶贫计划及整改方案，精准识别扶贫对象，深入了解致贫原因为贫困户制定帮扶措施。并为快马村送去扶贫资金35000元及食用油、月饼、衣服等物资。同时以适当补助一定开垦资金的形式鼓励动员一些农户开垦茶园，通过茶园生产创业实现长期效益，达到逐步摆脱贫困的目标。

【水资源监测管理和农村安全饮水监测工作】 在市水文局的业务

指导下积极开展水资源管理、水环境监测等方面的服务工作，定期对安化、黄沙坪、红岩水库、廖家坪水库、滔溪等重要饮用水源地进行水质取样，并送市水环境监测中心监测分析。配合市水文局加强农村饮用水源地监测，全年监测农村饮用水源地30多处，取样400多次，为保障人民群众饮水安全发挥了不可替代的作用，为地方水资源管理提供科学依据。

【项目建设】 中小流域洪水易发区水文监测项目和中小流域非工程措施项目已建成，中小河流水文（水位）站设备运行正常。通过市局的协助各个水文（水位）站已完成比测任务，达到实时监控雨量、水位、流量的目的。并通过比测分析对其进行洪水预报。

【信息化建设】 2016年水文信息化平台和互联网络建设更加完善，各类信息和数据资源更好的保存。由省水文局开发的水文监测资料整编、河道采砂与保洁监管等应用系统得到很好的运用，为各地水文数据的整合提供了平台。湖南水文水资源信息数据中心现已全面建成，水文信息化建设更上一个层次。

（撰稿人：曹文）

安化县水土保持局

【领导人名录】

局　长　李在齐（2016.7止）
　　　　鲁建安（2016.7起）

【概况】 1956年9月，由安化县农业局、林业局、水利水电局各派出一名专业技术干部，在今乐安镇进行水土保持试点工作。1964年安化县委下文，在原东山乡设立安化县水土保持工作站。1980年，湖南省水利厅将县水土保持工作站改组为湖南省安化县水土保持试验站，为省直管单位。1986年，湖南省安化县水土保持试验站管辖权下放至安化县水利水电局，并更名为安化县水土保持站。2001年，将安化县水土保持站和水土保持预防监督站合并，设立安化县水土保持局，归口安化县水务管理局，所需经费纳入县财政全额预算。内设4个股室。主要负责全县水土保持工作。年底有干部职工20人，在职12人，离退休8人。安化县水土保持局内设局长室、副局长室、计财股、预防监督股、治理股、办公室、政务中心窗口，管理全县范围内的水土保持业务。2016年底，全局共有干部职工12人，取得大专以上学历11人；高级工程师1人，工程师1人，助理工程师3人；取得会计证书2人。

2016年，该局共征收水土保持补偿费90233元，办理生产建设项目水土保持报告书审批及批复5个，完成平溪生态清洁小流域和上马溪生态清洁小流域建设项目的施工建设，执法监督4次，参加省厅水土保持培训2次，水土保持补偿费全面清查1次，完成2015年的石漠化施工及在发改局的组织下验收合格，积极响应创建卫生城市的口号，动员全体干部职工参与办公室及庭院的卫生清理工作并取得了较好的成绩。

一、实施了《安化县长塘项目区2016年平溪生态清洁小流域建设项目》，批复文号湘水保〔2015〕98号。年度资金中央投资600万元，省市县财政配套投资50万元。明确落实了项目管理体制、法人责任。项目实施进度为：2015年7月底前完成项目规划设计，2015年12月前完成立项审批、工程报建等工作；2016年5月前完成项目招标，确定施工单位等工作，2016年6月上旬为施工准备期，主要是施工单位进场、临时设施修建，施工导流等；2016年6月中旬至12月中旬为主体工程施工期，施工总工期为6个月，2016年12月下旬为工程完建期，主要是工程扫尾、资料整理、工程验收、场地恢复与队伍撤离。

二、实施了2016年平溪生态清洁小流域建设项目，年度完成综合防治面积17.14平方千米，其中水保林136.19平方千米、经果林81.21平方千米、封禁治理420.12平方千米、面源污染防治1076.48平方千米、小型水利水保工程65处。项目实施后增产粮食30万公斤、增加收入人均800元、贫困地区受益人口1000人。

三、实施了《安化县长塘项目区2016年上马溪生态清洁小流域建设项目》，批复文号益水发〔2016〕42号。年度资金中央投资140万元，地方配套17万元。明确落实了项目管理体制、法人责任。项目实施进度为：2016年7月底前完成项目规划设计，2016年7月底前确定施工单位等工作，2016年8月上旬为施工准备期，主要是施工单位进场、临时 设施修建，施工导流等；2016年8月中旬至12月中旬为主体工程施工期，施工总工期为4个月，2016

年12月下旬为工程完建期，主要是工程扫尾、资料整理、工程验收、场地恢复与队伍撤离。

四、实施了2016年上马溪生态清洁小流域建设项目。年度完成综合防治面积4.00平方千米，其中水保林57.08平方千米、经果林63.65平方千米、封禁治理279.27平方千米、小型水利水保工程10处、标志牌3块。项目实施后增产粮食1万公斤、增加收入人均800元、贫困地区受益人口300人。

五、实施了2015年石漠化工程项目。批复文号安发改投资〔2015〕19号。涉及乐安镇、仙溪镇、江南镇。年度资金中央投资181.39万元。施工期为：2015年12月20日至2016年5月20日，施工总工期为5个月。2015年石漠化工程项目，坡改梯5.67平方千米、排灌沟渠6.99千米、拦沙坝4座、蓄水池1口、维修山塘10口。于2016年9月在发改局组织下完成竣工验收。

（撰稿人：谌伦）

安化县气象局

【领导人名录】

局　　长　谭青松

副 局 长　谌双军

　　　　　李和平（挂职）

【概况】 安化县气象局系事业单位，属业务主管部门和县人民政府双层领导，即人事、业务、经费三权属省、市气象局管理，党务等工作属地方政府管理。

该局建于1954年5月，为国家基本气象站。现有在职干部职工19人，硕士研究生1人，本科生8人，大专5人，大专或高中4人；其中工程师2人，助理工程师8人；编外合同员工中3人在业务岗位，5人在科技服务中心，1人为司机，1人为工勤岗位。

局机关设置为：综合管理办公室、气象台（副科级）、科技服务中心、人工影响天气办公室、防雷减灾办公室。防雷减灾办公室于2004年被县政府列入县安全生产委员会责任成员单位，参与全县安全生产例行检查工作。

一、基础业务工作

高度重视基础业务工作，始终把提高基础业务质量作一个重要问题纳入议事日程。严抓各项规章制度；认真组织地面测报人员学习技术规范，抓好预报人员的学习培训，通过强化职业道德及业务知识学习，使业务人员的素质进一步提高，基础业务质量保持稳定，测报错情率始终保持0.0‰。

二、气象服务

1.汛前准备：汛期前组织专人按时完成了58个区域站巡检，确保了观测数据传输通畅。3月22日在参加省局汛期气象服务动员会后，局领导班子认真研究，召开全体业务人员参加的汛期气象服务安排会，从努力提高监测预报水平、切实加强会商制度、不断提高预警信息发布能力等方面对汛期气象服务做了部署。

针对该局缺少专业天气预报人才的现状，于3月起，分别有夏石友、李兵、吉宇、李懿璞等人参加了中国气象局气象干部培训学院湖南分院、中国气象远程教育网等专业学校网站的专业知识培训。

2.汛期服务：入汛后，局领导严格落实带班制度，业务员密切监视天气。受厄尔尼诺现象影响，2016年安化县降水相比历年较多。4—9月暴雨次数13次，其中大暴雨2次。在这13次重大天气过程中，该局全体干部职工团结一心，奋斗在防汛的前线，为县防汛指挥部提供了优质的气象服务，得到了县政府相关部门的好评。

6月28日至7月4日的降水为2016年安化县降雨强度最大，持续时间最长的一次，同时伴随雷暴、大风。降水覆盖全县乡镇，过程累计平均降雨量达393.8毫米。7月1日18时，该局启动了暴雨Ⅳ级应急响应命令。全体干部职工在启动应急响应前24小时就已坚守岗位，严密监视天气变化，为县政府领导和相关部门提供了准确及时的预报预警服务。

7月2日9时，该局向县人民政府领导报告了对当前天气形势的分析与判断，做出了此次过程降水量在100毫米~150毫米之间，局地200毫米以上，并伴有雷电、短时强降水等对流性天气的准确预报。7月3日，该局向防汛办分管领导汇报天气情况，强调强降水过程将持续，请各部门和乡镇密切关注天气动态，加强防范强降雨可能引发的城乡积涝、山洪、滑坡、泥石流等地质灾害。

与此同时，气象台于7月1日开始，每日08、15、20时收集整理天气实况，做出短期预报通过电话、短信、传真、QQ等服务应急平台及时向县委、县政府、防汛办、国土局、民政局、电站等各相关部门不定时发布滚动天气预报。

7月1日，该局在收到灾情信息后，组织人员及时开展灾情调查，7月2日上午县城吴合新村沿河街数栋民居因柳溪河水暴涨而被淹，洪水退去后办公室组织人员帮助当地居民开展自救，赢得了当地群众的称赞。

由于该局优质的气象预报预警服务在全县抗洪抢险中发挥了重要作用，在10月的益阳市抗洪救灾总结会上，该局获得了“全市抗洪救灾先进单位”称号。

三、为农服务

在中央财政专项的支持下，局领导班子制定了周密详实的“三农”服务实施方案，各类工作得到了有效落实。购置了2套农田小气候站用于开展大棚蔬菜和茶园气候观测，为种养大户与专业合作社提供优质气象服务夯实了基础。进一步完善了乡镇气象灾害防御体系和应急预案，全县共有10个乡镇由政府发文成立了气象灾害领导机构和气象灾害应急分队。编写并印制了农村气象信息员知识读本和农村气象灾害防御知识读本各6000余册，通过开展气象防灾减灾宣传向23个乡镇和主要中小学校发放读本8000余册。完成为农气象服务调研报告1篇，开展了全县农业气候区划研究，制作了双季稻、油菜、油茶、烟叶气候区划图，与县农业和粮食局合作成立了气象为农服务专家联盟。按照省人工影响天气办公室的要求新购置了1门人工防雹、增雨车载火箭炮，改造了2门37高炮，使安化县利用空中云雨资源能力进一步得到提高。

在局领导班子的争取下，和湖南省华莱生物科技有限公司达成了口头气象服务协议，为该公司制定了专业气象服务方案，计划在该公司江南镇万亩茶园建设基地配置小气候站1套，用于收集茶叶生长气象指标，开展专业气候评估和气象预报服务。

四、防雷减灾

2016年，该局积极拓宽气象服务领域。服务对象涉及地方各级政府、水利、农业、林业、电力等部门。防雷减灾工作进一步加强，依法规范新建、改建、扩建构筑物防雷设计审核、施工监督、竣工验收等工作。按规定上半年共对辖区内易燃易爆场所单位进行了防雷设施年度检测工作。安化县防雷办作为安委成员单位，每季度协同安监部门到各单位进行安全例行检查。

五、新站规划

2016年初重新完成了选址论证报告，确定南区城南村桥岭山为拟选站点，得到了省、市气象局领导、专家的认可，在县规划勘测设计院的支持下，完成了新站规划设计，并及时向县政府报送了相关工作进展情况。

六、农村气象灾害防御

2016年，该局在全县山洪地质灾害多发地安装警示牌50块，购买8套计算机和打印机，完善标准化乡镇气象信息服务站8个；调整充实气象信息员队伍，行政村的气象信息员覆盖率达100%。11月底在县委党校、龙塘乡、仙溪镇开展气象信息员培训3次，农村气象灾害防御能力进一步得到提升。

七、“两学一做”

局领导班子和党员干部按照安化县委“两学一做”学习教育要求，制定了专题学习方案，认真组织全体党员开展了学习党章活动，全局党员都认真抄写了党章，加深了对党章的认识，重温了入党誓词，更加坚定了共产主义信仰。

6月17日和11月10日，局领导班子和全体党员参加了乐安镇青峰村委“讲奉献，有作为”专题活动，全体党员通过自身成长经历为青峰村党员干部上了一堂精彩的党课，引起了广泛共鸣。

八、党风廉政建设

每月召开1次党员支部会议，局领导班子以普通党员身份参与学习，重点学习了《中国共产党廉洁自律准则》《中国共产党纪律处分条例》，支部书记谌双军以“中国共产党简史”“预防职务犯罪”为题于建党节和建军节为全体党员上了2堂党课。

通过群众座谈，对财务管理制度重新调整，完善了相关标准，规范了报账流程，将财务风险控制到了最低程度，“三公经费”大大减少。开展“明星窗口”创建活动，杜绝了“吃、拿、卡、要”的不良之风，政务中心气象局窗口全年获得县政务中心“明星窗口”4次。

九、精神文明建设

通过省级文明单位后，局领导班子将精神文明纳入日常管理范围，配备经费建立了长效机制。年初按照县文明办要求，及时上报了省级文明单位复查资料，全年开展了“气象日”知识抢答、“儿童节”亲子读书、“重阳节”老干部秋游等文化娱乐3次，10月底组织2名运动员参加了湖南省气象部门运动会，通过丰富多彩的群众文化活动，不断巩固了文明创建成果，大大提升了该局干职工的精神风貌。

十、精准扶贫

按照乐安镇青峰村扶贫路线，2016年安排给该局预脱贫贫困户共6户，局领导班子高度重视每月定期组织全局党员领导干部到贫困户家中开展帮扶工作，尽最大努力为他们解决了实际困难。在县政务中心的牵头下，出资出力，积极向县交通局等部门争资立项，使青峰村顺利硬化了3.5千米村级公路，得到了村民们的好评。

【益阳市气象局领导检查汛前业务工作】 3月22日晚上，市气象局副局长阳令文率业务科人员到安化县气象局开展汛期前业务检查。检查组首先检查了业务中心综合平台软件安装使用与网络连接情况，仔细抽查了测报预报员排班表。随后在预警中心，县气象局局长谭青松向检查组汇报了汛期工作准备情况与存在的问题，并提出了安化区域站因仪器年久老化，希望市局给予资助。

【世界“气象日”活动】 3月23日，是世界“气象日”，“直面更热、更早、更涝的未来”是2016年世界“气象日”的主题，这天，安化县气象局全体干部职工在局长谭青松的带领下深入基层向菜农、果农等服务对象宣传应对气候变化知识。

【“气象科普入校园”活动】 为了进一步普及中小学生气象防灾减灾知识，安化县气象局于11月14日、15日分别在东坪镇完全小学、仙溪镇完全开展了为期两天的“气象科普入校园”活动，共向小朋友们发放气象防灾减灾图文读本4000余册，通过寓教于乐提高同学们的自救避险能力。

（撰稿人：夏石友）

工业·商贸

安化县科学技术和工业信息化局

【领导人名录】

党组书记　龙专华（2016.2 起）
局　　长　李艳云（2016.4 起）
副 局 长　夏萍平（2016.3 止）
　　　　　陈高庆（兼纪检组长 2016.3 止）
　　　　　李医芳（2016.3 止）
　　　　　刘迪光（2016.3 止）
　　　　　谌才保（2016.3 止）
　　　　　黄　跃（2016.3 止）
　　　　　何建国（兼工会主席 2016.3 止）
　　　　　彭文英（2016.3 起）
　　　　　肖吉平（2016.3 起）
　　　　　陈光明（2016.3 起）
　　　　　刘向辉（2016.3 起）
　　　　　李国强（2016.3 起）
纪检组长　刘永才（2016.3 起）
总工程师　李　慧（2016.3 起）

【概况】 安化县科学技术和工业信息化局（县科工局）由原县科学技术局、县知识产权局、县工业信息化局合并而成，挂安化县知识产权局牌子，为县人民政府工作部门、科工块口牵头单位，归口管理县商务局、安化县供销合作社联合社、国网安化供电公司等 10 个科级单位，直接管理县廖家坪锑钨矿、落水洞煤矿等 15 家国有企业（其中 3 家破产）、2 家集体企业。主要负责全县工业经济运行、科技成果、科技奖励、防震减灾、抗震设防、乡镇科技管理、推进新型工业化、知识产权管理、无线电管理、电力行政执法等多项工作，是县人民政府重要的经济管理部门。局机关内设办公室、组织人事股、计划财务股、投资项目股（加挂招商引资办公室牌子）、信息产业股（加挂县无线电管理委员会办公室牌子）、法制安全股（加挂县电力执法大队牌子）、工业经济运行股（加挂县重点工业协调领导小组办公室、县推进新型工业化领导小组办公室牌子）、科技管理股、企业服务股、工业产业优化股（加挂军民结合推进股牌子）、知识产权管理办公室等 11 个股室。纪检（监察）和工会组织按有关规定设置。所属事业单位有：安化县科技信息研究所、安化县地震管理办公室、安化县企业国有资产监督管理办公室、安化县墙体材料改革办公室、安化县中小企业服务中心（加挂县助保金管理中心牌子）、安化县煤炭企业管理服务中心。局机关有在职人员 89 人，离退休干部 104 人，其中离休 6 人。

一、机关内部管理

加强内部管理，改进工作作风。一是开展学习研讨活动。创新党课方式，通过多种方式开展学习交流活动。二是认真抓中心组学习。完善学习制度，采取个人学习与集中学习相结合的方式。三是抓班子团结。班子成员经常开展交心通气，加强沟通，增进理解，遇事商量，相互支持配合。四是坚持民主集中制。凡重大问题，如选任干部、大额度资金使用等都经领导班子集体讨论决定。五是加强作风建设。专题召开机关作风建设会议，整改干部职工在工作纪律、工作作风等方面存在的问题。六是严肃财经纪律。控制“三公”经费，厉行节约，确保机关运转。七是明确岗位职责。将各股室的工作职责进行分解量化，定期督察。八是开展各类活动。以活动的形式活跃机关生活，营造了一种和谐、奋进的良好氛围，树立科工形象。

二、主要经济指标

全县121家规模工业企业完成工业总产值157.7亿元，同比增长9.9%，实现规模工业增加值39.2亿元，同比增长12.3%，增加值增速全市排名第5位。完成工业固定资产投资40亿元，其中工业技改投资30亿元，同比分别增长25%、35%。完成工业税收4.28亿元。

三、产业发展

一是水力发电稳定发展。因2016年雨水充足，发电量大幅度增长，3家水力发电厂共发电34.1亿千瓦时，实现产值10亿元，比2015年同期增长8%。二是黑茶销售市场发展不均衡。因国内消费转型，中高档礼品茶为主的模式一时难以转型，部分黑茶加工企业如华茗金湘叶、道然茶业等出现经营困难。三是矿产品加工企业亏损经营。全县主要矿产品价格仍然在低位振荡，人员成本上升，产销不旺。四是生物医药产业扩产受阻。成大生物因产品价格大幅下降，企业利润空间大幅压缩，企业继续投资第三条兽药成品制剂生产线的信心不足。五是产业结构逐步优化。茶产业在规模工业中的占比明显提升，占到规模工业的近半；矿产业占比逐步下降。

四、项目建设

湖南博瑞中药饮片有限公司总投资1000万元，完成技术改造，通过了GMP认证。成大生物科技有限公司总投资1亿元，完成了兽药GMP改造工程，厂房已全部完成建设，设备安装完成，进入调试阶段。中茶湖南安化第一茶厂有限公司总投资1.48亿元，年产2500吨黑茶生产线改扩建项目投资5300万元，第一期修缮保护百年木仓、安化黑茶地标性厂门等文物建筑已完成，第二期建设标准化生产线和厂房，正在动工建设中。安化万隆实业有限公司总投资5.28亿元，已完成固定资产投资2.5亿元。

五、企业帮扶

将企业帮扶作为提升工作质效的一项重要抓手，主要解决谁来帮、帮扶谁、帮什么、怎么帮的问题。县乡两级成立企业帮扶工作领导小组和企业帮扶工作小组，并出台《2016年安化县企业帮扶工作实施方案》，分解帮扶责任，根据职能分工采取点对点帮扶。第一批帮扶主体125个，其中重点帮扶主体37个，涉及循环经济、水电、茶叶、矿冶、建材、医药食品、房产、旅游等多个行业，其中31家企业被列入市级帮扶企业名单。通过助保贷为六步溪茶业、滔溪竹麻林纺等2家企业融资490万元；帮助成大生物、金龙山农业等企业解决了交通、供电、供水、资金等制约企业发展的关键问题；积极协助益阳海螺水泥、圣德锰业开展电力用户与发电企业直接交易试点，为2家企业节省成本180余万元；帮助金源新材料协调用地用电问题，加快环评进度，5月13日该公司废旧锂电池及钨钴废料回收技改项目顺利通过环评；4月份，县科工局与湖南资声律师事务所签订合同，聘请该律师事务所为县科工局及二级机构县中小企业服务中心提供常年法律服务；7月份洪灾时，通过现场调研、电话调度县内企业受灾情况，实时调度通信、电力受灾情况，督促通信、电力公司及时恢复供水供电。

六、科技管理和知识产权工作

2016年，全县共完成专利申请437件，其中发明专利70件，较2015年同期分别增长18.1%和22.8%，完成专利授权151件，引进发明专利12件，有效发明专利总数达62件。开展了“4·26”世界知识产权日宣传活动，悬挂了宣传横幅、展出了宣传展板，发放了宣传资料。组织开展了2015年度安化县优秀专利实施奖评审活动。申报了湖南省知识产权战略实施专项——国家知识产权试点示范，完成了湖南省知识产权建设强县申报工作，组织湖南成大生物科技有限公司申报了2016年的湖南专利奖，并获省三等奖。《安化县专利资助和奖励办法》正式出台，专利工作的扶持力度进一步加大。组织开展了专利行政执法检查，查处假冒专利行为。深入部分乡镇和企业，开展专利申请工作督促与指导。2016年荣获“全国专利系统先进集体”称号。

七、招商引资和立项争资工作

湖南金品集团投资1亿元新建韶峰牌电视机等电子系列产品生产线项目、湖南力天世纪投资2亿元新建年处理10万吨含钨含铜废料综合利用项目及投资4亿元的钨系列产品生产科研项目、中城银信控股集团总投资15亿元新建“三技一体”肉羊集约养殖项目、新建20万吨乳酸系列产品热电联产项目等10多个招商引资项目正在积极对接中。全年向省经信委、省科技厅争取资金支持的项目57个，到位资金3213万元，较上年增长227.9%。

八、信息化和信息产业工作

组织起草并出台了《安化县“互联网+”行动五年工作方案（2016—2020）》；组织企业完成了“两化融合”评估；召开了全县通信工作会议；完成了益阳市国防动员委员会下达的国防动员重点动员信息通信方面潜力统计上报工作；对原工信局、原科技局网站进行综合改版，形成了安化县科学技术和工业信息化局网站，并进行了实时更新与维护。

九、党建和组织人事

县科工局将“两学一做”学习教育作为党建工作的龙头任务来抓。召开了“两学一做”学习教育动员大会，制定了实施方案，按照方案要求围绕“学习党章党史，做一名讲政治、有信念的合格党员”专题开展了学习研讨活动。创新党课方式，通过多种方式开展学习交流活动。完成了新的机关支部选举工作，圆满完成了科工口出席县第十二次党代会代表的选举工作；按要求开展了职务职级并行工作，全局21人顺利通过审批；按要求做好人事劳资各项工作。

十、直属企业管理

一是资产盘活率明显上升。共有直属企业17家，木工厂、华宇锑品厂已完成资产处置和职工安置工作，东坪乳酸厂、安化县水泥厂、酒厂等企业已经启动或正在启动租赁经营。落水洞水泥厂、县水泥厂等企业已享受国家淘汰落后产相关政策；建材厂、结晶硅厂、印刷厂、梅城氮肥厂已经完成或正在启动国家棚改项目；司徒钨矿、廖家坪锑矿等企业正在积极洽谈，拟进行资产重组，重新启动生产。二是确保国有资产保值增值。局党组通过积极招商和争取上级政策资金支持，确保国有资产保值增值，效果明显。如一机厂原厂房引进物流公司投资600万元改扩建设，同时主动向县国资局汇报，已原则同意对相关账面资产和存量进行合理处置。三是干部职工基本保障逐步增强，有利促进了企业职工的稳定。落水洞煤矿实施关闭退出，第一批上级资金1849万元已经到位。

【原清塘、梅城镇煤管站人员划归县煤炭管理服务中心管理】 8月8日，原清塘、梅城镇煤管站27人划归县科工局所属的县煤炭管理服务中心。县科工局对人员情况进行了摸底调查，召开党政班子成员会议，就煤管站人员安置问题进行了专题研究，制定了人员竞聘上岗安置方案，出台了《关于印发〈安化县煤炭企业管理服务中心在职在编人员竞聘排序上岗实施方案〉的通知》（安科工字〔2016〕28号）。

【《安化县实施“互联网+”行动方案（2016—2020年）》出台】 10月13日，出台《安化县实施“互联网+”行动方案（2016—2020年）》（安办发〔2016〕29号）。明确了各成员单位的工作职责和工作重点，并明确了新一代互联网基础设施建设的目标：到2020年全县宽带信息网络城乡覆盖率100%，县城和乡镇固定宽带接入能力分别达100兆和20兆，固定宽带家庭普及率60%，城镇4G覆盖率达到100%，农村4G覆盖率达80%；新建4G基站600个，实现基站共享率98%；车站、校园、商务楼宇、景区、商场、政府机关等公共区域实现Wi-Fi全覆盖。建成区域大数据中心和信息资源共享中心。

【湖南省知识产权局领导到安化开展考核工作】 11月17日，湖南省知识产权局人事与对外合作处处长何萍到安化县开展国家先进集体对象现场考核工作，考核组听取了安化县知识产权工作情况汇报，并与金源新材料、白沙溪等企业代表进行了座谈。11月18日何萍一行到成大生物医药、云上茶业进行了实地考察，了解指导企业知识产权工作情况。

（撰稿人：胡坤）

安化县商务局

【领导人名录】

党组书记
副 局 长　廖妙琼（2016.1起）
局　　长　刘畅术（2016.1起）
副 局 长　张宁友（2016.3起）
　　　　　曾学斌（2016.3起）
　　　　　王　彬（2016.3起）
　　　　　刘旭军（2016.7起）

【概况】 安化县商务局为县人民政府工作部门。根据《中共安化县委、安化县人民政府关于安化县人民政府机构设置的通知》（安发〔2015〕3号）、《中共安化县委、安化县人民政府关于印发〈安化县人民政府职能转变和机构改革方案的实施意见〉的通知》（安发〔2015〕4号），设立县商务局。承担商贸流通管理、内外贸易、招商引资、电子商务、承接产业转移、对外援助、对外投资和对外经济合作等16项主要职责、78项行政职权。设办公室、计划财务股、组织人事股、政策法规股、市场运行调节和消费促进股（加挂县成品油流通管理办公室牌子）、市场建设股、流通业发展股、电子商务股、外经外贸股9个内设机构，安化县投资促进服务中心、安化县商务行政综合执法大队、安化县商务企业服务中心、安化县市场服务中心4个所属事业机构。将原由县工业和信息化局（县商务局）承担的商贸流通管理职责，县经济合作局承担的除安化县省、市级异地商会联络管理外的职责整合，划入县商务局。县物资集团总公司、县商业集团总公司、县医药总公司机关退出参照事业单位管理序列，有关行业管理职能划入县商务局。现在职实有人数119人，退休人员56名。其中：纪检（监察）机构编制在局机关行政编制内单列1名。机关后勤服务人员全额拨款事业编制2名（人员只出不进，编制空一减一）。核定所属事业机构安化县投资促进服务中心全额拨款事业编制13名，安化县商务行政综合执法大队全额拨款事业编制10名，安化县商务企业服务中心全额拨款事业编制15名，安化县市场服务中心差额拨款事业编制68名。其中贺秋云、朱甫林挂靠县商务企业服务中心，县市场服务中心长期临时人员2名。

一、招商引资

全县全年合同引资81.97亿元，引进市域外资金形成固定资产投资44.73亿元，完成市定任务41亿元的109.1%；引进境内省外资金33.22亿元，完成省市目标任务32亿元的103.81%；实际利用外资2800万美元，完成目标任务2565万美元的109.2%；新签约项目20个，完成市定任务17个的117.64%；新开工项目18个，完成市定任务12个的150%；新投产项目13个，完成市定任务8个的162.5%，签约项目履约率达100%。

1.立足营造氛围招商。认真落实县委、县政府“管行业必须管招商”的基本原则和“领导干部带头招商、行业部门精准招商、相关单位主动招商、社会各界广泛参与”的基本工作要求，明确县级领导招商引资指导性目标任务，并分块分线督促乡镇和分管单位完成年度目标任务。明确乡镇和县直相关部门等42个单位为责任招商单位，并下达指令性任务，营造了“千军万马”的招商氛围。重点抓好“三库一网一报告一对接”等基础工作，辰山绿谷、茶乡花海、金龙山油业、养老医疗结合等项目推进服务以及招商引资专项督察，确保工作有力有效推进。

2.立足优质资源招商。充分利用安化县生态资源对投资者极具吸引力的优势，突出抓好新能源、中医药健康产业、茶叶精深加工、旅游休闲、现代农业等领域和产业招商，提高准入门槛，以优势资源对接优质企业和投资者，提高招商引资的质量和效益。相继引进了国电新能源、中节能风力发电、上海市药材公司、中国中药有限公司等20多家行业龙头企业开展项目建设和前期工作。

3.立足战略投资招商。转变招商理念和方式，由过去的招商引资调整为招商选资，重点瞄准央企、世界500强、上市公司及行业龙头企业，充分利用其科学的发展理念、先进的生产技术和雄厚的资金实力，加速实现安化县产业转型、结构调整和品牌影响力提升。引进的战略投资者有：上海医药集团、中国中药集团、威胜集团、湘投国际、特变电工、中国电力投资集团公司、中国二冶集团等11家行业龙头企业。

4.立足乡友亲情招商。安化县是劳务输出大县，其中一部分通过多年打拼成功创业，大都希望回报桑梓，建设家乡。县委、县政府想方设法为他们创造条件，提供舞台，引老乡回故乡建家乡。相继在上海、广州、深圳、珠海、东莞、成都等地成功举办专题招商推介会13次，客商联谊会8次，发布招商项目76个，总投资达98亿元。

二、对外贸易

全县全年实现外贸出口业绩893万美元，完成全年400万美元目标任务的223.3%。实现加工贸易总量164万美元，完成全年150万美元的109.3%；新增外贸破零企业6家，完成全年4家任务的150%；新增外贸倍增企业1家，完成目标任务的100%。对外投资中方合同投资额800万美元，完成全年目标任务的100%；对外承包工程和对外劳务合作营业额775.2万美元，完成年度任务的101.97%。在对外贸易方面突出抓了“三手”：一是抓好中茶、久扬、高马二溪、佳镔碧源、白沙溪等企业拓展外贸业务服务，提升全县贸易总量。二是重点抓好佳镔碧源、屹朗服饰等加工贸易企业培育，形成县内贸易品牌。三是积极申报外经贸发展资金、加工贸易引导资金、外经合作资金和中小企业国际市场开拓资金等，为企业争取外贸项目资金150余万元，创历史新高。

三、市场调度

全县全年完成社会消费品零售总额100.4亿元，增长11.6%。新增社零限上企业6家，完成目标任务3家的200%。

1. 建立工作责任机制。县商务局把社零统计工作摆到突出位置，明确专门股室负责，实行月调度机制，并按照全市排名情况，对责任股室实施奖励或处罚。

2. 建立信息员联络机制。县商务局把企业信息员作为数据报送的关键，在加强政策宣传、业务辅导的同时，保持联络沟通，坚持每月一次电话，每两个月一次情况通报。

3. 建立限上企业入规机制。县商务局明确工作人员专门与部门对接，下到企业调查，随时掌握商贸流通业的发展变化情况，做到应统尽统，能转企的尽量转企，符合限上企业要求的引导及时入规。

四、电子商务

认真贯彻落实国家、省、市大力发展电子商务的精神，成立了全县电子商务发展领导小组，开展了电子商务协会筹建工作，积极组织申报国、省电子商务示范县项目。紧紧围绕优质农产品、中药材、文化旅游休闲等优势产业，打造县域电商特色品牌，推进电商精准脱贫，取得了较好成效。截至2016年底，安化县注册登记电子商务企业165家，从事电子商务企业260家，从业人员达3万人以上，广聚供销县级运营中心初步建成，与23个乡镇签订了建设乡镇电子商务服务中心站协议，在32个扶贫村建成了村级服务社，建设了10个扶贫网店，安化县电子商务呈现蓬勃发展态势。

五、商贸流通

截至年底，全县发展物流企业7家，网点90个，物流从业人员510人，物流专用运输车辆156辆。对商贸流通领域安全生产进行了专项检查，抽查了全县加油站点76家，大型超市7家，农贸市场3家，确保商贸流通持续健康发展。申报健康养老基金投资项目36个，组织参加各类大型展销活动5次，永泰福茶号成功申报湖南第三批老字号企业。

六、创卫工作

该局庭院和职能创卫工作任务均十分繁重，经过商务系统各单位及全体干部职工的不懈努力，均全面达标，助推省级县城创卫验收高分顺利通过。庭院创卫工作。县商务系统拥有商业、物资、医药、外贸等21家特困国有企业、43个庭院，全部为县城庭院创卫中的重点、难点单位。从二季度开始均实现了整体达标，被评为全县创卫工作二等奖。如县物资大院是庭院创卫最棘手的单位之一，院内面积近6.67公顷，房屋老旧，设施设备老化，功能退化，创卫基础非常差。县商务局筹集资金18万多元，疏通长年堵塞的下水道200米，彻底清理各型化粪池6座，加密封盖阴沟300多米，整理垃圾收集站点4个，清挖院内菜地400多平方米并硬化，划线规范停车位180余个，并全面清除牛皮癣，院内卫生明显改观。县煤炭公司是改制20多年的企业，既没有留守人员，也没有物业管理，住户来自各个方面，成为了无人管理的角落。为确保创卫达标，由县商务局聘请人员长期清扫保洁。职能创卫工作。农贸市场规范管理是创卫验收中一票否决的内容，是必检单位。县创卫办明确县商务局为创卫主管部门，由于市场规划设计建设先天不足，且萸江农贸市场以及自产自销市场是临时过渡市场，创卫难度极大。县商务局以及市场服务中心坚决服从县委、县政府及县创卫领导小组的安排，顶住压力、排除阻力，竭尽全力整改，县商务局领导班子成员包市场坐镇指挥，市场服务中心干部职工全体上阵，加班加点，做到该舍弃的区域坚决舍弃，该整改的地方立即整改，需维修的部位及时维修，从资金投入改造和内部管理两大重点方面强力推进创卫工作。在经费严重不足的情况下，投入40多万元对市场环境设施进行改造，对“脏、乱、差”区域和卫生死角进行搬家式清扫，实现了预期工作目标，赢得了省创卫验收组的好评和县城广大市民的赞誉。特别是湘资市场的违章搭建是多年来想整治而未整治好的“老大难”问题，因此多次被确定为省、市政府挂牌整治的消防隐患重点单位。在此次创卫工作中，县商务局旗帜鲜明、态度硬朗、攻坚拔寨，深入细致做好租赁户思想工作，统一拆除各类违章搭建物、破烂遮阳篷、挡雨板，重新规划，统一集中安装，市场面貌焕然一新。县商务局职能创卫工作被评为全县二等奖。

七、扶贫工作

该局除抓好高明乡司徒铺村牵头联系的扶贫村以外，协助市监局、卫计局抓好其他3个扶贫村工作。通过产业帮扶、助学帮扶、就业帮扶、兜底帮扶等形式，对贫困户进行了有效帮扶。司徒铺村全年总计投入扶贫资金153万元，帮助困难学生6名，帮助流转土地13.33公顷，硬化公路3千米，养殖牛羊800头，危房改造20户，易地搬迁28户，帮助39人真正实现脱贫。

八、普法和社会治安综合治理

2016年，全局认真贯彻落实综治工作会议精神，落实县委、县政府《关于创建“平安安化”的实施意见》，狠抓社会治安综合治理工作，收到了良好效果。一年来，商务系统未发生刑事案件、治安案件，无火警火灾和其他安全事故，妥善解决了原梅城商业公司4位伤残军人社保经费等遗留问题。争取企业军转干部春节慰问金2.48万元（22人），部分退役人员援助金44.8万元（55人）。实现了年初制定的社会治安综合治理管理目标，确保了一方平安，为各项工作的顺利开展营造了良好的环境。

九、机关工作

办公室、组织人事股、计划财务股等机关股室，克服人手不够、任务繁重等多方面困难，满负荷运转，努力服务和保障全局工作的运转。办公室人员虽然斢换频繁，专业化水平不高，但是责任心都很强，应急值守、文件传阅、上下对接等协调服务工作没有出现大的差错，保障了底线，文件拟制、情况汇总、信息报送、宣传报道以及在迎接绩效考核方面做了大量工作，对推介商务、塑造形象发挥了较好的作用。组织人事股虽然只有两个人，却承担了党建、纪检监察、宣传思想、计划生育、组织人事、老干、女工、青年、关心下一代、机关支部、学习考勤等多项职能，加之正处于该局改革关键之年，以及县四大家换届之年，全局工作重心放在改革推进、经济业务工作上面，对这一块工作有所忽视，但组织人事股两位同志兢兢业业，想方设法补齐短板，保障了局领导班子成员及其他干职工集中精力抓改革和经济工作，在年终考核中，组织人事股整理了20多本资料，干职工工资晋级、晋档、增资以及人员调动、入编手续得到及时办理。

【行政综合执法大队成立】 4月20日，安化县商务局行政综合执法大队正式挂牌成立。商务行政综合执法大队配备编职10名，执法人员统一配备服装、执法仪等。县商务局党组书记廖妙琼、局长刘畅术在挂牌仪式上指出，执法大队将加强对成品油市场管理、报废汽车回收及单用途商业预付卡等方面的监管力度，维护市场秩序，促进安化县商务事业健康发展。

【安化县茶旅一体化项目招商推介会暨集中签约仪式】 7月8日下午，安化县茶旅一体化项目招商推介会暨集中签约仪式在安化县银莲国际大酒店成功举办。此次活动共洽谈安化黑茶及茶旅文化等产业投资、贸易合作项目22个，总投资10多亿元。其中会上现场成功签约项目6个，投资3.6亿元。出席本次会议的嘉宾有香港、台湾、北京、深圳、广州、浙江等地客商和企业家100余人。县人大常委会副主任伍亮、县政府副县长周登高、县政协副主席刘化，以及县商务局、县旅游办、仙溪镇、江南镇、南金乡等乡镇单位主要负责人出席推介会，见证项目集中签约仪式。会上，副县长周登高代表县委、县政府，向与会嘉宾介绍了安化历史人文、秀美生态、基础条件、发展现状、投资政策等情况，并郑重承诺，为到安化县投资兴业者提供最优惠的政策、最优质的服务、最优良的环境。县旅游办、仙溪镇、江南镇、南金乡、云上茶业等单位通过PPT方式推介本地特色产业项目，吸引了不少投资商的眼球。

【商务举报投诉服务中心联系点成立】 7月9日，安化县12312商务举报投诉服务中心联系点成立。县商务局党组书记廖妙琼、局长刘畅术在挂牌仪式上指出，中心成立将对规范和净化市场起到重要作用。

【永泰福茶号成功申报为“湖南老字号”企业】 7月22日，安化永泰福茶号法人李胜夫申报“湖南省老字号”企业的材料，由市商务局流通业发展科送省商务厅审定，于9月27日，省商务厅正式公布永泰福为“湖南省老字号”企业，成为了安化县第三家老字号企业。

【安化县商务集团总公司注册成立】 9月5日，对原安化县物资集团总公司名称、经营地址等信息进行变更，正式注册成立安化县商务集团总公司，注册资金43.9万元，为全民所有制企业，代表县商务局管辖商务系统企业，第一任总经理（法人代表）吴儒生，与安化县商务企业服务中心合署办公。该公司下辖21家企业（公司、留守处等）。

【安化县2016年招商引资项目集中签约仪式】 10月13日，安化县2016年招商引资项目集中签约仪式在安化华天假日酒店成功举办。县委书记熊哲文等主要负责人和各乡镇乡镇长共160余人参加。此次签约仪式上，县委副书记、代理县长肖义代表县政府与国电湖南电力有限公司筹备组、深圳富伟融资租赁有限公司、深圳市升发进出口贸易有限公司等11家企业成功签约12个重点招商引资项目，主要涉及新能源、茶旅文一体化、健康医疗等产业，签约金额达24.85亿元。

【创办《安化招商引资》动态内刊】 为推动全县招商引资工作，10月，安化县招商引资领导小组创办了《安化招商引资》动态内刊。内刊由领导小组县商务局承办，县投资促进服务中心工作人员负责编辑，设招商动态、成果展示、经验推广、政策解读、业务知识等栏目，将全县招商引资好的做法和经验予以推介，对项目进展情况及时汇总通报。

【第一届商务企业工作会议】 11月24日，由安化县商务局组织，安化县商务企业服务中心具体承办，召开了商务企业第一届工作大会，21家企业（留守处）参加。会议审议并通过《安化县商务企业服务中心2016年度目标管理方案》《特困职工慰问方案》《企业管理费收取方案》等。

（撰稿人：罗珊）

国网湖南省电力公司安化县供电分公司

【领导人名录】

总 经 理　龚江漫

党委书记　何文杰

副总经理　李瑞萍　邓志武

　　　　　李利民

【概况】 国网湖南省电力公司安化县供电分公司成立于1962年，1979年收归湖南省电力公司垂直管理。设综合管理部、发展建设部、乡镇供电所管理部、电力调度控制分中心、运维检修部（检修建设工区）和营销部（客户服务中心）、安全监督质量（保卫）部、财务资产部及10个班、15个乡镇供电所。集体企业及其控股公司各一个。有正式职工162人，退休职工88人，其中党员77人，有高级职称的9人，有中级职称的21人，有大专以上学历的108人，本科以上学历的52人。集体员工25人，农电员工377人。

安化电网结构是以柘溪水力发电厂、东坪水力发电厂、株溪口水力发电厂、马迹塘水力发电厂、220千伏浉水变电站、110千伏松木塘（桃江）变电站、110千伏李家坡（叙浦）变电站为电源点，以110千伏变电站为骨干，35千伏变电站分布负荷中心。截至2016年末，固定资产原值11.3亿元，拥有110千伏变电站8座，35千伏变电站16座，110千伏线路10条共194.37千米，35千伏线路23条共352.72千米，10千伏线路102条共3877.29千米，配电台区3529个（其中公变台区2636个），低压线路20643千米。供电营业区域4950平方千米，共计用户319233户，其中农电278900户，大工业用户85户，2016年售电量8.41亿千瓦时。

一、安全管理

该公司以“精益安全管理年”活动为主线，完善了安全生产网络组织和保障措施。季节性安检工作扎实开展，“秋检”自查被市公司表扬，全年共排查治理隐患425项，实现治理完成率、专业覆盖率100%。施工现场督察有效进行，全年督察施工现场512次，获市公司认定无违章现场13个；加强安全用电宣传力度，发放宣传资料1300余份、共出动车辆32台次开展电力安全宣传；组织开展“三种人”安规培训考试，开展了外包施工人员安全培训考试，安全第一责任人培训课件被市公司评为优等。资产全寿命周期管理体系获省公司审核通过。质量事件报送对标指标排名全市前列。应急处置能力得到提升，沉着应对“7·4”洪涝灾害，组织48支应急抢修队伍，第一时间抢建抢修，尽快恢复了灾区供电，长塘供电所荣获市公司年度特殊贡献奖。公司连续22年未发生责任交通死亡事故。消防、综治工作获市公司、县委和县政府好评。至12月31日，公司电网连续安全运行6665天。公司获“安化县人民政府2016年度安全生产先进单位”称号，这是连续六年获此殊荣。

二、生产运维

突出生产计划刚性管理，全年完成计划检修86项，完成了市公司下达的指标。结合季节性安全检查完成了35千伏大福变融冰间隔的安装；查处东坪等四个变电站17处缺陷。加强了输电线路综合治理，投入1340万元完成了8个大修项目、110千伏花果园变电站集中整治等7个技改项目及马安高速公路杆线迁移项目，扎实开展线路砍青扫障工作，消除线路缺陷16处，消缺率76%。强化配网管理，完成1346个台区45897户低电压整治及97条10千伏公用线路、9263个设备单元的状态评价工作。开展了PMS（工程生产管理系统）2.0系统应用，输、配专业系统共录入一般缺陷604条，系统开票50张。电网调度更加精细，保护整定模块在OMS（订单管理系统）系统中已上线并正常运行，无功及电压合格率均达到市公司目标值，圆满完成了春节、高考、国庆等重大节假日及“两会”保电工作。

三、经营指标

全年完成售电量84100.25万千瓦时，同比增长2.18%；完成销售收入5.91亿元，同比增长2.22%；完成到户均价703.16元/千千瓦时，同比提高0.28元/千千瓦时，完成市公司计划指标；完成应收电费各项价外代征费用5.91亿元，电费回收率100%。完成综合线损率10.01%，同比降低0.35个百分点，完成市公司指标。创税收8268.21万元，上缴地方税费2005.87万元。

四、营销服务

计量管理实现零差错。营配贯通数据采集率居市公司前三位。集抄建设成效显著，完成纯集抄改造81898户、网改配套项目表计配送7052户及2017年纯集抄设计98983户，减少15%以上的高损台区574个。掌上电力APP推广超额完成，年度购电量计划完成率达126.81%，稳居全市第一。台区线损合格稳步上升达58.94%，列全市第三。积极推进电能替代工作，建玲茶业成为全国首家实现了全生产环节使用电力加工茶叶的茶企。

五、电网建设

全年投资1.3亿元，其中主网4130万元，农配网9014万元。主网完成了110千伏思贤输变电、35千伏烟奎线、35千伏王马线的新建工程；启动了110千伏曾家桥、35千伏冷市输变电工程前期工作；配网完成了2015年5个批次42个单项农配网增补工程项目、15个行政村重点实事民生项目及2016年14个批次105个单项工程设计及大部分施工任务。完成了2017年农网项目的设计储备、2017—2018年全县10千伏及以下配电网规划项目优选排序报告及“十三五”新一轮农网改造升级规划的编制与上报。安化“十三五”配网目标网架及“一图一表”通过市公司审查。完成了2017年17个中心村与60个村村网项目的可研报告。充分运用线损“四分管理”成果优化电网结构。加强物资管理，及时完成物资配送及利旧、回收工作，物资仓库建设基本竣工。

六、企业管理

狠抓财务管理，收回了历史往来（维修基金）58.67万元，资产设备对应率、设备资产对应率得到市公司认可。深化了绩效及考勤管理，实现了劳动考勤、绩效考核与工资发放挂钩。同业对标和员工培训有序开展，网络培训考试全面完成。加强了供电所管理，7个供电所评定为三星级供电所，3个供电所评定为二星级供电所，2个供电所评定为一星级供电所。完成马路供电所站房建设，平口、梅城2个供电所站房建设已经启动。品牌建设及信息工作取得良好成绩，在各种媒体上稿155篇次，其中省公司以上网站30篇，获得“湖南好人”称号的刘国希勇救落水儿童的事迹被多家主流媒体报道，在市公司系统率先完成国网头条上稿；报送信息的采纳率位居市公司第一位。

强化了集体企业和后勤管理。实业公司完成总产值6757万元，创历史最高水平；全面推进与主业接轨工作，人财物管理逐步走上正轨。结合县城创卫工作，大力整治办公区及生活区环境，更换了办公楼、生活区安全保卫硬件设施。食堂管理水平显著提升，健康食堂创建获省公司好评。公务用房、公务用车管理进一步规范。

七、依法治企

加强了人财物管理的监督。扎实开展依法治企问题整改“回头看”工作和近两年个人所得税自查整改。结合营改增工作，进一步强化会计基础管理。不定期地组织对供电所进行业务审计及所长离任审计，防范企业经营风险。加强劳动用工清理，劳动用工问题逐步解决。案件纠纷处理机制更加完善，发案率及赔付资金均有大幅度减少，全年减少损失约145万元，合理争取资金解决遗留问题，重要合同均实现网上系统流转。依法维权成果进一步扩大，挽回损失约30万元。

八、党群工作

结合“两学一做”组织开展心得征文大赛。积极打造一流共产党员服务队，7月烟溪供电所共产党员洪水中营救群众的故事上了国家电网官方微信“国网故事汇”。聘请了专家讲授预防职务犯罪知识的党课，开展了对各部室及供电所的廉政巡查和廉政约谈。走访贫困群众30户，资助扶贫村经费14万元。慰问职工及困难群众达112人次。舞蹈节目《供电先锋在茶乡》在市公司文化成果展示中收获好评。

【基础设施建设】 3月4日，“益阳安化小淹变电站工程”顺利投产，该变电站为全省首座35千伏装配式变电站试点工程。6月1日，35千伏烟奎线顺利竣工投运。该线路全长15.4千米，投资总额达792万元。8月15日，10千伏羊（35千伏羊角变电站）大（大桥）线路竣工。该线路投资总额约360万元，工程量为建设10千伏架空线路16.179千米。湖南华莱生物科技有限公司总部用电问题得到解决。9月1日，35千伏王（王家河变电站）马（马路变电站）线竣工投运。35千伏王马线路新建工程全长15.2千米，投资总额达790万元，该工程由益阳电力安装修试公司承担施工，将大大提高马路镇的供电能力及可靠性。10月21日，110千伏思贤变电站竣工送电。益阳安化思贤110千伏输变电工程，是保证安化黑茶产业园生产的重点电力项目，站址位于益阳市安化县江南镇思贤村，动态总投资为2523.12万元。包含如下子项：思贤110千伏变电站新建工程、株松Ⅰ线π入凉水井变110千伏线路程、站端通信工程、光缆通信工程。建设规模远景：主变压器2×5万千伏安；110千伏出线4回，35千伏出线6回，10千伏出线16回；10千伏无功补偿电容器2×（3.6+4.8）兆乏。本期：主变压器1×5万千伏安；110千伏出线2回，35千伏出线5回，10千伏出线8回；10千伏无功补偿电容器1×（3.6+4.8）兆乏。110千伏思贤变的顺利送电，标志着安化地区有了新的电源支撑点，解决了35千伏小淹变、洞市变等单电源供电的问题，为满足供电需求、强化电网稳定运行提供了充分保障。

（撰稿人：邓全元）

安化县供销合作社联合社

【领导人名录】

理事会主任　邓普光（2016.2起）
理事会副主任　谭喜群
　　　　　　　瞿国辉（2016.3起）
纪委书记　吕艺兵（2016.3起）

【概况】 安化县供销合作社联合社属于县财政全额拨款的事业单位，参照公务员单位管理，设办公室、政工股、业务股、财会股4个综合股室。全县供销社共有11个基层社、8个直属公司、1所职工学校等20个独立核算单位。

2016年，是“十三五”开局之年，也是深化供销合作社综合改革全面推进的一年。一年来，全系统按照“改造自我，服务农民”的要求，以提升为农服务为根本，认真履行“服务三农、助农增收”的工作职责，促进了供销合作事业发展。全系统实现销售总额14.25亿元，同比增长37.9%，实现利润2600万元，资产总额突破9369.8万元，所有者权益达2.10亿元，与2015年同比均有较大幅度的增加，经济运行稳中有进，综合实力和服务能力持续增强，实现了“十三五”的良好开局。被评为全市供销合作社绩效考核特等奖。

一、全县供销合作社综合改革

2016年，县联社按照建成“组织体系健全，规模优势明显，政策导向明确，综合服务完善”的合作经济组织的要求，高起点、高标准地谋划，确保了全县供销合作社综合改革有序推进。一是深入宣传发动，营造了综合改革氛围。该社通过召开专题会议、组织研讨、开展专题调研等多种形式，在全系统营造良好的氛围。县联社领导班子深入各基层供销社、县直公司开展调研，了解掌握基层的实际情况，不断振奋广大基层干部职工的信心，争取干部职工对供销社开展综合改革的理解与支持，有针对性地推进全系统的综合改革。二是进行系列汇报，争取了县委、县政府支持。该社按照上级社及县委、县政府的工作部署，以处理历史遗留问题作为推进综合改革的切入点，认真谋划全县深化供销社综合改革工作。县联社主动向县委、县政府主要领导汇报，得到了领导们的高度重视。在第3次县人民政府常务会议上，专题研究了深化供销社综合改革工作，并原则上同意该社提出的实施意见。三是加强组织领导，有效协调综合改革。县联社成立了综合改革领导小组，有效启动了前期各项综合改革工作。县委、县政府也将成立深化供销合作社综合改革领导小组，出台可操作性强的相关政策，将会大力促进全县供销合作社综合改革的顺利开展。

二、农村电子商务体系建设

充分利用供销社现有基层资产和网络优势，积极探索了电子商务、仓储物流、农资配送、旅游休闲、党建村务、便民惠民服务的县、乡、村三级农村电子商务服务网络体系建设。一是积极筹划了县电子商务营运中心建设。广聚供销电子商务有限公司高起点、高标准建设县电子商务营运中心，承租了黄沙坪古茶市近8000平方米，投资800万元建设了集县域电子商务运营中心、创客中心、培训中心等于一体的县级电商综合服务平台，为安化县农村电商推进奠定了坚实基础。二是启动了乡村电商服务体系建设。已和23个乡镇基层社、433个村及社区签订了乡镇电商服务中心和村级电商综合服务社建设的合作协议，乡镇电商服务中心建成开业1个，村级电商综合服务社建成开业1个，132个贫困村的综合服务社的设施设备已全面到位。三是全方地的开展了电商知识普及工作。2016年共举办各类电商知识普及培训班45堂次，培训各类人员2180人次，为安化县农村电商的全面落地创造了较好的氛围。

三、惠农工程建设工作

健全的基层社和配套的服务体系是综合改革的重要内容，为此，该社首先在空白乡镇基层社恢复创建上做了系列工作，虽然只初定了人员，出台了创建方案，恢复工作起了步，但为全县完备的基层社恢复创建工作提供了工作经验。其次成立了惠民服务公司，为供销社提升为农服务能力搭建了平台，为2017年争创全省综合改革示范县项目，有效推进安化县综合改革奠定了有力基础。

四、“两学一做”学习教育

在全体党员中开展好“学党章党规、学系列讲话、做合格党员”学习教育，县供销社精心准备，切实做好各项基础工作，取得了良好效果。一是强化了组织保障。县社党委把“两学一做”学习教育作为党建工作的重要任务，做到明晰思路，分类施策，抓好落实。成立了领导小组，及时召开了“两学一做”动员大会，传达学习县委“两学一做”学习教育的精神。二是拟定了实施方案。结合县供销社各支部情况，针对学习的总体安排、参加范围、学习时间、学习形式、学习内容等情况拟定了全县供销系统“两学一做”工作实施方案和学习教育学习计划。三是营造了学习氛围。县社召开了2次专题会议，还将《中国共产党章程》《中国共产党廉洁自律准则》《习近平谈治国理政》等内容整理分发，并通过党务公开栏大力宣传中央、省委、市委、县委关于开展学习教育的系列精神，为学习教育营造浓厚氛围。四是开展了党组织关系排查。围绕“不遗漏一个支部、不遗漏一名党员”的目标，对所属10个党支部党员组织关系进行排查，做到台账清晰，确保学习教育活动不落一名党员。为“两学一做”顺利开展奠定了坚实的基础。

五、安全与维稳工作

强化安全责任，县社与所属企业签订了安全生产责任状，切实做到工作有人抓，责任有人担。突出重点，加强日常安全督察，抓好出租房及所属企业安全隐患的排查和整改，发现隐患及时限期整改。开展全系统危旧房安全大排查工作，掌握了危旧房的基本情况。加强全系统维稳工作。供销社所面临的维稳形势依然非常严峻，社保新政策对信访维稳工作增加很大压力，县社努力做好信访环节各项工作，进行重点信访对象和不稳定因素的排查处理，化解矛盾和纠纷，把不稳定因素消除在萌芽状态，确保供销系统的和谐稳定。

六、其他工作

党委、理事会一班人致力团结，勤于工作，全身心投入到供销社改革发展的工作中，起好了领头羊作用。各职能股室充分发展职能作用，较好完成了本职工作。各基层社和县直公司面对困难局面，坚持民主理财和民主管理的理念，恪尽职守，任劳任怨，确保了大局稳定和不同程度的发展。各企业如期召开职代会，仙溪、烟溪、云台、东坪等基层社顺利完成了换届选举工作。同时，狠抓招商引资和项目建设，争取财政资金扶持，促进供销合作事业的发展。2016年，县政府支持该社县电商服务中心建设，拨入财政资金70万元，推进了全县农村电商服务体系建设。县电商项目已入选惠农工程平台扶持项目，将获得350万元资金扶持。加大了扶贫工作力度，与村两委共同谋划村级经济发展思路，完成了对扶贫村贫困户基本情况的走访摸底和结对帮扶工作。逐户建立了贫困户的数据库，对贫困户信息实行动态化、精准化管理。该社实行汛期适时到点值班制度，完成了防汛抗灾工作任务；创卫工作按要求全面达标。

【全县供销社工作会议】 3月24日，安化县供销合作社2016年工作会议在东坪召开，全县供销社系统20个基层单位的领导班子成员、会计及县社机关干职工共80人参加了会议。益阳市社党组成员、理事会副主任张介球、安化县人民政府办公室副主任刘宝祥出席会议并作重要讲话。

【益阳市领导调研县深化供销合作综合改革】 4月7日下午，益阳市社理事会主任郭年山、副主任段正福、总会计师覃国良等领导一行到安化县调研深化供销合作社综合改革。安化县社理事会主任邓普光做工作汇报，郭年山强调指出：要适应新常态，引进新理念和先进的管理办法来管理好安化县供销合作社事务；要把明晰产权作为深化综合改革的重点，成立资产管理委员会，实行分类管理，区别对待；要把开放办社作为发展供销合作事业的有生力量，尽快与鑫瑞惠民供销（湖南）有限责任公司对接，搭建好县、乡、村三级电商服务平台。

【全县基层社主任培训班】 9月28日，湖南安化县基层供销社主任培训班在县联社大会议室举行，来自全县原11个基层社主任和12个空白乡镇基层社拟定人选、县联社机关各股室负责人共30人参加，开设了供销业务知识讲座、如何发挥基层社主任电商运营的监管作用等4堂课。

（撰稿人：夏志辉）

安化县盐务管理局

【领导人名录】

局　长（经理）

　　夏　彤

　　邹志大（2016.3 ~ 2016.9）

副局长（副经理）

　　胡　建（2016.11 止）

　　赵　晟（2016.7 止）

　　邓向东（2016.8 起）

【概况】 安化县盐务管理局（同时加挂湖南省轻工盐业集团有限责任公司安化支公司、湖南盐业股份有限公司安化县分公司牌子）于1984年与副食品公司分家组建而成，属国有企业、属省直管。湖南省轻工盐业集团有限公司安化支公司、湖南盐业股份有限公司安化县分公司、安化县盐务管理局三个牌子一套人马，年底有职工36人，退休职工13人。在职职工23人，其中女性4人，共产党员20人。公司设2个股室和3个配送站，分别为综合股和营销股；东坪配送站、梅城配送站和平口配送站。其主要职能是盐的调进、销售以及非盐产品的销售。

2016年，该公司全体职工牢固树立管理意识和服务意识，切实保障全县人民吃上放心盐。全年各类盐购进计划4535吨，实际购进4450吨，占计划的98%；小包盐年销售计划4047吨，实际销售3798吨，占计划的94%；全县加碘盐覆盖率和合格碘盐使用率均保持在100%。面对盐业经济体制改革、市场化进程不断加快的形势，该公司全体职工转变观念，树立信心，统一思想，确立“市场为本”的营销理念，立足于多元化竞争，加强对盐业市场的管理，不断优化安化盐业市场行为，实施了市场营销的有机组合。

一、销售业务

1. 狠抓“三基”网络建设和片区经理负责制。根据《安化盐业分公司片区目标责任管理的考核办法》和《片区经理负责制》实行目标考核，健全、深化终端配送销售网络。食盐终端配送是实现食盐物流现代化和非盐销售的重要举措，继续以三个终端配送站为依托，狠抓“三基”网络建设和片区经理负责制。配送站分片区建立销售台账，仓库有记录、店店有台账。大至商场超市，小到便民小店，无一遗漏，全部实行“户籍化”管理，形成覆盖全县的市场监管食盐与非盐销售紧密结合的网络体系。

2. 加大多品种盐推广力度。在好润佳超市、步步高超市和沿线乡镇等地利用“3·15消费者日”、“5·15防治碘缺乏病宣传权益日”，大力宣传食盐消费知识和多品种盐的健康保健作用。深入全县大中小型超市和零售网店，采取宣传、服务为一体的工作方式，推进盐与非盐销售工作的全面展开。

二、盐政执法

1. 加强法律、法规的业务培训，塑造高素质执法队伍。2016年，该局对执法人员进行了有关法律、法规的业务培训，并组织盐政执法证考试，提高执法人员的执法水平。队伍建设上，该局统一部署：一是加强执法人员的思想建设，开展“两学一做”学习教育，用正确的政治思想武装执法人员的头脑，确保执法人员在执法过程中，既讲政治又懂政策，秉公执法；二是结合《中华人民共和国食盐专营办法》和《中华人民共和国盐业管理条例》，学习了《中华人民共和国刑法》《中华人民共和国经济法》等相关法律知识，加强了对各相关法律、法规的理解；三是加强执法人员的作风建设，要求执法人员必须能吃苦、敢碰硬，在日常工作中必须做到认真履行职责，不因盛夏烈日炎热而马虎检查，不因严冬寒风刺骨而放弃检查，更不因遇到“钉子户”而害怕检查，全力以赴，服从工作需要，从而练就一支作风硬朗的执法队伍。

2. 标本兼治，加大盐政执法力度，清查盐政市场。针对盐政稽查工作对食盐市场的管理越来越重要，该局始终坚持标本兼治，查、访、打相结合的原则。一是加大执法力度，与有关职能部门配合严厉打击涉盐违法行为。二是加大对重大案件的查处，有针对性地在部分私盐“重灾区”积极发展一些内线人员，拓展辖区内涉盐违法行为的举报线索，对涉盐违法活动进行调查取证，全年盐政执法共查处涉盐案件5起，查获私盐52吨，罚款8千余元，有力地维护了全县人民群众的用盐安全。对涉盐违法犯罪分子起到了强大的震慑作用。三是加强食盐市场的稽查，重点对食品加工用盐户、餐饮店、厂矿企业和学校食堂进行全面检查，不留死角，全力维护食盐专营。四是加大对用盐企业的监管，定期不定期地对辖区内的用盐企业进行回访，查看购盐及用盐记录，坚决杜绝工业盐以任何方式流入食盐市场。

三、营销策略

面对盐业改革带来的压力，努力探索新品盐营销策略。面对盐业体制改革，全体职工牢固树立现代盐业的全新观念，积极应对，增强了竞争意识、危机意识、创新意识，努力探索新品盐营销策略。制定以盐为基础，盐化和新品盐并举的多元化发展的经营方针，改变过去单一的经营结构和模式，促进市场产品结构多元化，满足不同消费群体个性化的需求，不断壮大公司经济规模，提高公司的社会影响力和对社会经济的贡献度。一年来在巩固专营市场，提升专营水平，培育自己的拳头产品，培养一支训练有素的营销队伍，千方百计扩大新品盐的销售方面，取得了一定的成效。

【“雪天”牌食盐产品宣传活动】 3月15日，县盐务管理局联合县工商局和消费者权益保护协会等有关职能部门在步步高广场宣传推介“雪天”食盐品牌、食盐消费知识、专营政策，散发了宣传资料，并现场对真假小包盐实物进行对比，让消费者认识到食用劣质盐的危害性，提交识别抵制私盐的能力。

【碘缺乏病防治日专题活动】 5月15日，该局联合县疾控中心在步步高广场开展主题为“加强科学补碘，建设科学中国”碘缺乏病防治日专题活动。通过横幅悬挂、海报展示、碘盐产品与新品盐展示、真假碘盐现场辨别，及对查获的假劣货的展示等多种形式的宣传教育活动，提高了消费者对碘缺乏病防治知识的知晓率，增强了群众的防范意识。

【盐业体制改革领导小组】 11月1日，安化盐业分公司积极面对盐业体制改革，成立盐业体制改革领导小组，制定改革方向：坚持市场化，坚持以客户为中心，构建不同平台，重新定员定岗，全体职工共同迎接挑战。

（撰稿人：毛芳俊）

安化县烟草专卖局

【领导人名录】

局　　长　钟桂华
副 局 长　周进才
纪检组长　贾志刚
副 经 理　李立冬

【概况】 安化烟草专卖局（同时加挂湖南省烟草公司安化分公司牌子）共有干部职工137人，其中在岗81人、退休人员56人。全局设办公室、专卖股、综合室、财务室、客户服务分部、卷烟配送分部、内管部、梅城综合管理站、基建办（临时）共9个部门，具体人员设置情况为：党组成员4人，办公室7人，专卖股18人，综合室3人，财务室3人，客户服务分部24人（含门店2人），卷烟配送分部18人，内管部2人，基建办2人。

2016年以来，该局紧扣“严实强规范、创新促发展”主题，突出营销、专卖两个重点，着力抓好队伍建设、基础管理、项目建设三个建设，高度重视“规范经营、创先争优、绩效考核、安全维稳”四项工作，全年各项工作任务完成良好。

一、卷烟营销工作

全年共销售卷烟29391.32大箱，完成销售额7.85亿元，大箱均价26714元。上缴税收4421万元，同比增加365万元，增长9个百分点。省外烟销售7829.52大箱，占比26.78%，一二类及重点品牌销售情况达到全市平均水平，省外烟销售比例在全市范围排名靠前。通过市场状况调研、品牌表现调研、零售客户满意度调查、客户经理日常拜访等形式，把握市场动态，积极反馈市场信息。加强品牌培育，配合工业企业加大品牌文化推广，促进卷烟落地消费。巩固现代零售终端建设成果，加大网络终端建设投入。协助零售客户成立价格自律小组，以点带面、以镇带周边，维护卷烟市场价格，做好卷烟顺价工作。

二、专卖管理工作

查获各类涉烟案件146起、242.346万支，总案值38.68万元，收缴罚没款3.99万元。成功破获“孙某某”国标网络案、案值106.52万余元。对约定取货户进行清查，对17户A类客户进行降级处理。全年被外地查获真烟非流数量502条，连续两年在全市排名最后。专卖股下设三个市管中队、一个稽查大队、一个重案大队和一个考核小组，实行分区划片，责任到人，联合办案，绩效挂钩。每月合理下达稽查大队的案件查获数、假烟案件数等关键指标，进行严格考核、定期通报，专卖股制定出台了《安化县烟草专卖局专卖股稽查大队、市管员考核评分细则》，通过将任务完成情况与稽查员、市管员的绩效考核紧密挂钩，充分调动全员的工作积极性和主动性。在省、市局的统一部署下，开展了“春雷6号”专项行动、打击真品卷烟非法流通专项行动、“3·15”国际消费者权益保护日“新消费、我做主”主题活动、打击非法经营烟叶原料专项行动、清理整顿烟草市场“飓风1号”专项行动。

三、财务管理工作

落实市局降本增效会议精神，压缩费用开支，申请调减预算8万元。2016年实际开支招待费、会议费、办公费共24万元，相比2015年降低33.3%，其他综合性费用也同比降低19.76%。积极参加市局组织的“精益论坛”暨精益管理培训，树立精益思维，参与精益改善课题。上半年以《提高月度资金申报的准确性》为课题，探索县局资金申报的准确性，降低闲置资金，提高资金收益率。

四、综合工作

围绕市局“稳中求进、稳中有进、强基发展、创新发展”的工作思路，综合室认真贯彻中共十八大及中共十八届三中、四中、五中全会精神，联系实际，深入开展“两学一做”学习教育，狠抓党的思想建设、组织建设和作风建设，全年完成集中学习和部门培训共33次，总人次168次，做到了人员、时间、内容、效果的“四落实”。根据《中共湖南省烟草专卖局党组关于转发中共国家烟草专卖局党组关于进一步加强行业各级党组织党费管理工作的意见的通知》和中共中央组织部《印发〈关于中国共产党党费收缴、使用和管理的规定〉的通知》（中组发〔2008〕3号），该局党组及机关党支部高度重视党费补交工作，2013年1月1日至2015年12月31日，机关党支部应补交党费25.48万元，离退休支部应补交党费4.89万元，合计30.37万元，已全部补缴到位。

五、工会工作

充分发挥职代会的作用，全年组织召开了2次职工代表大会。“三八”妇女节组织开展对妇女职工的慰问活动，并为24位在职女职工参保了女职工特殊疾病保障保险；积极组织参加全市烟草系统职工运动会，并取得了优良的成绩；为职工购买了第三期职工医疗互助保险；积极参加县内扶贫工作，及时走访贫困户，发放金叶慈善医疗卡45张，慰问看望生病职工23人次。把职工的思想工作和解决实际困难有机结合起来，为职工办实事、办好事，为职工排忧解难，在企业和职工中间架起和谐的桥梁。

六、其他工作

梅城综合管理站改造按期完成，东坪物流中转站建设项目稳步进行，全年共完成宣传报道392篇，其中上省网57篇、国家局网2篇。与县扶贫局一起筹集资金400多万元，为对口帮扶村修建小学一所、移动基站一个，硬化公路3.8千米。

（撰稿人：倪霞）

财政·税务

安化县财政局

【领导人名录】

局　　长　陆筱军
副 局 长　李国祥　邓主峰
党组成员　夏理林（兼工会主席）
纪检组长　刘双爱（2016.3 起）
总会计师　付伟平

【概况】 安化县财政局于 1958 年成立，为县人民政府工作部门。主要职责是负责全县财政工作，贯彻执行财务制度，按照政策组织财政收入，保证财政支出，管好用活地方财政资金，促进工农业生产发展和各项事业发展；培训专职财会人员，提高科学理财的素质和企业财务管理水平；严肃财经纪律，提高经济效益，深化财政改革，释放发展红利；积极开发财源，为振兴县域经济服务。机关内设 20 个股室（办公室、综合规划股、税政法规股、预算股、国库股、行政政法教科文股、经济建设股、农业股、社会保障股、企业股、会计股、财政信息化管理股、绩效评价股、政府采购股、组织人事股、国有资产管理股、财政监督检查股、党建文明创建办、监察室、机关工会）；8 个二级机构（国库集中支付核算中心、乡镇财政管理局、非税收入征收管理局、农业综合开发办公室、农村综合改革办公室、工资统发中心、预算编制审核中心、投资评审中心）；下设 25 个乡镇（区）财政所。2016 年全系统有干部职工 360 人，其中在职人员 278 人，退休人员 82 人。

2016 年，安化县实现地区生产总值 196.39 亿元，同比增长 7.6%。其中，第一产业增加值 44.72 亿元，增长 3.5%；第二产业增加值 72.35 亿元，增长 6.3%；第三产业增加值 79.32 亿元，增长 11.3%。三次产业比为 22.8 ∶ 36.8 ∶ 40.4。按常住人口计算，全县人均 GDP 为 21499 元。全县完成固定资产投资 146.8 亿元，增长 14.1%。社会消费品零售总额 100.49 亿元，增长 11.8%，商品零售价格总指数 100.8%，居民消费价格总指数 101.9% 。城镇居民人均可支配收入 15694 元，增长 9.7%；农村居民人均可支配收入 7423 元，增长 9.2%。进出口总额为 500 万美元。年末全县金融机构各项存款余额 285.76 亿元，增长 27.4%。

2016 年，安化县完成财政总收入 12.24 亿元，比上年增长 4.15%。其中地方财政收入 6.74 亿元，增长 1.4%；上划中央收入 4.39 亿元，增长 8.44%，其中：上划中央增值税 2.77 亿元、消费税 26 万元、企业所得税 9799 万元、个人所得税 5453 万元；上划省级收入 1.11 亿元，增长 4.9%，其中：上划省级增值税 4544 万元、改征增值税 1308 万元、企业所得税 1960 万元、个人所得税 1091 万元。全县财政支出 53.82 亿元，收支相抵，实现了收支平衡。

一、服务发展凸显“资金与政策双到位”

坚持精准发力、定向施策、政策联动，推动县域经济平稳健康发展。一是强化争资立项。成功争取新一轮产粮大县、产油大县资格，争取上级专项 1200 万元、调度资金 1 亿元支持“两网”退出工作，安排特色产业资金 6000

万元支持产业发展。二是强化财源建设。以园区建设为突破口，投入园区建设资金4.92亿元，促进产业集聚、要素集中、资源集约，打造县域经济跨越赶超重要引擎。三是助力企业发展。积极落实优惠政策，支持实体经济做强，通过“中小担”为23家企业争取贷款6270万元，发放贷款保证保险24笔1820万元，较好地解决了安化县中小企业和新型农业经营主体融资难题。

二、支出管理凸显“结构与效益双优化”

坚持为民聚财、为民用财。全县年度民生支出实现48.84亿元，占公共预算支出的88.1%，支出结构进一步优化，公共财政职能进一步体现。一是支持教育、卫生和社保事业。教育支出实现10.21亿元，其中，安排拨付资金9211万元用于解决农村中小学薄弱学校改造，校舍维修，推进学前教育行动计划，农村义务教育阶段学校教师特设岗位计划，中等职业教育学校学生资助、学费减免，普通高中家庭经济困难学生发放国家助学金等方面；医疗卫生支出实现6.21亿元，其中安排拨付资金9984万元用于基本药物补助、村卫生室改造、城乡医疗救助、基本公共卫生服务、重大公共卫生专项、计划生育服务专项等方面；累计拨付养老、医疗、失业、工伤保险等社保基金8.31亿元，确保了社会稳定，争取资金510万元，用于小额担保贷款贴息。二是支持改善人居环境。投入资金3.03亿元支持农村“一事一议”财政奖补项目、环境综合整治、垃圾污水处理厂和廉租房建设、城镇保障性安居工程等方面。三是支持基层组织建设工作。安排资金2563万元用于提高在职村干部待遇，村支书、主任和其他核定职数的村干部基本报酬每月翻了一番，分别增加566元、510和396元。安排离任村干部生活困难补助1064万元、村级运转办公经费2215万元、党员教育活动经费138万元，夯实了基层组织运转的保障基础，巩固了基层党组织的战斗堡垒作用。四是及时兑现惠民利民政策。通过“一卡通”发放涉农资金2.39亿元，惠及农户21.23万户，争取农业综合开发项目资金6715万元，实施了高标准农田建设等项目。

三、管理体系凸显“安全与绩效双提升”

坚决守住资金安全底线和资金绩效生命线。一是推进预算管理。对全县4个单位，4个项目进行绩效评价，涉及专项资金2.05亿元，强化了部门的支出责任和效率意识。建立涉密信息清单管理制度，实现非涉密全公开，84个县本级一级预算单位公开了2015年部门决算，75个县本级一级预算单位公开了2016年部门预算。二是加强地方政府债务管理。从控制债务限额、安排政府偿债资金、制定债务风险化解规划与应急处置预案和争取置换债券等多渠道化解和降低债务风险。2016年，安化县争取到期存量债务置换债券15.74亿元，有效缓解安化县短期偿债压力，优化债务期限结构，节约利息支出3000万元以上。三是加强财政监督。以开展“纠‘四风’治陋习”专项整治和“雁过拔毛”式腐败问题专项治理为契机，标本兼治、建章立制，进一步规范了财政权力运行。组织交叉检查和作风建设专项检查，建立健全涉农资金安全、规范、有效的长效机制。四是推进财政信息化建设。把财政改革和业务作为信息化建设的出发点和落脚点，用现代化信息技术助推精细化管理，完成68个单位的税控联管电子化管理，完善173个乡镇站所惠农资金补贴联网建设，税控联管和惠农资金发放更加精准高效。五是严控“三公”经费。建立预算源头控制、完善支出制度、确保经费下降的管理模式，并取得显著成效。2016年县财政预算安排“三公”经费6586万元，比上年下降10.2%。局领导班子带头落实改进作风各项规定，带头严控单位“三公”经费，务实节俭，杜绝浪费，“三公”经费同比下降10.3%。

四、财政改革凸显“有序与有效双推进”

坚持以问题为导向，创造性地开展工作，推动财税改革迈向纵深、落到实处。一是深化预算改革。认真落实新《中华人民共和国预算法》，稳步推进全口径预算管理，将所有收入纳入部门预算编制，通过规范收支行为、健全审批流程、明确管理权责，构建完整统一、有机衔接、统筹配置、规范透明的全口径预算管理新机制。二是统筹整合使用财政涉农资金。在凝心聚力、谋划推进和创新增效三个环节上狠下功夫，全年整合使用财政涉农资金13项8936万元，实施项目278个，撬动社会资本2.58亿元，有力推动了全县脱贫攻坚，取得了良好的社会效益。三是完成新一轮乡镇财政体制改革初步方案。按照保障、考核和奖励三类管理的要求，基本完成了新一轮乡镇财政体制改革建设性方案，乡镇保障基础初步夯实，发展活力即将释放。四是完成公务用车制度改革。严格落实上级车改办关于深入推进公务用车制度改革有关要求，精确完成前期数据测算，封存车辆132台，初步建立起公务用车管理平台，保留车辆有序运行，车辆处置稳步推进。五是推进财政投资评审。全年评审项目119个，送审金额15.76亿元，审减金额1.46亿元，审增金额2048万元，净审减率8.1%，直接节约财政资金1.26亿元，真正实现了“花小钱，省大钱”的目标。

五、队伍建设凸显“热情与活力双激发”

坚持以人为本，扎实开展各类活动，切实转变工作作风，努力建设一支务实、清廉、充满活力的财政干部队伍。一是重学习，强培训。围绕“两学一做”，多渠道、多形式提高党员干部学习积极性，多次组织到小淹镇碧溪村走访慰问。多次邀请县纪委、县委党校专家到机关为干部职工讲党课，建立微信群等互动平台，引导党员干部相互交流。推行“党员活动日”制度，以支部为单位，通过重温入党誓词、观看红色教育影片等方式，激励党员缅怀先烈、坚定信仰。二是建制度，添活力。建立机关绩效考核制度，全面调动机关各股室、二级机构强化管理、优化服务的积极性，按照分事行权、分岗设权、分级授权、强化流程控制、依法合规运行的要求，健全内部控制体系。坚定推行干部轮岗制度，在精心筹划、广泛调研、注重实效的基础上，公平公正地对机关和乡镇财政所干部进行了2次调整，实现了干部资源的优化配置，激发了队伍活力。三是创文明，树新风。积极参与创建省级卫生县城和县级文明单位，完成“绿化、亮化、文化”工程，办公楼的外部提质、庭院绿化和亮化工程，“三化”完成之后，机关窗明几净、绿意盎然，文化氛围空前浓厚。

【财政部政策研究室领导到安化调研黑茶产业】 6月5日至6日，财政部政策研究室主任王卫星到安化县调研黑茶产业。省财政厅党组成员、副厅长欧阳煌，县委常委、常务副县长王益文等陪同。王卫星一行先后深入安化县冷市、小淹、东坪、马路四镇，对华莱生物科技有限公司、白沙溪茶厂、安化茶厂、云上茶业有限公司进行实地调研。

【安化成功入围全省2017—2018年产油大县】 在全省2017—2018年产油大县及茶油大县项目评审中，安化县排名全省24个产油大县中的A组第10位，成功入围湖南省2017—2018年产油大县。根据《湖南省财政厅关于开展2017—2018年产油大县申报工作的通知》文件精神，11月9日—11日，县委副书记、代县长肖义亲自带队到长沙参加现场陈述答辩，最终通过了省财政厅专家的评审。

【全县2016年乡镇财政管理工作会议】 12月13日上午，县财政局在马路镇政府会议室召开全县2016年乡镇财政管理工作会议。各乡镇（区）财政所所长、总会计、信息员以及乡财局全体人员参加会议，县财政局局长陆筱军等领导出席会议。

【财政涉农资金统筹整合使用】 2016年，安化县财政部门通过拼盘式、捆绑式、切块式整合相结合的方式化“零钱”为“整钱”，全年整合使用财政涉农资金13项8936万元，实施项目278个，撬动社会资本2.58亿元，通过贷款贴息、信用担保、风险补偿、财政奖补等手段，充分发挥财政资金“一两拨千斤”的杠杆效用，撬动金融和社会资本投入精准扶贫，有效破解了扶贫投入的资金瓶颈，有力推动了全县脱贫攻坚，取得了良好的经济社会效益。

（撰稿人：邓操龙）

安化县国家税务局

【领导人名录】

局　　长　曹　凌
副 局 长　魏晓东　黄尚松
　　　　　戴迪安　彭　军
纪检组长　唐岳峰

【概况】 安化县国家税务局是益阳市国家税务局的派出机构，是代表国家在安化行使税收征收管理权的职能机构和行政机关，受益阳市局和安化县委、县政府的双重领导。县局机关设在东坪镇柏杨路2号，内设14个职能科室，1个直属稽查局和1个事业单位（信息中心）；下设东坪、平口、梅城3个税务分局。2016年，该局共有干部职工191人（含退休干部55人）。担负全县13805户企业、3063户个体工商户的国税征管任务。

2016年，安化县国税局以深化国税、地税征管体制改革为主线，以绩效管理为抓手，坚持依法治税、强化税收征管、优化纳税服务、加强队伍建设，圆满完成了各项工作任务，为安化经济社会发展做出了积极贡献。全年入库各项税收收入7.12亿元，同比5.63亿元增收1.50亿元，增长26.65%。

一、征收管理

2016年，面对复杂严峻的经济税收形势，全县国税干部职工团结一心，主动作为，攻坚克难，全面完成了组织收入任务。1至12月累计入库各项税收收入7.12亿元，同比5.63亿元增收1.50亿元，增长26.65%。剔除车辆购置税、个人所得税、城建税、教育费附加入库6.59亿元，同比5.21亿元增收1.38亿元，增长26.5%。按照县政府考核口径统计，累计完成县级收入6.59亿元，占政府预期任务6.58亿元的100.05%，同比5.21亿元增收1.38亿元，增长26.51%。另外，1至12月累计消化税收包袱1.14亿元（税收包袱余额7993万元）；累计办理出口退税41万元；全年实现“零新欠”。

1. 严守组织收入纪律。一方面，该局严守“依法征收、坚决不收过头税、遏制违规越权减免税”的组织收入原则，严格履行“两个职责”和严守“一条红色底线”，努力实现应收尽收。另一方面，积极向各级党委、政府汇报组织收入工作，宣传税收政策和组织收入纪律，争取理解和支持，形成工作合力，确保组织收入工作有序开展。

2. 推行主观努力程度考核。一是积极建立主观努力程度考核机制，加强征管、堵漏增收，努力实现应收尽收。二是将税收风险管理引入征管工作，实行事前预警、事中监控、事后督察。按照一般风险一般管理，较高风险重点管理的原则，合理安排征管力量，强化对高风险级别纳税人的监控和管理，充分发挥评估增收促管作用。三是以“防新欠、清老欠”为工作思路，开展欠税原因分析，加强催缴管理，要求税管员定期实地核查，并提交核查报告，根据不同欠税情况，依法采取相应征管措施。加强对清欠工作的绩效考核，从制度上促使各征收单位和责任人主动、积极地开展清欠工作，实现了全年无新欠目标。

3. 落实各项促收措施。一是严格实行收入目标责任制，建立局领导包片，科室负责人包线，专管员包点的网络化税源管理模式，确保税收征管无死角。二是通过开展分税种、分行业、分区域的税收分析，查找征管漏洞和税收增长点，有针对性地研究制定管理措施，防范税收流失。三是大力开展税务稽查和纳税评估。认真落实随机抽查制度，主查人员负责制、大要案件项目制，推行定向稽查；加大税收违法行为的查处力度，增强稽查的精准性、震慑力。加大打击虚开虚抵风险排查和整治力度，做到户户查深查透、户户都有结果。1至12月共开展税务稽查22户，查补入库1366.4万元，其中税款1236.8万元，滞纳金117.77万元，罚款12.43万元；开展纳税评估42户，评估入库税收705万元。四是加强第三方信息的应用，拓展协控联管的内容和渠道。充分挖掘增值税发票管理系统升级版和金税三期系统数据，着重强化数据的比对分析和增值应用，加强部门协作，实施源头控管和环节控制，全年通过税收协控联管入库税款5000万元。

二、依法行政

1. 全面落实税收优惠政策。定期开展税收优惠政策的宣传辅导，对减免税实行动态管理，开展政策执行情况的监督检查，确保政策效应不偏移，应免尽免。在继续落实支持就业再就业、研发费用加计扣除、固定资产加速折旧等税收优惠政策的基础上，主动对接供给侧改革，不折不扣地落实小微企业税收优惠政策。全年落实各类减税免税3419万元。其中：享受增值税起征点优惠的28810户次，减免税1054万元；享受所得税减免的79户次，减免税1669万元（其中：小微企业70户次，减免税18万元，小微企业受惠面达100%；高新企业6户次，减免税986万元；节能环保企业1户，减免税621万元，让纳税人充分享受到了税制改革的红利。

2. 坚持依法治税简政放权。2016年，该局在依法治税的手段和方式上更加注重创新，在规范稽查决定的执行和重案审理上严格把关。深入落实税务行政审批制度改革，减少申报资料12种/类，再次简化建安、医药、茶叶等行业涉税事项的审批环节6个，每个事项节省了三分之一的办税时间。同时完善行政审批的后续管理办法，提高了风险防范和应对能力。

3. 着力优化纳税服务。一年来，该局充分利用网站、报纸、电视台等媒体及税收宣传月活动，提升税收政策宣传解读的广度和深度。积极探索推进“互联网+服务”，建设网上宣传咨询平台和办税服务平台，积极打造“指尖上的纳税服务”。继续开展“便民办税春风行动”，落实纳税服务规范。推行办税服务管理系统，定期通报办税服务厅的工作情况，坚持奖优罚劣。扎实做好纳税信用评价工作，认真落实纳税服务投诉管理办法，及时受理、调查和处理纳税服务投诉，全年实现了零举报零投诉。开展“服务大走访，需求大征集”活动，对照纳税人的意见和要求，及时改进纳税服务。在办好实体纳税人学校的同时，积极开展网上纳税人学校建设。全年纳税人学校及流动课堂开展各类授课12期，培训纳税人1000余人次，深受纳税人好评。

三、征管创新

1.强化税收风险管理。该局以“实施分级分类、开展风险管理”改革试点为契机，夯实风险管理基础，创新风险管理思路，扎实推进风险管理。一是加强增值税发票数据分析和应用，重点对税负偏低、电耗、油耗与收入变化不匹配(制造业)、申报金额长期接近但不达起征点等风险问题开展风险应对工作，防范税收风险。二是加强县级企业所得税重点税源管理，选择重点税源和高风险企业，加强企业所得税汇算清缴辅导提示，实施多指标综合风险分析和应对。三是对出口额同比环比增长较快、实行免抵退税办法企业的应退税额占免抵退税额的比例较大等风险疑点企业开展风险应对，防范出口退(免)税风险。全年累计完成风险应对56户，入库税收705万元，同比增长118.34%，风险成效变动率为0%，风险分析识别命中率为56%。四是深入推行税收执法责任制，加大执法考核和过错追究力度，落实执法问责。1至11月共实行行政处罚53户，正常营业户6320户，行政处罚率0.83.%，税务行政处罚变动率-3.89%。

2.大力推进信息管税。认真做好金税三期系统及其他征管系统的运行维护，进一步扩大增值税发票管理系统升级版的应用范围。一方面加强系统内征管数据的利用，开展征管状况监控分析，另一方面建立三个税收信息平台，实现挖潜堵漏征收：一是运用政府综合治税平台获取税源信息，将信息分类整理后与金税三期内部信息进行比对分析，识别税源风险疑点，根据风险类型分类确定征管措施，及时堵塞管理漏洞。二是建立国地税信息共享平台，定期交换涉税信息。国地税之间共享税务信息登记、发票开具与缴销、申报征收、税务稽查等涉税信息，定期召开工作联系会议，及时解决国地税工作合作中出现的各种问题。三是借助第三方信息平台，拓展税源信息渠道。从各种新闻媒体，特别是互联网中获取涉税信息，如：人民法院诉讼资产信息、保险公司车辆理赔信息、茶叶电商销售数据等信息等，通过对第三方信息的分析加工，有针对性地开展纳税评估和税务稽查，增加税收收入。1至11月依托三个平台获取各类涉税信息12150条，审核建安耗材项目410个，核查评估企业360户次，增加税收3600万元，同比增长24.54%。同时，开展国地税信息交换20000多条，增加国税收入1456万元，增加地税收入1883万元。

3.做好“证照码”改革工作。积极与工商、质量部门沟通联系，继续推进“三证合一、一照一码”商事登记制度改革，每月征期结束后，从金税三期国税生产环境中提取新增户数、信息补录户数、申报数、用票数、零申报数、税额等情况进行对比分析，找出存在问题，提出整改措施和建议。全年共办理设立登记456户，变更登记213户，注销登记188户。

四、体制改革

1.全面推开营改增工作。一是加强营改增税收政策宣传。借助电视台、微信群、税企QQ群等平台，大力宣传营改增税收政策。开展营改增业务培训4000余人次(包括税务人员和纳税人)，培训面达100%。二是按时间节点完成营改增工作任务。从地税部门接交营改增纳税人1679户。经过上门采集和信息筛选，正式录入金三系统、纳入正常征管的纳税人896户。三是加强营改增行业税负分析。加强税收业务辅导，提醒纳税人用好用足税收政策，确保营改增税负不增只减。四是切实开展营改增纳税服务。开展金融行业纳税人培训，重点解读《关于加快金融业改革发展的若干意见》《湖南省国家税务局优化银行业税收服务若干措施》。确保金融业纳税人在免税优惠上“应享尽享”，进项税额上“应抵尽抵”。五是加强营改增发票管理。规范发票代开，规避代开发票风险，在地税发票清缴上严格实行验旧领新制度。六是切实加强增值税发票管理新系统数据应用，加强增值税发票管理新系统推广。1至11月累计入库营改增税收7408万元，其中四大行业税收5879万元。

2.稳步推进国地税合作工作。一是建立完善的运行机制。深入落实《深化国税、地税征管体制改革方案》，将四大类36项合作事项分解落实到每个责任科室和责任人。实行“三会议一交流”制度：半年召开一次局长联席会；每季召开一次科室联动会；不定期召开日常工作联系会。及时通报合作工作情况，评估合作工作成效，形成国地税合作的长效机制。二是按计划落实合作事项。国地税互设办税窗口、互派办税人员；积极争取政府支持，在东坪、梅城两地筹建国地税联合办税大厅（筹建中）；逐步将合作内容延伸到税源管理、政策法规、收入、稽查、征管、信息等各个部门，强化了国地税合作的广度和深度。三是加强国地税合作宣传。联合开展纳税人培训7次，培训纳税人及税务人员4000余人次；利用报纸、电视台、微信、内外网站等多种渠道开展国地税合作宣传，使国地税合作政策深入人心。

五、机关管理

1.加强干部职工能力培养。建立健全人事人才工作管理制度，制定切实可行的干部学习制度、考勤制度、目标管理制度、学习情况公示制度、奖惩制度等，有效规范了干部职工的日常管理。对专业技术人员采取传、帮、带的培养模式，基本保证了专业岗位的人才更新；对青年干部实行职业生涯规划设计，通过开展谈心谈话及时掌握青年干部的思想状况及特长特点，帮助他们确立发展目标，加速成长成才。同时大力组织综合知识和税收业务培训，增强全局干部职工的整体素质和执法效率。全年共组织开展金三上线、征管规范、营改增等各类培训40余期，培训干部职工2000余人次，培训面达100%。该局干部在省市国税系统组织的各类业务竞赛和技术比武中成绩优良。

2.激发队伍整体活力。实事求是地为干部职工排忧解难，加强人文关怀和心理疏导，增强干部队伍的凝聚力和战斗力。加强机关党建工作，发挥党组织的战斗堡垒作用和党员的先锋模范作用。积极培育先进典型，大力表彰先进，弘扬先进精神，激励干部人人学先进，人人争先进，立足岗位争创一流成绩，争做一流贡献。继续做好工青妇及离退休等各项工作，对在职干部和离退休干部均做到工作上关心、生活上关照、情感上关怀，积极开展各项活动，激发干部队伍的整体活力。

3.全面实施绩效考核。在2015年获得全县绩效考核一等奖的基础上，牢固树立绩效管理一类单位目标，进一步完善了组织绩效和个人绩效考核细则，科学确定绩效目标，设置年度加减分项目和“一票否决”项目，按月组织开展绩效考核。强化绩效管理考核结果的应用，实行单位绩效考核成绩与单位年终排名挂钩，干部个人绩效考核成绩和年终评先评优及绩效奖金挂钩。以绩效管理促进全局工作的良序运转和干职工的认真履职。

六、廉政建设

1.狠抓“两个责任”落实。建立健全党风廉政建设领导小组，定期研究党风廉政建设工作情况，局领导班子成员严格落实“一岗双责”；班子成员对分管部门负责人和联系点单位领导班子廉政谈话达100%。对照《湖南省国家税务局系统落实党风廉政建设主体责任记实簿》开展反腐倡廉学习教育。县局配备了专职纪检组长，纪检监察部门严格按规定开展“一案双查”、税收执法监察和案件查办。组织全局党员认真学习贯彻《中国共产党廉洁从政准则》《关于新形势下党内政治生活的若干准则》《中国共产党党内监督条例》《中国共产党纪律处分条例》《中国共产党问责条例》。

2.深入落实中央“八项规定”精神。中央厉行节约八项规定以及省委九项规定出台后，迅速组织学习落实。严格按照规定标准购买、使用、管理公务车辆，杜绝了公车私用现象；严格开展办公用房清理，杜绝了超标准使用办公用房现象；进一步规范公务出差管理，严格实行公务卡消费制度，杜绝了超标准接待和接待中的铺张浪费现象；“三公”经费开支严格控制在预算范围内。

3.严格落实各项廉政制度规定。县局严格落实个人有关事项报告、婚丧喜庆报告、主要领导干部调整先审后离、选人用人监督、经费管理、政府采购等制度，无违规行为。2016年，全局干部职工无违反党风廉政建设规定的行为。

【荣获2015年度全县绩效考核一等奖】 3月7日，全县经济工作会议传来喜讯，安化县国家税务局荣获2015年度全县绩效考核一等奖。在此之前，该局已经连续两年获县政府绩效考核二等奖。2015年，该局开拓进取，扎实工作，将绩效考核与税收工作相结合，不断提高税收征纳质量，用好用足税收政策，完成县级收入5.21亿元（已剔除代征个人所得税398万元，城建税43万元），完成县政府预期收入任务（5.21亿元）的100%。

【开展“服务大走访 需求大征集”活动】 为了认真开展第25个税收宣传月活动，做好“营改增”扩围准备工作，提升纳税服务质效和水平，从3月底开始，益阳市局监察室携手该局，在安化纳税人中持续开展“服务大走访需求大征集”活动。按照全面与重点相结合的方式进行，除市局监察室指定的5户重点企业外，对全县1000余户纳税人逐一进行调查走访，全面了解纳税人的所思所想，所需所盼，并广泛征集纳税人的意见、建议，切实解决税收管理和纳税服务中存在的突出问题。为企业提供税收咨询、纳税辅导、权益维护等个性化服务，诚恳征询企业意见，摸清税情税况。

【推行“数字人事”工作】 数字人事”是指国家税务总局依托大数据探索建立的“互联网+绩效管理”系统。数字人事系统以每名税务干部的职业发展为主线建立个人成长账户，通过业务能力、领导胜任力、日常绩效、公认评价四个模块动态记录，精细量化干部在“德、能、勤、绩、廉、评、基”等各个方面的表现，完整呈现干部成长轨迹，实现全员、全程、全面管理。在国税大家庭中营造一种人人向上、一生向上的氛围。为了保证数字人事系统在规定时间内能够顺利上线，该局组织专员分级分类梳理核实人员机构编制、人事档案等数据，建立干部个人成长账户138个，基础信息采集率100%。同时通过微信、内网、宣传手册等方式，广泛宣传“数字人事”在完善干部管理、教育培训、个人职业生涯规划及发展方面的重要意义，营造“全员知晓、全员支持、全员参与”的良好氛围。

（撰稿人：谢琼）

安化县地方税务局

【领导人名录】

局　　长　成大春

副 局 长　刘步潮　刘建明　晏鹤高

纪检组长　邹　剑

【概况】 安化县地方税务局下设5个税务分局，内设7个职能科室、2个直属行政机构、1个直属事业机构，有干部职工143人，其中在职人员108人，退休人员35人。

2016年以来，安化县局在市局党组和县委、县政府的正确领导下，紧紧围绕“三个地税”目标愿景，始终坚持“一调两转”工作基调，着力打造“两强一优”升级版，以“四个着力”为方向来收税、带队、服务，全局干部攻坚克难、齐心协力，各项工作有序推进，取得了优良的成绩。全年完成收入任务4.9亿元。税源主要集中在矿产业、建筑业、房地产业、水利电力业、金融保险业五大行业。

一、收入组织

2016年，面对营改增主体税种缺失、实体经济下行、房地产市场不景气、政策性减税增多等不利因素，该局积极转变征管方式，强化收入目标管理，深挖小税种和所得税增长潜力，大力清缴欠税，克服重重困难，实现了税收收入的持续增长。2016年共入库地方各项收入4.40亿元，剔除营业税后的收入为3.53亿元，比上年同期增收5977.76万元，同比增长20.41%，其中规费收入累计完成4893.47万元，同比增收825.68万元，增长20.30%。同时该局以全面推进营改增时间节点为契机，继续强化营业税清理不放松，清缴欠税1716万元；以金三运行规则为要求，直接退缴营业税、契税等各类税收470万元，落实税收优惠2074万元，持续优化收入质量。

二、征管质效

1. 金税三期。强化信息管税理念，严格落实金三运维责任，该局提出的金三运维建议被总局采纳1条，省局采纳2条；年内共处理异常数据18235条，处理率达到100%；清理金三系统数据欠税6600余万元，其中入库欠税2718.88万元，对其他8户纳税人3939万元欠税按季进行公告；严格执行非正常户的认定程序和标准，共认定非正常户8户，注销非正常户5户。

2. 征管转型。按照“征、管、评、查”四位一体的要求，突出了纳税评估工作，对年纳税100万以上特别是纳入市局重点纳税户名录的企业，进行季度评估和年度评估，共计评估13户重点企业，评估入库税款579.7万元。推进了风险管理，组建了风险管理团队，配备了2名风险管理专干，开展了3期共77人次关于风险管理系统的业务培训，全年共完成上级推送的风险任务38条。深化了国地税合作，全年共计召开6次国地税合作联席会议，就联合定税、代征税费、联合纳税厅的建设、联合稽查等达成了共识。落实相互代征税费，其中国税代征地方税费1166万元，地税代征二手房增值税38.5万元；联合开展纳税人信息比对，共清理漏管户215户，补充、修正信息3000余条；实现了联合办税，确定了联合办税厅的建设方案。国、地税稽查联合办案实行“一次进户、各税统查”。至2016年底联合稽查办案已推进4户。

3.税种管理。土地增值税实行动态管理，严格分类预征，加强了对土地增值税项目的清算，全年共入库4872万元，同比增长15.26%。企业所得税集中组织开展汇算清缴培训，上门指导网上申报和填报新的年度纳税申报表，汇算清缴完成率达98.37%，全年共入库4052万元，同比增长21.80%。个人所得税实现了股权转让信息同步传递，强力推进了个人所得税代扣代缴全员全额申报工作，申报户数攀升至622户，申报率达98%，年内共入库个税9088万元，同比增长76%。房产税和城镇土地使用税严格按照市局“五比五查”工作要求进行清查，清查率达100%。资源税全面落实了从价计征改革，累计入库834万元，同比增长97.36%。

4.协税机制。认真贯彻落实《湖南省税收保障办法》，主动与国税、财政、房产、国土、建设等部门磋商，要求各部门严格把关，全年共开具税控联管完税证明单1667份，涉及税款9635.62万元。积极参与税收综合治理平台建设，全年共录入数据20余万条，同时对平台内的电力、国税数据进行分析、比对，较好地堵塞了征管漏洞。

三、依法治税

1.税制改革。按照省局“六清”的要求，向同级国税部门移交了1388户“营改增”纳税人（建筑安装业81户、房地产业82户、金融业41户、生活服务业1184户），其中5月1日前清缴房地产行业欠税1700余万元，对已缴税未开票的纳税人开具建安发票和销售不动产发票5000余份，将部分欠税按规定流程录入了金三系统，落实了建安房地产纳税人“三方控管资金”提取时的完税审批，较好地防范了涉税风险。

2.纳税服务。派驻办税人员进入国税大厅联合办税，实现进一家门办两家事，依托金三系统，推广深化网上办税服务厅，减少了纳税人奔波之苦。认真落实“五证合一”、“免填单”、延时办税、预约办税、一窗式服务等各项制度，为纳税人打开方便之门。依法执行各项税收优惠政策，完成了2015年度2909户减免税统计调查工作，受理2016年各项困难减免33户，涉及减免金额450万元，减轻了纳税人负担。

3.税务稽查。通过稽查部门对征管重点、难点、焦点问题的及时介入，有效化解了征管工作困境。2016年，稽查部门共介入检查5起举报案件，已查结3起，查处违法发票户15户，罚款1.51万元。全年共稽查入库税款1208.51万元，加收滞纳金74.35万元，罚款2.81万元。

4.税法宣传。开展了纳税服务需求大走访，发放纳税人需求调查问卷1000份，收集纳税人需求和建议231条；召开了营改增宣传会、纳税人座谈会、重点企业自查会，共170余户纳税人参加会议；在办税厅设立税收热点问题解答台，共解答二手房交易、代开发票、税务登记、税收优惠等热点问题1300余次。

四、队伍管理

1.班子建设。县局党组一班子加强交流沟通，实现精诚团结；全面落实两个责任，体现尽责担当。做到了工作思路谋划较为清晰，协调方法统筹相对得当，任务措施落实坚决有力，较好地化解了“营改增”的冲击，确保了收入任务的圆满完成。同时，实现了政策落实、行政效能、队伍建设等各项工作的均衡发展，呈现了新的面貌。

2.党建工作。以系统上下“两学一做”学习教育为助推，大力夯实党建工作平台，做到三个结合：与思想教育相结合，邀请市局党组书记李朝晖讲了一堂“践行四讲四有、争做合格党员”的党课，县局党组书记、党总支书纷纷开展专题党课，涤荡干部思想灵魂；与责任担当相结合，组织了讲奉献、有作为演讲比赛，就先进典型县级劳模刘放兴进行宣讲，提升了干部奉献意识和担当精神；与中心工作相结合，将“两学一做”贯穿全年各项工作，助推各项工作顺利完成。

3.教育培训。组织中层正职以上干部在湖南大学开展了为期一周的综合能力提升班，开阔了视野，提升了管理水平。组织青年干部参加素质教育拓展，强化了队伍集体意识，凝聚了干部人心。积极鼓励干部参加“三师”考试和各类竞赛，点面结合，学习氛围进一步浓厚，吴艳、詹强、杨萍、汤伟强、王旭在全市地税系统“岗位大练兵业务大比武”中考入前十，何双被评为全省地税系统首批公职律师。

4.绩效管理。将绩效考核工作作为贯穿全年的重点、推进各项工作的推手，认真落实上级绩效管理工作部署，严格推行本级绩效考核，全年绩效奖金发放部门和个人之间有了较大差距，通过奖优罚劣，激发了干部职工工作能动性。该局荣获全市地税系统绩效考核第一名。

5.内部管理。严格财务支出，各项经费结余同比均有增长。劳资改革细致深入，职务职级并行、乡镇补贴落实到位。工会工作切实维护了干部职工权益，后勤服务响应迅速到位，政务公开、信息调研、综合治理等工作均圆满完成上级考核任务。

五、廉政建设

1.责任落实。认真贯彻落实党风廉政建设两个责任制的工作要求，履行好党组主体责任、纪检部门监督责任，层层签订党风廉政建设责任状，切实管好班子、细化责任、带好队伍、从严考核，树立廉洁从税的风向标、打好作风建设的攻坚战。

2.思想引导。组织青年干部参观益阳市反腐倡廉教育基地，创作廉政漫画，通过讲授理论、以案说法，引导干部清廉从税、廉洁自律；对照“两学一做”要求，党组书记开展了“讲规矩、有纪律”主题教育活动，提高了干部的拒腐防变能力；党组班子成员对全局中层干部、中层干部对部门干部职工分别进行了廉政提醒谈话，进一步深挖了思想根源、明确了整改和预防的关键。

3.作风整治。通过完善考勤、督察制度，采取定期与不定期检查相结合的方式，全年对干部工作作风及考勤情况共开展了18次明察暗访，对相关情况在全局范围内进行了通报批评，扣发了绩效考核奖金，并依法开除了1名屡次违纪的干部。通过加强作风整治，对广大干部起到了警示作用，也保障了干部队伍稳定平安。

【营改增交接工作】 3月21日，在局五楼会议室举行了“营改增”工作交接联系会，现场举行了交接仪式。该局共将1388户纳税人明细表移交至县国税局。县人民政府常务副县长王益文出席仪式。

【“纳税服务日”】 4月6日，该局在办税服务中心开展“纳税服务日”活动。局长成大春率领业务科室负责人在办税服务中心答疑解惑，发放宣传手册，对纳税人需求进行问卷调查。

【获评全县劳动竞赛先进单位】 5月9日，从全县工会工作暨劳动竞赛表彰大会上传来喜讯，该局喜获2015年度全县劳动竞赛先进单位，这是该局连续三年荣获这一荣誉。

【主题演讲活动】 10月20日上午，该局在华天大酒店举行了“我为安化地税做贡献，提升地税形象靠大家”的主题演讲比赛。来自全县地税系统的11名选手，结合自身的工作实际和个人体会，慷慨激昂地展示了个人风采，抒发了自己对地税工作的热爱之情。经过激烈的角逐，来自稽查局的吴艳荣获本次演讲比赛一等奖。

（撰稿人：蒋斌彬）

银行·保险

安化县人民政府金融工作办公室

【领导人名录】
主　　任　林衍长

【概况】 安化县人民政府金融工作办公室（县金融办）是安化县人民政府办公室的内设机构，负责拟订全县金融业发展战略规划，推进全县金融市场体系建设、社会信用体系建设，规范金融市场秩序；组织开展政府、企业、银行、保险机构之间合作，促进金融业发展；协调处置和防范、化解各类金融风险，维护金融稳定。2016年在职在编人员共3人。

2016年，县金融办扎实工作，积极作为，成效明显，为全县经济社会发展营造了良好的金融环境。全县银行业金融机构各项存款余额285.76亿元，比年初新增61.30亿元；贷款余额88.39亿元，比年初新增22.24亿元（含表外），贷款投放结构不断优化，金融对地方经济发展的支持力度不断加大。

一、健全考核机制

为充分调动县内各金融机构积极性，改善金融服务，加大信贷投入，支持地方经济发展，年初印发了《安化县2016年金融机构支持地方经济发展考核奖惩办法》，年底根据考核办法对相关单位进行了考核。

二、建设金融体系

通过引进各类金融机构，多类型、广覆盖的金融组织体系基本形成。全县已拥有银行业金融机构8家、担保公司2家、小额贷款公司2家。2016年，湘淮村镇银行又在东坪、小淹、梅城、马路4个乡镇新设支行，梅山小额贷款公司大福办事处也正式营业。通过与长沙银行的多轮磋商谈判，使其初步形成了落户安化的意向。

三、开展金融扶贫

一是扶贫小额信贷投放超目标。2016年全县小额信贷任务为12388万元，全年实际新增小额扶贫贷款17173万元，超额完成上级下达的任务指标。二是农村信用体系建设见成效。小淹镇创建信用村50个，对10590户农户进行了评级工作，评级率达99%；对9825户农户完成了授信工作，授信率94%，授信额度9.6亿元。小淹信用乡镇的创建，实现了农户、金融机构和政府共赢的局面。三是金融扶贫服务站实现全覆盖。为探索“便民工程＋金融普惠＋信用培育＋金融宣传”模式，拓展金融服务网络，优化金融生态环境。2016年，在东坪镇仙缸村的金融扶贫服务站试点效果良好的基础上，全县设立金融扶贫服务站70个。

四、扩宽融资渠道

一是对接资本市场。成立了对接资本市场助推脱贫攻坚工作领导小组，先后与方正证券、财富证券签订了精准扶贫战略合作协议，加大对上市后备企业培育力度，落实鼓励企业上市奖励资金120万元，引入拟上市的重点企业3家，对接资本市场的能力不断加强。二是平台融资。2016年，县级平台公司实现融资71.93亿元，创历史新高。其中通过发行企业债融资11亿元，开创历史先河；向银行借款融资60.93亿元，为历史最好成绩。三是企业资本市场融资。新三板企业力天钨业和梅山黑茶成功增发股票直接融资2.19亿元，其中力天钨业增发股票2000万股，融资2亿元，梅山黑茶增发股票1300万股，融资1950万元。

【梅山资源开发有限责任公司发行债券11亿元】 至11月22日止，湖南梅山资源开发有限责任公司成功发行债券11亿元。湖南梅山资源开发有限责任公司通过长达三年的艰苦奋战，经历了资产清理、政策探索、项目包装、债券审批、债券发行五个阶段，终于在8月15日获得国家发改委正式批文，债券在10月12日和11月22日分两期发行，共计融资11亿元，开创了安化债券发行历史上的先河。

（撰稿人：蒋阳宇）

中国人民银行安化县支行

【领导人名录】

行　　长　夏晓鹤

副 行 长　刘小华　夏劲松

纪检组长　李华平

【概况】 中国人民银行安化县支行（人民银行安化支行）是伴随着经济金融体制改革而逐步建立和发展起来的。1985年1月，中国人民银行益阳地区中心支行更名为益阳分行（二级分行）。之后，中国人民银行安化县支行成立。主要职能是执行货币政策、支付清算、经理国库、货币发行、人民币反假以及外汇管理，防范和化解县域金融风险、县域经济金融发展调研、传导货币政策、提供金融服务和支持地方经济发展等。2016年，机关内设3股2室，分别为办公室、综合监督办公室、货币信贷统计股、国库会计发行股和保卫股。2016年底，共有在职职工21人，退休职工7人。

2016年，县人民银行勇于创新，积极开拓，一步一个脚印，坚持稳中求进工作总基调，稳步推进信用村镇建设、精准扶贫和省级示范库三大工作任务，切实改进金融服务，着力维护金融稳定。被益阳市中支评为年度综合考评先进集体，荣获益阳市中支重点、亮点工作一等奖。

一、金融精准扶贫

4月份以来，该行以建设金融扶贫服务站为抓手，积极开展金融精准扶贫工作。该行将全县130个贫困村分成三批建站，第一批10个，2016年6月26日前挂牌；第二批60个，2016年12月31日前挂牌；第三批60个，2017年12月31日前挂牌。2016年6月，安化县第一批10家金融扶贫服务站已全部顺利挂牌并通过验收。其中在7月的全省金融扶贫服务站建设工作验收中，该行在仙缸村的金融扶贫工作得到了检查组的充分肯定。

在金融扶贫服务站建设标准上，各站严格按照长沙中支“八有”标准（有场地、有基本设施、有联络人员、有服务牌匾、有操作流程、有支付器具、有宣传资料、有业务台账）进行建设，每个站都明确了主联系行，成立了联络组，由所在村村支部书记、主联系行信贷员分别担任站长、副站长。

金融扶贫服务站建设工作开展以来，该行推动安化县委、县政府先后出台《安化县农村扶贫对象建档立卡工作方案》《关于实施精准扶贫加快推进扶贫开发工作的意见》《安化县金融产业扶贫试点工作实施细则》《安化县“十三五”农村精准扶贫规划》《安化县金融扶贫服务站建设工作方案》，组织相关职能部门及所有乡镇召开了专题工作推进会，组织各贫困村到仙缸村进行现场学习，在全县范围内形成了一种积极建设金融扶贫服务站的良好氛围。

二、打造省级发行示范库

打造省级示范库是该行2016年又一项重点工作，该行发行库硬件设施已达到标准化管理要求，主要在提升软实力上。围绕这项工作，该行积极采取了一系列措施：一是根据支库实际，制定发行示范库的创建活动实施方案；二是健全责任、内控和激励等内控机制，在人员、制度等方面提高发行库规范化、标准化水平，逐步实现库容布局和实物摆放标准化；三是建立发行、保卫部门的横向联动和双向监督机制，建设高效、安全发行库。四是建立督察督办和问责追责工作机制，开展示范库创建工作的日常管理，加强情况反馈，及时上报工作进展情况，着力推进创建工作的纵深发展。7月，长沙中支已对该行发行省级示范库工作进行了验收。

三、推进“小淹模式”农村信用体系建设

近些年来，在地方政府的配合下，该行在小淹镇推进农村信用体系建设的试点工作，通过建立农户电子信用档案、开展农户信用评价，对信用农户实施利率优惠（信用乡镇信用户贷款利率可下降30%），真正让利于民，有力推进了农村信用体系建设和小淹镇域经济发展，被誉为“小淹模式”，在益阳全辖区予以推广。其做法长沙中支《专报信息》及《金融时报》均进行了刊载。该行持续推进该项工作，截至6月末，小淹镇创建信用村50个，对10500户农户进行了评级工作，评级率达99%；对9825户农户完成了授信工作，授信率94%，授信额度9.6亿元。信用村惠农意识已深入农户心中，小淹信用乡镇的创建，实现了农户、金融机构和政府多方共赢的局面创建各方互惠互利。

【全县金融机构统计工作联系会召开】 1月21日下午，该行组织召开了安化县金融机构2015年统计制度考核结果通报暨2016年统计工作联系会，对2015年统计工作进行总结并对2016年统计工作进行部署，对安化农商银行等3个先进单位以及8位优秀统计员进行了表彰。

【安化县第一批十家金融扶贫服务站通过验收】 8月8日至15日，人民银行与扶贫办联合开展了对黄石村等十家金融扶贫服务站的验收。通过此次验收，人民银行与政府部门实地了解了建站效果，贫困村基本情况，主导产业与脱贫存在的现实困难，向服务站联络人员宣讲了最新的金融扶贫政策与政府部门扶贫政策，为下一阶段精准扶贫工作打下了基础。

【对辖内金融机构现金收付业务检查】 11月8日至10日，人民银行检查组完成了对辖内各金融网点现金收付业务的全面检查。县人民银行自9月份以来，分批次对辖内金融机构开展了检查，重点检查人民币对外收付、人民币反假、人民币宣传等方面的情况，针对查出的问题，提出了整改意见和要求。

（撰稿人：陈琳）

中国农业发展银行安化县支行

【领导人名录】

行　　长　曾安明

副 行 长　徐　虎（2016.11止）

　　　　　夏　莹（2016.11起）

【概况】 中国农业发展银行安化县支行（农发行安化支行）位于东坪镇新开路，属国家政策性金融机构。其主要职责是负责管理和筹措农业政策性资金，承担国家规定的农业政策性金融业务，代理财政性支农资金的拨付，为农业和农村经济发展服务。于1996年12月20日组建，1997年1月3日正式成立。1998年5月调整业务范围，现主要为粮棉油收购、储备、调销及棉花初加工等贷款业务和相应的存款、结算业务。2006年业务范围扩大，在原有政策性贷款上，增设商业性贷款业务。

2016年，通过全行上下齐心协力，扎实工作，锐意进取，支行的各项工作稳中有进、整体趋势向好，被益阳市分行评为先进基层党组织，被益阳市银行业协会评为文明规范服务示范单位，在安化县政府2016年度金融机构支持地方经济发展综合考核中荣获三等奖。

一、存贷业务实现双增

截至12月末，该行各项贷款余额11.99亿元，比年初增加4.04亿元，增幅达50.83%，全年累计发放贷款4.75亿元，其中粮棉油储备贷款2665万元，水利建设贷款2.90亿元，棚户区改造贷款1.28亿元，产业化龙头企业贷款1800万元，其他涉农企业贷款1200万元。累计收回贷款7045万元，其中收回粮油储备贷款1460万元，收回水利建设贷款1600万元，产业化龙头企业贷款1800万元，其他涉农企业贷款2185万元。年末该行存款总额10.77亿元，其中单位活期存款10.49亿元，财政专项存款1185万元，单位定期存款1775万元。比上年增加6.95亿元。全年该行实现中间业务收入22.71万元，盈利2441万元。

二、约期还款正常

全年，该行中长期贷款归还应约期还款1600万元，实际收回约期贷款1600万元。具体为安化城投公司归还该行一般水利建设中长期贷款1600万元。

三、贷款利息应收尽收

年末该行应计利息4648万元，实收利息4642万元，综合收回率99.87%。其中：政策指令性应计1100万元，实收1094万元，收息率99.45%；政策指导性应计3385万元，实收3385元，收息率100%；自营性应计163元，实收163万元，收息率100%。

四、四大基建项目次第开花

为贯彻落实省市分行2016年5月全力推进的“红五月”活动，该行大力开展了项目营销工作，2016年营销和对接项目4个，分别为羽城公司1.28亿元棚改项目、梅山公司3亿元黑茶产业园的基础设施建设项目、羽城公司2亿元农村流通体系建设项目，水务投2.9亿元资水干流安化县段防洪工程项目。截至2016年12月末，羽城公司1.28亿元棚改项目已全部发放完毕，梅山公司3亿元黑茶产业园基础设施建设项目已完成受理申报并移交省分行后台，羽城公司2亿元农村流通体系建设项目完成准入和受理工作，水务投资2.9亿元资水干流安化县段防洪工程项目已启动受理准入工作。

【2.9亿元水利建设贷款顺利发放】 为打好金融服务脱贫攻坚战役，该行践行投贷结合、融资融智相结合的扶贫模式，2016年一季度完成了创圆投2.9亿元水利建设中长期贷款及配套5000万元基金的受理申报、发放工作，以水利项目助力县域扶贫。

（撰稿人：刘蓓）

中国农业银行股份有限公司安化县支行

【领导人名录】

行　　长　朱建社

副 行 长　谭再琪（兼纪委书记和工会主席）

张　利（2016.1止）

闵郁益（2016.1起）

李光正（2016.1起）

【概况】 中国农业银行股份有限公司安化县支行（农行安化支行）是中国农业银行股份有限公司授权在安化县经营的一级支行，下辖4个二级支行、1个支行营业部、5个分理处、1个自助服务区，ATM机25台、智付通490台。全行员工230人，其中在职员工141人，内退员工12；退休员工77人。

2016年，安化县支行在县委、县政府及上级行党委的正确领导下，认真落实县委“3+2”发展战略和上级行“升级进位”战略，认真贯彻“从严治党、从严治行”要求；扎实推进“向成本、风险、案件宣战”；以“两学一做”教育为切入点，转观念、转作风、转方式，全面提升员工业务技能和服务水平。全行上下同心同德、砥砺奋进，管理基础进一步夯实，各项业务平稳发展，在市分行年度绩效考核中排名第三。

一、各项存款

2016年末人民币个人存款时点余额36.01亿元，较年初增加3.69亿元，余额、增量保持全市第一；个人核心存款日均增量3.98亿元，全市排名第一，完成年度任务的129.1%。对公存款时点余额为13.17亿元，较年初净增3.46亿元，同比多增2.8亿元，完成年度任务的595%，对公存款日平余额为11.22亿元，较年初净增1.93亿元，完成年度任务的295.7%，时点增量、日均增量均排名全市第一。全年各项存款时点净增7.15亿元，人均增存503.7万元，创历史新高。

二、资产质量

一是个人贷款投放力度加大。截至12月末，个人贷款余额4.11亿元，共投放个人贷款845笔，累计金额1.4亿元，个人贷款较年初增加1356万元，其中：非农个贷余额3.26亿元，较年初净增741万元，农户贷款余额8565万元，较年初净增615万元，比上年同期多增859万元。二是到期贷款清收及时，2016年，全行到期贷款784笔、金额1.31亿元，现金收回762笔、金额1.29亿元，到期贷款现金收回率98.38%。三是不良资产核销到位。2016年核销个人贷款8笔，金额142.9万元，完成年度任务的304.4%，核销信用卡不良透支1笔，金额15.1万元，完成年度任务的107.8%。

三、创收、盈利水平

中间业务收入1834.36万元，完成年度任务的123.59%，系统内贡献度为18.83%，人均创收13万元。对公中间业务收入474万元，完成年度任务的158%。中间业务收入总量全市第一，贡献度排名第一；同业比四大行排名第一。拨备前利润：完成7234万元，全市贡献度为24.97%，计划完成率为106.34%，较2015年增加了924.02万元，增幅达14.64%，人均创利50.9万元。拨备后利润：完成7056万元，全市贡献度为27.67%，计划完成率112.3%，较2015年增加了1300.98万元，增幅达22.6%，人均创利49.7万元。拨备前利润、拨备后利润完成值以及贡献度均为全市第一。

四、其他重点业务

私人银行年日均金融资产500万以上客户净增19户，资产净增1.60亿元，完成年度任务的3198.8%，排名全省第一；个人加权贵宾客户数达11003户，较年初增长2046户，完成年度任务的157.6%，排名全市第一；法人折效客户净增222户，完成年度任务的462%。对公客户新增189户，完成年度任务的222%。对公人民币结算账户新增196户，完成年度任务的109%，现金管理客户净增105户，完成年度任务的101%。全年新增有效发卡1443张，较2015年同期多发卡1259张；掌上银行活跃客户净增3957户，同比多增573户；电子渠道金融性交易占比为94.6%，比年初提升了3.6%，全市排名第一。

五、基础管理

2016年内控评价继续保持一类行。全年运营工作考核全市53个营业网点，梅城支行、平口分理处分别以100.29、99.29分，由上年的第46、28名上升到第2和第5名，支行营业部由上年的第51名上升到第10名，其他网点排名基本与上年相同，但整体考核得分明显上升，排名靠后的建设路支行考核得分由上年的78.72分上升到92.69分。运营主管杨爱萍排全市第3名，柜员李丽排全市第1名、夏洁雯第2名、熊兰第5名。全市运营环境专项治理工作抽查了25个网点，烟溪分理处排名全市第2名 。支行金库在5月份顺利通过了总行的检查验收 。安全保卫工作在县公安内保工作考核中，11个网点6个优秀，优秀率达54.5%。

六、"向成本、风险、案件宣战"活动

为全面贯彻落实省行工作会议精神，认真开展了"向成本、风险、案件宣战"活动，结合活动要求制定了《安化县支行"向风险宣战"工作方案》《安化支行重点领域信用风险专项治理实施方案》及车辆使用、营业用水电、用电、办公用纸等管理制度。2016年6月3日召开了全行"向风险宣战"的工作部署会议，对不良贷款，逐户制定了风险化解方案，明确了责任人。实现了全行年度内不良贷款余额零增长，不良贷款率控制在1%以内，不发生一级重大操作风险事件及重大声誉风险事件的工作目标。大力弘扬艰苦创业、勤俭办行的"老农金"精神，牢固树立"过紧日子"的思想。完成了全行6个农村网点和城区交流房及家属楼共198套（间）房子水电改造情况的收集核实工作。对124套（间）住房进行水改，74套（间）进行了电改，有效控制了成本增长。实现全年"0"案件目标。

七、党风廉政建设和精神文明建设

严格按照上级明确的阶段部署和要求，扎实地开展"三严三实"、"两学一做"、党风廉政建设等教育活动。一是组织全行中层骨干和部份党员干部，到安化县拘留所实地进行警示教育，以事实震憾不良行为带来的后果。二是多形式开展"两学一做"教育。利用网络学院考试平台，组织在岗党员开展迎建党95周年党的知识及"两学一做"竞赛活动，激起党员干部"两学一做"自学高潮。组织全行党员开展"两学一做"书法竞赛活动。邀请县党校专家进行"两学一做"解读，深入透彻理解"两学一做"内涵和意义。三是抓住敏感时期，及时发出廉政警示。在重大的传统节日前，以"微信＋电话＋邮件"三合一的方式向全行发送廉政警示，很好地警醒了员工行为，年内没有发生腐败现象，确保了队伍的廉洁性。

【纪念币兑换发行工作】 2016年该行代理人行发行了猴年纪念币、孙中山120周年诞辰纪念币的现场兑换、发行工作，发行过程中严格按照规范程序进行操作，确保兑换发行平稳推进。

【1起电信诈骗事件获成功处置】 3月30日，客户夏某因操作手机时误点入病毒网址，致手机被植入木马程序，被犯罪嫌疑人转走存款15.21万元。该行立即成立专案小组，对事件进行跟踪，并积极与第三方投资平台进行沟通。在多方的共同协作和努力下，6月13日，为客户追回经济损失共计13.60万元。

【第九届职工代表大会】 7月29日，该行召开第九届职工代表大会，30名职工代表参加会议。会议进行了职工代表大会换届选举，审议通过了安化支行年度工作报告、工会年度工作报告、工会年度财务报告、年度财务审查报告；选举产生了新一届工会主席、副主席、工会委员会、工会财务审查委员会、女工委员会；选举了市分行第四届职工代表大会职工代表；通报、解答职工代表的提案。

（撰稿人：宁虎龙）

中国建设银行股份有限公司安化支行

【领导人名录】

行　　长　刘纯志

副 行 长　刘红兵　龚俐聪

【概况】 中国建设银行股份有限公司安化支行（建行安化支行）是中国建设银行股份有限公司授权在安化县经营的一级支行。支行下辖本部、镇东桥分理处、柘溪分理处3个营业机构，在职员工35人。主要经营办理人民币存款、贷款、结算业务及外汇存兑、票据、债券、信用卡等业务。

一、2016年度主要经营情况及业绩

1. 截至12月31日，一般性存款余额为35.89亿元，比年初新增7.75亿元，完成全年计划任务的310%，其中对公存款19.60亿元，较年初增长5.72亿元；个人存款余额16.29亿元，较年初新增2.02亿元。一般存款日均余额为31.72亿元，较年初新增5.28亿元，完成全年计划任务240%。

2. 年末，各项贷款余额8.64亿元，其中公司贷款余额7.21亿元，比年初新增9761万元（年内，安化县人民医院贷款1.12亿元，创圆投资公司贷款3000万元由政府债券置换，贷款实际新增2.4亿元）。个人贷款余额1.4亿元，比年初新增738万元；继续保持了贷款不良率为“0”。

3.2016年实现经营利润6626万元，比上年增88万元，人均创利190多万元。

二、业务运行情况

1. 产品营销进入了常态化，信用卡分期做出了地方特色，成为同业的佼佼者。个人产品完成总量全市第一，各项指标基本完成上级行任务。

2. 党建工作和合规文化建设得到加强，通过双基管理长效机制建设，支行团队建设、内部管理得到了加强，员工的业务素质得到了提高。该行以“两学一做”为抓手，认真落实党委的两个主体责任，抓班子建设，抓党员队伍建设，严格执行中央“八项规定”，扎扎实实推进“合规年”建设，紧跟市分行“向不合规行为宣战”活动，继续深化双基管理长效机制建设，认真查找问题，提高认识，坚持支部书记上讲台，讲党课，鼓舞了士气，全行上下团结一心发展业务。内控管理得到了较大提升，全年实现安全无事故和案件。看好自家门，管好自家人，及时关注了解人员的稳定，确保了安全营运。

3. 团队建设得到加强，支行认真办好职工食堂，灵活运用现有的物资条件，腾出空置的2个房间改造为员工休息室，并购置床、被子，尽可能改善员工福利，让员工增添幸福感。支行班子成员开展家庭走访、不断丰富企业文化载体，努力打造职工的“幸福家园”，用温馨家园，创造团结和谐环境，员工幸福指数有所上升，企业凝聚力增强，为业务超常快速发展夯实了基础。

4. 客户分层维护，优质服务效果明显，通过加强检查、处罚力度，认真落实“7+7”服务，大堂经理的配置等工作，该行整体服务水平得到了提高，逐步树立了建行品牌形象，系统内排名进入前三。加大效能管理，积极推进客户分层维护，提升服务效率，努力提升服务水平。

（撰稿人：陈并宇）

中国工商银行股份有限公司安化支行

【领导人名录】

行　　长　李　冬

副 行 长　陈忠于　李自主

行长助理　钟　琨

【概况】 中国工商银行安化支行（工行安化支行）成立于1984年，全面接替由安化县人民银行办理的工商信贷和储蓄业务；当时有在职职工及离退休人员126人，下设5个分理处，6个储蓄所，网点遍布全县重要乡镇，国有大型企业和县城主要街道，是全县规模最大、业务最强、服务最好的国有金融机构。2000年由于总行实行由县城向大中城市收缩战略，安化支行撤并，人员全部并入益阳城区网点。2005年重新恢复设立机构，名称为中国工商银行益阳分行安化分理处；2007年正式更名为中国工商银行股份有限公司安化支行，简称“中国工商银行安化支行”；2016年有在职员工17人，离退休员工27人。除经营传统的存、贷业务外，业务涵盖各项存款、贷款、贸易融资、个金、结算、信用卡、电子银行、各项代理业务等。

2016年，该支行在人民银行及银监局等有关部门的大力支持下，全行上下振奋精神，紧紧围绕县委、县政府的战略目标，锐意进取、扎实工作、实现了资源、队伍、产品和客户的整合，强化了业务宣传力度，进一步提高了业务服务质量，增强了业务发展的可持续性和稳定性，进一步实现增量创收。截至2016年12月31日，各项存款余额4.46亿元，其中储蓄存款3.01亿元，对公存款余额1.45亿元，各项贷款余额1.67亿元，其中公司贷款1.43亿元。

一、强化营销，积极拓展存款

在抓存款上，始终明确存款业务始终是第一要务，紧抓四季度资金回笼“黄金时期”，有针对性地开展拉存吸储竞赛活动，进一步提升增量、扩大总量，确保完成全年存款任务指标。一是着力强化“存款兴行、无储不稳”的经营理念，学习借鉴先进有效的经验，强化干部员工“出门营销有存款，坐在家中无客户”的意识，重点通过做深客户抓存款，提升服务吸存款，开展活动拉存款，积极营造“争先恐后，无私奉献”的发展氛围。二是积极探索“结构稳定、持续增存”的长效机制。建立日均存款和时点存款考核并重的考核制度，真正实现“由抓时点向抓经常、由单项抓向综合抓、由领导抓向全员抓”的“三个转变”，特别是针对活期存款占比较高现象，不断加大定期存款拓展力度，进一步提高存款业务的稳定性。三是进一步发展和稳住优质大客户，实现支行可持续发展，提高核心竞争力，达到银企双赢，支行利用春节前走访了白沙溪茶厂、华莱生物等一大批优质客户，与企业领导、财务人员进行了面对面的交谈，一方面给企业拜个早年，感谢企业对工行的支持与厚爱；另一方面，征求企业对本行经营管理、业务需求、服务质量、工作作风等方面的意见和建议，以便更好地了解企业对银行业务方面的需求，有利于针对性的改进、提升业务品牌，更好地为企业服务，赢得企业对该行进一步的信任和支持。四是网点足额配备了客户经理、大堂经理，积极维护中高端客户，并制定了大客户维护责任制，全面提升了服务水平，促进了该行存款的快速增加，提高了存款对效益的贡献率。

二、拓展优质信贷投放市场

按照省、市分行确定的信贷投放重点，结合安化实际，加大信贷营销力度。一是锁定重点客户、重点项目，开展营销攻坚，力争早投放、早受益。二是创新信贷营销模式，抓客户、抢市场。积极参与政府主办的银企对接活动，寻找业务发展契机，积极支持中小企业发展。三是积极参加“信贷早春”行活动，加大对县域实力较强、规模较大、示范带动作用强的龙头企业的信贷营销力度。四是坚持营销和管理并重，推动个人信贷业务发展。大力调整个贷产品结构，突出个人住房按揭市场和经营贷款市场营销。五是建立健全风险内控制度，加强各个业务环节的风险管控，不定期组织开展业务检查，提高合规操作能力，提高信贷质量。当前经济形势下，安化支行的信贷从业人员以敬畏之心，严格执行信贷各项规则，培养执行制度严谨认真、操作流程阳光透明、决策科学规范、风险有效管控、风险与收益平衡的新的信贷文化。

三、健全营销机制，推进转型业务的发展

建立健全营销机制和团队，不断提升员工的综合营销能力。以组建客户经理团队为契机，通过人员、产品、资源的整合，实现队伍的整合营销，定期组织开展培训、考核和集中学习，不断充实员工的业务知识，提升营销能力，组织营销实战演练，充分利用团队开展有针对性的营销活动。全力推进信用卡分期付款，提高信用卡的增效能力和综合回报率。制定信用卡分期付款及汽车分期营销激励办法，促进普通消费转分期业务，同时，努力发展特约商户。中间业务收入是利润的重要来源之一，为了确保完成市分行下达的中间业务任务，该行积极采取措施，一是健全管理体系，加大督促力度，从加强组织领导入手，进一步建立健全中间业务管理体系，实施以营业部为中间业务的组织管理核心，各相关岗位分工负责的管理体系，牵头部门充分发挥核心指导作用，及时协调解决上下之间在开展业务工作中存在的问题和困难，帮助算细帐、出主意、想办法、推经验，进一步强化了中间业务工作的组织推动作用，有力地促进了中间业务的发展。二是巩固扩大结算、代理等传统中间业务优势的基础上，依托市场热点，拓宽收入领域。及时捕促市场热点，加大纸黄金、品牌黄金等贵金属业务营销力度，突出抓好代理保险、基金和理财产品的营销.

四、增强内部制约和外部防范能力

加强内控管理，高度关注新形势、新市场环境下各类同风险的演变趋势，进一步加强内控管理，进一步推进运营改革，提高内控外防能力，牢固树立“案件零发率就是创造效益”的内控管理理念，建立和落实案件防范工作机制，有效控制了各类违规违纪案件的发生，切实保障了各项经营业务顺利开展。一是建立健全内控机制，夯实案防工作的指导思想，贯穿于全行业务经营和改革发展的全过程，建立了层层负责的案防机制，成立了以行长为组长的案件防控领导小组，实行“一把手”负总责、各部门各负其责，全员积极参与，从源头上建立了齐抓共管的案件查防监管体系。二是落实“两个责任制”目标管理。年初，层层签订案件防范和党风廉政建设目标责任书，实现案防工作目标管理的“四个到位”，即：目标签订到位，任务分解到位，责任明确到位，问题落实到位。三是建立遵章守纪承诺保证机制，组织全行员工签订责任状，增强思想和行为的约束力，切实防范道德风险。四是建立完善激励约束机制，把内控案防纳入全员经营绩效考核，实行一票否决制。强化重点防范，严把五道关口。严控操作环节，加强操作流程监督；强化内控评价职能，不断加大现场检查频率，增加检查覆盖面；严格大堂值班经理事中权限管理，发挥其事中控制作用；发挥运行督导员的检查职能，抓好屡查屡犯问题的整改。落实六项制度。坚持落实案件防范形势分析会制度，定期对案防形势和员工行为动态进行分析，研究制定问题整改措施。对存在问题，加强排查、分析、督促指导问题的纠正与整改。对检查中发现的问题，及时发出整改建议书，跟踪监督问题的整改。围绕操作风险点，结合业务发展得点，有针对性的做好案件防控工作。检查岗位履职管理制度，重点是做好支行网点负责人、现场值班经理履职行为的监督管理，做到事前防范、事中控制、事后监督等落到实处。对存在的问题较多，屡查屡犯，屡禁不止，有案件隐患的部门，支行实行重点监控，督促相关人员将问题整改到位。加强安全防范教育制度，筑牢防范事故案件的堤防。层层签订安全保卫责任书，明确各级管理人员的职责，加大重点部位、重要环节检查力度。组织开展安全防范应急、防抢劫、消防演练，制定了突发事件的应急预案，定期组织员工进行演练。加强员工学习制度。结合省银监局对银行业案件治理要求，制定了员工学习计划，每周二晚上组织业务人员进行业务制度学习，重点围绕《业务操作指导》《中华人民共和国反洗钱法》《员工行为守则》等内容进行学习，提高了员工业务素质和遵章守纪意识。

五、提升服务管理

2016年安化支行开展“网点标准化流程”管理工程，建立了周学习制度，细化了服务管理流程，通过组织网点员工利用晨会、夕会时间，积极开展集中学习网点标准化流程管理规范、开展服务检查、知识考评等活动，切实提高了员工服务知识和服务礼仪。安化支行网点服务水平得到大幅度的提高，实现了网点管理、营销和服务的标准化、流程化和规范化。

六、加强党风廉政建设工作

进一步加强廉洁工作，牢固树立以人为本的管理理念，充分调动全行员工的积极性和创造性，为该行发展提供智力支持和组织保障。一是加强领导班子建设，做好领导分工，建立学习制度，定期开展全员培训教育活动，认真开展和落实各项工作任务。二是建立员工学习考核管理制度，切实提高员工业务知识和业务操作技能。进一步提高全体党员的政治素质，认真解决工作作风方面存在的问题，使全体党员始终保持旺盛的生机和活力。根据分行党委、监察室提出的“春节廉洁自律倡议书”，召开了全体党员干部会议，要求党员干部严格按照分行提出的“四项内容”的倡议，严格要求自己，切实转变思想，转变作风，形成风清气正的良好政风。

（撰稿人：张琴）

中国邮政储蓄银行股份有限公司安化县支行

【领导人名录】

行　　长　彭志峰

副 行 长　王伟力

【概况】 中国邮政储蓄银行股份有限公司安化县支行（邮储银行安化支行）1986年恢复开办，2008年4月18日正式挂牌成立。该行始终秉承敢为人先、追求卓越的企业精神和服务安化、成就价值的企业宗旨，以及建设特色鲜明、优势突出的一流现代零售商业银行的企业愿景，以责任、创新、奉献的核心价值观，以进步与您同步的座右铭，经过30年的风雨历程，服务触角遍及城乡。2016年已拥有自营网点4个，邮政代理网点21个，从业人员60人，储蓄存款余额达12亿元。2016年3月29日，该行办公区整体搬迁至安化县城南区雪峰湖大道的上海城。

一、以“执行力”打造一流商业银行

自成立以来，该行着力推进“严格执行、迅速落实”的执行力文化建设，着重完善考核监督机制。通过绩效引导、费用倾斜、人力资源优化等措施，不断激发支行的增长活力。支行先后荣获了2009年度邮储银行益阳市分行经营绩效先进企业、2010年度全省邮政储蓄银行“十强”县市支行、2010年度邮储银行益阳市分行经营绩效先进单位、2013年度安化县内保工作综合考评先进单位、2014年度安化县绩效考核三等奖、2014年度邮储银行湖南省分行服务“大三农”小企业特色支行、2016年度全县绩效考核三等奖、2016年度县金融先进单位等称号。

二、以“强人才”提升企业核心竞争力

该行高度重视人才队伍建设，通过教育培育、结构优化和激励机制建设等手段，持续提升全行员工的综合素质。一是注重营造平等公开和竞争择优的人才成长制度环境。鼓励和支持人人都做贡献、人人都能成才，促进优秀人才脱颖而出，实现干部员工队伍协调发展，充分发挥各类人才的作用，积极为各类人才干事创业和实现价值提供机会和条件；在选人用人方面全面引入竞争激励机制，以工作实绩来评价人才，用激励手段来激发员工潜能，在竞争中发现人才、使用人才和造就人才，加快人才培养、选拔、使用和退出制度建设，最大限度地激发金融人才的创造活力，做到人尽其才、才尽其用。二是注重人才培养，为发展储备人才。坚持“按需施教，务求实效”的基本原则，针对不同岗位、不同职级人员的不同需要，开展多层次、多渠道、全方位的培训，不断提升员工的业务素质和技能水平，择优选择新毕业大学生到最基层、最艰苦的岗位上锻炼，储备基层骨干后备人才。支行实现了由“要我学习”到“我要学习”的转变，形成了一支强有力的人才队伍，以优质、高效的服务满足安化人民的金融需求。

三、以“普惠金融”助力地方经济发展

在各级政府、金融监管部门以及社会各界的关心和支持下，该行坚持普惠金融理念，自觉承担“普之城乡，惠之于民”的社会责任，走出了一条服务“三农”、服务中小企业、服务社区的特色发展之路。陆续推出了包括网上银行、手机银行、电话银行、电视银行、微信银行和易信银行在内的电子金融服务网络，形成了以本外币储蓄存款为主体的负债业务；以国内、国际汇兑、转帐业务、银行卡业务、代理保险及证券业务、代收代付、代理承销发行、兑付政府债券、代销开放式基金等多种形式的中间业务；以及商户贷款、农户贷款、家庭农场贷款、农民专业合作社贷款、烟草贷款、再就业小额担保贷款、个人房地产抵押贷款、内河运输船舶（含工程船）贷款、小企业贷款、林权贷款、一手房贷款、二手房贷款、综合消费贷款、信用消费贷款、汽车消费贷款等为主渠道的资产类业务；对公存款和对公结算业务已全面铺开。

四、以“产品创新”对接地域特色经济

该行结合县域经济特色，全面贯彻落实“服务三农、支持地方经济”政策精神，2016年继续推进为安化县黑茶产业发展量身定做的黑茶互惠贷产品，此贷款采用“行业协会+互助担保+信贷”模式，由超过30户以上的黑茶小微企业组成互助合作组织，按贷款金额缴纳一定比例保证金共建互惠担保基金，委托安化茶叶协会进行管理，为各基金成员在该行的“互惠贷”提供担保。贷款方式灵活，授信期限2年，授信期间额度可循环使用；单笔贷款最长支用期为1年，最长可用3年，前两年随用随支，随借随还；单户授信金额高，贷款成本低，还款方式多样。至2016年底，该行在安化县域成功授信黑茶企业30家，累计放款7614万元，成功放款56笔，放款金额达7390万元，切实解决了安化县黑茶企业担保难、融资难、融资贵问题，为安化黑茶企业的发展带来了实实在在的经济效益，有效扩大了安化黑茶产业的健康稳定发展，得到了安化县县委、县政府的大力支持与肯定，也进一步扩大了该行在安化县域范围内的影响力。

五、以“精准扶贫”促县域经济发展

该行秉承“服务三农、支持地方经济”的精神，积极发挥金融服务职能，通过延伸金融服务网点，开发信贷新产品，加大信贷投放等方式，近年来为安化县域就业增加、农民增收、农业增效做出了积极贡献。支行在安化县域内推出再就业贷款产品，产品一经推出受到了再就业客户的欢迎。后为加大对就业创业的支持，对贷款对象、年限、担保方式、担保金等事项进行了调整，由过去限定连续正常经营1年以上缩短为3个月，由过去年龄限制在20周岁至60周岁放宽至18周岁至60周岁，为更多年轻人创业提供机会。截至2016年，该行共计发放再就业贷款900笔，发放金额7027万元，惠及县域再就业客户1000余户，有效缓解了安化县再就业人员压力，为安化县域民生建设和经济发展起到了积极的推动作用。

家庭农场贷款为面向家庭农场（专业大户）等新型农业经营主体发放的个人生产经营性贷款。它的适用范围较广，只要是家庭农场（专业大户）中具备完全民事行为能力、实际控制主要资产和生产经营行为的自然人即可。而贷款用途可为借款人购买农业生产资料、购置农机具、从事农田水利、大棚等基础设施建设维修、交纳地租等农业生产经营用途。与传统的小额贷款相比，家庭农场（专业大户）贷款颇具特色，无论从贷款额度、期限、利率、担保方式等各方面均作了很大的倾斜。单户授信额度最高达50万元；期限最长可达5年；人行同期同档次基准利率适当上浮；在授信期限及最高额授信额度内，借款人可以根据生产经营的需要随时自主发放贷款，也可以根据资金需求情况全部或部分归还贷款，额度有效期2年；担保方式灵活，包括自然人担保、抵押担保、普通法人担保和信用担保。该行自开始经营家庭农场贷款以来，本着快授信、快报批、快发放的原则，截至2016年，累计发放家庭农场贷款65笔，发放金额近1600万元。

为促进湖南省现代农业发展，提高邮政储蓄银行湖南省分行对新型农业经营主体、金融扶贫的信贷支持力度，推进邮政储蓄银行三农金融业务的转型升级，该行多次与财政、农委、扶贫办等部门沟通汇报，邮政储蓄银行湖南省分行获准与中华保险公司共同参与精准扶贫“财银保”保证保险贷款和新型农业经营主体保证保险贷款业务。该贷款产品的贷款对象为经县级政府扶贫部门认定，投资参与扶贫产业项目，扶持和带动扶贫对象脱贫致富的新型农业经营主体。邮政储蓄银行安化县支行作为益阳市唯一一家获得精准扶贫“财银保”保证保险贷款业务开办权限的支行，自2016年9月获得批复后，迅速与安化县政府、县金融办、县人民银行、县财政局、县扶贫局、中华联合保险公司进行了业务对接，并着手安排至各新型农业经营主体进行调查，解决了精准扶贫建档立卡人员创业项目无启动资金的困难。

（撰稿人：肖曦）

湖南安化农村商业银行股份有限公司

【领导人名录】

董事长　胡　勇

副董事长、行长　谌灿球

监事长　刘乐平

副行长　马志强

胡华安（2016.9起）

【概况】 湖南安化农村商业银行股份有限公司（安化农商银行）于2015年7月28日正式挂牌成立。2016年拥有营业网点67个，其中：1个营业部，31个支行，35个分理处，总部位于安化县东坪镇辰州路21号。机关内设：董事会办公室、人力资源部、合规风险部、财务会计部、监察室、安全保卫部、稽核审计部、科技信息部、营业部、市场拓展部、电子银行部、办公室、群工部、不良贷款清收办、行政物业部、信贷统计部、资金营运中心。现有干部职工619人，其中硕士研究生2人，本科生194人，大专327人，中专或高中96人；经济师30人，助理经济师57人。退休人员147人。

2016年，是湖南安化农村商业银行股份有限公司三年发展规划的开局之年。全行在人民银行和银监部门的关心支持下，围绕县委、县政府“十三五”发展战略，按照年初工作部署，坚持稳中求进，稳中求快，坚持以发展为第一要务，以提高质量和效益为中心，以创新为第一动力，进一步夯实基础、推进转型、强化管理、防控风险，推动全行各项工作再上新台阶，实现了该行第一个三年发展规划的良好开局。

一、业务发展

至2016年末，全行各项存款余额115.24亿元，较年初净增15.45亿元，增长13.43%，完成了省联社分配任务的132.86%；存款日均净增8.86亿元，完成了任务的134.26%。各项贷款余额47.31亿万元，较年初净增5.95亿元，增长12.58%，考虑核销因素，实际较年初净增6.49亿元，完成了任务的120.26%。存款和贷款总量分别占全县金融机构的40.44%和53.51%。表内不良贷款余额为8398万元，不良贷款占比为1.78%，保持了年初的水平。实现经营利润2.93亿元，完成了任务的106%；资本充足率14.55%，较2015年上涨了0.6个百分点，贷款损失准备充足率和拨备覆盖率分别为180.28%和254.15%。

二、市场拓展

2016年，全行存款个人优质客户净增6546户，完成了任务的436%；对公存款客户净增315户，完成了任务的315%；个人贷款客户净增3673户，完成了任务的136%；法人贷款客户净增92户，完成了任务的307%；新增手机银行客户29917户，完成了任务的161%；新增便民卡用户7046户，完成了任务的87%；社保IC卡总量达64万张，激活率67%，增加有效客户43万户。实现资金营运收入1.98亿元，综合收益率达3.41%；签约公职人员“易贷宝”单位217家，发放贷款613笔，金额7930万元；发放学校贷款1家，金额2500万元。

三、风险管控

严格新放贷款管理，年内到期贷款收回率达99%。充分运用政策，实现呆账贷款核销常态化。全年累计核销损失类贷款692笔，金额5447万元。成立不良贷款清收办公室，抽调6名骨干力量专职清收不良贷款，全行年内收回表外不良贷款3690万元，完成了省联社分配任务的101%。始终保持了内控案防的高压态势，加强柜面业务风险防范与案防平台建设，认真排查安全隐患，全年未发生经济案件、“四类”案件和责任安全事故，实现了“平安年”目标。紧紧依靠行管、监管部门和县委、县政府，妥善处置周某涉嫌集资诈骗风险事件，保持了稳定，隔离了风险。

四、品牌形象

冠名大型电视选秀节目——《安化达人秀》，产生强烈社会反响，提高了农商银行的知名度；在全县组织开展了10余场大型宣传活动，宣传金融知识和该行特色产品；与县计生协会开展金秋助学行动，帮助100名学子圆了大学梦；积极参加县总工会、县残联的“慈善一日捐”“助残一日捐”等活动；总行改版出刊的《安化农商银行》，全年出刊6期，得到各级领导肯定与社会好评；在县电视台、《安化作家报》和路牌广告等平台全方位宣传，辐射范围广，全行社会影响力和知名度大幅提升。同时，争先创优有新的气象，平口、清塘支行荣获益阳市银行业文明规范服务示范单位，总行被评为“湖南省模范职工之家”，并通过了“湖南省文明单位”的验收。

五、社会担当

积极投身全县脱贫攻坚，承担金融产业扶贫重任。在全县建立34个金融扶贫服务站，发放扶贫贷款1.72亿元，帮助3779户贫困农户脱贫致富。缴纳税收7473万元，社会责任和担当进一步彰显。

六、队伍建设

全年新招大学生员工21人，新老置换2人，进一步优化了人力资源结构。选拔支行行长4人、支行行长助理6人，进一步完善了员工晋升机制，为事业发展储备了中坚力量。全年共组织开展各类员工培训13次，参训人员达842人次，有力地提升了员工素质。组织员工参与了省市组织的乒乓球比赛、气排球比赛、文艺汇演等，队伍凝聚力、向心力和战斗力进一步增强。

七、党建工作

党的组织建设更明确。明确党建工作思路和主要内容，健全33个基层党支部的组织机构，严把党员发展关，2名预备党员如期转正，新发展2名预备党员，为党组织增添新鲜血液。扎实开展“两学一做”学习教育，党委书记讲授专题党课，聘请党校专家为党员、干部讲授党风廉政建设教育课等，提高全行党员、干部的理论素养；组织全行270多名党员到党校集中学习，参观韶山红色教育基地、益阳廉政教育基地等，引导全体党员树立公仆意识、群众意识、自律意识，增强辨别是非能力和拒腐防变能力。组织全体党员学习新《中国共产党纪律处分条例》《中国共产党廉洁自律准则》等党内新规，强力推进整治“雁过拔毛式”腐败问题和纠“四风”、治陋习，党风和作风建设明显加强。

【2016年度工作会议暨第一届职工代表第二次会议】 3月1日，安化农商银行2016年度工作会议暨第一届职工代表第二次会议召开。总行党委成员，各支行行长、副行长、有信贷业务的分理处主任、“双先”代表、职工代表和机关部室正副总经理（主任）及工作人员共计160余人参加会议。会议表彰了先进单位和先进个人，签订了党风廉政建设责任状和安保、消防及综治工作目标管理责任状，先进单位和个人做了先进典型经验发言。职工代表审议通过了全行2016年工作报告、三年发展规划、工会工作报告和工会经费审查报告。

【湖南省联社主任到安化县调研】 3月15日，省联社主任李勤在省联社财务部总经理刘浩、办公室副主任唐造时、益阳办事处主任周文学等的陪同下，到安化农商银行进行调研。李勤一行到安化农商银行新建办公楼工地进行考察，就修建规模及后续装修情况进行了详细了解。随后，对营业部、远程监控中心和授权中心、信贷统计部、小淹支行进行了调研，并对安化农商银行的做法给予了充分的肯定，提议要全面推广。调研期间，李勤还与安化县委书记杨光鑫、副县长郭利红等领导就安化农商银行支持县城经济发展，促进合作共赢等问题进行了交流。

【2015 年度股东大会】 4 月 22 日，安化农商银行 2015 年度股东大会在安化华天假日酒店召开。全体股东代表出席并参加会议。会议审议并通过了《安化农商银行董事会工作报告》《安化农商银行监事会工作报告》《安化农商银行 2015 年财务执行情况和 2016 年财务预算报告（草案）》《安化农商银行 2015 年利润分配方案（草案）》《关于肖庆芳同志辞去安化农商银行第一届董事会董事的议案》《关于选举陆小军同志为安化农商银行第一届董事会董事的议案》。

【冠名“安化达人秀”】 为深入践行党的群众路线教育实践活动，服务群众需求，活跃安化精神文化生活，树立良好的社会形象，继冠名“安化好声音”后，安化农商银行独家冠名“安化达人秀”。通过七场分赛、突围赛和总决赛，各路“达人”争相角逐，给全县人民送去了丰富的精神大餐。

（撰稿人：闵思悠）

中国人寿保险股份有限公司安化支公司

【领导人名录】

经　理　刘正文

副经理　刘根生　张　勇

【概况】 中国人寿保险股份有限公司安化支公司（人寿保险安化支公司）成立于 1996 年 12 月。公司机关员工 27 人，2016 年有保险营销员近 500 人，设有个险部、银行保险部、团险部、客户服务部、综合部 5 个部门，2 个城区营销服务部和 24 个农村营销服务部。

2016 年，该公司始终坚持严格按照省公司价值共创、收入共享和强司富员的经营理念指导工作，落实增量分成、绩效激励等政策，从员工收入上关心员工，从根本上增进了员工队伍的凝聚力，形成了班子谋发展、员工促发展、共同为发展的良好局面。

一、政策性业务

自 2012 年 12 月 21 日起，该公司受原安化县新型农村合作医疗管理办公室的委托，负责对安化县城乡居民意外伤害的查勘理赔。经过多年的探索和努力，取得了一定的成绩，为医疗保险基金平稳、安全、高效运行做出了贡献。2016 年，安化县大病保险补偿人数为 3438 人，赔付金额 1968.73 万元。

二、保险业务

2016 年，该公司面对复杂的经营形式和激烈的市场竞争，坚定不移地走“创新驱动发展”之路，市场份额稳居安化保险业首位，各项考核指标均稳步增长。2016 年年度考核在全省人保系统所辖县支公司中稳居前列。

三、内部管理

该公司以经营绩效考核为抓手，完善部门考核细则，通过不断的学习和宣传引导，牢固树立以绩效为导向的企业文化理念，细化考核指标，坚持奖优罚劣。通过管理，形成机制；依靠管理，产生效益。

四、党风廉政建设

该公司将基层建设、廉政建设作为一项重要的工作来抓，领导班子自身建设不断加强。过硬的素质得到了广大干部职工的认可，全公司上下干事创业的热情不断高涨。一是积极推进党务公开工作。把开展党务公开工作作为发扬党内民主。加强党的先进性建设的重要举措，精心组织实施，扎实开展工作。二是党风廉政建设得到加强。贯彻落实中央“八项规定”以及省、市、县相关规定。深入开展“学党章、守纪律、讲规矩”主题学习教育活动。

五、配合地方政府工作

2016 年，该公司紧跟县委、县政府的工作思路，坚决执行精准扶贫工作方针，为待业青年和下岗职工提供了良好的就业机会；公司结合安化县实际情况，按照防汛救灾工作的总体要求，实行“统一指挥、统一协调、统一部署、快速反应、科学应对、分级实施”的原则，做到防汛工作责任到位、指挥到位、人员到位、措施到位、抢险及时。

（撰稿人：陈明月）

中国人民财产保险股份有限公司安化支公司

【领导人名录】

经　理　贺　哲

副经理　刘宗付　陆世科　赵吉书　刘　辉

【概况】 中国人民财产保险股份有限公司安化支公司（人保财险安化支公司）是一家驻守在安化县的县级支公司。公司于 1984 年正式挂牌成立。2016 年，公司共有员工 40 人，营销员 130 人，下设 4 个营销服务部，拥有 23 个三农保险服务站，在全县 517 个行政村设立了三农保险服务点，聘请了 23 名乡镇保险专干和 517 名村级协保员。为促进地方经济发展、稳定社会、安定人心做出了积极贡献。2016 年荣获全县绩效考核三等奖。

一、保险业务发展

2016 年，该公司在面对复杂的金融环境和日渐激烈的市场竞争中稳健发展，实现保费收入 8019 万元，圆满完成年计划任务，较上年增长 911 万元，增幅达 12.82%；赔款支出 4265 万元；帮助个人和机构减少经济损失，保证其在受到损害时及时转移风险和恢复生产，对社会经济发展的影响不可忽视。该公司连续多年实现健康发展，保险保障和参与社会管理的基础更加夯实。

二、保障范围扩展

该公司以“做人民满意的保险公司”为共同愿景，根据安化县实情积极开发服务民生、服务社会管理的新险种，积极为政府排忧解难，用心守护人民生命财产安全。2016 年全力推进监护人责任保险，进一步保障儿童的生命财产安全；签订的全省茶叶特色农业保险项目，为安化黑茶提供保障。开办的险种有农险、车险、财产险、责信险、意健险、船货险等涉及各行各业，为安化社会经济的发展分担了社会风险。

三、加强企业管理

该公司坚守依法合规经营的底线不动摇。公司重视人才队伍建设，通过加强员工的业务培训，严抓经营绩效考核，开展业务竞赛，实行奖优罚劣等手段，持续提高员工综合素质。在聘用人才方面，通过多种形式补充新鲜血液，队伍日趋年轻化，年龄结构也日趋合理。一直以来，公司十分注重对年轻同志的培养，已有数名年轻人走上了基层管理岗位，已能独当一面。公司着眼于构建高绩效的企业文化，大力开展学习型组织建设和加强各类员工教育培训，针对不同的岗位进行不同的业务培训，提高专业技能，同时对年轻员工进行了岗位轮换，做到一人多岗、一岗多能。关心员工成长，走入员工内心，帮助他们规划职业生涯，关心他们的疾苦，提升他们的斗志。努力营造快乐、和谐、团结、奋进的工作氛围。

四、注重品牌形象

公司强力推行标准化服务，包括统一着装、规范用语等方面。持续开展了客户服务标准化培训，营销、理赔话术培训。分承保、理赔线按月评选两名客户服务标兵。在营业厅设立意见箱，对理赔工作也有特别要求，贴近客户，尽量掌握案件处理流程中的各种问题，及时做好服务和解释工作，努力将投诉消除在萌芽状态。

五、党风廉政建设

该公司根据上级公司人力资源政策，抓好党建工作，强化党的群众路线教育实践活动，部署开展专题教育活动，增强党员干部员工队伍的向心力和凝聚力。针对厉行节约、公车配备、公务接待、职位消费等问题，制定了一系列管理措施。持续抓好党风廉政工作，严整违纪违规行为。在工作作风和生活作风上严格要求，加强党员责任意识。

六、支持地方教育

2016 年，该公司走进大福镇东风小学，捐赠了衣物、书本、体育用品等，帮助学校及困难学子。此外，公司员工也积极配合县政府、县民政局开展的送温暖送爱心活动，给予弱势群体力所能及的帮助。

（撰稿人：张荫）

中华联合财产保险股份有限公司安化县支公司

【领导人名录】

经　　理　李德生（2016.6 止）

　　　　　蒋　君（2016.7 起）

【概况】 中华联合财产保险股份有限公司安化县支公司（中华保险安化县支公司）成立于 2006 年 1 月。公司机关员工 19 人，设有车险科、非车险科、客服科、农险科、综合科 5 个科室，1 个城区营销服务部、1 个远程出单点。

2016 年，在国家经济增速放缓、商车费改、农险放开、竞争加剧的大背景下，该公司坚持“效益为先，合规经营”的经营理念，坚定不移地执行上级公司和当地党委、政府的决策，以“发展规模，创造效益”为中心，以队伍建设为抓手，以渠道创新开发为重点，通过全体人员的努力奋斗，取得较好的成绩。

一、保费收入

全年实现保费收入 2903 万元，其中农险 1444 万元，车险 875 万元，非车险 584 万元，整体保费同比负增长 0.4%，保费市场占有率约 12%。农险成本率 91.1%，车险成本率 94.5%，非车险成本率约 85%。全险种综合成本率 89%。

二、政策性业务

学平险方面。在面对政府吸收新主体，稀释原保险公司份额的压力时，公司积极汇报、理清各学校关系，采取了增加保险费和保险金额的办法，保住了学平险份额，保费在2015年基础上实现了正增长，2016年学生平安保险保费已达200余万元。农业保险方面。2016年共承保能繁母猪19383头，保费116万元；育肥猪442416头，保费1327万元。信用保证保险方面。实现保费收入49万余元，虽然是在开局之年，但保费总额超过了其他支公司，基本完成年初的预设目标。

三、社会贡献

全年共处理已结案件4150件，支付赔款2650万元；向国家和地方政府支付税费189万元；为公司扶贫点——羊角塘镇董木溪村扶助了资金3万元，3次入村慰问困难群众20户。

四、队伍建设

公司一是加强员工思想水平提升，通过会议、谈话及工作中的现场说教，转变员工的思维方式，增强学习氛围，提升服务意识。二是对个别落后人员，特别是多次诫勉谈话都无济于事的员工进行了转岗和清退，全年转岗1名，清退1名，给其他同事更好的警示作用。三是增强业务人员的忠诚度，提升公司业务获得能力。

【搬迁新址】 经过近半年的选址、装修、筹备，该公司于8月14日顺利搬迁到县城南区太平路。

【“大手牵小手·安全共童行”公益活动】 10月26日上午，该公司“大手牵小手·安全共童行”公益活动在田庄乡茶家小学举办，全校师生140多人参加活动，副总经理岳建华出席活动现场，并向学校捐赠了一批篮球、乒乓球、羽毛球、踏板、体操垫、跳棋、象棋等文体用品。

（撰稿人：彭莲珍）

教育·体育

安化县教育和体育局

【领导人名录】

局　　长　李跃祥
副 局 长　邹友良　龙冬梅
　　　　　廖双初　刘巨胜
　　　　　刘胜辉
纪检组长　李政通
主任督学　李丰年

【概况】 1926年冬季，安化县劝学所奉令改为安化县教育局；2015年5月，将县教育局和县体育局职责整合，划入县教育和体育局。位于县城东坪镇陶澍大道，是安化县人民政府下设的行政职能部门，主管全县教育和体育工作。具体履行中小学教师资格的认定、招聘录用、调配交流、职务评聘、培养培训和考核奖惩等管理职能，同时按干部管理权限对全县各级各类学校校长进行考察、聘任。共有10个内设机构，即办公室、组织人事股、政策法规股、计划财务股、审计股、基础教育股、职业教育与成人教育股、学前教育管理股、体育竞赛与健康教育管理股、项目规划股；10个局属事业机构，即县全民健身服务中心、县羽毛球运动学校、县教师发展中心、县教育和体育技术装备站、县勤工俭学管理办公室、县招生考试办公室、县会计核算中心教育和体育分中心、县青少年活动中心、县学校安全管理办公室、县学生资助管理中心。2016年春季，全县共有中小学校277所，其中普通高中6所、职业中专1所（两个校区）、初中（含九年一贯制学校）42所、小学（含教学点）227所、特殊教育学校1所。在校学生97885人，其中高中14831人，初中25306人，小学57748人。2016年秋季，全县共有中小学校246所，其中普通高中6所、职业中专1所（两个校区）、初中（含九年一贯制学校）41所、小学（含教学点）197所、特殊教育学校1所。在校学生99822人，其中高中15385人，初中25722人，小学58715人。幼儿园（学前班）208所（个），在园幼儿22108人。在职教职工6247人，离退休3846人。

一年来，安化教育工作成绩得到上级部门的充分肯定：教育部授予安化县教体局全国青少年五好小公民“少年向上 真善美伴我行”主题教育活动先进集体；共青团湖南省委授予2016年“创青春”湖南省大学生创业大赛和2016年“挑战杯——彩虹人生”湖南省职业学校创新创效创业大赛获优秀组织奖；湖南省关心下一代工作委员会授予局关工委“全省关心下一代先进工作集体”称号；益阳市人民政府，益阳市教育局授予2015年度履行教育职责优秀单位称号。2016年，马路镇中学、东坪镇萸江学校、安化二中被教育部认定为“全国青少年校园足球特色学校”；安化县被评为2015年度全省教育一类通联站；安化县蓝天幼儿园被评为湖南省骨干民办幼儿园；在2015年度区县（市）教育行政部门绩效考核中，安化县教育局被评定为优秀等次。

一、各类教育情况

学前教育。2016年，安化县在园幼儿有22108人，学前三年教育毛入园率为75.10%，比2015

年提高2.4%。全县现有幼儿园（含幼教点）208所，其中公办园75所，普惠性民办园30所，公办幼儿园、普惠性民办幼儿园占幼儿园总量比率为92.79%。

义务教育。2016年中考城区学校九科一次性合格率为52.82%，非城区学校为26.25%。

普通高中。省示范性普高加强了对一般普高的对口扶持力度，积极组织骨干教师开展多种形式的帮扶支教活动。

职业教育。采取多种措施开展职业教育招生，超额完成招生任务187人；积极配合市直职业院校招生，超额完成招生任务322人；普职招生比例逐年提高，据不完全统计，2015年为1：0.63，2016年为1：0.67。

特殊教育。安化县特殊教育学校2016年下学期扩招1个班，在校学生由24人增加到36人。全县2016—2017学年度6~14周岁“三残”儿童少年入学率为94.6%。从2015年1月起，落实了国家规定的15%特殊教育教师津贴和绩效工资基准线30%的特殊教育教师岗位补贴。

业余体校。2016年，安化县羽毛球运动学校扩招1个训练组，在训运动员120名，注册运动员52人，国家二级及以上级别运动员20人。

教育质量。2016年初中毕业会考总分合格率为64.27%，2015年为63.38%，提高近一个百分点。普高学业水平考试3244人参考，一次性合格率为81.35%，超全市平均合格率（78.07%）三个多百分点，全市排名第二。普职高高考二本以上录取人数1048人，2015年二本以上录取920人，净增128人。职高就业安置率为98.56%，对口就业率为81%。

二、体育工作

机构改革后，为适应新的发展要求，局机关于8月成立体育竞赛和健康教育管理股，工作人员2名。负责全县体育产业调查，以及教练员和社会体育指导员的培训工作，同时指导2所羽校（安化县羽毛球运动学校、九红羽毛球学校）和2所武校（安化县武术学校、山口文武学校）开展竞技工作。7月17日，安化县羽毛球运动学校，成功承办“华莱杯”湖南省青少年羽毛球锦标赛，16支队伍554名运动员参加，安化县获得4金2银6铜，以及团体项目第二名的成绩。8月，通过国家高水平后备人才基地验收；12月湖南省体育局授牌省羽毛球队训练基地。2016年，安化县全民健身服务中心承办省、市、县级群众体育活动12场次，代表益阳市参加全省第七届“强民杯”农民篮球赛获得二等奖。与县太极拳协会联合开展了“弘扬太极，全民健身”活动，并在首届益阳·云台山帐篷旅游文化节活动中，负责承办登山比赛活动。全年体彩发行突破3000万元，比上年度净增1000万元。

三、办学条件

2016年，全县共投入资金近1.5亿元，完成了16所乡村学校教学点、10所农村公办幼儿园合格学校建设任务并通过省市县评估验收，新建、改扩建、维修学校117所。为期1年半，耗资6000万元建成的东坪镇城南完小首期招生693人。思源实验学校新建、东华中学扩建、清塘铺镇中学及县职业中专整体搬迁等工作有序推进。为32个社区新添体育健身器材，完成了11个国家级农村综合服务中心器材发放与安装。

四、队伍建设

以到高等院校直聘、向社会公开招聘、招募特岗教师、接收免费师范生等方式引进、招聘教师263人，全部充实到农村边远学校任教。县初、高中起点免费师范生招录83人。

五、教育教学管理

各阶段学校按要求开齐开足了课程，落实了各项专题教育的教学。高度重视教学常规管理与督察，教育督导室、教师发展中心、基教股整合力量，联合实施高中教学常规、德育工作及教育常规“三项督察”，一套人马、一个标准、一查到底，及时通报好坏典型，对全县高中学校管理实行兜底清察。

六、教育信息化

安化县第一中学的《利用“微课”促进课堂教学改革的应用探索》和长塘镇克明学校的《中小学生“创客教育”实践探索》两个专项试点项目在省厅立项。全县新装备了10间全自动高清云录播教室，建设网络课堂、专递课堂。装备各种“班班通”设备1735台（套），片完小以上的学校实现了“班班通”设备全覆盖。

七、安全工作

安化在省级平安校园创建示范县项目验收中获优秀等级。乐安镇中学被评为省级安全文明校园。柘溪镇完小、梅城镇中心幼儿园、小淹镇敷溪学校被评为市级安全文明校园。梅城镇紫云完小等8所学校、幼儿园被评为县级安全文明校园，安化县第一中学高二年级424班等54个班级被评为县级平安班级，安化县第一中学龙永和等54户家庭被评为2016年县级平安家庭。

八、教育督导

全县建立督学责任区7个，配备责任督学37人，每个督学责任区都安排了专门的教育督导办公室，有专职督学3~6人，2016年共落实教育督导经费31万元，全部拨付到责任区。2016年指导安化县第一中学、安化县第二中学接受市教育督导室省级示范性普高办学水平评估，开展了合格教学点、农村公办幼儿园建设评估认定和初中、完小办学水平评估等工作。

九、“三协”工作

全县各校均建立健全了“三协组织”（离退休教职工协会、老科协、关工委），组织以退休教师队伍为主体的广场舞、太极拳、腰鼓队、文艺表演等。原关工委副主任肖汉初被评为湖南省“关心一下代先进工作者”。全县现有9所省级示范家长学校，7所市级示范家长学校，44所县级示范家长学校。

【湖南省青少年羽毛球锦标赛在安举行】 7月17日至23日，湖南省青少年羽毛球锦标赛在安化县羽毛球运动学校举行。省羽毛球乒乓球运动管理中心主任唐辉，安化县委常委、宣传部部长林玲参加了开幕式。全省16支队伍550人参加比赛。安化羽校代表队获得4枚金牌、2枚银牌、6枚铜牌。

【安化县思源学校建设工程启动】 12月18日，安化县思源实验学校动工建设，完成项目前期工作手续（三通一平、报建、招标等手续），投资达1.2亿元。根据规划，思源学校为初级中学（含小学），预计于2017年下半年投入使用，建成后，将有效缓解东坪城区中小学就读压力。

（撰稿人：姚梦能）

安化县第一中学

【领导人名录】

校　　长　李拥军

副 校 长　易柱清　龙永和　傅金陵

纪检监察员　周兆华

工会主席　莫国初

【概况】 安化县第一中学（安化一中）地处安化县梅城镇，其前身是1692年创建的中梅书院，1902年开办新学，1960年定名为安化县第一中学，1978年评为安化县重点中学，2000年评为益阳市重点中学，2003年晋升为湖南省重点中学，2004年成为湖南省示范性普通高中并挂牌。学校占地面积13.73公顷，建筑面积10.88万平方米。2016年办高中班52个，在籍学生3159人，教职工235名，具有中、高级职称教师160余名。

2016年是学校实施“十三五”改革与发展计划的第一年，也是充满机遇与挑战的一年。该年高考二本以上上线425人，伍彩玉夺得全县文科状元。学校“一年一小步，三年一大步，五年上台阶”的质量目标更加清晰。在“十二五”期间，全校迎挑战，抓机遇，取得了较好的成绩，办学条件明显改善，办学质量不断提高，为学校的持续发展奠定了坚实的基础。2016年，全校工作齐头并进，硕果累累。学校获得“湖南省‘五四’红旗团委”“湖南省安全文明校园”“湖南省湖湘名校”“湖南省诗教先进单位”等荣誉称号。学校英语教研组荣获省级“芙蓉标兵岗”称号。

一、办学条件

经过“十二五”期间的努力，学校基础设施和教育教学设施不断完善，新建图书馆、标准田径场（足球场），改造篮球场，引进公租房项目建成高三宿舍，添置学生公寓的空调和洗衣机，重建高考监考系统与广播系统 、计算机房与通用技术教室，新建书香园与中梅文化广场等校园景观。校园布局合理，功能清晰，设施齐全。

二、德育教育

学校坚持立德树人，德育首位，完善《优秀班级评比方案》《封闭式管理相关规定》《学校安全工作制度》。2016年下学期，学校恢复设立教导处，实施全员育人。教导处充分利用原学生处德育教育与教务处教学教研成果，传承发扬两处室的好传统、好做法，抓实德育常规。加大年级管理力度，推行“扁平化”管理，2016年，年级组管理日趋规范，主动积极，特别是在学生自主管理上进行有益尝试，推行年级目标与班级目标考核评比。学校坚持创新德育模式，引领学生做好人、读好书、上好大学，用中华优秀传统文化引领师生与家长，把习惯培养品格铸造、人文情怀作为主要内容，创办国学班，聘请专家到校讲座，工会诗词联协会等组织举办的文化活动丰富了学校生活，传递了正能量。

三、队伍建设

坚持师德建设与专业成长并重、引进与培养培训并重的原则，不断加强师资队伍建设。学校十分重视教师专业发展，实施“名师工程”“青蓝工程”“能力提升工程”，彭婺辉、吴建华、胡安兮被评为县首届名师，彭佑谋、高顺杰被评为益阳市首届骨干教师，易锋获全市地理教学比武一等奖。每学期举行示范课、研讨课、汇报课，注重榜样引领、同伴互助、专业成长。学校稳步推进课程改革，不跟风，不懈怠，推行“蜗牛班”德育走在教学前面的班级管理经验与“低起点、缓坡度、强基础、重落实”的教学策略。高三数学云程教学试点进展顺利，学校课改围绕教师乐教善教、学生乐学会学开展。学科组建设注重内涵，一年来，学生在数理化生奥赛、语文、英语能力竞赛、各类演讲征文大赛、科技创新大赛、社会实践活动、现场绘画大赛、经典诵读、“三独”比赛、合唱比赛、体育竞赛中均取得较好成绩。

四、帮困助学

学校办在离县城90千米的梅城镇。主要面向前乡片7个乡镇招生，学生大都来自农村，贫困生多。为了兑现“不让一个学生因贫困而辍学”的承诺，学校充分利用校友资源、联系社会爱心人士，千方百计筹措资金开展扶贫助学活动，确保不让一位学生因贫困而辍学，2016年，学校有16个助学金项目(包括国家助学)，每年有近1000多名贫困学生得到资助，年资助总额达600余万元。

【《安化一中“十三五”改革与发展规划》】 1月17日，安化一中第七届教职工代表大会第五次全体会议在培英楼会议室召开。会议讨论并审议通过《安化一中“十三五”改革与发展规划》。

【李拥军获安化县第三届道德模范提名奖】 3月17日，“安化县第三届道德模范”电视颁奖典礼在安化大剧院举行。安化一中校长李拥军荣获本届“敬业奉献”道德模范提名奖。“殚精竭力育桃李，甘洒热血谱新篇”，这是李拥军荣获第三届安化县道德模范提名奖的颁奖词。他1991年参加教育工作，先后担任班主任、教研组长、教务处主任与副校长，2014年11月公推公选为校长。他爱岗敬业，默默奉献，勇于创新，破解难题，学校管理与教学质量再上台阶，高考、学考取得了令人满意的成绩。2015年获安化县政府教育奖，被县、市教育局推荐为未来教育家培养对象。

【王众孚到校指导工作】 4月3日，中共第十六届中央委员、国家工商行政管理总局原局长王众孚一行在县长熊哲文等县领导陪同下到安化一中参观指导工作。

【荷兰阿姆斯特丹都市舞蹈团到校演出】 5月11日，北京航翔广告有限公司总经理、安化一中名誉校友姚社初率荷兰阿姆斯特丹都市舞蹈团到校慰问演出，为全校师生送来了一场“中荷文化艺术交流”舞蹈晚会。

【首届校园“最美青年”奖学金发放仪式】 5月30日，安化一中首届“航翔杯”“最美青年”奖学金发放仪式在学校武庙会议室举行，易钰涓、肖亦遥、陈　凤、罗千千、刘　璇、伍彩玉、莫　丽、蒋昕昱、李玲媚、陈　登、王智皓成为安化一中首届“最美青年”。获评“最美青年”的学生每人获得北京航翔广告有限公司提供的5000元奖学金。仪式上，“最美青年”之一429班易钰涓当场将自己获得的5000元奖学金全部转赠给5名家庭困难的同学。

【全县高三复习研讨会】 10月27日至28日，安化县普通高中2017届高三复习教学研讨会在安化一中举行。全县各普通高中学校相关科目的高三教师和教学管理人员参加了会议。本次研讨会采取“同课异构”形式，同一学科两位老师就同一教学内容上课。由于老师不同，班级不同，所备所上的课的结构、风格，所采取的教学方法和策略各不相同。与会人员观摩了安化一中相关学科教师提供的高三复习课堂教学，并以此为出发点，展开对高三复习教学的研讨。

【英语组荣获湖南省“芙蓉标兵岗”称号】 12月6日，湖南省总工会派员在安化一中举行授牌仪式，授予该校英语教研组湖南省级“芙蓉标兵岗”光荣称号。安化一中英语教研组共有教师25人，其中女教师20人。多年来，她们爱岗敬业，爱生如子，勇挑重担，敢于创新，不仅英语高考成绩连年攀升，教研教改成果喜人，老师们的综合表现也是出类拔萃，深受师生、家长们的好评。

（撰稿人：陈文衡　刘建群）

安化县第二中学

【领导人名录】

校　　长　李丰年

副 校 长　喻次瑜　刘腊生

　　　　　刘仁先

【概况】　安化县第二中学（安化二中）创办于1923年，四迁校址，2003年整体搬迁至安化县城南区陶澍大道，2007年晋升为湖南省示范性普通高级中学。2016年占地14.87公顷，有54个教学班，在职教职工339人，一级以上职称188人，研究生学历13人，特级教师2人。下设办公室、督导室、教务处、教科室、学生处、团委、总务处、技术中心8个处室。

2016年，安化二中坚持“一切为了师生发展”的办学理念，以立德树人作为目标，以提高教育教学质量为主线，大胆改革创新，大力转变作风，加强队伍建设、学风建设，着力提高办学质量，提升办学内涵。

一、优化队伍

结合学校实际，加强师德师风建设的领导、组织与实施。全体教职工进行了集体宣誓，签订了师德师风承建设承诺书，写出了《师德师风建设心得体会》。

8月下旬，对学校总支进行换届选举，组建新的学校领导班子，优化学校中层干部的配置，一批工作有能力、有责任心和奉献精神的教职工被充实到干部队伍。

党员教师积极参加“两学一做”心得体会征文活动，谌勇、谢娟、卢功民、刘海涛等获得县、市专题征文一等奖或二等奖。认真组织教师积极参加“七五”普法学习并参加了首次网络学法用法考试，应考对象达100%合格。

二、提升质量

积极倡导和举办丰富多彩的体验式德育活动。如邀请“市道德模范和身边好人”到校为师生作宣讲；组织学生参观“清风颂——廉政文化进校园全县教职工书法绘画获奖作品展”；经常性开展青年志愿者活动；举行纪念红军长征胜利80周年经典诵读比赛；组队参加全县新华杯经典诵读比赛并获得高中组第一名；组织进行班级文化建设评优活动和进社区、下厂矿活动；开展综合社会实践活动等。加强学生思想品德和心理健康教育和交通安全、消防安全教育，引进专门人才，建成比较标准的心理健康咨询室；在全省文明创建活动中，顺利通过省爱卫委的复查，再次被确认为“湖南省文明卫生单位”。

教育教学质量稳中有升。2016年高考各项指标综合评比全市第二，各文化学科都进入全市前列，均获得优秀学科，该校854人参考，一次性一、二本上线492人，上线率57.4%，名列益阳市第三；王跃辉获得安化考区理科类考生第一名；杨彩星、谢垚、王荣3位均超过飞行员录取控制线。学业水平考试9科一次性合格率达94.3%。

进一步深化课程改革。通过创建县级基础教育课程改革样板校活动，以课堂作为课程改革的主阵地，不断提高课堂教学效益。同时，“立足校本，兼顾走出去与请进来”，学校花费30余万元，先后邀请国际NLP（神经语言程序学）执行师、中国文化志愿者、中国文化管理协会社文委讲师罗仕富教授作《打造卓越教师团队》专题报告，“疯狂英语”高级讲师李寿亭、无臂青年励志楷模杨孟衡、核电专家罗洪章、著名作家阎雪君等到校进行讲学和交流。

加强课堂建设，开放课堂，邀请兄弟学校以及义务教育学校60余人进行课堂观摩；组织全员参与的教学比武活动；实施“青蓝工程”。

积极组织参加青少年科技创新大赛，获得优秀组织奖；在第31届全国青少年科技创新大赛中，高二学生周曦婕的创意作品《宠物情绪翻译器》获得优秀创意奖；陶智松老师创新科技方案《走近红豆杉》获得科技辅导员创新成果全国三等奖。

积极开展青少年校园足球特色学校创建活动，2016年6月被教育部正式授牌确认为“全国青少年校园足球特色学校”；成功举办第32届校运会；在全省大中学生羽毛球运动会中，学校女子羽毛球代表队获得团体第三名；在全县中小学生运动会上学校男女篮球队双双获得冠军。

艺术教育成绩显著。音乐美术高考上线率继续保持全市领先；传媒专业被录取到二本以上院校的学生有28人；在第五届全县中小学生现场书法绘画比赛中，李世杰、谌敦武、黄清秀、廖宇涛等同学分别获得一、二等奖；在全省“三独”比赛中1513班晏金玲、刘雨欣分获一、二等奖，获得大学特招资格；在全省“爱尔杯”建制班合唱（录像）比赛中，学校合唱队获得县一等奖、市二等奖和省三等奖。

加强硬件建设，优化资源配置，强化技术培训，努力提高自身信息技术素养，努力充实符合实际需要的教学软件资源。截至年底，学科教师大部分参加了信息技术与课程整合能力提升工程培训。学校图书装备，严格按照省颁“普图”标准进行配置，2016年党报党刊、教育装备报刊以及图书室装备报刊订阅支出达5万余元；完成OA（办公自动化）办公系统和网站的改版升级工作。

三、规范办学

进一步规范教育教学管理。以省示范性普通高中督导评估细则和县局年度目标管理考核细则为指导，认真落实《安化二中教育教学管理规范》，实行学校课程开设、课外文体活动、教研活动督查制度，规范教学程序、作息时间，控制学生作业量，减轻学生课业负担；规范教辅资料的征订和使用。

规范教育收费和经费管理。严格执行收费政策和教育收费公示制度，健全财务内部控制制度，严格财务审批制度和监督制度；加强基建项目管理，严格实行基建维修项目事前申报审批和事后决算审计制度，严格按照计划进行项目建设和校舍维修，完成了北区校有公租房的提质改造、全面更新了学生课座椅和部分教师办公设施、添置了女生公寓衣帽柜。

规范学校后勤管理。2016年，该校被食品药品监督局评定为“放心食堂”，被县人民政府授予“食品生产经营先进单位”称号。

规范学生资助管理。切实抓好“爱心工程”，加强和运用好既有的救助机制，争取“一俊奖学金”“李莎助学金”“胡杨助学金”“公益彩票助学金”等多种社会资助，落实独生子女和农村双女户的有关优惠政策。12月14日，学校资助工作顺利通过省学生资助工作检查组的检查并获得高度评价。

四、和谐发展

校园文化建设经典规范，校园品位得到提升。注重培养健康向上的精神文化，大力加强学校校园网络建设、校园广播站建设和管理，学校网站更新及时，截至12月底，全年刊发新闻信息60多条，其他信息180多条；调整学校宣传橱窗内容。以班级为单位进行了班级文化提质改造，与新华书店合作创办了校园布克书店，按标准配置了阅览室图书室装备报刊。承办全县教职工艺术节获奖作品暨“清风颂”廉政文化进校园书画作品展，组织师生观展，感受传统文化的魅力。

发挥学校督导室的作用，促进各部门、各块口工作均衡发展，尤其是“点菜式”资料上传方式，加强了资料上传的针对性和时效性，为学校督导评估工作的开展和品位提升摸索出了有益的经验。

对口扶持薄弱学校，增强学校的示范引领和辐射影响作用。安化县第十二中学是该校的帮扶对象，学校积极组织骨干教师开展形式多样的帮扶支教活动，4月15日，学校派遣12名教师送课到校，包括9堂高三学科复习课、备考策略以及课堂改革等内容；2016年，安化县十二中学教育教学质量已经进入全市同类学校先进行列，受到县教育和体育局的充分肯定。

坚持依法治教，大力推进民主管理。学校工会扎实履行参与民主决策和民主管理职能，做好校务公开工作，在市级办事公开示范点的回查评比中获得好评。组织教师参加第四届全县教职工艺术节，取得优异成绩，刘盈、贺双桃、刘少玲、刘珩华等表演的文艺节目，陈文雍、李石华、邓和平、邓伍华等提交的书法绘画作品，谌勇等老师的文学作品等均获得一等奖。经常开展“文明家庭”“文明办公室评比”“义务献血”“趣味文体活动”等活动；及时对患病住院和家庭困难教职工进行走访帮扶；“三协”工作，“有专人负责，有活动安排，有经费保障”。

【“法治阳光照我成长”主题征文获奖】 3月23日，安化二中学生杨珍参加由省委法治湖南建设领导小组办公室、省教育厅、省司法厅联合举办的湖南省青少年“法治阳光照我成长”有奖征文比赛活动中荣获高中组一等奖，安化县司法局领导受托到校为她颁发奖状。

【科技创意作品获省级一等奖】 4月23日，安化二中学生周曦婕参加全省青少年创新大赛，她的创意作品《动物情绪翻译器》获省一等奖，并被选送参加全国展评，获得优秀创意奖。

【确认为全国青少年校园足球特色学校】 2016年6月，教育部发文确认安化二中为全国青少年校园足球特色学校，并授予牌匾。

【益阳市人民政府教育督导室来校进行现场评估】 11月9日至11日，益阳市市人民政府教育督导室对安化二中进行办学水平现场评估，在之后的结果通报中，学校被评定为“优秀”等级。

【全县经典诵读比赛荣获一等奖】 12月16日，学校组队参加“新华杯”全县第三届中小学生经典诵读大赛，荣获高中组第一名。

（撰稿人：谌勇　李石华）

安化县职业中专学校（安化黑茶学校）

【领导人名录】

校　长　刘迪凡

副校长　莫汉初　黄志刚

副书记　蒋荣耀

纪检员　李会团

【概况】 安化县职业中专学校（县职业中专）是安化县内一所由县人民政府举办、县教育和体育局主管的全日制中等职业学校。学校创办于1956年，2011年起加挂安化黑茶学校校牌。该校为“一校二区”格局，辖大福校区（原安化县职业中专学校，位于安化县大福镇）、东坪校区（原安化县第二职业中等专业学校与租赁的安化教师进修学校部分校园，位于安化县东坪镇）两个校区。校园面积14.90公顷，教职工275人，开设机电技术应用、果蔬花卉生产技术、茶叶生产与加工等12个专业，在校学生4589人。

该校是首批国家级重点中等职业学校、湖南省示范性中等职业学校，2003年被评定为“全国职业技术学校职业指导工作先进单位”，2009年荣获教育部、人社部颁发的“全国教育系统先进集体”称号，2015年10月顺利通过教育部、人社部、财政部三部委主持的国家中等职业教育改革发展示范学校建设计划项目终期验收，是益阳市唯一的一所国家中等职业教育改革发展示范学校。

2016年，该校持续推进内涵建设和学校整体搬迁工程，内强管理，外树形象，坚持“安全兴校、质量立校、创新强校”的办学理念，规范学校管理，在基础能力建设、招生就业、对口升学、综合治理、服务社会等方面开拓创新，取得新成绩。

一、基础能力建设

该校整体搬迁工程于12月1日启动场地平整与道路建设土建项目，至2016年底，工程累计投入建设资金2940多万元，初步完成“三通一平”建设项目。6月，安化县委常委、常务副县长王益文为工程第一批144459平方米建设用地使用权颁发安化县不动产权证书，7月，国家发改委、财政部将学校整体搬迁工程利用德国促进贷款3500万欧元的贷款项目纳入2016年外国政府贷款备选项目规划。

2016年，该校大福校区先后投入近300万元开展校园维修与设备添置，维修教室、学生公寓和教工宿舍，更换校大门，添置校园路灯，完成学生食堂电磁炉优化改建，为两栋学生公寓安装空调135台，添置学生用床310套，学生桌凳750套。

二、学生培养

该校秉承以德立校、质量兴校、创新强校的发展理念，坚持以人为本，致力开展人才培养模式和课程体系建设，创新人才培养机制，构建政府、家庭、学校与社会四位一体的学生成长体系和贫困学生帮扶体系，确保不使一位学生因贫困而失学。以养成教育、职业道德教育与职业技能培养为核心，狠抓制度的落实与执行。学生日常行为、班风班纪、教风学风定期检查评比，每天检查公布，每周小结通报，每月汇总考核评定等级，考核内容纳入师生、班级与处室量化考评指标，营造了学生间你追我赶、班级间良性竞争、教师间互帮互学的良好校风。

该校始终坚持活动育人、环境育人、文化育人。团委、学生处积极引导班级和学生开展教育实践活动，组建茶艺表演队、升旗队、礼仪队、广播站、播音团队、国旗下讲话团队、专业兴趣小组、文学社等多个学生团队。国旗下讲话、感恩教育活动、“创卫”系列教育活动、“向雷锋学习”专题黑板报评比活动、“沐浴书香，陶醉经典”中华诗文配乐朗诵比赛、跑操比赛、广播体操比赛、田径运动会、“五·四”文化艺术节、元旦文艺晚会等活动涵盖面广，延续性好。在10月份举行的2016年益阳市中小学生运动会上，该校男子篮球队获得中职组第一名，田径代表队获得10枚金牌、7枚银牌、6枚铜牌，团体总分获得中职组第二名。在11月份举行的“中国安化黑茶·罗马尼亚红酒对话形象大使全国选拔赛中，该校东坪校区8名学生从海选300多名选手、半决赛60名选手中胜出，入围总决赛，谢璐获得“最佳活力奖”，东坪校区获得“优秀组织奖”。12月，该校承办益阳市中等职业学校“文明风采”竞赛活动“演讲比赛”与“女子排球比赛”，师生参与热情高，社会反响好。在2016年职业院校技能竞赛中，该校共获得国家级、省级和市级奖励39项，夺得益阳市团体总分第一名，蔬菜嫁接与工业产品CAD（计算机辅助设计）两个项目获得1个省级一等奖、3个省级二等奖，1个省级3等奖和1个国家级三等奖。

三、队伍建设

该校稳步实施教师队伍建设规划，逐步完善教师引进、培养与提升机制，打造专业带头人、骨干教师与双师型教师团队。注重发挥骨干教师传帮带作用，实施青蓝工程、师徒结对计划促进年轻教师的成长。每学期举行一次教师全员教学比武，文化类、工科类、服务类教师分组同台竞技，用现代职业教育的新理念设计教学方案，运用信息化教学手段，在小组探究、分组竞赛等组织形式中挖掘学生的自主学习能力，以项目教学、任务驱动、案例教学、模拟教学等新教学方法构建高效课堂。将教学信息化作为提高教师业务素质的主要抓手，制定教师信息化水平提升计划，开展教师个人空间建设培训。

2016年，该校共引进教师19人，选派教师200多人次参加乡村学校校本研修国家级培训、省级教育后备干部培训、湖南省高中教师网络研修培训、中等职业学校教师信息技术提升省级培训、文化课教师市级培训等各级各类培训，学校主持的3个省级教研项目通过验收，5名教师获得湖南省信息化教学设计大赛三等奖，9名教师被聘任为益阳市职业教育兼职教研员，各有3名教师被评定为“益阳市第三批名师”和“益阳市首批骨干教师，2名教师受市教育局委派到兄弟学校传授信息化教学设计大赛经验并上示范课，2名老师作为专家参加益阳市职业学校2016年教育教学视导。在各级教育部门组织的教学论文评选活动中，该校110余篇论文获奖。在团省委、省委教育工委、省教育厅等七部门联合举办的2016年“挑战杯——彩虹人生”湖南省职业学校创新创效创业大赛中，该校参赛作品获得省二等奖。

四、招生就业

该校根据区域职教教育发展趋势，在本年度秋季招生中采用划定最低控制录取分数线的方式开展招生工作，计划招生1400人，实际招生人数1637人，新生质量实现较大幅度提高。毕业生工作坚持就业安置与对口升学两条腿走路的方针，毕业生就业在巩固沿海发达地区就业基地的基础上，成功开拓了省内就业市场。务求对口就业、高薪就业。2016年集中安置就业学生565人，毕业生就业率100%，对口就业率66.5%。161名毕业生参加对口升学考试，一、二本上线70人，总分600分以上29人，本科上线率为益阳市中职学校第一名。

五、专业建设

该校推进校企合作工学结合机制建设，坚持走专家引领、行业支持、企业参与的专业建设道路。成立由行业企业专家、技术人员、学校领导与专业骨干教师组成的“校企合作指导委员会”，制定《校企合作章程》和《校企合作项目管理制度》。学校与企业深度合作，开设“玉和兰亭班”2个，建立安化茶厂、怡清源茶厂、八角茶厂3个校外实训基地，与白沙溪茶厂、安化茶厂达成了深度合作意向，香港华翔教育发展有限公司为学校捐赠价值近55万元联想笔记本电脑113台。

该校深入推进“双证书”制度，毕业生在获得中职毕业证书的同时，根据专业岗位特点选考电工、焊工、钳工、车工、秘书、茶艺师、评茶员、客房服务员、导游、家用电子产品维修工、计算机操作员等职业资格证书1~2种，2016年共有640名毕业生参加职业资格证考试并获得相关证书。学校特种作业培训基地与考试中心面向社会，开展安全生产管理人员培训227人，开展低压电工、熔化焊接与热切割、金属非金属矿山提升机操作、金属非金属矿山排水、金属非金属矿井通风等特种作业人员持证上岗培训875人，企业从业人员安全培训700余人次。

【整体搬迁工程】 12月1日，县职业中专（安化黑茶学校）整体搬迁工程启动场地平整与道路建设土建项目，至2016年12月，工程累计投入建设资金2940多万元，拆除页岩砖厂1家、民房10栋，完成土石方62万立方米，平整道路2.3万平方米，建造跌水井5座，挡土堤8424平方米，初步完成“三通一平”建设项目预定建设任务。

【玉和兰亭教育集团捐款助学】 6月11日，湖南“一家一”助学就业·同心温暖工程“民进·玉和兰亭班”签约仪式在益阳电视台举行。玉和兰亭教育集团董事长夏鹏程、湖南中华职业教育社副秘书长冯立兵、中国民主促进会湖南省省委专职副主委马石城、县职业中专（安化黑茶学校）校长刘迪凡分别代表甲、乙、丙三方签订协议，由玉和兰亭教育集团捐资40万元，在该校开设“民进·玉和兰亭班”2个，由学校在2016级新生中，以旅游服务与管理、文秘2个专业为主体，遴选100名品学兼优、家庭贫困的学生作为资助对象组建班级，每名学生获得助学金4000元，助学金由省中华职业教育社统一管理并在第一、二学年分学期下拨，每学期1000元。

【3500万欧元外贷项目落户县职业中专】 7月12日，国家发改委、财政部联合下达《2016年外国政府贷款备选项目规划》和《外国政府贷款备选项目库》，县职业中专（安化黑茶学校）整体搬迁工程利用德国促进贷款3500万欧元（折合人民币2.58亿元）的贷款项目纳入本次湖南省规划立项的两个项目之一。项目贷款全额用于土建工程、设备购买和职教体系培训。

【袁隆平院士为县职业中专题写校名】 12月4日，“世界杂交水稻之父”袁隆平院士在湖南杂交水稻研究中心接见县职业中专整体搬迁工程联系县级领导刘鹤村、县教育和体育局局长李跃祥、县职业中专（安化黑茶学校）校长刘迪凡一行7人，并应邀为学校题写“安化县职业中专学校”“安化黑茶学校”两幅校名。

【罗雅静同学获“全国最美中职生”称号】 1月14日，由团中央学校部、全国学联秘书处、中国青年报社共同发起的“最美中学生”和“最美中职生”评选活动揭晓，672名中学生和325名中职生被授予全国“最美中学生”“最美中职生”称号。东坪校区罗雅静同学获全国“最美中职生”称号。罗雅静是该校电子技术应用专业高二年级288班团支部书记、学校升旗手、广播站站长、节目主持人，先后获得校长奖学金3次，校级荣誉称号12项，主持学校大型活动5次，参加县级艺术展演活动获得一等奖2个，2015年被团县委评定为“优秀共青团员”。

【三个省级教研项目通过验收】 8月31日，湖南省教育厅发文公布2012、2013年立项的职业院校教学改革研究项目验收结果，该校李会团老师主持的省重点项目《中职旅游服务与管理专业项目教学的研究与实践》、刘纯老师的《农村中等职业学校正面教育的研究与实践》、陈立辉老师主持的《校企共建实训基地提升学校服务能力的研究——以安化黑茶文化与营销实训中心建设为例》3个课题全部通过终期验收并结题。在4年研究过程中，3个项目21名项目组成员编写校本教材8本，辅导学生参加职业院校技能竞赛、黄炎培创业大赛获国家一等奖1项、国家二等奖1项、省级奖12项，46篇研究论文、案例在省、市级成果评选中获奖。

【承办益阳市中等职业学校“文明风采”竞赛活动】 12月21日至23日，由益阳市教育局主办，安化县教育和体育局、《职教与就业》杂志社协办，该校承办的益阳市中等职业学校“文明风采”竞赛活动“演讲比赛”与“女子排球比赛”在该校东坪校区举行。益阳市教育局职业教育与成人教育科科长蔡建宁、益阳市职业教育与成人教育教学管理站站长熊艳、安化县教育和体育局副局长刘胜辉、《职教与就业》杂志社总编魏斌出席。

（撰稿人：李会团　刘小武）

卫生·防疫

安化县卫生和计划生育局

【领导人名录】

局　　长　熊栋才

副 局 长　郭明才　李钦初
　　　　　胡小兵　谌雯芝
　　　　　夏无畏

纪检组长　胡　敏

【概况】 安化县卫生和计划生育局（县卫计局）是安化县人民政府主管卫计行政管理的工作部门，为正科级行政单位。全县有下属医疗卫生单位33家，其中县直医疗卫生单位9家，二级综合医院1家，乡镇卫生院23家。行政村卫生室523个，个体村卫生室268个。全系统在职干部职工3189人，其中高级职称277人，中级职称819人，初级职称1516人，退休人员1452人。局机关内设办公室、人事股、计财股等16个股室和应急办、无偿献血中心、信息中心等5个直接管理的二级机构，主要工作职责是贯彻执行卫生和计划生育工作的方针、政策和法律、法规。负责拟订卫生和计划生育、中医药事业发展政策规划、地方标准和技术规范。负责协调推进全县医药卫生体制改革和医疗保障，统筹规划全县卫生和计划生育服务资源配置，指导区域卫生和计划生育规划的编制和实施。2016年，励精图治，开拓进取，先后多次获得省、市、县先进单位等多种荣誉称号，全县卫生计生事业蓬勃发展。

一、医改工作

1. 基药管理。全系统各医疗卫生计生单位严格按照医改工作要求，全面实施国家基本药物制度，至12月底，全县乡镇卫生院和县级公立医院分别集中采购药品总金额3165万元和1.35亿元。

2. 县级公立医院改革。构建公益导向的补偿机制，理顺医药服务价格体系，建立了三方共担的长效补偿保障机制，积极争取财政投入，节约运行成本，药品收入比例、次均费用呈下降趋势，就诊率、病床使用率和业务收入均有较大增长，2016年医院运行平稳。

3. 民营医院。全县共设置民营医疗机构11家，营运6家，2016年共受理申报民营医疗机构3家；新设置民营医院3家，综合门诊部3家，口腔综合门诊部1家，个体诊所3家，2家民营医院已登记执业注册。

二、计生工作

1. 主要责任指标。全县辖25个乡镇（含2个管委）、433个村（居委）。全县入库总人口102.96万人，其中已婚育龄妇女20.5万人。2015年10月1日至2016年9月30日共出生12826人，出生率12.15‰，上报死亡6166人，死亡率5.85‰，人口自然增长率6.3‰。政策内出生12048人，符合政策生育率93.93%，政策外多孩570人，政策外多孩率4.44%。出生人口性别比108.25%。

2. 全面两孩政策。认真贯彻落实计划生育法律法规政策，扎实做好生育服务登记工作，全面两孩政策平稳有序实施。2016年1月1日至2016年12月30日，全县共发放两孩生育服务证7546本，共生育两孩6838人。

3. 奖励扶助政策。2016年核实全县农村部分计划生育奖励扶助对象7631人，特别扶助对象469人，独生子女保健费对象8051人，城镇独生子女父母奖励对象5967人，对奖扶专干进行了培训。手术并发症扶助对象98人，共发放扶助金115.21万元。2016年县级共需配套支出约800万元。

4.基层基础工作。通过业务培训和指导，进一步提升各乡镇卫计办主任、县直综治部门专干、法规员、统计员等各级计生干部的业务水平。流动人口管理基本到位，流动人口省内外区域协作范围进一步拓宽，基本公共服务均等化全面落实，对大福等8个乡镇开展国家贫困地区农村留守儿童健康服务问卷调查，发放调查问卷3000份。信息化水平全面稳步提高，对应省市考核要求和工作需要，9月初，落实资金100万元，对全县433个村的“村直报”系统终端机进行更换，实现全覆盖，至2016年底，系统运转正常，数据录入平稳增长，实际应用反响较好。同时加大社会抚养费征收和“两非”案件查处力度，共征收社会抚养费478万元，立案查处“两非”典型案件4起。

三、公共卫生服务

1.基层卫生服务工作。至12月底，全县累计共建规范电子档案833722份、在管804701份，占全县常住人口的88.09%，在管合格档案为94.5%。其中65岁以上老年人建档114263份，管理105501份，管理率90.6%，体检92781人，体检率87.94%，中医药管理92781人；0～6岁儿童建档77864份，孕产妇建档10271份，高血压患者建档44716份，糖尿病患者建档13353份，重性精神病人建档3104份，并全部实行电子建档管理，对建档的高血压、糖尿病等慢性病患者实行了随访服务。启动湖南省乡村医生本地化培养工作，择优选拔15名学员到益阳医学高等专科学校脱产学习3年，共培训乡村医生1054人次。307台健康一体机投入使用，运行良好。

2.疾病预防工作。切实做好H7N9人禽流感、霍乱、狂犬病等重点传染病防治工作。至12月底，全县共报告法定传染病16种计3802例，总发病率为409.43/10万。发病数居前五位的是手足口病、肺结核、乙肝、梅毒、流行性感冒，无伤寒、流脑等急性传染病的暴发流行。“五苗”接种率达99%以上，手足口病血清学研究项目采集5000名1~9岁儿童和新生儿的血清标本送检；对782名结核病人、262名艾滋病人、1021名癫痫病人进行免费治疗，碘盐监测抽样300份；开展10月10日全国第25个“世界精神卫生日”等宣传日宣传活动。完成对160名重性精神疾病患者救治救助任务，并通过市卫计委和县实事考核办的验收评估。同时切实加强县级疾控机构的建设和内部管理，达标工作全面启动。

3.妇幼健康服务。一是孕产妇健康管理进一步加强。至9月30日，分娩11732例，住院分娩活产11849例，住院分娩率99.7%；对11241例孕产妇进行了抗-HIV（阴艾滋病病毒）、梅毒、乙肝检测。二是农村孕产妇住院分娩补助工作全面落实。共对9208例农村孕产妇实行住院分娩补助，补助金额达280.69万元，救助高危及特困孕产妇27例，救助金额3.24万元。三是农村妇女免费“两癌”普查工作顺利开展。截至12月底，完成“两癌”检查27705例，查出各种疾病6372例，其中宫颈癌病人11例，乳腺癌2例。四是出生缺陷防控工作进一步加强。婚前检查对象5703对，婚检率80.5%；至12月底，完成优检对象6358例，完成率90.8％；产筛10461例，产筛率89.2％，新生儿疾病筛查10416例，筛查率100％；听力筛查10461例；地贫筛查599例，确诊地贫13例；叶酸增补11256人，服用率98.2%。全县孕产妇死亡率16/10万，5岁以下儿童死亡率4.46‰。

4.卫生监督。一是加强医疗市场监督管理。开展非法行医和“两非”专项整治行动，书写卫生监督意见书31份，取缔非法行医机构1家，对28家放射诊疗机构进行了审查监督，对1157家医疗机构开展了传染病监督检查。二是开展生活饮用水和学校卫生监督。共查检水厂62家，学校190所（其中幼稚园71所）。三是卫生许可进一步规范。共办理卫生行政许可证137个，发放从业人员健康证1317个。

5.卫生应急管理。加强卫生应急组织管理体系建设，修订完善了各类卫生应急预案，健全卫生应急队伍，积极开展卫生应急知识宣传和培训，建立健全突发公共事件的紧急医学救援、卫生监督等卫生应急处置工作机制，网络直报率100%，做好重大活动和节假日的应急救援保障工作。全年有效处理各种卫生应急预警事件32余起，无突发公共卫生事件发生。

6.创卫工作。一是安化县创建省级卫生县城工作顺利通过省爱卫会的评估验收；二是小淹镇创建市级卫生镇工作通过市级考核验收；三是县交通运输局等10家单位被省爱卫会授予“湖南省文明卫生单位”荣誉称号；四是梅城镇启安村等21个村成功创建“湖南省卫生村”；五是小淹镇百福村等10个村成功创建“益阳市卫生村”；六是东坪镇完全小学、南金乡人民政府等11个单位成功创建县级“无烟学校”“无烟单位”。

四、医疗服务质量

1.医疗质量与医疗安全管理。严格落实医疗护理核心制度，签订责任状，制定医疗纠纷处理预案，建立健全医疗纠纷投诉、处理、反馈制度，规范病历书写、临床药品、院感和护理管理，开展业务培训和“5·12”护士节演讲比赛活动。

2.医疗机构执业管理。共对406名执业医师（执业助理医师）进行注册和变更注册，对576名执业护士进行注册和变更注册，对全县925家医疗机构进行换发证工作，对82家医疗机构静脉输液进行许可。

3.医疗护理院感质量管理。重点加强重点部门及医疗文书运行质量的检查指导，确保医疗护理院感的安全。

4.中医药工作。扎实做好中医药适宜技术推广和中医传承推广工作，加大人才培养力度，签订中医农村订单定向医学生1人，传统医学师承确有专长人员医师资格考试1人。

5.“群众满意的乡镇卫生院”创建活动。已有4家乡镇卫生院启动创建工作，争取通过市级评审验收。

6.分级诊疗工作。制定了《安化县推进分级诊疗制度建设工作实施方案》《安化县推进家庭医生签约服务实施方案》，分级诊疗全面启动。

五、立项争资和招商引资

2016年积极向上级争取重大公共卫生服务、医改补助、项目建设等各项专项资金1.1亿元。项目建设进展顺利，共完成投资6560万元，长塘、仙溪已进入资金财政评审阶段，财评后马上进行投招标；烟溪、小淹等镇已完成规划审批，正申报基建计划；滔溪、古楼完成了勘探设计，正在进行图纸审批；梅城已完成规划设计。县第二人民医院正进行地下室建设，县妇保院整体搬迁正申报土地手续，东坪镇卫生院整体搬迁通过大规划委员会例会审批，清塘尘肺康复中心正在办理土地手续，县农村急救中心、县卫计执法局项目已开工。招商引资成绩喜人。按县政府“三库一网一报告一对接”要求，与现代医院、康宁医院、爱尔眼科医院已签订协议，共完成招商引资1.53亿元。

【湖南省卫计委领导到安化调研】 5月24日至25日，省卫生计生委主任张健一行到安化县调研工作。调研组考察了大福皮防所，在江南镇卫生院调研了医改工作情况。副市长黄东红、市卫生计生委主任曾烈辉、县委书记杨光鑫等陪同。

【建档立卡农村贫困人口因病致贫因病返贫调查工作启动】 6月3日下午，安化县建档立卡农村贫困人口因病致贫因病返贫调查工作暨业务培训会议在县卫计局七楼会议室召开。各乡镇公卫办副主任、电脑技术员和计生办副主任共70余人参加会议。会上，对省市关于开展建档立卡农村贫困人口因病致贫因病返贫调查工作有关精神进行了传达，对调查工作相关业务进行了培训。

【安化县全面启动家庭医生签约式服务工作】 11月18日，县医改办、县发改局、县民政局、县财政局、县人社局、县卫计局等单位联合印发《安化县推进家庭医生签约服务实施方案》，标志着该项工作正式全面铺开。2016年底，家庭医生签约服务覆盖率达15%以上，重点人群签约服务覆盖率达30%以上。

【国家卫计委督导组来安督导留守儿童健康教育工作】 12月28日至29日，国家卫计委督导组曹若湘一行到安化县对贫困地区留守儿童健康教育开展情况进行调研和座谈。省卫计委流管处副处长周英球、县人民政府副县长夏华凤、县卫计局局长熊栋才和公安、扶贫、民政、教体及部分乡镇负责人参加座谈会。

（撰稿人：刘志辉　黄俊国）

安化县人民医院

【领导人名录】

代理院长　胡旭忠（2016.7止）
院　　长　李钦初（2016.7起）
副 院 长　赵建国　喻新强
　　　　　陈　球　胡文广
　　　　　蒋晓宏　梁艳红
　　　　　谌　勇（兼工会主席）
纪检书记　陈　球（2016.8止）
　　　　　陶　琰（2016.8起）

【概况】 安化县人民医院始建于1957年，是一家集医疗、保健、科研、教学于一体的“国家二级甲等”综合性医院。医院设有23个职能科室，33个临床医技科室，有“远程医疗会诊中心”“微创介入中心”“安化县120医疗急救中心”“安化县孕产妇急救中心”，是中南大学湘雅医院定点指导医院，是益阳市中心医院对口支援单位，是省劳动厅指定的伤残劳动能力鉴定医院。2016年，该医院有干部职工957人（合同制人员80人），其中具有高级职称的119人，中级职称的263人，初级职称的401人，卫生专业技术人员758人，非卫生专业技术人员119人。编制床位750张，实际开放病床813张，全年共完成门、急诊40万余人次，收治住院病人35429人次，完成手术10828台（含门诊手术），健康体检人次19171人次，床位使用率达91.3%；医院总收入29836.4万元，同比增长20.56%，其中医疗业务收入26914.34万元，同比增长19.26%，医院业务迈上了新台阶。

一、党风廉政建设

1.完善制度建设。重新制定绩效考核方案，并督促各科室认真组织学习；根据上级要求下发《“纠‘四风’、治陋习”专项整治方案》《“雁过拔毛”式腐败问题专项整治实施方案》等通知，严格落实中央“八项规定”及医疗卫生行业中的“九不准”等相关规定。

2.医院党委认真组织开展政治学习、形势教育和行医道德教育，切实加强党性修养和道德修养。如3月举办中层管理干部培训班；5月召开“两学一做”学习动员大会；6月2日召开党风廉政建设专题会议。

3.成立监督小组，强化监督管理，坚持惩处与教育相结合。全年处理各类违规违纪行为10余次，共罚款1万余元；协助局机关进行纪律处分2人；纪检监察室对10余人进行诫勉谈话。与科室及个人层层签订廉洁行医和规范医疗服务行为工作责任状、遵纪守法承诺书，明确责任主体、监管主体，确保医疗卫生队伍的廉洁高效。

二、医疗质量与医疗安全

一是对新招聘、新调入人员进行了岗前培训。二是将14种医疗核心制度装订成册，强化各种核心制度的落实，并完善手术分级管理制度，明确规定每个医务人员手术权限，杜绝手术差错，重点落实了三级医师查房制度、会诊制度、抢救制度和疑难病例讨论制度。三是每月由医疗质量考核小组对科室进行合理用药、医疗质量检查2次。全年查阅在架病历9400余份，对不合理用药和病历文书质量不合格的予以处罚，共处罚122人次，处罚金额7570元。四是重新调整基本医疗保险控制奖惩办法，对住院次均费用和药品比例超标的科室处罚414人次。五是重新制定了《优秀病历奖惩制度》，2016年共评出优秀病历173份，奖励金额48440元，发现乙级病历22份，处罚金额3960元。六是每月组织专家进行了抗菌药物处方、医嘱专项点评，对不合理的处方、医嘱进行了公示并要求医师限时整改。抗菌药物的使用率全年控制在58.5%左右，使用强度下降到45DDD，门诊抗菌药物处方比例由原来的13.6%下降到11.4%，Ⅰ类切口手术抗菌药物预防使用得到了明显规范，基本符合国家卫生计生委专项整治的要求。七是落实单病种临床路径的管理。共有10个病种实行了临床路径管理，进入临床路径病例1679例，入径率为95.9%。完成临床路径病例1522例，完成率94.5%。八是继续开展了无偿献血与互助献血工作，动员择期手术病人及慢性病病人进行互助献血50例，保证了危急重症病人的安全用血。九是医院开展百日安保护理安全隐患大排查，坚持开展各种形式的护理质量督察工作，抓重点环节、抓薄弱环节，进一步完善护理安全管理体系，促进护理质量持续改进，保障了护理安全。十是积极做好了传染病的防控和上报工作，全年共报告乙、丙类传染病1440例，无甲类及按甲类管理的乙类传染病发生。

三、学科建设和人才队伍建设

一是积极开展新技术新项目。2016年申报了2项县级科研项目：骨科的“弹性髓内钉治疗儿童长骨干骨折”和CT室的“多排螺旋CT泌尿系疾病的临床应用”。二是鼓励医务人员积极撰写学术论文，在国内各级刊物上公开发表论文30余篇。三是选派2名直录本科生到省儿童医院进行为期3年的住院医师规范化培训；选送29名优秀中青年专业技术人员去上级医院进修深造，派送3名德才兼备的年轻护士外出进修专科护理；组织各科医护人员250人参加省内外各专业短期培训；邀请上级专家对该院进行专业技术指导10余次，以查房、手术、讲课等形式传授知识提高整体业务水平。四是积极引进高学历专业人才。2016年公开直录应届本科毕业生19人；择优从乡镇医院调入医技人员14人，护理人员15人。合理的人才梯队建设，为医院实现可持续发展提供了有力保障。

四、医改工作

坚持“保基本、强基层、建机制”的原则，紧扣医改重点，强化工作力度，积极创新模式，医改工作顺利实施，稳步推进。一是根据县医改方案部署，医院取消所有药品加成（中药饮片除外），全面实行药品“零差率”销售，全年零差率销售药品9871万元，为患者减轻经济负担2467万元。二是合理调整医疗服务价格。医院依照《湖南省物价局湖南省卫生厅关于调整、规范我省医疗服务价格的通知》和《关于进一步推进县级公立医院医药价格改革的实施意见》文件精神，对医疗、护理和手术等医疗服务价格及床位收费标准进行调整。三是规范药品采购供应管理。医院严格执行药品集中采购政策，所有药品都是通过省医药集中采购网络平台集中采购，规范了药品的进购渠道，使药品质量得到保障。

五、工程建设

医院新医疗综合大楼工程建设以较快的速度稳步向前推进，一是室内装饰装修工程、污水处理中心已基本完成。二是室内医疗设备、医用家具已完成招投标程序。三是门楼已完成设计工作。四是室外地下停车场工程已完成设计、地勘、造价、财评、报建等工作。五是农村急救中心项目工程已完成四层主体。六是7月份新增的省级项目“安化县农村急救中心”和大楼前坪广场建设的变更（根据县政府的要求增加建设地下停车场），从立项、设计、报建、财评到施工需要6个月时间，竣工时间推迟。

六、公共服务管理

6月6日是“世界爱眼日”，五官科医护人员深入洞市乡黄花溪村开展义诊活动；8月24日，组织13名医务人员先后来到县十二中、县三中，为600多名高一新生讲授常见意外伤害的自救知识；9月9日、11月30日，组织医护专家团队先后到龙塘乡陶贺冲村、仙桃村开展义诊活动，免费为乡亲看病、送药、发送健康教育资料，两次活动共接诊村民1000余人次，开出处方400余张，发放农民健康宣传资料600余册，免费发放各类药品价值约2.5万元；11月10日晚上8点，内分泌科在县城罗马商业广场发起“蓝光行动”暨5千米夜跑公益活动，进行糖尿病健康知识宣传。世界糖尿病日在县老干局一楼免费进行血糖检测和糖尿病健康知识宣讲。这些活动的开展收到了良好的社会效益。

【推出“互联网＋医院”微信公众号】 5月，安化县人民医院推出“互联网＋医院”微信公众号，该平台患者只需手机关注“安化县人民医院”微信公众号，就可以轻松实施“挂号交费不排队，检验报告手机查”。同时可提供智能导诊、预约挂号、在线缴费、查看报告、每日清单、就医反馈等多项服务。

【益阳市卫计委到该院调研医改工作】 11月1日，市卫计委副主任夏宏宇到该院调研医改工作。夏宏宇重点对医院药品零利润销售、医院基本药物使用、湖南省医院集中采购平台采购等情况进行深入了解，充分肯定该院医改以来各项工作取得的成果。

【与益阳市中心医院举行对口帮扶签约仪式】 10月20日，益阳市卫计委、市中心医院与县政府、县人民医院举行对口帮扶签约仪式。益阳市卫计委副主任夏宏宇、安化县副县长夏华凤出席签约仪式。市中心医院院长曾跃红、安化县人民医院院长李钦初签署协议。市中心医院以技术支持、人才培养、学科建设、指导管理等方式全面提升县人民医院的综合服务能力，建立科学的分级诊疗模式和双向转诊模式。

【首例手指断离再植手术成功】 10月26日，安化县人民医院关节外科成功开展一例手指断离再植手术与一例上肢开放性多断骨折并肱动脉大段缺损的血管移植手术。代表着该院已经熟练掌握微外科技术，具备独立开展断指再植、各类带血管皮瓣转移、骨与软组织修复重建的能力。

【通过“全国百姓放心示范医院”荣誉称号第五周考评】 10月31日，由中国医院协会主办的“全国百姓放心示范医院第五周期总结交流会暨第六周期启动会”在北京举行，安化县人民医院顺利通过第五周期考评，荣获“全国百姓放心示范医院”称号。

【120急救中心荣获“益阳市青年文明号”称号】 11月3日，建功“十三五”2015—2016年度益阳市青年文明号候选集体亮

相，安化县人民医院120急救中心入选。

（撰稿人：廖巧丽）

安化县第二人民医院

【领导人名录】

院　　长　周　勤（2016.7止）
　　　　　刘韩丰（2016.7起）
书　　记　刘韩丰（2016.10起）
副 院 长　姚国成　黄水平
　　　　　何剑锋　周翠兰
　　　　　宁奇志　喻玉林
　　　　　傅灵芝
副 书 记　周　勤（2016.7止）
　　　　　李　涛（兼纪委书记、工会主席2016.7起）

【概况】 安化县第二人民医院是集医疗、预防保健、教学、科研于一体的二级乙等综合医院，加挂爱婴医院、危重孕产妇和新生儿急救中心牌子。2016年有在职职工529人，其中高级职称59人、中级职称158人；设有临床科室10个；医院现有医疗用房29000余平方米，正在修建设计面积2.8万平方米、16层的门急诊住院综合楼。常年开放病床500张，拥有螺旋CT、DR、C臂机、彩超等设备。

2016年，院主要领导进行了调整，新班子主动融入时代潮流，扎实开展"两学一做"学习教育，深入学习讨论落实，挑战自我，革新自我，提升自我，努力拼搏，扎实工作，革弊鼎新，有序推进了医院的各项事业，基本实现了预期目标。

一、医疗服务

1.基本情况。2016年实际开放床位数528张；病床使用率：80.5%；门诊总人次：189685人次；住院总人数：21802人次；平均住院日：6.0天；实际占用床日数:156563；处方合格率:93.2%；入出院诊断符合率：97.1%；手术前后诊断符合率：92.8%；CT检查阳性率：门诊51.6%、住院71.2%；彩超检查阳性率：70.2%；急危重症抢救成功率：82.8%；无菌手术切口甲级愈合率：100%；无菌手术切口感染率：0%；病理诊断准确率：100%；择期手术患者术前平均住院日：30小时。

2.医疗质量。一是按照核心管理制度，每季度召开1次医疗质量管理相关会议，按照PDCA要求，对上季度医疗安全核心制度检查情况进行通报、分析和总结，制定下一季度检查重点，提高医疗质量。全年共组织院内大会诊16次、死亡病历讨论6次、科室临床死亡病历讨论2次、医疗质量和安全会议12次，编辑医院质量通讯工作4期。加强了对住院病历质量的控制力度，共质控病历20000余份，尤其是优秀病历的审阅评分，2016年11月至12月达到每科室3份，对存在的问题及时反馈整改，使住院病历质量跃上了一个新台阶；二是稳步推进优质护理服务，病人满意度提高。全院优质护理示范病房覆盖率达100%，此模式已逐渐得到护理人员和患者的认可，并渐入佳境。根据专科疾病护理常规及临床路径相关知识，制定了与本科室常见病种护理临床路径，如：内二科开展的老年患者心理关怀、内一科开展的脑卒中患者康复护理、骨科系统开展的髋关节置换术后功能锻炼指导均已取得成效；三是加强院感预保工作，保障医疗安全。认真做好目标性监测及各项调查，完善全院环境卫生学监测，全年共计采样794份，其中空气217份、物体表面233份、消毒灭菌物品123份、医务人员手116份、消毒剂105份，合格742份，不合格52份，合格率92.99%。监测多重耐药菌9种111株，耐药率62.1%。按照《中华人民共和国传染病防治法》要求及时进行疫情报告和健康危害检测，全年共发现传染病1360例，报告食物和药物中毒29例，均及时进行了网络直报，防止了院内感染和传染病流行，确保了医疗安全。

二、人才培育

2016年举办综合素质培训4期，采用医院—科室—自学相结合的学习方法，加强了医务人员三基培训等继续教育培训，2016年"三基"理论考核1000余人次，合格率为92.2%，采取短期外出学习与长期专修培养相结合，在职学习与脱产培训相结合，普遍提高与重点培养相结合等多种方式培养人才，选派医、护专业人员8人次到省人民医院和湘雅附一、附二、附三等上级医院学习，进修时间为2个月到1年不等，参加省、市学术会议40余人次，培养学科带头人，并形成合理、稳定的人才梯队。进修回院后，骨科、内科、眼科、外科、妇产科等科室开展了新技术10余项，尤其是外科开展的"经皮肾钬激光碎石、肾盂输尿管交界处梗阻球囊扩张术"，妇产科开展的"腹腔镜下子宫全切术、子宫肌瘤剥除术"，骨二科开展的"先天性马蹄足内翻、肌腱松解、肌腱延长踝关节内固定、石膏固定矫形”等新技术收到良好效果。2016年全院共计在国家级各类期刊杂志发表论文31篇。

三、制度建设

在观念更新的基础上，2016年9月院领导班子从理论层面上深入学习，探索合理调整医院绩效管理和制度规范化。院领导集体形成共识，先后两次由院级领导率相关行政职能科室负责同志到邵阳市中心医院和洞口县人民医院进行学习，回院后结合医院实际和工作惯例进行了充分调研，征询各方面的意见和真实思想，很好地统一民意，真正地了解全员诉求。通过外眼看二院更加真实地看到了医院的不足和要努力的方向，根据调研结果，制定出比较完整的绩效管理方案、绩效考核方案、综合管理制度，形成一个现代医院管理的长效机制，为2017年全面深化改革、推进制度建设奠定坚实基础。尤其是2016年9月以来进一步规范公务接待、公务出差、公务车管理、会议、医疗设备（耗材）临床应用等制度后收到了良好效果。

四、作风建设

该院从3月份开始全面开展“两学一做”学习教育。采取个人自学、中心组学习、党员干部集体学习等形式，学习领悟有关中共十八大和中共十八届三中、四中、五中、六中全会精神，学习近平系列讲话、学党章等。全体党员干部认真学习，仔细记录，写心得体会，发出郑重承诺。开展了学习“两学一做”征文活动，选送了一些优秀的文章报县卫计局参评。同时，在认真完成规定动作的基础上，注重活动开展的实效，举行了下乡义诊、精准扶贫、服务改进、流程优化、显亮医院标识等一系列活动。逐步推行现代企业管理，完成前期调研，制定了新的发展纲要；强化劳动纪律，继续实行行政职能科室签到；合理调整绩效管理；病历质量管理全面启动。

【门诊住院综合大楼开工建设】 1月18日，县二人民医院门诊住院综合大楼举行开工奠基仪式。省第六工程有限公司、县卫计局、梅城镇人民政府及有关部门（村）、企业和湖南城市学院建设监理咨询有限公司领导、工作人员、医院职工参加。该大楼总建筑面积为2.8万余平方米，大楼地上14层，地下2层，工程投资6900余万元，加上医院功能和设备投入，总投资约1亿元人民币。

【益阳市卫计委领导视察医院建设工作】 6月24日，市卫计委副主任汤冬华实地察看了该医院门诊住院综合大楼建设工地，详细了解工程建设情况。汤冬华指出，此项目是解决群众看病难、就医难的重大民生工程，对加快安化卫生事业发展，优化医疗资源配置，提升医院综合服务能力具有重要意义。

【首例腹腔镜下子宫全切除术获得成功】 12月13日，县二人民医院妇产科在相关科室的积极配合下顺利完成了首例腹腔镜下“子宫全切＋双侧附件切除＋肠粘连、盆腔粘连”松解术，手术获得圆满成功。据了解，腹腔镜下子宫全切术与开腹式子宫全切相比，具有视野更加清晰，切口小，术后合并症少，避免开腹手术大切口创伤等优点。此项技术的开展使该院诊疗水平跃上了一个新台阶。

（撰稿人：廖鸿浩）

安化县中医医院

【领导人名录】

院　长　欧阳晓云

副院长　董翼羽　王卫国　刘　劲　龚和芳　童跃安　龚顶春　张立荣

【概况】 安化县中医医院创建于1958年，是一家集医疗、教学、科研、预保于一体的“二级甲等”中医医院。医院占地面积4855.7平方米，总建筑面积18000平方米，编制床位460张，实际开放床位399张。医院共开设20多个临床医技科室，11个职能科室，2个市级重点专科（骨伤科、针灸推拿科）。2016年有在职职工458人，专业技术人员403人，其中副高以上职称48人。

2016年，全院认真落实国家关于医疗卫生体制改革整体部署，坚持以病人为中心，以全面提高医疗质量为主题。全年共完成门急诊155007人次，其中急诊4472人次；住院15998人次，出院15692人次，床位使用率达73.6%；完成手术2828例；医院总收入1.07亿元，医疗收入9783万元，其中医疗业务收入6113万元，药品收入3670万元。

一、医疗安全

2016年，医院着重从细节入

手，进一步健全了科学规范的质量管理组织体系，提高了医疗服务质量，加强了医疗安全工作。

1.医疗质量与安全的管理。落实医疗核心制度。全院将医疗核心制度的落实作为一项重点工作来抓。一是加强了核心制度的学习。依托业务学习制度，利用业务学习时间，引导科室医务人员加强对核心制度的学习。二是落实了手术分级管理制度。严格执行二类以上手术的审批与报告制度。三是重视医患沟通，加强了知情告知。医务科在加强对医务人员医患沟通技巧培训的同时，借鉴上级医院经验，根据有关病历要求，落实了病历的完整性、真实性。着重从细节入手，加大了对知情同意书签署及实际告知情况的监督，要求每位医师在向患者如实告知病情的同时，将告知内容详细记录在知情同意书上。四是强化了急危重症患者的重点监控，力争将每次会诊落到实处，并有效执行。五是教育培训。明确制定了三基三严训练方案，每月组织专业技术人员进行业务学习，请上级医院专家和市级名老中医授课；每个季度进行一次三基考试，对成绩前三名的获得者给予奖励，对不及格者进行处罚；为提高年轻医生的急救水平，对近5年招聘和调入的人员进行心肺复苏的操作和体格检查的培训与考核，督促不及格者加强练习，直至考核及格为止。在进修培训方面，2016年院里共派出8名主治医师分别到湘雅一医院、湘雅二医院和省儿童医院进修呼吸内科、心内科、内分泌、骨科、儿科、普外科、神经内科等专业。外出参加短期培训和学习的技术人员达150人次。对进修结束回院的医务人员，医务科及时组织了学术讲座。确保了进修人员所学到的新知识、新技术，能够及时传授给其他医务人员。通过这一举措，使该院医务人员医疗技术水平得到了整体的提高。六是病历质控管理。为了规避医疗风险与纠纷，提高医疗质量和医疗安全，质控科重点从临床低年资医生抓起，对新进、新招、新调的临床医务人员，首先进行上岗前的培训；每季度进行了病历书写规范知识的考试，并按要求予以奖罚；注重三级质控管理体系，狠抓了环节质控；每月不定期到临床科室抽查了医疗病历的各项告知文书、辅助检查申请单、处方及急危重症患者、手术病人、输血病人的检查，对存在的问题以《质控简报》的形式及时反馈到科室，并督促相关科室限期整改、落实。同时，严格按年初方案进行了奖惩。全年共处罚金达15280元；狠抓了终末病历质量控制与管理，提高病历的归档率。临床路径管理。根据最新标准制订了符合该院自身发展的高标准临床路径管理方案。医务科强化监督检查职能，每月科室软件上报时统计科室开展情况，行政查房时对科室临床路径开展情况进行询问，查阅科室相关记录，了解临床路径实施情况。临床路径工作的开展，带动了住院病人的整体费用更趋合理，促进了医院服务流程的整合和再造，避免了各种原因造成的时间浪费和医疗行为的随意性，避免了工作的遗漏。至2016年底，该院已有16个病种实施了临床路径管理。七是抗菌药物管理。组织全院医疗技术人员学习了《关于抗菌药物专项整治活动的通知》《抗生素的合理使用》；制定了可操作性强的管理措施，对药物临床应用进行有效的管理和干预；实行抗菌药物分级管理，设置了处方权限，开展了处方点评工作，对不合理处方进行通报批评和处罚；每月定期由分管院长带队对各临床科室进行检查、督导，防止药物滥用和不合理用药，每月定期通报并落实奖惩措施。

2.护理质量管理。护理部贯彻落实《中医医院护理工作指南》《护士条例》，不断健全护理工作制度，创新护理工作模式，具体做了以下几个方面的工作。护理服务管理。全院13个护理单元全面推进优质护理服务示范工作，不断优化工作流程，大幅度提高了患者对医院、对科室的满意度。中医特色服务。继前两年陆续开展33个病种的中医护理方案取得良好的效果后，2016年再次增加了19个病种的中医护理方案，至此全院中医护理方案达52个。各科室继续加大力度开展中医特色项目，同时也加大了中医特色治疗的操作和学习培训，其中针灸理疗科的拔火罐、穴位注射等对腰椎间盘突出患者的康复，外科穴位注射、穴位按摩解除术后肠胀气及尿潴留，妇产科穴位催奶、拔火罐及双边吸乳器的应用防治乳头凹陷，内科系统中药口腔护理除口臭、耳穴压豆在高血压病人中的应用，骨科艾灸应用于骨质增生、中频治疗和气压治疗在骨折病人中的应用等中医特色治疗均收到了满意的效果。护理规章制度体系。在原有7册基础上，继续完善了《19个病种中医护理方案》《抢救工作手册》《高危药品管理》，进一步加大了护士长节假日及夜查房力度，至少每周有2至3次查房；更改了发药、查对工作流程；规范了重点病人的术前访视和术后回访。护理队伍建设。护理部组织了护士长岗位管理培训，进行了护士长的述职演讲，对提高护士长的管理能力和科室的发展起到了积极的推动作用；组织了注重临床的岗前培训，对新进人员进行规范化管理，使每一位新加入的护士都经过培训后进入临床科室。全年共组织护理业务学习26场，三基考试10次；另外选派了33名护理骨干或护士长外出学习，3名骨干护士分别参加康复专科、血液净化及儿科专科培训。品管圈活动。2016年5月份已经进行了第一期成果汇报，其中妇产科“守护圈”主题为“提高母乳喂养成功率”成果最显著；第二期也已启动，有内二科、内三科、妇产科、手术室、外科、骨二科全面启动。“中医天使”志愿队。突出“为医院发展服务、为患者志愿服务”的理念，广泛开展各项医院志愿服务活动，总共组织活动15次；参与“爱心导诊”42人次；组织一对一的帮扶暖冬行动，捐赠衣服、鞋子、生活用品80多件，捐赠人民币1000余元，得到了上级主管部门和同行的一致好评。

3. 院感和传染病管理。院内交叉感染工作一直是医院管理的一个重要内容，随着医院业务量的增加，各科收治病人数的增多，给医院感染管理增加了难度。医院感染控制科针对医院实际情况，在原有基础上，一是进一步完善并健全了感染管理各项制度，与各科室签订了医院感染管理责任状。二是定期与不定期深入病房督察，以确保制度的落实。三是加强院感知识培训，保障了医务人员的职业安全。全年院感科共组织了集体培训9次，同时对培训的医院感染知识出题进行了医院感染知识考试，使每期培训都达到了预期目标。四是根据湖南省医院感染管理质量控制中心年初的要求，在医院广泛宣传手卫生与安全注射，同时在医院会议室与临床科室张贴宣传墙报。“5·12”国际护士节排练洗手舞宣传手卫生的相关内容，提高了全体医务人员的手卫生意识。五是坚持落实环境卫生学与消毒灭菌效果监测制度。每月针对重点科室开展环境卫生学与消毒灭菌效果监测，每季度对全院所有临床科室开展环境卫生学与消毒灭菌效果监测，保证了医院感染控制质量，防止了交叉感染的发生。2016年上级卫生行政部门来该院抽查3次，合格率为99%。传染病管理方面，认真做好了传染病的防治、救治、网络直报等工作，全年累计传染病直报443例，死亡病例报告18例，其中手足口病265例；开展了以发热病人登记和筛查、疫情报告制度等为主要内容的门诊建设督导；通过多种渠道开展传染病防治知识宣传；组织各医务人员进行业务培训；切实加强了手足口病、艾滋病等标本的采集和检测工作，对于肠道传染病，做到“逢泻必检、逢疑必报”，全年无漏报误报现象发生。

二、“平安医院”创建

1. 全面落实了安全生产责任体系。一是成立了以院长欧阳晓云为组长的平安医院创建工作领导小组。由保卫科牵头落实，确保了“一岗双责”和“谁主管、谁负责，谁使用、谁负责”的原则，全面落实了医院三级安全生产责任体系。二是广泛开展了安全知识宣传。在院内宣传栏编排了二期有针对性的创建平安医院宣传栏；在门急诊、住院部、行政后勤部门等人员密集场所派发安全宣传折页；并在醒目位置悬挂安全生产宣传横幅，从而营造了浓厚的安全生产氛围，普及了安全生产知识，提高了工作人员安全意识。三是开展了创建平安医院专项整治工作。由副院长王卫国亲自带领保卫科及后勤科负责人对医院开展了消防隐患大排查，对住院部、门诊部等场所用电安全情况、所有消防器材、疏散标志 、应急照明灯等设施进行了认真检查，及时补充或更换了部分应急器材、物资、药品等，彻底消除了消防安全隐患。全院消防监控系统运作正常，消防通道畅通，基本消防器材配置到位并处于完好、备用状态。

2.强化了医院安全保卫工作。医院先后投入30多万元，对医院进行全方位监控，特别是对财务、药库等重点部门，采取了人防、物防、技防等措施，保安人员轮流24小时值班，发现可疑人员，及时驱离医院，确保了医院工作人员与病人的安全，有效地保证了医院的正常秩序。

三、创卫工作

创卫工作是全院2016年的重要内容，该院对此高度重视，将其纳入医院工作重要日程。制定了创卫工作计划和实施方案，召开了创卫工作全院职工动员大会，把卫生工作和医院发展同研究、同部署、同考核。成立了以院长欧阳晓云为组长、副院长王卫国为副组长的创卫工作领导小组，下设创卫工作办公室，指定专人负责创卫日常工作。各科室每月开展一次全院性的清洁卫生检查，让卫生工作切实做到有章可循，有规可守，有据可依。与健康促进和禁烟工作结合起来，全院上下形成了主要领导亲自抓，分管领导具体抓，各具体科室一起抓的齐抓共管局面。在县创卫办的直接部署安排下，该院先后投入污水处理费32万元，医疗废弃物处理费22万元，卫生保洁费34.8万元，灭鼠灭蟑等病媒生物防治费2万元，及投入大量保洁工具、用品、庭院绿化、亮化等资金，合计100多万元,并采取分区管理，奖罚兑现的措施，确保医院整齐、清洁，为成功创建省级卫生县城做出了贡献。

四、特色医院建设

医改启动后，为了实现与县人民医院错位发展，县中医医院重点抓好中医专科专病建设。其中，骨伤科与针灸推拿科为医院的市级重点特色专科，正在将骨伤科申报为省级重点专科。大力发展“非药物治疗”和“治未病”，利用中医特色的针灸、推拿、按摩、中药熏蒸、足浴、小针刀等西医不具备的优势，在临床各科室全面普及中医特色治疗，弘扬了中医国粹。每个临床科室都开设了中医治疗室，病人反响很好，为患者减轻了成本，也为医院赢得了效益。

五、对口帮扶

严格落实纪检监察工作要点，开展了医疗卫生行业重点问题专项整治行动，认真开展了自查自纠，及时移送问题线原，严格执行巡查制度，对违反劳动纪律的员工严格按岗位责任制予以处罚。2016年，该院对口支援的单位是烟溪镇中心卫生院和平口中心卫生院，该院安排了4名高年资的主治医师在2个乡卫生院进行业务指导、授课教学，2个卫生院的诊疗水平得到提高、各项制度逐渐完善、当地老百姓看病难的问题有所缓解；帮助烟溪卫生院重新开展了剖腹产术和接生工作，解决了当地产妇外出生产的烦恼；帮助平口中心卫生院开设了国医馆，让当地群众接受了正规的中医针灸理疗，反响很好。为切实落实与基层卫生院的沟通和联系，积极推广中医适宜技术在慢病防治中的应用，形成与基层医师的帮扶带教关系，该院安排了市级名中医，坚持在基层开展中医药业务指导，同时积极组织专家下乡巡回医疗，向农民宣传健康教育知识。

【2015年度工作总结表彰大会】 2月13日，副院长董翼羽在七楼大会议室主持召开县中医医院2015年度工作总结暨表彰大会。会上，骨伤科等7个先进科室、内三科等4个医疗安全先进科室、针灸推拿科等3个医保先进科室、护理部等2个先进护理组、医务科等2个先进职能科室、欧阳晓云等46名优岗人员、张立荣等46名先进个人、夏志强等11名工会活动先进个人受到表彰，刘劲获得突出贡献奖荣誉称号。

【第七届二次职工和工会会员代表大会召开】 4月7日，第七届二次职工和工会会员大会在七楼大会议室召开。大会认真听取并审议通过了《2015年度医院行政报告》《2015年度工会工作报告》《2015年工会经费收支情况报告》《2016年财务预算报告》；院级领导就职工提案做出答复；选举产生了新的工会副主席和新一届工会委员。

【送医送药下乡义诊活动】 9月29日，县中医医院组织医疗专家到江南镇黄石村开展了送医送药下乡义诊活动。此次义诊活动由县中医医院院长、总支书记欧阳晓云带队，组织了内科、外科、妇产科、儿科、骨伤科、皮肤科、针灸推拿科等科室专家共13人，携带B超、心电图、检验、理疗等设备，为群众认真检查、精心诊治。活动共义诊445人次，发放健康教育资料1000余份，免费测血糖43人次、心电图76人次、B超89人次、妇检23人次、生化检验79人次、发放价值2.6万余元的药品。

【扩建项目启动】 11月21日，县中医医院召开医院扩建工作会议。为了加快建设项目的进度，医院成立了扩建项目领导小组。12月13日，县人民政府召开专题会议，同意县卫校与县中医医院资产整合，但两个单位机构、编制、职能不变。同意在县卫校周边新征地10公顷作为中医医疗、康复疗养、养老服务于一体的医院用地。同意成立县中医医院扩建领导小组，明确东坪镇政府负责项目征地、拆迁、安置工作，处理各类矛盾纠纷，优化建设环境。县城投公司负责“三通一平”。县国土资源局、县住房和城乡建设局负责项目报批。

（撰稿人：谌青纯）

安化县妇幼保健计划生育服务中心

【领导人名录】

主　　任　周友华（2016.7 止）

　　　　　蒋智勇（2016.8 起）

副 主 任　何春红　贺智辉

　　　　　罗　全　蒋丽花

副 书 记　邓见华

工会主席　严会军

【概况】 2016 年 8 月，安化县妇幼保健院与原县计划生育技术服务站医疗资源整合，成立安化县妇幼保健计划生育服务中心（保留安化县妇幼保健院牌子），为副科级事业单位。中心开设有妇产科、儿科、妇女儿童保健科、院前急救科、“三筛室”、婚检室、优检室、功能科等临床保健专业科室。承担全县妇女保健、孕产保健、儿童保健等妇幼保健服务和妇女儿童常见病防治、助产技术服务；履行计划生育公共服务职能；开展妇幼重大公共卫生服务项目和出生缺陷综合防治等工作。中心曾先后荣获“爱婴医院”“全国巾帼文明岗”“全国农村妇女两癌免费检查先进集体”“无烟医院”等称号。

一、妇幼预防保健计划生育服务

1. 领导重视，保障得力。县卫计局全面部署了安化县 2016 年妇幼健康服务各项工作。同时下发了《安化县 2016 年妇幼健康服务工作要点》和《2016 年妇幼健康服务工作主要指标及工作要求》；全县 4 家县级医院及 1 家民营医疗机构均配有 1 名或以上信息员；23 个乡镇卫生院中有 14 个乡镇配备了 1 名妇幼专干，9 个乡镇配备 2 名或以上妇幼专干，18 个乡镇配备了专职儿保专干；大部分村配有 1 名或以上乡村医生担任辖区内保健工作，全县妇幼保健“三级网络”基本健全。

2. 加强培训，提高水平。为进一步提高安化县孕产妇和 0 ~ 6 岁儿童健康服务能力，强化妇幼卫生信息管理，规范开展妇幼重大公共卫生项目工作，加强出生缺陷干预和儿童营养改善项目工作，规范新版出生医学证明发放和管理等工作，2016 年在妇幼专干季度例会上进行了 3 次相关业务知识培训班，共计 116 人次参加了培训，参训率 100%。同时，积极配合县妇联到乡镇开展农村妇女健康知识培训，宣传讲解妇女常见病、多发病的预防保健知识，共培训 73 人次，不断提高了农村妇女健康知识知晓率。

3. 加强督察，增强意识。为更好地落实 2016 年妇幼健康服务各项工作任务，提高孕产妇和 0~6 岁儿童的健康服务管理能力，一年来，县局组织相关人员对各单位妇幼健康服务工作开展情况进行了两次全面督导，根据存在的问题，发放督导通报，提出整改意见，并限时整改，不断规范各项工作的开展。为迎接省市产科急救中心达标和乡镇产科建设复评，今年 6 月县卫计局组织相关专家对辖区内所有助产机构产科建设进行了一次全面督察和复核，根据督察情况，下发了督察通报，对存在的问题要求限期整改。

4. 规范质控，保证质量。通过对妇幼卫生信息工作反复巩固培训，安化县妇幼信息员提高了对“三网”监测的认识，县乡级质控工作基本落到实处。县级全年质控查出活产漏报 64 例，漏报率 0.5%；无 5 岁以下儿童死亡漏报，查漏补漏工作落到实处。县妇幼保健计划生育服务中心和县人民医院两家监测医院全年活产共 3819 例，上报出生缺陷 28 例，出生缺陷发生率 0.2%。县妇幼保健计划生育服务中心危重孕产妇监测 1176 例，合并症 289 例，危重症 1 例。

5. 预防缺陷，推进筛查。全县各医疗机构均加大了筛查工作宣传力度，特别是县级医院妇产科门诊加大了产筛的宣传，筛查率明显上升。一是全年辖区内产前筛查 10461 例，筛查率 89.2%，比 2015 年同期增长 22.17%。辖区内医疗机构产前筛查 7480 例，发现产前筛查高风险 616 例，高风险孕妇接受产前干预诊断 488 例，干预率 80%，妊娠结局随访 464 例，妊娠结局随访率 98.5%；从 2016 年 7 月开始，安化县开展产前筛查补助项目工作，对所有符合条件的中期产筛对象实行全免费。二是辖区内新生儿免费疾病筛查 10416 例，筛查率 87.7%。医疗机构活产 9080 例，新生儿免费遗传代谢疾病筛查筛查 8671 例，筛查率 95%，初筛阳性复查率 100%，不合格标本补采率 97.2%（2 例拒绝补采）确诊苯丙酮尿症 2 例，G6PD（葡萄糖 6 磷酸脱氢酶）29 例。免费听力筛查 8641 例，筛查率 95.2%，初筛通过率 90.7%，转诊 56 例，复筛未通过转诊率 96.6%。三是地贫筛查 599 例，确诊地贫 13 例，地贫筛查标本合格率 100%，初筛阳性管理率 100%。四是贫困地区出生缺陷遗传代谢性疾病救助项目按要求开展。2015年上报3例材料，已有2例符合救助条件，省相关人员与家长取得联系（资金暂未到位）。2016年已上报1例。

6.狠抓重点，落实项目。农村孕产妇住院分娩补助项目全面落实，全年对9208名农村孕产妇（另76例双胎每例补150元）按住院分娩补助政策进行了补助，补助金额280.69万元。其中救助高危及特困对象27例，救助金额3.24万元。叶酸增补工作不断加强，全年叶酸新增应服用人数11460人，新增服用人数11256人，叶酸服用率98.2%，依从人数10506人，依从率93.3%。艾梅乙母婴阻断项目工作落到实处，全年产妇艾梅乙检测11241例，检测率95.81%。查出HIV阳性孕妇3例，梅毒阳性孕妇60例，产妇57例，均使用苄星青梅素免费治疗；乙肝阳性产妇826例，对其所免儿童给予免费乙肝免疫球蛋白注射826支。儿童营养改善项目工作持续开展，为提高服用率，该院联合厂家技术人员，派遣健教、儿保等人员到滔溪、奎溪等乡镇进行现场指导，入户了解服用情况，现场分析个别不良反应产生的原因，并指导科学喂养和正确服用营养包。全年全县发放营养包78492盒，应服16798人，实服14339人，服用率85.4%。优检婚检工作稳步开展。全年结婚登记7088对，婚检5703对，婚检率80.5%，检出疾病人数600例，其中指定传染病588例，性病26例；国家免费孕前优生健康检查工作严格按项目要求开展，检查结果准确率达95%，检查结果和优生评估建议告知率达100%。信息录入及时，实验室质控规范到位。全年完成国家免费孕前优生健康检查6358对，完成全年任务的90.8%，总共计查出阳性率4158人次。“两癌”检查项目工作扎实开展。县政府、县妇联、县卫计局高度重视这项民生工程的实施，县政府妇儿工会成立了领导小组，下发工作方案，县卫计局成立技术指导小组和检查小组。根据各乡镇35～64岁妇女人数，将27685例检查任务数分配至各乡镇，并安排好具体实施时间。从8月8日开始体检组入乡镇检查，至12月中旬完成年度任务，查出各种疾病4355例，其中宫颈癌症病人11例，乳腺癌1例。

7.夯实基础，提高水平。孕产妇健康服务管理工作进一步规范。一是全年全县产妇11732人，活产数11883例，建卡人数11690例，建卡率99.6%；产前检查11686人，产前检查率98.34%，产前检查≥5次11053人，产检率93.2%；早孕检查10867人，早孕检查率91.45%；产后访视10649人，产后访视率89.62%；系统管理10296人，系统管理率86.6%；住院分娩活产数11849人，住院分娩率99.7%；剖宫产4195例，剖宫产率35.3%；新法接生率100%；全县各助产医疗机构共分娩活产数9080例，剖宫产活产3442例，剖宫产率37.9%。首次剖宫产活产数1799例，占剖宫产52.3%。二是高危孕妇筛查管理进一步加强。全年管理高危产妇3905例，高危孕妇筛查率33.29%，高危住院分娩率100%。高危重症转诊县孕产妇产科急救中心抢救93例，成功93例，转上级医院救治10例，均治癒。县级管理评分20分以上的高危孕妇209例。三是《孕产妇保健手册》发放和使用不断规范，全年全县共发放《孕产妇保健手册》9972本，回收8576本，发放率和回收率均在85%以上。乡、村两级保健人员根据孕产妇健康管理服务规范督促孕妇按时产前检查，不断提高了孕产妇健康管理率和系统管理率。四是继续开展全县妇科病普查，全县妇女20~64岁应查82599人，实查81642人，普查率98.8%。查出各种妇科病19877例。五是全年孕产妇死亡2例，孕产妇死亡率16/10万。

儿童保健工作进一步加强。一是全县0~6岁儿童86489人，5岁以下儿童64673人，3岁以下儿童39647人。6月内母乳喂养10144人，母乳喂养率92.5%。纯母乳喂养8470人，纯母乳喂养率77.19%；全县0~6岁以下儿童健管理人数74533人，儿童保健管理率86.3%，3岁以下儿童系统管理人数31252人，系统管理率78.8%；5岁以下儿童身高体重检查50637例，血红蛋白检测45489例，查出低体重651例，生长迟缓人数132例，肥胖儿童116例，贫血患病儿童2184例，贫血患病率4.1%；其中中重度贫血患儿125例。二是全年5岁以下儿童死亡53例，死亡率4.46‰；婴儿死亡33例，死亡率2.18‰；新生儿死亡22例，新生儿死亡率1.85‰。三是托幼机构管理不断加强。全年幼师体检发证413人，入园体检2766例。健康教育工作逐步完善。全县各医疗机构积极开展形式多样的健康教育宣传，定期制作宣传刊，下发宣传小折页、健康教育处方等到群众手中。开发制作了婚检、母婴健康素养55条、母乳喂养、孕期补碘、出生缺陷防治等宣传小折页5万册，全部分下发到各医疗机构；大部分助产机构明确了孕妇学校负责人，每月举办了一期孕妇学校活动。大部分单位在“母乳喂养周”“出生缺陷防治周”举办了义诊咨询宣传活动，不断提高群众健康教育知识知晓率。

二、医疗服务质量

1.该中心继续依照县卫计局制定的医改政策和创建“平安医院”活动方案，实现“以病人为中心，以提高医疗服务质量”为主题，全面加强医疗质量和医疗安全管理，牢固树立质量和安全意识，不断提高服务水平，完善医院硬件建设。全年完成医疗总收入1277.44万元，较2015年增长22.02%；药品收入311.99万元，构成比26.49%；完成门诊人次40123人，同比增长4.02%；共收治住院病人2085人；妇产科开展平产838例，腹部手术496台，计划生育手术893例，剖宫产率基本控制到位，次均住院费用2830元，门诊次均费用146.5元，平均住院日3.5天；归档病案2062份，其中甲级病历1959份，甲级病历95%，合格病历2062份，合格率100%，门诊病历书写率达98%，处方合格率94%；全年医疗质量稳中有升，全年无医疗纠纷。

2.医疗质量和安全管理制度落实上取得了一定成效。一是加强了医疗质量和医疗安全核心制度落实，健全了医疗质量和安全控制体系，让制度不再流于形式。二是组织学习新版病历书写规范，使该中心病历书写进一步规范，甲级病历合格率达95%以上。三是中心严格执行处方点评制度，进行认真总结并提出改进意见，及时改进，规范用药意识，有了明显提高，门诊处方合格率达94%。为促进抗菌药临床合理应用，该中心多次进行了抗菌药物规范应用全员培训并考核，确保用药安全，儿科住院部抗菌药物使用率较高的现象得到了有效遏制。四是认真学习贯彻卫生法律、法规，定期组织医务人员进行了相关法律、法规学习，加强医务人员医疗安全教育，加强医疗安全防范，严格执行中心奖罚细则，奖罚到人，全年共通报医疗差错4次，处罚6人次。通报违反劳动纪律2次，处罚4人次。五是认真落实报告制度，对特殊疑难、危、重症患者，纠纷病人、需转诊病人实行随时报告制度。六是认真落实会议通报制度，根据每月定期召开的医疗安全会议，通报医疗安全及检查情况，医疗纠纷处理后及时召开讨论会总结经验教训。七是明确护士岗位职责，根据省标要求护理操作切实做到“三查八对”，危重、手术病人、新生儿等严格执行床旁交接。严格按照《湖南省医院护理工作规范》加强护理文书书写，做到了准确、及时、真实地书写护理文书，护理文书书写合格率达95%。八是全年组织全中心护理人员进行了各类护理知识的培训，其中心肺复苏及新生儿复苏操作技能做到人人过关。同时积极选派护理骨干及管理人员到省市县参加各种形式的培训，全年选派培训达6人次以上。九是提高了护理安全意识，急救物品良好率100%，急救车内药品、物品，做到了“四定”“三及时”，科室每月召开一次护理安全会议，强化了护理人员的责任意识和安全意识。全年护理事故为零。

3.成立了院感管理委员会，建立建全了中心感染管理制度。组织全员进行了“医务人员手卫生与医院感染管理”“医疗废物管理规范处置”等业务培训和考试，每月对各科室进行考评检查，并将检查结果反馈到科室。全年对临床和重点科室取样25份，合格25份，合格率100%。

4.对麻醉药品及计划生育药品实行每月监督检查。按国家法律、法规对药品购进、销售、保管、销毁进行监管，特别是对所购特殊药品严格执行审报审批制度，实行五专管理。

5.加强医学教育，夯实医院人才阶梯，一是全年共举办各种业务讲座16次。主要内容有新生儿窒息、心肺复苏、院感知识、医务人员手卫生、艾梅乙传染病知识，抗菌药物规范应用，产科急救知识，新生儿常见疾病的处理等内容。二是积极举办“成人徒手心肺复苏”“新生儿窒息复苏”技能比武，“三基知识”竞赛活动。并对妇产科、儿科、手术室人员进行了两次考核，做到了人人过关。三是该中心在人员紧张的情况下，克服困难，派员参加3个月短期培训1人次，参加各类省级、市级学术活动23人次。

6.改善就医环境、增强中心综合实力。一是全年共投资60余万元，添置了便携式彩色B超、蓝光恒温箱、输液泵等仪器设备10余台。二是投资16余万元，装修了收款室、医保办、一套家属楼及五间原教育局门面，调整了个别科室办公区。医疗设备的添置，拓宽了业务范围，调整科室布局，极大的方便了前来该中心就医的患者，中心社会声誉也越来越好。

三、作风建设

积极开展“雁过拔毛”式腐败及“纠‘四风’治陋习”整治活动，大力加强中心作风建设，切实落实医疗卫生行风建设九不准，培育和塑造行业清风正气，筑牢拒腐防变的心理防线；加强医德医风建设，贯彻落实《医疗机构从业人员行为规范》，坚决纠正损害群众利益行为，坚持用制度管权管事管人；全面推行中心院务公开和办事公开制度，完善医德医风考评制度，全面落实党风廉政建设责任制；坚持廉洁行医，铲除滋生商业贿赂的土壤，建立医务人员个人信用体系，加强廉洁风险防控工作，全年无损害群众利益行为发生。

【熊哲文调研医院整体搬迁选址工作】 1月10日下午，县委副书记、县长熊哲文到县城南区实地调研县妇幼保健院整体搬迁选址工作，县委常委、副县长伍拥军，副县长、县卫生和计划生育局局长杨慎之等陪同调研。熊哲文一行到县城南区B片区实地察看了建设用地位置、规划和布局、详细询问了解了安化县妇幼人群的健康需求，在与随行人员交换意见后，熊哲文对将县城南区雪峰湖大道以南园燕路以东1.72公顷土地用于县妇幼保健院整体搬迁项目建设表示赞同。同时，他要求，卫生部门要尽快按照行政划拨价与南区管委协商，办好建设用地相关手续，迅速启动县妇幼保健院整体搬迁工作。

【第一次职工大会】 8月23日晚，新成立的县妇幼保健计划生育服务中心召开了第一次职工大会，标志着安化县妇幼保健计划生育服务迈开新步伐。会议由副主任何春红主持，全体干部职工参加。会议宣读了领导班子成员的任免、分工文件和各科室负责人任职通知、人员安排等事项，对今后的工作进行了重点部署安排。

（撰稿人：罗全）

安化县精神病防治院

【领导人名录】

院　　长　蒋智勇（2016.7止）
　　　　　袁晓虹（2016.7起）
副 支 书　姚广文
副 院 长　李立文　周正平
　　　　　廖任专　付新华

【概况】 安化县精神病防治院成立于1979年，是安化精神疾病治疗与康复唯一的专业医疗机构，在市内精神疾病治疗方面享有盛誉。医院2016年有在职在编职工104人，聘用人员40人，退休38人，共计182人。其中高级专业技术人员2人，中级专业技术人员36人，实际开放病床460张，开设五大临床科室：重症男病室、重症女病室、康复男病室、康复女病室、神经症科，以及高规格娱疗中心和室外活动中心。

近年来，随着国家对精神卫生工作的全面重视，医院的各项建设得到了高速发展。新康复楼和近6000平方米设计新颖的门诊、住院综合楼先后投入使用，并相继完成了高规格院内环境的硬化与绿化，高度吻合现代精神科需要的先进诊疗检测设备相继应用于临床；空调系统、热水供应系统全面覆盖各病室；病人住院生活条件改善如新，医疗质量显著提升，医院完成了向一个高技术、高装备、高水准的现代化医疗机构的华丽转身。安化县精神病防治院本着“用爱心呵护生命、靠科学战胜病魔”这一办院宗旨，积极推进省内外学术交流与合作，大力倡导医院文化，在医疗服务方面多次荣获“青年文明号”和“芙蓉标兵岗”等称号，连续四年被县卫计局评为目标管理优胜单位。医院逐步走上了专业化、规模化、制度化、科学化的发展之路，建立了较为完整、科学的精神病学学科体系，形成了以治疗重性精神疾病为主体，涵盖失眠、癫痫、心理等疾病治疗、精神残疾鉴定、重性精神疾病管理救治项目开展，防治并重的一体化网络，成功奠定了区域内专业领域的影响力和优良的社会形象。

2016年，医院团结协作，从实际出发，锐意进取，各项工作取得了新进展，医院业务稳步增长，总收入2762万元，比2015年增长264万元，增长率为18.8%。

一、业务工作

医院切实加强管理，改进工作作风，完善各项管理制度。尤其是下半年来，大力加强对制度的执行力，把制度渗透到从医疗到生活的各个层面、每个角落。

1. 控制医疗费用。继续推行治疗药物单一化，停用部分辅助药物和辅助检查严格控制等系列措施，以最大限度地减轻患者家庭负担，真正落实医疗资金运用的合理化。

2. 提高医疗服务能力。从6

月份开始进行基础建设，对康复楼三楼进行了合理改造，从10月份开始新设病室，扩充病床80张，有效解决了人民群众的就医难题，改善了就医环境。

3.加强管理，进一步规范和提高服务，推进医院文化建设。医院建立首问责任制、服务承诺制、限时办结制等制度，并得到有效推行和落实，坚持物价政策，杜绝不合理处方、不合理治疗和生冷硬顶、推诿病人现象的发生，对不合理检查所涉项目进行了整改；通过职工会议、医院大厅电子屏、宣传栏等方式大力宣传和倡导医院文明用语在医疗场所的应用。各项社会服务承诺得到兑现，热情地为群众排忧解难。

4.进一步加强对食堂的管理工作，在食品物价持续上涨的情况下，采取有效措施，确保了病人的伙食质量。

5.8月份启动并完成职工会议室装修方案。10月31日前完成职工会议室的装修、设备安装、会议桌椅的购置安装等工作，为会议的召开、业务教学和文娱活动的开展创造了一定的优良条件。

6.继续配合国家彩票公益金贫困精神病患者救助项目在安化县的实施，并坚持定期开展送药上门和义诊活动。

7.积极制定方案，在世界精神卫生日期间，在县内各乡镇对精神卫生知识进行广泛宣传，全县人民群众精神卫生常识得到有效提高。

8.针对安化县人口多、地域面积大、人口分布散、救助对象多等情况，举医院全力，克服一切困难，切实加强了重性精神病管理工作，湖南省重点民生贫困重性精神病管理救助工作在全县有效实施，160名危害社会的贫困重性精神病患者得到有效救治，社会秩序有了良好的改善，得到了省、市精神卫生中心的高度认可。

二、医德医风建设

医院牢固树立以人为本，以病人为中心的理念，加强全院干部职工的素质教育和职业道德教育，及时召开院委会、科主任护士长会议、工会委员会议和职工代表会议，解决职工和患者及家属最关心、最直接、最现实的利益问题。充分发挥全院干部职工积极性，努力提高学习能力，操作能力，解决实际问题的能力和创新能力，同时使干部、职工和患者三方相互渗透、相互协调、相互融洽，营造和谐团队、和谐医患的良好氛围。

为弘扬医德医风，树立榜样、学习榜样、弘扬正气，切实转变服务观念，提高服务意识，引导和激励医务人员以饱满的工作热情为人民健康服务。医院党支部、工会联合医务科、护理部开展了为期四个季度的"服务标兵"评选，充分发挥医疗服务标兵在医院服务工作中的先锋模范作用。

三、组织医务人员进行户外拓展训练

精神病防治院的医务工作者长期处在治疗和护理精神病人这一特殊工作环境中，封闭的工作环境、与特殊群体的长期接触，导致医院近年来先后有9名职工自身出现精神障碍等疾病。为缓解这一情况，把精神卫生工作人员健康损害降到最低，同时有效加强团队凝聚力，通过与同行就"如何提高医院职工健康素质的应对策略和方法"的交流与探讨，报请县卫计局许可，经请示县纪委同意，9月份分批组织全体医务工作人员外出进行户外拓展训练。活动的进行，旨在使精神卫生工作者在进行户外拓展训练的同时接触大自然，可以在广阔的空间里开阔心胸与视野，增长见识，开朗心情，身心得到放松、陶冶，以更好的状态服务于精神卫生工作，活动的开展收到了预期效果。

【益阳市政协领导进行重性精神病救治救助现状调研】3月24日，市政协副主席梅敏亚到该院进行"重性精神病救治救助现状"专题调研。县卫计、县民政、县财政、县人社、县残联、县综治等相关负责人参与调研。期间，调研组召开座谈会，观看了《精神卫生工作》专题片，听取了县卫生计生局副局长胡小兵对全县重性精神病救治救助及相关工作的情况汇报，并就蒋智勇院长提出的系列建议与问题进行了激烈的探讨。会后，调研组走入病房看望了医务人员和病人，对特困精神病人进行了慰问。

【益阳市卫计委领导到院督察重点民生实事精神病救助项目】6月23日，市卫计委副主任汤冬华一行到该院进行重点民生实事精神病救助项目督察。督察组在听取县精神病防治院项目工作实施情况汇报后，现场对实施方案、项目工作宣传、救助对象资料、救助资金财务结算管理、诊断复核等相关工作进行了认真仔细的检查。同时进入病室对已确定的救助对象进行病历抽查，询问救助对象的入院原因与治疗情况，确保重点民生实事精神病救助项目真正按照要求落到实处。

【党支部换届选举】 10月25日下午，县精神病防治院全体党员在综合楼七楼会议室召开了支部换届选举会议。县卫计局局长熊栋才、副局长胡小兵到会指导。姚广文代表上届支部作了党支部工作报告，并对支委侯选人相关工作履历进行公示和宣读。通过无记名投票方式，产生了新一届党支部委员会，袁晓虹当选为支部书记，姚广文为支部副书记，李立文、周正平、廖任专为支部委员。

（撰稿人：罗笑凡　何海伟）

益阳市大福皮肤病防治所

【领导人名录】

所　　长　刘尚夫
副所长助理　罗　龙
工会副主席　刘大飞

【概况】 益阳市大福皮肤病防治所是益阳市政府主办的唯一一家从事麻风病、皮肤病、性病的专业医疗机构。位于安化县大福镇福欣村，创建于1971年，前身是安化县天罩坪防治站，2015年4月被省卫计委确立为湖南省麻风病防治定点诊疗机构，负责湘北地区的麻风病防治工作，是一家集麻风病防治、流行学调查、宣教、培训、科研为一体的皮肤病防治所。该所2016年有在职工作人员19人（包括1名临聘人员），其中副高级职称2人、中级职称3人、初级职称10人。

一、强化病村管理

2016年，该所有住村麻风病人45人，病人的生活起居、疾病治疗等事务仍是该所的重点工作。2016年麻风节，由市卫计委、市红十字会牵头，组织市、县相关部门对该所麻风病人进行了慰问，麻风节慰问活动的开展给病人带来不仅是物质上的满足，更是精神上的安慰。年初该所给每个麻风病人定制了一套新衣裤，为他们购买了木质泡脚盆，给他们每人添置了一双小手套，在病人喜欢去的地方安装了公园座椅、垃圾箱，张贴了麻风防控知识宣传栏和党务政务宣传栏，让他们了解相关知识，了解单位发展情况，让他们住在这里时刻都有着家的感觉。逢年过节、病人生日，该所医务人员都会与他们同桌共饮，共同庆祝，特别是住村病人蒋益周老先生九十大寿，该所张灯结彩邀请社会人士和工作人员为他庆祝。东坪镇辰溪病人谌田龙因运动神经源疾病导致全身瘫痪，该所给他配备了家庭式辅助呼吸机、全自动电动轮椅，着实为病人解决了困难和病痛，一心一意为他们服务。该所班子成员经常深入病村问寒问暖，有时陪他们聊天，发现问题及时解决，真正履行了“一切为了病人，为了病人的一切”的承诺。

二、抓好社会防治

根据《湖南省消除麻风病危害规划（2011—2020年）》（以下简称《规划》）要求，4月，省级专家组进行了《规划》中期评估督察工作，专家组在查看资料、巡查病村、听取汇报后对该所“十二五”期间在控制麻风疫情，改善病人生活条件，加强健康教育，消除社会歧视，防治档案的齐全、书写记录清楚、装订整齐等等工作表示充分肯定。6月至7月，该所开展了全市麻风病治愈存活病人调查工作，并在部分重点乡镇进行了麻风防治知识宣传，发放宣传资料2万余份。10月至11月，该所先后对长塘镇、高明乡的45名乡村医生进行了麻风病防治知识培训，健全了麻风基层防控体系，乡村医生提供可疑者线索5人，通过检查与诊断未发现麻风病例，同时对学生、密切接触者、周围人群进行了麻风病防治知识核心内容的宣传及问卷调查，发放宣传资料4000余份，收集知晓率调查问卷388份，知晓率达到80%。10月，为了落实省区域性定点诊疗机构职责，该所收治了娄底双峰县现症病人龚余初。12月，该所在高明乡开展了皮肤病义诊活动，发放免费药物近万元，得到了当地老百姓的好评。

三、树立先进典型

2016年，推选皮防所先进典型刘大飞参加由国家卫计委举办的江苏省、湖南省先进事迹报告会，刘大飞护士长被评为湖南省“优秀护士”和“中国好人”，20多家媒体进行了报道，省市县电视台播出了“刘大飞坚守麻风村26年”专题，引起了良好的反响。

【刘大飞获评“湖南好人·每周一星”】 刘大飞，女，中共党员，1971年生，1990年益阳卫校毕业，同年进入益阳市大福皮肤病防治所，现为该所护士长。26年来，她护理过数百人，从未喊过苦和累，一直用实际行动诠释着“南丁格尔”精神。多次被评为“优秀共产党员”“优秀护士”“先进工作者”，获此殊荣乃实至名归。

【湖南省卫生计生委领导到该所慰问麻风病人及工作人员】 5月24日，湖南省卫生计生委主任张健一行到该所看望慰问麻风病人，益阳市卫生计生委主任曾烈辉、中共安化县委书记杨光鑫等陪同。

【湖南省麻风病防治工作中期评估考核小组到所进行考核】 6月5日上午，湖南省麻风病防治工作中期评估考核小组一行到该所进行考核评估。考核小组对照湘卫疾控发〔2011〕28号关于印发《湖南省消除麻风病危害规（2011—2020）》的通知中中期评估要求，对2011年至2015年该所的麻风病防治工作进行了考核评估。

【刘大飞先进事迹报告会在益阳举行】 11月30日上午，全国卫生计生系统先进典型学习活动湖南报告会在益阳大剧院举行。该所以刘大飞先进事迹为核心组成4个人的报告团，从本人、领导、同事、病人的角度分别讲述刘大飞26年坚守麻风村的感人故事。12月，刘大飞先进事迹报告团代表湖南赴江苏进行全国卫生计生系统先进典型学习活动巡回演讲。

（撰稿人：高斯娜）

安化县疾病预防控制中心

【领导人名录】

主　　任　胡红安（2016.7止）
　　　　　龙拥军（2016.7起）
书　　记　邓伟刚（2016.7止）
副 主 任　戴　兵　危广安
　　　　　刘寇平　夏一雷

【概况】 安化县疾病预防控制中心于2006年成立，前身为安化县卫生防疫站，占地4967平方米，工作用房3812平方米。2016年有在职干部职工84人，其中在职在编64人、乡镇借入13人，聘用临时工7人；退休人员35人。设有办公室、健教质管科、传染病防治科、性艾科/美沙酮维持治疗门诊、免疫规划科、检验监测科、结核病防治科、预防医学门诊、慢病科、职业病防治科、后勤财务科共11个科室。担负着全县传染病、职业病、地方病、慢性病防治及免疫规划、卫生监测、突发公共卫生事件处置等任务。2016年，县疾控中心被湖南省结核病防治所评为“实施《湖南省结核病防治规划（2011—2015）》先进单位”，被安化县卫生计生局评为“2016年度绩效考核优胜单位”，被安化县爱国卫生运动委员会评为“无烟单位”，是湖南省爱国卫生运动委员会复查确认的“省级文明卫生单位”。

一、急性传染病防治

1.传染病疫情网络直报。2016年全县共报告法定传染病16种计3802例，总发病率为409.43/10万。无伤寒、钩体、流脑等急性传染病的暴发流行。

2.重点传染病防治工作。切实做好了H7N9人禽流感、霍乱、狂犬病等重点传染病防治工作，按上级要求开展了H7N9人禽流感外环境采样监测与高风险暴露人群血清学采样监测、霍乱内外环境监测、狂犬病监测等工作，全年全县未发生狂犬病；进一步加强了对全县医疗机构发热门诊与肠道门诊的督导检查和业务人员培训。

3.手足口病防治。深入开展了中国儿童手足口病血清流行病学研究项目工作，加大了对各医疗机构和托幼机构等重点防控单位的督察力度，发现疫情及时进行了处理。

二、突发公共卫生事件处置

县疾控中心坚持24小时值班制度，调整了突发公共卫生事件处置机动队，机动箱装备齐全，消毒杀虫和预防药品等扑疫物质准备充分，随时应对突发疫情灾情。全年处置突发事件1起：即2016年3月安化县第二中学甲型H1N1流感暴发疫情。开展了“7·4”抗洪救灾工作，及时对受灾乡镇下发了各类救灾物资，对县城城区灾情较重的学校、居民区进行了消毒与卫生防病指导。

三、免疫规划

1.预防接种基本情况。稳步推进扩大国家免疫规划工作，各类疫苗接种率逐年提高，达到国家考核标准；接种对象建证、建卡、信息录入率均达100%。

2.入托、入学儿童接种证查验与补种。全县应查验小学103所、托幼机构97所，应查验学生24506人，查验率100%，对无接种证和漏种人员及时进行了补证补种工作。

3.免疫规划信息化管理。按照全省的统一部署，在全县开展了疫苗出入库扫码和接种扫码工作，接种数据及时录入“金苗”系统，扫码入库和扫码接种乡镇覆盖率达100%，在全县开展了儿童预防接种信息平台相关知识的培训和现场指导工作。

4.按上级要求开展了免疫规划针对性疾病监测，完成了上级规定的监测任务。

5.冷链运转工作。中心添置了专用冷链运输车，将疫苗及时送发到了各乡镇、村。加强了乡、村两级冷链设备的管理，各预防接种门诊操作规范，入出库手续健全，领发登记清楚，各类报表上报及时。

四、结核病防治

1.完成了病人发现任务。全年全县共接诊初诊可疑病人3470余例，摄胸片5000余例，痰检15000人次，查出活动性肺结核病人782例，完成了市下达的病人发现任务数。

2.病人管理工作到位。全年各医疗卫生单位转诊疑似肺结核病人1398例，追踪到位1330例，追踪到位率95.20%;对发现的782例活动性肺结核病人全部实行了免费治疗。

3.病人督导工作扎实。县疾控中心结防科按季度进行了四次下乡工作督导，深入村组对病人进行了服药指导，并长期电话对病人服药进行督察与指导。

4.做好了耐多药肺结核病人的初筛工作，积极开展了痰分支杆菌培养工作，按时将阳性培养标本送至省胸科医院，督促耐多药结核病人定期复查，各项指标均已达到省市项目办要求。

五、艾滋病防治

1.建立健全了监测体系。全县有4个县级艾滋病检测筛查实验室和3个自愿咨询检测门诊及23个乡镇艾滋病快速检测点，全年共筛查129495人，完成了常住人口检测任务。

2.开展了高危人群行为干预工作。每月深入涉性娱乐场所开展了性传播艾滋病的干预工作；开展了针对吸毒人群的干预工作，全年累计收治243名吸毒患者参与美沙酮维持治疗；落实预防艾滋病母婴传播干预措施，县疾控中心和县妇保院积极为感染艾滋病病毒的孕产妇和婴儿提供免费检测、孕产期保健、药物干预、安全分娩、随访、人工喂养等技术服务自愿咨询检测工作。

3.病人管理工作。对HIV/AIDS患者进行了个案调查和跟踪随访，全年共调查随访2225人次;对符合国家免费治疗标准的病人或感染者，实行了抗病毒药物免费治疗，落实了“四免一关怀”政策。

六、慢性病防治

1.农村癫痫防治项目。至2016年底，全县共筛查病人2492例，药物入组治疗管理病人1021例，经规范治疗病情控制良好的达61.35%，部分病人服药后效果良好，开始进入停药康复阶段。

2.碘盐监测工作。对仙溪等5个乡镇20个村进行了居民碘盐监测工作，共采集盐样300个，经检测，合格295份，无非碘盐。

3.学校卫生工作。进一步加强了对学校传染病防治和学生常见病防治工作指导，深入学校开展健康教育知识讲座；对安化第二中学1069名高一学生进行了新生入学体检；按照方案要求完成了乐安镇等6所重点监测学校的学生营养监测项目工作。

4.死亡病例监测工作。全年共报告死亡病例3868例，按月完成了上级分配的报告任务数。

5.开展了慢病管理工作，对各乡镇的病例建档工作进行了督导，将44716名高血压患者、13353名Ⅱ型糖尿病患者纳入了管理。

七、职业病防治

1.开展了职业健康体检工作，对渣滓溪矿业、益阳海螺水泥有限责任公司等50余家厂矿企业的工人进行了职业病健康体检，共体检3224人，其中粉尘作业发现疑似尘肺77例，噪声作业发现禁忌证61人。

2.按照上级要求完成了重点职业病监测与职业健康风险评估统计、网报工作，对全县接触矽尘、煤尘、噪声等职业病危害因素的1354名职工的相关体检数据及时进行了网报和统计分析。

3.对中茶湖南安化第一茶厂有限公司等14家单位进行了工作场所职业病危害因素检测，其中粉尘采样点67个，不合格点26个;噪声采样点52个，不合格点18个;空气中化学有害物质9种87个点，全部合格。开展了职业病宣教工作，发放了宣传资料，并深入株溪口水电厂等企业举办了职业病防治知识讲座。

八、卫生监测

按上级和创卫工作要求，开展了医疗机构消毒监测、生活饮用水卫生监测、农村环境危害因素监测、病媒生物监测、公共场所卫生监测、食品安全风险监测和食源性疾病监测等工作，圆满完成了各项工作任务。

九、健康教育

1.完善了全县健康教育组织机构和工作网络，做到了健康教育工作年初有计划，活动有经费，宣传有阵地，工作有总结。

2.结合“世界防治结核病

日”“世界艾滋病日”等各种宣传日，全年开展了21次健康教育宣传活动。

3.在县电视台开辟了《健康大讲堂》等栏目，每周播放2次健康教育知识讲座。

4.充分发挥了专业健教机构的业务指导中心作用，在县创卫办的领导下深入医院、学校、社区、企业和行业开展了健康教育工作指导，举办了知识培训班，发放了宣传资料，并于7月份承办了县委宣传部主持召开的东坪城区行业和公共场所健康教育工作推进会议。

5.配合县爱卫办开展了创建“无烟学校”“无烟单位”的工作，对东坪完小等10所无烟学校、1家无烟单位进行了考核验收。及时更换了健康知识宣传栏12期，并在县创卫工作群进行了共享。8月份耗资5万余元，在县城南区建成安化县第一条健康步道，获得了有关部门及广大市民的一致好评。

【中国儿童手足口病血清流行病学研究项目研讨会在安召开】 2月26日，中国儿童手足口病血清流行病学研究项目研讨会在安化召开，国家、省、市疾控中心有关领导、专家，县政府办、县卫计局相关领导出席了会议，全县项目组工作人员等共计48人参加了会议。会议由省疾控中心副主任高立冬主持，中国疾控中心传防处主任廖巧红作了《2013—2016年“基于人群的儿童EV-A71和CV-A16感染的血清流行病学前瞻性研究》情况宣讲，她对项目工作进展情况做了全面的分析与讲解，对后期项目工作的开展提出了明确的要求。县疾控中心主任胡红安在会上作了安化县开展“中国儿童手足口病血清流行病学研究项目”工作情况总结汇报，对项目实施的组织措施、工作进展、主要经验、存在的问题做了全面的回顾性总结和汇报，对下阶段项目的开展提出了工作建议。

【益阳市爱卫办调研督导安化县健康教育工作】 3月24日至26日，市爱卫办派出李炳南为组长的专家组一行9人，对安化县创建省级卫生县城工作进行了专题调研与督导。专家组按照《湖南省卫生县城标准》，通过听取汇报、查阅资料、随机抽查现场等方式，先后对县疾控中心、县妇幼保健院、东坪中学、县电视台等单位，吴合、资江、泥埠桥社区，中小型餐饮店、副食品店等场所的健康教育工作进行了检查。

【世界防治结核病日宣传活动】 3月24日是第21个世界防治结核病日，安化县开展了以“社会共同努力，消除结核危害”为主题的宣传活动。此次宣传活动由县卫生计生局主办，县疾控中心承办，全县23个乡镇卫生院等相关医疗机构配合，在县城及各乡镇人口密集的地方开展。活动现场设有咨询点，发放了结核病防治宣传单、宣传画、宣传册，现场解答各种疑问，向群众深入宣传结核病的防治知识及国家对结核病防治的优惠政策，动员全社会共同关注结核病。

【国家疾控中心到安化调研农村集中式供水工程卫生学评价工作】 5月27日至28日，国家疾控中心农村改水技术指导中心主任陶勇一行6人，对安化县梅城镇自来水厂等大型集中式供水工程卫生学评价工作进行了现场调研。专家组通过听取汇报、查阅资料、现场察看的形式，对安化县农村集中式供水工程卫生学处理工艺和卫生学评价工作进行了指导。

【职业病危害因素检测工作】 11月21日，县疾控中心对高明金鑫新材料有限公司和清塘圣德锰业的工作场所进行了一次职业病危害因素检测。工作人员运用粉尘采样器、大气采样器、噪声分析仪等专业仪器，分别对粉尘、有毒有害气体、噪声、微小气候等一系列职业病危害因素进行了检测。对职业病危害预防制度、作业人员体检报告、应急救援预案、生产安全防护等工作进行了仔细的检查，综合现场检测数据，就存在的问题提出了整改意见。

（撰稿人：谌勃）

安化县卫生职业中专学校

【领导人名录】

校　　长　刘顺中

支部书记　黄国祥

副 校 长　谭钧耀　罗艳玲

【概况】 安化县卫生职业中专学校（县卫校）是由安化县卫生和计划生育局主管的股级全额事业单位。2016年全校在职干部职工9人，其中高级职称1人，中级职称1人，初级职称7人，退休人员8人。主要职能是全市卫技人员的学历提高教育与在岗人员的继续教育。职责是加强学校管理，完成教学任务及县局安排的其他工作目标。办学宗旨是贯彻执行党的路线、方针、政策，坚持科学办学，完成本职工作任务及县局的工作指标，确保学校、学生安全，严格执行收费标准，确保学员利益，严肃纪律，廉洁办学，完善内部管理制度，按时办理学生的毕业事宜，树立公平公正形象，为学校可持续发展而努力。

一、教学管理

该校严格按照不同专业，不同层次的教学大纲进行教学。为了保证教学质量，大专本科函授班聘请了湖南中医药大学刘建和等教授到安化施教，基础课聘请有高级以上职称的老师讲课。教学效果好，受到学员们的广泛好评。完成了2016级大专本科第一、二期函授班面授教学，2015级大专本科第三、四期函授班面授教学，2014级大专本科于6月毕业119人。

二、招生工作

从4月上旬开始积极组织招生工作，由于生源逐渐减少，招生难度也越来越大，所付出的时间和精力、经费开支将大幅增加。具体的招生做法是责任明确，分工合作，苦干实干，竭尽全力。在激烈的招生竞争形势下，学校在搞好管理和完成教学的同时，将主要精力放在招生工作上，不惜人力、物力和时间，坚持下到各县、市、区的乡镇、村医疗机构，逐个做工作，宣传发动到位，大专共计报名59人，本科报名71人。新生报到注册大专90人，专升本74人，共计164人。

三、创卫工作

为进一步推进全县创建省级卫生城市的各项工作，该校成立了创卫工作领导小组，专门负责创卫各项工作，实现了人员、经费、任务三落实。共计召开创卫工作专题会议4次，发放《创卫知识读本》《爱卫健康教育知识读本》100余册，定期制作创卫宣传栏。组织全体干部职工对校园环境卫生进行每天一小扫，每周一大扫，并对学校责任区（老卫校家属楼、卫技新村）每周进行两次清扫。全力配合县创卫办、县卫计局对卫技新村的违规乱搭建建筑进行拆除，确保海鸥路的改造顺利进行并圆满完成。为全县成功创卫贡献了自己的一份力量。

四、“两学一做”学习教育

学校党支部把开展“两学一做”学习教育作为一项重大政治任务，尽好责、抓到位、见实效。该校“两学一做”学习教育在局党组领导下进行，由校支部组织落实，切实履行主体责任，制定了具体方案，完成了4个专题的学习，开展了“雁过拔毛”“纠四风、治陋习”“灯下黑”等专题整治，严格执行“三会一课”、组织生活会、党性定期分析、党员民主评议等基本制度。保障工作力量，加强督促指导，党支部主要负责人担负第一责任人职责，及时将开展学习教育的实施方案和情况，报告县局人事股。

五、综治管理

该校按照县局2016年社会治安综合管理工作目标，为落实社会治安管理和平安建设各项措施，全面推进社会治安防控体系建设，确保学校平安稳定，特签订了2016年度社会治安综合目标管理责任状，切实加强组织领导，将综合治理工作列入学校重要的议事日程，做到与本单位业务同布置，同检查，同落实，同时研究和解决综治维稳工作重大问题，做到主要领导亲自抓，分管领导具体抓，整个校务小组齐抓共管，强化学校治安防范，健全综治保卫机构，落实人防、物防、技防措施，切实做好防火、防盗、防事故安全监督防范工作，定时进行自查自纠，严防各类事故发生，保证校园安全。加强对师生的法律意识教育、职业道德教育。坚决执行党的计划生育政策，全面落实计划生育责任状的各项指标，保证计划生育工作的四个百分之百。

（撰稿人：谭均耀）

文化·新闻·旅游

安化县文化旅游广电新闻出版局

【领导人名录】

局　　长　周德淑

副 局 长　李定新

　　　　　刘东兴（2016.4 起）

　　　　　邓纯林（2016.4 起）

　　　　　邓志军（2016.3 止）

　　　　　黄周彦（2016.3 止）

　　　　　陈可立（2016.3 止）

纪检组长　王档军（2016.11 止）

总工程师　邓忠尧（2016.4 起）

党组成员　李国强（2016.4 止）

【概况】 安化县文化旅游广电新闻出版局（县文旅广新局）的前身安化县文化局成立于 1981 年 6 月，1999 年 6 月 7 日加挂安化县新闻出版局、安化县版权局牌子，与县文化局合署办公。1985 年 1 月成立的安化县文学艺术界联合会（简称县文联）整体与文化局在一起，具体工作与局分开，业务中有分有合。2012 年 5 月，设立县文化旅游广电新闻出版局（简称县文旅广新局）保留安化县版权局、安化县文学艺术界联合会牌章。2013 年 7 月，政府机构改革，将旅游工作从县文化旅游广电新闻出版局分离出去，单位机构名称调整为安化县文化广电新闻出版局。2015 年 11 月，设立安化县文化旅游广电新闻出版局。2016 年 4 月 27 日，经益阳市编委研究审定，同意设立安化县旅游产业发展办公室（益编办发〔2016〕14 号），为安化县文化旅游广电新闻出版局所属正科级事业单位。

2016 年以来，在县委、县政府的坚强领导下，该局紧紧围绕年初确定的工作目标，精心部署，狠抓落实，稳步推进，各项工作顺利开展。

一、群文工作

全年先后举（承）办各种形式的群众文艺活动 50 多场次，完成送戏下乡 69 场，“金猴闹元宵”、“纪念长征胜利 80 周年”合唱比赛等活动高雅壮观，给人以美的震撼。特别是“欢乐潇湘·神韵安化”月月乐活动已成为安化县文艺活动的一大品牌，在县城、乡镇广泛开展，活跃了人民群众的文娱生活，并且在月月乐活动举办过程中，该局紧扣安化特色，抓住黑茶、旅游与文艺活动紧密结合这条主线，通过举办文艺汇演，宣传当地旅游景点与黑茶文化，力争达到文化搭台、经济唱戏的目的。国庆期间，配合湖南广播电视台经视频道、安化县人民政府，对安化茶旅文一体化进行了“走进中国黑茶之乡—安化”湖南经视国庆特别连线直播活动，推介安化旅游与黑茶，带动群众脱贫致富。

二、艺术工作

文学艺术活动丰富多彩。开展了“辰山绿谷”“走进中国十大古道”“云上茶旅”等文艺采风活动，参加了全省“民族魂中国梦”美术书法摄影展等文学艺术创作活动，收到了良好的社会效果。另外，组织参加了益阳市举办的“红旗颂”合唱比赛群众文艺汇演活动，梅城百人元旦象棋赛。9 月，湖南省书协主办长征胜利 80 周年书法展，安化有伍安德、刘宗迪等 7 人的作品入展。向亮晶的梅山剪纸双鹅窗花衍生品布艺系列在湖南省第七届工艺美术精品博览会赢得金奖。大型舞蹈《黑茶飘香》获2016年省欢乐潇湘群众文艺汇演省级专场一等奖。在“中国安化黑茶对话罗马尼亚红酒”系列活动中，该局副局长、县文联副主席李定新的诗作《时间发酵的味道》，引起国内外巨大反响，中国国际广播电台对其进行专题采访，欧洲大型华人报社《欧洲侨报》专门刊登其诗。

三、文博工作

1.文物安全巡查到位。对全县境内203处不可移动文物开展一月一巡查，一季一总结，杜绝了文物安全事故。

2.省保单位安化茶厂早期建筑群和裕通永茶行修缮工程通过验收。

3.争资立项齐头并进。积极向上争取，将安化风雨桥、陶澍墓两个国保单位成功挤入国家发改委“十三五”文物保护利用基础设施建设项目库。通过多种途径联系，将6座国保风雨桥一次性在国家文物局完成了修缮工程立项。还争取省文物局重视，批准了龙塘苦竹溪桥修缮工程立项。2016年全局共争取上级各类资金924万元。

4.“万里茶道”申遗工作稳步推进。保护和修缮了一大批与茶相关的不可移动文物，深入挖掘研究境内茶文物遗迹遗存，主动开展了“万里茶道”申遗专家实地考核，签订了申遗文本编制合同，2016年11月下旬，作为牵头单位，“万里茶道”（湖南段）2016年申遗工作推进会在安化县成功召开。

四、执法工作

1.扎实开展网吧专项整治工作。对东坪城区6家网吧接纳未成年人的违规行为做出了停业整顿的处罚决定。对大福、龙塘、小淹的3家“黑网吧”发出了停业通知。

2.高效开展“扫黄打非”工作。积极落实“清源”“清朗”“扫黄打非·护苗2016”三大行动，出动100余人次，共查处非法盗版书籍600余本，侵权包装袋13余张，淫秽色情光盘500余张。于世界产权日统一将查处的非法出版物全部送到益阳进行集中销毁。

3.加强安全生产，责任落实到位。对全县网吧、歌舞厅进行了全面的清查。对消防未达标的营业场所发出了整改通知书9张，保障了文化市场的安全生产。

五、民生实事

1.安化县第一批建设的11个村综合文化服务中心示范点项目总投资880万元，上级投资286万元，已基本完成。

2.有力推进全县“电视户户通，广播村村响”重大民生工程，年初制定了工作方案，4月初牵头召开了全县建设工程动员会，至年底，户户通工程建设录入13000套，开通13000套，完成100%，被省新闻出版广电局评为先进单位。

六、公共文化

3家文化馆、图书馆、黑茶博物馆、电影管理中心等因地制宜继续实行免费开放与公益放映，收到明显效果。文化馆对社会各团体进行业务指导，提供免费排练场地，举办了8次公益讲座，展览8次。梅城文化馆免费开放图书室、电子阅览室，开办文化走廊专栏4期，举办培训班10期，下乡辅导90多天。平口文化馆加大投入，添置电脑、图书、报刊，保证了当地群众的文化需求。图书馆采编室、少儿室、电子阅览室、多媒体活动室保证正常运行，满足广大读者阅读需求。黑茶博物馆合理布局文物展出，全心全意做好免费开放与接待工作，全年共接待游客近12万人。梅山民俗博物馆已全面完成陈列布展，于8月举办了开馆仪式。电影管理中心扎实开展农村公益电影与周末广场影院放映工作，已完成农村电影放映场次6192场，广场电影放映300场次。通过政府采购，对全县23个乡镇进行“演艺惠民送戏下乡”活动巡演，继续实施“三区”人才支持工作，努力丰富农村文艺生活，提高广大人民群众的幸福感。

【元旦、春节期间开展文化进万家活动】 一是广泛开展送文化下乡系列文艺演出、书法等“进乡镇、进企业、进学校、进敬老院”文化惠民活动。二是深入优化免费开放。县文化馆、博物馆、图书馆等公共文化阵地，坚持春节期间正常开放，提升公共文化阵地的服务水平。三是积极开展送春联活动。1月29日至31日，组织书法、摄影爱好者深入梅城、平口、大福及县城周边地区，现场书写赠送春联3000余幅，受到群众热烈欢迎。四是广泛开展群众性文化活动。以县城为阵地，在春节期间，举行了作协、音协《携手共进、共赢未来》文艺一家亲联欢晚会、“美丽安化·和谐家园”2016年新春联欢晚会。为庆祝元宵佳节，2月22日，举办了“金猴闹元宵”群众文化活动、柘溪水电厂“彩龙金狮舞电城，祈福求雨闹元宵”活动。六是举办知识讲座；2月20日上午，邀请省书法家协会副主席、市书法家协会主席、中国人民大学画院特聘教授盛景华在安化县书画院为安化县广大书法爱好者作了一堂精彩的公益讲座。

【“走进安化古道”文学艺术采风创作活动】 5月13日，为践行文化部“深入生活、扎根人民”主题活动，鼓励广大文学艺术工作者创作深受群众喜闻乐见的精品力作，同时为“2016中国十大古道”初选入围的“安化古道”（江南镇至鹞子尖、黄花溪段）营造声势，由安化县文旅广新局、县文联、县电视台、县林业局、江南镇人民政府联合组织全县有影响的文学艺术家举办了“走进安化古道”文学艺术采风创作活动。

【梅山民俗文化博物馆开馆】 8月12日，经过三年筹备建设的梅山民俗文化博物馆开馆，再现梅山风土人情。梅山民俗文化博物馆由1950年修建的原县政府大楼改建而成。一、二楼为梅山民俗文化基本陈列展，整个展区从衣食住行及农耕、渔猎等各个方面系统全面地展示了梅山人民生产生活的动人场景，也从民间技艺和风情风物包括梅山渔猎、梅山武术、梅山剪纸等方面挖掘、展现了梅山人民的勤劳智慧和独特的人文风景。

【黄自元研究学会成立大会召开】 8月13日上午，黄自元研究学会成立大会在银莲大酒店召开。益阳市委常委、宣传部部长胡立安，副市长黄东红，县委副书记、县长熊哲文，县政协主席李太源，县委常委、宣传部部长林玲等领导出席。大会报告了关于学会成立筹备情况，县文旅广新局局长周德淑宣读了安化县文学艺术界联合会“关于同意成立‘安化县黄自元研究学会’的批复”，大会颁发了学会成立证书并聘请李太源、林玲、蒋金云等为学会顾问。随后，与会人员到云天桥三楼参拜黄自元塑像，参观黄自元书法研究室，市委常委、宣传部部长胡立安为黄自元研究学会揭牌。

【安化黑茶少林·泰山行】 10月22日，安化黑茶少林·泰山行启动仪式在中国黑茶博物馆举行。一支由30多部车辆组成的大型车队从位于“万里茶道”重要起点的安化黄沙坪古镇出发，途径湖南、湖北、河南、山东4个省，20多个城市，最终登顶泰山，整个活动往返行程3000千米。10月29日，车队到东岳泰山。在泰山碧霞祠举行敬茶、开光以及为“世界茶王”登临泰山揭幕等仪式，接着登上玉皇顶，向玉皇庙敬献安化千两茶。2016年11月，这支千两茶被中国黑茶博物馆收藏。

【金融文艺采风笔会走进安化】 10月28日，由湖南省金融文联与安化农商银行联合主办的“一带一路”走进茶马古道，惠普金融深入基层——“安化印象”文艺采风笔会活动在白沙溪茶厂拉开序幕，活动由中国金融文联副主席、中国金融作家协会主席阎雪君带队，湖南省金融书协、美协、作协等文艺骨干出席活动。

【第二届益阳市“三周文艺奖”安化获奖名单】 11月17日，益阳市第二届“三周文艺奖”评比结果公布，安化县获奖9项，其中3件作品获“三周文艺奖”，分别是欧阳吉元等创作的电影《狗尾巴草也是花》、歌曲《你来得正是时候》、向亮晶与张雅妮的作品《梅山剪纸》；5件作品获“三周文艺奖”提名奖，分别是谭瑞申报的电视专题片《麻溪排帮》、周德淑的摄影集《安化印象》、龙光辉的书法篆刻《厚生堂光辉印痕》、周仁和与谭军甫编辑整理的曲艺《走进安化—安化山歌梅山孝歌荟萃》（山歌集）、吴建华的楹联《天下归德·古城商丘联》；瞿茂松获“三周文艺奖”新秀奖（诗词类）。

【《时间发酵的味道》成中外文化交流活动主题诗歌】 11月9日至12日，安化县文旅广新局副局长、文联副主席李定新为在益阳市举行的罗马尼亚总商会与益阳市人民政府大型中外文化交流活动“中国安化黑茶与罗马尼亚红酒的对话”撰写了主题诗歌《时间发酵的味道》并由中国黑茶仙子与罗马尼亚红酒仙子登台朗诵，当月在中国国际广播电台“国际在线”栏目推出，并被译成英、罗等语在欧洲大型华文报纸《欧洲侨报》发表。

【“欢乐潇湘·神韵安化”月月乐群众文艺活动获评益阳市2016年度文联系统“文艺活动品牌”】 2013年以来，安化县委宣传部、县文联组织并启动了以“欢乐潇湘·神韵安化”为主题的“月月乐”大型群众文艺活动，以喜闻乐见的方式展现群众精神文化生活，参与形式多样，表演精彩纷呈，演出场场爆满，群众好评如潮。活动中，由当地艺术家结合梅山文化、黑茶文化、陶澍文化等文化元素，创作了一批充分展现安化精神风貌和历史文化的精品力作，先后有《梅山蛮舞》《你来得正是时候》《黑茶飘香》《梅山秋韵》等歌舞在全省“欢乐潇湘”文艺汇演中获得一等奖。

【万里茶道（湖南段）2016年申遗】 11月24日，由湖南省文物局主持的万里茶道（湖南段）2016年度申遗工作推进会在安化县举行，湖南省文化厅、省文物局领导，省内知名专家，岳阳市局、益阳市局以及岳阳云溪区、临湘市、益阳资阳区、赫山区、安化县、常德石门县等市县（区）政府与文物部门的负责人50多名领导和专家参加。安化县委副书记、代县长肖义致辞，湖南省文化厅副厅长、省文物局局长陈远平做重要讲话。

（撰稿人：周蜀旋　杨艺红）

安化县广播电视台

【领导人名录】

台　　长　王煜辉

副 台 长　夏庆之　肖可训

纪检组长　夏志宏

工会主席　蒋理奇

【概况】 安化县广播电视台成立于1996年，其前身是安化县广播电视局。根据安化县机构编制委员会关于印发《安化县广播电视台主要职责内设机构和人员编制规定》的通知（安编发〔2016〕30号），设立安化县广播电视台，为县人民政府直属公益一类正科级事业单位。其主要职能是整合原广播电影电视局除行政管理和行业管理职能以外的其他职能。机关内设股室4个，即：办公室、组织人事股（纪检监察室）、计划财务股、事业股；下设二级机构4个：安化县广播电视台新闻中心、安化县辰山广播电视转播台、安化县广播电视网络中心、安化县广播电台管理中心。另有器材中心（原红旗剧院）人员管理体制继续保持差额事业编制不变。2016年，全台共有干部职工367人，其中在职人员196人，退休107人，聘用人员64人。在职人员中，大专以上学历103人，专业技术人员84人。

全年共计完成产业创收1532万元，其中新闻中心完成604万元，比2015年少114万元，网络中心完成928万元，比2015年少2万元。

一、服务中心工作

2016年，新闻中心宣传工作在做好日常性报道和系列报道的同时，积极向省、市级媒体供稿，全年共计播发稿件2600余条，播出稿件数与上年基本持平，市级媒体播出稿件234条，比2015年减少46条，省级媒体播出稿件26条，比2015年多8条，其中湖南卫视上稿19条。

1.关注热点。根据省、市要求，安化县必须在2018年实现贫困县摘帽，2019年实现贫困村退出和贫困人口整体脱贫的目标。为此，该台组织精干力量推出了大型系列报道《吹响精准扶贫集结号》，从扶贫政策、扶贫方式、典型经验等方面分10个篇章进行了宣传，为精准扶贫工作的开展营造了良好氛围，受到领导和群众好评。非凡五年，安化巨变，为立体展示全县“十二五”期间所取得的辉煌成就，鼓舞士气，为“十三五”开好头，起好步，该台在党代会期间隆重推出了系列报道《辉煌“十二五”》，从交通、旅游、城镇建设等方面展示了“十二五”期间全县所发生的翻天覆地的变化。为配合创卫工作，该台特开辟了《创卫在行动》《创卫大家谈》《创卫曝光台》3个子栏目，将在安化电视台播出的相关视频及时传到安化新闻网同步播出，形成了立体宣传效果，做到了“人人知晓创卫行动，人人参与创卫行动”。此外，该台还推出了《两学一做》《我们身边的道德模范》《冷市的热度》《劳模风采》《高考倒计时》《高考进行时》《棚改在行动》《秋冬季农业生产》等系列报道。

2.创办新栏目。千年黑茶源自安化，万里茶路源起安化。在倡导茶为国饮的氛围里，安化黑茶以其深厚文化底蕴、独特品质和保健功效异军突起，展现出蓬勃生机和广阔前景。该台精心策划，认真组织，于2016年4月开办了《安化黑茶》专栏，主题系列分为：《生命之饮》《茶马古道》《茶人茶事》《特色茶馆》《健康饮茶》《茶界故事会》《以茶会友》《茶理茶器》，并设有常态版块《茶闻天下》以及微信有奖问答环节，为挖掘茶文化留存了影视资料，为普及茶知识搭建了平台，为发展茶产业营造了氛围。10月，该台与县农粮局合作，开办了《新三农》栏目，通过《特色农业》《新农村》《新农民》《专家解读》《走乡村》《农经快递》等版块节目向广大农民传播农业科技知识，推广农业实用技术，提高农民朋友的科技素质和生产技能，产生了积极作用。此外，《政法在线》《平安安化》逐渐形成各自风格，形成了稳定的收视群体。

3.外宣工作。在做好日常性报道和系列报道的同时，该台还积极向省、市级媒体供稿，市级媒体播出稿件量234条；省级媒体播出稿件26条，其中湖南卫视《湖南新闻联播》上稿19条。在4月26日至27日湖南卫视的《环行洞庭》和国庆假期湖南经视的《走进中国黑茶之乡》直播活动中，该台积极配合栏目现场录制工作。该节目播出后，得到了社会各界的高度关注，助推了安化县旅游业的发展。

在2016年“7·4”特大暴雨洪灾中，该台记者发扬吃苦耐劳的精神，冒雨跟进，及时报道灾情，5天发稿50余条，并向省、市发稿16条。根据县防指要求，该台还连夜赶制了灾情汇报片《水毁家园》，为安化县争取上级部门的支持提供了直观可信的材料。

4.活动组织。通过精心策划和积极筹办，成功举办了“第三届道德模范电视颁奖典礼”“安化达人秀”。特别是“安化达人秀”活动，在乡镇设了七大分赛区，400多人积极参与，并应用网络直播技术对其进行了9次直播，累计点击量达10万人次，总计观看时长达20万多万分钟，为广大才艺爱好者搭建了展示的平台，丰富了群众生活，产生了较大影响，收到了良好的社会效益。

二、网络基础建设

1.扩大有线电视网络覆盖面。2016年，该台着力以切实解决边远山区群众收看电视难为己任，夯实基础，拓展网络，安全播出，优质传输，各项任务如期完成。2016年新增数字电视用户788户，新增宽带用户1206户，新覆盖行政村10个（不含湖南有线安化网络有限公司，下同）。2016年，全县23个乡镇已全部实现了光纤大联网，372个行政村通有线数字电视，通村率达72%。拥有有线数字电视用户24000多户，数据宽带用户2500多户。全县已有60多万人看上了图像清晰的数字电视和益阳台、安化台电视节目。累计发放安装“村村通”设备24226余套，覆盖人口达10万余人，广播电视综合覆盖率达98%。

2.“户户通”工程建设。直播卫星“户户通”工程是2016年省重点民生实事工程，2016年3月省新闻广电出版局下达到益阳市的“户户通”建设总任务为28680套，市里下达给安化县的安装建设任务为13000套，占全市总任务的45%。任务下达后，县委、县政府于5月出台了实施方案，该台作为“户户通”工程具体实施单位，面对“户户通”工程时间紧、地域宽、任务重的现实情况，迅速成立领导小组，科学谋划，统筹安排，制定了工程实施方案，从用户信息采集、录入、上传数据、资料归档、开通安装、后期维护等方面都做出了详细安排，为保质保量完成两个100%工作任务提供了组织规划基础。在实际工作中，严格按既定方案实施，通过与各乡镇站签订工程建设责任书，层层督促和多轮巡检，各乡镇站克服了地域宽广、用户分散、交通不便、人手又少等实际困难，在2016年10月30日全部完成13000户直播卫星“户户通”安装开通任务，为益阳市在全省率先完成“户户通“工程做出了贡献，也为益阳市在省新闻广电出版局2016年10月31日关于户户通工程信息报道中获全省通报表彰奠定了基础。

3.农村广播“村村响”工程。农村广播“村村响”工程是2016年全省民生重点实事项目，根据县政府的工作部署，由该台牵头实施农村广播“村村响”工程，截至2016年底，已完成县乡两级平台和149个村的建设任务，全年目标任务圆满完成。

三、理论学习

2016年，全台坚持把学习作为完善自我的重要途径，作为做好一切工作的前提，台领导班子以开展“两学一做”学习教育为契机，健全完善台党组中心组学习制度，坚持集中学习与自学相结合，边学边思边改，班子成员的理论素养和党性修养持续提升，班子自身建设取得显著成效。一是强化政治理论学习。严格落实中心组学习制度，邀请县委党校教师讲党课。在党组班子集中学习的同时，谈学习心得，找差距不足，提高学习实效。自5月份以来，台党组多次召开全台党员干部职工大会，以专题党课的形式，全面推进“两学一做”专题教育。台长王煜辉围绕开展“两学一做”学习教育的重要性、工作重点、保障措施在“两学一做”学习教育动员会上作了重要讲话，并深入基层，就如何做一名新形势下的农村合格党员做专题讲座，认真组织党员干部学习了新党章和《习近平在庆祝中国共产党成立95周年大会上的讲话》。采取班子成员包支部的形式，台领导班子成员每人一节轮流讲授专题党课，组织5个支部开展党员学习活动。通过集中学习、自学、观看警示片、交流学习心得等多种形式，提高党员干部的思想认识。

四、精准扶贫

2016年，该台与农业发展银行共同组建扶贫工作组，进驻东坪镇梅溪村，开展精准扶贫工作。一是班子建设成绩斐然。积极开展了“两学一做”教育，组织全村党员集体学习2次，上党课2节，发展了2名新党员，培养了3名入党积极分子和3名村级后备力量。二是基础设施得到改善。2015年至2016年，共计投入资金460多万元，用于改善扶贫村村民出行、村级办公楼修建、村民生活饮水等基础设施建设，改善了村民生产生活条件。为该村安装了186套电视直播卫星“户户通”设备，丰富了村民的文化娱乐生活。三是产业经济建设得到了快速发展。梅溪村2016年新植茶园20公顷，到2016年底共有茶园面积40公顷。发展药材基地5.33公顷，水稻及其他农作物13.33公顷。加大了养殖业的投入，全村发展养鸡专业户2户，养羊专业户3户，养殖业收入大大提高，农村经济产业结构得到了大幅度的调整。加大了劳务输出力度，全年有300多人次到外地打工。对贫困学生进行了支助，发放助学金1万多元。对贫困户进行了慰问，发放慰问金2万余元。四是加快了脱贫致富的步伐。全村共有38户建档立卡贫困户，通过扶贫支助，在2014年、2015年已有14户脱贫，2016年有24户脱贫，实现全部脱贫的目标。一年来，该村年人平纯收入由2015年的2700元上升到3200元，集体经济总产值由250万元上升到300万元，集体经济收入达52000元。2016年，该村被评为东坪镇先进党支部和全县计划生育十佳模范村。

五、创卫工作

2016年，全台创卫工作取得了可喜的成绩，在县直单位的排位中一直名列前茅。第一季度的创卫考核全台排在第4位，第二、三季度均排在第2位，第四季度排在第3位，出色地完成了职能创卫和庭院创卫工作任务。并获得全县创建卫生县城职能创卫工作先进单位。

【国家新闻出版广电总局领导一行到安化调研】 5月4日，国家新闻出版广电总局传媒机构管理司副司长刘朝荣、湖南省新闻出版广电局副局长谢跃进一行到安化县调研县级电视台生存和发展情况。安化县广播电视台台长王煜辉就该台生存发展情况做了详细汇报。调研组一行对该台长期以来对广电事业所作出的艰辛努力和取得的丰硕成果给予了充分肯定，对该台今后的发展规划、努力方向、生存方式、内部管理等方面提出了很多建设性意见。

【安化县广播电台管理中心办公室及机房装修改建完成】 12月10日，设在县广播电视综合大楼7楼的安化县广播电台管理中心办公室及机房装修改建完工，标志着安化人民广播电台恢复播出的前期工作已接近尾声。

（撰稿人：肖卿）

安化县旅游产业发展办公室

【领导人名录】

主　　任　瞿东江

党组书记　陈湘湘

【概况】 安化县旅游产业发展办公室为安化县文化旅游广电新闻出版局所属公益一类正科级事业单位，主要工作职责为综合管理全县旅游工作。办公室内设：综合股、规划发展股、市场开发股、行业服务股4个股室，2016年有在职干部职工13人。

2016年，在上级主管部门的坚强领导下，全县旅游工作认真贯彻实施县委、县政府深入推进“3+2”发展战略，紧紧围绕年初确定的工作目标，始终坚持依法治旅、依法兴旅，旅游产业发展迈上新台阶。全年接待各类游客230万人次，同比增长22.15%，实现旅游综合收入12亿元，同比增长24.6%。

一、明机构、出政策、搭平台

1.成立了组织机构。为进一步发展旅游产业，2016年4月27日，经益阳市编委研究审定，同意设立安化县旅游产业发展办公室（益编办发〔2016〕14号），为安化县文化旅游广电新闻出版局所属正科级事业单位。成立了安化县旅游产业发展协调领导小组，由县委书记和县长担任顾问，由县人大主任担任组长，20多个主要经济社会发展综合部门一把手以及相关乡镇党委书记同时作为领导小组成员。不断强化组织领导，创新举措，形成了发展“大旅游”的强烈共识。

2.制定了相关政策。出台了支持旅游产业发展的3个政策性文件，包括《关于加快培育旅游支柱产业推进旅游经济强县建设的实施意见》《安化县加快旅游业发展奖励办法》《安化县旅游资源保护和开发管理暂行办法》，为安化旅游的快速发展提供强有力的政策保障。

3.搭建了投资平台。县政府牵头组织强有力的工作班子，成立了县旅游开发投资有限责任公司，为全县旅游工作搭建了融资平台。

二、抓项目、抓招商、抓营销

1.牢抓项目建设，综合实力不断提升。一是基础设施逐步完善。二广高速安邵段年中通车，常安段年底通车，马安高速、安张衡铁路等均已启动规划和修建，安化旅游资源优势转化为经济优势的路径更为便捷。拓宽并硬化茶马古道至九龙池旅游公路7.5千米；拉通田庄乡双文村至茶马古道景区旅游公路5千米；东梅公路、东渠公路开展了实物量调查并启动征地拆迁工作；启动了龙塘至江南公路、江南大桥、小淹大桥等项目的前期工作。二是旅游景区建设提速。茶马古道景区完成了思幽谷第一期工程建设并对外营业。高城水街商业街完成了征地、设计工作，并启动了项目建设。双公山居投入3000万元完成第一期工程建设，已对外试营业。思贤溪原生态园完成投资500万元，建成真人CS、烧烤、露营、儿童乐园等区域，并于国庆期间开园营业。洞市民俗文化街启动了征地拆迁工作。梅山文化园完成了投资650万元，建好了梅艺园、黑茶作坊等项目，启动了梅山巫术馆项目建设。云上茶旅文化园完成投资1000万元，建成了茶文化体验中心并对外营业，新建茶园基地66.67公顷，启动茶文化广场、人工湖等项目建设。茶乡花海项目启动了开工仪式，完成了征地拆迁工作和总体规划编制工作，正在开展三通一平工作。

2.完善前期工作，加大招商引资力度。一是充分利用各种会议、接待机会，广泛宣传全县的资源优势和招商政策，积极主动对接，先后对接了上海冠龙阀门机械有限公司、中南粤水电集团、遵义市名域地产有限公司、轻盐集团、株洲市政建设公司、中央新影集团等投资企业。二是县旅游办积极开展网上招商、节会招商、以商招商活动，积极引进有实力、有经验的旅游投资商开发景区景点，重点向外推介雪峰湖、九龙池、云台山、芙蓉山系等景区（点）。

3.强化宣传营销，品牌影响不断扩大。上半年，做好了“何必去远方、美景在身旁”主题演讲比赛、美文征集活动、摄影比赛等系列旅游文化宣传活动安化赛区的组织与实施。4月，联系了上海金色联盟旅行社团到安化各景区踩线，并与安化地接旅行社对接，达成了一系列合作意向；《人民日报》、新华社、《光明日报》、《湖南日报》、湖南电视台、湖南省电台等25家省内外新闻媒体共83人在安化进行了为期两天的采访报道，将安化黑茶文化和梅山文化在镜头下展现得淋漓尽致；“环行洞庭”媒体宣传报道组在湖南卫视、湖南经视黄金档现场直播了“以体验一片好茶的旅程”为主题的安化茶旅一体盛况。2016年7月1日至2017年1月31日，安化黑茶广告在中央电视台综合频道、中文国际频道、纪录频道及新闻频道栏目中播出。8月为宣传推广梅山文化，推出全省12条精品旅游线路之神韵梅山，湖南经视《有什么好玩的》栏目专程在安化进行“神韵梅山”节目摄制，并于8月11日22：30播出。10月1日至7日，湖南经视特别连线直播活动在安化举行，连续7天对安化茶旅文一体化进行了集中、连续报道，现场展示了宜游、秀美的安化，扩大了安化的社会关注度。10月9日，湖南经视《有什么好玩的》栏目专程在安化进行“黑茶之旅”拍摄；11月组团参加上海旅交会。可以说旅游宣传营销活动持续全年，每个月都有精彩纷呈的主题活动。

三、增素质、强品质、重监管

1.深化主题活动，提高职工综合素质。一是加强日常学习不放松。坚持集中学习制度，组织干部职工深入学习党章和习近平总书记一系列重要讲话精神，认真学习了《中国共产党廉洁自律准则》和《中国共产党纪律处分条例》，提高了干部职工的理论和业务素质。二是认真开展“两学一做”学习教育。组织全体干部职工参加党章党纪专题知识测试。三是扎实开展“两查两保”专项行动。开展旅游项目自查，确保旅游项目专项资金的安全。四是深入开展双联扶贫工作。组织全办干部职工慰问了20户贫困户。

2.狠抓行业管理，服务质量不断提高。一是加大综合执法力度。加强对旅游市场乱象的整治力度，开展旅游综合执法4次，确保了旅游市场秩序持续稳定。二是深入开展城乡环境卫生大整治。组织全县干部群众在城区、乡村和景区持续开展旅游环境卫生大整治活动，创造了干净宜人的旅游环境。三是安全生产常抓不懈。与全县旅游企业签订了安全生产责任状，下发了加强安全生产工作的通知；对全县所有旅游景区、星级宾馆、旅行社进行了安全生产大检查活动，确保全县旅游市场安全。四是强化人才培训。首先是邀请专家、学者对旅游企业的中层管理人员和服务员进行全面培训，开展旅游从业人员技能比武活动，全面提升旅游从业人员的整体素质。其次是组织落实专项培训，提升从业人员组织、协调和管理能力。

【国务院参事室领导到安进行乡村旅游调研】 3月30日，国务院参事室特约研究员秦小明一行深入云上茶旅文化园，就发展乡村旅游如何打造个性化、朝特色化方向发展等相关工作进行调研。国务院参事室参事业务二司综合处调研员李阳，中国农业大学博士梁腾坚，省政府参事室副巡视员郭玉平，省旅游局产业处调研员何维森，县委副书记、县长熊哲文等陪同。

【机构获批】 为进一步发展安化县旅游产业，2016年4月27日，经益阳市编委研究审定，同意设立安化县旅游产业发展办公室，为安化县文化旅游广电新闻出版局所属正科级事业单位。

【湖南经视特别连线活动报道安化茶旅文一体化】 10月1日至7日，湖南经视特别连线直播活动在安化举行，连续7天对安化茶旅文一体化进行了集中、连续报道，现场展示了宜游、秀美的安化，扩大了安化的社会关注度。

【成功创建“国家全域旅游示范区”】 11月，安化县进入第二批国家全域旅游示范区创建名单。凡列入国家全域旅游示范区名录的，将优先纳入中央和地方预算内投资支持对象，优先支持旅游基础设施建设，优先纳入旅游投资优选项目名录，优先安排旅游外交、宣传推广重点活动，纳入国家旅游宣传推广重点支持范围，优先纳入国家旅游改革创新试点示范领域，优先支持A级景区等国家重点旅游品牌创建，优先安排旅游人才培训，优先列入国家旅游局重点联系区域。

（撰稿人：谌思璇）

湖南省新华书店有限责任公司安化县分公司

【领导人名录】

经　理　马宏图

副经理　蒋争艳　陈　冀

【概况】 湖南省新华书店有限责任公司安化县分公司的前身安化县新华书店成立于1950年，是县内唯一的国有图书发行企业，现隶属于中南传媒。公司在东坪镇解放路96号有经营场地750平方米，东坪镇迎春路6号有经营场地600平方米，马路镇建设路有经营场地90平方米。2016年，在岗职工33人，退休职工17人。内设经理室、综合管理部、财务审计部、教材业务部、图书业务部、安化书城、梅城门市部。负责全县中小学生、大中专院校的教材与教学辅导资料的发行及校园书店的开发与建设。

2016年完成商品净收入7988万元，实现利润853万元。

一、教材教辅发行

1.2016年新增教辅品种30多个，发行教材教辅近700万册，完成销售码洋7654万元，超过任务8%，同比增长567万元。

2. 为了不让任何一个孩子因贫掉队，满足大家“上好学，能成才”的朴素愿望，作为国有企业，该公司肩负起责任，全面落实了特困生教辅资料免费捐赠工作。2016年，安化新华书店春秋两季向全县近3000名特困生捐赠教辅资料61.6万元，其中春季捐赠28.7万元，秋季捐赠32.9万元，得到了县政府、县教体局、学校和家长的高度赞扬，为新华书店树立了良好的社会形象。

3. 把控义教学生人数，科学合理报数，避免国有资产的损失。以前义教阶段课本免费金额以学校上报的学生人数为准，但因初始年级的学生人数浮动大，其他各年级的学生人数时有增减，不好把控，学校在报数时随意性较大，造成每个年级的库存量大，形成很大的浪费，从2015年开始，财政只对拥有学籍的学生进行减免，但学校扔按以前的惯例报数，仅此项公司就承担了180多万元的利润损失。为扭转这一现象，公司经理室多次与县教体局、各学校进行沟通汇报，在大会小会上强调学生人数准确性的重要性，强调学校超出学籍人数的课本书店将收费，以引起学校的重视，同时该公司自己也进行了深入的探讨和科学的调配：2至9年级按暑假作业人数加教本数、1年级按学前班的人数、7年级按学校招生人数加1%的机动数报数，这样既满足了学校的需求，又大大减少了库存，避免了浪费和损失，同时也减轻了员工的工作量。2016年春秋两季义教课本该公司上报的数字与财政补贴的金额仅相差4万多元。

4. 针对高中课本征订、收费不受物价限制的特点，经理室及时与资源中心对接，根据2016年的开课计划，及时与各高中学校交流，所有必修品种订齐订足、高二选修模块分两季订完，选修模块教辅一拖3~5个品种，全年高中教材教辅发行码洋2460万元，较2015年同比增长18.6%。

二、一般图书发行及全民阅读推广情况

1. 加强门店建设和管理，提升员工素质和工作积极性。门店更换了一批更符合门店整体形象的新展台、展柜，同时对布局进行合理调整，增加了读者阅读空间，提升读者浏览图书的舒适性；在门店后门处开辟了一个小仓库，用于拆包分发，有效缓解了门店集中到货堆放现象，使门店更加整洁、漂亮；在改善硬件的同时，门店注重提高员工学历、综合素质等软件建设。年初，门店对临聘营业员进行了重组，原有的大龄超龄营业员不再续聘，对新招聘员工的学历、年龄、综合素质等有了更高的要求；对临聘员工启用了服务与绩效相结合的新薪酬制度，为他们缴纳社保、医保、失业保险、工伤保险，使员工对书店有一种归属感，大大提升了员工的服务质量和工作积极性，也有效提升了顾客进店流量和门店的销售额。

2. 门店促销活动。1月，“元旦一起嗨”“你考满分、我送好礼”的卖场爆破气球获精美礼品的活动引来了读者踊跃参与。2月，元宵节当天，书店响应县委宣传部的号召，在陶澍文化广场开展“流动摆摊进广场，书香涌动伴你行”的主题流动售书活动，此次活动得到了《益阳日报》的报道；下旬“欢乐开学季”教辅资料、文化用品8折优惠活动，更为顾客送上5元、10元现金券，吸引了广大读者的二次消费。4月，举办“世界读书日”活动，全场图书7折优惠，并对指定类型的图书专题陈列营销。6月，“六一”嘉年华等活动获得了读者们的一片好评，该公司携手兰花花舞蹈学校和绿果果儿童摄影公司为孩子们量身打造了一场节日盛宴：大手牵小手、“六一”嘉年华、小读者推荐、趣味游戏和各种抽奖环节吸引小朋友们的兴趣，门庭若市，人气爆棚，“六一”当天，卖场营业额约3.5万元，同比增长84%。7月至8月，暑假期间，开展了“小小导购员”的暑期社会实践活动，吸引一大批学生到书店实践。9月，教师节举办“敬谢师恩”主题活动；《胡锦涛文选》与《朱镕基答记者问》及时上架。同时，2016年该公司公众微信号后台推送消息55次，88篇，每月保证7篇以上的微信推送，其中包括活动宣传、书单推荐、学生相关问题答疑等内容。

3.“书香满校园，图书万里行”活动。一方面，从2013年开始安化县分公司启动“图书漂流活动”以来，坚持每年拿出1000册左右的图书进行漂流，供学生免费阅读，受到了广大学生的热烈欢迎。另一方面，在各农发员的联系与各部门的配合下，该公司“书香校园”活动取得了令人满意的效果。2016，该公司先后进入江南中学、冷市中学、吴合完小、文昌阁小学等11所学校开展“书香流动进校园”活动，惠及学生近3万名，销售码洋达9.2万元，其中梅城完小销售码洋1.6万多元，奎溪中学学生人均购书额最高，达21.52元/人。数字的突破也是对该公司工作的肯定。该公司为做好图书下乡活动特新购置箱式货车一台，专门用于开展书香校园及图书下乡活动。

4. 积极推进机关单位图书室建设。近年来，县委、县政府不断提出加强理论学习、建设学习型机关、提高机关单位工作人员综合素质的要求。该公司把握这一机遇，抽调精干人员，组建专门小组，根据职能性质和个性需要为各个单位量身打造图书阅览室。2016年建成县人社局图书室、奎溪镇政府图书室、梅城镇政府图书室、南金乡政府图书室，销售码洋（不含书架）近10万元，正在落实跟进的有乐安镇政府、烟溪幼儿园、烟溪镇政府、田庄镇政府等，精选的书籍，优质的服务得到了各单位的一致好评。

5. 政治书籍及“悦读卡”推销

《习近平总书记重要讲话系列读本》大字本2200册，小字本17000册，《中国共产党章程》34000册，《中国共产党纪律处分条例》和《中国共产党廉洁自律准则》33800册，《全面小康热点面对面：理论热点面对面2016》

12488册，中心组学习资料740套，合计码洋约90万元。11月份开始的《朱镕基答记者问（精装版）》销售活动，该公司员工积极组织征订，与各机关单位紧密联系，已配送400套，码洋66400元。政治书籍的推销过程中，不仅取得了业绩的突破，也以员工为媒介加强了跟政府、机关各部门的联系，为书店以后一般图书销售工作的顺利推进打下稳固的基础。“六一”儿童节该公司员工到全县60多个单位推销“悦读卡”共3100张，码洋达36.9万元，较2015年同比增长60.4%。

6.校园书店建设稳步推进。新华书店承担起了一个国有文化企业应承担的社会责任和义务，大力开展校园书店建设工作，在已建的安化县第八中学店和东坪中学店的基础上，是年自筹资金建成了安化县第二中学校园书店和安化县第十二中学校园书店，分别在2016年9月、10月开业。校园书店运营采用一人总负责，大店专人管理，小店委托管理的模式，开业不到3个月，两家店创造销售码洋近20万元，安化县第二中学校园书店更是销售达17万多元。另外，安化县第一中学校园书店筹建中，下一步将申报高明中心学校校园书店项目。校园书店不仅便利了老师和学生购买书籍，而且每天为师生开辟专门的阅读时段，把学生的阅读课放到校园书店进行，一方面为书香校园的建设、学生阅读习惯的培养营造了很好的氛围，提供了很好的场所，一方面又能适当促进一般图书的销售，社会和经济都有效益。为学生提供了一个与优秀文化作品亲密交流的窗口。

三、财务管理

1.完善制度，保证资金安全。为了保证资金安全，规范资金往来，杜绝现金交易，公司制定了《安化分公司现金货款收取管理办法》；为了让领导及各片区发行员及时准确地了解货款回收进度，财务坚持每周提供货款清欠情况统计表，并将货款回笼对比情况表张贴公示，货款回笼的快慢与各片区农发员经济挂钩，加强各片区农发员的紧迫感与责任心；按日通过短信平台告之学校回款情况，并及时通报、督促各部门清欠工作。

2.加强制度制定，做到有章可循。参照上级公司文件制定了该公司《费用报销管理办法》《差旅费报销制度》《员工通讯费报销的规定》《会计档案管理制度》《统计制度》《资金预算管理实施办法》等制度，对劳动纪律、财务管理、费用报销、基建维修、用水用电、房屋租赁等方面做了更为详尽的规定。做到有章可循，有据可依，以制度管人、以制度服人，有效地堵塞了管理上的漏洞。

3.按时召开财务运行分析会，加强财务和业务数据对接，确保各业务版块的完成和数据真实准确。每季度由财务牵头组织各业务部门一起召开财务运行分析会，与省市公司年初下达的《经济目标考核办法》中的各项考核指标进行比对，传达各项经济指标完成情况，费用的支出和控制情况，分析对比相关数据，对业务流程中不完善的地方，大家献计献策想办法改进，根据以上信息编制财务分析报告，确保各业务版块的完成和数据真实准确。

4.根据部门、岗位对每位员工工作职责进行了更为详细的规定，细化、量化了每个部门、每个岗位、每个人的工作职责，年底将对照每个部门、每个岗位、每个人完成的工作情况计分与排名，结果将作为评优评先、干部使用、绩效分配的重要依据。通过制度化管理，确保了相对公平公正。

5.为了锻造一支作风过硬、工作高效的队伍，经理室对各部门员工进行了合理调整，充分发挥不同年龄层次员工的优势，大家既分工又协作，安化公司整支队伍充满蓬勃向上的活力和团结一致的合力，像一列高效运转的火车勇往直前。

四、政治学习、扶贫及社会公益活动

1.日常管理。该公司党支部于6月15日组织全体党员（包括离退休党员）严格按照以公推直选的方式进行了党支部换届选举。通过无记名投票，大会选举出了新一届党支部，重新划分了任务，明确了责任，为党建工作的全面落实打下了牢固的基础。9月9日、11月9日分别进行了“一会四评”和民主评议党员，通过群众参与、党员参加的不记名投票方式对每位在职党员进行了民主测评。

2.“两学一做”。每月9日定为“党员学习日”，在支部书记马宏图的带领下，组织大家进行学习。已经学习了《中国共产党党章》《中国共产党纪律处分条例》《习近平总书记系列讲话读本》《中国共产党廉洁自律准则》等一系列政治读物。按照县委组织部要求，该公司党支部组织全体党员进行了“讲政治有信念”“讲道德有品行”“讲奉献有作为”“讲规矩有纪律”四大专题的学习和讨论，且再次开展了“三严三实”“纠四风治陋习”的学习，通过学习帮助党员们牢固树立了正确的世界观、人生观和价值观，特别是深刻领会并认真落实了解放思想、实事求是、与时俱进、开拓创新这一精髓。切实开展治理“灯下黑”、回头看活动，对照标准查摆问题，解决了不同程度存在的理想信念模糊、党的意识淡化、宗旨观念淡薄、精神不振等问题，补足精神之钙，扫除行为之垢，强化担当之责。

3. 基本制度。一方面，“三会一课”得到有效落实。该公司长期坚持“三会一课”基本制度，截至11月底，支部已经开展党小组会11次、支部党员大会4次、支部党课4次。另一方面，为把党建工作做得更好，全体党员建立了微信群、QQ群，方便了党员之间的联系、学习和讨论；全体在职党员和部分退休党员关注了“益阳党建”微信公众号，及时接受、了解党建相关讯息；按时收缴党费，并做好了登记和管理工作；按照政府的要求订阅了党报党刊，方便了党员学习先进理念和精神。

4. 党员活动。8月29日，该公司积极响应县委、县政府的号召，组织员工参加义务献血活动。共有7名干部职工参加义务献血活动，其中有党员5名，义务献血总量2000毫升。9月25日，党支部组织全体党员和入党积极分子到韶山和花明楼革命圣地参观学习，就此次学习每个在职党员和入党积极分子都上交了心得体会，5位党员的学习心得在安化新闻网上发表。

5. 精准扶贫。政策方面，明确了党员龙梦涛为扶贫专干，并在2016年5月被县委组织部选派为扶贫点——马路溪村“第一书记”。班子成员和扶贫专干深入贫困村对10户贫困户进行了走访，并与所联系的贫困户“结穷亲”“结对子”。资金方面，首先保障了3万元扶贫资金的及时到位。另外，春节前举办“双联送温暖”活动，为定点帮扶困难企业职工送去了慰问金；组织全店员工进行了“助残一日捐”“爱心一日捐”；11月11日，组织该公司全体员工对扶贫点10户特困家庭进行了爱心捐赠，员工们共捐赠200多件7成新的干净衣裤和几套棉被，书店党支部拿出一部分资金，为每户购买10公斤、3公斤面条，10升食用油，希望通过这些爱心活动，扶他们一把，让这些社会弱势群体能够感受到社会的关爱，重新点燃对今后生活的向往，并能够早日脱贫。

五、综治普法与平安创建

1. 综治。制定了安化新华书店《综合治理工作管理细则》，明确了综治工作的目标、范围、职责和要求。制定了《2016年综治计划》《消防安全应急预案》《人防、物防管理制度》《反邪教制度》《内部保卫制度》《维稳制度》，发放了反邪教宣传资料、居家安全知识等综治和安全资料。出版相关刊物，对综治及安全知识进行了有力宣传。

定期开展防火检查，保证门店、仓库及办公的安全通道顺畅，无杂物，保证消防设施的到位；有电路、器材等出现老化损毁时，报专人及时负责修理工作以消除火灾隐患。

该公司无员工参加非法宗教、邪教组织，无人员到省、市和北京上访，无刑事案件，无犯罪行为，无火灾事故，无人员伤亡的重大责任事故，无一起因预防处置不及时、不得当、造成人员伤亡治安灾害事故，无吸毒赌博现象。

2. 卫生。制定卫生评比制度，卫生检查小组每月定期对各个部门、门店进行卫生检查，评选出优秀卫生部门，并进行公示。按照创卫办的要求，该公司组织员工每周五早晨风雨无阻对规划卫生区进行卫生清扫，多次获得部门领导的表扬。10月19日，该公司组织全体员工进行了卫生大扫除，对公共卫生区域进行了全方位、大规模的彻底清理。根据县爱卫办的统一部署，挤出专项经费聘请专业人员定期对机关、庭院开展“四害”捕杀行动。在庭院内设立固定的健康教育宣传栏，根据季节时令变化，针对常见病、多发病的防治知识进行宣传普及，提高了员工的自我保健意识。开展了控烟宣传活动，在公司会议室、走廊、办公室均张贴醒目的禁烟标志，杜绝摆放烟具，由控烟监督员对吸烟者进行劝阻。

（撰稿人：蒋囡）

乡　镇

高明乡

【领导人名录】

党委书记　谢智兴（2016.4止）
　　　　　易元秋（2016.4起）
副书记　黄必清（2016.4止）
　　　　　梁勇军（2016.4起）
纪委书记　陈贵华（2016.4止）
　　　　　吴林葵（2016.4起）
武装部长　陈贵华（2016.4止）
　　　　　郭　演（2016.4起）
政法书记　张赴东（2016.4止）
　　　　　郭　演（2016.4起）
组织委员　邓小梅（2016.4起）
党委委员　黄跃群（2016.4起）
人大主席　张赴东
乡　长　刘　勇
常务副乡长　赵四明
副乡长　陈赛男（2016.5止）
　　　　　贺成栋（2016.4止）
　　　　　杨　晟（2016.7起）
　　　　　陈　宇（2016.7起）
政协主任　赵四明

【概况】 高明乡地处安化县东南部，东与宁乡县巷子口镇接壤，东南与宁乡县龙田镇为邻，南连涟源市伏口镇，西邻清塘铺镇，北接大福镇。乡人民政府驻高明铺村，电话区号0737，邮政编码413524，距县城东坪135千米，距省会长沙城区125千米。全乡总面积97.5平方千米，其中陆地91.75平方千米，水域5.75平方千米。耕地656.3公顷，其中稻田411.68公顷，旱土244.8公顷。林地7533.33公顷。

1951年属安化县第二区、第十一区；1956年全县撤区合乡后分属高明、司徒、驿头3乡；1958年属东山人民公社；1961年成立安化县清塘区高明人民公社；1984年改为清塘区高明乡；1995年全县撤区并乡，仍为单列乡。2008年全县村级行政区划调整，全乡由28个村调整成12个村。2016年，全县村级行政区划调整，辖高明铺、石岩、适龙、司徒铺、久安、黑泥田、驿头铺、建丰、眉毛、阴山排10个行政村188个村民小组，共4260户1.8万人。2016年，乡机关共有公职人员53人，其中公务员21人，工勤人员1人，财政、计生、经管、文化、农机、农技、劳务等事业编制人员31人。

该乡地势东北高、西南低，境内大部分为山地，海拔400～800米。属亚热带季风气候，夏季高温多雨，冬季温和少雨，四季分明。常年平均气温18℃，平均降水1500毫米，无霜期278天。境内主要河流为归水，汇入娄底涟水，注入湘江。矿产主要有钨、铁、锰、萤石等。

20世纪90年代中期，该乡党委、政府确定“调整产业结构强乡，发展民营经济富民”发展战略，着重发展钨钴循环产业。至2016年，该乡已成为全国三大钨钴废料有色金属集散地之一、全国最大的磨削料回收加工基地。

2016年，在宏观经济探底调整、下行压力持续增加的复杂环境中，该乡党委、政府稳妥应对，积极实施新型工业立乡、现代农业强乡、项目招商活乡三大战略，突出党建扶贫、社会稳定、民生改善三个重点，做好钨钴循环经济、农业特色产业、基础设施建设三篇文章。是年获全县绩效考核三等奖、推进新型工业化二等奖、招商引资先进单位。园区内企业湖南力天高新材料股份有限公司荣获全县争创名牌奖、实施技术改造奖、企业税收贡献奖，湖南金鑫新材料股份有限公司荣获全县鼓励企业上市奖、实施技术改造奖，安化县永兴钨业有限责任公司、安化县泰森循环科技有限公司荣获全县实施技术改造奖。计划生育工作被评为市县两级先进单位，无偿献血工作获全县先进单位，邮政银行高明支行被评为全市代理金融跨年度竞赛十优网店、获全县报刊大收订工作先进单位，敬老院被评为全县民政系统安全管理先进单位，高明卫生院被评为全县卫生系统优胜单位，黑泥田村被评为全县计划生育工作先进村，高明乡中学被评为湖南省防震减灾科普教育示范学校、县课改先进单位、义务教育阶段教育教学质量优秀单位。

一、经济发展

1. 主要经济指标。全年工业总产值达 20.6 亿元，工业固定资产投资总额为 9.38 亿元，完成税收 2800 万元，农业总产值 1.05 亿元，农村居民人均纯收入 3525 元。

2. 企业进入全面技改升级阶段，完成技改投入 6.8 亿元；落实招商引资项目 4 个，引进资金 4.1 亿元。园区开发建设不断推进，全年共完成征地 3.33 公顷，完成“三通一平” 6.67 公顷，完成标准化厂房建设 3 万平方米。

3. 特色农业产业快速发展。新建茶园基地 80 公顷，新建中药材基地 26.67 公顷，新增专业养殖户 5 家，专业合作社 1 家，农业发展有限公司 1 家，生态农庄 1 家，家庭农场 4 家。

二、基础设施建设

1. 全年村组公路硬化 5 千米，高明铺至石岩 3.4 千米公路窄改宽项目完成。

2. 新修水渠 1.5 千米，维修河堤 4 千米，完成 2300 多人的人畜饮水工程项目。完成归水河流域环境治理项目的编制和前期准备工作。

3.10 个行政村村民服务中心的新建或改扩建完成，投入 500 余万元。集镇和进出路口的天网工程建设完成，投资 30 万元。

4. 完成了阴山排渡改桥项目立项；完成了机关办公楼整体搬迁，启动了机关院内建设；启动了中学科教楼建设，投资 300 万元完成了中小食堂和风雨球场建设，完成了中小和高明完小围墙和操坪硬化，完成了中小和塘坳完小绿化美化 0.93 公顷用地的征地工作；完成农商行办公楼建设征地和报批工作。完成《益阳市安化县高明乡集镇规划（2015—2030 年）》的规划编制。

5. 大力开展乡容乡貌环境卫生专项整治，累计投入近 35 万元，乡村两级清理保洁常态化，农村环境综合整治成效明显，被评为全县文明村镇。

三、民生保障

全年发放城乡最低生活保障资金共计 274.5 万元，五保供养经费 64 万元，各类救灾救济资金 33.81 万元，各类涉农资金 680 多万元。新农保收缴 84.15 万元，医保征缴 16364 人。全年符合政策生育率 95.63%，342 名适龄妇女参加 “两癌” 免费筛查。新增电视网络光缆主干线 4500 米，完成乡政府广播室建设，安装“户户通”接收器 289 个，5 个网络覆盖村的“村村响” 设备到位。全年净增存款 3400 万元，存款余额达 1.28 亿元，累计发放贷款 2500 万元，余额达 8500 万元，完成 4 个村的整村授信。

四、脱贫攻坚

完成贫困户识别工作，对建档立卡贫困户实行分类管理，清理“四类对象” 500 人，新增贫困户 132 户 432 人，实现兜底对象全覆盖。落实危房改造资金 8 万元，完成扶贫授信 200 户，发放扶贫贷款 650 万元。积极探索产业扶贫新模式，实施阴山排村农业综合开发项目，注册成立湖南省扶阳农业科技有限公司,实施“公司 + 基地 + 农户” 的方式发展农业产业，带动贫困户脱贫。司徒铺村成立高明乡首家电子商务平台，实现农产品网上销售。2016 年，荣获全县脱贫攻坚三等奖。

五、社会管理

全年组织 10 多次专项行动，查处占地建房 3 起。开展打击非法采砂洗沙活动 4 次。刑事拘留故意伤害、盗窃人员 4 人；行政拘留赌博人员 3 人，捣毁赌博窝点 3 处，行政拘留吸毒、扰乱社会秩序等违法人员 9 人；劝返上访人员 3 批，排查调处矛盾纠纷 32 起，群众满意度调查明显提升，民调工作位居全县第五。综治工作获市、县两级先进单位称号，适龙村被评为全县综治工作先进村。

林业生态有效保护，完成退耕还林造林 13.33 公顷，森林抚育除草割灌 33.33 公顷，荒山造林 13.33 公顷。乡政府与各村签订了防火责任状，乡、村两级组建了扑火应急队，发放防火宣传手册 200 余本，张贴标语 300 余张，悬挂横幅5条，重要地段增设防火宣传牌2块，全年没有发生重大火灾事故。

六、防汛抗灾

乡党委、政府把防汛基础工作摆在首要位置，认真做好值班值守、防汛调度、责任落实等基础工作。组织各相关人员进行防汛知识培训，汛期值班、登记及时到位。制定地质灾害防御工作方案和应急方案，明确“四包一”监管责任人，对步岩水库溢洪道、铁山坑水库虹吸管及时进行维护，消除了各水库的安全隐患。同时开展群众转移路线、转移方式的演练，实现汛期安全零事故。

七、基层党建

全乡共设党总支5个，支部16个，党员671名。2016年，发展党员7名、入党积极分子29名，选拔农村后备干部33名。集中推进非公有制企业和社会组织党组织“两个覆盖”，为15家非公企业选派党建指导员，党组织覆盖率100%。完成全乡5个新建型和5个改扩建型村级服务中心建设，村级组织基础建设明显改善。开展“两学一做”专题学习教育，年初组织党员干部约500人次集中参加冬春训。充分利用远程教育平台和共产党员网等资源，每月1次专题学习，每两月1次学习讨论。

【杨光鑫调研园区建设及党建工作】 1月27日，县委书记杨光鑫到高明乡调研高明循环经济工业园建设和基层党建工作。杨光鑫指出，高明钨钴循环经济是安化县的支柱产业，高明乡要加大园区建设力度，解决企业遇到的难题，为企业提供宽松的生产环境。要把基层党建工作牢牢抓在手上，切实履行好支部书记职责，确保党的路线、方针、政策能够在基层得到贯彻执行。

【全乡企业工作会议召开】 6月22日，高明乡召开全乡企业工作会议，安排部署下阶段企业工作。钨钴循环经济工业园等8家规模企业法人代表和经济发展办、派出所、水管站、国税局梅城分局等单位负责人参加会议。会议提出下阶段企业工作要“完成一个任务、守住两条底线、突出三个重点”，即：确保税收任务圆满完成，守住环保和安全生产两条底线，突出抓好企业技改升级、园区扩容提质和优化发展环境三个重点，实现企业增效、财政增收。

【厦门钨业到高明循环经济工业园进行投资考察】 7月14日，厦门钨业董事长黄长庚一行到高明循环经济工业园，就投资与合作事宜进行考察，副县长周登高陪同。考察组实地考察了永兴钨业、金鑫科技、泰森循环科技等企业，与园区初步达成了钴产品深加工投资、合作意向。

【县乡两级人大代表换届选举工作动员会】 9月24日，高明乡召开县乡两级人大代表换届选举工作动员会，全体在家乡党政班子成员、各部门站所负责人、驻村干部、村支书、主任等参加会议。会议组织学习了换届选举工作有关文件精神，就换届选举工作进行了业务辅导。

【熊哲文调研指导园区开发建设和精准扶贫工作】 11月4日，县委书记熊哲文到高明乡调研指导园区开发建设和精准扶贫工作。熊哲文指出，园区的基础设施是企业发展的保障，乡党委、政府要督促加快工程建设进度，争取尽快投产，为企业的做大做强搞好基础性的服务。精准扶贫工作是能否实现全面小康的关键，乡村两级一定要识别精准、帮扶精准、动态管理，将各项工作落到实处，打赢脱贫攻坚战。

【肖义到高明循环经济工业园调研】 11月6日，县委副书记、代县长肖义到高明乡，就园区二期开发建设和企业运行情况进行实地调研。肖义指出，当前钨钴价格在不断回升，对企业发展呈现利好形势，园区要把握机会，趁势加快基础设施建设和延伸产业链条，不断提升招商引资能力，切实做大做强钨钴产业。

【第十四届人民代表大会第一次会议】 11月17日，高明乡第十四届人民代表大会第一次会议召开，副县长谭罗根出席会议。会议认真听取并审议通过了高明乡《政府工作报告》《人大工作报告》《财政预决算报告》。投票选举张赴东为高明乡人大主席，刘勇为高明乡人民政府乡长，赵四明、杨晟、陈宇为高明乡人民政府副乡长。

（撰稿人：吴勤）

清塘铺镇

【领导人名录】

党委书记　瞿永红

副 书 记　邓继志(2016.4起)

　　　　　李文龙(2016.4起)

纪委书记　蒋群高（2016.4 起）
武装部长　李剑峰
政法书记　蒋　华（2016.4 止）
　　　　　李剑峰（2016.4 起）
组织委员　廖淑娟（2016.4 起）
党委委员　刘金山（2016.4 止）
　　　　　廖超刚（2016.4 起）
人大主席　刘金山（2016.4 止）
　　　　　黄水滔（2016.4 起、2016.11 止）
　　　　　李文龙（2016.11 起）
镇　　长　邓继志（2016.4 起）
常务副镇长　黄水滔（2016.4 止）
　　　　　李管林（2016.4 起、2016.11 止）
　　　　　李剑峰（2016.11 起）
副 镇 长　李剑峰（2016.4 止）
　　　　　周石桥（2016.4 止）
　　　　　李文龙（2016.4 止）
　　　　　彭卫华（2016.7 起）
　　　　　李　朴（2016.7 起）
政协主任　黄水滔（2016.4 止）
　　　　　李管林（2016.4 起、2016.11 止）
　　　　　李剑峰（2016.11 起）

【概况】 清塘铺镇位于安化县东南端。东邻高明乡、大福镇，南连涟源市伏口镇，西接梅城镇、新化县田坪镇，北抵梅城镇、芙蓉林场、仙溪镇、大福镇。镇政府驻清塘社区，电话区号 0737，邮政编码 413524。全镇总面积 234 平方千米，其中陆地面积 229.2 平方千米，水域面积 4.8 平方千米；耕地 3920.53 公顷，其中水田 2410.39 公顷，旱地 1510.14 公顷；林地 15121.18 公顷。

1956年撤区合乡成立清塘乡、太平乡、鱼水乡；1958 年三乡合并成清塘公社；1961 年成立清塘区，下设高明、清塘、鱼水、太平 4 个公社；1970 年从涟源县伏口公社划出锹溪、周家、毛力、久泽 4 个大队，归清塘公社管辖；1976 年太平公社划出廖家、穿马、枫园、塘湾、杉山、云雾 7 个大队，归属廖家坪林场管辖；1984 年公社改称乡，大队改称村；1985 年清塘乡经省政府批准建立清塘镇，隶属安化清塘区。1995 年底鱼水乡、清塘镇、廖家坪乡、太平乡等合并为清塘铺镇；同年，芙蓉林场蔡家村划归清塘铺镇管辖。2016 年全县进行村级区划调整，全镇辖 3 个居民委员会、21 个村，共 19168 户 65147 人。2016 年镇机关共有公职人员 106 人，其中公务员 32 人，财政、计生、经管、劳务、后勤等事业编制人员 74 人。

该镇地处芙蓉山脉，地形高低起伏剧烈，属石灰岩岩溶地貌。海拔一般 400 米至 600 米，最高点蚂蝗山海拔 1431 米，最低点碧岩村罗家海拔 182.4 米。该镇为亚热带季风气候，夏季高温多雨，冬季温和少雨，四季分明。常年平均气温 13.1℃，平均降水 1455 毫米，无霜期 208 天。地表水网分别属资江水系和湘江水系，境内河流总长度 54 千米，径流总量 0.21 亿立方米。漳水是境内主要溪流，流入伊水，注入资江。归水、石溪、苏溪在栗山坳汇流后注入涟水（湘江水系）。地下矿藏资源丰富，主要有柴煤、烟煤、金、银、锑、钨、铁等 20 多种，属矿产资源型乡镇，煤炭产量居安化县前列。

2016 年，该镇党委、政府以产业转型为主线，调整发展思路，以保稳定促发展，年终绩效考核获一等奖，计划生育、精准扶贫、安全生产、远教、老龄、妇女等工作被评为县先进单位，招商引资工作获得县三等奖，综治维稳被市授予“平安乡镇”称号，太平、苏溪、红岩三村被评为“湖南省卫生村”。

一、镇域经济

1. 主要经济指标。全年完成固定资产投资 9.65 亿元，完成规模工业经济运行 5.14 亿元。农村经济总收入 2.06 亿元，比 2015 年增加 459 万元。完成财税入库 968 万元，其中国税 558.5 万元，地税 409.5 万元。农村居民人均纯收入 4553 元。

2. 农业。全镇种植水稻 1408.82 公顷，油菜 672.27 公顷，玉米 516.57 公顷，大豆 150.7 公顷，粮食总产量达 12516 吨。创办油菜示范点 1 个，面积达 40 公顷；培育专业大户 16 家。新建茶园 743 公顷，改造老茶园 262 公顷。发展中药材 703 公顷，其中玉竹 200 公顷，百合、天麻、金银花 70 公顷；桔梗、沙参、柴胡、白芷、白术等一年中药材 100 公顷；厚朴、黄柏等木本药材 33 公顷；贝母 300 公顷。完成中药材产值 5600 万元，其中玉竹产量 8200 吨，产值 3800 万元，贝母产值 1200 万元，其他药材收入 600 万元。培育农民专业合作社 3 家，家庭农场 16 家，共出栏生猪 5 万头、牛 0.48 万头、山羊 1.4 万只、家禽 22 万羽。森林抚育 33 公顷、防护林造林 20 公顷、南竹低改 13 公顷，石漠化造林（封山育林）383 公顷；建成农产品检测实验室 1 个。

3. 工业。利用关闭整顿煤矿企业、淘汰落后产能的政策契机，关停煤矿 4 家，对清塘镇煤矿进行资源整合，改造升级，进一步提高产能、强化安全监管和三废治理；圣德锰业与中核集团湖南分公司资产重组，10月份恢复生产；湖南金诺矿业有限公司和廖家坪锑钨矿八宝山矿区的矿权已进行整合申报。2016年，天仑山茶业公司生产黑茶1100担，产值700万元；竹鑫茶业生产茶叶476担，产值300万元。

4. 项目建设。10月28日，二广高速安邵段清塘标段正式通车。该镇成为安化首个开通高速的镇。避险安置小区项目完成招投标，计划投资1920万元。镇医院整体搬迁项目——尘肺病治疗康复中心与老年颐养院已完成项目规划、建筑设计、土地征收平整等前期工作。镇中学整体搬迁工程建成综合楼1栋、教学楼2栋、食堂1栋，投入资金3800万元。镇区道路提质改造及供水工程完成规划设计、招投标工作。

二、党建工作

2016年，该镇以强化党建引领作用为强镇之根本，狠抓自身建设、制度建设、作风建设。党委班子在农村党员冬春训、“两学一做”学习教育期间到所联系的党组织讲党课。成立党建工作站，明确党建专干和党建工作指导员，充实党建工作力量；开展“七一”表彰活动；完成21个村的村民服务中心新建和改扩建。规范党组织设置，党员人数50人以上的支部设立党总支。发展党员13名，培养入党积极分子40名，其中女性党员5名。

三、精准扶贫

该镇有建档立卡扶贫人口2431户9279人。2016年，通过“六个一批”帮扶措施使478户1872人脱贫。县住建局、县市场食品药品监督管理局、县安监局在境驻村开展帮扶，发放明白卡2000余份，组织大规模走村入户活动4次，慰问贫困农户、贫困学生累计1000余次。开展精准扶贫培训班3期，参训人数152人，培训合格率100%。11月份启动建档立卡贫困户分类统计管理，镇村两级干部进村入户，将建档立卡贫困户按照家庭情况划分为“A、B、C、D”四类，将未建档立卡贫困户分为“E、F”两类，同时将不符合贫困户条件的“四类人员”清出系统，符合贫困户条件的纳入系统，精准扶贫工作更精准，更到位。

四、文化教育

2016年，该镇有清塘铺镇中学、镇完小、回春完小、鱼水学校、廖家完小、太平完小6所中小学校和团山、罗硐、塘湾、苏溪、坪力、檀树6个村级教学点，有学生4866人，其中小学生3545人，教学班73个，初中生1321人，教学班22个；全镇共有幼儿园6所，学前教育点4个，在园幼儿1311人。全镇共有在职教职工315人，其中高级教师23人，一级教师163人，二级教师119人，技术工人10人。全镇初中年巩固率97.63%，小学年巩固率100%，优生就读率达92.22%。

常德好时光餐饮公司情系清塘山区学子，每年资助学生逾万元；香港惩教社在县委统战部领导的热心牵线下投入资金40万元，用于清塘镇中学食堂建设；鑫丰公司为清塘教育基金会捐款5万元用于扶助特困学生。

镇完小被教育部关工委评为“示范学校”；清塘铺镇四96班刘婉如参加益阳市十九届主题教育活动演讲比赛荣获一等奖；清塘铺镇中学郑海霞同学获得省级尊师爱师好少年。

该镇积极举办文艺、书画、诗歌、文学等活动8次，开展免费送春联，送戏下乡至太平廖家、送文化器材下乡等活动，倍受群众欢迎。

五、卫生与计生

2016年，全镇有公办卫生院1家，村卫生室48个。医院有床位数90张，卫生技术人员95人，年门诊量21034人次，全年未发生医患事故。建立居民健康档案50746份。印制《健康小知识》48585份，出宣传栏210期，举办宣传讲座206次。预防接种8108人次。卫生监管巡查113次，专项整治6次，打击处理非法行医6人。被国家卫生和计划生育委员会评为“全国2015—2016年度群众满意的乡镇卫生院”。全年完成优生遗传检测402对；完成计划生育系列保险12余万元；确定农村计划生育家庭奖励对象178名，独生子女伤残扶助对象2名，发放独生子女保健费53640元。

六、社会保障

2016年，全镇发放涉农补贴701.32万元。最低生活保障对象3529户3764人，发放补助金750余万元；发放临时补助金70余万元；五保老人557人，发放五保供养经费178万元；优抚对象862人，发放抚恤金286万元；救助121名大病对象，发放城乡医疗救助资金18万余元；发放防汛抗旱救灾救济资金32万元；完成1124名残疾人两项补贴工作的资料收集、档案完善、系统录入的工作，为8名残疾儿童报名康复训练，组织3名残疾人员参加创业培训，发放轮椅15台。免费组织白内障患者筛查3次。参加新型城乡居民社会养老保险25454人，享受养老退休待遇10715人，城镇社会保险退休每人每月平均待遇80元。新型农村合作医疗参保率达100%。城镇新增就业241人，其中失业再就业人员123人，就业困难人员再就业80人；新增农村劳动力转移就业248人，零就业家庭动态就业救援100%。举办劳动技能创业培训班2期，培训72人次。

七、综治维稳

2016年，镇政府与各部门签订综治、禁赌、禁毒、反邪教等责任书，积极开展民调宣传，张贴民调宣传标语400余张、横幅10余条、发送短信5万余条。在公路沿线制作平安创建固定标语6处，张贴宣传标语300余条，评选“平安创建模范户”1062户；全年接待群众来访40起102人次，办理网上信访案件15件。调处各类民间纠纷417起，刑事处罚黄赌毒案件44起，偷盗4起，挽回经济损失3万余元。安全生产实现零事故。综治维稳工作被评为市、县先进单位，益阳市“平安乡镇”。

【2016年度经济工作会】 3月20日，清塘铺镇召开经济工作会议，党政领导、干部职工、村干部、镇直各部门负责人、和受表彰对象共296人参加。会议确定2016年该镇经济社会发展的主要预期目标为：全年社会生产总值增10%；规模工业增加值增10%；社会消费品零售总额增长12%，地方财政收入增长10 %；农村居民人均纯收入增长10%；脱贫1872人以上，确保小康实现程度提高5个百分点以上。

【乾元界铁索桥成危桥】 4月11日晚，乾元界铁索桥因狂风暴雨受损，索塔一头断裂，另一头塔柱开裂。镇人民政府在此划定警界线、设置安全标识，在渡口临时安排船只接送。乾元界铁索桥2008年由廖家坪水库管理处与廖家村村民投资共同修建，长251米、宽1.5米，连接马颈坳与乾元界二、三组，辐射人口98户320人。

【中共清塘铺镇第六次代表大会】 4月28日，中国共产党清塘铺镇委员会第六次代表大会在该镇大礼堂召开，各选区新当选的镇党代表参加会议。会议选举瞿永红为镇党委书记，同时选举出镇党委委员、镇纪委书记、纪委副书记、县第十二次党代表大会代表。

【新一轮并村工作完成】 5月底，该镇顺利完成8个村的并村工作。6月起，全镇由原29个行政村、3个居民委员会，合并为21个行政村、3个居民委员会。

【镇区禁放烟花爆竹】 7月23日，镇政府组织召开听证会，广泛听取各方面意见。8月初，发放宣传资料10000余份，制作倡议书和通告宣传板28块，出动宣传车30余次，举行游行1次，设立固定提示牌5块。9月1日起，镇区全面禁放烟花爆竹。

【二广高速清塘铺收费站启用】 10月28日20点，清塘铺收费站红色信号灯变成绿色，安化县境内第一个收费站正式通车，标志着安化县境内首条高速公路—安邵高速正式通车。安邵高速是二广高速的一段，起于梅城镇，连接在建的常德至安化（梅城）的常安高速公路，止于邵阳县栝木山，接沪瑞高速公路和在建的邵阳至永州高速公路，全长130.8千米。通车后，梅城、高明、乐安等7个乡镇，从清塘铺收费站上高速，全程高速直达娄底、邵阳、永州、佛山、广州等城市，梅城到广州只需6小时。

【第六届人民代表大会第一次会议】 11月14日8点30分，清塘铺镇第六届人民代表大会第一次会议在镇政府大礼堂召开。75名镇代表参加会议，17名县人大代表、县政协委员、党政领导等列席会议。会议听取和审议了镇政府五年来的工作报告、镇人大工作报告、镇财政预决算报告。大会投票选举李文龙为镇人大主席，邓继志为镇长，李剑峰、彭卫华、李朴为副镇长。

（撰稿人：彭正凯　郭辉）

梅城镇

【领导人名录】

党委书记	陈洁云（2016.4止）
	胡盛云（2016.4起）
副书记	龙润苗（2016.4止）
	吴文骞（2016.4起）
纪委书记	周跃军
武装部长	龙润苗（2016.4止）
	蒋　亮（2016.4起）
政法书记	蒋　亮（2016.4起）
组织委员	陈叶青（2016.4起）
党委委员	胡导平（2016.1止）
	傅湛丽（2016.4止）
	李得高（2016.5起）

丁 翔（2016.4 起）
人大主席 陈洁云（2016.4 止）
龙润苗（2016.4 起）
人大副主席 胡导平（2016.4 止）
镇 长 胡盛云（2016.4 止）
李太坤（2016.4 起）
副 镇 长 吴文骞（2016.4 止）
李 武（2016.7 起）
俞远庆（2016.7 起）
丁 翔
政协主任 傅湛丽（2016.4 止）
李得高（2016.4 起）

【概况】 梅城镇位于安化县东南部。东抵清塘铺镇，南与新化毗连，西接乐安镇，北界仙溪镇。镇政府驻地西正街 1 号，电话区号 0737，邮政编号 413522，总面积 286.6 平方千米。全镇有耕地面积 3128 公顷，其中稻田 1898 公顷，旱地面积 1230 公顷。

北宋熙宁五年（1072 年），朝廷遣章惇“开梅山”置县，熙宁六年敕名安化，自此 900 多年梅城一直是县治所在地。1951 年 9 月，县治迁往东坪，梅城由城关镇改称梅城镇，属第一区，地域包括镇区及紫云、梁乙两村的几个村民小组。1958 年梅城镇与泙泉、东华、田心合并组成梅城公社。1961 年泙泉、东华、田心从梅城公社分出，分别设立泙泉公社、东华公社、田心公社。1980 年恢复梅城镇建制，1987 年泙泉乡并入，1995 年东华、田心两乡并入，2008 年栗林乡并入。2016 年末辖 4 个居民委员会、28 个村。常住人口 12.5 万人，户籍人口 8.5 万人。

该镇山脉属衡山山系，重峦叠嶂，群山环抱，平均海拔约 185 米，大部分地区为丘陵，有田心、柳林两个山间盆地。属亚热带季风气候，夏季高温多雨，冬季温和少雨，四季分明，雨量充沛。日平均气温 16℃，平均降雨量 1416 毫米，无霜期 280 天。境内河流主要有泙水、漳水和梅子溪等。矿藏主要有石灰石、烟煤等。石灰石以长安村、柏树村品味较高，是海螺集团水泥厂的主要开采区。境域自然环境优美，名胜古迹众多，孔圣庙、武圣庙、三元塔、燕子桥、扶汉阳墓等一大批古迹保存完好。

2016 年，梅城镇按照“五位一体”总体布局和“四个全面”战略布局要求，坚持稳中求进工作总基调，坚持以提高发展质量和效益为中心，以推进供给侧结构性改革为主线，牢固树立和贯彻落实新发展理念，适应把握引领经济发展新常态，围绕“四个安化”目标，推进“四轮驱动”战略，积极抢抓一切有利机遇，全面激发一切发展活力，扎实做好稳增长、促改革、调结构、惠民生、保稳定各项工作。

一、经济建设

1. 主要经济指标。2016 年完成规模工业产值 2.02 亿元。年末完成税收 3500 万元，其中国税 2000 万元，地税 1500 万元。

金融机构各项存贷余额为 20.8 亿元、6.4 亿元。拥有安化连心岭茶叶有限公司、安化芙蓉山茶厂、三云混凝土有限公司、湖南盛唐黑金黑茶饮有限公司、梅山混凝土有限公司 5 家规模以上企业。

2. 农业。粮油播种面积和产量保持稳定。蔬菜基地 140 公顷，特色水果面积 26.67 公顷，药材面积 2533.33 公顷。生猪、牛、羊、家禽、水产等养殖业实现稳步增长。

3. 工业。加大对梅城工业园区的建设力度，新入园的湖南盛唐黑金茶叶、湖南印心茶业产业有限公司、安化互生商贸服务有限责任公司、湖南鸿邦纺织有限责任公司和湖南屹郎服饰有限责任公司等 6 家企业均已正常生产经营。

4. 加大招商引资力度。10 月 27 日，湖南创源农牧业开发有限公司董事长肖泉源与县委副书记、代理县长肖义成功签订《创源现代生态农业观光园项目合作协议》。此次签约的农牧业开发项目总投资 3 亿元以上，分三期进行投资，突出生态、科普、教育、休闲、观光等功能，打造现代生态综合农业观光园。项目第一期（2016—2018 年）计划投资 1 亿元，选址梅城镇建樟村，流转土地面积 200 公顷，建设具有科普、教育、观光等功能的生态农场，建设面积 10000 平方米；第二期（2017—2019 年）计划投资 1 亿元，拟定梅城镇、仙溪镇、清塘铺镇、乐安镇等区域内，建设高标准现代化农业示范产业园；第三期（2019—2021 年）计划投资 1 亿元，建设生态养生休闲综合开发项目。至 2016 年底，已累计流转土地 73.33 公顷，发展家庭农场 5 家、种养大户 12 户、农产品加工企业 4 家。

二、基础设施建设

自二广高速复工建设以来，该镇组建专门班子，积极支持配合二广高速建设，于 2016 年 12 月 31 日实现通车。投资 1300 余万元，新建长 1500 米的沿河观光街。投资 40 余万元，建成梅城文化诗墙。投入 120 多万元，改造启安新区路灯、维修老城区路灯，完成教育路、梁乙路路灯架设。投入 80 多万元新建 207 国道望城段、西街稻谷巷及周边大小巷子下水道600多米，硬化公路900多米。总投资1.2亿元，启动绕城公路建设，绕城公路途经三里、西村、望城、紫云、龙安5个村，全线第一次征地12.35公顷，其中耕地5.33公顷，园地0.69公顷，其他用地3.19公顷，建设用地3.14公顷；第二次征用0.49公顷。全线需迁移坟墓117冢，已迁115冢，需迁移杆线110根，应拆迁房屋52栋，征地拆迁进展顺利，3座桥梁桥墩基础、梁柱、桥板已完成。投资400余万元，对田心、鹿角溪、栗林等水毁公路实行了改造升级。投资100余万元，完成窄路加宽项目和水库处险公路建设。启动东梅公路前期准备工作，完成土地征收38.8公顷，占99%，征拆房屋共42栋，已签协议41栋，需迁移坟墓240冢，已迁225冢。

三、民生保障

1.惠农资金。该镇农村养老保险、合作医疗参加率分别达100%、94.8%。完成兜底脱贫对象131户482人的认定工作。残疾人两项补贴制度落实到位，护理补贴申请审定1060人，生活补贴申请审定732人。全年发放各种政策性惠农资金775.7万元，其中粮种补贴571.3万元。农机购置补贴386台次18.6万元，移民后扶2万元，生态公益林183.8万元。机械耕地2000公顷，机械收割达1000公顷。实施一事一议项目12个，财政奖补资金113万元。落实危房改造130户，资金162.5万元。

2.民生实事。解决农村3100多人饮水安全。除险加固病险水库5处，投入资金469万多元。新建移动基站10个，新增宽带用户4030户。镇完小扩建基本完成，东华中学扩建正在建设之中，完成东华完小、望城完小校舍改建，田心学校、栗林学校、紫云完小顺利通过合格学校验收。县二人民医院综合大楼建设启动，镇卫生院整体搬迁完成征地。完成农村广播“村村响”“户户通”工程建设，并与山洪灾害预警广播相结合。

四、镇区治理

1.规范了城区管理，加大对乱停乱靠、乱搭乱建、乱摆乱放等行为的整治力度。对电动三轮车在城区上路非法营运现象进行不定期的整治，全年累计查扣非法上路、营运的电动三轮车300多辆，在规定期限内没有按要求落实手续的全部予以报废处理。

2.遵循“因地制宜，规模适度，有利于农村经济发展，方便村民的生产生活，有利于社会稳定”的总体思路，广泛征求民意，配合规划部门，完成2014—2030年度镇域村镇布局规划。全面推进农村清洁工程，各村配置专职保洁员52名，镇环卫所对沿线镇区周边的垃圾清运，统一处理，投入170万元添置设备设施，城区卫生状况得到改善。

五、其他工作

1.深化行政管理体制改革，加强行政监察，强化绩效考核考评。推进城乡管理体制改革，聘请上海同济大学城市规划设计研究院专家对镇区进行规划设计和村镇布局规划修编。健全查违控违拆违工作机制，城乡规划建设管理有效加强，农村土地确权颁证登记和农村集体三资清理等工作扎实推进。

2.加强生态建设，全面禁止天然林商业性采伐，完成各类造林33.33公顷，森林覆盖率提升到90.5%，美丽乡村建设和农村环境综合治理取得成效。

3.加快法治建设。依法加强和创新社会管理，就地排查化解矛盾，落实重大决策和重大项目社会稳定风险评估机制，完善人民调解、行政调解、司法调解联动的工作体系，进一步加强信访工作，着力解决群众反映强烈的信访问题。

维护社会稳定，投资40余万元，构建完善了“天网工程”，基本建成覆盖梅城镇主要道路卡口、重点交通枢纽的监控体系，保持对盗、抢、骗、黄、赌、毒等违法行为的高压态势，年底发生的2件命案，均在24小时内告破。加强安全监管，严格落实安全生产“一岗双责”党政同责，全面开展大排查、大管控、大整治行动，确保了2016年无任何安全事故的发生。

4.全力促进精准扶贫。梅城镇是安化县二类贫困乡镇，建档立卡贫困人口规模为2818户11333人，贫困村8个，其中市级扶贫村1个，资阳区对口扶贫1个，县级扶贫村4个，乡镇扶贫村2个。通过结对帮扶措施，产业扶贫、兜底扶贫等办法，因贫施策，梅城镇精准扶贫工作已初具成效，2016年实施贫困户危房改造42户，落实生态小额信贷用于贫困户自行发展种养业、个体经营800余万元，社会兜底扶贫对象130户480人。

5.加强案件查处。该镇认真开展“雁过拔毛”式腐败问题专项整治工作，全年共发现问题线索12个，受理举报9个，立案2起，党政纪处分2人，其中移送司法机关1人，追回违规资金

22.2 万元。开展“三资”清理。成立专门工作组，对农村集体“三资”情况逐笔逐项清理。共清理村、社区 38 个，清理资金总额 4648.93 万元，发现问题 7 个，涉及金额 43.46 万元，退赔金额 22.2 万元，责令整改、纠正问题 7 个。

【与安化湘淮村镇银行签订战略合作协议】 1 月 5 日，梅城镇人民政府与湖南安化湘淮村镇银行在镇政府四楼会议室举行战略合作签约仪式。主要内容是搭建政银企对接合作平台，缓解中小微企业融资困难，支持中小企业和特色产业的发展，加快该镇区域经济的发展。梅城镇党委副书记、镇长胡盛云，湖南安化湘淮村镇银行行长陈富国分别代表双方签字，梅城镇党委书记陈洁云出席签约仪式。

【“春风送岗位”梅城镇招聘会】 2 月 18 日上午，由县人社局、县总工会、县妇联联合举办的“搭建供需平台，促进转移就业”的“春风送岗位”大型现场招聘会在梅城镇晨光路举行。三一重工重起事业部、蓝思科技股份有限公司、艾华集团等 40 余家企业、公司进场进行员工招聘，提供涉及金融业、商业、工业等就业岗位 8000 余个，进场求职人数达 3000 余人，有 700 多人与用工单位达成意向性求职登记。

【换届选举工作】 4 月 28 日，梅城镇党委在镇政府四楼会议室召开换届选举大会，全体党员代表参加会议。会议采取无记名投票方式和差额选举办法，选举胡盛云、李太坤等 9 人为新一届镇党委委员。随后，新一届镇党委召开第一次会议，选举胡盛云为镇党委书记、李太坤为副书记。

【梅城绕城公路动工建设】 6 月 20 日 8 点，梅城镇绕城公路正式动工建设。该公路是 S224 在梅城镇绕过城区的新修公路，全长 6.72 千米，途经三里、望城、梁乙、紫云、龙安等村，入口在三里村原公路局向梅城方向 100 米左右，出口在龙安村杜家桥处接梅王公路。设计路宽城区段为 24 米，工业园段为 34 米。

【梅城志愿者协会成立大会】 9 月 22 日，梅城志愿者协会在梅城镇政府四楼会议室召开成立大会。协会有会员 80 人，以“奉献、友爱、互助、进步”为宗旨，积极参与地方公益事业，通过扶贫济困、助学救孤等各类公益项目的开展，关注帮扶弱势群体，倡导并践行公益理念。

【“盛世中华·美丽梅城”文艺晚会】 9 月 26 日晚，由县委宣传部、县文广旅新局、梅城镇人民政府主办的“欢乐潇湘·神韵安化”月月乐群众文艺活动——“盛世中华　美丽梅城”文艺晚会在梅城镇晨光路举行。

【梅城镇获湖南省“诗词之乡”荣誉称号】 12 月 11 日，湖南省诗词协会授予梅城镇“诗词之乡”称号、授予安化县第一中学和梅城镇中学“诗教先进单位”称号，来自全县各地的近 200 名诗词爱好者出席授牌仪式。近年来，该镇的诗词创作繁荣，涌现出了一大批诗词爱好者，梅山诗社梅城分社成员达 100 多人，并投资 20 多万元在洢水河畔修建了诗墙。

（撰稿人：曹文彬）

乐安镇

【领导人名录】

党委书记　姚海斌（2016.4 起）
副 书 记　姚海斌（2016.4 止）
　　　　　黄　俊（2016.11 起）
　　　　　刘道奇（2016.4 止）
　　　　　阙聘雄（2016.4 起）
纪委书记　杨景宪（2016.4 止）
　　　　　汤　德（2016.4 起）
武装部长　阙聘雄（2016.4 止）
　　　　　陶武阳（2016.4 起）
政法书记　刘道奇（2016.4 止）
　　　　　陶武阳（2016.4 起）
组织委员　舒新吾（2016.4 起）
党委委员　龙　如（2016.4 止）
人大主席　龚立红（2016.4 起）
镇　　长　姚海斌（2016.4 止）
　　　　　刘凤华（2016.4 起～2016.11 止）
　　　　　黄　俊（2016.11 起）
常务副镇长　陈贵华（2016.4 起）
副 镇 长　刘道奇（2016.4 止）
　　　　　刘凤华（2016.4 止）
　　　　　姚锦云（2016.7 起）
　　　　　龙　佐（2016.11 起）
政协主任　刘凤华（2016.4 止）
　　　　　谌　强（2016.4 起）

【概况】 乐安镇位于安化县东南部。东面和北面与梅城镇接壤，西面与南面依次与新化县圳上镇、吉庆镇、田坪镇为邻。镇政府驻地乐桥社区，电话区号 0737，邮政编码 432325。全镇总面积为 191.9 平方千米；耕地 2983 公顷，其中稻田 2060 公顷，旱地 923 公顷。林地10733公顷。

1952年属九区。1958年改为乐安人民公社，1961年原辖的乐安、思游、浮青、栗林均独立划为人民公社。1995年撤区并乡，原乐安、思游、浮青合并为乐安乡，2002年由乡改建制为乐安镇。2016年，全县村级区划调整，辖2个居民委员会、22个村，共558个村民小组，共12633户51265人。2016年镇机关共有公职人员77人，其中公务员32人，工勤人员1人，财政、计生、经管、文化、农机，农技、劳务等事业编制人员44人。

该镇地势为北、西、南三面高，东部低，呈篼箕状。主要地形为山地、丘陵，海拔在500米至800米之间，主要有北部的熊耳山、官溪山，西部的狮子岩、团云界，南部的香炉山、大尖峰等。属亚热带季风气候，夏季高温多雨，冬季温和少雨，四季分明。常年平均气温16.5℃，平均降水1614毫米。伊水发源于熊耳山脉的山溪界和流香冲，自西北向东南流入乐安—泗水小盆地，在横市村折向东流至乐兴村出境，全长15千米。水流落差大，具备梯级开发的良好条件。思游高地地下水资源十分丰富。矿产主要有石灰岩、锑、煤等。团云、长赵等地的煤炭资源初步勘测有780万吨。境内用材林主要树种有松、杉、竹、梓、椿等；经济林主要有油茶、油桐、柑橘、奈李、板栗等；野生药材主要有百合、沙参、五加、黄柏、茯苓等；野生动物主要有毛冠鹿、穿山甲、红腹锦鸡、野猪、野山羊、野鸡、野兔。

2016年度该镇荣获全县绩效考核二等奖、全县综治工作考核评估先进乡镇、全县推新工作二等奖、计生协全国先进单位。

一、主要经济指标

全年共完成国民生产总值3.4亿元，工业总产值2.9亿元，工业生产总值1.5亿元，固定资产投资3亿元。财政税收926.4万元。金融机构各项存款突破6.35亿元。农村居民人均纯收入达4500元。

二、经济发展

1.全年水稻种植面积3180公顷，蔬菜种植面积854公顷。“三鸟”饲养量41.53万羽，存栏量19.68万羽。生猪饲养量5.39万头，存栏量1.75万头。举办动物疫病防控培训班2期，培训村动物防疫员50余人次。

2.全镇有工业企业15家，其中陶瓷厂6家，茶叶加工企业5家，其他行业4家，共有从业人员510人。陶瓷是该镇的传统特色产业，有工业陶瓷、日用陶瓷、艺术陶瓷、建筑陶瓷、生活陶瓷5大系列130多个产品。慧鑫居工艺陶瓷有限公司2016年产值达3500万元，生产的陶瓷产品畅销国内外，出口到欧美、日本。

3.基础设施。全年新建12个、改扩建9个村民服务中心，均已投入使用。完成古塘、青云等土地整理开发项目。完成杨泥坳至山溪界干线公路扩改硬化工程招投标，完成快马至熊耳9.3千米乡村公路窄路加宽项目。对长赵、团安、乐桥、乐高、古塘等村实施农网改造，乐安35千伏变电站5000千伏安增至10000千伏安。完成马井、洞坑等10座小（2）型水库的除险加固，古塘、杜家冲水库正在全力推进施工，全面完成文石模范山塘、团云梅子冲山塘等15座病险山塘维修。完成古溶、原乐兴等村农村安全饮水提质改造工程，乐安、浮青、思游水厂引进3套全自动饮水消毒设施设备，确保3个集镇区饮水安全。

三、社会事业

1.2016年，该镇有初中2所，完全小学2所，九年一贯制学校1所，教学点4个，幼儿园3所，幼教点4个。中小学在校生共2530人，专任教师190人；在园幼儿469人，幼师34人。立足“质量+特色”，突出“育德、提质”，该镇教学成果显著。2016年，乐安镇中心学校荣获安化县学校综治安全工作考评先进单位；乐安镇中学被评为县课改先进单位、湖南省安全文明校园；思游中学被评为县中考质量进步单位。

2.2016年，该镇有公办医院1家，社区卫生室2个，村级卫生室28个。医院有床位数25张，卫生技术人员21人，年门诊量6800余人次。5月至7月，镇医院为5903名65岁以上老年人提供免费体检。建立健康档案47249份，管理Ⅱ型糖尿病人病例402例，管理高血压病例1386例。接种一类疫苗15346针剂次，接种二类疫苗3000余针剂次。切实加强医院消防安全管理，开展杀灭成蚊、消除蚊虫孳生行动，全年无公共卫生突发事件发生。

3.全年有最低生活保障对象1865户2145人，发放补助金392万元；发放临时困难家庭补助569户1200人共130万余元。五保老人348人，其中集中供养10人，分散供养338人，每人每月发放生活费230元。优抚对象589人，发放优抚金255.9万元。发放城乡医疗救助70万元，救助230人；

投入10万元对敬老院进行消防整改和厕所改造。申报60周岁以上退伍军人养老补贴4人，申报基本养老服务补贴210人。

全镇参加养老保险32666人，享受养老退休待遇8612人，城镇社会保险退休每人每月平均待遇75元。新型农村合作医疗参加率达100%。新增就业人数120人，下岗失业人员再就业20人，就业困难对象再就业6人。镇人社中心举办劳动技能培训班3期，培训120人次。

4.全年调解调处社会矛盾案件总数135件，调解成功率99%，调解涉及金额200多万元。村级调解委员会成功调解民事纠纷80起，调处对象130人，涉及金额16.8万元。接收社区矫正对象51人，历年累计期满解除社区矫正37人。接处警150起，办理刑事案件15起，治安案件46起，其中刑事拘留9人，治安拘留16人，社区戒毒3人，强制戒毒5人。全年举办法治讲座4场次，听众2000余人。镇信访办接待上级转办信访案件8例12人次，接待群众来访35人次。3月，镇综治办、司法所、派出所等部门在全镇范围内开展春季禁毒禁赌宣传活动；6月，镇综治办、派出所多部门联合，开展禁毒宣传月活动；12月4日，开展宪法宣传日活动。2016年，综治维稳工作被评为县先进单位。

5.开展安全生产月和安全生产基层服务活动，利用宣传橱窗、横幅标语、宣传车等宣传方式，发放安全宣传资料1.2万余份，对企业主要负责人、安全专干、特种作业人员等进行安全培训教育。开展消防安全检查，下发责令改正通知书13份，行政处罚决定书2份，责令1家企业停产。加强消防安全管理，开展联合检查20次，发现隐患6处，督促整改6处，全年没有发生安全生产事故。

【2016年度经济工作会议】 3月14日，乐安镇召开2016年度经济工作会议。全体班子成员、干部职工、各部门站所负责人、企业法人代表、各村支书、主任、会计、专干等210余人参加会议。会上，镇长姚海斌作全镇经济工作报告。会议对41个先进单位、62名先进个人进行了表彰奖励，对第六届党代表换届选举工作、行政村机构改革做了安排。

【第六届第一次党代表大会】 4月28日，中国共产党乐安镇第六届第一次代表会议召开。会议听取和审议第五届委员会和第五届纪律检查委员会工作报告。选举了第六届委员会、纪律检查委员会。选举出9名第六届委员会委员、7名第六届纪律检查委员、9名出席县第十二次党代表大会代表。

【湖南省佛慈基金会慰问受灾群众】 7月25日，省佛教协会会长圣辉大和尚一行到乐安镇看望慰问“7·4洪灾”受灾群众，并对受灾群众进行了捐赠，共向100户受灾户发放救灾款4万元，救灾物资22000元。县委常委、宣传部部长林玲，副县长胡能华陪同。

【第五届人民代表大会第五次会议】 7月29日，乐安镇第五届人民代表大会第五次会议在政府三楼会议室召开，全镇65名人大代表参加，党政领导、县人大代表、政协委员列席会议。会议审议通过了政府工作报告、人大工作报告、财政预决算报告，补选出镇长1名、人大主席1名、副镇长3名。

【协鑫南方（集团）副总裁季强到乐安镇考察】 10月11日，协鑫南方（集团）有限公司副总裁季强一行到乐安镇考察投资环境，县商务局党组书记廖妙琼等陪同考察。季强一行实地考察了匡林村，详细了解了该镇的投资环境、资源优势和经济社会发展情况，表示将进一步加强与该镇的交流合作。协鑫（集团）控股有限公司主要业务有电力、光伏材料、新能源、天然气及绿色人居地产五类。

【水费调价听证会】 10月12日，乐安镇水费调价听证会在政府三楼会议室举行，乐安镇党委委员、副镇长陈贵华、水管站站长刘宗荣、副站长莫能兴等13名代表，县发改局、县水务局、县自来水公司等负责人出席。到会代表一致赞成按照物价局核定的标准水费调价。

（撰稿人：刘辉）

仙溪镇

【领导人名录】

党委书记　陈明礼（2016.1止）
　　　　　夏赞辉（2016.4起）
副 书 记　张志华
　　　　　龚立红（2016.4止）
　　　　　杨景宪（2016.4起）

纪委书记　陈清光（2016.4 止）
　　　　　刘和青（2016.4 起）
武装部长　刘永新
政法书记　李彩都（2016.3 止）
　　　　　刘永新（2016.4 起）
组织委员　陈梦姣（2016.4 止）
　　　　　高丽红（2016.4 起）
党委委员　龚红卫　章新奇
　　　　　罗胜兵（2016.4 起）
人大主席　陈明礼（2016.1 止）
　　　　　龚红卫（2016.4 起）
人大副主席　龚红卫（2016.4 止）
　　　　　刘用良（2016.4 起）
镇　　长　张志华
副 镇 长　龚立红（2016.4 止）
　　　　　李彩都（2016.3 止）
　　　　　李　坤（2016.4 止）
　　　　　章新奇
　　　　　罗胜兵（2016.4 起）
　　　　　周　佳（2016.7 起）
　　　　　陈爱平（2016.7 起）
政协主任　陈清光

【概况】　仙溪镇位于安化县东南部，东与大福镇、清塘铺镇毗邻，南与梅城镇相连，西与滔溪镇接壤，北与长塘镇交界。政府驻地仙溪社区村，电话区号 0737，邮政编码 413521。总面积 281.4 平方千米。耕地面积 2401.44 公顷，其中水田 1366.13 公顷，旱地 1035.31 公顷。

1950 年属第二区，后属第七区，1956 年撤区，并仙溪、清澄、雷公、圳上、山漳五乡为仙溪乡，属大福办事处。1958 年公社化时并原九龙乡为仙溪公社。1961 年调整体制，恢复区建制，成立仙溪区，划出九龙乡为九龙公社后，仍为仙溪公社。1984 年，更名为仙溪乡；1985 年 1 月，经安化县人民政府批准，撤乡建镇。1995 年 12 月，全县乡镇体制改革，撤区并乡，九龙乡、山口乡、仙溪镇合并成新的仙溪镇。2016 年，全县进行村级区划调整，全镇辖 1 个社区 2 个居民小组、20 个村 577 个村民小组，共 15457 户 56130 人。2016 年，镇机关共有公职人员 35 人，其中公务员 31 人，工勤人员 4 人，财政、计生、经管、文化、农机，农技、劳务等事业编制人员 51 人。

该镇属雪峰山，居芙蓉山系与五龙山系之中，呈东高西略低之势。属亚热带季风气候，四季分明，雨量充沛，年平均降雨量 1416 毫米左右，月平均气温 16℃，年无霜期 280 天。洢水从梅城镇河山村进入仙溪镇境内，在仙溪镇山口村江塘田段下缘流出，全长 15.5 千米。注入洢溪的支流有圳上溪、漳溪、龙溪、九渡溪、大溪。该镇盛产松、杉、竹、油茶、油桐、药材、棕；水能资源也较为丰富。矿藏除石灰石、锰等储量丰富外，只有少量零星的、钨、水晶、石煤等。

2016 年，该镇突出脱贫攻坚、项目建设、交通提速、城镇升级、特色农业发展五个重点，全面打造“工业、旅游业、茶产业、教育事业”仙溪“四张名片”，在经济态势整体放缓、遭受“7・4”特大洪灾的情况下，全镇经济仍呈现较快发展的良好态势。

一、主要经济指标

全年共完成固定资产投资 3.5 亿元，实现工业总产值 5.9 亿元，农业总产值 1.3 亿余元。各金融机构居民储蓄存款余额达 6.18 亿元，累计发放贷款 2.1 亿元。完成税收 1782 万元，其中国税 617 万元，地税 1165 万元；农村居民人均纯收入 5100 元。

二、经济发展

1. 农业生产。完成粮食播种面积 2436.13 公顷，蔬菜播种面积 1015.2 公顷，新建茶园面积达 133.33 公顷。发展新型农业经营主体 46 家，种粮大户阮时珍获“安化县 2016 年度十大新型农业经营主体示范单位”称号。加大对农产品安全监管，2016 年该镇成功申报省级农品产安全生产示范乡镇。全镇共有养殖专业户 211 户，新建 2 个存笼 10000 羽以上的现代化蛋鸡场，3 个标准化养猪场，4 个标准化牛场。牲猪存栏 3.63 万头，羊 25740 只，牛 9673 头，禽 195000 羽，实现免疫率 100%。严格规范退耕还林、生态公益林资金发放，各类造林 49.33 公顷，补植苗木 22 万株。推进农业机械化。全镇有 258 户农户购置农机 271 台，共发放购机补贴 23.45 万元。

2. 工业生产。湖南益阳海螺水泥有限责任公司全年销售水泥 210 万吨，熟料 180 万吨，完成产值 4.9 亿元，实现税收 7500 万元。对落后产能实现整治，关停仙峰水泥厂。亦神芙蓉茶业有限公司、安蓉茶业公司 2016 年新进全县规模企业行列，并在全县经济工作会议上受到表彰。仙山茶业、洢水四保茶业有限公司、薯果果食品厂等企业市场竞争力不断增强。

3. 第三产业。梅山文化生态园完成一、二期工程，共投资计 8900 万元，年接待游客 4 万人次，第三期工程建设已开工建设，新建黑茶加工制造体验坊。芙蓉山自驾游发展迅速，芙蓉的茶企、茶商和群众利用微信、微博等自媒体方式推广芙蓉山不同时期的秀美景色和优质茶叶，社会反响强烈，吸引各方游客到芙蓉山观光品茶，全年接待游客上2万人次。服务业和零售业活力不断增强，全年社会消费品零售总额达3.38亿元。物流运输业稳步发展。金玲商贸、圳中运输、捷盛物流等各类物流运输企业快速成长，全年纳税突破160万元，成为该镇新的支柱产业。

三、重点工程

1.二广高速。2015年11月，二广高速全面复工，累计征地300余宗，炮震损收控297栋，处理大小纠纷1000余次，发放原常安公司地方债务5批次1000余万元。“7·4”洪灾泖水特大桥垮塌，干部职工日夜值守，全力保障12月31日全线正式通车。

2.芙蓉山风电项目。6月3日，安化风电公司注册成立，设镇政府院内。项目工程已完成所有道路、风机基础及升压站综合楼施工图设计工作。12月，主机、升压站设备安装及吊装、场内道路及基础、综合楼、桥梁加固等招标工作在北京完成；林地手续及土地手术办理已完成。启动危桥改造和新修3.1千米道路的实物量调查。

3.芙蓉山抽水蓄能项目。该项目已纳入“十三五”省政府电力类重点建设项目，国电新能源公司已同安化县人民政府签订协议，项目已通过国家电网总公司的专家评审，总装机将达180万千瓦，预计总投资60余亿元。洞探工作已经完成整体掘进1500多米。

四、社会管理

1.卫生工作。开展农村医疗卫生普查，为老人、孕产妇、7岁以下儿童等重点人群下乡免费体检580人次。报销各类医疗救助费400余万元。白内障免费普查150余人次，免费手术150余人次。镇住院养老中心建设正式启动，探索医养结合新模式。

2.教育。九龙希望小学、三星村学校主体工程基本竣工，芙蓉幼儿园成立了“青蛙书屋”。主题教育竞赛、课堂比武教学等活动开展经常。公安、工商、卫生等部门多次对全镇学校的校舍、食堂、校车等进行安全工作检查。

3.社会治安综合治理。坚持“依法治镇、打防并举”的工作原则，严厉打击各类违法犯罪、认真处置各种信访案件。镇派出所查处刑事案件15起、行政治安案件52起，破获涉毒案件5起，刑事拘留18人、行政拘留64人、强制戒毒12人；化解社会矛盾纠纷473起，处理突发性事件6起，民调工作居全县第七。

4.民生保障。完成精准扶贫分类统计、异地搬迁摸底和2016年373户1232人脱贫任务等基础性工作。投入资金300余万元，对78户倒房户和严重受损户进行调查和建档，对全镇危房改造情况进行摸底，并对179个危房改造指标进行分配；投入资金360万元，恢复水毁堤坎200多处、塌方100多处，水毁防汛公路2处，河坝2座，山塘4口。实现城乡居民养老保险征缴率100%。建立了222份居民养老服务台账，覆盖率达百分之百。开展创业培训以及技能培训4次，新增城镇就业150人，安置下岗失业人员50人，农村新增劳动力转移300人。

5.基础设施建设。三丰、三星、九龙社区、圳中、河东、鑫都等村新硬化农村公路12千米。泉塘村窄路加宽17.6千米。铺设管道150千米，备用水源饮水管道建设3600米，新增用户1400多户。完成4千米防汛公路建设，实现4座小（2）型水库进库公路全通。完成田溪、楠木冲、竹山冲3座小（2）型水库的除险加固，衬砌渠道4500米，新修河坝4座。搞好了镇区低电压改造新增台区，赶进、富溪、丰华、窑头、佛堂等地网改建设改造，完成了仙圳线10千伏线路杆迁移3处，大桥台区0.4千伏线路杆改道20处，网改新增台区10个，低电压新增台区4个，400伏及以下外线架设率达100%，户表改造全部完成。

6.新型城镇化建设。该镇与县城投公司合作成立锦园投资开发有限公司，在仙溪社区征地5公顷。12月15日锦园小区第一期国有土地的挂牌拍卖，出让收入达600多万元。棚户区综合整治稳步推进。镇区内油砂路改造全长1400米，路面宽11米以上，修建下水道680.6米，维修719.8米，修建消水井35个，信用社至毛拗路（120米）坡度下降0.2米，新建土挡墙5处共41.6米，沿线新增预制圆管涵61.2米，铺设大理石路沿石2800米。207国道主线人行路全部翻新，路灯进行更新，绿化苗木统一品种进行补栽，店铺立面进行简易仿古改造，同时背街小巷全部纳入棚改综合整治范围。

【首届茶艺师培训班举办】 5月10日，仙溪镇首届茶艺师培训班在泖水四保开班，为期15天，共有120名学员参加。

【二广高速常安段泖水特大桥垮塌】 7月4日，受连日强降雨影响，二广高速常安段洢水特大桥因山体滑坡被拦腰冲断。断裂路段大约两百多米，同时受洪水的冲洗导致对面的207国道断裂，交通中断。

（撰稿人：陈志强　蒋玉兰）

长塘镇

【领导人名录】

党委书记　李繁荣

副 书 记　唐龙飞（2016.4止）

　　　　　龚　俊（2016.4起）

　　　　　李得高（2016.4止）

　　　　　向志龙（2016.4起）

纪委书记　李得高（2016.4止）

　　　　　刘　强（2016.4起）

武装部长　向志龙（2016.4止）

　　　　　刘　杰（2016.6起）

政法书记　文　武（2016.4止）

　　　　　刘　杰（2016.6起）

组织委员　李得高（2016.4止）

　　　　　刘　辉（2016.4起）

党委委员　沈卫兵（挂职）

　　　　　龙泽军（2016.4起）

人大主席　文　武（2016.4起）

镇　　长　唐龙飞（2016.4止）

　　　　　龚　俊（2016.7起）

常务副镇长　文　武（2016.4止）

副 镇 长　张　伟（2016.4止）

　　　　　梁勇军（2016.4止）

　　　　　周红艳（2016.7起）

　　　　　阮志能（2016.7起）

政协主任　卢志明（2016.4起）

【概况】 长塘镇因镇政府驻地位于原长塘乡而得名。位于北纬28°17′42″~28°24′14″，东经111°37′36″~111°54′26″。地处安化县东部，东、东南与大福镇接壤，南与仙溪镇为邻，西连滔溪镇，西北邻小淹，北、东北接桃江县马迹塘镇。镇政府驻林山塘冲社区，电话区号0737，邮政编码413516，距安化县城75千米。

春秋属楚地。秦朝属长沙郡。西汉属荆州长沙郡益阳县。三国时期属衡阳郡益阳县。宋代起属安化县归化乡。元顺帝称之为“排田通城大椵”。明崇祯四年（1631年），因地震形成长3000米的堰塞湖，当地人称此水域为“长塘”，由此得名“长塘”。民国时期属安化县二区，仙溪乡、仙长乡、大东乡。解放后，先后划归二区、第七区、第十二区、仙溪区、大福坪区。1958年11月起分属仙溪公社、大福公社、长塘公社。1961年10月属通溪、大荣、长塘公社。1984年1月成立通溪乡、大荣乡、长塘乡。1995年11月10日，撤销原长塘乡和通溪乡，合并设立长塘乡，并划入原大荣乡的9个村归其管辖。1995年12月撤乡设镇，辖2个居委会，43个村委会。2008年，合并为2个社区居民委员会，17个行政村。2016年合并为2个社区居民委员会，15个行政村。2016年末，辖区总人口5.1万人。辖区东西最大距离24.8千米，南北最大距离12.09千米，总面积181平方千米。其中陆地面积176.17平方千米，占97.33%；水域4.83平方千米，占2.67%。

地处雪峰山脉北端，丘陵地形，地势自西向东倾斜，地面高程一般在海拔150米至300米之间，最高点位于大峰山，1075米。属亚热带季风气候，其特点是：气候温和，四季分明，湿润多雨。多年平均气温16.5℃，极端最低气温-11℃，极端最高气温41℃，平均气温年较差23℃。无霜期年平均275天。年平均降水量1700毫米。境内河道属资江流域，境内最大溪流为洢溪，从南至北流经镇内通溪、蒋义、兰溪、共和、罗溪5个村，长12.8千米。境内矿产资源主要为石煤、铁矿、铀矿、石灰石等，主要分布在新白羊、丫山等村。

2016年，该镇坚持以中央十八大和中央十八届三中、四中、五中全会精神为指导，以县委、县政府“3+2”战略与绿色崛起目标为指针，以优化环境为基础，以改善民生为主线，以加快发展为目的，按照“一、二、三、四”的整体工作思路，即突出一个抓手（村级绩效考核和干部工作绩效考核）；加强两大建设（镇村干部队伍建设、招商引资项目建设）；做强三大引擎（生态农业、生态城镇、生态旅游）；实现四个目标（社会治安综合治理、安全生产、人口与计划生育、基层党建工作进位，村级民生改善，发展后劲增强，长塘形象提升），为打造“平安长塘、幸福长塘、活力长塘”而努力奋斗。实现了年初确定的工作目标。

一、经济建设

2016年，完成国民生产总值7.35亿元，与2015年的5.2亿元相比，增长29.5%，人均收入达4410元，与2015年的3898元相比，增长11.6%，规模工业生产总值1.5亿元，完成工业技改投资1.42亿元。

二、财政税收

积极培植税源增收渠道，超额完成年度规划税收任务，完成税收1176.66万元，其中国税

803.6 万元，地税 373.06 万元。

三、生态农业

完成生态农业园区发展规划的修编，生态农业发展功能分区基本形成，引进 5 家生态农业企业进驻园区，全镇上规模的生态农业企业有 11 家，共计引进资金 3 亿多元，新引进公司为湖南云雾生态农业发展有限公司、湖南天翼生态农业发展有限公司、生态农产品交易中心、中天农牧大峰山生态农业旅游项目、安化县东江农业发展有限公司。投资 1 亿元的生态农产品交易中心已进入土地报批程序。

四、重点项目

政府公租房已实现整体搬迁，改变了机关干部职工长期在外租房的历史。塘冲开发区集中保障性住房建设项目已启动。镇区安全饮水工程主体工程已建成并投入使用。安化县利达报废车辆回收有限公司正在办理土地报批手续，2017 年年初可开工建设。二广高速常安段已于 12 月 31 日全线实现通车。涉及 8 个村（社区）的农业综合开发项目于 9 月份顺利通过省市验收。完成 3 座病险水库除险加固。投资 300 余万元的一事一议以奖代补项目已基本完成。

五、城镇建设

加大国土秩序管理力度，开展查违控违拆违专项整治行动，在全镇范围内共查处 3 例违规占地建房行为，为规范全镇国土秩序整顿起到了良好警示作用。制定和完善长塘镇城镇建设发展规划，启动双溪棚户区改造工程，持续加强镇区环境卫生的维护与管理，做好镇区禁放烟花鞭炮准备工作，提升城镇管理水平。

六、社会保障

加大社会保障力度，2016 年，该镇共发放农村低保资金 331.19 万元，五保资金 167.36 万元，大病救助费 8 万余元。在县财政救助基础上，该镇镇本级调节下拨“7·4”特大洪涝灾害民政救济资金 44 万余元。识别社会兜底保障对象 447 人，重度护理补贴对象 630 人。完善老年人服务体系建设，涉及大峰山、蒋义、新白羊等村的日间照料中心已建成。加强医保社保扩面增量征缴工作，至 11 月 30 日，该镇已征缴社保 201.1 万元，完成县定任务的 106.3%。

七、教育卫生

加大对教育的支持力度，2016 年中考，该镇上省级重点高中人数超过 70 人，教学质量不断提高。争取近 180 余万元的长塘镇卫生院医技楼改建正准备抓紧实施，引进的安化诚和医院正式开业运营，进一步改善了该镇医疗卫生条件。主动适应计生工作新形势，从严抓好计生工作，至 11 月底已顺利通过年终考核验收。

八、安全生产

健全和完善安全生产工作制度，进一步明确责任，传导压力。镇安委定期组织对非煤矿山、烟花爆竹门店等重点监管领域开展安全隐患排查，共取缔非法门店 6 家，拘留 2 人，没收违法烟花鞭炮产品 1 万余元，收缴非法液化气钢瓶 142 罐。组织对校车、消防、道路交通、食品卫生等安全生产领域实施督察或开展安全演练活动。2016 年，共打击处理无证驾驶 183 人次，客车超员超载 20 车次，货车超载 160 余车次，校车超员超载 20 多车次，有效维护了人民群众生命财产安全。

九、民生实事

把精准扶贫工作作为最大的民生工程抓好抓实，为夯实扶贫工作基础，切实做到精准识贫，该镇先后 3 次召开专题会议研讨部署，并抽调 16 名干部，分成 4 个组，每组由一名党政领导带队，对全镇建档立卡贫困户开展彻底地“大走访、大调查、大摸底”活动。至 12 月 5 日，全镇共动态调整 933 户 2925 人，精准扶贫工作基础更扎实。在全镇机关事业单位抽调 200 余名工作人员，深入开展精准帮扶，落实好“一包五”责任制。认真落实“六个一批”扶贫措施，大力发展产业扶贫。开办扶贫培训班，提高贫困户自我发展能力。创新帮扶举措，通过“银行 + 企业 + 农户”的模式向建档立卡贫困户发放小额信贷 800 余万元，并引进光伏发电项目，助力群众脱贫致富。加大政策项目资金帮扶力度，年底，该镇镇本级拿出 50 多万元资金，对年度内预脱贫对象至少实施一项以上帮扶措施，切实做到真扶贫、真脱贫。启动并完成涉及通溪村、共和村、新白羊村、合振等村共计 14.5 千米的路灯亮化架设，老百姓出行更加方便。加强宣传文化工作，实施“村村响”工程。启动通溪片通信信号按行政区域归口管理调整工作，该片通信将能接收到长塘自己的信号。持续改善农村交通基础设施建设，完成新增农村硬化公路 11 千米，桥梁修建、改造 3 座。全面实施并按时保质完成农村危房改造指标数 135 户任务，其中新建危房 110 户，维修危房 25 户。

十、并村换届

2016年，按照上级要求，该镇顺利完成了并村工作任务。全镇共合并行政村2个，行政村（社区）由之前的19个变为17个。从年初开始到4月底是党委的集中换届，从5月份到11月份的人大、政府、政协换届，换届工作任务非常艰巨。该镇始终坚持严程序、高标准，把换届纪律挺在前面，圆满地完成了集中换届各项工作任务。共选举产生长塘镇新一届县乡党代表87名，县乡人大代表78名，同时，新推选产生5名县政协委员，为党委、人大、政府、政协更好地履职提供了组织保障。

十一、综治维稳

该镇党委、政府始终坚持“预防为主、综合治理、多措并举”的综治维稳工作理念，为维护好社会大局稳定，该镇党委、政府先后6次召开会议研究部署综治维稳工作。深入开展反毒反邪教及打击违法犯罪工作，据统计，2016年，共接处警982起，受理行政案件214起，受理刑事案件69起，行政拘留75人，刑事拘留24人。办理涉毒刑事案件6件，强戒吸毒人员12人。认真开展缉枪治爆工作，收缴枪支43把。认真落实“五包一”维稳责任，维护社会大局稳定。

十二、基层党建

按照上级“党要管党、从严治党”的要求，全面加强基层党建。一是强化保障。选派3名组织专干充实到党建工作站，负责指导全镇党建业务，分别为各村（社区）选派1名党建指导员，具体负责各村党建业务指导。二是强化措施。明确“五个层面”工作责任：即全镇党建工作由党委书记统筹抓，副书记、组织委员主抓，组织专干、党建指导员指导抓，联村领导督促抓，支部书记具体抓，构建了上下联动，分工明确，人人有责的工作格局。明确“四个一”工作措施：即一月一汇报，一月一督察，一月一碰头，一月一通报，并明确党建工作落实情况与村级运转经费及年终绩效考核挂钩，进一步强化了相关负责人的党建责任。开展“三项”党建活动：即开展党建业务知识竞赛、外出学习考察、年终评先评优三大活动。同时，通过在全镇范围内打造党建工作示范点、举行现场交流会等形式，促进基层党建工作整体水平不断提升。三是强化教育。扎实开展“两学一做”学习教育，由党政班子成员轮流讲党课，同时邀请县委党校老师为党员讲课，不断提高党员队伍素质。四是强化自身建设。切实加强党委、政府领导班子自身建设。完善党委议事制度，开展沟通谈心活动，坚持民主集中制，促进班子团结共事。强化工作责任，认真落实一岗双责，加强工作督导，不断提升领导班子执行力。坚持以上率下，开展廉政谈话，健全管理制度，严明纪律要求，努力树立领导班子良好形象。

【安化诚和医院正式开业运营】 安化县诚和医院是该镇2013年引进，县发改局立项，县卫生局批准的一所非营利以康复为龙头的综合医院，也是该镇近年来招商引资的重点项目。医院注册资本2000余万元，占地面积0.5公顷，建筑面积5000多平方米，拥有一流的医疗设备，并从省、市引进一批专家、教授定期坐诊，为广大患者带来福音。

【湖南云雾生态农业有限公司正式投产运营】 该公司位于长塘镇林山塘冲社区，占地面积7050平方米，总投资2000万元。是一家集黑茶种植、茶园管理、黑茶营销、生态开发、品牌建设五大功能群，致力于建设一体化的农业综合产业链与生态、养生、旅游等相关配套设施建设的综合类公司。

【二广高速常安段正式通车】 12月31日，二广高速公路常安段建成通车。二广高速常安段途径安化县长塘镇境内14.5千米，涉及沿线7个村，历经8年建成，二广高速的建成通车，为长塘经济的腾飞注入了强劲动力，插上了腾飞的翅膀。

【生态农业招商引资】 2016年，该镇加大了生态农业企业招商引资力度，共引进东江生态农业发展有限公司、中天农牧大峰山生态旅游项目、湖南顺生祥茶业有限公司、安化县天翼农业有限公司、安化县三友生态农业有限公司5家生态农业企业，至此，全镇生态农业企业达11家，引进资金3亿多元。其中，金羽禽业采用无害化处理设施，已实现畜禽养殖规模化、标准化、有机化；天翼农业实行农村循环经济发展模式；以高马溪茶业有限公司为代表的4家茶企，2016年实现产值8000万元。由于生态农业招商引资成效显著，2016年该镇代表全县迎接市级考核验收。

（撰稿人：黎新辉）

大福镇

【领导人名录】

党委书记　汤中望
副 书 记　易元秋（2016.4 止）
　　　　　刘智伟（2016.11 起）
　　　　　黄　鹍（2016.4 止）
　　　　　唐福桥（2016.4 起）
纪委书记　田效军（2016.4 止）
　　　　　符　方（2016.4 起）
武装部长　田效军（2016.4 止）
　　　　　谭　慧（2016.4 起）
组织委员　周　艳（2016.4 起）
党委委员　王建胜（2016.4 止）
　　　　　张必锋（2016.4 起）
人大主席　田效军（2016.11 起）
人大副主席　宁志强（2016.1 止）
　　　　　李世玖（2016.11 起）
镇　　长　易元秋（2016.4 止）
　　　　　刘智伟（2016.11 起）
副 镇 长　张必锋
　　　　　冯　乐（2016.4 止）
　　　　　姚志财（2016.11 起）
　　　　　刘向军（2016.11 起）
　　　　　张　芳（2016.11 起）
政协主任　田效军（2016.4 止）
　　　　　黄　鹍（2016.5 起）

【概况】　大幅镇地处安化县东南部，东与宁乡县沩山乡、巷子口镇接壤，南连高明乡，西南连清塘铺镇，西接仙溪镇，西北与长塘镇为邻，东北与桃江县松木塘镇毗邻。辖区东西最大距离为16.8千米，南北最大距离29.9千米。镇人民政府驻大福坪村，电话区号0737，邮政编码413517。全镇总面积318.95平方千米，耕地面积3905公顷，其中水田2824公顷，旱地1081公顷；林地面积24257公顷，其中有林地19289公顷，灌木林地1465公顷，其他林地3503公顷。

1951年属安化十一区、十二区。1955年7月，经安化县第二次人民委员会会议决定，将全县各区名称按地名改称呼，改称为东山区、大福坪区。1958年11月，设立大福公社。1986年11月，将大福镇与大福乡合并为大福镇。1995年11月撤销原大福镇和木孔乡，合并设立大福镇，并划入原大荣乡的焦许等15个村归其管辖。2005年12月，撤并东山乡、新桥建镇试验区和大福镇，设立新的大福镇。2016年，全县进行村级行政区划调整，管辖东山、新桥、木孔、大福、文河5个片区，36个行政村，3个社区，970个村民小组，总人口10.4万人，其中城镇常住人口（含4个小集镇）3.5万余人，城镇化率32.5%。2016年镇机关在编人员43人，其中行政编制41人，事业编制2人；财政所在编人员10人。乡（镇）管为主的事业单位卫计、经管、文化、农机、农技、经济发展办、人社中心等事业编制人员55人。县管为主的事业单位水务、动防、林业、国土等事业编制人员48人。公安、司法、法庭、工商部门在乡镇派驻机构人员24人。

境内以山地为主，东西为高山，中间为狭长的沂溪河谷。镇区附近为海拔300米左右的溪谷平地，面积达500公顷。属亚热带季风气候，夏季高温多雨，冬季温和少雨，四季分明。年平均气温为16.2℃，年降雨量1687毫米，年日照时数为1426小时，全年无霜期295天。河流有沂溪、东江溪、梅溪、文溪等一级支流11条，二级支流6条。境内河流总长度46.4千米，径流总量3.35亿立方米。境内矿产已探明的有锑、锰、铁、钒等有色金属和黑色金属，储量200万吨。锰矿位于禾黄村，矿区面积4平方千米，已探明储量30万吨。钒矿分布在沂溪河两岸沿线各村，二十世纪八十年代石门村进行过开采。

一、经济指标

全年完成工业固定资产投资1.82亿元。完成招商引资9000万元。完成税收845.31万元，其中国税462.30万元，地税383.01万元。

二、镇域经济

1. 农业。全镇共有农业专业合作社47家，涉及农机服务、中药材、珍稀苗木、林业、茶叶、蔬菜、水稻等，全年土地流转和规模经营面积超过2000公顷。金丰田水稻种植合作社流转土地333.33公顷，太阳能杀虫灯、多功能烘干机获得国家专利发明，超级杂交水稻起垄高产栽培实验获得袁隆平院士的肯定和支持，袁院士试验田实现亩产1024公斤。安化鸿泰厚朴种植专业合作社流转土地200公顷。新建中药材基地、茶园1666.67公顷，名列全县前茅，茶药产业综合产值呈上升趋势。

2. 2016年，全镇完成工业固定资产投资1.82亿元。沂溪混凝土公司获批进入规模企业行列，实现了工业企业入规零突破。

3. 项目建设。全面完成合木、孟家、浮栗溪国土开发整理项目建设。基本完成炉冲等5座水库的除险加固。镇政府机关相关项目、富兴路棚改项目基本完成。启动牛大公路建设，完成红线划定、实物量调查、征地拆迁等工作；

完成民利、孟家等村11条公路窄改宽建设。

三、社会管理

1.安全生产。投入50多万元，建成全县第一个学生用车监控平台，2016年被评为全市先进单位。

2.社会治安综合治理。加大禁毒工作力度，集中进行3次大型清查毒品专项行动，捣毁吸毒窝点2处，共办理9起涉毒刑事案件，逮捕、起诉7人。

3.卫计工作。医疗卫生公共服务体系建设继续加强，大福中心医院骨伤科特色医疗影响力日益扩大。人口和计划生育进步明显，符合政策生育率达91.97%。

4.查违控违拆违工作。有效制止违法用地12起，加大了沂溪河流域非法采矿洗矿行为打击力度，并取得了初步成效。

5.森林防火和病虫害防治成效明显，全年未发生重大森林火灾，竹蝗防治取得成效，生态环境明显改善。

6.积极倡导社会新风，烟花鞭炮禁燃和规范办酒席得到了全镇上下的认同，在镇区和4个中心集镇禁止燃放烟花鞭炮的基础上，木溪、北兴、孟家等20余村自觉落实了烟花鞭炮禁放措施。小尧、柘木、新桥等村积极规范农村办酒席行为，在全镇上下产生了较大影响，得到社会各界的好评。

四、民生民利

1.精准扶贫。发放扶贫小额贴息贷款1790.04万元，受益贫困农户445户。申请扶贫助学资助中职71人，义务教育41人，申请“雨露计划”资助贫困大学新生40人。易地扶贫搬迁一期安置点已入住，共安置贫困群众12户；二期安置点正式启动主体建设，可安置80户200人。

2.村民服务中心建设。2016年全镇36个村民服务中心投入建设，截至年底33个村民服务中心主体完工，其中18个村已入住。

3.社会保障。扎实推行城乡低保动态管理，严格履行城乡低保申报受理和审核责任。农村五保1041人，城镇低保570户、577人，农村低保5711户、6267人。

4.电力通信广电网络日趋完善，电力网改力度加大，移动、宽带、广播数字电视覆盖面进一步扩大，完成了有线电视覆盖范围内的“村村响”广播安装。

五、组织建设

大福镇有基层党组织74个，其中党委1个，党总支2个，党支部71个，共有党员2540名。一是加强班子建设，班子合力不断增强。党委、人大、政府、政协班子选举顺利完成，13条工作线班子成员全部配备到位。二是深入基层党组织建设，不断提高战斗力。三是严格作风建设，干部素质稳步提升。积极开展农村党员培训班，1000余名农村党员和全体干职工参加培训，此次培训是大福镇近二十年来规模最大影响最广的党员学习班。四是加强党风廉政建设。结合“雁过拔毛”式腐败问题和“纠‘四风’、治陋习”两个专项整治活动，扎实开展基层干部队伍作风整顿，基层干部队伍的整体素质和作风得到明显改善。

【农村党员培训班】 3月21日，大福镇组织开展2016年度农村党员培训班，1000余名农村党员和在职干部职工参加培训。县委常委、组织部部长祁辉，大福镇党委书记汤中望，大福镇纪委书记田效军分别给参加培训的学员授课。

【茶叶生产经营型第二期培训班在大福镇开办】 4月12日至17日，由县农粮局、县茶叶办、县农广校共同主办的安化县新型职业农民茶叶生产经营型第二期培训班在大福镇开班。大福镇、长塘镇的茶叶种植大户、家庭农场主、合作社主要负责人等65人参加。此次培训班邀请了县茶叶局局长陈辉球、县农广校校长龙安农、茶叶专家蒋少剑等授课，内容以黑茶种植、加工、生产为主。理论培训后，培训班还组织学员到茶叶合作社进行实地考察学习，由专家现场对茶叶加工进行授课。

【全县“学生用车”工作现场会在大福镇召开】 6月24日，县学车办在大福镇举行全县“学生用车”工作现场会。县政府办副主任、学车办主任邓应明，县教体局副局长刘巨胜，大福镇镇长刘智伟，全县各乡镇中心学校校长及学车办领导共60多人参加。大福镇学车办投资50余万元，建立全县第一个“校车安全管理公共服务平台”，对本辖区内的32台学生用车运行情况可全方位无死角的实时监控。

【第二届中国·大福中秋“烧宝塔”民俗文化节】 农历八月十五日，大福镇举办2016年庆中秋“烧宝塔”联欢晚会暨第二届中国·大福中秋“烧宝塔”民俗文化节。来自大福镇及周边的万余爱好者和游客参加活动。整个活动以“烧宝塔”民俗展示、大型文艺联欢汇演为主体，配以猜灯谜、品特色小吃等活动。

【第一届“湘亿天�山杯”男子篮球联赛】 9月24日，由大福镇人民政府主办，大福坪社区、大福镇篮球协会、大福爱乡协进会承办的大福镇第一届“湘亿天罩山杯”男子篮球联赛在大福镇区篮球场拉开帷幕，并举行大福镇篮球协会揭牌仪式。此次联赛共有来自镇域内各单位、村的7支队伍、近百人参加比赛，共计进行48场次角逐。

（撰稿人：王静）

羊角塘镇

【领导人名录】

党委书记　胡国庆

副 书 记　陶学理

　　　　　周思纯（2016.3止）

　　　　　夏光辉（2016.4起）

纪委书记　周思纯（2016.4止）

　　　　　王兢兢（2016.4起）

武装部长　卢志明（2016.4止）

　　　　　刘　浩（2016.4起）

政法书记　刘　浩（2016.4起）

组织委员　夏光辉（2016.4止）

　　　　　吴国辉（2016.4起）

党委委员　邓双艳（（2016.4起）

人大主席　胡国庆（2016.4止）

　　　　　黄政辉（2016.7起）

镇　　长　陶学理

副 镇 长　王昌跃（2016.1止）

　　　　　王祝先（2016.3止）

　　　　　夏自然（2016.4起）

　　　　　曾　琦（2016.7起）

　　　　　刘钢辉（2016.7起）

政协主任　王昌跃（2016.1止）

　　　　　夏自然（2016.4起）

【概况】 羊角塘镇地处安化县东北部，资江中游北岸。北抵常德市桃源县、鼎城区，东邻桃江县，南与小淹镇隔资江相望，西邻冷市镇，是安化的东大门。镇政府驻地羊角居委，电话区号0737，邮政编码413501。总面积246.77平方千米。该镇有耕地面积2457.06公顷，其中水田面积1839.33公顷，旱地面积617.71公顷。林地1.67万公顷，竹林面积1.2万公顷，油茶面积约480公顷。

1949年至1951年，属安化第五区。1952年，改为安化第六区。1955年，六区改大岩塘区。1956年，撤销大岩塘区，将原羊角、湛溪、赤溪、龙形、王坪、大岩六乡合并成羊角塘乡，金鸡、汾水、潘溪、塘九四乡合并成金鸡乡。1958年，原羊角塘乡和金鸡乡分别建立羊角人民公社、金鸡人民公社，后合并成羊角人民公社。1961年，分为羊角人民公社和金鸡人民公社，属冷市区管辖。1984年，羊角公社、金鸡公社分别改成羊角塘乡和金鸡乡。1995年，撤区并乡建镇，合并成羊角塘镇。2016年全县进行村级区划调整，全镇辖2个居民委员会、19个村，共15997户68883人。2016年镇机关共有公职人员94人，其中公务员40人，机关工人1人，财政、计生、经管等事业编制人员53人。

该镇位于雪峰山脉九龙山山麓，属低山丘陵地区。地势自西北向东南倾斜，地域南北长，东西窄。山脉多为东南走势，相对高度不大。属亚热带季风气候，夏季高温多雨，冬季温和少雨，四季分明。常年平均气温16.5℃，平均降水1614毫米。

善溪是境内最大河流，发源于该镇与桃源县接壤的茶鸽岭（亦名插花岭）善卷祠前，向东南流至云盘村入桃江地，途中接纳板溪、汾水溪、湛溪、乔山溪诸水，在善溪口注入资水，全长40千米（安化地域32千米，桃江地域8千米）。河口上隶安化，下属桃江。它是常（德）安（化）公路通车之前境内的主要运输通道。该镇几乎所有村落地下都蕴藏金、锑矿。地表风化明显，善溪、湛溪流域均产砂金。特点是点多面广，探明无大型矿床，不宜规模开采。符竹溪已探明金储量853公斤。

天然植被主要为亚热带常绿针叶、阔叶林或混交林，盛产竹木、油茶。

一、经济发展

2016年，在经济持续下行的压力下，该镇上下齐心协力，确保了经济平稳健康发展。全年完成生产总值3.56亿元，同比增长13%。固定资产投资4.2亿元，同比增长21%。社会消费品零售总额4.46亿元，同比增长12%。全年该镇税收完成1752万元，实现财政收入1630万元，镇人均可支配收入达8918元，其中农民人均可支配收入达6815元，创历史新高。

2016年，该镇农业生产平稳增长，实现农林牧渔业总产值2.9亿元，同比增长15%。粮食产量稳步提高，种粮面积3066.67公顷，全年总产量达2.3万吨，同比增长0.2%。药材200公顷，林业面积17133.33公顷，生猪存栏7.5万头，出栏12.7万头。工业发展有序推进，工业经济总产值达7153万元，同比增长18%。第三产业发展势头较好，服务业和零售业活力不断增强，全年社会消费品零售总额达4.6亿元。

二、重点工程

2016年，该镇项目建设全面铺开，马安高速公路（羊角塘段）按既定序时进度稳步推进。沧新公路提质升级工程项目11月14日正式开工建设，截至年底已基本完成路基平整和垮塌河堤的修复。136套公租房项目于8月30日正式开工建设，已经完成工程量的40%。200套农贸场片区棚改项目，前期工作全部完成，于12月28日正式动工。金鸡敬老院总投资220万元，添置床位100张，已全面完成建设。总投资额达3800万元的农业综合开发项目于11月11日正式开工，35支施工队保质保量，2016年底已完成近60%的工程量。此外，农村公路、农田水利、电力通信等基础设施进一步改善，镇域综合实力和发展后劲不断增强。金龙山农业开发有限责任公司截至2016年11月，完成投资9000余万元，流转土地666.67公顷，栽种油茶306.67公顷；金叶油业有限公司完成投资1200万元，完成9.2公顷土地征收等各项前期工作。2016年，该镇成功引进2家生物化肥生产企业，聚洋生物科技有限公司在野鸭塘村已投产，年产生物肥500吨。诺盛生物科技有限公司计划投资8000万元，流转土地100公顷，在该镇董木溪村建设集生物有机肥、生物饲料、无公害化养殖等于一体的农业综合开发示范园。

三、社会管理

2016年，该镇增加人力物力财力，严打黄赌毒，全年共查处涉毒人员52名，开展专项禁赌行动5次，查处涉赌人员36名，顺利摘除了益阳市“毒品问题重点地区”的帽子；关停涉黄场所2处，行政拘留涉黄人员7名。创新信访维稳机制，坚持阳光信访、开展镇村干部大走访、包片领导接访等活动，将各类问题化解稳控在镇村。群众满意度不断提升，民调工作实现大逆转，由上半年全市倒数1名进入下半年全市前55名。安全生产步步为营，太阳山烟花鞭炮厂顺利关闭退出。全年共开展13次联合执法行动，7月份，关停非法采石场13家，依法取缔非法经营烟花爆竹门店3家，收缴400余件烟花鞭炮，12月份关停非法砖厂3家。防汛抗旱有序推进。按照“不垮一塘一库”和人员零伤亡的要求，镇村两级干部严格防汛值守和责任落实。特别是“7·4”和“8·10”两次特大暴雨，该镇上下全力应对，迅速启动预警，动员镇村干部、公安派出所干警、民兵应急分队150多人，奋力参与抗灾救灾，紧急转移安置1189人，实现了人员零伤亡，维护了人民群众的生命财产安全。武装工作圆满完成。完成兵役登记267人，超出任务数8人，全县排名第四；超额完成征兵任务。完成送检71人，超出任务数20人，最终定兵21人，超出任务数4人。充分发挥了民兵组织保一方平安的作用，在抗洪救灾、应急救援、扑救火灾等方面共出动民兵90人次。

四、民生实事

脱贫攻坚持续发力。2016年，该镇以扶贫开发统揽全镇工作全局，不断强化措施，并在全镇开展了精准扶贫摸底走访活动，通过实地走访，提出“重点贫困户”这一概念，全镇共确定重点贫困对象596户，1998人，解决了部分村存在的拼户拆户现象，真正做到了精准识贫，全年共有542个贫困家庭1894个贫困人口实现了脱贫。民政保障力度加大。降低救助标准，提高救助金额，共发放临时救助金额12.4万元。关爱残疾人，为精神病患者免费发放药品，救治救助贫困重性精神病患者7人，帮助0~7岁残疾儿童实施抢救性康复3人；文化教育氛围浓厚，6月29日成功举办“平安羊角”广场舞大赛，获得良好反响，《我们走在康庄大道上》节目参加县委宣传部“欢乐潇湘·文化益阳市级决赛·安化专场”表演，荣获三等奖。中学成绩再创历史新高，考入重点高中117人。2016年，该镇新增城镇就业240人，完成农村危房改造指标56栋，棚户区改造200户，直播卫星户户通完成620台，完成常安村基层综合文化服务中心建设。

五、党的建设

党的建设不断加强，从严治党不断深入。党建基础日益夯实。狠抓基础工作，每月召开党建专题研讨班子会，每两月召开党建工作推进会。深入开展专项活动，抓好了“两学一做”学习教育。扎实推进村民服务中心建设，完成19个村村民服务中心工程建设。强化责任落实，建立了完善的党建考核制度，党建工作站对各支部党建工作开展情况开展定期和不定期抽查，形成了长效机制。党建宣讲持续加力。2016年，结合“两学一做”学习教育，该镇党政班子成员和驻村干部结合村情实际讲党课。全年已讲党课80多场。7月至8月，该镇启动“百名干部入万户”的大走访活动，党员干部进村入户了解民情、扶贫帮困、宣讲政策、化解矛盾，对村支部班子和成员进行测评，征集党员对村支两委和镇党委、政府的意见、建议，对收集到的意见建议交办相关部门进行了答复。通过宣讲，进一步团结了党员队伍，凝聚了党心民心。党风廉政建设成效显著。全年共召开3次党风廉政专题会议，扎实开展了“雁过拔毛”式腐败问题和纠‘四风’、治陋习”专项整治活动等专项行动。大力查处违规津补贴问题，总共清理出违规津补贴22万元。对公车私用、公务接待和村级财务等进行了整治和清查。

【沧新公路提质升级工程项目正式启动】 6月29日10时18分，X038沧新公路硬化开工仪式在羊角塘镇塘九村举行。县交通运输局、羊角塘镇人民政府、沿线3个村委和项目施工单位等相关单位80余人参加开工仪式。据悉，X038从常德市沧新公路黄土店镇沧浪坪村至安化县羊角塘镇新溪村，为原S241，连接S317，全长15.198千米，沿线人口16000余人。

【羊角塘镇农业综合开发项目正式开工】 11月11日，羊角塘镇召开2016年度农业综合开发项目誓师大会，县农开办、羊角塘镇领导出席动员会并讲话。据悉，该项目是该镇历史以来投资最多、规模最大、一次性惠及人群最广的农田水利项目，总投资额达3800万元。

【第六届人民代表大会第一次会议】 11月18日，羊角塘镇召开第六届人民代表大会第一次会议，会议选举黄政辉为羊角塘镇人大主席，陶学理为羊角塘镇镇长，夏自然、曾琦、刘钢辉为羊角塘镇副镇长。

（撰稿人：袁媛）

冷市镇

【领导人名录】

党委书记　周华山
副 书 记　阳　锋（2016.4止）
　　　　　夏普云（2016.4起）
　　　　　李刚跃（2016.4止）
　　　　　张介华（2016.4起）
纪委书记　龙水清（2016.4止）
　　　　　王　炼（2016.4起）
武装部长　张介华（2016.4止）
　　　　　谌风雏（2016.4起）
政法书记　瞿志勇（2016.4止）
　　　　　谌风雏（2016.4起）
组织委员　王　强（2016.4起）
党委委员　李发科（2016.4起）
人大主席　张菊生
镇　　长　阳　锋（2016.4止）
　　　　　夏普云（2016.7起）
常务副镇长　李发科（2016.4起）
副 镇 长　李发科（2016.4止）
　　　　　蒋国芳（2016.7起）
　　　　　谌　峰（2016.7起）
政协主任　龙水清

【概况】 冷市镇地处安化县中部偏东，东与羊角塘镇毗邻，西与龙塘乡接壤，南抵小淹镇，北靠桃源县沙坪镇、芦花潭乡。镇人民政府驻冷家嘴社区，电话区号0737，邮政编码413502。全镇总面积186.3平方千米；耕地面积1600公顷，其中水田821公顷，旱地779公顷；林地面积56720公顷。

1949年11月至1951年底，冷市地域属安化一都乡。1956年成立大桥乡、三洲乡。1958年成立大桥公社、三洲公社。1961年成立冷市区，下设羊角、金鸡、三洲、大桥、龙塘五个公社。1983年上半年，三洲公社试点改制成乡，大队改为村。1995年11月底撤区并乡，将大桥乡、三洲乡合并组建成三洲乡。1996年底经省民政厅批准更名为冷市镇。2016年全县进行村级区划调整，全镇辖2个居民委员会、16个村，共8945户38915人。2016年镇机关共有公职人员73人，其中公务员24人，工勤编1人，计生办、民政所、经管站、劳务站、文化站、农业综合服务站、国土规划建设环保所等事业编制人员48人。

该镇地处雪峰山脉，境内以中低山、丘陵为主，海拔100米到890米。为亚热带季风气候，夏季高温多雨，冬季温和少雨，四季分明。常年平均气温16.2℃，平均降水1565.5毫米，全年无霜期209天。

境内主要有河曲溪、思模溪等两条河流，流域面积49.8平方千米。该镇境内有石煤、钒、金、锑等矿产。石煤分布在新九、白玉溪等地，储量达1000万吨，已开采100万吨；钒分布在曲江等地，储量达1000万吨，已采200万吨。

冷市是一个典型的以林业为主导产业的丘岗山区大镇。近年来，冷市镇依托山水资源及自身特有的茶叶优势，把茶产业作为推进“绿色崛起”战略的核心载体和富民强镇的支柱产业来打造。茶园基地从无到有，已拥有生态有机茶园1200公顷；茶叶加工企业实现了从0到7家的突破。

一、主要经济指标

全年实现国民生产总值17.3亿元，其中工业生产总值15亿元，农业生产总值1.5亿元，农民人均纯收入3425元；国地税入库首次突破亿元大关，达1.21亿元。

二、农业

全镇共有集体所有制农用地10820公顷，其中耕地面积1600公顷，林地面积56720公顷。2016年末农业生产值1.5亿元。2016年粮食生产10061.15吨，其中稻谷309.90吨，玉米2301.96吨，豆类304.95吨，薯类431.84吨。2016年共建有高山生态茶园1200公顷，年产优质黑茶16万担，高档绿茶32担，年产值3280万元。2016年末，拥有各种大型农业机械496台。

三、旅游业

冷市镇境内山清水秀，林繁树茂，自然风景秀美怡人，人文历史源远流长。借安化县纳入全域旅游重点县之契机，冷市镇将旅游产业作为活跃镇域经济的“第二引擎”，立足当地旅游资源优势，结合马安高速通车和长株潭益城市群后花园的区位优势，计划深入开发观光体验游、养生健康休闲游、慢生活主题度假游等多种元素融合的乡村生态旅游新模式，不断开拓周边旅游消费市场，抢抓安化打造全域旅游重点县的先期发展机遇。同时，冷市镇将积极做好镇域旅游产业发展规划，深度挖掘与冷市有关的旅游文化资源，丰富“梅山十八碗”中的冷市名菜“七彩茄子皮”有关的趣闻典故。开展冷市特产评选，争取进入“安化礼物”名品库。积极争取华莱公司黑茶加工观光游创建全国三星级旅游景点，叶子湾茶厂生态观光旅游创建湖南省乡村旅游五星级景点，天道山“茶乡药谷”及晋翔生态休闲农业体验旅游创建湖南省乡村旅游三星级景点。

四、新型城镇化建设

冷市镇按照新型城镇化的要求，确立了“拓展新镇区、改造老片区、提质主轴线、构建大外环、打造景观带、做大产业园”的总体思路，以龙阳大道两厢土地开发为支撑，扩大城区规划面积到5平方千米，以提升城镇发展的总体框架，计划新建城镇服务功能相对完善和丰富的新镇区。按照“茶溪小镇”规划蓝图，将在冷市镇区逐步构建茶旅一体化特色城镇平台，通过不断完善城镇服务功能，逐渐凸显产业特色，把冷市打造成集旅游观光、商贸物流、休闲娱乐于一体的山水茶乡特色小镇。近年来，全镇累计投入6000多万元，新建了龙阳大道，完成了镇区主干道改造升级和地下排水管网铺设，修建了镇区文化广场等配套设施，镇区水、电、路、管、网设施不断完善，镇容镇貌大为改观，特色小镇初见雏形。

五、基础设施建设

1.马安高速冷市段。该标段已于11月底完成年度任务，并冲刺整体进度。截至2016年底，完成全部路基工程的50%、全幅路面的30%、全部土石方工程的68%，所有高架桥开始上梁，工程整体进度完成70%，征拆对象全部妥善安置，建房竣工率达90%。11月底，该段代表马安高速全线迎接了省级多家单位联合组织的验收，被评为“全优单位”、市重点工程建设样板点。

2.龙阳大道及附属安置和开发用地工程。该项目开工以来，龙阳大道已完成3座桥梁、全部路基、路面水稳层、雨污水管道铺设、路面混凝土摊铺等基础工程，完成工程投资3000万元，2016年底已实行管制试运行，正在设置相关路段标志、标线、警示牌。大道两厢安置及开发用地工作在基本完成征地28.67公顷的基础上，正编制修建性详规。

3.南杨线扩改。南杨线全长19.5千米，纵跨南华、文昌、冷家嘴、家兴、三洲、高桥、金阳7个村，于2015年5月19日正式对全线进行扩改，扩改后的南杨线将达到路宽7米，有效路面6米，该项目已完成投资近8000万元，其他各项工作正在有序开展中。

六、社会民生事业

1.精准扶贫工作。顺利完成202户736人脱贫任务；争取实施易地扶贫搬迁试点镇，惠及贫困农户193户758人；全镇扶贫底册开展了一次动态调整，识贫更加精准；全力支持市纪委、县教体局开展驻村帮扶，引入扶贫资金430万元，前后开展了人畜饮水、教学楼建设、村委办公楼建设、公路扩改建、光伏发电等工程；发放明白卡5000余张，组织了8次大规模走村入户活动，慰问贫困农户、贫困学生累计500余次；争取“雨露计划”等助学项目，资助学生38名；开展产业扶贫，投入资金15万元以上。

2.基层党建工作。认真组织全镇党员学习党章党规、习近平总书记系列重要讲话和中共十八届历次全会精神，扎实开展四个专题的学习讨论，班子成员带头讲党课。选派18名机关干部担任“第一书记”，强化对各党支部基层党建指导。深入推进基层党建9项重点任务，党员组织关系集中排查、党代表和党员违纪违法未给予相应处理情况排查清理等工作落实到位，全镇党员补缴党费2万多元，成立了冷市镇非公企业联合党支部，实现了全镇“两个覆盖”。在10个村(社区)设置了党总支。全镇11个新建和5个改扩建村民服务中心建设已基本竣工，村级组织基础建设明显改善。

3.民生保障工作。民政各项资金总额突破1000余万元，按标准更替低保、五保名额；筹资130万元，完成镇敬老院扩改建，至2016年底已入住老人36名；落实基本养老服务补贴199人23880元；实施危房改造108户；投入57万元在南华、董家、新九等村新建人畜饮水工程，惠及人口1500余人。为营造良好的卫生环境，投入58万元与天亿保洁公司签订垃圾处理协议书，扩大了集中清运范围；印发告知书、承诺书1.2万余份、竖立标语牌130余块，清理河道、解决卫生死角200多处。教育教学质量保持全县前列，医疗、计生事业稳步推进，全年符合政策生育率96.64%，为2015名适龄妇女进行了“两癌”免费筛查。

七、保持社会大局稳定

1.安全生产。紧紧围绕“平安冷市”主题，安全生产经常性地开展道路交通、水上交通、建筑工地、烟花爆竹门店、液化气站、消防安全等方面的打非治违活动，确保了一方平安，全年没有出现安全生产事故。

2.应急处险。修建青山水库防汛公路，定期组织河道清理；及时应对两次集中暴雨灾情，组织镇村干部一线救灾和指导灾后重建，积极发动群众生产自救，及时转移安置群众89人，争取各类救灾资金208万元；自筹近100万元，完成三洲村Ⅱ级地质灾害点处置工程；查封金湖村1家非法采石场；全年未发生重大安全事故。

3.综治维稳。派出所出警360余起，共破获刑事案件9起，刑事拘留9人，破获行政案件25起，行政拘留27人，强制戒毒9人，行政处罚27人。

【第五届人民代表大会第五次会议】 1月29日，冷市镇第五届人民代表大会第五次会议召开，全镇59名人大代表出席会议，县人大代表、县政协委员、村(社区)干部、部门站所负责人和全体干部职工列席会议。大会听取和审议了镇长阳锋作的《政府工作报告》，表决通过了《冷市镇城镇管理办法》《冷市镇核心区修建性详细规划》和《冷市镇总体规划(2015—2030)》的决议，表彰了10名优秀人大代表，选举张菊生为镇人大主席。

【村级行政区划调整】 3月23日，中共冷市镇委员会《关于冷市镇村级行政区划调整的请示》，对全镇村级行政区划调整如下：河丘村与大桥水村合并，辖面积5.2平方千米，村民小组22个，人口2490人；白玉溪村与新九村合并，辖面积13.2平方千米，村民小组25个，人口2330人；高桥村与石家村合并，辖面积16.4平方千米，村民小组31个，人口3236人；家兴社区村与三洲村合并，辖面积9.7平方千米，村民小组25个，人口2931人；其余各村(社区)不变，通过区划调整，全镇共有16个村，2个社区。面积183.6平方千米，人口38915人。

【湖南华莱生物科技有限公司三期建设项目动工】 5月26日，湖南华莱生物科技有限公司三期建设项目，即年产5000吨黑茶生产线建设项目正式破土动工。该项目共投资1.5亿元，位于冷市镇冷家嘴社区，共征收土地面积2.2公顷，除了新建年产5000吨的黑茶生产线，还将修建大型仓储库、高标准的员工宿舍、娱乐休闲场所。

【第六届人民代表大会第一次会议】 11月17日，冷市镇召开第六届人民代表大会第一次议，县政协副主席蒋毅华参加会议。会议指出，今后五年，冷市镇将紧紧围绕县委、县政府提出的“四轮驱动”发展战略，坚持“茶旅兴镇”思路不动摇。会议选举产生了张菊生为冷市镇人大主席，夏普云为冷市镇人民政府镇长，李发科、蒋国芳、谌峰为冷市镇人民政府副镇长。

【冷市镇龙阳大道实现管制运行】 12月底，为缓解镇区交通压力，方便群众出行，龙阳大道实行管制试运行，相关路段标志、标线、警示牌设置的后续工作也在紧张进行中。龙阳大道建设项目为

S317冷市镇区改道工程，全长1.95千米，路幅宽30米，道路两边各留20米开发用地，按双向四车道城市主干道标准设计，建成后，将成为全县除县城外配置最齐全、最标准的乡镇交通干线。该项目至2016年底已完成3座桥梁、全部路基、路面水稳层、雨污水管道铺设、路面混凝土摊铺等基础工程，完成工程投资3000万元。

（撰稿人：侯艳　孙明伟）

龙塘乡

【领导人名录】

党委书记　廖志鹏
副书记　陈杨开
　　　　张　晶（2016.4起）
纪委书记　陈名忠（2016.4止）
　　　　胡志强（2016.4起）
武装部长　刘卫民
政法书记　刘卫民（2016.5起）
组织委员　张　晶（2016.4止）
　　　　周志钢（2016.4起）
党委委员　彭名安（2016.4止）
　　　　罗祖胜（2016.4止）
　　　　梁志胜（2016.4起）
　　　　邓慧斌（2016.4起）
人大主席　陈名忠
乡　长　陈杨开
副乡长　谌　强（2016.4止）
　　　　李　强（2016.8止）
　　　　李　坤（2016.8起）
　　　　汤婧婷（2016.8起）
乡长助理　王远荣（2016.4止）
政协主任　彭名安（2016.4止）
　　　　刘卫民（2016.5起）

【概况】 龙塘乡地处安化县中北部，东邻冷市镇，南接江南镇，西连东坪镇，北抵桃源县沙坪镇。乡人民政府驻红星村，电话区号0737，邮政编码413503。全乡总面积141.94平方千米，其中陆地面积138.83平方千米，水域面积3.11平方千米。耕地面积1118.6公顷，其中水田620公顷，旱地498.6公顷。林地10733公顷。

1950年后属安化五区。1958年并三洲乡、大桥乡、龙塘乡为龙塘公社。1961年三洲、大桥划出另立，仍为龙塘公社，属冷市区。1984年龙塘公社改为龙塘乡。1995年撤区并乡后一直为单列乡。1991年，乡治迁青山机械厂宿舍区，后因交通不方便，1997年仍迁回原址红星村。2016年全县进行村级区划调整，全乡辖14个村，252个村民小组，共7062户27858人。

该乡地势北高南低，为山区丘陵，平均海拔157米。为亚热带季风气候，夏季高温多雨，冬季温和少雨，四季分明。常年平均气温16.2℃，平均降水1700毫米，年平均无霜期约275天。

渭溪是境内主要河流，从北向南贯穿全境，在颃沙村注入资江，河流总长46.7千米，有沙田溪和苦竹溪2条支流，流域面积140平方千米。该镇钒矿资源丰富，地质储量达100万吨，分布在封家、东凡一带，已开采12.5万吨。另有少量铅、锌、锑等矿。

一、经济指标

2016年，完成固定资产投资3.8亿元，同比增长31.03%；实现规模工业企业产值2.7亿元。实现财税总收入2105.85万元。

二、经济发展

1. 产业发展。全年新建茶园达146.67公顷，改造老茶园18.67公顷，已初步形成了以沙田溪、柏溪、淘金、家乐等村为中心，辐射周边村组的茶园基地。种养大户、家庭农场和农民专业合作社等各类农业生产经营主体发展到40多个，涵盖养殖、苗木、水果、中药材、蔬菜等领域，以“茶园”“菜园”“果园”为主的种植业发展成效初显。

2. 重点工程。乳酸厂热电联产项目的电力输出线路工程已基本竣工，并与新的投资商进行了多次洽谈，初步达成了投资意向。拟投资6亿元的“茶乡花海”项目在境内的建设进展顺利，自元文化广场建设已基本完成选址、征地、设计等前期工作。

三、城乡建设

4月5日，集镇区1.5平方千米控制性总体规划顺利通过专家评审，全力推进村域规划布局编制工作，全面落实7月1日全县新型城镇化会议精神，切实履行查违、控违、拆违工作责任。红星村棚户区改造一期工程、乡农贸市场基本完成，共投资600余万元。红星公租房竣工并通过验收，政务中心投入使用，集镇区配套基础设施日趋完善。完成红星、陶贺冲等村重点地段的河堤修复，扩改和修通了几座水库的防汛公路，基本完成洗马、柏西、大百龙、夏植等村4座小（2）型水库的除险加固工程。垃圾压缩中转站已基本完成，垃圾场公路得到了扩改和硬化，并对垃圾清运车辆的购置和其他基础设备的添置及设施的完善做了详细的规划。新建村级综合服务中心11个、改扩建3处，投资600多万元。实施对苦竹溪风雨廊桥的修复以及东凡、颃沙两座危桥的改造，投资300多万元。投资280万元实施村级窄路加宽项目。投资350万元对美丽乡村示范点家乐村的电力设施和公路进行了改造。

四、精准扶贫

紧盯2019年全部脱贫目标任务，以深入澄清底数为前提，以“党政成员包村、干部包户、部门协作”为方式，按照“六个一批”的要求，真抓实干，助推脱贫攻坚实现新转变。由被动向主动转变。高度重视精准扶贫工作，多次召开专题会议研究部署精准扶贫工作，动员干部群众自觉服务于扶贫工作大局，形成了上下一心、干群一体、人人参与、合力攻坚的扶贫格局。由“大水漫灌”向“精准滴灌”转变。在认真领会上级扶贫政策及相关精神的基础上，各联村领导带队、驻村干部包村对原1606户贫困户进行逐户走访，摸清底数之后，严格按照程序对贫困人口数据库进行了动态调整，并按致贫原因进行了分类，为后续实施扶贫措施提高了针对性和实效性。由“输血”向“造血”转变，全年脱贫273户934人。结合实际和贫困户意愿，实行一户一策、一户一扶、一户一帮的精准措施，申请并通过“雨露计划”17人，组织创业培训30人，转移劳动力310人，县农商行龙塘支行发放产业扶贫贷款231笔1049.6万元，为贫困村和贫困户发展产业提供了充足的资金。

五、党建工作

乡村两级党组织和其他支部狠抓基层台账、制度建设、内务建设和队伍管理等方面的规范，高标准地完成了党员冬春训、“三会一课”等上级规定性动作，突出做好了违规党员和不合格党员处理、党费收缴、流动党员管理等9项重点工作，全乡14个村支部除红星、顽沙2村因特殊情况外，其余12个村党组织活动场所的新建和改扩建基本完成，在市县委组织部领导实地检查工作中，红星支部、陶贺冲支部、医院支部、中心学校支部的工作得到了上级领导的高度评价和肯定，年度基层党建工作考核跃升全县前五位，彻底改变了工作后进的面貌。

六、社会管理

进一步健全社会安全防控体系，构建综治维稳齐抓共管工作格局，实行责任制、一票否决制及责任追究制度，加大对矛盾隐患、治安隐患、安全隐患、民间矛盾纠纷排查力度。共排查出各类纠纷130多件；破获涉毒案件2起，抓获涉毒嫌疑人员5人，强制戒毒3人；处理赌博案件10件，治安处罚9人；处理盗窃案件3件，治安拘留54人，刑拘2人；批准逮捕2人，移送起诉2人。规范调处，化解矛盾，全年成功调解22件部门转办案。大力推进“平安龙塘”创建，做到预警在先、措施在先，与上访群众面对面零距离接触，将有关上访事件化解在酝酿始发阶段。通过广泛宣传发动，积极化解矛盾纠纷和组织“平安家庭”创建活动，使平安创建活动深入人心。民调工作稳步提升，在2016年全市组织的民调工作抽查中，在全县所有乡镇中排名靠前。全力防范治安、生态安全、生产安全、食品药品安全等领域的各类风险，社会大局和谐稳定，安全工作态势良好。

七、民生民利

坚持教育优先发展战略，推动教育事业发展，投资170万元重建柏梅小学。努力争取各类资助，改善龙塘中学、天心小学、柏梅小学等学校的教学设施设备，教育教学质量稳步提高，特别是中考成绩再创历史新高，乡中学获得中考质量集体奖，综合考评位居全县之首。乡完小综合考评居全县第四，中心幼儿园获得省级课题二等奖，中心学校获得全县教育教学质量第三名。深化医疗卫生体制改革，乡卫生院成功化债近700万元，深入推进新型农村合作医疗，完成380万元的基本医疗保险基金征缴任务，参保率达95%以上。改善农村住房条件，实施农村危房改造116户。城乡养老保险覆盖率达97%，完成社保基金征缴119.71万元。落实基本民生保障，全年对五保户共发放扶助资金110万元、对农村低保户共发放扶助资金191万元、对城镇低保户共发放扶助资金60万元，大病救助94人共发放14万元，全年发放临时救济资金31万余元，基本实现“应保尽保”，社会保障力度进一步加强。切实抓好森林防火、林业资源管理、森林病虫害防治等工作，实现重大森林火灾险情“零发生”，发放商品材采伐指标6019立方米。投入经费10万元，防治竹蝗虫灾害233.33公顷，最大程度地控制了疫情发展，有效保护了生态资源和林农利益。

【农村党员春季集中培训大会】 3月6日，龙塘乡在龙塘中学召开2016年农村党员春季集中培训大会。集中学习党的方针政策、理论成果，提高党性修养。全乡党员干部共340余人参加了此次培训大会。

【湖南省福利彩票发行中心送爱龙塘敬老院】 7月15日，湖南省福利彩票发行中心宣传部李嘉带领全省各地40名彩民代表到龙塘乡敬老院开展2016"乐善福彩·共同见证"慈善公益活动，向乡敬老院捐赠福彩公益金8万元，以及电热毯、被套、食用油、毛毯等福彩爱心物资。

【乡政务服务中心正式投入使用】 8月22日，龙塘乡政务服务中心中心正式投入使用。政务服务中心面积约400平方米，内设劳务、水管、国土、建设、环保5个窗口，有综合服务办、劳动争议调解室、档案室、国土规划建设环保所等五间办公室。

（撰稿人：刘倩）

滔溪镇

【领导人名录】

党委书记　夏赞辉（2016.4止）
　　　　　文燕青（2016.4起）
副书记　文燕青（2016.4止）
　　　　　黄治平（2016.4起）
　　　　　韩　昂（2016.4止）
　　　　　李　强（2016.4起）
纪委书记　韩　昂（2016.4止）
　　　　　李冬良（2016.4起）
武装部长　韩　昂（2016.4止）
　　　　　田四海（2016.4起）
政法书记　李华明（2016.4止）
　　　　　田四海（2016.4起）
组织委员　韩　昂（2016.4止）
　　　　　黄永乐（2016.4起）
党委委员　彭官保（2016.3止）
　　　　　丁良庆（2016.3止）
　　　　　刘和青（2016.4止）
　　　　　陈次秋（2016.4起）
人大主席　夏赞辉（2016.1止）
　　　　　李又平（2016.4起）
人大副主席　邓继志（2016.4止）
镇长　文燕青（2016.4止）
　　　　　黄治平（2016.4起）
副镇长　李华明（2016.4止）
　　　　　彭官保（2016.4止）
　　　　　邹夏迎（2016.4起）
　　　　　胡立正（2016.7起）
政协主任　李华明（2016.4止）
　　　　　瞿志勇（2016.4起）

【概况】 滔溪镇地处安化县中部，东与长塘镇、仙溪镇相邻，南与梅城镇接壤，西与江南镇毗邻，北与小淹镇相连。镇人民政府驻滔东社区，电话区号0737，邮政编码413515。全镇总面积154.2平方千米；耕地面积1595.73公顷，其中稻田617.73公顷，旱土978公顷；林地面积11333公顷。

1949年后，分属安化五区、四区、小淹区。1957年建立滔溪乡，1958年改为滔溪人民公社。1960年合并到小淹人民公社。1963年小淹公社调整为四个公社，滔溪划属长乐公社。1983年长乐公社改为长乐乡。1995年撤区并乡，将上马、长乐两乡合并为滔溪乡。2005年11月经湖南省人民政府批准，撤乡建镇，改为滔溪镇。

2016年全县进行村级区划调整，全镇辖区共2个居民委员会、11个行政村，共8236户30558人。2016年镇机关共有公职人员47人，其中公务员23人，财政、计生、经管、劳务、后勤等事业编制人员24人。

该镇地势西南高，东北低，南北长，东西短。地形以丘陵、中低山为主。属亚热带季风气候，夏季高温多雨，冬季温和少雨，四季分明。常年平均气温16.4℃，平均降水1700毫米。滔溪为境内主要河流，自英家村入境，由南向东流入洢水，境内全长35千米，流域面积148平方千米。

一、经济发展

1. 工业。2016年完成税收入库935.1万元，其中国税508.2万元，地税426.9万元；实现国内生产总值2.2亿元，其中益阳滔溪竹麻林纺科技发展有限公司产销两旺，全年实现产值近5000万元，生产麻布500万米，为当地解决劳动就业85人；完成固定资产投资达3亿元；镇农商银行存款余额3亿元，贷款余额8700万元；成功引进长沙市润泽佳茗茶业有限公司签订开发合作意向，对百花寨老茶园进行开发。

2. 农业产业。该镇是一个以生态农业发展为主体的乡镇，农业产业化进一步壮大，新型农业经营主体不断涌现，种粮大户南山村李永忠种植规模稳步增加，全力打造绿色有机无污染滔溪大米。南山蔬菜种植大户李辉（昊庭蔬菜基地专业合作社）新增蔬菜基地面积6.68公顷，农庄基础设施进一步完善，打造休闲、生态、旅游一体化农庄。滔溪振东家庭农场（洪霖珍稀苗木发展有限公司）继续扩大规模，在小柳公路沿线滔溪段新流转6.68公顷土地，栽植观赏性珍稀苗木树种，打造了一条秀丽的风景线，扩大了公司品牌影响。新增养殖大户15户，其中养羊大户李跃兴、养牛大户李湘榜来势看好。新增茶园基地5处近66.67公顷，竹麻林纺科技发展有限公司发展苎麻基地33.33公顷。

二、基础建设

1. 完成滔东社区6千米公路硬化工程。

2. 全力推进滔溪社区加油站片区开发项目。已完成64户的征地协议和4栋房屋征拆协议，已完成原粮站资产划拨和房屋拆除工作，启动河堤建设、规划设计等工作。

3. 全力推进镇区综合整治项目。立面改造和基础设施改善如期完成，涉及房屋面积22575平方米，大大提升镇区亮化水平。

4. 全力推进新联村采莲片区异地扶贫（避险）搬迁项目。该项目涉及34户117人，21栋房屋主体已完成建设。

三、精准扶贫

认真贯彻扶贫攻坚行动，深入实施挂图作业，按照“一户一策”的要求，把粗放式扶贫变为精细化扶贫，领导干部通过深入贫困户，与贫困户面对面沟通，心贴心交流，宣传惠农政策，共同探讨增收致富门路，科学制定帮扶目标和脱贫计划，引导贫困户大力发展特色种植、规模养殖、劳务输出等优势产业，增加贫困户脱贫致富的信心和决心。全年实现脱贫251户934人，人均可支配收入超过3500元以上，顺利通过市县验收。

四、民生保障

认真落实惠农政策，进一步加大惠农政策宣传力度，严格落实“两免一补”，大病医疗、农村低保、支持农业补贴、良种补贴等各项惠民政策。加大扶贫救助力度，以保障人民群众基本生活为重点，严格落实农村低保、五保供养、大病救助等制度，积极争取救济资金、帮扶物资。集中开展低保专项整治行动，共清退“关系保”“人情保”等不符合条件的低保59户89人。全年共发放低保金271.5万元，五保金93.1万元，临时救助金32万元。积极完成养老保险金和新型合作医疗保险费收缴工作，养老保险共参保缴费9658人，参保率达100%；新农合参加24900人，参合率达96%，两金收缴率均居全县前列。

五、社会事业

进一步深化“平安滔溪”建设，严厉打击各类违法犯罪行为，政法综治工作继续保持良好水平。高度重视信访工作，以“事要解决”作为为民服务的根本，深入开展信访包案制度和领导干部定期接访制度，集中力量解决各类矛盾纠纷，依法依规解决群众合法诉求。严格落实安全生产责任制，全镇实现安全生产责任事故零发生，较好完成了与县委、县政府签订的安全生产目标责任各项工作任务。加强农村道路交通管理，保障群众生命财产安全，实现了全年无影响恶劣的政治事件、无重大治安刑事案件、无重大群体性事件的工作目标，确保人民群众安居乐业，社会政治大局持续稳定，社会治安秩序长治久安。

【遭遇“7·4”洪灾】 7月4日5时，滔溪镇突降特大暴雨，河道、水库水位猛涨，湍急的洪水没过了公路，阻断了交通，2100米滔溪河沿河风光带被洗刷一空，滔溪社区20套公租房一、二楼全部被淹，镇区门店、加油站、嘉谊宾馆一楼等均不同程度被淹泡。电力线杆冲断、变压器进水等故障，造成全镇范围内大面积停电，本轮洪灾直接经济损失预计达1.8亿元，紧急转移被困群众300余人。

【“两学一做”知识竞赛活动】 7月11日，滔溪镇党建站组织开展了“两学一做”党的知识竞赛活动。全镇党员干部130人参加活动。

【姚社初捐资助学】 8月26日，姚社初捐赠滔溪镇2016年度大学新生助学金发放仪式在滔溪镇举行。此次捐赠面向在滔溪镇中学毕业后升入县内高中，参加2016年高考，并考取一、二本的滔溪籍学生。捐赠一本学生各10000元，捐赠二本学生各8000元。原益阳市检察院副检察长姚蒲初代表弟弟姚社初出席发放仪式。姚社初热心家乡教育事业建设，近几年来，已累计资助滔溪教育事业近千万元。

（撰稿人：邓浩波）

小淹镇

【领导人名录】

党委书记　黄超群
副 书 记　周欢民（2016.4止）
　　　　　陈金辉（2016.4起）
　　　　　黄先保（2016.4止）
　　　　　李如新（2016.4起）
纪委书记　黄先保（2016.4止）
　　　　　黄雅倩（2016.4起至2016.8止）
武装部长　卢献辉（2016.4起）
政法书记　卢献辉（2016.4起）
组织委员　文玉玲（2016.4起）

党委委员　李如新（2016.4 止）
　　　　　王兴国（2016.4 起）
人大主席　李又平（2016.4 止）
　　　　　陈剑辞（2016.7 起）
镇　　长　周欢民（2016.4 止）
　　　　　陈金辉（2016.4 起）
副 镇 长　王兴国（2016.4 止）
　　　　　文玉玲（2016.4 止）
　　　　　贺成栋（2016.7 起）
　　　　　廖小飞（2016.7 起）
政协主任　李管林（2016.4 止）
　　　　　黄必清（2016.5 起）

【概况】 小淹镇地处安化东部，东与长塘镇、桃江县马迹塘镇接壤，南与滔溪镇相连，西与江南镇交界，北与龙塘乡、冷市镇、羊角塘镇为邻。镇人民政府驻小淹社区，电话区号 0737，邮政编码413515。总面积182.5平方千米，其中水域面积 9.1 平方千米。耕地面积 1200 公顷，其中水田 534 公顷，旱地 666 公顷。

1950 年属安化五区。1952 年属安化四区。1958 年敷溪、上马、长乐、小淹四乡合并分别成立小淹公社和该镇。1961 年按原合并时的乡调整为四个公社。1984 年公社建制改为乡，1986 年该镇、小淹乡合为该镇。1995 年撤区并乡建镇，该镇、敷溪乡并为该镇。2016 年全县进行村级区划调整，全镇辖 3 个居民委员会、15 个村，共 11728 户 41080 人。2016 年镇机关共有公职人员 81 人，其中公务员 33 人，财政、计生、经管、劳务等事业编制人员 48 人。

该镇属雪峰山山系，地势西南高东北低，境内大部分为中低山，山地占 80%。属亚热带季风气候，夏季高温多雨，冬季温和少雨，四季分明。常年平均气温 16.6℃，平均降水 1342 毫米。资江由西向东自该镇陶澍村西入境，敷溪社区东出境，境内总长 19 千米。白沙溪发源于白莲村，流经胜利村、白沙社区村，全长 11 千米。伊溪从幸福村入境，敷溪社区出境；碧溪发源于碧溪村，流经百福村，全长 9 千米；老安溪发源金双村，流经双仙村、老安村，全长 16 千米。

2016 年先后荣获全国绿化先进集体、益阳市卫生镇、益阳市武装工作先进单位、全县绩效考核三等奖、全县组织工作先进单位等多项荣誉称号。

一、经济指标

全年实现国民生产总值 15.6 亿元，财政收入 4180 万元，规模工业增加值 2.5 万元，固定资产投资 7.4 亿元，社会消费品零售总额 8940.9 万元；农村居民人均纯收入达 3153 元；全面小康实现程度达 90%，同比提高 4.2%。

二、产业发展

2016 年，该镇坚持把黑茶产业作为镇域经济快速增长的核心动力，把农林经济作为保障民生的基础工程，把招商引资作为可持续发展的重要任务，各项经济产业实现稳步发展。全年实现黑茶产业生产总值 12.9 亿元，上交税金 3026 万元，为当地群众提供固定就业岗位 2500 个，实现劳务收入 5600 万元。“白沙溪”品牌影响力持续提升，荣获 2016 年度“茶文之光”荣誉企业称号；建玲公司加大投资力度，全面改造生产线，致力提高黑茶品质；云天阁茶业产量销量再度翻番，市场占有份额显著提升；清山源、茶亭湾、黑马等中小茶企业稳步发展。严格落实茶园基地奖扶政策，全年新建高标准茶园 129.13 公顷，低改茶园 4 公顷。湖南白沙溪茶厂有限公司主导的黑茶提质增效关键技术创新与产业化应用科研项目获 2016 年度国家科技进步二等奖。明星林业专业合作社、昌茂隆农作物种植专业合作社等一批新型农业主体蓬勃发展，农业产业化进程进一步加快。

三、招商引资

按照“你发财，我发展”的招商理念，积极跟上级主管部门对接协调，在税收、管理费用及服务水平等方面出台优惠政策，不断优化投资环境和发展环境。全年新引进招商引资项目 7 个，完成招商引资 1.5 亿元。德涵生态科技公司、安化县小淹茶业有限公司、惠州如根茶酒有限公司小淹酒厂、安化县上水生物科技有限公司、广东立沃集团、建峰农业有限公司、顺和商贸城等项目相继在该镇成功落户，项目内容涉及黑茶、农林经济开发等多个方面，为该镇发展注入了新的活力。

四、城镇建设

2016 年，该镇在强化基础设施建设的同时，完善城镇管理，着力打造“宜居、宜业、宜游”小淹。陶澍路片区棚改配套基础设施项目第一期工程 EPC（设计、采购、施工）项目招标等前期工作顺利完成。滨东路 50 套和安化县第三中学 60 套公租房项目已完成征地、报批、招标等前期工作，各项基础设施建设有序推进。定期召开规划例会，严格把关居民建房审批；镇区禁放烟花爆竹并监管到位，电动三轮车违规营运联合整治行动顺利开展。新添置 5 个大型垃圾池、15 个公共垃圾箱，切实做到垃圾集中、定时清运，极大改善了镇区脏、乱、差的面貌，成功创建市级卫生镇。该镇成立了查违控违拆违领导小组，由主要党政领导亲自挂帅，并加强了土地法律、政策的舆论宣传。全镇共计张贴标语150多份，张贴治理通告80多份，发放宣传册100多份，横幅近30多条，创办国土宣传期刊3次，并对全镇范围内的违法占地逐村进行了一次排查，并分情况登记造册，组织了一次拆违行动，拆除7月1日后修建的房屋一栋，有效的遏制了违法现象的蔓延。

五、林业生产

2016年，该镇党委、政府认真落实上级关于国土绿化的方针、政策，依托丰富的林地资源，积极开展国土绿化、全民义务植树和森林资源保护工作，深入推进依法治林和林地保护工作，严格规范林区秩序，全年完成巩固退耕还林后续产业建设57.26公顷，完成珍稀树种基地抚育任务56.67公顷，完成面上造林任务80公顷，完成退耕还任务46.67公顷，新造防护林13.33公顷，完成竹林低改基地建设83.33公顷，完成古树名木调查232棵，并荣获全国绿化先进集体。认真做好伐区作业设计，实行限额采伐计划。严格实行凭证采伐，并及时做好伐中监督和伐后验收工作，全年共发放商品林采伐指标674立方米，公益林采伐指标（蓄积）200立方米，共计发放林木采伐指标991立方米，其中民用材600立方米，商品材391立方米。进一步加大了对林政案件的查处力度，对于毁林开荒、蓄意破坏森林资源、盗伐、滥伐林木及非法征占用林地等违法行为，全年累计查处非法征占用林地案件2起，收取植被恢复费及其罚款45200元。

六、科技创新

2016年，该镇党委、政府深入贯彻落实“科学技术是第一生产力”的总方针，高度重视科技的发展，通过召开动员会，走访相关企业等方式，极力提高企业负责人以科技带动生产力的思想认识，并最终完成38项专利申请和5项发明专利。云天阁茶业在原有的“桑香黑茶”基础上提高制作工艺，相继开发了“桑茯”“金桑茯”“桑将军”等系列产品，大受市场好评。同时，国家知识产权局为云天阁核发了“授予发明专利权通知书”2项，继“外观设计专利”和“实用新型专利”后，实现了“国家发明专利”零的突破。

六、教育事业

2016年，该镇党建、政府重点抓住安全保障线，确保小淹教育平安稳定。敷溪学校创建成市级安全文明校园；2016年镇中心幼儿园创建成县级安全文明校园；2016年小淹代表安化迎接了湖南省平安校园建设先进县市区项目建设推进情况验收，反响较好。重点抓住品德育人线，确保校风、教风优良。扎实开展“树师德·正行风”教育活动，建立健全师德考核办法，广泛开展师德师风评议，加强对师德考核结果的运用；坚持品德育人，有计划地实施德育工作，在“感恩体验式教育活动”和“经典诵读”传统教育过程中取得了良好的效果。

八、社会保障

2016年，精准脱贫步伐逐步加快。通过多次组织干部大规模走访进行精准识贫工作，重新清理“四类对象”243户901人，拟纳入贫困户305户915人，并严格落实一对一帮扶，全年实现267户1024人成功脱贫。2016年，该镇实行城乡低保动态管理，困难群体实现应保尽保，全年发放民政救助资金892.6万元，并将291人纳入社会兜底名单；全年实施危房改造226户，共发放金融产业扶贫小额担保贷款315户1264.77万元；开展“雨露计划”教育培训42人。完成了1500人的安全饮水工程项目，完成900米环保河堤建设，2016年遭遇的“7·4洪灾”中转移安置2000多人；调运棉被200床、大米1吨、食用油1200升，过渡性救助500余人；投入财政资金380万元，用于修复公路、桥梁等基础设施，确保了人民群众生命财产安全。

九、组织建设

2016年，镇党委按照中央、省、市、县各项工作要求，严格落实基层党建工作。镇党委选派了18名中层骨干到村担任党建业务指导员，夯实基层党建工作队伍；根据市委“五个一”的具体部署要求，按月制定党建工作任务清单，按月进行督察考核；启动18个村民服务中心建设，已全部竣工并投入使用；指导各村结合自身实际制定切实可行的村级集体经济发展规划，通过盘活现有资金、资产、资源，鼓励村级集体资金入股民营企业分红等有效方式，促使各村集体经济收入均达5万元以上。

全面贯彻落实中央、省、市、县关于党风廉政建设责任工作要求，突出党委的主体责任和纪委的监督责任，认真组织开展《中国共产党廉洁自律准则》《中国共产党纪律处分条例》学习、“雁过拔毛式”腐败和“纠四风”“治陋习”专项整治活动，深入推进全镇党风廉政建设工作。配合县纪委办案立案1起，镇纪委独立办案2起；党纪处分1人，组织处理2人。同时，严肃换届纪律，确保换届期间风清气正。严格遵守换届程序，镇组织办联合多部门联合审查党代表、人大代表、政协委员推荐人选共计249人次，清除不合格人选4人次，严格按程序选举了本届党委政府领导班子，圆满完成党委、政府、人大、政协换届工作。

十、公共服务

2016年，公共文化服务体系不断完善，群众文艺活动蓬勃开展，成功承办安化达人秀小淹分赛区赛事，其中来自小淹社区腰鼓队的《四老太逛街》，充分体现了该镇人民与自然和谐相处、生活安定井然有序的和谐美好景象。140人参加了义务献血活动，圆满完成县定任务目标。2016年城乡居民医疗保险和养老保险参保缴费工作全面完成，参保率分别为98.7%和104%，两项工作均超额完成县定目标任务。

十一、综治安全

2016年，继续以“平安小淹创建”为主题，落实社会矛盾化解年工作，全镇共接待群众诉求85人次，受理各类纠纷25件，调解成功率达97%，各种矛盾纠纷得到及时化解，有力地维护了一方的稳定。加大普法宣传力度，累积发放宣传资料4000余份，接待群众法律咨询300余人次，人民群众的法治意识进一步提高。依法严厉打击各类违法犯罪活动，加大“黄赌毒”查处力度，依法取缔全镇麻将馆、棋牌室，查处涉及黄赌毒案件24起，确保辖区治安平稳。

2016年，该镇继续将安全生产工作摆在各项工作首位，做到了机构、人员、装备、经费“四到位”。全年召开安全生产专题会议4次，严格履行“一岗双责”制度，层层签订安全生产工作责任状，形成齐抓共管的良好局面。开展安全生产检查12次，排查并及时消除安全隐患25处，全年未发生1起重大安全事故，确保了社会大局和谐稳定。

【荣获“全国绿化先进集体”称号】 8月18日，经全国绿化委员会、人力资源社会保障部、国家林业局共同评定，该镇再获“全国绿化先进集体”称号。近年来，该镇党委、政府把造林绿化作为一项改善生态环境、构建和谐社会的重要举措列入政府议事日程，积极开展国土绿化、全民义务植树和森林资源保护工作。全镇林地面积由9666.67公顷增加至10800公顷，森林覆盖率由74.6%增加至78.6%，森林活立木蓄积量由65.8万立方米增加至81.5万立方米。全镇国土绿化和生态建设工作取得显著成绩。

【被评为“益阳市卫生镇”】 12月15日，市卫计委副主任汤冬华率卫生创建考评组专家一行7人，对该镇创建市级卫生镇工作进行了现场考核评估。通过检查，考评组充分肯定了该镇创建市级卫生镇工作取得的成效，并一致同意该镇顺利通过本次验收考核，成功创建为市级卫生镇。

【镇村干部到长沙市光明村参观学习】 4月12日，该镇组织合并村村干部及驻村干部到长沙望城区白箬铺镇光明村，参观该村新农村建设成果，学习他们的先进工作经验和做法。镇村干部们认真参观、细心交流，对并村后的工作开展提出了许多可行性意见及建议。

【中央党校教授罗平汉到该镇讲党课】 4月1日，该镇邀请中央党校党史教研部副主任罗平汉教授为全镇党员干部讲授题为“学党章、讲党性、做合格党员”的专题党课。全镇机关党员干部、各基层党组织负责人等200余人参加。课上，罗平汉教授紧紧围绕如何加强共产党人的党性修养及如何做一名合格党员等内容进行了系统的讲解。通过生动活泼的语言，结合大量的案例，引经据典，旁征博引，近三个小时的授课，给所有参会人员留下了深刻的印象。

【引进黑茶酒开发项目】 11月17日，该镇政府与惠州市如根茶酒有限公司在政府三楼会议室正式签订项目合同，确认引进茶酒酒厂开发项目。拟在该镇镇区周边选址建厂，计划用地20000平方米，建设开发用于生产如根茶酒的配套场地及设备，项目总投资2000万元。

【并村工作完成】 5月9日，原白沙社区、白沙社区村、长冲社区村、双桥社区村的党支部责任人齐聚一堂，共商白沙溪社区临时党总支部成立事项。此次临时党支部调整也标志着该镇并村工作的圆满完成。原白沙社区、白沙社区村、长冲社区村、双桥社区村合并后，村名为白沙溪社区。

（撰稿人：蔡钟）

江南镇

【领导人名录】

党委书记 刘建辉
副 书 记 王朝晖
李太坤（2016.4 止）
梁巨平（2016.4 起）
纪委书记 谌巧琴（2016.4 止）
邹卫华（2016.4 起）
武装部长 李太坤（2016.4 止）
彭 科（2016.4 起）
政法书记 彭 科（2016.5 起）
组织委员 谌巧琴（2016.4 止）
李国军（2016.4 起）
党委委员 龚汉中
邹卫华（2016.4 起）
陈剑文
曾 虎（2016.8 起）
李国军（2016.4 起）
王艳辉（2016.4 起）
人大主席 龚汉中（2016.5 起）
镇 长 王朝晖
副 镇 长 梁巨平（2016.4 止）
李朝晖 陈剑文
曾 虎（2016.8 起）
张 毅（2016.7 起）
政协主任 李太坤（2016.4 止）
李朝晖（2016.5 起）

【概况】江南镇地处安化县中部，东望小淹镇，南枕新化县大熊山，西与田庄乡接壤，北与龙塘乡毗邻。辖区东西直线距离 16.88 千米，南北直线距离 23.23 千米。镇政府驻地江地社区，电话区号 0737，邮政编码 413514。总面积 289 平方千米。耕地面积 2374.53 公顷，其中水田 951.60 公顷，旱地 1424.73 公顷；林地面积 22666.67 公顷。

1951 年属安化五区，后属第三区。1950 年省政府批准江南镇为建制镇。1956 年并入江南乡，1961 年恢复江南镇。1986 年江南乡与江南镇合并，仍为江南镇。1995 年陈王乡并入江南镇，2005 年洞市乡并入江南镇。2016 年全县进行村级区划调整，全镇辖江南社区 1 个社区居民委员会和赤竹、黄石、联盟、边江、天门、红泥、思贤、庆阳、马路、陈王、旸二、新星、大众、阿丘新、丘甲河、茅坪、大屋、金田、锡潭、洞市、木溪口、竹林溪、友谊、梅山、高城、黄花溪 26 个村民委员会。2016 年，全镇总人口 6.4 万人。2016 年镇机关共有公职人员 73 人，其中公务员 37 人，财政、计生、经管、劳务、后勤等事业编制人员 36 人。江南镇党委下辖 14 党总支、54 个党支部，其中 11 个机关站所支部、1 个供销社党支部、3 个企业单位、1 个社区党支部、39 个村党支部，共有党员 1691 人。

该镇地势西南高，东北低，以山地、丘陵为主。为亚热带季风气候，夏季高温多雨，冬季温和少雨，四季分明；常年平均气温 16.2℃，平均降水 1700 毫米，无霜期长达 275 天。境内河道属资江水系。资江自西向东于天门村入境，流经边江村、赤竹社区村、江南社区、思贤村、红泥村、联盟村出境，全长 18 千米。境内支流有麻溪、思贤溪、渭溪 3 条。辖区内水利资源非常丰富，有小型水电站 12 座，装机容量 4710 千瓦，年供电达 2860 千瓦时。金、硫、铁、铅、锌、重晶石等 10 余种矿产资源储量丰富。

2016 年，该镇紧紧围绕县委确定的“坚持四轮驱动、建设四个安化”的发展战略，结合资源禀赋，立足镇情实际，坚持“生态立镇、项目活镇、茶旅兴镇、工业强镇”，全力打造“茶马古镇、美丽江南”，全镇经济社会发展呈现了稳中有进、持续向好的良好态势，实现了“十三五”开门红。

一、主要经济指标

2016 年，该镇实现国民生产总值 16.5 亿元，完成固定资产投资 6.18 亿元，城镇居民可支配收入达 11753 元，农民人均收入达 4830 元，国地两税首次突破 2000 万元大关，完成了 2310 万元，同比增长 32. 4%，完成县定任务的 128.3%。扎实推进项目包装谋划、落地攻坚，成功引进黑茶生产加工项目和生态休闲旅游项目 7 个，引资额达 1.94 亿元，完成县定任务的 194%；新开发包装项目 5 个，圆满完成县下达任务。2016 年，江南镇成功入选全省“十三五”期间重点培育的百个特色旅游小镇，“茶马古镇”建设迎来了重大历史机遇。该镇在省市县各项工作评比考核中，获得 2016 年度全省计划生育工作良好单位，全市计划生育工作良好单位，全县计划生育工作优秀单位，全市社会治安综合治理先进单位、全县综治工作先进乡镇，全县绩效考核三等奖，重点招商引资项目二等奖，推进新型城镇化工作先进单位，知识产权示范乡镇、安全生产工作合格单位，防汛抗旱工作三等奖。

二、茶旅产业

2016 年，是茶产业日趋规范、旅游业提质升级的一年。茶产业逐步规模化、标准化、规范化。抓茶园基地，积极落实茶园奖补政策，全年新建和老改茶园基地共计344.27公顷，其中包括木杨庆子山、高城利源隆、陈王社区村、黄石茶叶种植专业合作社、旸二鸡公嘴等优质茶园基地183公顷，全镇茶园面积突破1333.33公顷；成功举办首期茶苗种植与管理培训班，有效提高茶农的管培水平，推动茶园基地健康持续发展；抓市场秩序，大力开展黑茶市场专项整顿行动，查获无证生产加工黑茶小作坊4个，查封扣押黑茶产品1.5吨，有效净化黑茶市场；鼓励茶企标准化生产，为新建标准化厂房的14家黑毛茶加工厂争取补助资金28万元，提高了茶企转型升级的积极性，推动安化黑茶品牌健康持续发展；抓推广传播，成功举办茶艺师培训1期，培训茶艺师120人；组织当地茶企参展西安茶博会，现场收获订单近1000万元，进一步扩大了安化黑茶的影响力。2016年，茶叶产业上缴税金1189万元，较2015年同比增长35.6%。该镇秉承“茶旅兴镇”发展思路，统筹推进“秀美茶园、特色景区、茶旅融合”三位一体“全域旅游”，成效显著。景点日益丰富，茶马古道景区新增景点——川岩江思幽谷、茶旅结合示范点——双公山居等茶旅主题景点先后对外开放，旅游吸引力进一步提升。项目建设如火如荼，占地9.33公顷的洞市民俗文化街项目于2016年10月28日正式开工建设，预计投资达1.5亿元，打造茶马古道旅游集散地；总投资600万元的梅山与洞市两村国家级传统村落建设基本完成；思幽谷二期工程完成规划设计和土地征用前期准备工作；高城水街项目仿古建筑工程完成45%的工程量。旅游知名度与日俱增，鹞子尖古道、永锡桥、缘奇桥3处被确定为万里茶道（湖南段）申遗点；黄石村、旸二村、茅坪村、中洞村4村被列入全国乡村旅游扶贫重点村；茶马古道风景区授牌湖南省文明风景旅游区，全镇年接待游客58万人次，实现旅游综合收入达1.4亿元，较2015年同期分别增长16%、14.2%。

三、基础设施建设

1.2016年是基础设施日趋完善，城镇环境更加宜居宜业的一年。群众期盼已久的城区综合整治项目完成各项前期准备工作，11月2日正式开工启动第一期工程建设。该项目在全县率先采用EPC（设计、采购、施工）总承包模式，总投资9650万元，分三年三期实施，已完成S308沿线70余栋房屋的立面改造（马头墙、墙面处理一体化装饰板、仿古护窗、披檐等），完成一期工程的70%，车站路、中心路的提质改造、给水排水设施改造等正有序推进；投入50万元，启动江南镇垃圾压缩中转站建设；投入48万元与天亿保洁公司签订清扫清运协议，镇区清洁工程实现市场化运作；投入33万元，购置1台洒水车每天对路面清洗；镇区6月15日平稳实现禁止燃放烟花鞭炮，人居环境明显改善。

2.农村基础设施建设有突破。镇党委、政府千方百计筹措调度资金410万元，切实缓解17个新建村压力，全镇26个村民服务中心已基本竣工并入驻开展服务。争取中央投资、扶贫等资金126万元，解决旸二等6个村农村安全饮水问题，解决不安全饮水人口2100人。累计争取资金1550万元，完成青石等14个自然村的农网改造升级任务及110千伏思贤溪变电站配套工程建设；思贤溪110千伏变电站于10月21日顺利投入使用，全镇供电能力大幅提升。交通建设有突破。一是全力推进干线公路建设。2月份开始，镇党委、政府将东梅公路征地拆迁工作作为当前一项重中之重的工作推进，全体党政领导带队包村入户，镇村两级干部取消双休加班加点，仅用一个月时间全面完成9个村847户的征地工作及121户的房屋拆迁工作，为东梅公路开工建设提供了最优良的建设环境。S240安化龙塘至江南公路（含江南资江大桥）被列入市委市政府干线公路建设“519”行动计划。二是全面完成农村公路提质改造（窄路加宽）建设项目任务，改造里程35.83千米（大旸线3.86千米、洞岩线23.01千米、竹园冲口至村部3.98千米、金麻线4.96千米），显著改善该镇农村交通条件，确保群众出行更加安全、更加舒适。

四、社会事业

1.精准扶贫全面推进。扎实完成了建档立卡贫困户数据清理、精准识别，分类标识工作，将该镇全体建档立卡贫困户进行分类标识，其中A类对象共计88户280人，B类652户2125人，C类650户2306人，D类1149户4064人。另外，新增贫困户E类92户257人，F类163户487人，共清理出D类人口525户1838人。彻底摸清了全镇的“穷底子”。重点做好了2016年预脱贫对象的帮扶工作，2016年该镇财政专项扶贫资金333万元，其中产业开发资金170万元，基础设施建设163万元，涉及行政村26个；发放小额贷款983万元，完成任务指标113%，惠及贫困户246户；争取易地扶贫搬迁项目2个（洞市、高城），搬迁贫困户208户977人；“雨露计划”教育助学44人次；生态护林员26人次；开设就业技能培训班3期，参与贫困户100人，多措并举，确保424户1491名预脱贫户如期脱贫。科学编制了全镇“十三五”脱贫攻坚规划，规划项目总数为2074个，规划资金总额达16亿元。全力支持省级片区扶贫工作。省委统战部、省质监局、湖南城市学院在黄石片区扶贫累计投资3686万元，完成规划的51.7%，片区基础设施建设、产业开发、民生工程、组织建设等方面收效明显，湖南城市学院驻陈王社区村扶贫工作队长蒋练军被评为湖南省“百名最美扶贫人物”，片区扶贫开发工作结出了丰硕的果实。

2. 社会秩序全面保障。2016年是地方各级的集中换届和新一轮村级合并之年，按照上级要求，该镇顺利完成了并村工作任务和党委、人大、政府、政协的集中换届工作。认真贯彻落实全省安全生产“监管执法年”活动要求，深入开展安全隐患大排查大管控大整治行动，实现全年“零死亡、零事故”目标，有效维护了人民群众生命财产安全，被确定为益阳市安全生产示范乡镇。有序开展查违控违拆违工作，对全镇违法建房进行全面摸底，全年开展拆违行动12次，拆除基础16宗，包括2宗国家4AAAA级旅游景区违规建房，有效扭转土地市场秩序混乱的局面。切实维护社会治安稳定，民调位列全市第35名。

3. 办学条件明显改善，全年累计投入近1000万元，完成镇中学、镇完小公租房、茅坪小学、永联小学建设，完成镇中学扩建工程征地、挖山、开路等初期工作，基本完成洞市幼儿园新建搬迁工作；启动洞市完小的学生宿舍建设，进一步改善了办学条件，江南镇中学通过市级示范家长学校的验收。

4. 社会保障水平逐步提高，精心组织两保收缴工作，完成新农保参保21163人，参保率达104.2%；完成新农合参保53940人，参保率达95.22%，其中，建档立卡贫困户参保率达98.25%。全年发放各类惠农补贴资金1975万元，其中，发放民政各类资金总额达1028万元，包括农村低保补助458万元，城镇低保补助115万元，优抚、救济款175万元，发放兜底保障64万元，大病救助38万元等。改造农村危房57户，落实危房改造补助资金70万元，确保了低收入群体的生活保障。

5. 群众文化生活日益丰富。为黄石、思贤、庆阳、新星、丘甲河5个村每村争取2万元文化器材，创建了该镇首个公共电子阅览室。隆重举办欢庆“元旦”大型文艺汇演、“五一”农村文体联谊活动等大型文艺活动，马路新村建成2300平方米文化广场，积极推动“送戏下乡”，组织群众参加了“安化好声音”等欢乐潇湘·神韵安化”系列群众文化活动，进一步丰富了人民群众的文化生活。

【高城村易地扶贫搬迁项目启动】 10月8日12点，高城村易地扶贫搬迁项目正式启动“三通一平”。高城村易地扶贫搬迁项目采用农户自愿搬迁、整体迁出的安置形式，依托特色乡村旅游点将42户176人贫困户集中安置到属于茶马古道核心景区的高城村四组段家冲，集中安置区总面积约0.95公顷，项目预计总投资1056万元。

【洞市民俗文化街项目正式签订框架协议】 10月10日，江南镇人民政府与中国二冶集团有限公司正式签订江南镇洞市社区村易地扶贫搬迁暨洞市社区村国家级传统村落民俗文化街项目框架协议，标志着该镇首次采用“政府+企业”的市场化运作模式，探索易地扶贫搬迁与发展旅游休闲产业相辅相成、互利共赢的新路子。

【江南镇4村入选全国乡村旅游扶贫重点村】 10月份，国家旅游局官方网站发布了由国家旅游局、国家发改委、国务院扶贫办等10多个部门和单位共同制定并印发的《乡村旅游扶贫工程行动方案》。该方案中显示，湖南省共有1978个村被列入全国乡村旅游扶贫重点村，其中该镇有中洞村、茅坪村、黄石村、旸二村名列其中。据悉，乡村旅游扶贫工程目标是使乡村旅游扶贫重点村年旅游经营收入达100万元，贫困人口年人均旅游收入达1万元以上。

【江南镇城区综合整治项目开工】 11月2日，江南镇城区综合整治项目举行开工庆典。江南镇城区综合整治项目是江南镇“十三五”

规划重大策划项目之一，也是安化县首次采用EPC（设计、采购、施工）模式进行建设的项目，由中国当代著名建筑师、湖南省建筑设计院总建筑师杨瑛担任设计总负责人，由湖南省建筑设计院作为EPC总承包商负责承建。该项目总投资规模为9650万元，计划三年内分三期实施，改造区域面积36公顷，域内建筑面积148842平方米，立面改造面积76668平方米，旨在通过对镇区现有房屋立面改造、市政基础设施整体改造和茶马文化历史景观塑造三方面的建设，切实改善镇区群众居住环境、提升整体城镇品味，实现江南茶旅文一体化特色小镇新突破。

（撰稿人：李辉）

田庄乡

【领导人名录】

党委书记	罗伟民（2016.4止）
	周欢民（2016.4起）
副书记	刘　斌（2016.4止）
	王定岩（2016.4起）
	戴瑞民（2016.4止）
	陈梦娇（2016.4起）
纪委书记	戴瑞民（2016.4止）
	蒋　丰（2016.4起）
武装部长	王定岩（2016.4止）
	陶令军（2016.4起）
政法书记	陶令军（2016.4起）
组织委员	王　俏（2016.4起）
党委委员	王益辉（2016.4止）
	韩　昂（2016.4起）
	王俊青（2016.4起）
	蒋孟龙
人大主席	王益辉（2016.3止）
	韩　昂（2016.4起）
乡　长	刘　斌（2016.4止）
	王定岩（2016.4起）
副乡长	蒋孟龙（2016.4起）
	姚志财（2016.4止）
	刘泽国（2016.4止）
	林　娴（2016.7起）
	李伟明（2016.11起）
政协主任	王定岩（2016.4止）
	王俊青（2016.5起）

【概况】 田庄乡地处安化县中部偏南，资水中游南岸，东与江南镇、南与新化县大熊山林场、西南与南金乡、西与柘溪镇、北与东坪镇接壤。乡人民政府驻新联村排楼湾，电话区号0737，邮政编码413513。全乡总面积207.7平方千米。耕地1357公顷，其中水田733公顷、旱地624公顷。林地15313公顷。

1949年10月新中国成立前属安化县三都乡第六保。新中国成立后属第六区，1951年，境内成立大西、桃林、小渭、田庄、温溪五个乡。1952年属第二区，1956年撤区，并小渭、田庄、桃林、大西及温溪五乡为田庄乡，属直属指导组。1958年公社化时，并文溪乡为田庄公社。1961年调整建立中砥区，分为田庄、文溪两公社。1984年改名田庄乡。1995年全县撤区并乡，田庄乡、文溪乡合并为田庄乡。2008年全县进行村级行政区划调整，全乡由55个村合并成23村，2015年金竹、鹊坪、茶家3个村划归安化经济开发区直管。2016年全县进行村级区划调整，全乡13个村，共6608户26441人。2016年，乡政府机关有行政干部26人，计生办10人，经管站4人，农业综合服务站11人，建设站4人，文化站1人，财政所6人。

该乡地处雪峰山东麓九龙池山系，地势南高北低，以山地为主，千米以上的山峰有10座，主要集中分布在双文、高马二溪、湘岩、白沙溪等村。为亚热带季风气候，夏季高温多雨，冬季温和少雨，四季分明。常年平均气温16.2℃，平均降水1614毫米，无霜期为280天。境内有大西溪和思贤溪2条河流。矿藏主要有钨矿、石英矿、金矿、石煤等，其中钨矿探明储量5万吨，石英矿探明储量20.9万吨。白竹水、双文、高马二溪等村奇石连片，储量丰富。境内现有野生动植物50余种，其中被列为国家二级保护动物的有野猪、小鲵、红腹锦鸡、穿山甲等20余种；野生植物有银杏、红杉等10余种。

2016年，在宏观经济探底调整、下行压力持续增加的复杂环境中，田庄乡党委、政府稳妥应对，全乡上下协同攻坚，实现了“十三五”发展开门红，为后续发展奠定了坚实基础。

一、经济指标

2016年实现国民生产总值4.47亿元；2016年末全乡存款余额2.49亿元，贷款余额1.27亿元，存贷比达51%，同比增加3%，发放扶贫小额金融贷款212笔，850万元，资金流动明显加强；完成税收1651.8万元（占任务数的152.8%），增幅达58.7%，其中国税987.9万元，地税663.9万元。

二、项目建设

1. 文溪美丽乡村正式启动。8月，县城投公司注资2.8亿元进行“美丽乡村”建设，将文溪打造成安化旅游的中转站，拟开发面积1平方千米，第一期开发核心地段17.87公顷土地。第一期征地工作完成。23户19栋须拆迁房屋实物量调查全部完成，整体规划设计基本成型。“三通一平”已进入招投标程序。

2. 东梅公路建设快速推进。东梅公路途经田庄13.78千米，需征地26.81公顷，拆迁房屋50栋，两个月内，房屋拆迁合同、征地协议签订完毕，现已腾地26.67公顷，拆迁房屋45栋。

3. 环线旅游公路进入扫尾工程。该线路自江南高城经田庄高马二溪至南金九龙池，全线共43千米，田庄境内的32千米中，已完成扩改硬化30千米。

4. 村级平台建设完全破题。2016年田庄抓牢机遇，高标准、高规格、高要求进行了村民服务中心建设，全乡13个新村统一规划、统一布置，建成了宽敞亮丽、整齐划一、功能齐全的村民服务中心。

三、产业建设

1. 茶叶产业转型升级。茶叶提倡科学种植，绿色培管，在保护生态中提高茶叶品质，实现由量向质转型；对200余名茶业人员开展了为期一个月的茶技培训；成立了茶叶协会，高马二溪“天下黑茶第一村”顺利揭牌；培育规模茶企3家，全乡现有茶业从业人员2000余人，茶产业年综合产值过亿元。

2. 中药材产业迈向精深加工。金厚科技入驻田庄，计划投资5000万元，对田庄万亩厚朴资源进行深加工，2016年底第一期厂房、办公楼已竣工，设备已装配，即将投产，预计年产值可达4000万元。

3. 特色生态农业起步发展。科源公司投资400万元在龙门新村建设苗圃20公顷。诚丰生态庄园计划投资5000万元，在湘岩村建设“茶旅一体化休闲娱乐产品开发”项目。焦山溪、绿环等绿色种植合作社相继涌现、欣欣向荣。

四、民生保障

1. 精准扶贫。田庄乡坚持把脱贫攻坚作为第一民生工程和首要政治任务，全面发力，全民动员，脱贫920人。扶贫识别求严求真。为摸清贫困底子，2016年集中力量进行了两次贫困户摸底与清理。共清理出1409人，新增1393人，实现了“真扶贫、扶真贫”。脱贫帮扶求实求效。按照习总书记“五个一批”的要求，全年举办技能培训班2期，参训120人次；发放扶贫小额金融贷款212笔，850万元；发放临时救助资金581笔，29万元；争取“雨露计划”、“爱心助学”资金15.7万元，帮扶贫困学子45人；民政兜底保障129户390人。重点推进了易地扶贫搬迁安置试点工作，分别在文溪、双文、高马二溪3个村建立了8个集中安置点，全乡易地搬迁313户862人，同步搬迁43户179人。

2. 基础设施。交通建设持续加强，修复“7·4”洪灾水毁公路60余千米，扩改公路8.7千米，新建公路12.6千米。完成了13个村的道路亮化工程。水利电力逐年改造，硬化了文冲水库5千米防汛公路。投入80余万元实施了温溪小农水项目。实施了人畜饮水工程，覆盖千余人。完成了文溪农电网改工程。环境治理投入加大，全乡垃圾压缩站、污水处理厂破土动工。

3. 教育文化。教育投入持续增加。筹措资金50余万元，对田庄中学厕所实施了危改，改善了文溪完小、龙门幼儿园办学条件。文化设施大有改观。在新联、龙门、桃林、田庄4村开通了“村村响”工程，完成了9个村的数字电视改造，为470户农户安装了“户户通”。

4. 社会保障。发放农村低保资金280万元，五保资金66万元，优抚资金75.2万元。实施了大病医疗救助55人，10.6万元；发放危房改造资金80万元，改造危房64户；社保、医保参保率均超过100%，其中社保征缴基金124万元，医保征缴基金345万元。

五、发展环境

1. 综治维稳工作方面，先后投入20多万元，安装了20个视频监控点，建立起了治安防控体系“天网”。全年调解大小矛盾纠纷44起，化解群体性事件1起。

2. 计划生育工作方面，符合政策生育率94.38%。加大了社会抚养费征收力度，双文村实现了整村清零。积极落实奖励扶助政策，全乡享受国家奖励扶助政策131人，享受特别扶助政策9人。

3. 安全生产工作方面，严格执行季度例会制，定期对各村组、门店、企业进行安全大检查，及时发现和整改安全隐患，全年未发生一起安全事故。

【第五届人民代表大会第五次会议】　7月29日，田庄乡第五届人民代表大会第五次会议召开。会议听取和审议了田庄乡《政府工作报告》《人大工作报告》《财政预决算报告》。补选田庄乡政府乡长1名、人大主席1名、副乡长1名。

【“万里茶道”申遗专家组到田庄考察】 8月3日，“万里茶道”申遗专家组专家13人到田庄乡高马二溪村，实地察看了拥有百年历史、连片6.67公顷以上的古茶园和拥有300年以上历史的古茶树。副县长杨慎之、甘正气陪同考察。

【湖南省茶叶专家到田庄乡为茶农授课】 8月24日，省茶叶研究所副所长、省茶叶产业技术体系岗位专家李赛君研究员应县农广校邀请，到田庄乡给全乡98名茶农授课。

【许显辉到田庄乡指导精准扶贫工作】 11月2日，益阳市委副书记、市长许显辉带领市直相关单位深入田庄乡双文村指导精准扶贫工作，县委书记熊哲文、县委副书记、代县长肖义陪同。

（撰稿人：陶正飞　吴霞）

东坪镇

【领导人名录】

党委书记　王良才
副 书 记　谭智勇
　　　　　陈直良（2016.4止）
　　　　　郭宣传（2016.4起）
纪委书记　黄玉花（2016.4止）
　　　　　彭富安（2016.4起）
武装部长　王俊青（2016.4止）
　　　　　喻江滔（2016.4起）
政法书记　王俊青（2016.4止）
　　　　　喻江滔（2016.4起）
组织委员　贺　婷（2016.4起）
党委委员　谌巧琴（2016.4起）
人大主席　王良才（2016.7止）
　　　　　刘超群（2016.7起）
人大副主席　黄玉花（2016.7止）
　　　　　杨甲泽（2016.7起）
镇　　长　谭智勇
副 镇 长　陈直良（2016.4止）
　　　　　刘志辉（2016.4止）
　　　　　凌世龙（2016.3止）
　　　　　陈善千（2016.4起）
　　　　　朱　斌（2016.7起）
　　　　　蒋朝晖（2016.7起）
　　　　　廖海军（2016.7起）
政协主任　陈直良（2016.4止）
　　　　　陈善千（2016.4起）

【概况】 东坪镇地处资江中游，东与龙塘乡毗邻，南与田庄乡相连，西与柘溪镇连界，北与桃源县相接，是全县的政治、经济、文化中心。镇人民政府驻地民主社区，电话区号0737，邮政编码413500。总面积485平方千米，其中陆地面积470.22平方千米，水域面积14.78平方千米。耕地面积3134公顷，其中水田2238.53公顷，旱地895.47公顷；林地面积31344公顷。

1949年9月8日将民国时期的三都乡划分为第六区，东坪镇隶属第六区。1950年，省政府批准东坪为建制镇。1951年8月，县治由梅城迁至东坪。1951年12月，安化重新划区，将原六区划分为第一、二区，东坪镇隶属第一区。1953年6月，该镇划为区级镇。1955年12月，该镇改名城关镇。1960年3月，城关镇改建为城关公社。1961年至1983年为县直属镇（公社）。1981年10月，再次更名为城关镇。1983年1月后，又称东坪镇。1984年1月，该镇升格为区级镇。1995年撤区并乡建镇，原青山园乡的13个村、中砥乡的11个村、城埠坪乡的9个村、黄沙坪镇及其5个居委会、杨林乡的4个村并入。2000年杨林乡唐市居委会划归该镇。2005年12月，木子乡、杨林乡并入该镇。2016年全县进行村级区划调整，全镇辖6个居民委员会、22个村，共51192户135559人（常住人口）。2016年镇机关共有公职人员207人，其中公务员91人，计生、财政、经管、建设、农技、农机、企业办、文化、劳务等事业编制人员116人。

境内大部以山地为主，南北以高山为主，逐步向资江河谷递减，地面高程在海拔120～500米之间。属亚热带季风气候，气候温和，四季分明；热量充足，雨水集中；春温多变，夏秋多旱；严寒期短，暑热期长。多年平均气温16.2℃。生长期年平均312天，无霜期年平均275天。年平均日照时数1335.8小时。年平均降水量1706.1毫米。

境内河流属长江水系。资江自横岩塘入境，由西而东至唐市居委出境，境内全长16.2千米。有柘溪、槎溪、株溪、柳溪等河流。境内矿藏主要有矾、铅锌矿、铀、石灰石、石煤等。其中钒矿分布于烟竹村，面积约为20平方公千米，矿层厚2~6.35米，五氧化二钒储量为5.1万吨；石煤矿境内广泛分布，发热量均在1800大卡/千克，储量为2亿立方米。

2016年，该镇按照“四个全面”战略布局，牢固树立创新、协调、绿色、开放、共享发展理念，认真落实中央、省、市、县有关会议精神，在工业经济转型、农业提质增效、文旅提档升级、城乡环境改善、民生水平提升上实现了新突破。

一、经济指标

全镇完成生产总值36.5亿元，同比增长10.8%；规模以上工业增加值完成17.2亿元，同比增长7.9%，新增规模工业企业3家；固定资产投资完成19.6亿元，同比增长15%；完成税收1.0964亿元，同比增长4.9%；招商总投资额4.01亿元，超过县定目标任务的33.5%，招商项目完成固定资产投资2.87亿元，超过2015年同期目标任务的12.5%。

二、项目建设

全年项目建设成效显著，成功签约招商引资项目10个，其中新上项目6个、续建项目4个，各重点项目都按预期完成任务。杨林茶乡花海生态体验园完成土地流转186.67公顷，迁出坟墓104家，征拆房屋10栋，并于2016年11月9日举行奠基典礼。马安高速建设，共拆迁房屋278栋、515户，安置342户，其中集中安置78户，分散安置264户（伊溪村为集中安置，岩湾、新局、马渡、长田、大园、颜家、城西、青山园、泥埠桥为分散安置）。2016年中茶改扩建项目总投资0.96亿元，并成功迁出谌氏坟山1000家坟墓。县城医养结合老年公寓项目于6月签订意向投资协议，已完成征地拆迁工作，并于12月10日举行开工奠基仪式。新世纪矿业花岗岩采石项目累计投资3000多万元，已完成土地流转、公路硬化、专电架设及生产设备安装，并于12月3日正式投产。博瑞中药饮片厂前期投资800多万元，对旧厂房进行维修改造，并于11月成功通过行业GMP认证。

三、城乡建设

棚户区改造取得良好开局，该镇成立8个调查小组进行了入户调查，对棚改工作入户宣传调查共3320户，并对邮政宾馆临街8间门面、荚江学校旁14间违章门面等约600平方米违章建筑物进行拆除。全年安排创卫资金100多万元，保障了爱卫、创卫工作顺利推进，并且改善了镇区环境。农村环境卫生整治成效明显，制定了《东坪镇农村环境综合整治工作方案》，成立了东坪镇农村环境综合整治工作领导小组，明确了整治范围和整治重点，不定期组织人员、统一考评标准进行督察，10月份以92.6的高分成功通过省级卫生县城验收。2016年全镇共完成农村公路提质改造8.447千米，完成以奖代补工程公路硬化24.8千米；利用国开行贷款救灾资金291万元，恢复公路垮堤340处；完成乡道69.287千米、村道171.112千米的养护。

四、农业发展

加大新型农业经营主体的培育力度，新发展新型农业经营主体6家，其中新增农民专业合作社3家，家庭农场3家，新增投资约2000万元，截至年底，全镇有种养大户300多户，注册成立家庭农场42个；农民专业合作社63个，注册资金1.7亿元，入社农户5040户，占全镇总农户的26%；农业产业化龙头企业9家，占全县总数的23%；建成现代农业园区3个。制定2016年中药材种植实施方案及“十三五”中药材产业发展规划，中药材产业取得可喜成绩，新建中药材种植基地1个。建立了具规模有特色的茶园基地26家，茶叶种植规模达1533公顷，水果基地12家，蔬菜基地22家，中药材基地15家，落实生态公益林管护面积14666.67公顷，新增面积2000公顷，管护到位率达100%。关停了木子养殖场和城西18家养猪户，并对4户养殖户进行了污染治理，辉华牧业建成的1000立方米沼气池已投入使用。截至2016年底，全镇流转耕地面积1533公顷，占耕地总面积的55%。

五、精准扶贫

按照省、市、县政策要求，该镇积极推进精准减贫、精准脱贫工作。充实扶贫工作力量，成立扶贫工作站，各村明确一名扶贫专干。扎实完成建档立卡贫困户精准识别、分类标识工作，扶贫工作开展以来，该镇聚焦全力，对四类清理做出了精细安排，共清理了393人，纳入了390人；走访慰问贫困户，走乡入户慰问贫困人员2351人，调动20万元资金帮贫；对A、B、C、D、E、F类人员进行精准识别，严格把控建档立卡户的准入关卡，解决剔除非贫困人口，对未建档立卡的真实贫困户重新纳入，对各类别人员统计出精确的数据（A类319户总计1027人、B类588户总计2054人、C类344户总计1200人、清退D类344户总计1250人、新进入E类和F类总计1520人）；施行“雨露计划”专项扶贫措施，直接面向扶贫对象“直补到户、作用到人”，帮扶115户投入资金20万元；危房改造工程帮助35户总计130人，投入资金35万元；对有致富能力、符合条件、有贷款需求的建档立卡贫困户发放扶贫小额贷款，共有符合要求的354

贫困户申请了小额信贷，贷款总金额1518.7万元。

六、民生实事

2016年享受城镇低保1359户，1389人；农村低保3046户，3210人，共计发放低保金1577万元，月人均救助水平分别提高到290元/月和140元/月，其中农村低保高出全市水平5元。农村五保分散供养达3200元/年，集中供养达6800元/年，共计发放资金231万元。从7月15日开始认真开展了社会保障兜底脱贫对象和特困人员两项精准认定，全镇共有兜底保障对象211户，540人，特困供养人员667人，其中农村特困人员624人，城镇"三无人员"43人，全自理人员485人，半自理人员97人，全护理人员85人，对这些兜底对象发放半年兜底保障金每人1320元，共计71.28万元。帮助1户房屋全倒户，200户房屋严重受损户以及20户火灾户恢复重建和恢复生产，全年累计发放救灾资金达45万元。完成城乡居民医疗保险参保91000人，征缴医保基金1092万元。城乡居民社会养老保险征缴金额358.96元，完成年任务的101.56%，配合县城乡居民社会养老保险所发放养老基金1067.63万元。完成城镇新增就业1668人，失业人员再就业995人，就业困难人员就业212人，新增农村劳动力转移就业329人，全面完成全年任务。办理就业失业登记证246人，困难人员认定192人，办理社保补贴163人，就业登记192人。办理退休职工养老生存认证3500人/次。

七、党的建设

规范党组织设置。2016年，该镇党委共设置党总支18个，包括17个村（社区）党总支和1个机关党总支；下辖党支部78个，包括50个村（社区）党支部、11个机关支部、16个学校支部及1个医院支部，共有党员2623人。落实"五个一"工程。严格按村级党组织负责人的标准，落实好省委组织部下发的《村党组织书记管理暂行办法》，加强对村党组织书记的考核。按照"一人一档"要求，建立村级后备干部人才信息库。组织村党组织"第一书记"和党支部书记培训，并开展年度公开承诺和2015年度的"双述双评"。本着"一村一策"的原则，对全镇28个村（社区）的活动场所进行新建和改造，全镇共新建村民服务中心楼14栋，对未新建的场所进行了改造和完善；加强村党组织对议事会和监督委员会人选产生、议题审查、决议执行、监督实施的领导和指导，建立健全村级民主管理制度。扎实开展"两学一做"学习教育。以党支部为单位按照"三会一课"制度要求，每月组织一次集中学习；党支部每2个月召开一次全体党员会议，每次围绕一个专题开展学习讨论。学习讨论重点围绕"四个专题"进行。坚持"两个覆盖"。全镇共有非公有制企业106家，从业人员938人，其中党员11名。106家企业中，1家单独建立党组织，7家建立联合党组织；社会组织1家，党员18名，其中专职工作人员4名。共有党支部1个，实现有党员的企业党组织和社会组织党组织全覆盖。

【2016年经济工作会议】 3月30日，全镇经济工作会议召开。会议总结2015年经济工作，表彰先进典型，分析当前形势，部署2016年经济工作，进一步凝聚全镇人心、汇聚各界气力、汇聚发展协力。

【第三届人民代表大会第一次会议】 11月17日，第三届人民代表大会第一次会议召开，选举产生人大主席1名，副主席1名，镇长1名，副镇长4名。

【中茶安化茶厂改扩建项目迁坟工作进展顺利】 经过20多次协商，12月，谌氏后人同意全部迁移中茶安化茶厂内的祖坟，选择烟竹村黑岩溪青龙山作为谌氏祖先的新坟地，并在月底完成了基本道路建设与坟山坡土改梯土工程。

（撰稿人：卢临也　刘婧文）

柘溪镇

【领导人名录】

党委书记　王正义
副书记　陈金辉（2016.4止）
　　　　蒋仕仁（2016.4起）
纪委书记　程兆宝（2016.4止）
　　　　刘志刚（2016.4起）
组织委员　黄雅倩（2016.4止）
　　　　周玉珍（2016.4起）
政法书记　蒋仕仁（2016.4止）
　　　　卢亮球（2016.4起）
武装部长　蒋仕仁（2016.4止）
　　　　卢亮球（2016.4起）
人大主席　王正义（2016.4止）
　　　　黄先保（2016.4起）
镇长　毛诗泉（2016.3止）
　　　　陈直良（2016.4起）
副镇长　李晔（2016.4止）

游建新（2016.3 止）
蒋建详（2016.3 止）
蒋 科（2016.7 起）
刘冬艳（2016.7 起）
邓 原（挂职）
政协主任 程兆宝

【概况】 柘溪镇于 1990 年 8 月设立，将原来分属柘溪乡、唐溪乡、中砥乡的杨沙、柘溪口、大溶、白鹤、广益、群益、小柘 7 个村归属柘溪镇管理，撤销原杨沙村，设立柘溪电厂、杨沙 2 个居委会。1995 年全县撤区并乡，唐溪乡并入柘溪镇，青山园乡的回龙、黄保、双桥、苏家、肖木、洞枫 6 个村和原属中砥乡的梨坪、柏木 2 个村划归柘溪镇管理。2016 年底辖 8 个村 1 个居民委员会，总人口 4280 户 16965 人。2016 年镇机关有在职干部职工 32 人，其中副科以上党政领导 11 人，非领导职务 9 人。管理模式为以线统筹、线下设办、以办管理、定岗定人、办办协作、任务明确。机关设“四线十五办”：即机关事务线（设五办）、重点工程线（设三办）、招商政法线（设三办）、农村计生线（设四办）。

该镇地处安化中部偏西，东、北部与东坪镇相邻，南与南金乡接壤，西与马路镇相连。镇人民政府驻镇开发区，电话区号 0737，邮政编码 413508。辖区东西直线距离 34 千米，南北直线距离 41 千米。总面积 142.53 平方千米，其中陆地面积 139.85 平方千米，占总面积的 98%，水域面积 2.68 平方千米，占总面积的 2%。耕地面积 234 公顷，其中稻田 167 公顷，旱土 67 公顷；林地 11984 公顷。境内大部分为山地，地面高程一般在海拔 300 米以上。

资江横穿镇境西东，由对口溪入境，柘溪口出境，河道长 12 千米。境内最长的溪流为资江一级支流唐溪、对口溪。唐溪全长 37 千米，积雨面积达 1600 公顷，由大溶溪村注入资江；对口溪全长 42 千米，积雨面积达 1700 公顷，由对溪村注入资江。境内气候温和，属亚热带季风气候，四季分明，严寒期短，暑热期长，无霜期年平均达 275 天，生长期年平均达 285 天。一般年降雨量为 1700 毫米。境内矿产资源主要为钨矿，地质储量 880.2 万吨，采储量为 195.6 万吨，集中分布在广益、大溶溪村一带，有湘安钨业有限公司在开采冶炼。

2016 年，柘溪镇紧紧围绕“致力绿色崛起，打造宜居、宜业、宜游柘溪”的总体定位，和产业规模化、镇区景观化、生态优质化、城乡一体化的“四化”发展战略，以培育壮大三大产业为重点，以实现镇区美化、绿化、亮化为核心，以创新治理模式为手段，以实现城乡一体化为目标，齐心协力，全面推进各项工作的顺利开展。

一、经济指标

全年完成生产总值 20 亿元，增长 16%；完成全社会固定资产投资总额 8 亿元，增长 6%；实现农民人均纯收入 4150 元，增长 23%；完成财政税收 2198 万元，其中国税 1250 万元，地税 948 万元，完成全年任务的 100%。

二、精准扶贫

2016 年精准扶贫工作全年结对帮扶发放明白卡 700 张，扶贫手册 1500 份，帮扶责任人定期深入农户家中，全年干部大规模访贫问计走访 4 次，累计慰问贫困农户、贫困学生 120 余次。因黄桃效益良好，且柘溪镇有大户带动，发展黄桃生产条件成熟，镇党委、政府决定将黄桃产业作为精准扶贫产业帮扶的主要手段，通过联合邓电魁黄桃专业合作社，采取“合作社 + 基地 + 农户”的模式，政府免费为每户贫困户提供 30 ~ 50 颗苗木、肥料、栽培技术手册，并上门帮扶指导选址、栽种等工作，年底黄桃苗已全部栽种，实现了黄桃扶贫全覆盖。

三、特色产业

2016 年，该镇坚持以基地化建设为重点，以专业合作社为依托，大力发展“公司 + 农户 + 基地”的特色农业模式。全镇共有家庭农场 3 家、种养大户 45 户、专业合作社 24 家，辐射带动 30% 的农户，其中阿香柑桔专业合作社获评“全国示范社”“中国十大果品专业合作社”，全年收购柑橘 8000 吨，年收益 5600 万元。强化生态茶园管理，提高茶叶品质，帮扶茶企发展，梅山黑茶公司在辰溪村新开发茶园 66.67 公顷，全镇实现茶园基地 306.67 公顷，毛茶产量 400 吨，产值 800 万元。与山山食品正式签约，在唐溪村投资 5000 万元，开展特色有机食品加工，建设生态农业观光园。政府投资 100 万元，完成了《柘溪镇旅游发展总体规划》《柘溪镇城镇总体规划设计》的编制与《湘中明珠、魅力柘溪》宣传片的摄制。雪峰湖地质广场建设已基本竣工，军事博物馆、地质博物馆已完成规划设计与图审。库区“两网”养殖退出工作有序推进，年底协议签订 258 户达 99%，全部拆除 140 户达 54%，实现全镇

80%退出任务，镇区可视面100%退出，“两网”退出为柘溪生态旅游发展奠定坚实的基础。

四、基础建设

2016年，柘溪镇高质高效完成了马安高速征地拆迁。成立土地确权颁证工作领导小组与工作组，摸底工作如火如荼开展。成功应对6、7月的洪灾，安全转移群众460人，集中安置5人，完成10余处受损道路、涵洞的修复工作。建立城乡环境综合整治的长效机制，改善了城乡居住环境。争取项目，投资200余万元建设污水处理设施；投资300余万元在双桥村实施石煤矿镉污染治理项目；农村清洁工程持续投入20余万元，增添设备，转运、处理垃圾。成立了城管综合执法队，实现了城区禁止燃放烟花爆竹，查拆了一批违章临时建筑，规范了占道摊位，指定了临时停车位，落实了“门前三包”责任制。

五、民生事业

2016年，柘溪镇不断加大民生投入，全年发放城乡低保1185户1381人296万元，发放五保生活补助金47万元，发放各类优抚金40余万元，发放各类救灾救济资金180余万元。深入开展脱贫攻坚大行动，精准建档立卡730户2268人，2016年脱贫464人。争取“雨露计划”，助学12名学生。唐溪村引进扶贫资金35.2万元，开展了人畜饮水、村卫生室等建设，发展了特色种植20公顷。全面推进社会保险制度，全镇基本养老保险参保率达100%，新型农村合作医疗参加率达100%。基金会与义工队实施卓有成效，全镇有7个村成立了基金会，共募集捐款90800元，资助了58户困难户，6个村成立了义工队，共有43名义工，平均每个季度开展2次活动，照顾留守儿童、空巢老人等。完成农村电表改造10个村，有线电视和数字化电视信号覆盖7个村，实施“信息惠民·宽带乡村”项目，完成宽带安装730户，群众文化活动广泛开展，群众生活质量得到全面提升。

六、社会治理

严格落实“党政同责、一岗双责、齐抓共管”的安全生产责任体系，深入开展“平安创建”活动，发送“平安创建”短信10万余条，实现生产安全“零事故”目标。严肃各项纪律，严格落实主体责任制，签订责任状。扎实开展“雁过拔毛”式腐败问题和“纠‘四风’、治陋习”专项整治行动，自查自纠违规发放津补贴情况。严明换届纪律，张贴标语，发送短信，在风清气正的氛围中顺利完成党委、政府、人大换届工作。创新综治维稳工作。持续保持对“盗抢骗”“黄赌毒”“黑拐枪”的打击高压态势，破获刑事案件10起、刑事拘留9人、逮捕直诉5人，查处行政案件5起、行政拘留9人，破案率达80%。加强特殊人群管控，接收社区服刑人员12人，安置帮教率达100%。积极开展法律援助，累计接待来访咨询40余起。认真落实“领导接访、干部下访”制度，及时处置各类信访事件，将各类问题化解稳控在镇内，群众幸福指数和满意度显著提高。

七、清洁工程

2016年柘溪镇农村清洁工程坚持一季一评的评比制度，全年印发倡议书2000份，发放并张贴到户，设置宣传专栏4块，悬挂横幅10条，固定宣传牌60块，采取不同形式向广大群众进行宣传教育，提高全民卫生意识，形成全民参与的“城乡清洁工程”新局面。通过努力，全镇9个行政村（居委）全都达到“四有两无清洁村”标准。2016年柘溪镇农村清洁工程全县排名第一。

八、社会事业

1.教育教学。为中学添置了老师会议室和小型接待室各一间，改变了学校多年来迎接各级领导检查“没地坐”的难题；从县民政局争取项目资金，完成了从实验楼到教学楼的水沟和排污系统改造；为学生宿舍楼安装好热水器，帮学生解决用热水困难的问题；为中学、完全小学的教师办公室、会议室安装了空调，解决了教师们开会、办公“坐不住”问题。

2.文化活动。整合镇村会议室、活动室、远程教育站点、学校等各类阵地资源，实现“农家书屋”全覆盖，开展政策宣讲、文艺下乡等文体教育活动，进一步丰富了群众的文化生活。

3.国土管理。建立健全了耕地保护制度和责任体系，定期不定期地对全镇基本农田保护情况进行巡回检查，发现问题，及时进行纠正和处理，镇、村、组层层签订耕地保护责任状，对各类建设用地实行“五统一”管理，从严控制建设占用耕地，坚持“占一补一”，不断强化执法监察，及时查处违法占用耕地行为，通过加大土地开发整理力度，及时补充了耕地，确保了全镇耕地总量动态平衡。

【柘溪镇完小搬迁至新校址】 2月23日，柘溪镇完小顺利搬迁至新校址。新搬迁的镇完小占地9919平方米，已投资561万元，完成了校舍维修，建成了教学综合楼一栋、室外运动场所，配备了图书装备、仪器室、功能室、塑胶跑道等规范化的硬件设施。能容纳12个班、500名学生，是一座标准化的寄宿制学校。3月15日，柘溪电厂向柘溪镇完小捐赠了300台灭火器和灭火毯，为校园安全提供了物资保障。

【唐溪村永旺村合并重组完成】 3月29日柘溪镇召开并村座谈会，初步敲定将唐溪村与永旺村合并的方案。保留唐溪村村名；原唐溪村村部为新唐溪村村部；成立中共柘溪镇唐溪村总支部委员会，由原唐溪村支部书记贺学群担任总支临时负责人。此方案已经上级主管部门的批准。

【雪峰湖广场完成绿化与亮化】 4月10日，安化县爱国主义教育基地景观工程（雪峰湖广场）基本完成绿化与亮化工程。整个爱国主义教育基地占地7.2万平方米，除去即将启动的军事陈列馆与地质博物馆，广场占地面积为4.2万平方米，其中绿化面积达1.2万平方米，投资约180万元。路灯、地灯以及其他景观灯已全部安装完毕，投资约36万元。

【中共柘溪镇第六届第一次代表大会召开】 4月30日，柘溪镇召开中共柘溪镇第六届第一次代表大会，大会听取并审议了柘溪镇党委书记王正义题为《认识新常态，抢抓新机遇，实现新跨越，为构建民富镇强和谐新柘溪而努力奋斗》的工作报告，以及纪律检查委员会工作报告，党费收缴、使用和管理情况的报告。选举产生了中共柘溪镇第六届委员会、第六届纪律检查委员会和出席中共安化县第十二次代表大会的代表。

（撰稿人：严浩）

马路镇

【领导人名录】

党委书记　林衍长（2016.3止）
　　　　　谢智兴（2016.4起）
副 书 记　邓长军（2016.4止）
　　　　　夏亲华（2016.4起）
　　　　　陶广昭（2016.8起）
纪委书记　邓赞扬（2016.4止）
　　　　　李尼曼（2016.4起）
武装部长　邓长军（2016.4止）
　　　　　陈　明（2016.4起）
政法书记　陈剑辞（2016.4止）
　　　　　陈　明（2016.4起）
组织委员　汤　德（2016.4止）
　　　　　邓雪涛（2016.4起）
人大主席　邓社书
镇　　长　伍务龙
副 镇 长　朱　斌（2016.4止）
　　　　　莫志祥（2016.4起）
　　　　　刘　霞
　　　　　夏　誉（2016.7起）
政协主任　陈剑辞（2016.4止）
　　　　　刘志辉（2016.5起）

【概况】 马路镇位于安化县西部偏北，云台山南麓，资水北岸。东与柘溪镇接壤，南临南金乡、渠江镇，西与烟溪、奎溪交界，北与沅陵县、桃源县相连。镇政府驻地马路镇区，电话区号0737，邮政编码413506，总面积408平方千米。耕地面积1705.33公顷，其中水田844.53公顷，旱地860.8公顷。

1961年2月15日柘溪电站大坝关闸蓄水，原马辔市镇搬迁至马路口，重新建镇，更名马路镇。1986年12月，马路乡与原马路镇合并为马路镇。1995年10月撤区并乡建镇，与原湖南坡乡、岳溪乡、柘溪乡、马路乡合并为马路镇，2006年将苍场乡并入该镇，总面积396.48平方千米。2016年村级行政区划调整后，辖1个居民委员会、25个行政村，共11977户44867人。全镇有农村移民14722人，城镇移民3850人。2016年镇机关共有公职人员87人，其中公务员28人，财政、计生、经管、劳务、后勤等事业编制人员59人。

该镇地势东南低，西北高，境内山势绵亘，群峰耸立。属亚热带季风气候，四季分明，光照充足，雨量集中。年平均气温在15.8℃，年平均降水量1668毫米，无霜期287天。境内有大小河流7条，其中潺溪、杨陶溪、虎啸溪、龙栖溪、马路溪、对口溪属于资江水系，管坪溪经桃源注入沅江。矿产资源主要有锑、石煤、钒、锰、铁、铝等，其中锑、石煤的储量丰富，有悠久的开采历史。境内各类亚热带植物均有分布，俗有“棕、桐、竹、木、茶乡”之称。主要树种有杉木、马尾松、枫树、椿树、板栗等。楠竹和小竹分布广泛。

2016年，镇党委、政府致力绿色崛起，围绕脱贫攻坚和全面建成小康社会的目标，谋全局、打基础、扩总量、抓改革、惠民生，经济和社会各项事业健康发展。全年规模企业产值达12.68亿元，同比增长34%；国地税2960万元，同比增长28.7%；农民人均纯收入达5131元，同比增长8.4%。

一、产业发展

1. 工业企业。全镇有规模以上工业企业11家，年生产总值达6.4亿元。其中安化云台山八角茶业有限公司、湖南省云上茶业有限公司、安化县湖南坡茶业有限公司、安化县马路茶厂、安化六步溪茶业有限公司、湖南省碧丹溪茶业有限公司、湖南省千秋界茶业有限公司7家茶叶生产加工类企业生产总值达2亿元。湖南成大生物科技有限公司生产总值2.5亿元，上缴税收1300万元。湖南省安化县同心锑矿、湖南安化华宇锑业有限公司等生产总值达1.6亿元。湖南山山绿色食品有限公司以加工生产苦荞、茶油、竹笋、鸡毛菌等产品为主，全年销售总额达3000万元。

2. 农业生产。全年粮食播种面积7700余公顷，总产量达1.8万余吨，其中稻谷产量8000吨。新建茶园基地210公顷，全镇茶园面积达2030公顷，形成了黄毛玲、云台山、罗卜坡、老虎岩、青云观、古楼坡等10多块20公顷以上规模连片茶园 。药材种植面积新增34公顷，品种以玉竹、厚朴等为主，全镇药材种植面积达330公顷，主要药材基地有渣洋村老虎界原料基地、冷峰尖原料基地。

3. 旅游业。3月，镇政府成立国家4AAAA级旅游景区创建工作领导小组，对云台山旅游资源进行统筹开发与保护。9月26日，安化县200多名各界人士，在云台山英雄公园举行烈士纪念日公祭活动，迎接第三个“9·30”烈士纪念日的到来。英雄公园坐落于云台山村，占地面积4.03公顷，投资880万元,历时两年完成碑体、入口牌坊、观景长廊及台阶、英烈墙、集散广场等主体工程建设。龙泉洞风景区全年共接待游客4万余人，收入290万元。

二、城镇建设

调整城镇规划委员会，严格落实例会制度；全年审查审批马路镇黑色水体治理、污水处理厂等4个建设项目；查处占地建房3起；组织专门力量在易家庄及S308开展征地拆迁工作。完成全镇总体规划编制修编与马路溪村、云台山村、澄坪村、六步溪村4个村规划编制。

完成镇区棚户区改造的设计、招投标等基础工作。其中城区综合整治项目（一期）房屋立面改造和道路提质改造工程设计分别是中机国际工程设计研究院有限责任公司和杭州中瀚建筑设计有限公司中标，道路提质改造工程分三个标段，分别是湖南省郴州市第二建筑工程公司、湖南天福景观建设有限公司、湖南千杉建筑工程有限公司3家公司中标。

《在镇区规划区禁止燃放烟花爆竹的规定》于7月29日提请马路镇第二届人民代表大会第五次全体会议通过后，于9月1日开始正式实施，规定在马路镇区规划范围内，东至四房村老师坳、西至蒋坪村蒋坪桥、南为八角村村域、北至成大生物门口为禁止燃放烟花爆竹区域，被禁区域除每年除夕、正月初一、正月十五以外其他时间禁止燃放烟花爆竹和带声、光、电的其他替代品。城区环卫工作进行市场公司化运作，承包给天亿保洁公司，由天亿公司聘请环卫工人负责镇区范围内的卫生清洁，天亿公司向政府负责。

三、基础设施建设

1. 交通。全年完成岳溪村、折尔村、云台山村等农村公路硬化7.5千米；洞山村、严家庄村等农村公路提质改造（窄路加宽）9.94千米；农村公路日常养护里程达257千米。完成苦山村双溪桥、潺坪村的潺溪坪桥、四房村的工农桥、澄坪村龙洞溪桥、青云村的岗溪冲桥5座危桥的采集入库工作，并进入了初步设计阶段。

2. 水利。新修了13个清水池，铺设自来水管道38650米，完成惠及全镇4个村1200人的农村饮水提质改造工程，全镇人民饮水安全水平有效提高。

3. 电力。完成了王镇线马栗线#058杆、马湖线六步溪支线#040~042杆的改道工作，对马岳线图溪支线#014杆电杆断裂进行了及时抢修，完成了王镇线开唐支线肖木分支线#01杆线路对地距离不够消缺工作，完成了2017年马路溪村、折耳村等19个村的网改测量设计工作；太阳能等新型能源建设逐步在云台山、六步溪等村得到推广。

4.“信息惠民、宽带乡村”。安装直播卫星“户户通”1090户，宽带网络安装户达4780户，基本实现了村村通网络。

四、社会事业

1. 积极开展社会治安综合治理。以“四个平台”即宣传平台、沟通平台、排查平台、打击平台为抓手，实现了综治名调大提升，全年排名提升至84名；持续推进安全生产工作，2016年成功创建为市级安全生产示范乡镇。

2. 精准扶贫。将精准扶贫纳入镇、村两级绩效考核，签订了脱贫攻坚责任状，完成了分类统计工作并通过县扶贫局验收，对42户贫困学子进行了扶贫助学，对228户建档立卡贫困户进行了小额信贷贴息贷款，贷款总金额885.73万元。2016年实现减贫1262人，完成危房改造80户指标。

3.社会保障。扎实开展社会救助，全年共发放城镇、农村低保资金113.62亿元。供养五保户338人，特困人员450人。完成新增城镇劳动力202人。

4.医疗卫生。完成村妇女“两癌”检查1200余人，对4个残疾儿童进行了免费检查及治疗，对5个重度精神病人进行了康复治疗。

5.教育。狠抓教学质量与管理，2016年荣获安化县小学教学质量优秀奖，初中质量评价上升到全县第八名，考入省属重点高中54人，生物、地理、音乐、信息等学科毕业会考成绩在县居于领先地位，生物学科被评为县优秀学科，中小学“家长学校”建设日趋规范；投入资金320余万元，修建了塑胶跑道、护坡建设、高规格PU（聚氨脂材料）球场，办学条件不断改善。

6.文化体育。建成村文化室13个，并明确了文化辅导员，健全了各项文化建设制度；马路村成功创建为市级文化示范村；引导安化云台八角茶业有限公司、安化信奕福茶业有限公司2家上规模茶叶企业成功注册为文化公司；主办了“茶旅杯”篮球赛，积极协助组织开展了“2016年中国安化黑茶开园仪式”“首届云台山帐篷文化节”“纪念红军长征胜利80周年征文活动”及云台山茶企的大型旅游宣传活动、“欢乐潇湘·神韵安化”月月乐群众文化活动等。

五、自身建设

1.镇党委、政府结合“两学一做”学习教育，以提高党员干部能力为关键，不断提高党的执政能力。配优、配全了党委、人大、政府、政协班子共计11人，均为大专以上文化程度；严格按照发展程序发展党员7名、入党积极分子29名，推选出年轻后备干部87名；认真落实了“两个责任”（党委负主体责任，纪委负监督责任）和“一岗双责”制度（一个岗位承担两方面的职责），坚持“三重一大”研究制度（重大问题决策、重要干部任免、重大项目投资决策、大额资金使用），严厉惩处“四风”（形式主义、官僚主义、享乐主义、奢靡之风）问题，形成党风廉政建设一级抓一级、层层抓落实的良好局面。

2.全面完成26个村（居委）“第一书记”和驻村干部的选派。按照规范化、标准化要求，扎实推进村民便民服务中心的新建与改建，全镇共新建18个村民服务中心。

【首届益阳安化·云台山帐篷旅游文化节】 5月28日至29日，市户外运动协会和县旅游协会在云台山上联合举办首届安化·云台山帐篷旅游文化节。来自长沙、怀化、娄底、湘西等地23支户外团队的近千名驴友，聚集云台山露营，体验独特安化茶旅文化。主办方精心准备了广场歌舞表演、龙泉洞游玩、茶园观光、篝火晚会、集体帐篷露营、观看云海日出等活动。云台山是继武功山、大别山等地之后，全国第五个举办帐篷旅游文化节的名山。自5月在网上发帖后，短时间内招募约近1000名户外爱好者以及志愿者集结云台山，吸引上万名网友互动。

【危险化学品消防演练】 7月29日，由马路镇人民政府主办，湖南成大生物科技有限公司、马路派出所、马路镇安监站、马路镇志愿消防队、马路中心卫生院等部门单位通力协作，在湖南成大生物有限科技公司开展了危险化学品消防演练。此次消防实战演练效果得到市、县级领导的肯定。

【镇区新规划区禁放烟花爆竹】 7月29日，马路镇第二届人民代表大会第五次会议听取了马路镇人民政府《关于在镇区新规划区禁止燃放烟花爆竹工作情况的报告》，明确在马路镇区规划范围内，东至四房村老师坳、西至蒋坪村蒋坪桥、南为八角村村域、北至成大生物门口为被禁区域。被禁区域除每年除夕、正月初一、正月十五以外，其他时间禁止燃放烟花爆竹和带声、光、电的其他替代品。由镇人民政府及公安、城管、环卫等相关职能部门负责按规定执行到位，对违反规定的人员和单位严格进行处罚。

【王家河—马路35千伏线路工程顺利竣工】 9月1日，王家河—马路35千伏线路工程圆满完工，历时9个月。输电线路连接柘溪镇至马路镇，采用单回路杆塔的架设方法，架设杆塔56座，线路全长19千米，成为柘溪、马路两镇主要供电电源。

（撰稿人：曾秘）

奎溪镇

【领导人名录】

党委书记　杨正华
副 书 记　谌纯章
　　　　　邓赞扬（2016.4 起）
纪委书记　蒋殿光（2016.4 止）
　　　　　姜　凛（2016.4 起）
武装部长　李智勇
政法书记　李智勇
组织委员　李智勇（2016.4 止）
　　　　　魏　访（2016.4 起）
党委委员　夏自然（2016.4 止）
　　　　　龚赛华（2016.3 止）
　　　　　邓勇盛（2016.3 止）
　　　　　刘永开（2016.4 起）
　　　　　杨兰林（2016.4 起）
人大主席　蒋殿光
镇　　长　谌纯章
副 镇 长　夏自然（2016.4 止）
　　　　　陈志光（2016.4 止）
　　　　　李尼曼（2016.4 止）
　　　　　刘永开（2016.7 起）
　　　　　邓吉生（2016.7 起）
　　　　　朱　鹃（2016.7 起）
政协主任　李智勇

【概况】奎溪镇位于安化县西部，西南与溆浦县、西北与沅陵县接壤，东北与马路镇、东南与烟溪镇为邻。镇政府驻地白羊社区，邮政编码 413507。总面积 242.24 平方千米。耕地 1553 公顷，其中水田 686 公顷、旱地 867 公顷。林地 20000 公顷。

1949 年 10 月后，属第七区，1952 年属第十三区。1956 年撤区合乡，属奎溪乡。1958 年成立奎溪人民公社。1961 年木榴公社划出。1984 年改为奎溪乡。1995 年将奎溪、木榴两乡合并组建成奎溪镇。2016 年全县进行村级区划调整，全镇辖 1 个居民委员会、11 个村，共 7507 户 23572 人。2016 年镇机关共有公职人员 41 人，其中公务员 21 人，财政、计生、经管、劳务、后勤等事业编制人员 20 人。

该镇地形以山地为主，平均海拔 700 米，天然溶洞群多，喀斯特地貌特征明显。为亚热带季风气候，夏季高温多雨，冬季温和少雨，四季分明。常年平均气温 16.5℃，平均降水 1700 毫米。平均年日照数为 1340 小时，平均相对湿度比为 81%。境内溪流纵横交错，其中以瀼溪最大。瀼溪发源于冷风尖山，纳洋溪、渣滓溪、六步溪、抱溪、网溪、雾寒溪、赤水、船溪、奎溪、岳溪、马路溪等支流，在杉木塘注入资水。全长 56 千米，贯穿全境。矿产资源已探明的有锑、铀、钒、铁、铅、钨、金刚石、石煤等。锑矿探明储量有 10 万吨，是世界第三大锑都。全境存有原始次森林 66.67 公顷，森林覆盖率为 80%。

2016 年，奎溪镇紧紧围绕县委“四轮驱动”和“绿色崛起”发展战略，以建设“生态名镇、矿业重镇”为奋斗目标，以支持渣矿技改、镇区建设、产业发展、民生改善、队伍保障为抓手，着力做好“优美集镇、优良环境、优势冬种”三篇文章，实现奎溪镇经济社会持续快速发展。

一、经济发展

1. 主要经济指标。2016 年完成生产总值 7.2 亿元；固定资产投资 8.78 亿元，同比增长 37.4%；实现税收 2000 余万元，农村居民人均可支配收入达 4400 元，同比增长 15%。

2. 工业。2016 年完成工业总值 4.98 亿元。湖南安化渣滓溪矿业有限公司“8+1”技改工程累计完成投资 3.2 亿元，投资 4000 多万元的新尾砂库现已投入使用。

3. 农业。实现粮油总产量 1.1 万吨、水产品产量 1137 吨；生猪存栏 1.03 万头，出栏生猪 1.027 万头；牛羊存栏 2.4 万头，出栏牛羊 2.3 万头；家禽存笼 16.1 余万羽，出笼 11.25 余万羽；建成了奎溪、言槐千亩油菜种植核心区、木榴六步溪油菜种植风景区与 S308 沿线油菜生产带的“两区一带”油菜生产基地，实现油菜种植面积 1428.52 公顷。雾寒茶业、富达茶厂和神农富茶厂等茶企茶产量 7500 担，产值 8500 余万元。

4. 旅游产业。主动融入雪峰湖观光度假休闲旅游线路，制定了《奎溪镇旅游发展中长期规划》；邀请市、县新闻媒体对雾寒村打鼓洞景点进行了专题采访；注重吸引社会资本，引导市场走向，规划打造了秦汉桃源、奎溪村万亩油菜示范基地、银玄村茶旅一体化等系列特色旅游项目。

5. 招商引资。重点开展黑茶精深加工、旅游综合开发、城镇建设等项目招商，全年完成招商引资 1.28 亿元，其中新开工项目 2 个，分别是安化县秦汉源农业有限公司投资 5000 万元建设的茶旅一体化发展项目，拟新建 133.33 公顷有机观光茶园、游客服务中心、五星级农家山庄，新增 6 处旅游景点。安化县六洞茶叶有限公司投资 5000 万元建设的优质黑茶加工生产项目，拟新建 200 公顷有机茶园与 10000 平米标准化厂房，年产优质黑茶 3000 吨。新签约项目1个，博远新能源科技有限公司投资2800万元建设分布式屋顶光伏发电及村级扶贫电站项目。

二、中心工作

1.重点工程。渣矿“8+1”技改工程进展顺利，投资4000多万元的新尾砂库主体工程已经完工，并于5月份投入使用；白羊农贸市场整体搬迁项目已完成新址0.93公顷的土地征用工作，第一期工程已全面完成，正式投入使用；株溪口大桥已于6月已建成竣工；木榴河堤修复工程已邀请相关专家进行了勘测，正在酝酿设计施工方案，奎溪河堤已实施了阶段性修复工作。

2.精准扶贫。认真搞好精准识贫，开展贫困户大走访活动，所有帮扶责任人对全镇1081户、3676人进行了全面走访调查，进一步摸清了情况，澄清了底册，并进行动态管理。按照“六个精准”“七个一批”“挂图作战”等工作要求，落实了帮扶责任人，因人制宜、因户制宜制定帮扶措施，制定了扶贫路线图和时间表。创新扶贫举措，在全县率先成立了扶贫工作站，镇财政安排30万元专项资金，用于帮扶贫困户发展产业；实行项目扶贫效益分析。凡惠农资金使用，优先考虑贫困户，凡项目的实施必须经10户以上受益贫困户签字确认，经扶贫站审核报领导审批后方可批准实施。与奎溪便民粮油专业合作社、华星锑业、雾寒茶业、木榴白竹园种粮合作社4家企业组织签订了脱贫攻坚责任状。全年有598人提交了贫困户退出确认书，其中产业发展121户439人，社会兜底保障126人，教育助学10人，生态补偿136人，发放小额扶贫贷款480多万元。精准扶贫工作，得到了县委、县政府的高度肯定，11月8日，全县精准扶贫现场会在该镇胜利召开。

3.“两网”退出。该镇在全县率先完成了全部9户养殖户的“两网”退出协议签订工作，并于年底全部退出上岸。

三、城乡发展

成立查违控违拆违工作领导小组，彻底排查了镇规划区内的所有违建行为，全面完成了幼儿园的违章建筑拆除工作；成功开展了“8·18”综合整治行动，拆除镇区主干道雨棚12个，清理杂物3处、广告牌8处，整治乱堆乱放4处，查处无证经营烟花鞭炮5家；将瀼溪河流域的治理纳入了“十三五“规划项目；奎溪中学地质灾害点处险工程已进入扫尾阶段；积极推动银玄村、卢家田村、永兴社区村3个村美丽乡村建设；镇区保洁工作顺利实现市场化运作，建立了镇区清洁卫生的长效机制；累计投入46万余元，进一步完善了垃圾填埋场及相关配套设施建设，新增保洁员5名，配置焚烧炉300个，垃圾桶100余只，洒水车一辆，至2016年底环卫设备已全部投入使用，城乡卫生面貌明显改观。

四、民生事业

2016年共计发放各类民政资金104万余元，完成推荐0~6岁残疾儿童进行康复训练2人，新增低保27人，进一步排查摸底48人可享受基本养老服务；新增城镇就业人员200人；失业人员实现再就业120人；就业困难对象实现再就业40人；新增农村劳动力转移就业82人；零就业家庭动态就业援助实现100%；工伤保险参保637人；全年完成城乡居民社会养老保险基金111.9万元，城乡居民医疗保险基金150万元。教学质量稳步提升，2016年中考总平均分较2015年提高50余分，有28人考上省示范高中，上线率较2015年高5个百分点；教学环境不断优化，总投资61万元的黄沙溪小学教学楼已经竣工，教育教学设备正在添置之中；由云数贸公司捐资50万元修建的雾寒希望小学主体接近完工，捐建陈家庄希望小学的50万元项目工程已经成功对接；中心幼儿园完成了征地扩园、绿化美化、集幼儿玩耍教师休闲于一体的综合项目，总投资42万元。

五、社会管理

1.社会管理综合治理。着力创建“平安奎溪”，发放平安创建宣传手册、法律法规节选等宣传资料5000余份，悬挂宣传横幅80余幅，张贴宣传标语1200余块，钢制永久性宣传标语60块，喷绘永久性标语50余条；制定了禁赌、禁毒专项行动实施方案，集中时间，集中精力，对重点地段进行了集中整治，张贴禁赌通告300余份，下发至全镇人民的公开信1000余份，在居民聚居区张贴宣传标语200余张，利用宣传车流动宣传，取得了良好的效果。对全镇4所中小学校开展了“珍爱生命，远离毒品”专题教育片。同时加大打击力度，刑拘3人，强制戒毒7人，社区戒毒3人。

2.安全生产。深入开展安全教育进农村、进社区、进厂矿、进学校活动，印发《村民安全自治公约》2000余份，广泛宣传安全知识；集中抓好“安全生产月”“安全生产大检查月”等主题活动，发放示范创建宣传手册、安全常识手册、安全生产法律法规节选等宣传资料1万余份，悬挂安全生产宣传横幅50余幅，张贴安全宣传标语1000余张，钢制永久性宣传标语20块，喷绘永久性标语30余块；组织开展烟花鞭炮和危险化学品整治行动3次，依法关闭非法经营烟花门店4家；对辖区内加油站、宾馆、网吧、KTV、学校等组织开展了消防安全演练；实施了汛期安全隐患大排查、节假日安全大检查、定期安全排查、道路交通安全大排查等大型安全隐患排查活动21余次，对镇各企业、村（社区）、公共场所、学校、旅馆、网吧等重点单位和重点地段排查安全隐患90余次，当场纠正或整改的60处，下达限期整改指令的20份，增设安全标志标牌15处。

六、党建工作

1. 宣传动员。一是发展支部层层召开“两学一做”学习教育动员会议、党务骨干培训会、讲党课、开展专题讨论座谈会等对全镇党员学习教育进行广泛宣传发动；二是利用标语、横幅、宣传栏、宣传车、广播、短信、微信公众号等形式进行宣传，共张贴宣传标语30条、横幅25条，及时更新“两学一做”学习教育专栏内容；三是免费发放章程、准则、条例、读本等书籍各776本，编辑宣传资料50余册，制定农村党员口袋书776本。

2. 学习教育。一是领导带头学。班子成员带头“学起来、查起来、改起来”，有效地带动全镇党员补足精神之“钙”，筑牢思想之“魂”，党政班子成员在其负责的村（社区）都上了专题党课。二是党员集中学。邀请益阳市电子商务协会万方，县委党校谢跃远、陶友元给村支部书记、部门站所负责人、机关干部职工进行“两学一做”学习教育专题培训，并上党课；聘请镇中心学校原校长刘炳文、镇老干支部书记龚孟友到各支部开展“两学一做”巡回微宣讲。上门帮扶学。针对老弱病残党员，开展上门“送学”辅导，将口袋书和上级文件送到每一位老党员家里，开展上门“送学”活动28次。三是网络推送学。开展流动党员网络“寄学”，镇党建站牵头建立了流动党员微信群，定期通过微信群发送学习资料，及时传达上级精神，上传学习资料40余条，并不定期展开讨论。

【党员冬春训活动】 3月6日，奎溪镇2016年第一期农村党员冬春集中培训班正式开班授课，分别邀请县委组织部、县委党校有关领导以及益阳市电子商务协会万方进行授课，共有155名农村党员参加。此次培训主要内容为“如何适应从严治党新要求”“践行‘三严三实’要求，深入推进党的作风建设”以及“互联网+”电子商务课程。

【全县精准扶贫现场推进会在奎溪镇召开】 11月8日，全县精准扶贫现场推进会在奎溪镇召开。全体参会人员一行对奎溪镇奎溪坪村粮油合作社脱贫攻坚示范基地、永兴社区村级扶贫工作、奎溪镇扶贫工作站进行了现场观摩学习。在推进会上，奎溪镇政府、奎溪坪粮油合作社产业扶贫典型、永兴社区村驻村帮扶工作典型、林业局驻村帮扶工作典型及县政协驻村帮扶工作典型先后做典型发言，介绍工作经验。

【第六届人民代表大会第一次会议】 11月18日，奎溪镇召开第六届人民代表大会第一次会议。会议选举蒋殿光为奎溪镇人大主席，谌纯章为奎溪镇镇长，刘永开、邓吉生、朱鹃为奎溪镇副镇长。

【“两学一做”微宣讲活动】 12月，奎溪镇开展“两学一做”微宣讲活动，宣讲团以革命先辈事迹为主题，深入浅出、条理清晰地讲述了中国共产党从成立之初到发展壮大，再到领导全国人民走向胜利的光辉历程，用历史事实向基层党员客观地回答了“为什么中国共产党能取得如此辉煌的执政成就”等问题。此次微宣讲活动受到了广大基层党员的一致好评，宣讲活动覆盖了全镇12个村（社区）的649个党员，不但丰富了农村党员获取知识的途径，更提高了他们的党性修养。

（撰稿人：杨剑）

渠江镇

【领导人名录】

党委书记　阳　锋（2016.4 起）
副 书 记　夏灿华（2016.3 止）
　　　　　高怀望（2016.4 起）
　　　　　张英华（2016.4 止）
　　　　　苏志中（2016.4 起）
纪委书记　蒋构华（2016.4 止）
　　　　　夏延魁（2016.4 起）
武装部长　张英华（2016.4 止）
　　　　　邓长军（2016.4 起）

政法书记　蒋构华（2016.4 止）
　　　　　邓长军(2016.4 起）
组织委员　廖　芬(2016.4 起）
党委委员　夏国伟（2016.1 止）
　　　　　蒋构华（2016.4 止）
人大主席　张英华（2016.7 起）
人大副主席　夏国伟(2016.4 止）
镇　　长　夏灿华(2016.3 止）
　　　　　高怀望(2016.4 起）
副 镇 长　苏志中(2016.4 止）
　　　　　邓长军(2016.4 起）
　　　　　胡辉军(2016.7 起）
　　　　　王钦臣（2016.11 起）
政协主任　蒋构华(2016.4 止）
　　　　　邓长军(2016.4 起）

【概况】 渠江镇地处安化县西南部，柘溪库区中游，东与柘溪林场隔柘溪水库相望，南连平口镇和溆浦县善溪乡，西与溆浦县两江乡、水田庄乡相邻，北与烟溪镇接壤。镇人民政府驻渠江社区，电话区号 0737，邮政编码 413512。全镇总面积 86.23 平方千米，其中陆地 74.61 平方千米，占 86.53%，水域面积 11.62 平方千米，占 13.47%。耕地面积 323 公顷。林地面积 6384 公顷。

1952 年属安化十五区。1956 年撤区，并渠江、神湾为渠江乡；连里、大湾为连里乡，均属烟溪办事处。1958 年公社化时，属平口、烟溪两公社。1961 年调整成立烟溪区，建连里公社。1984 年改称连里乡。1995 年建渠江镇，镇政府由原灯塔村迁至渠江社区。2016 年全县进行村级区划调整，全镇辖 1 个居民委员会、8 个村，共 3740 户 14515 人。2016 年镇机关共有公职人员 38 人，其中公务员 16 人，财政、计生、经管、劳务、后勤等事业编制人员 22 人。

境内地形为山区地貌，地势略为西高东低、南高北低，在海拔 300 ~ 700 米之间。属亚热带季风气候，四季分明，光照充足，雨量集中。多年平均气温 16.2℃，1 月平均气温 1.6℃，7 月平均气温 31.7℃。年平均降水量 1706.1 毫米。无霜期年平均 275 天，年平均日照 1335.8 小时。渠江是该镇境内唯一的一条河流，境内长 26 千米，流域面积 82.83 平方千米。境内矿藏主要有锑矿、铁矿。柑子园锑矿位于大安村，已探明地质储量 90 万吨，可采量 88 万吨，年产量 420 吨；大塘铁矿位于大塘村，已探明地质储量 30 万吨，可采量 29 万吨，年产量 130 吨。境内现有野生动物 276 种，其中被列为国家二级保护动物的有红腹锦鸡、果子狸、大鲵等 19 种。野生种子植物有南方红豆杉、银杏等 120 种。

2016 年全镇坚持四轮驱动和四个安化建设，团结一心、积极进取，抢抓机遇谋发展，关注民生办实事，维护稳定保平安，较好地完成了年度各项目标任务。2016 年，该镇获得了全县绩效考核三等奖，全市 2016 年综治维稳工作先进单位，全市 2016 年计划生育工作良好单位，全县党风廉政建设先进单位、统战工作先进单位、科技工作先进单位、新型城镇化建设先进单位、财税工作先进单位。

一、主要经济指标

2016 年，全镇完成国民生产总值 4886 万元，同比增长 10%；完成固定资产投资 1.42 亿元，同比增长 18%；农民人均纯收入达 4112 元，同比增长 4%。全年税收完成 446.75 万元，其中地税 396.5 万元，国税 50.25 万元，为全年任务的 135%。

二、产业建设

1. 茶产业。2016 年全镇茶产业迅猛发展，全镇全年新建茶园基地 66.67 公顷。全镇茶园基地中，原生态野荒茶园有 200 公顷，新式有机茶园 466.67 公顷，主要分布在海拔 500 ~ 800 米左右的高山地区。全镇黑茶粗加工企业有 11 家，精加工企业 2 家。黑毛茶年产销量实现 320 吨，精制黑茶年产销量实现 90 吨，年产值达 7500 万元。

2. 小水果产业。全镇有小水果种植面积 186.67 公顷，其中南丰蜜桔种植面积为 126 公顷，金秋梨种植面积 18 公顷，奈李等其他小水果种植面积为 42.61 公顷。2016 年全镇南丰蜜桔年总产量为 1500 吨，金秋梨年总产量为 400 吨，奈李等其他水果总产量为 780 吨。其中大安村水果专业合作社水果种植面积为 126.67 公顷，包括 20 公顷金秋梨、80 公顷南丰蜜桔、26.67 公顷椪柑、13.33 公顷奈李，年产南丰蜜桔 700 多吨，金秋梨 250 吨，奈李 500 吨，占了渠江水果总产量的半壁江山。

3. 养殖业。全镇共有养殖专业户 21 家，其中养猪专业户 16 户、养牛专业户 4 户、养羊专业户 1 户，生猪常年存栏 8000 头以上，全镇养殖业的全年销售额达 2000 万元以上。

4. 旅游业。2016 年全镇召开了多次城镇规划的专题会议，并邀请专家、教授对该镇进行特色小镇建设的规划，计划 2017 年出台镇区的总体规划图纸。总投资达 1000 万元、占地达 5000 平方米的万佛塔风景区已完成建设，4

月30日举办了盛大的开光仪式，并正式对外开放。

三、基础设施建设

1.交通建设。2016年全镇共投入资金520多万元，新建机耕道4.5千米，扩改硬化公路12千米。一是对连华至社区的公路进行硬化，硬化宽度为5米，总长7.9千米，该公路硬化完成后有力地促进了该镇经济发展和对外经济交流；二是夫溪至升家的两条机耕道建设；三是沅大至连里的公路扩宽整改工程，公路将由原来的3.5米扩宽至5米，并全程硬化。

2.水利建设。在2016年“7·4”洪灾发生后，全镇各处水利设施损失严重，该镇投入资金50多万元，对全镇8家水厂进行了修复，铺设主管道5000余米，支管道11000余米，保证了全镇百姓的正常生活用水。对灯塔水库溢洪道进行了整修，修复了多处河堤和渠道。投入200多万元完成了连里村的水毁河道修复建设项目，该项目全长1200多米，完成后极大的改善了连里村的汛期险情，避免了今后在汛期中6.67公顷农田的水淹。

3.镇区建设。9月份渠江完小宿舍楼竣工，解决了该镇留守儿童的住宿问题；完成了渠江中心幼儿园和渠江农产品交易服务中心的主体建设和外装修；完成了政府公租房主体建设；完成了覆盖整个渠江的“天网工程”建设。

四、民生保障

1.精准扶贫。全镇共有建档立卡贫困户541户2124人，有3个贫困村，分别是市级贫困村连里村、县级贫困村夫溪村、渠江社区，其中连里村有由市经信委派驻的驻村扶贫工作队，联点领导为益阳市副市长周振宇。2016年该镇多次召开了精准扶贫专题工作会议，落实和部署上级安排各项的精准扶贫工作。认真开展了精准识贫，重新确定了扶贫对象，结合渠江实际，出台了帮扶清单，实现了机关干部结对帮扶全覆盖；认真落实了“六个一批”，充分利用小额信贷帮助贫困对象发展产业，全年共计为115户贫困户发放小额信贷539万元；利用教育“雨露计划”，积极扶持贫困家庭中接受职业教育的子女完成学业，全年共计有71人次享受了“雨露计划”补贴，共计享受补贴47300元；利用中小学生教育扶贫政策为169名建档立卡贫困中小学生发放了教育补贴，补贴金额为小学生1000元/年，初中生1250元/年；创新生态资金使用方式，使该镇13名贫困人口成为护林员，用这种方式使他们脱贫；利用危房改造政策，支持贫困户新建住房，全年共有27户建档立卡贫困户享受了危房改造补贴，共计补贴金额27万元；对进入建档立卡系统的重点特困对象，通过农村低保、五保对他们进行政策兜底。通过这些方式，成功实现了该镇2016年343人的脱贫。2016年该镇积极申报了安化县2017贫困人口集中安置计划，该计划涉及夫溪村、大塘村、晏家村、大安村、城华村等6个村167户615个贫困人口。

2.社会保障工作。2016年全镇新农保基金征缴资金为60.7万元，完成新农合基金征缴12350人，圆满完成上级下达的征缴任务。全年完成企业用工与执法巡查12次，调处劳资纠纷7起，无一例劳动信访案件积压、无一例劳资信访对象越级上访，就业再就业人员70人次、农村劳动力转移就业人员80人次、垫息贷款支持2家企业发展。

3.民政工作。2016年全镇6个村的94户城乡低保对象进行了动态调整且扩面提档21户；对符合五保条件的5位村民纳入了五保供养体系；为97位残疾人对象缴纳了新的农村合作医疗保险；为184位五保及低保一类对象缴纳了新农保。全年共发放临救资金与冬春荒救助资金近50万元，投入20万元对敬老院进行了整改。全年共计发放惠农资金1008万元，其中农村低保206万元，城镇低保55万元，库区移民后期扶持基金277万元，森林生态补贴46万元，自然灾害救助补助资金16.5万元，完善退耕还林补助资金48万元，农村无房户建房补贴120万元等。

五、社会管理

1.综治信访工作。该镇是益阳市社会治安综合治理挂牌整治的单位。2016年，该镇积极采取措施，落实“镇统筹、片负责、村为主”的工作机制，全力化解上访户的各类矛盾纠纷。通过全镇上下的共同努力，该镇的社会治安综合治理特别是信访工作取得了令人瞩目的成绩，在市里挂牌整治的单位已销号，2016年底还获得市社会治安综合治理先进单位称号。

2.安全生产工作。2016年全镇积极开展安全隐患排查，每月定期开展安全隐患检查，全年未发生一起安全事故。

3.民调工作。全镇通过开展多方面的宣传，在全镇百姓的积极配合下，该镇民调工作在全市的排名由2015年的全市倒数第三上升至2016年下半年全县第六。

4.教育事业。2016年该镇教育事业取得了新的突破，学子王跃辉在2016年的高考中荣获安化县理科状元，渠江中学中考成绩在全县排名上升。另外通过积极寻求爱心助学的热心企业，帮扶学生解决实际困难。

【中共渠江镇第六届第一次代表大会召开】 4月28日，中国共产党渠江镇第六届第一次代表大会在镇政府五楼会议室召开。大会按法定程序投票选举产生了中共渠江镇第六届委员会7位委员，选举产生了中共渠江镇纪律检查委员会，选举产生了出席中共安化县第十二次代表大会代表4名。

【万福山风景名胜区落成暨万佛塔开光典礼】 4月30日，渠江镇举办了万福山风景名胜区落成暨万佛塔开光典礼，并正式对外开放。此次开光典礼由全国佛教协会副会长、湖南省佛教协会会长圣辉大师主持，共计10000多游客参加了此次活动。万佛塔位于渠江镇大安村，是渠江最有影响、最有文化内涵的地标性建筑物，也是渠江皇家薄片茶祖文化塔。该塔从2012年3月开始动工兴建，总投资达1000万元。

【2016年经济工作会议】 5月18日，渠江镇召开2016年经济工作会议。镇长高怀望做经济工作报告，报告回顾了2015年度全镇经济工作中取得的成绩以及存在的问题，安排部署2016年工作。会议上还对2015年度工作先进单位和先进个人进行了表彰奖励。

【连里完小举行远得慈善基金宿舍楼竣工仪式】 9月20日，渠江镇连里完小举行远得慈善基金宿舍楼竣工仪式。香港惩教社教育基金会等负责人参加了本次竣工仪式。据了解，渠江镇连里完小宿舍楼总造价为240万元，香港远得慈善基金捐款40万元。楼高4层，可为一至六年级的300余名留守儿童提供住宿。

【第六届人民代表大会第一次会议】 11月18日，渠江镇第六届人民代表大会第一次会议召开。会议选举产生了渠江镇人民政府镇长高怀望、人大主席张英华及副镇长邓长军、胡辉军、王钦臣。

【“和谐渠江·秀美渠江”群众文艺汇演】 12月7日下午，由县委宣传部、县文广旅新局、渠江镇人民政府主办的月月乐群众文艺汇演“和谐渠江·秀美渠江”在渠江镇妙龄幼儿园隆重举行。此次汇演比赛中，渠江中学九年级学生的原创舞曲《梅山傩韵·手诀》获得了第一名，该舞曲是以安化独特的梅山文化为根基所创作出来的，表现了安化人民不畏艰难，敢于与天斗、与地斗的勇气和吃苦耐劳的拼搏精神。

（撰稿人：莫旭）

烟溪镇

【领导人名录】

党委书记　夏跃平
副 书 记　夏普云（2016.4止）
　　　　　孟志刚（2016.4起）
　　　　　夏亲华（2016.4止）
　　　　　夏　强（2016.4起）
纪委书记　孟志刚（2016.4止）
　　　　　夏正鹏（2016.4起）
武装部长　夏亲华（2016.4止）
　　　　　胡宝成（2016.4起）
政法书记　龚水平（2016.4止）
　　　　　张　辉（2016.4起）
组织委员　夏　强（2016.12止）
　　　　　何少杰（2016.4起）
人大主席　孟志刚（2016.4止）
　　　　　张　辉（2016.4起）
镇　　长　夏普云（2016.4止）
　　　　　孟志刚（2016.4起）
常务副镇长　刘克祥（2016.3止）
　　　　　冯　乐（2016.4起）
副 镇 长　龚水平（2016.4止）
　　　　　夏朝霞（2016.7起）
　　　　　伍朝友（2016.7起）
政协主任　刘洪波（2016.1止）
　　　　　李康进（2016.4起）

【概况】 烟溪镇镇位于安化县西部，资江中游西侧。东连马路镇，南接渠江镇，西抵溆浦县低庄镇，北邻奎溪镇，与南金乡、古楼乡隔河相望。镇政府驻地大双塘，电话区号0737，邮政编码413512。总面积198.2平方千米；耕地482.73公顷，其中水田265公顷，旱地217.73公顷；林地17885公顷。

1949年10月后建烟溪镇，属第八区，后属第十四区。1956年属烟溪乡。1958年属烟溪公社。1960年恢复镇建制，属烟溪区，镇址在新码头。1961年柘溪电站关闸蓄水，新码头被淹，全镇搬迁到烟溪公社双塘大队马家庄，重建街道房屋，镇名依旧。1987年，烟溪乡并入烟溪镇。1995年撤区并乡，双龙乡并入。2016年全县进行村级区划调整，全镇辖3个居民委员会、15个村，共7018户32998人。2016年镇机关共有公职人员46人，其中公务员27人，财政、计生、经管、劳务、后勤等事业编制人员19人。

该镇地处雪峰山脉，境内崇山峻岭，沟壑交错。南盘界海拔900多米，为境内最高山峰。连溪坪盆地地势狭长，面积约66.67公顷，土地肥沃，为主要耕作区。该镇为亚热带季风气候，夏季高温多雨，冬季温和少雨，四季分明。常年平均气温16.8℃，平均降水1628毫米。受柘溪水库影响，冬季温暖湿润，有利于柑橘等小水果生长。境内主要河流有烟溪、联溪。该镇铀、石煤、锑等矿产藏量丰富，1972年国营715矿在此进行铀矿开采。该镇实行挂牌保护的古树有1200多棵，树龄最长的1500多年。

2016年，该镇始终坚持以经济建设为中心，紧紧围绕"繁荣农村经济"这一主题，以城镇建设、交通建设为重点，进一步加大对"三农"工作的支持力度，积极应对新形势，探索新思路，为加快社会主义新农村建设开创了全镇工作新局面，全镇规模农业不断发展，农村劳动力转移数量和质量继续提升，农民创业热情不断提高，为农民持续增收提供了有力的支撑。

一、主要经济指标

全年完成国民生产总值4.68亿元；农民人均纯收入4025元；实现财税入库759.8万元；规模企业工业产值达3.82亿元，增长18%；完成工业固定资产投资1.33亿元。

二、交通建设

4月26日，十八渡大桥建成通车。这是镇党委、政府打破常规，自当业主，自筹资金建设的大桥，项目总投资2500万元，大桥建设工期短、质量高、无纠纷、无事故。同时，该镇正积极规划建设烟溪至岳溪公路。S225烟溪镇内全线完工，S225安化境内烟溪段里程最长、工程难度最大、完成最快。同时完成栗子溪，通溪桥，桃溪，抱水等农村公路窄路加宽工程。

三、镇区建设

新区将移民避险搬迁安置项目和城镇建设有机结合起来，投入1.6亿元，征地7.2公顷，一期已建成8栋、560套、8.9万平方米，水电、管网、道路等基础设施建设已投入使用，二期正在开发，完成后烟溪镇区面积将在原有基础上扩大三分之一，城镇品位和承载能力明显提升。老镇区改造结合棚户区改造开展，已完成规划设计、招投标等工作，主要完成街道路面改造、绿化、亮化及立面改造等，总投资约3800万元。一期工程12月初正式启动。各村已完成村民服务中心大楼建设，配套设施相继到位，大大完善了村民服务体系。

四、茶旅产业

"中国红茶名镇""烟溪红茶"品牌声名鹊起，产销两旺，全年产销量达125吨，销售额达2.26亿元，带动农民人均年增收1680元。烟溪茶业协会成立，茶旅文一体化发展思路确立，新引进项目5个，共完成招商引资任务1.22亿元，完成固定资产投资8000万元。烟溪茶叶基地建设如火如荼，全年共改造茶园30.67公顷，新建茶园160公顷。同时烟溪镇正在建设"中国·安化"红茶博物馆，至2016年底主体工程已完工，"中国·安化"红茶广场、红茶学校、红茶研究院正在筹建当中。原国民政府兵工署第十一兵工厂遗址（双烟村）、红军墓等红色旅游资源保护和开发开始规划筹建。红茶、红色与库区美景相得益彰，体现烟溪独有的特色。

五、党建、扶贫

党建按照上级党组织规定动作开展工作，主要组织了党员学习、组织生活、基层党组织建设等。扶贫工作紧紧抓住精准识贫、分类统计、因地制宜、结对帮扶、精准施策等关键环节，扶真贫、真扶贫、出实效。

六、宣传工作

1.优化"组组通"广播运行，办好原有栏目，并紧扣党建、扶贫等中心工作开展广播宣传，为烟溪重点工作和经济社会发展营造良好舆论氛围，政府决策的实施和推进得到了群众的有力支持和拥护。

2.充分利用好微信、QQ等新媒体，"烟溪关注力"、"烟溪神韵"和烟溪镇办公群、宣传群、党建群、扶贫工作群，经常性宣传烟溪、推进工作、传递正能量。

3.发动群众拥护禁渔，禁放烟花鞭炮工作，团结民心为打造美丽乡镇奠定基础。

4.积极向上级政府网站、媒体投稿，投稿数量、质量在全县乡镇中遥遥领先。

七、其他工作

1.统筹城乡发展。认真组织实施农村劳动力素质培训和转移就业。大力开展城乡清洁工程，着力改善群众生活环境，"两网退出"工作强力实施，退出达91%。强化农村基层治理工作。着力实施食品药品安全放心工程。

确保了人民群众饮食用药安全。社会环境保持稳定，计划生育良好发展。

2. 优先发展教育，全年累计投入教育专项资金366万元，用于教育教学条件改善。此外，镇财政支持教育事业专款划拨28万元，教师节开展了尊师重教慰问活动，并举行了规模空前的总结表彰大会。

3. 促进文化大发展大繁荣，推进社会主义核心价值体系建设，大力开展道德模范宣讲教育和精神文明创建活动。加快科教兴镇步伐，推进文化事业与文化产业同步发展。

4. 继续深化医药卫生体制改革，加快公立医疗机构改革。加强公共卫生服务体系建设，推进城乡居民健康档案建档，加强重大传染病控制、妇幼保健和卫生应急工作。

5. 加快社会保障体系建设，实现城乡居民养老保险和医疗保险全覆盖，基本养老金、低保金按时足额发放。

6. 多次举办羽毛球、广场舞、篮球赛、达人秀等文体活动，丰富群众业余生活。

【十八渡大桥建成通车】 4月26日，烟溪镇十八渡大桥竣工通车。副县长杨慎之代表县委、县政府向大桥竣工通车表示热烈的祝贺。十八渡大桥西头连接X053，东头接十八渡至黄龙村村道，全长329米，通车后可解决烟溪镇十八村、桃溪村、双烟村和黄龙村等近3000人的交通出行问题，对于进一步改善库区道路交通状况，方便广大群众生产生活，加快新农村建设，带动烟溪镇及周边乡镇经济发展具有积极的作用。

【优秀教育工作者表彰会议】 9月9日上午，在第32个教师节到来之际，烟溪镇在毓云文化中心隆重召开2016年教师节表彰大会。出席此次表彰大会的有烟溪镇政府全体干部职工、各部门站所负责人、各村社干部和村民小组组长，安化县第五中学和镇中心学校全体教师、退休教师代表，企业代表和特邀代表，共552人。镇党委、政府授予刘丰跃等47名教师“优秀教师”称号，舒均石等8名干部“支持教育工作先进个人”称号，安化雪峰大米厂等2家企业“支持教育工作优秀企业”称号，移民站等6个部门“支持教育工作先进部门单位”称号。

【抗击“7·4”特大洪灾】 7月，该镇遭受特大洪灾，全镇干部群众齐心协力抗洪救灾，紧急转移受困群众2600余人，确保无人员伤亡，不溃一库一坝。灾后党政领导、干部深入了解灾情，组织村社群众积极开展生产自救，恢复公路85千米，桥涵50余座，河堤306处，民房5栋。

（撰稿人：张洪福）

古楼乡

【领导人名录】

党委书记 吴再连
副书记 夏志勇
　　夏玉中（2016.4止）
　　陈 锦（2016.4起）
纪委书记 张 辉(2016.4止)
　　夏剑勇（2016.4起）
武装部长 蒋 丰(2016.4止)
　　王朋祥(2016.4起)
组织委员 康彩霞（2016.4起）
人大主席 夏玉中（2016.8起）
乡 长 夏志勇
副乡长 蒋 丰（2016.4止）
　　王朋祥（2016.8起）
　　李 晔（2016.8起）
　　李贤文（2016.8起）
政协主任 张 辉（2016.4止）
　　李 晔（2016.4起）

【概况】 古楼乡地处安化县西部，柘溪水库中游，东连新化县荣华乡，南接平口镇，西与烟溪镇、渠江镇隔河相望，北邻南金乡。乡人民政府驻古楼坪村，电话区号0737，邮政编码413509。全乡总面积125平方千米，境内有连接县城东坪的县道柘探公路，全长70千米，水路乘船可至库区周边乡镇。地形地貌以高山为主，平均海拔370米，丘陵平地极少。耕地面积333.8公顷，其中稻田209.87公顷，人均不足0.02公顷。长期以来“林果茶鱼”为全乡基本产业，无工业企业，是典型的库区、山区、边区、穷乡。

1949年10月至1956年，境内为双江乡、古楼乡、南坪乡、探溪乡。1956年，四乡合并成立古楼乡。1958年并入南金公社。1961年从南金公社划出，另立古楼公社。1984年改成乡建制；1995年撤区并乡仍为单列乡。2016年新一轮行政区划调整改革后，辖10个行政村，共3938户13738人。年底有在职干部职工36人(含文化站、农技站、农机站)，编制人数共36人，其中副科以上党政领导9人，非领导职务2人，退休1人。设有“六办三所一站一中心”：党政办、综治办、安管办、卫计办、扶贫办、经济发展办、民政所、财政所、国土规划建设环保所、党建站、村账乡代管中心。

该乡处于雪峰山北麓，地势东高西低，境内大部分为山区，地面高程一般在海拔335米。属亚热带季风气候，夏季高温多雨，冬季温和少雨，四季分明。常年平均气温16℃，平均降水1610毫米，无霜期长268天。境内主要有探溪、双江溪、烈溪、赤水溪等河流。林业资源丰富，现存用材林2800公顷，经济林1000公顷，竹林625公顷，林木蓄积量52万立方米，森林覆盖率达85%。野生动植物资源丰富，有野生动物110余种，野生植物210余种。

一、主要经济指标

2016年全乡上下精诚协作，务实进取，实现了经济社会全面协调发展。完成财税收入580.4万元，完成率156.46%；城乡居民存款余额达2.1亿元，年内净增3158万元。国民生产总值、固定资产投资、农民人均纯收入等主要经济指标均实现大幅度增长。

二、机关管理

2016年，古楼乡党委、政府积极创新绩效考核办法，推动各项工作落实。采取“因岗设分，自主选择，权利对等”的管理办法，将各项工作统筹分为基础岗位和兼职岗位两大项，出台了《干部职工绩效考核方案》《部门站所绩效考核管理办法》《村级绩效考核方案》等管理办法，实行千分制考核。在明确分类管理的基础上，结合“双述双评”实施方案，年终召开述职测评大会，由村支书、部门站所负责人、机关干部职工就全年工作进行现场述职，述职测评结果纳入个人年终绩效考核结果，并根据考核方案严格兑现奖惩。

三、民生实事

1.产业培育稳步推进。小水果产量、经济效益取得恢复性增长；茶产业稳步成长，新开茶园10公顷，茶旅观光基地开发有序实施；特色种养业发展迅速，经济效益不断提升，各类专业合作社16个。

2.民生实事不断改善。全部完成乡村水毁道路修复，启动公安二桥和烈溪桥两座危桥新建。和谐村119户343人地质灾害避险搬迁安置工程全面启动，安置点“三通一平”、挡墙建设基本完成；移民后扶、良种补贴、生态公益林补贴等惠民资金全部落实；民政低保和特困救济、新农合、新农保等工作逐步规范，社会保险覆盖面进一步扩大，社会保障水平不断提高；认真抓好精准扶贫工作，均按“五个一批”的要求落实帮扶措施，完成了123户，435人的年度脱贫任务；安全饮水覆盖面进一步扩大，全乡基本解决了饮水难问题；扎实推进“户户通”“村村响”工程，通信能力不断提升。

3.各项事业均衡发展。人口计生工作保持平稳；建成了天网平台，全乡社会治安大局持续稳定，继续保持市、县先进地位不动摇；成功通过省安全生产示范乡镇考核验收，顺利进入了“省级安全生产示范乡镇”行列；农村清洁工程持续发力，仙龙村获“湖南省卫生村”荣誉称号。

四、条件改善

1.发展意识在凝聚。各村各部门紧紧围绕“两学一做”，在立项争资上积极作为，通过项目实施凝聚人心，赶超发展的氛围日趋浓厚。移民部门落实各类开发建设资金300余万元；教育、卫生等部门自加压力，高起点、大手笔规划，争取了一批具有战略性意义的改扩建项目；新潭、鲇鱼、蒙棋、仙龙等村充分发挥各自优势，主动出击，在各类政策性资金争取上走在全乡前列。

2.基础阵地在巩固。在长期实践中，乡村两级、政府与部门之间积极磨合，做到求同存异，消除分歧，心往一处想，劲往一处使，村支两委、部门站所基层战斗堡垒作用日渐突出。牢牢把握村民服务中心建设的机遇，实现6所新建、4所改扩建，村级办公条件显著改善。继龙马公司之后，金玉环球等一批种养合作社相继成立，益村等电商服务平台酝酿启动，乡域经济增长的引擎不断丰富。

3.生态条件在改善。深入实施农村清洁工程，乡村面貌稳步改观。新潭传统古村落、鲇鱼新农村建设稳步推进，优美生态亮点逐步突显。积极实施“两网”退出，完成县定任务，库区航道保持畅通，水体水质显著改善。

4.交通瓶颈在突破。官新高速、东渠公路正式提上各级党委政府议事日程，并取得了实质性进展。

【行政区划调整改革工作完成】 4月份，完成村级行政区划调整改革。全乡下辖建新、年鱼、方石（原方石、庄里）、古楼坪、富强（原三青、烈溪、蒙棋）、新潭、赤水新（原三合）、和谐、双江（原公安、枫香、蟒溪）、仙龙10个行政村。

【遭遇“7·4”洪灾】 7月4日受强降雨影响，古楼乡发生较大洪涝灾害，全乡10个村普遍受灾。交通、电力、水利等基础设施和农作物普遍遭受多次损毁。据统计，全乡受灾人口达5000余人次，直接经济损失4680万元。乡党委、政府迅速启动了应急预案确保了群众零伤亡。同时，积极开展生产自救，将人民群众的财产损失降低到了最低程度。投入303万元，全面恢复了全乡水毁公路。

【中共古楼乡第十三届第一次党代会】 4月28日，中共古楼乡第十三届第一次代表大会召开。会议选举了吴再连、夏志勇、陈锦、夏玉中、夏剑勇、康彩霞、王朋祥为古楼乡党委委员，吴再连当选为古楼乡党委书记，夏志勇当选为古楼乡党委副书记，陈锦当选为古楼乡党委专职副书记；十三届纪委一次会议选举了夏剑勇、李贤文、王贡献、向浩、夏吉华、陈红艳、蔡强为纪委委员，夏剑勇当选为古楼乡纪委书记，李贤文当选为纪委副书记。

【和谐村地质灾害避险搬迁安置工程启动】 9月，古楼乡和谐村地质灾害避险搬迁安置工程前期各项工作完成，户主签订了搬迁建房和拆迁原房的承诺书；委托湖南中核工程监理咨询有限公司对黄塔岩安置点进行了地质灾害风险评估，委托省地质勘探414队完成项目安置地地质灾害评估；委托湖南中天水利水电勘察设计有限公司对该项目进行了防洪影响评价报告、工程可行性报告、挡土墙施工设计；共计完成征地约2.8公顷、房屋1栋、迁坟2座。9月25日正式开工建设，12月，完成了河道改造以及安置点“三通一平”，即将启动住房建设。

【古楼乡成功创建省级安全生产示范乡镇】 10月10日，湖南省安监局法规处及市、县安监局相关负责人一行7人，对古楼乡创建省级安全示范乡镇进行验收检查。2016年12月，湖南省人民政府办公厅下发了关于《2016年度安全生产示范单位考核情况的通报》（湘政办函〔2016〕22号），古楼乡成功进入省级安全生产示范乡镇行列。

（撰稿人：谭湘林）

南金乡

【领导人名录】

党委书记　夏志才（2016.1止）
　　　　　吴盛梨（2016.4起）
副 书 记　吴盛梨（2016.4止）
　　　　　刘金山（2016.4起）
　　　　　夏绪鹏（2016.4止）
　　　　　陈志光（2016.4起）
纪委书记　夏　敏（2016.4止）
　　　　　尹付明（2016.4起）
武装部长　陈善千（2016.4止）
　　　　　陈勇刚（2016.4起）
政法书记　陈善千（2016.4止）
　　　　　陈勇刚（2016.4起）
组织委员　朱晓斌（2016.3止）
　　　　　蔡　清（2016.4起）
党委委员　夏安然（2016.4起）
　　　　　郭建斌（2016.4起）
人大主席　夏志才（2016.1止）
　　　　　夏　敏（2016.7起）
人大副主席　陈善千（2016.4止）
乡　　长　吴盛梨（2016.4止）
　　　　　刘金山（2016.7起）
副 乡 长　夏绪朋（2016.4止）
　　　　　夏赞文
　　　　　周玉珍（2016.4止）
　　　　　夏安然（2016.7起）
　　　　　饶　林（2016.7起）
政协主任　夏　敏（2016.4止）
　　　　　夏赞文（2016.5起）

【概况】 南金乡位于安化县西南边陲，柘溪库区中下游，东与新化县大熊山林场、荣华乡等地接壤，南连古楼乡，西为柘溪水库，北邻柘溪镇。乡政府驻地南金村，电话区号0737，邮政编码413509。总面积194.8平方千米，其中耕地253公顷，旱地114公顷；林地面积17330公顷，森林覆盖率87.8%；可用水面面积为48.7平方千米。

1952年属第十四区。1956年6月，并将军、金坪，毗台、卸甲4个小乡为南金乡，属烟溪办事处。1958年10月，合南金、古楼乡为南金公社。1961年，南金公社分置为南金、古楼、将军3个公社。1984年2月，改为南金乡和将军乡。1995年全县撤区并乡，将南金乡和将军乡合并为南金乡。2016年全县进行村级区划调整，全乡辖10个村，共13000人。2016年，该乡共有编制22个，其中行政编制20个，机关工勤2个。设有党政综合办公室、民政与劳动保障办公室、人口与计生生育办公室、经济发展办公室。2016年末共有在职在编干部职工33人，其中党政领导班子11人，退二线副科级干部2人，一般公务员6人，机关工勤2人，计生办6人，财政所3人，经管站3人。

该乡地势整体东高西低，东靠新化大熊山，西为柘溪库区。境内地形地貌多样，崇山峻岭，重峦叠嶂，其中九龙池海拔1622.4米，为湘中地区第一高峰。为亚热带季风气候，夏季高温多雨，冬季温和少雨，四季分明。常年平均气温16.2℃。平均降水1692毫米，无霜期240天。毗溪发源于该乡长行界，经九龙池、花木、卸甲、将军、合兴、南金、连湾等村，在毗溪口汇入资江，全长43.7千米，流域面积186平方千米。

2016年，该乡党委、政府围绕县委、县政府“四轮驱动”战略，确立了“生态供给、绿色崛起”的发展思路，抢抓新机遇，励精图治，奋力拼搏，带领全乡干部群众，真抓实干，各项工作均有了较大进展，呈现出许多工作亮点。

一、经济发展

2016年，该乡完成财政税收885.29万元，其中国税完成554.2万元，地税完成331.09万元；完成固定资产投资完成1.08亿元；完成规模工业产值2000万；完成招商引资建设投资2000万元，签订茶旅开发框架协议6个，总投资金额达1.4亿元，各项小康指标不断提升。

传统的柑桔、茶叶、药材产业发展态势良好，创历史新高，全乡400公顷柑桔产量达2500万斤，产值达4000万元；全乡茶园面积达533.33公顷，其中老茶园233.33公顷，新建300公顷，已发展到8家茶叶企业，年产茶2500担，净收入达1200万元；湖南九龙池饮料有限责任公司规模工业产值持续扩大，休闲旅游带动作用日渐显现，年接待游客达1.2万人次；以茶旅一体化为突破口，分别与当子湖、正源安、祥强源、长滩、天池湖、青宏达等茶企签订开发框架协议，招商引资总额1.4亿元。

二、党的建设

截至2016年底，该乡党委下辖基层党组织15个，有中共党员427人。狠抓党的建设，“两学一做”学习教育取得实效，县乡同步换届圆满完成，并村换届平稳推进，基层党建工作不断提升；认真学习贯彻中共十八届六中全会精神，全面从严治党向纵深推进，全乡党员干部工作作风进一步改进；认真开展“雁过拔毛”专项整治行动，严肃查处腐败违纪和损害经济发展环境案件，政府整体形象明显提升；村级综合便民服务中心有序推进。

三、精准扶贫

该乡辖10个行政村，其中4个贫困村，6个非贫困村，通过识别，2014年全乡共有建档立卡贫困户766户，2643人，2016年经过两次系统数据清洗和“回头看”摸底调查之后，现有建档立卡贫困户751户，2500人，其中2014年脱贫114户，400人；2015年脱贫106户，356人；2016年脱贫114户，433人；现未脱贫贫困户还有417户，1311人。2000余名特困群众通过产业帮扶等六大措施让生活有了新起色，有福村联谊阿香美茶业创扶贫新模式，农商行在小额贷款帮扶、学校在救助特困学生方面再立新功，3个扶贫易地搬迁安置点让搬迁群众的生活有了新期待。

四、文化事业

1.文化基础设施逐步完善。现有文化综合楼1座，共3层，面积约400平方米，设有图书阅览室，有藏书几千册和音响设备一批。乡宣传文化工作办公场所配备电脑1台、摄影相机多台、广播音响设备2套。全乡已开通数字电视的村有4个，分别是南金村、包台村、合兴村、将军村，有收视用户有402户，在数字电视信号没覆盖的村，正在推广“户户通”工程，已安装452台。“村村响”工程也正准备启动。移动通信网络覆盖全乡，其中南金村、将军村、九龙池村已开通4G网络。为充分利用新媒体改进宣传方式，“魅力南金”微信公众号在9月正式投入使用，配备专职后台管理人员2名，及时更新发布政府各项信息。

2.文化宣传工作开展有声有色。对形势政策、模范人物、舆论导向等方面进行了宣传，并成功推出一个市级“孝老爱亲”道德模范的典型代表贺桔红。始终坚持“以人为本”的指导思想，充分利用乡村宣传教育平台对全乡群众加强理想信念教育、农业种养技术培训和开展农科知识普及。配合上级部门组织的“送电影下乡”活动，每年每个村委会和中小学都免费放映2场电影。充分利用“五一”、“十一”、元旦、春节等节假日组织干部群众参与文化娱乐和体育活动方面做了大量工作。先后组织“五四”青年节之“魅力南金”演讲比赛、中小学生运动会、教师节庆祝表彰活动。成功承办了“金秋十月·魅力南金”安化月月乐群众文艺汇演南金专场，该乡篮球队参加县篮球联赛取得全县第二的好成绩。

五、生态保护

新建污水处理厂，污水处理及净化能力显著提高；“三禁”工作逐步常态化，保护共识进一步形成；完成七百村沙坪里重金属治理，有序开展生猪养殖污染点拆除工作，全力推进柘溪水库“两网”退出和水面漂浮物的清理工作，完成全部退出任务的90%。

【中共南金乡第六届第一次代表大会】 4月28日，中共南金乡第六届第一次代表大会顺利召开，来自全乡各条战线的93名党代表参加了会议，县人大常委会副主任夏华凤到会指导。大会听取、审议并通过了乡党委书记吴盛梨所作的题为《生态供给 绿色崛起 为实现全乡经济社会又好又快发展而努力奋斗》的工作报告，审议了乡纪委工作报告，并选举了吴盛梨、刘金山等9名第六届委员会委员和尹付明、曾小磊等7名纪律检查委员会委员。

【第五届人民代表大会第六次会议】 7月28日上午，南金乡第五届人民代表大会第六次会议在政府三楼会议室召开。会议选举了刘金山为乡长，夏敏为乡人大主席，夏安然、饶林为乡人民政府副乡长。

【招商引资会议】 8月10日上午，南金乡召开首届招商引资大会，正源安、青宏达、当子湖、祥强源、天池湖、长滩等当地知名茶企应邀参会。党委书记吴盛梨主持会议。会上，乡招商办工作人员向与会人员以“民康物阜、富饶南金，魅力山水、锦绣南金，养生胜地、休闲南金”为主线介绍了南金乡优势资源和招商措施情况。随后，举行了签约仪式，正源安等6家茶企与南金乡签署了茶旅开发项目框架协议，投资总额达1.4亿元。

【湖南百基联合租赁有限公司向将军完小捐款】 9月9日上午，湖南百基联合租赁有限公司黄俊捐赠仪式在南金乡将军完小举行。黄俊现场捐款30万元支持将军完小改善教育教学基础设施。县人大常委会副主任夏华凤出席捐赠仪式。

【谢寿保到南金乡调研“两网”退出和精准扶贫工作】 9月27日，副市长谢寿保在副县长李德辉的陪同下到南金乡调研指导“两网”退出和精准扶贫工作。谢寿保一行首先到南金乡宝塔山的“两网”拆除现场，详细了解了南金目前每天的拆除进度、网箱如何拆除打捞、拆除后的废品如何处理等问题。随后，谢寿保一行又视察了南金村、九龙池村、卸甲村易地扶贫搬迁安置点的工作。谢寿保指出，南金乡是益阳难得的生态之乡，旅游资源非常独特，发展生态旅游潜力巨大，在现有交通条件限制下，南金在搞好各种项目建设的同时，一定要尊重自然，保护生态，项目建设要融于生态建设当中，不破坏原始风貌。

【湖南工业职业技术学院向南金乡完小捐款】 12月6日上午，湖南工业职业技术学院对口帮扶捐赠仪式在南金乡完小举行。湖南工业职业技术学院党委书记熊琦、副院长张志勇、工会副主席刘岳兰，南金乡乡长刘金山等出席捐赠仪式。熊琦代表湖南工业职院向南金乡完小现场捐赠人民币12万元用于运动场建设。

（撰稿人：苏清泉）

平口镇

【领导人名录】

党委书记 李 丰
副 书 记 王进军
胡文良（2016.4 止）
夏绪朋（2016.4 起）
纪委书记 胡文良（2016.4 止）
龚水平（2016.4 起）
武装部长 蒋 亮（2016.4 止）
段海胜（2016.4 起）
政法书记 张志卫（2016.4 止）
段海胜（2016.4 起）
组织委员 刘志刚（2016.4 止）
陈 喜（2016.4 起）
党委委员 胡文良 张志卫
黄勇平（2016.4 起）
人大主席 李 丰（2016.1 止）
胡文良（2016.4 起）
人大副主席 龚 俊（2016.4 止）
夏永石（2016.11 起）
镇 长 王进军
常务副镇长 张志卫
副 镇 长 郭宣传（2016.4 止）
邓孟军（2016.4 止）
王 元（2016.7 起）
夏晚桃（2016.7 起）
政协主任 邓孟军（2016.4 止）
张志卫（2016.4 起）

【概况】 平口镇位于安化县西南部，北接古楼乡，西邻渠江镇等，东邻新化县琅塘镇、荣华镇，南与溆浦县善溪乡毗邻。镇人民政府驻地在平口镇镇区，电话区号0737，邮政编码413511。全镇总面积106.5平方千米，其中水面面积2000公顷。耕地735.06公顷，其中水田518.40公顷，旱地216.67公顷。林地5609.40公顷。

1950年属第八区。1953年4月经湖南省政府批准，设为建制镇，辖新建、永兴、永隆、四方4个居民委员会和洪岩寨1个居民组。1958年公社化时划归平口公社。1960年恢复平口镇。1961年因柘溪水库蓄水，老平口镇被淹没，东迁至润溪独鸡垴建立新镇，仍沿用“平口”名称，辖新正、建新、永兴3个居委会，以及1个蔬菜大队。1986年6月，原平口镇与平口乡合并为平口镇，辖3个居委会17个村、1个林场、1个农科所、1个园艺场。2016年全县进行村级区划调整，全镇辖3个居委会、9个村，共7306户22000人。2016年，行政编制32人（其中工勤编3人），年初在职干部职工72人，其中行政编29人，事业编43人，退休返聘人员3人，退休人员35人，分流人员10人，副科以上党政领导14人，年中人员异动19人。设有“八办一公司一室”党政综合办、经济发展办、卫生计生办、政法城管办、安监农村办、交通建管办、党建办、精准扶贫办、城镇投资开发有限公司、纪检监察室。

该镇地处雪峰山东部，地势东北较高，西南较低。境内多山。钟鼓山、九龙池山脉沿资江南北分布，峰峦对峙，山峦起伏，俗有“平口不平”之说。范溪、花园两村属低山丘陵区，田多山少。属亚热带季风气候，夏季高温多雨，冬季温和少雨，四季分明，受柘溪水库水体影响，冬季较其他地方温暖。常年平均气温16.5℃，降雨量1573毫米，日照1560小时，无霜期270天。资水从西向东，横贯全境，长12千米。境内有平溪、沂溪、润溪等大小溪流19条，流入资江，全长约60千米。

一、主要经济指标

全年实现国内生产总值19.9亿元，税收1952万元，工业总产值4亿元，工业投资3亿元，固定资产投资10亿元，招商引资1.9亿元，全镇人均可支配收入突破8000元。

二、农业

2016年，平口镇实现农村经济总收入7.9亿元，增长10%，完成农作物播种面积1666.66公顷，实现粮油总产9000多吨。茶叶产量247吨，水果产量4000多吨。水产品总量700多吨，年出栏生猪2.47万头。完成中药材基地50.66公顷，新建茶园15.2公顷，改造茶园6.67公顷。已注册的农民专业合作社共有12家，家庭农场7家。发放各类惠农资金1100多万元。

三、旅游业

2016年，平口镇旅游发展步伐加快，做好了雪峰湖古镇、福寿山风景区的整体规划设计。商贸、餐饮、物流等现代服务业加快发展，个体工商户发展到600余家，全年商品零售额7亿元，城乡居民存款达6.5亿元。

四、新型城镇化建设

严格按照“改造镇区、开发北区、南北联动，拥江发展”的工作思路，完成公租房建设360套，完成了移民旧房改造155户；投资2900万元进行了娄益友谊街三期、虎山坪及周边范围内的基础设施建设，以“5+4”的标准提质改造；投资近2000万元的雪峰湖旅游码头完成主体工程量；投资100多万元的垃圾中转站完成主体工程建设；中央财富广场完成了80%以上的主体工程量。同时完善管理，实行管理制度化、环卫市场化、镇区管理网格化、逐步形成“政府主导、居委自治、人人参与”的城镇管理良好局面。

五、基础设施建设

村级服务中心全部完工。S225平口资江一桥2016年农历年底实现通车，古平公路平口段完成了水毁恢复并硬化4千米。兴果村大淹溪桥涵实现通车，唐甲里桥涵开工建设；金辉村完成公路硬化1.5千米；山洋村自筹资金100多万元修复了水毁公路；漾佳村自筹资金100多万元进行了村级公路硬化；沂溪村自筹资金40万元修建了沂溪桥；中心校争取资金近500万元修建了中心幼儿园；移民站争取资金600多万元，有效改善了移民的生产生活条件；水管站争取水利资金50万元，其中农村安全饮水资金30万元，实现3个村750人安全饮水；交管所争取项目修建了7处渡口和码头；供电所争取了200多万元的站房建设项目等。

六、社会民生事业

1.社会保障与民政工作。全镇城乡居民养老保险征缴目标77万元，已缴费金额87万余元，征缴目标金额完成率114%，排名全县第一，新型农村合作医疗全县排名中游。全年新增就业201人，全面完成了兜底保障脱贫对象和特困供养人员精准认定、残疾人两项补贴制度落实到位，基本养老服务补贴人数158人。

2.计生卫生。坚持依法行政、创新模式，建立平口卫计微信公众号，多措并举加强计划生育工作。2016年度，全镇共出生人口324人，政策内出生300人，符合政策生育率为93%。开展了白内障免费检查和育龄妇女“两癌”免费普查活动，全年没有发生一起突发性公共卫生事件和食品安全事故，超额完成无偿献血工作任务。

3.“两网”清退。与68户渔民全部签订“两网”退出协议，超额完成了县“两网”退出工作任务，退出比例达89%。

4.精准扶贫。按要求识别并建档立卡贫困农户524户1960人，通过精准实策，一户一策，通过产业扶持和就业培训、低保救助兜底、医疗补助扶持等方式，2016年脱贫272人。

5.教育工作。中考成绩名列全县第12位，一、二中录取人数52人，平口籍学生考录一本学校8人，完成平口镇中心幼儿园建设，占地面积800平方米，建筑面积4200平方米，总投资超过800万元，可容纳500名幼儿入园。

6.国土规划建设环保工作。全面开展农村环境综合整治，建立了长效保洁机制，切实加强建设用地的管理，严格按照法定程序对娄益友谊街第三期、八仙台新城第一期、垃圾压缩中转站等项目用地进行了用地报批。完成了娄益友谊街一期、资江世纪城分户发证工作，全年累计发证1100余本。

7.其他工作。开展送科技下乡活动2次。有线站争取资金开展了“户户通”等工作。工商部门确保了市场秩序。老干、工会、妇女、青年等各项事业取得新的成绩。

七、社会稳定

1.安全生产。紧紧围绕“平安平口”主题，安全生产经常性地开展水上交通安全、建筑市场生产安全、烟花爆竹门店经营安全、农贸市场消防安全等方面的打非治违活动，确保了一方平安，全年没有出现安全生产事故。

2.信访维稳，建立健全矛盾纠纷排查调处机制，一批重点信访积案、难案得到依法解决，信访秩序进一步规范。

3.社会治理，坚持边界治安联防机制，充分发挥了“天网”监控系统和4个治安岗亭作用，全年没有发生重大恶性刑事案件。司法工作举办了人民调解培训班，扎实开展了社区矫正和安置帮扶工作。开展见义勇为、诚实守信、孝老爱亲评选活动，弘扬正气和社会主义核心价值观。民调工作在全市保持中游，获评“全市综治工作先进乡镇”，社会治理水平不断提升。

【平口镇获评“湖南省美丽乡镇”】 2月29日，《湖南省住房和城乡建设厅关于公布湖南省美丽乡镇示范名单（第二批）的通知》（湘建村函〔2016〕61号）文件印发，平口镇等10个镇正式成为湖南省美丽乡镇示范（第二批），平口镇成为益阳市首个“湖南省美丽乡镇”。

【平口汽车站通过省运管局站级核定验收】 5月12日，湖南省道路运输管理局副局长匡建飞率检查组到平口车站，对平口汽车站级别进行现场验收。验收组专家通过审核申报材料和现场勘查，对照《湖南省客运站级别验收标准》的要求，严格对汽车站的基础场地设施、基本设备、智能信息系统、宣传告示及站务各项管理服务环节，进行了认真细致的检查考评和验收。一致认为平口汽车站符合标准要求，同意评定为二级汽车站。

【平口镇通过国家四部委渔民上岸安居工程验收】 12月5日，住房城乡建设部村镇建设司处长卫琳率农业部渔业渔政管理局及国土资源部不动产登记中心等国家四部委组成的验收组，到平口镇检查验收以船为家渔民上岸安居工程工作，副县长彭加军陪同。卫琳一行实地查看了平口镇雪峰湖古镇及资江世纪城渔民上岸安居工程实施情况并进行入户调查，查看渔民安置情况和住处的修建在建情况。通过与渔户交谈，详细了解渔户安居后户籍落户、子女上学、就业等方面的问题。进行了实地查看后，卫琳一行在平口镇六楼会议室听取了工作汇报。

（撰稿人：王瑞云）

附　录

2016年度安化县行政区划一览表

乡镇名称	区划代码	村级单位小计（个）		
		合计	居委会	村委会
		433	42	391
清塘铺镇	430923101	24	3	21
仙溪镇	430923103	21	1	20
长塘镇	430923105	17	2	15
小淹镇	430923106	18	3	15
羊角塘镇	430923108	21	2	19
冷市镇	430923109	18	2	16
奎溪镇	430923111	12	1	11
烟溪镇	430923112	18	3	15
渠江镇	430923113	9	1	8
平口镇	430923114	12	3	9
柘溪镇	430923115	9	1	8
乐安镇	430923116	24	2	22
滔溪镇	430923117	13	2	11
梅城镇	430923118	32	4	28
大福镇	430923119	39	3	36
马路镇	430923120	26	1	25
东坪镇	430923121	32	7	25
江南镇	430923122	27	1	26
高明乡	430923200	10		10
龙塘乡	430923206	14		14
田庄乡	430923209	14		14
南金乡	430923211	10		10
古楼乡	430923212	13		13

说明：1. 田庄乡的数据中包含了安化经济开发区所辖的1个村。

2. 东坪镇的数据中包含了县城南区所辖的3个村和1个居委会。

3. 古楼乡的数据中包含了柘溪林场所辖的3个村。

2016 年度安化县社会经济基本情况一览表

指标名称	计量单位	数量	上年同期
一、基本情况			
行政区域面积	平方千米	4945.2	4945.2
乡	个	5	5
镇	个	18	18
街道办事处个数	个	0	0
二、人口与就业			
常住户数	户	269600	274295
常住人口	万人	91.38	91.18
户籍人口	万人	102.96	101.75
其中：农业户籍人口（公安）	万人	82.53	81.42
第一产业从业人员	人	317600	323900
第二产业从业人员	人	67354	65284
第三产业从业人员	人	161854	155754
三、综合经济			
（一）地区生产总值	万元	1962662	1750207
第一产业增加值	万元	439703	401978
农业	万元	203562	189401
林业	万元	25691	23884
牧业	万元	188026	167658
渔业	万元	22424	21035
第二产业增加值	万元	722462	648818
其中：工业	万元	692113	620020
第三产业增加值	万元	80049	699411
其中：农林牧渔服务业	万元	6282	5673
（二）财政、金融			
公共财政收入	万元	67475	66513
各项税收	万元	102486	97193

续表一

指标名称	计量单位	数量	上年同期
公共财政支出	万元	518176	470142
其中：农林水事务支出	万元	88901	75757
科技技术支出	万元	1022	756
医疗卫生支出	万元	61873	55953
教育支出	万元	101117	91370
财政供养人员	人	29082	29370
财政供养人员全年工作总额	万元	153305	149767
年末金融机构各项存款余额	万元	2849719	2236720
其中：居民储蓄存款余额	万元	1929954	1700527
年末金融机构各项贷款余额	万元	883979	734211
四、农业			
（一）生产条件			
耕地面积	公顷	47650	47320
设施农业占地面积	公顷	558.85	558
农业机械总动力	万千瓦特	79.9	77.69
化肥使用量（折纯量）	吨	20125	20085
农药使用量	吨	567	577
地膜使用量	吨	443	441
有效灌溉面积	公顷	26700	25550
机电井数	眼	3691	3691
机收面积	公顷	23130	22750
（二）农作物播种面积	公顷	103300	102710
粮食作物播种面积	公顷	48280	48270
其中：良种播种面积	公顷	41860	47214
其中：稻谷	公顷	29700	29620
小麦	公顷	50	50
玉米	公顷	12940	13010

续表二

指标名称	计量单位	数 量	上年同期
大豆	公顷	2060	2070
油料播种面积	公顷	27510	27560
其中：油菜籽	公顷	22190	22400
花生	公顷	5240	5080
糖料播种面积	公顷	320	320
其中：甘蔗	公顷	320	320
甜菜	公顷	0	3
蔬菜播种面积	公顷	16620	16490
（三）农产品产量			
粮食总产量	吨	238264	245128
其中：稻谷	吨	179381	186189
小麦	吨	50	49
玉米	吨	45223	45271
大豆	吨	2772	2785
油料产量	吨	42945	42750
其中：油菜籽	吨	34215	34280
花生	吨	8640	8382
糖料产量	吨	5820	5760
其中：甘蔗	吨	5820	5760
甜菜	吨	0	0
园林水果产量	吨	36817	33496
肉类总产量	吨	85329	86041
其中：猪肉产量	吨	58879	60437
年末生猪存栏	头	581600	600800
年末牛存栏	头	208578	216772

续表三

指标名称	计量单位	数 量	上年同期
年末羊存栏	只	284500	293700
禽蛋产量	吨	8918	8493
蔬菜产量	吨	489608	473243
水产品产量	吨	24368	23544
五、工业及建筑业			
规模以上工业企业单位数	个	118	116
规模以上工业总产值	万元	1577045	1440209
规模以上工业企业主营业务收入	万元	1492386	1281019.9
建筑业企业单位数	个	14	14
六、交通、通信与能源			
公路里程	千米	10188.73	7350
民用汽车拥有量	辆	47130	43304
年末公交车路数	路	273	273
年末实有公共汽（电）车营运车辆数	辆	738	728
年末实有出租汽车数	辆	130	100
固定电话用户	户	52500	56500
移动电话用户	户	517800	468200
互联网宽带接入用户	户	77500	59176
全社会用电量	万千瓦时	84100.25	82309.17
其中：居民生活用电量	万千瓦时	40046.6	34746.49
七、贸易、外经、旅游			
社会消费品零售总额	万元	1004200	898098
出口总额	万美元	887	95
当年实际使用外资金额	万美元	2850	2522
级饭店客房总数	间	238	238

续表四

指标名称	计量单位	数 量	上年同期
八、固定资产投资			
固定资产投资	万元	1468324	1351000
新增固定资产	万元	1723000	1590000
房地产开发投资	万元	115344	96676
其中：住宅	万元	84801	64573
住宅竣工面积	万平方米	8.83	13.03
九、教育、科技、文化、卫生			
普通中学	所	48	49
中等职业教育学校	所	2	2
小学数	所	71	70
普通中学专任教师数	人	2476	2543
中等职业教育学校专任教师数	人	227	231
小学专任教师数	人	2823	2891
普通中学在校学生数	人	36502	35802
中等职业教育学校在校学生数	人	5062	4120
小学在校学生数	人	60268	58535
专业技术人员	人	15982	10500
其中：农业技术人员	人	327	320
全年专利授权数	件	151	155
公共图书馆图书总藏量	千册	130.47	128.65
剧场、影剧院个数	个	6	6
体育场馆个数	个	1	1
医疗卫生机构床位数	床	4151	4112
医疗卫生机构技术人员	人	2662	2586
其中：执业（助理）医师	人	1877	1136
十、居民收入			
居民人均可支配收入	元	9713	8836

续表五

指标名称	计量单位	数 量	上年同期
居民人均消费支出	元	7803	7088
城镇居民人均可支配收入	元	15694	14304
农村居民人均可支配收入	元	7423	6797
十一、社会保障			
各种社会福利收养性单位数	个	25	25
各种社会福利收养性单位床位数	床	1268	1268
城镇基本养老保险参保人数	人	65779	63283
城镇基本医疗保险参保人数	人	42035	42078
失业保险参保人数	人	38702	38600
新型农村合作医疗参保人数	人	863875	878600
新型农村社会养老保险参保人数	人	513600	506879
城镇居民最低生活保障人数	人	11259	18987
农村居民最低生活保障人数	人	48835	56353
十二、资源与环境			
森林面积	公顷	398251.5	363547.6
自然保护区面积	公顷	23199	23199
工业二氧化硫排放量	吨	1021.73	8190
氮氧化物排放量	吨	2549	3323
烟（粉）尘排放量	吨	2042	2924.71
污水处理厂数	座	1	1
污水处理厂集中处理率	%	85	85
垃圾处理站数	个	1	1
城区空气质量优良以上天数	天	279	360
十三、农民专业合作组织情况			
农民专业合作组织个数	个	6400	443
成员户数	户	18000	7345

2016年度安化县总产出汇总表

单位：万元

项 目	按当年价格计算		按不变价格计算			
	绝对额		绝对额		以上年为100的指数	
	2016年	2015年	2016年	2015年	2016年	2015年
总产出	4774542	4259138	4566495	4259138	107.2	106.5
农林牧渔业	726363	653287	676805	653287	103.6	103.8
农业	333584	304726	314666	304726	103.3	106.3
林业	40624	37767	39673	37767	105.0	92.6
畜牧业	308139	270329	280146	270329	103.6	102.2
渔业	34319	31708	32794	31708	103.4	109.5
农林牧渔服务业	9697	8757	9526	8757	108.8	107.5
工业	2560218	2293005	2436262	2293005	106.2	104.3
采矿业	211271	193471	201404	193471	104.1	74.5
开采辅助活动	1876	1680	1703	1680	101.4	91.0
制造业	2193944	1956677	2080428	1956677	106.3	109.3
金属制品、机械和设备修理业	2321	2080	2287	2080	110.0	105.5
电力、热力、燃气及水的生产供应业	155003	142857	154430	142857	108.1	93.8
建筑业	110501	104445	109732	104445	105.1	100.2
批发和零售业	163930	153378	162710	153378	106.1	106.8
批发业	72323	68317	71785	68317	105.1	107.0
零售业	91607	85061	90925	85061	106.9	106.7
交通运输、仓储和邮政业	171460	167864	170527	167864	101.6	108.9
铁路运输业	152983	150356	151797	150356	101.0	1088
道路运输业	4682	4826	4754	4826	98.5	100.3
水上运输业	4855	3848	5020	3848	130.5	123.8
航空运输业	8940	8834	8956	8834	101.4	108.8
邮政业	101393	94174	100404	94174	106.6	106.6
住宿和餐饮业						

续表

单位：万元

项　目	按当年价格计算		按不变价格计算			
	绝对额		绝对额		以上年为 100 的指数	
	2016 年	2015 年	2016 年	2015 年	2016 年	2015 年
住宿业	22900	22179	23049	22179	103.9	104.8
餐饮业	78493	71995	77356	71995	107.4	107.4
信息传输、软件和信息技术服务业	44976	37087	44985	37087	121.3	107.3
电信、广播电视和卫星传输服务	38658	30879	38651	30879	125.2	107.1
其他	6318	6208	6334	6208	102.0	108.3
金融业	128555	111108	127084	111108	114.4	119.7
货币金融服务	101613	85097	100544	85097	118.2	118.6
资本市场服务	8168	9186	7902	9186	86	141.3
保险业	15557	13710	15421	13710	112.5	119.0
其他金融业	3217	3115	3217	3115	103.3	101.8
房地产业	82078	76420	80538	76420	105.4	105.9
房地产开发经营	13512	12012	12756	12012	106.2	106.8
其他房地产活动	8410	7514	8043	7514	107.0	109.5
自有房地产经营活动	60156	56894	59739	56894	105.0	105.2
租赁和商务服务业	11679	10976	11667	10976	106.3	118.2
科学研究和技术服务业	4351	3896	4085	3896	104.9	118.0
水利、环境和公共设施管理业	5935	5226	5689	5226	108.9	119.5
居民服务、修理和其他服务业	185059	158691	186061	158691	117.2	116.5
教育	93597	83711	87396	83711	104.4	109.8
卫生和社会工作	98772	86879	94514	86879	108.8	116.6
文化、体育和娱乐业	21398	17072	21366	17072	125.2	116.3
公共管理、社会保障和社会组织	264277	201919	246669	201919	122.2	124.5
第一产业	716666	644530	667279	644530	103.5	103.8
第二产业	2666522	2393690	2542004	2393690	106.2	104.2
第三产业	1391354	1220918	1357212	1220918	111.2	113.0

2016 年度安化县固定资产投资完成情况统计表

项 目	2016 年	同比增长 (%)
一、固定资产投资	1467627	14.10
其中：工业投资（万元）	599176	−21.10
其中：工业技术改造投资（万元）	525664	−4.40
房地产开发投资（万元）	115344	19.30
二、商品房销售情况		
1. 商品房屋销售情况		
（1）商品房屋销售面积（平方米）	414386	15.0
（2）商品房屋销售额（万元）	110542	14.80
2. 商品住宅销售情况		
（1）商品住宅销售面积（平方米）	396083	37.75
（2）商品住宅销售额（万元）	97588	48.50
3. 商品房屋销售均价		
（1）商品房屋销售均价（元 / 平方米）	2668	−0.10
（2）商品住宅销售均价（元 / 平方米）	2464	8.00

2016年度安化县固定资产投资完成情况统计表

（不含房地产） 单位：万元

指标名称	总计	2015年同期
固定资产投资总额	1352283	1254443
一、按经济类型分		
国有投资	535788	331018
非国有投资	816495	923425
民间投资	768991	920125
二、按隶属关系分		
中央项目	11850	
地方项目	1340433	1254443
三、按产业分		
第一产业	26600	126451
第二产业	599176	745934
第三产业	726507	382058
四、按投资方向分		
工业投资	599176	740834
产业投资	454878	484080
民生工程	32534	12700
生态环境	19750	30410
基础设施	623975	402468
高新技术产业投资	11625	18950
技改投资	525664	546153
战略性新兴产业	48035	78660
五、按结构分		
建筑工程	858410	738633
安装工程	26376	34290
设备工器具购置	335129	369564
其他费用	132368	111956

2016年度安化县财政收入决算总表

单位：万元

项　目	2016年	2015年	增长%
一、税收收入	47523	46172	2.93
国内增值税	17555	7628	130.14
营业税	4660	13855	−66.37
企业所得税	4573	5499	−16.84
个人所得税	2545	1441	76.61
资源税	852	444	91.89
城市维护建设税	3172	2599	22.05
房产税	1421	1744	−18.52
印花税	206	697	−70.44
城镇土地使用税	729	580	25.69
土地增值税	4873	4228	15.26
车船税	880	697	26.26
耕地占用税	3496	3097	12.88
契税	2561	3663	−30.08
二、非税收入	19952	20359	−2.00
专项收入	8050	7635	5.44
其中：排污费收入	112	207	−45.89
教育费附加收入	2000	1606	24.53
行政事业性收费收入	2935	6457	−54.55
罚没收入	2997	3662	−18.16
国有资源（资产）有偿使用收入	4438	2277	94.91
其他收入	1486	328	353.05
一般预算收入合计	67475	66531	1.42
上划中央收入	43912	40490	8.45
上划省级收入	11052	10532	4.94
财政总收入	122438	117553	4.16
国税局	63420	52104	21.72
地税局	42404	47760	−11.21
财政局	16614	17689	−6.08

2016年度安化县农业生产条件统计表

指标名称	计量单位	数 量
一、农村基层组织情况		
1. 乡镇个数	个	23
其中：镇个数	个	18
民族乡镇	个	0
2. 村（居）民委员会个数	个	433
其中：村委员会个数	个	391
二、农村基础设施		
1. 通自来水村个数	个	243
2. 通汽车村个数	个	391
3. 通公共交通村个数	个	364
4. 通电话村个数	个	391
5. 通宽带村个数	个	342
6. 通有线电视村个数	个	300
7. 垃圾集中处理村个数	个	354
8. 污水集中处理村个数	个	18
三、乡村人口与从业人员		
1. 乡村户数	万户	23.92
2. 乡村人口数	万人	87.49
（1）男	万人	44.84
（2）女	万人	42.65
3. 乡村劳动力资源数	万人	46.97
（1）男	万人	24.06
（2）女	万人	22.91
4. 乡村从业人员数	万人	44.57

2016 年度安化县全社会消费品零售总额表

（分城乡、分行业）　　单位：万元

指标名称	2016 年	2015 年	增长速度（%）
社会消费品零售总额	1004237	898098	11.82
一、按销售单位所在地分			
1. 城镇	889286	795922	11.73
其中：城区	169,983	155236	9.50
2. 乡村	114951	102176	12.50
二、按行业分			
批发业	32318	28985	11.50
其中：限额以上			
限额以下	32318	28985	11.50
零售业	887426	794524. 8	11.69
其中：限额以上	118610	130228. 5	- 8.92
限额以下	768816	664296. 3	15.73
住宿业	21523	17789. 4	20.99
其中：限额以上	8703	6249. 8	39.25
限额以下	12820	11539. 6	11.10
餐饮业	62970	56798. 8	10.87
其中：限额以上	653	757.9	-13.87
限额以下	62317	56040. 9	11.20

2016 年度安化县居民婚姻和生活保障情况一览表

指标名称	计量单位	2016 年实际
结婚登记人口数	人	13080
离婚人口数	人	4192
城乡各种收养性福利机构数	个	24
城乡各种收养性福利机构床位数	张	1220
城乡各种收养性福利机构收养人数	人	1025
其中：女性	人	
社会福利院数	个	1
社会福利院收养人数	人	120
女性	人	
每万人平均拥有福利床位数	张	
农村老年收养性福利机构覆盖率	%	91
儿童福利机构数	个	0
福利机构收养的孤儿数	人	0
被家庭收养的儿童数	人	9
为贫困和大病儿童提供医疗救助的人数	人	24
建立流浪未成年人救助保护机构数	个	1
全年救助流浪儿童数	人	
福利企业残疾职工人数	人	70
城镇居民最低生活保障平均标准	元 / 人，月	285
城镇居民最低生活保障人数	人	11259

续表

指标名称	计量单位	2016 年实际
其中：女性	人	3742
农村居民最低生活保障平均标准	元 / 人，月	135
农村居民最低生活保障人数	人	48835
其中：女性	人	12189
农村五保供养人口	人	8366
全县村委会主任人数	人	472
其中：女主任	人	13
村委会委员数	人	1911
其中：女性	人	513
村委会成员中女性比例	%	27
居委会委员数	人	92
其中：女性	人	35
居委会成员中女性比例	%	38
城镇贫困职工人数	人	2495
其中：女性	人	
建立社区服务中心数	个	79
以城乡社区为单位的妇女养老服务覆盖率	%	
城镇小区服务设施数	个	336
城镇便民、利民服务网点数	个	280
各种社团数	个	205

2016 年度安化县卫生事业基本情况一览表

指　　标	单 位	数 量
1. 卫生经费	万元	6418.61
2. 卫生机构数	个	33
其中：医院数	个	29
专科防治站	个	2
卫生防治站	个	1
妇幼保健院	个	1
3. 卫生机构床位总数	张	4151
医院床位数	张	4001
其中：乡村医院床位	张	150
4. 卫生工作人员数	人	3122
其中：女性	人	1539
5. 卫生技术人员数	人	2662
护师、护士数	人	664
其中：女性	人	654
医生数	人	1998
其中：乡村医生	人	801
6. 诊疗人次	人次	2487076
7. 住院人数	人	135802
8. 出院人数	人	134702
9. 治愈率	%	90.35
10. 病死率	%	0.04
11. 床位周转次数	次	34.04
12. 床位使用率	%	74.64
13. 急性传染病发病率	1/10 万	409.43
14. 孕产妇死亡率	1/10 万	7.94

2016年度安化县幼儿园基本情况一览表

项目	单位	县镇	农村	合计
1. 园数	所	55	47	102
2. 班级	个	368	305	673
其中：学前班	个	152	161	313
3. 在园幼儿	人	14371	7680	22051
其中：学前班	人	6616	4127	10743
4. 教职工数	人	903	346	1249
其中：园长	人	71	51	122
教师	人	443	144	587
保健员	人	227	99	326
保健医生	人	13	4	17
其他人员	人	149	48	197
5. 其他从业人员				
代课教师	人	299	125	424

2016年度安化县小学基本情况一览表

项目	单位	县镇	农村	合计
1. 学校数（不含教学点）	所	27	44	71
教学点数	个	4	152	156
2. 班数	个	641	687	1328
一年级	个	112	164	276
二年级	个	109	153	262
三年级	个	97	119	216
四年级	个	105	93	198
五年级	个	109	70	179
六年级	个	109	63	172
复式班	个		25	25
3. 毕业生数	人	5948	3131	9079
4. 在校学生数	人	38112	22156	60268
一年级	人	6405	4087	10492
二年级	人	6620	4371	10991
三年级	人	5721	3493	9214
四年级	人	6323	3736	10059
五年级	人	6670	3344	10014
六年级	人	6373	3125	9498
5. 教职工	人	1772	1221	2993
专任教师	人	1674	1149	2823
6. 代课老师	人	57	103	160
7. 特校	所	1	0	1
学生人数	人	40	0	40
教师人数	人	13	0	13
专任教师	人	10	0	10

注：特校1所未统计

2016 年度安化县中学基本情况一览表

项目	单位	县镇	农村	合计
1. 学校数	所	28	20	48
初级中学	所	23	19	42
高级中学	所	6	1	7
2. 班数	个	492	144	636
初中	个	328	131	459
高中	个	164	13	177
3. 毕业生数	人	9291	2376	11667
初中	人	6324	2167	8491
高中	人	2967	209	3176
4. 在校学生数	人	29331	7171	36502
初中	人	19598	6354	25952
高中	人	9733	817	10550
5. 教职工数	人	2360	707	3067
初中	人	1645	645	2290
高中	人	715	62	777
其中：专任教师	人	1945	531	2476
初中	人	1337	488	1825
高中	人	608	43	651
行政人数	人	180	69	249
教辅人员	人	175	81	256
工勤人员	人	60	26	86
6. 代课教师	人	27	3	30
7. 职业学校	人	2	0	2
学生数	人	5062	0	5062
毕业生数	人	1163	0	1163
教职工数	人	277	0	277
其中：专任教师		227	0	227

注：特校 1 所未统计

2016年度安化县科学技术进步奖获奖项目一览表

序号	项 目 名 称	完成单位（机构）	主要完成人员	获奖等级
1	苎麻/棉小方格绉布生产技术研究	益阳市滔溪竹麻林纺科技发展有限公司	李坤、李毅、李曙光、李健强、李华胜、范晶星、肖美霞	一等奖
2	功能性富硒、富锌鸡蛋研制与配套技术开发	湖南省鹏晖农牧有限公司、湖南农业大学	方热军、刘石鹏、刘虎、李世强、李四元、何河、汤小朋、禹琪芳、刘超良、曹满湖、李发生、王向荣、杨淑芬	一等奖
3	安化县玉米高产栽培配套技术推广与应用	安化县农业和粮食局粮油作物股	吴晶华、颜海英、尹月皓、陈满山、邓涛、邓伍华、周国强、刘晶晶、罗益、刘欣、陈嫘、文圣峰、龙宁、唐常青、黄妹军	二等奖
4	弹性髓内针治疗儿童长骨干骨折的临床应用	安化县人民医院创伤关节骨科	黄新民、刘湘林、夏志利、曾小桃、黄志明、李嗣、宁毅、杨甲辉、刘文聪	二等奖
5	安化县森林生态旅游总体规划（2012-2020）	安化县林业局	周光辉、蒋剑军、陈星、彭勇强、仇建友、张龙、张志、皮文胜、李双喜、王以平、杨建军、蒋再华	二等奖
6	能连续压制砖茶模具的研制	湖南省白沙溪茶厂股份有限公司	肖益平、李建平、张军支、朱平安、谭慧	三等奖
7	太阳能杀虫灯的研制与应用	安化金湘家庭农场	严汉强	三等奖
8	黑茶原料处理系统及关键设备的研制与应用	湖南建玲实业有限公司	贺建中、曾用祥、王建财	三等奖
9	黑茶烘焙装置及烘焙工艺	湖南安化芙蓉山茶业有限责任公司	谭伟中	三等奖
10	多层螺旋CT泌尿系统造影在泌尿系统疾病的临床应用	安化县人民医院CT室	李璐、胡文广、吴志辉、蒋其兵、罗伟、王奇、肖力威、龚志彪、蒋胜武、蒋敏、蒋赤明、蒋卫军、贺国辉、孙敏姣	三等奖

安化县劳动模范和先进工作者名单

（2016 年评定）

劳动模范名单

刘玉兵　湖南安化渣滓溪矿业有限公司
谭振文　国网湖南省电力公司安化县供电分公司
王志新　湖南安化农村商业银行股份有限公司
彭　海　湖南有线安化网络有限公司
张先枚　湖南华莱生物科技有限公司
蒋建兵　安化县诚丰生态庄园
肖益平　湖南省白沙溪茶厂股份有限公司
李向东　湖南益阳海螺水泥有限责任公司
李昌瑞　安化县小淹镇百花村
张国泰　安化县东坪镇大园村
严汉强　安化县金丰田水稻种植合作社
邓超芝　安化云台山八角茶业有限公司
何旭华　安化县怡源家庭农场
谢　斌　湖南省安化县雪峰铁合金冶炼有限公司
李新兵　湖南阿香茶果食品有限公司
胡小军　邮政安化县分公司梅城镇支局

先进工作者名单

王智敏　安化县总工会
陈庆龙　安化县财政局
刘放兴　安化县地方税务局
卢　纯　安化县人力资源和社会保障局